2013年1月11日，由广东省科学技术协会和广东省科学技术厅联合主办的“聚焦科技进步，助力幸福广东”广东省科技文化摄影大赛在广东科技馆举行颁奖暨优秀作品展开幕式。图为出席嘉宾为获奖者颁发奖项

2013年1月24日，广东省科学技术厅与广州高新区在广州召开共同创建国家自主创新示范区座谈会并签署框架协议

2013年2月25日，省委、省政府在广州召开广东省科学技术奖励大会暨全省科技工作会议，相关领导出席会议并为获奖代表颁奖。2012年度广东省科学技术奖共评选出280项优秀科技成果，其中特等奖2项、一等奖29项、二等奖80项、三等奖169项。特等奖由“佛山一环快速干线工程建设与管理创新实践”项目、“专业镇中小微企业科技服务体系的创新与实践”项目获得

2013年3月5日，广东省科学技术厅团委在中山纪念堂地铁口开展以“粤科技，粤精彩；粤志愿，粤幸福”为主题的“3.5学雷锋志愿服务行动日活动”

2013年4月26日，全省科技服务超市建设现场会在深圳市南山区召开

2013年5月20日，省科技厅、省委宣传部和省科协联合召开2013年全省“科技进步活动月”新闻发布会，发布当年全省“活动月”情况。图为出席嘉宾为获得当年“科技好新闻”评选的得奖作品代表颁奖

2013年5月20—22日，科技部党组书记、副部长王志刚，科技部党组成员、秘书长李萌带队到广东省开展创新型省份建设工作调研。在调研期间，召开了“实施创新驱动发展战略 建设创新型省份”工作座谈会

2013年5月25日，首届“内蒙古·广东科技合作活动周”在广州隆重开幕，与会同志参观了“内蒙古·广东区域合作展”

与会同志参观“内蒙古·广东区域合作展”

2013年5月28日，广东省与内蒙古的科技部门在广州举行了“内蒙古·广东科技合作项目签约仪式暨科技合作与交流对接会”，两省区共签约项目12个

2013年6月6日，省科技厅在河源东源县灯塔镇举办了“省科技进步活动月”大型农业科技和医疗卫生下乡活动

2013年6月6日，第2届中国创新创业大赛（广东赛区）暨“粤穗天使行动”系列活动启动仪式在广东科学中心举行

2013年6月14日，省政府在佛山市召开全省推广应用LED照明产品工作现场会

2013年6月21日，第2届中国（广州）国际金融交易博览会在广州开幕

2013年7月3日，2013年粤港台LED产业协同创新高峰论坛在深圳举行

2013年7月5日，2013广东创造转型升级论坛暨广东省专业镇镇长高峰会在广州举行，出席嘉宾为各专业镇广东现代服务交易中心服务站授牌

2013年8月15日，由科技部、教育部共同推动的第2届中国农业科技创新创业大赛推介会广东专场在广州举行

2013年9月25日，由广东省科学技术厅和英国技术创新战略委员会、英国研究理事会共同举办的中英可持续制造技术创新研讨会在广州举行

2013年10月19日，“海洋六号太平洋——广州”海洋科普课堂通过网络向全国中小学生与网友在线直播

2013年11月7日，全省国家级高新区科技与金融结合推进会在江门高新区召开

2013年12月26日，由省科技信息中心、广东科学中心、南方都市报社联合主办的小谷围科学论坛之创新驱动发展智库论坛在广东科学中心举行

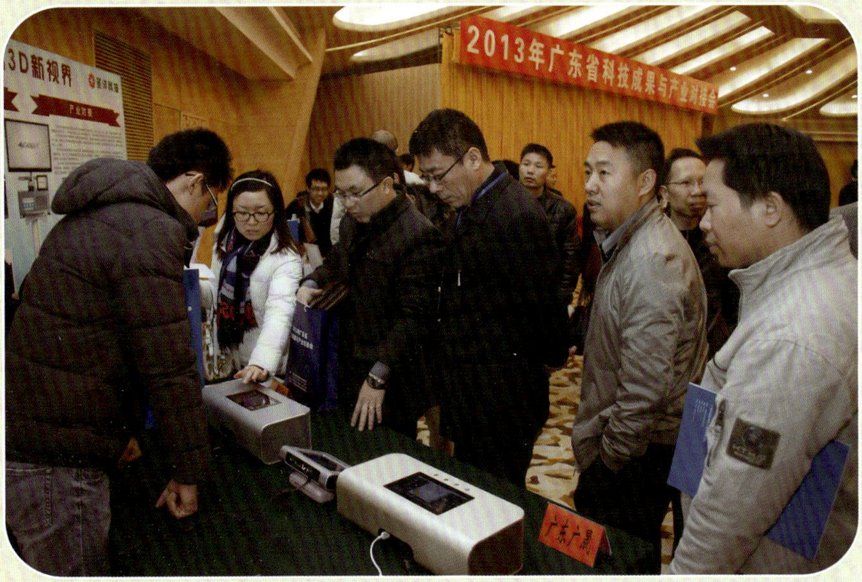

2013年12月30日，2013年广东省科技成果与产业对接会在广州举行。图为与会代表参观各成果展位

中科华核电技术研究院

中科华核电技术研究院有限公司系中国广核集团全资子公司，公司现拥有科技人员700余人，年产值约6亿元，是中国广核集团的国家级企业技术中心，也是国家能源核电站核级设备研发（实验）中心和国家能源先进核燃料元件研发（实验）中心的建设依托单位。中科华核电技术研究院以解决我国核电工程建设、生产运营中的应用技术问题为己任，以共用技术能力建设为基础，以推进核电技术的自主创新为宗旨，以提高核电机组的安全性、可靠性、经济性为目标，是集核电基础技术研究、应用技术研究、技术支持服务为一体的国家级一流研究院。

反应堆工程设计与安全研究中心是中科华核电技术研究院的主要专业中心，是中国广核集团在堆芯设计、燃料管理、换料设计、热工水力、安全分析、严重事故、先进核能、软件研发领域的主要技术力量。中心主要业务包括中国广核集团新建核电站和在运核电站的堆芯相关技术研发、设计和改进工作，并承担集团新型号研发任务，肩负着中广核集团核电技术创新的重要使命。其下属的严重事故研究团队是中国广核集团唯一一支从事核电厂严重事故研究的队伍，承担着集团旗下核电厂严重事故研究与设计任务及一系列国际、国家重大科研创新项目。该团队承接并完成的中广核团重大科研项目“百万千瓦级压水堆核电厂严重事故应对若干关键技术研究与应用”获得了2014年度广东省科学技术奖二等奖。该项目全面评价了压水堆核电厂的薄弱环节，并通过建设大型试验台架，完成严重事故缓解关键系统及设备研发，提出一系列旨在提升严重事故应对能力的重大技术和改进项，并在国内多个核电厂以及我国自主三代堆型研发中得以推广和应用，有效改善了核电厂严重事故应对能力，大大减少了发生类似日本福岛核事故的风险，显著提升了压水堆核电厂的安全性，有力推动了严重事故研究领域的技术进步。

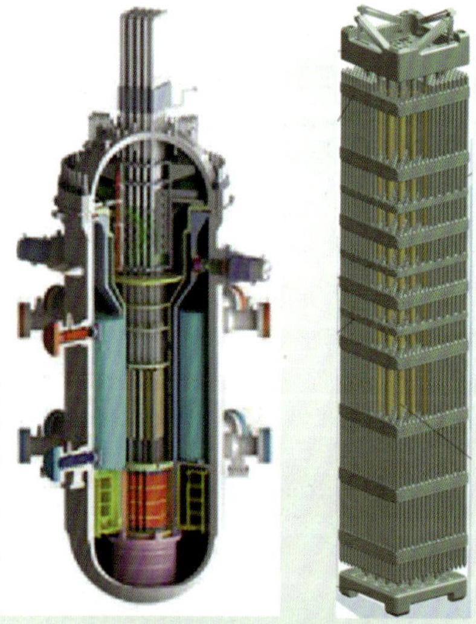

反应堆堆芯及组件

大型堆内熔融物滞留（IVR）试验台架控制系统

大型堆内熔融物滞留（IVR）试验台架

严重事故下氢气浓度测量系统试验装置

中国科学院深圳先进技术研究院

Shenzhen Institutes of Advanced Technology, Chinese Academy of Sciences

中国科学院深圳先进技术研究院（以下简称“先进院”）定位为提升粤港地区及我国先进制造业和现代服务业的自主创新能力，推动我国自主知识产权新工业的建立，成为国际一流的工业研究院。在坚持筹建“边建设、边招聘、边科研、边产业化”基础上，逐步形成由科研、教育、产业、资本构成的“四位一体”发展模式：设立六个研究所（含南沙所），建设42个国家/省部及市级重点实验室和工程技术平台，布局机器人、健康与医疗、新能源与新材料、大数据与云计算四大领域，搭建学科交叉平台，形成集成创新优势；与境内外多所大学合作办学，挂牌国科大专业学院，建设深圳特色学院；建设育成中心及四个产业园区，与行业或政府共建四个专业研究院；内外资本结合，建立天使、风投和国投基金。先进院发挥学科交叉与集成创新优势，致力于现代制造业和现代服务业的核心、共性关键技术研发，成为一流的研究基地、领军人才培养基地和制造企业孵化基地。

2014年是中科院实施“率先行动”计划的开局之年，开启改革创新发展的新征程。2014年，先进院在改革中前行，在发展中提升，不断锐意进取，开拓创新。面对复杂多变的外部经济环境和艰巨繁重的改革发展任务，在创新驱动战略和率先行动计划的指导下，先进院率先建立了国内一流的生物医学工程和健康研究平台，在低成本健康、高端医疗影像、机器人等科研方向取得丰硕成果；机器人研究平台建立了一支国际化水平较高的研究队伍，产出一批高水平的科技成果；科研成果转移转化突出、影响大，规模产业化初现端倪；率先建立了平台式的研究院，体制和机制有创新。2014年，专利申请量达718件；发表论文997篇，在Science，Nature系列期刊发表论文2篇，其中SCI收录论文404篇，JCR一区论文220篇；全年各类经费到账额5.03亿元，合同额6.67亿元；总资产（含固定资产和无形资产）逾12.89亿元；全年新增孵化企业10家，育成企业累计逾200家，持股78家；年度培养学生1350人。与麻省理工学院麦戈文脑科学研究所（MIT-McGovern Brain Institute）合作共建脑认知科学和脑疾病研究所（简称“脑所”），中科创客学院正式挂牌成立。

先进院人员规模保持稳定，共1945人，其中员工1175人（含南沙所）；中高级职称716人，海外经历人才411名。新入选科技部中青年领军人才1人（累计4人）；1人获国家基金委杰出青年基金资助（累计3人，占深圳60%），1人入选广东省领军人才（累计4人，占深圳1/4强）；1人获深圳市长奖，1人获深圳市青年科技奖（累计2人），5人入选鹏城学者（累计13人）；新获批深圳市孔雀人才/领军人才72人次，累计达202人次，占深圳20%。新引进中科院“百人计划”2人，累计达35人；新增中科院“技术百人”2人（累计3人）；新增“千人计划”入选者5人，累计达27人，占深圳1/4。

通过孔雀计划，在生物医学工程领域瞄准国际脑科学前沿，引进MIT脑认知团队；“大数据团队”入选中科院国际合作伙伴计划。全院各类创新团队累计达到13支，占全省约10%。新增12人获批孔雀计划个人项目，全年共获批人才类项目经费合同额1.33亿元，到账经费0.95亿元。

主办的学术期刊《集成技术》发行6期，累计16期；稿源数量和质量均有较大提升，刊物下载数及被引用次数逐渐上升。举办各类学术会议、讲座199场，其中“亚洲计算机图形与互动技术国际会议（2014）”和“IEEE 数据挖掘国际会议”都是首次登陆中国并在深圳举办的国际会议。

在重点领域和前沿布局方向取得丰硕成果。2014年，大视野锥形束口腔CT产品正式获得国家药监局颁发的国家三类医疗器械注册证；国际首创光声/双光子多模态活体显微成像系统的分辨率逼近光学衍射极限；脊柱手术机器人实现生理运动条件下的实时跟踪和运动补偿，以及对内层皮质骨的术中感知的高识别率；新一代外骨骼机器人成功实现截瘫病人穿戴站立行走；低频率低功耗低噪声医疗级SOC和微流控血液稀有细胞快速检测芯片，POCT生化分析“上天”，微型健康感知“下海”，为航天员和潜航员提供实时监护；爬壁机器人在大亚湾核电站进行实地测试；打磨机器人系统致力于卫浴、五金加工、运动器材、眼镜加工等行业应用与产业化；跨年龄人脸识别技术取得世界领先水平的成果。

与企业合作取得新突破，院地合作更上一层。全院新签工业合作、技术转移与产学研合同总额首次突破1亿元，达10899万元，到款金额达6371万元，创历史新高；专利转移转化价值金额1937.5万元。新增工业委托合同60个，合同额4584万元，到款3314万元；新增以企业为主体申报产学研合作项目突破200项，获批71项，到账金额3042万元。

SIAT-MIT联合脑认知和脑疾病研究所揭牌仪式

中科史太白国际创客学院揭牌仪式

地址：深圳市南山区西丽大学城学苑大道1068号
电话：0755-86392288 传真：0755-86392299 网址：www.siat.ac.cn

广州特种机电设备检测研究院

国家防爆设备质量监督检验中心

隔爆试验罐

【科研项目】

2014年，广州特种机电设备检测研究院（国家防爆设备质量监督检验中心（广东），以下简称“广州机电院”）共实施纵向科技项目21项，投入科研经费475万元。新立纵向科技计划项目19项，其中省部级项目6项、厅局级项目7项、市区级项目6项；共签订科研项目合同额达565万元。

【科技创新平台建设】

2014年，广州机电院进一步加强研发平台建设，大力推进广东省特种设备安全与节能行业工程技术研究中心、广东省电梯物联网应用服务平台的建设，科研条件得到进一步的改善。

依托广州机电院建成的广州市特种设备安全与节能行业工程技术研究中心，通过转型升级，获省科技厅认定为广东省特种设备安全与节能行业工程技术研究中心；依托广州机电院的行业优势，基于广州市电梯安全运行监控中心（96333）建设的广东省电梯物联网应用服务平台获省经信委立项支持；广州市事故模拟仿真与物证溯源技术重点实验室也获得广州市科创委立项支持。上述平台项目的建设，有力地促进了广州机电院转型升级，进一步响应创新驱动发展战略，建设成为新型研发机构。

【科研成果】

2014年，广州机电院新申请专利19件，其中发明专利13件、实用新型专利5件、外观设计专利1件；获授权专利11件，其中发明专利5件、实用新型专利5件、外观设计专利1件。

2014年，全院有10项科研成果通过了鉴定或评价，其中1项成果达国际先进水平，2项达国内领先水平。获得广州市科学技术奖三等奖1项，广州市质量技术监督局科技成果奖一等奖1项、三等奖1项。发表论文48篇，出版专著1本。

【科技交流与合作】

2014年11月19—25日，以“推进科技创新，引领特检未来”为主题的全国特种设备科技安全与节能科技活动周在广东省东莞市顺利召开。质检总局副局长陈钢，中国工程院院士刘人怀，广州机电院首席专家、原华南理工大学校长刘正义教授，质检总局特设局局长宋继红，科技司副司长王越薇，广东省质监局局长任小铁，东莞市副市长贺宇及来自全国1000多名特检科技工作者参加了此次活动。

广州机电院携电梯安全与节能技术、起重机械安全科学技术、防爆设备安全科学技术与仿真分析与风险监测技术四大方向数十项科技成果参展，通过多种形式将成果形象生动地进行了展示，取得了良好的反响，成果形式包括专利、专著、论文、标准、仪器设备等，尤其是电梯一部和研发中心共同研制的电梯平衡系数检测仪、番禺检测站和研发中心联合研制的起重机械全电流综合检测仪等，由于展示形式直观，吸引了不少眼球，而且由于其解决了检验一线的技术难题，得到参会者的高度关注。例如电梯平衡系数检测仪测试精度达到国际领先的水平，而且与检规中的方法比较可以由原来的半天缩短至半个小时。展览会3天，累计接待司局级以上领导十余人，处级以上领导百余人，参观交流的工程技术人员近千人，擦亮了“广州特检”科技品牌，树立了在机电类特种设备安全与节能行业科研工作领导者的地位。

本次科技成果展由全国特种设备科技协作平台主办，广州机电院是该平台的创始单位之一，该平台成立5年来，理事单位从成立之初的18家扩大到目前的52家，已经发展成为我国特种设备科研的主力军，广州机电院通过参与全国特种设备科技协作平台后共有25项科研成果通过鉴定，其中8项成果达到国际先进水平，12项成果达到国内领先水平，获得省部级科技进步奖3项。

广东省职业病防治院

广东省职业病防治院（简称省职防院）成立于1959年，是广东省卫计委直属的事业单位。目前单位总资产为1.4亿元，其中仪器设备超过8000万元；设住院部、门诊部、毒物检测、毒理实验、放射防护等19个科所。

“神华杯”
中国职业安全健康协会科学技术奖
一等奖
奖励为我国安全生产科技进步做出突出贡献的组织，特颁发此证书。
项目名称：慢性正己烷中毒的防治研究
完成单位：广东省职业病防治院
证书编号：2013-1-07
二〇一三年九月

作为全国职业病防治系统的排头兵，省职防院坚持“科技兴院”的发展理念。“十一五”以来，通过建设国家职业病临床重点专科、国家化学中毒和核辐射医疗救治基地、省科技厅“国际科技合作基地”、省科技厅职业病防治重点实验室等科研平台，以及通过与日本、泰国、美国、澳大利亚等国的国际合作项目，在有机溶剂中毒、职业危害因素检测与风险评估、职业健康监护等职业病防治关键技术研究中，取得一系列显著的研究成果，已获得国家科技进步奖二等奖1项、中国职业安全健康协会科学技术奖一等奖1项，国家安监总局安全生产科技成果奖三等奖1项，中华医学科技奖二等奖2项，中华预防医学科学技术奖二等奖2项、三等奖1项，中华预防医学科技奖三等奖2项；国家自然基金11项、专利19项、第一或通讯作者发表SCI收录论文26篇，主持研制国家卫生标准30多项。

结合广东省职业卫生工作的特点，省职防院现已建成以职业病防治研究为核心，产、学、研相结合，形成集“中毒现场－临床救治－实验研究－管理干预”为一体的职业危害预防控制技术研究体系，在有机溶剂中毒等职业病的发病机制、诊断、治疗和控制研究方面取得显著成效，在三氯乙烯所致剥脱性皮炎、苯所致再障、正己烷、砷化氢中毒和氟乙酰胺、毒鼠强等灭鼠药中毒救治方面积累了丰富的经验，已在广东省新发现25种职业病。2014年10月，国家“十二五”科技支撑计划课题“职业中毒与职业性肺病的诊断与治疗技术研究”正式启动。

国家科学技术进步奖
证书
为表彰国家科学技术进步奖获得者，特颁发此证书。
项目名称：职业性急性化学物中毒诊断的应用研究
奖励等级：二　等
获奖者：广东省职业病防治院
证书号：2003-J-233-2-12-D04

近年来，省职防院的科技成果得到广泛推广，“新型血液锌原卟啉测定仪”“动态配气装置”《职业性急性化学中毒诊断的应用研究》《慢性正己烷中毒的防治研究》《广东突发化学中毒事故危害评估与医学应急救援资源系统》《职业健康监护与监测信息系统》《三甲基氯化锡引起低血钾症的研究》《广东宝石加工企业矽肺危害控制研究》等一批重要成果已取得了显著的社会和经济效益。

此外，省职防院还先后取得卫生部化学品毒性鉴定甲级资质、建设项目职业病危害评价（职业卫生、放射防护）甲级资质以及放射防护器材和含放射性产品检测甲级资质、农业部农药登记毒理试验单位A级资质，是目前全国唯一一家同时获得前述资质的专业机构。获认可项目涵盖职业卫生、环境卫生、农药、化学品、药品等领域，出具的检测报告在欧美和亚太地区等60多个国家获得承认。

“十二五”国家科技支撑计划课题启动会

广东省职业病防治院外景

广州军区广州总医院

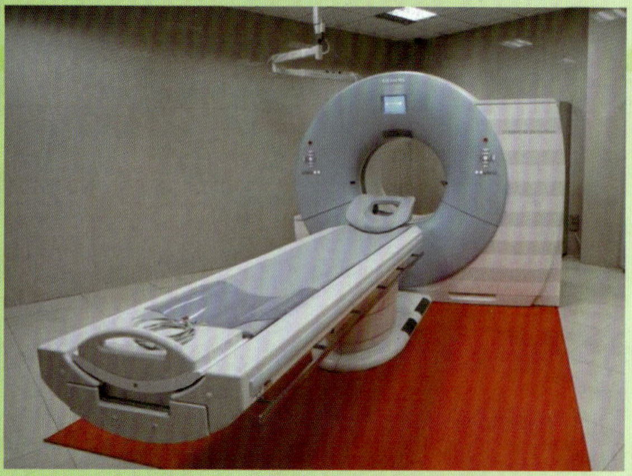

双源CT

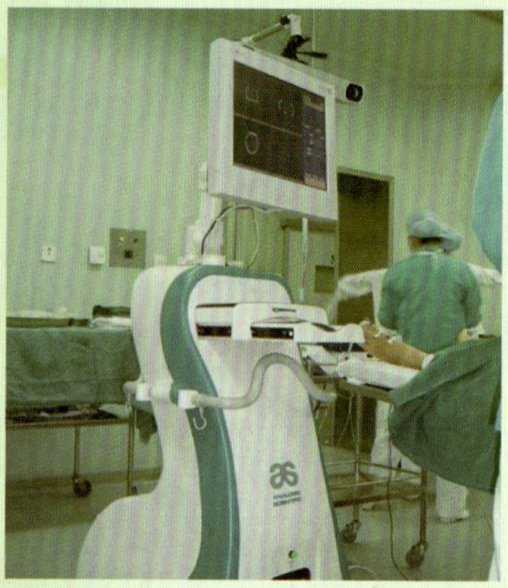

神经导航系统

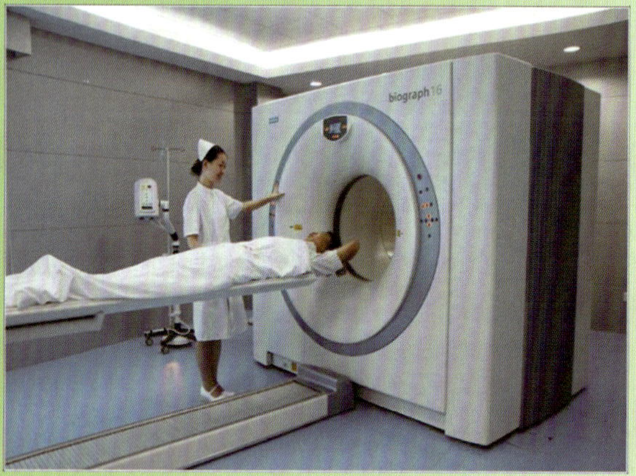

PET-CT

电镜

该院始建于1933年，前身是国民党广东陆军总医院，1949年后被我军接管。医院地处广州市越秀山旁、流花湖畔，占地面积约21万平方米。全院现有科室64个，床位1843张。工作人员4056人，其中高级职称干部362名，军区“名医名家”20人，技术三级以上专家24名，享受政府特殊津贴专家22名，现有博士生导师36名、硕士生导师226名。医院拥有中西医结合治疗风湿病国家重点专病中心1个、全军创伤骨科研究所1个，呼吸内科、临床麻醉科、激光整形外科、神经外科、泌尿外科、心血管病、计划生育优生优育7个全军医学专科中心。拥有PET/CT、3.0T磁共振、拓姆刀等先进医疗设备，总值7.12亿元。2014年，全院完成门诊量140万人次，收容量5.3万人次，手术量1.8万台次。

广州半导体材料研究所

广东省661研究所成立于1966年，1973年更名为“广州半导体材料研究所”，省属事业单位，人员编制200人。位于广州五山高校园区，与华南理工大学等多所著名高校为邻，占地面积25000平方米。先后与中山大学、华南理工大学、暨南大学等多所高校成功合作。

广州半导体材料研究所是广东省的重要光电信息晶体材料的研发基地，自创建以来一直致力于半导体微电子材料、光电子材料研究开发，主要从事半导体硅材料工业化共性工艺技术、半导体专用计量测试仪器、光电人工晶体的研发工作。该所是我国研制生产半导体材料专用仪器的主要单位，广东省唯一能够全面提供光电人工晶体材料研发、生产、加工、测试和销售服务的单位，也是广东省内生产光电晶体种类最多的单位。同时，该所掌握了激光晶体和新型闪烁晶体的生产工艺，成为广东省重要的晶体材料研究开发和生产基地，其技术在国内处于先进水平。隶属该所的广东省半导体电阻率计量检定测试站，是广东省及华南地区唯一一家半导体电阻率计量测试检定单位。从事测试仪器研制工作，是我国研制生产半导体材料测量专用仪器的主要单位。

建所以来，共承担国家、省、市科研课题125项，其中国家级课题17项,省级课题102项，市级课题6项。多项工作成果填补了国内空白，并36次获得国家部委和广东省的嘉奖，其中国家和部委奖励15项、省级奖励21项。拥有13项专利，其中有3项发明；参与起草2项国家标准。如曾为核探测器提供硅单晶材料，通过部级技术鉴定，并获省部级二等奖，国家三等奖。“硅烷低温精馏制取超纯硅多晶的研究”受到当时国家经委的表彰；“探测器级高阻硅、锗单晶的研究”受到国家四部委的表彰；“集成电路级硅单晶及抛光片”和“探测器级大直径高阻硅单晶”获得广东省科学技术奖二等奖。而且是国家标准“硅单晶电阻率标准样片”“四探针电阻率测试仪”等的起草单位之一。

科研成果与市场化对接的主要项目产品是：1）测试仪器：已研制成功常规四探针测试仪、双电测四探针测试仪、单晶少子寿命测试仪、导电类型鉴别仪、手持式导电膜方块电阻测试仪、微机二探针电阻率测试仪、非接触硅片电阻率测试仪、三探针外延片电阻率测试仪、半导体陶瓷数字电阻仪、精密四探针头系列、手动测试台系列、电动测试台系列等。其中大部分填补国内空白，处于国内领先地位。部分产品国内市场占有率达90%以上。2）光电人工晶体：压电晶体、激光晶体、光学级晶体、闪烁晶体、非线性晶体、工业加工激光器系列、医疗激光器系列等。3）半导体材料：太阳能方片和组件、研磨片、硅棒和硅片、分立器件、功率半导体模块、平板式普通晶闸管和可控硅KP等。4）水处理设备：苦咸水除盐、海水淡化、废水回用、反渗透膜过滤、纳滤膜过滤、超滤UF过滤、离子交换、连续电除离子EDI、半导体电子纯超水、医药生物制品纯水、膜生物反应器MBR、水处理化学品等。

主营范围有：制造和加工半导体材料、晶体材料及元器件、电子仪器设备，提供相关的技术咨询、技术服务、技术开发。

兼营范围有：研制和生产电器、电力元件整流装置；设计、制造和安装洁净过滤设备，有色金属、半导体机电设备的加工、技术服务、维修；制造、安装水处理设备，提供各种水处理系统应用，特别是特殊要求的膜分离技术应用，包括苦咸水除盐、海水淡化、废水回用、医药生物制品纯水、工业用纯水、纯净饮用水等。

广州半导体材料研究所愿同国内外朋友真诚合作，为用户提供优质的产品和仪器设备，并提供优质的售后服务和相关技术咨询服务。

食品饮料行业纯水设备

激光焊接机

超滤过滤设备系统

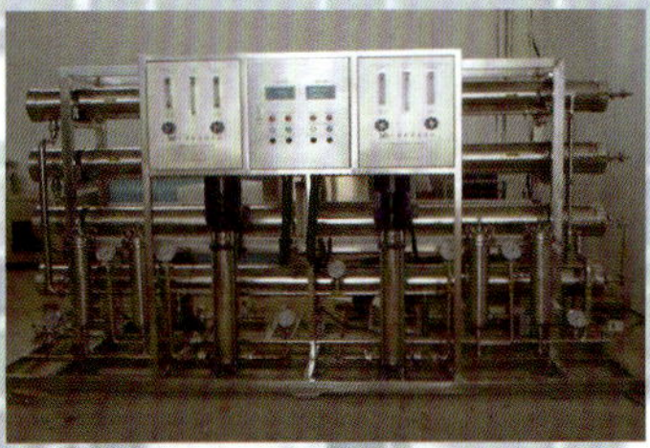

制药浓缩提取纳滤设备

中水回用回收系统

饮用纯净水制备系统

地址：广州市天河区东莞庄路161号　电话：020-87222753　传真：020-87221569
网址：www.gzbdts.com　邮编：510610

广宁县古水镇

“致富之路”-茶杆竹

古水镇位于十大“中国竹子之乡”的广宁县西部，地处绥江中游，东邻南街镇，南邻横山、洲仔镇，西连石咀镇和怀集县永固镇，北与坑口镇和怀集县交界。全镇总面积263.7平方公里，下辖15个村（居）委会，总人口5万多人。有山地面积33万亩，竹子资源丰富，以茶杆竹、青皮竹、蔄竹、麻竹等为主，在竹乡广宁素有“竹子走廊”之称。2004年古水镇被评为市级竹子加工专业镇，2008年被评为省级竹子加工专业镇。

“节节上升”-茶杆竹

全镇竹子种植面积达25万亩，占林地总面积的75%。其中有茶杆竹15万亩，青竹9万亩，其他种类1万亩，有连片5000亩以上竹子种植基地7个。镇内有70%农村劳动力直接或间接从事竹子种植加工，成为农民“钱袋子”的主要来源。全镇有大小竹子加工企业200多家，产品种类繁多，主要有沙白竹、花签、香骨等粗加工产品，有竹地板、竹椅子、竹餐桌等竹家具和竹餐具、竹窗帘等竹装饰品，以及还有环保竹炭、竹缮食、竹饮料等高科技产品，产品主销国内市场，还远销欧洲、美加、港澳等地区，已形成了一个生产、加工、销售一体化集约地。

古水河竹加工场

近年来，古水镇坚持以科技兴镇为战略部署，解放思想，开拓进取，不断加强产学研交流、科研开发和技术成果转化应用等工作力度，加强科技创新服务，全力加快推动竹子加工产业科学发展。目前，已转型走高新科技经营企业主要以广宁县长荣竹木工艺制品有限公司、广宁县万众竹木业工艺制品有限公司为主，辐射带动信发工艺综合厂、加盟公司、古台竹器厂等大大小小竹子加工企业加快转型升级并走向科技致富之路。2014年，全镇实现竹子加工特色产业产值达12亿元，创税1100多万元；实现自主研发技术专利31件，其中发明专利9件，实用型专利17件，外观设计型专利5件。

富饶之河-古水河竹走廊风景

古水镇政府办公楼

汕尾市城区红草镇

红草镇位于广东省汕尾市城区北部，辖下15个村（社区）委会，总面积约有70平方公里，总人口4万多人。近年来，红草镇坚持以“农业稳镇，工业强镇，第三产业兴镇”的经济战略，加快转变经济发展方式，着力引进一批效益型、基地型、税收型的大企业。目前，红草镇埔边工业园区拥有德昌电子有限公司、银鹏发展有限公司、快捷通导设备有限公司等一批电子机械类的龙头骨干企业。据统计，红草镇2013年工业产值达到65亿元，电子机械类相关企业年产值达到34.58亿元，约占全镇工业产值53.2%。另外，座落于红草镇的省级高新技术开发区，规划建设总面积17平方公里，具有地理位置优越、土地资源丰富、发展潜力巨大等优势，随着园区建成将会引进大量的电子机械类企业，产业规模也会越来越大。

红草镇

红草镇

丰顺县留隍镇

简介

留隍镇位于韩江中下游，地处丰顺县东北部，东南毗邻潮汕、揭阳，县内与汤坑、潘田、黄金、小胜和潭江等5个镇接壤，省道S334线贯穿境内，交通便利，属革命老区，是梅州、潮州、揭阳三市交界处且是潮客文化交融的地区。2002年留隍被省政府定为中心镇。2004年10月原东留、茶背镇并入留隍镇。合并镇后全镇总面积428.23平方公里，下辖36个行政村和1个社区居委会，户籍人口约10万人，常住人口7.2万人。2006年9月留隍被省定为“青榄专业镇技术创新试点单位”。2008年留隍被评为“省级生态示范镇”，2009年被评为“梅州市生态镇”。

留隍环境秀丽、资源丰富：

1.温泉资源：东留鹿湖天然温泉位于韩江东岸边，留隍大桥东侧，潮大公路旁，平均水温65摄氏度，日溢流量880吨，可谓品质好、水温高、流量大，温泉呈狭长小峡谷状，周边多属丘陵地貌，林木茂盛，橄榄飘香。目前正在建设的重点工程项目韩江鹿湖温泉度假村投资约10个亿，该项目投产使用后将带动留隍旅游业的新发展。2.水力资源：留隍地处韩江沿岸，区域内水力资源丰富，重点工程项目韩江枢纽水利工程被称为留隍的“韩江小三峡”，有力地推动留隍地方经济的新发展。3.生态资源：春夏季节盛产枇杷、杨梅、龙眼、荔枝等水果；秋冬季节盛产青榄。1999年特色产品“铜峰牌”青榄获全国第三届水果展销会“中华名果”称号，“大乌脐、青边”枇杷获广东省“优质水果”奖，另外，全手工艺又具有除湿功能的留隍草席颇受人喜爱，乡村生态环境保持良好，森林覆盖率高达40%以上。4.矿产资源：留隍镇的河沙、瓷土、稀土、叶蜡石、铅锌矿、多色辉绿岩等矿产资源储量丰富，目前由梅州市牵头建设的1500万吨级瓷土开发项目正争取与多家龙头开发企业建立联系，广泛寻求合作开发利用途径。5.特色食品：留隍传统食品云片糕、姜糖等特产历史悠久，制作工艺独特，口感颇佳，深受人们的喜爱，成为远近闻名的乡村特色食品。6.旅游景点：军塘湖、韩江留隍大桥、万江古庙、千年古榕、妈宫、笃庆堂、红岽炮楼等。

该镇地处革命老区，经济基础薄弱，但广大人民群众勤劳俭朴，致富愿望强烈。近年来，该镇各项事业在广大干部群众的共同努力下，取得了长足发展，全镇实现农村社会总产值达到6.9932亿元，同比增长14.9%；工业总产值达到20732万元，同比增长11%；乡镇企业总收入达到34464万元，同比增长25%；农村人均收入6187元，同比增长14.53%。近年来分别获得梅州市“尊师重教先进集体”“脱贫奔康攻坚先进镇”“文明镇”；丰顺县“先进基层党组织”“综治工作先进单位”“关心下一代工作先进集体”等荣誉称号。现今正朝着建设“丰顺县次中心城镇”和县城“后花园”的发展格局，积极争取各方力量筹集开发资金，使留隍成为一块招商引资的热土，一块兴工聚才的沃土，一块置业安居的乐土。

新型建材专业镇灯塔镇

广东省东源县灯塔镇，长期依托本地资源，充分发挥传统优势，形成特色鲜明的新型建材产业群，成为全镇经济重要支柱。目前，该镇拥有陶瓷、复合防火材料、装饰材料、实木地板、相框、家俱、钢铁等较大规模建材企业二十多家，建材产业年产值9亿多元，占全镇工业产值的65%以上。

灯塔镇，位于东源县中部、灯塔盆地腹地，205国道与省道1944线交汇处，域内资源丰富，拥有大量的木材、高岭土、莹石、钾长石、花岗岩、钴、铁等，地理、区位、交通优势得天独厚，基础设施建设日臻完善。

近年来，特别是在东源县委六届一次全会上确立以灯塔镇为中心打造区域新型建筑材料聚集区的发展战略后，该镇通过对矿产资源、建筑木材、钢铁科学开发，以打造新型建材工业基地为抓手，不断强化产业升级与转型升级，并通过与高等院校合作，努力提高矿产开发的综合利用率与产品附加值，努力提高原料运输与产品流通服务，形成“原材料+深加工+产品生产+销售（物流）”为一体的产业模式，初步实现了“既要金山银山，更要绿水青山”的产业发展目标。该镇通过实施“项目立镇、特色兴镇、财政强镇”战略，经济社会取得了跨越式发展，一些较大规模建材企业纷纷落户该镇，如罗曼蒂克陶瓷、嘉汉木业、腾发木业、扬威矿业、盛业钢铁、汇兴气体、创安消防材料、富源装饰材料、相框等规模企业，建材企业年产值达9亿多元。

灯塔建材产业已成为河源市发展东部经济板块的一个主导产业，是东源县构建“一园四区一核心”的一大经济亮点。

盛业钢铁

嘉汉木业（河源）有限公司

锦官城

丹灶镇

——以全链条思维大力优化营商环境

近年来，丹灶镇在优化营商环境上狠下功夫。2013年完成全社会工业总产值238亿元，同比增长10.4%；其中规上企业产值171亿元，增长12.3%；完成招商引资60.5亿元，增长16%；固定资产投资47亿元，增长21%。

一、筑好产业平台，打造招商“良巢”。重点推进大金智地高端产业服务区、南海（丹灶）物流新城、广东新能源汽车核心部件产业基地、南海中小企业工业园、南海欧洲中小企业园等平台建设。大金智地围绕科技创新先导区、高端产业服务区的目标，引入联东U谷园、中检南方等龙头项目。物流新城系列路网和水系建设加紧推进。普洛斯电商物流园成功落户；引入首家央企中钢国际货运广东有限公司，世海项目一期黑色金属市场运营顺畅，二期不锈钢材料市场蓄势待发。广东新能源汽车核心部件产业基地引入广顺集团、科先精密机电等新能源企业，以及燃料电池及氢源技术国家工程中心华南中心、广顺新能源动力院士工作站等研发机构。南海中小企业工业园引入日本最大的信息通信技术供应商富士通（中国）信息系统有限公司。目前园区累计引入21家日资企业。南海欧洲中小企业园主要引入优质欧洲企业、一汽大众外资供应商以及先进装备制造外资企业，目前已与同向集团签订合作协议并启动建设。丹灶镇汽车配件、精密机械、生物医药、新能源、新材料和现代物流等新兴产业逐渐发展成为支柱产业。

二、完善产业配套，建设安商“本营”。丹灶镇加强对文旅、商业等服务业的培育，增强产业配套能力，达到安企、安商、稳商的效果。商业配套项目建设顺利，珠三角首个湿地文化主题购物中心-桂丹颐景园佳盛购物广场即将开业。金爵士商业广场封顶、新兴利商业广场竣工、珍丰广场项目动工。新增商业体建筑面积累计超过26万平方米，将进一步丰富丹灶的商业、饮食、娱乐、居住等配套服务功能。文旅产业发展逐步成型，康园、广佛（金沙）休闲运动岛、汽车文化产业园均已完成初步规划设计，将建成文旅产业的重要载体。

三、助力产业成长，锻造强商“引擎”。在交通方面，规划建设城市中轴线丹金大道，贯通金沙城区、丹金新城、丹灶城区、物流新城，打造产业集聚发展的“财富大道”。在创新方面，通过青商会打造“青企创智平台”，推动新一代企业家培育、拓展商业模式，提升“创二代”的经营水平和技巧。在政策方面，出台《丹灶镇促进产业升级支持科技创新奖励办法》，全面驱动企业做强、产业做优，成效逐步显现。至今，丹灶镇填补了中国驰名商标、国家“火炬”企业的空白，累计拥有省民营科技企业48家、高新技术企业15家、省著名商标8个、区级以上企业研发中心16个。

联东U谷项目一期

广顺新能源大厦

五金产品

深圳市地质局

深圳市地质局正式成立于1981年，经原地矿部和深圳市政府批准成立的副厅级事业单位，是深圳市唯一一家从事地质勘查业务的专业单位。作为一支具有光荣传统、功勋卓著的专门从事水文地质、工程地质、环境地质以及矿产地质勘查的高素质的专业队伍，长期从事基础性、公益性、战略性地质工作，为广东省的经济社会发展作出了重大贡献。三十多年来，一直围绕特区建设的需要从事基础地质、矿产地质、环境地质和水文地质等工作，查明了多处较丰富的非金属矿产地，为国家和深圳市政府提交了一大批地质报告，给城市重点工程项目开发选址提供了大量翔实的基础性数据，积累了大量基础地质资料。

深圳市地质局现有干部职工255人，70%以上为专业人才；高级技术职称75人，初中级技术职称178人，形成了颇具特色的专业队伍。本局是长期从事地质事业的专业单位，多次荣获广东省和深圳市优秀科技成果奖，形成了颇具特色的专业队伍。单位拥有设施齐全的办公大楼，面积近4000平方米，设有多间办公室、大会议室、多媒体会议室、会客接待室，配备两间院士专用办公室。拥有各类专业设备420余台（套），还拥有一个岩矿检测试验中心，该中心组建于1982年，取得广东省质量技术监督局颁发的"CMA"《计量认证资质证书》。

深圳市地质局一直注重地质科研和人才队伍建设，先后承担了省部级科研、产学研项目二十余项，在断裂带活动性研究、环境地质研究、地质灾害防治等方面一直处于省内同行业的领先地位，具有良好的科研基础。历年来，承担过省部级重点项目8项，省市科研项目20余项，多次荣获省、市优秀科技成果奖。其中省部重点项目有深圳市罗湖区断裂构造活动性及区域稳定性评价、深圳市罗湖建成区断裂带现今活动性与地应力监测研究、深圳市龙岗区岩溶塌陷灾害勘查研究；省市重点项目有深圳罗湖黄贝岭F8断层微量位移的监测研究、广东省地质灾害分布规律及防灾减灾对策研究、宝安区地下空间资源评估、珠江三角洲城市群（深圳）城市地质调查、珠江三角洲及周边地区地面沉降监测深圳市宝安中心区填海区地面沉降及软基处理综合研究等。

深圳市罗湖建成区断裂带现今活动性与地应力监测研究成果达到了同类项目的国际先进水平，黄贝岭断层监测项目工作成果分别达到了同类项目的国内领先水平。龙岗区岩溶勘查项目预测结果不仅避免了重大损失和人员伤亡，取得了巨大的环境、社会效益，更是从规划用地变更情况估算节约了60多亿元，并荣获深圳市科学技术奖一等奖、广东省科学技术奖二等奖。

2013年，深圳市地质局与中国地质科学院商谈战略合作并签订共建深圳院士工作站协议，旨在推进深圳地质科技创新体系建设，发挥中国地质科学院院士及团队的专业技术优势，以项目带动科技创新，促进深圳市地质局科技创新体系建设；推动企业技术创新和产业化发展，发挥高科技团队的人才优势，促进地勘单位和相关企业技术创新，形成立足于深圳、延伸广东的技术优势，逐步开启深圳地质产业化之路；加快科技创新型人才培养，以院士为核心，以院士团队为支撑，采取多种方式吸引深圳地勘局各类人才参与项目研究，培养高层次研究型科技创新人才；深化合作共创双赢局面，推动协同创新和学术交流，深化局院科技合作，通过优势互补，实现资源和效益、技术和人才全面丰收，服务深圳市经济社会可持续发展。目前，该项目已经获得广东省科学技术厅的批准，2015年将挂牌，承担在地学领域开展的科研工作。

中国平安
保险·银行·投资

平安银行
PING AN BANK

平安银行股份有限公司（简称：平安银行）是中国内地首家向公众发行股票并公开上市的全国性股份制商业银行，总部设于深圳。

平安银行秉承“对外以客户为中心，对内以人为本”的理念，不断“变革、创新、发展”，稳步推进战略转型，持续优化架构机制，以公司、零售、同业、投行“四轮”驱动业务发展，努力打造“专业化、集约化、综合金融、互联网金融”四大特色，努力走出了一条“不一样”的发展之路。

近两年，平安银行荣获了“最佳供应链金融服务银行”“最佳中小企业银行”“卓越竞争力财富管理银行”“最具创新意识银行”“年度股份制商业银行”“最佳企业社会责任奖”“中国最受尊敬中资银行”等荣誉。

未来，平安银行将坚定地沿着“五年规划”的战略方向，依托平安集团综合金融平台，以为客户提供一个客户、一个账户、多个产品、一站式服务的全方位综合金融服务体验为目标，打造综合金融的核心优势，顺应互联网时代的发展趋势，积极创新产品和业务模式，以差异化服务、稳健的经营、出色的绩效，为客户、员工、股东以及社会创造更大的价值！

兴业银行主办的科技企业路演交流会活动

兴业银行2014年度最佳小微金融服务奖

兴业银行
INDUSTRIAL BANK CO.,LTD.

兴业银行广州分行一直将中小微科技型企业业务定位为全行长期性、基础性发展战略，紧跟政府政策导向，切实践行社会责任，全力服务实体经济。近年来，为更好服务科技型企业，特别是扶持其中的中小微客户群体，兴业银行广州分行围绕当地小微企业特点，顺应实体经济多样化、差异化的金融服务需求，积极探索新型业务形态，形成四大金融服务特色：

一是“授信铺底”。以贷款投放为抓手，力推企业成长壮大。2014年兴业银行共安排500亿小微企业专项贷款规模，重点包括成长科技型的小微企业客户。2015年，兴业银行将进一步加大中小企业贷款投放力度，全年全行预计新增专项贷款投放规模近600亿元。

二是“专属方案”。根据科技型中小微企业“初创—成长—成熟”不同发展阶段，结合兴业银行“三剑客”“股融通”“工业厂房贷款”“设备按揭贷款”“新三板挂牌融资”“投联贷”“助保贷”等创新型银行融资产品，辅以财务顾问、IPO上市、私募股权、发债等综合性一站式投资银行服务，以“一户一策”的形式贴身设计专属金融服务方案。

三是“助力成长”。从2014年起启动为期三年的“百千万小微企业成长培育计划”，完善“兴业芝麻开花”客户培育池，遴选优质科技型中小企业客户实行跟踪式培育，计划三年内协助珠三角地区300家中小企业，特别是高新科技企业登陆资本市场，增强规模实力。

四是“多元供血”。近年来，兴业银行广州分行已与包含政府部门、券商、PE创投机构、OTC市场等在内的合作平台建立广泛的合作关系，以“借力科技创新、助飞中小企业”为主题，面向广大科技型中小企业联手举办了近10场有代表性的产品推介会及企业交流会，通过企业现场路演，联合多方金融机构为其提供多元化的产品服务，对科技型中小企业在规模拓展、股权融资、资本市场对接、资产管理等方面起到了强有力的推动作用。

2014年，兴业银行广州分行服务的科技型中小微企业客户已经接近4000户，通过各类科技型企业专属信贷产品投放的贷款已超过100亿元，为珠三角优质企业“科技与金融结合”工作作出了有效的实践与尝试。在《南方都市报》举办的金融业年度“金砖奖”评选中，兴业银行广州分行获得2014年度最佳小微金融服务奖。

铭慧包装®
LEIWEST PAK
更好的产品 · 最好的服务

产品详情敬请登陆我们的网站
www.leiwest.com

广州市铭慧包装机械有限公司专业研究、设计、制造包装设备及辅助设备，并提供包装领域的全套解决方案。铭慧包装的产品已经成功应用于茶饮料、果汁、纯牛奶、含乳饮料、植物蛋白饮料及固体食品等行业。

自从 1999 年 8 月 1 日成立以来，铭慧包装及其设备品牌“利慧包装”（英文名称：LEIWEST PAK）以优良的品质、先进的技术、无与伦比的客户服务，为客户提供专业而完美的包装解决方案。通过引进国外先进技术、生产设备和优质原材料，结合自身的研究创新，铭慧包装历时8年研制成功中国第一条LW系列无菌纸包装饮料生产线，包括纸包装饮料无菌灌装机、吸管贴管机、食具粘贴机、圆杯/三角杯加盖机、自动装箱机、自动薄膜收缩机和自动输送系统等设备。铭慧包装生产线设备的无菌性能、自动化程度、生产能力、设备稳定性等全部指标均已达到国际领先水平。

高新技术企业

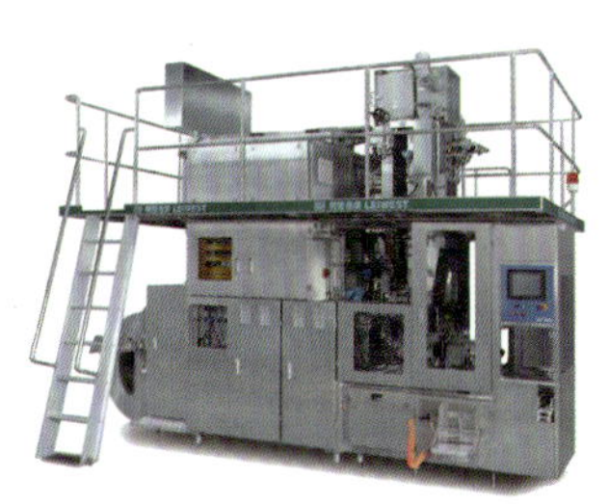

LWG-2型纸包装饮料无菌灌装机

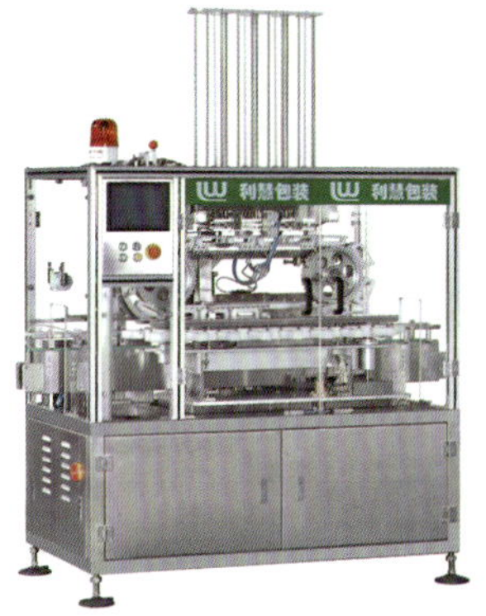

JGS-2系列自动加勺扣盖机

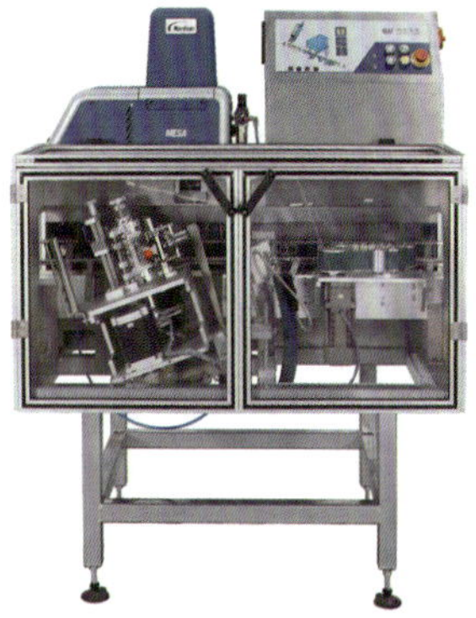

LWT-2系列食具粘贴机

广州市铭慧包装机械有限公司
GUANGZHOU LEIWEST PAK CO., LTD

地址：广东省广州市番禺区大龙街汉基大道 22 号
电话：020-84554400　传真：020-84850488
邮政编码：511450　E-mail：13501513222@139.com

Johnson Controls

约克广州空调冷冻设备有限公司

约克（YORK）是全球最大的、独立的暖通空调和冷冻设备专业制造公司，1874年成立于美国宾西法尼亚洲的约克郡。约克产品范围广泛，从主机到末端，包括民用、商用、工业冷冻设备三大类。约克产品在世界上具有极高的美誉度，被许多世界著名建筑选用：美国的五角大楼、纽约世贸中心、克林姆林宫、英法海底隧道、悉尼歌剧院、沙特大清真寺、香港会议展览中心（一、二期）等，并且约克公司是1992年巴塞罗那奥运会、1996年亚特兰大奥运会以及2000年悉尼奥运会主要场馆的空调设备独家供应商。130年来，约克公司的生产技术及销售服务网络不断拓展，至今已在世界各地建立了数以百计的分公司、维修站、生产厂房及附属机构。在中国，约克产品同样扮演着重要角色，数千个重要项目已选用约克空调制冷设备，如：广州塔、中央电视台、上海大剧院、浦东国际机场、武汉广场等。

约克广州空调冷冻设备有限公司成立于1995年，至今已有二十年的历史，专业生产各种末端空调、商用单元式设备、风冷热泵机组以及室内空气品质改善系列产品。2005年与美国江森自控“二合为一”，正式并入江森自控旗下的建筑设施效益系统。这使得久居制冷技术应用领域先导地位的“约克”与全球公认的建筑自动化领域带头人“江森自控”同时走上了“强强联合”之路。公司建厂初期占地近5万平方米，为支持业务发展，2011年通过“招拍挂”征得扩建用地40000平方米，同时一次性增资600万美金（目前注册资本已达到1000万美金），力图以公司为龙头，将江森约克科技工业园打造成具有世界先进水平的空调制造基地。发展至今，公司拥有员工900多人，年产值近20亿元人民币。从2008年起，公司被认定为广东省高新技术企业，并一直被评为佛冈县优质纳税企业和A级信用纳税称号，缴纳各项税款在佛冈县十大纳税企业中一直排列首位。在2010至2014年五年间，公司累计产值超过97亿元人民币，实现利税近13亿人民币。在增资扩产的两年间，公司新建一座占地7000平方米的厂房，引入四条AHU生产线及两条COIL线，并新建两个具有国际领先水平的VRF和STC实验室，累计投资达一个亿。在目前宏观经济低迷的情况下，公司销售额仍然保持了每年递增的销售势头。

公司自成立20年以来，一直致力于新技术和新工艺的发展和应用，在公司管理层的带领下扎根佛冈，发展国内市场的同时还放眼世界，通过加快产品国际化进程和积极寻找海外商机，不断开拓海外市场，全体员工不断地改进和创新生产与管理方式，努力践行“持续发展，以人为本，社会责任”的管理理念，向各级地方技校提供教育资助和就业机会，积极参加爱心助学及义务赈灾活动，为佛冈当地经济、文化教育发展以及就业做出了重大贡献。

中山市迪艾生光电技术有限公司是一家专注于LED户外亮化、LED道路照明、LED室内照明三大灯具系列产品的，集研发、生产、销售、服务于一体的专业技术型高新技术企业，位于中山国家火炬高新技术产业开发区。公司拥有专家级的研发团队、管理团队、应用服务团队，其中高、中级工程技术人员逾百名，占员工比例的30%以上，已申请专利一百多项（其中有多项发明专利）。产品创新能力、应用技术服务能力居行业领先地位，其中人才密集程度和专利申请数量居行业前列。公司还是《LED装饰与照明》国家标准、《LED投光灯》广东省地方标准的起草单位。

公司已通过CE、高新技术企业、ISO9001-2008、3C和CQC等国内外认证，并引入ERP管理与日本丰田精益生产管理的模式，以确保为客户提供行业一流质量的产品以及强大的应用技术服务支持。

迪艾生光电

唯美 理想 创新 经典

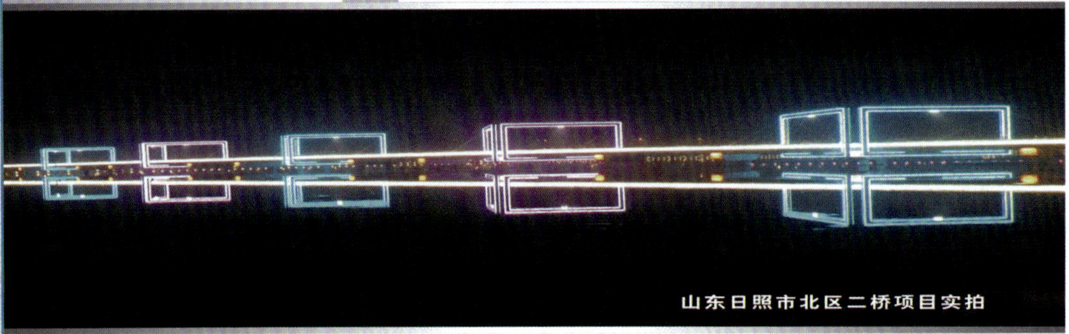

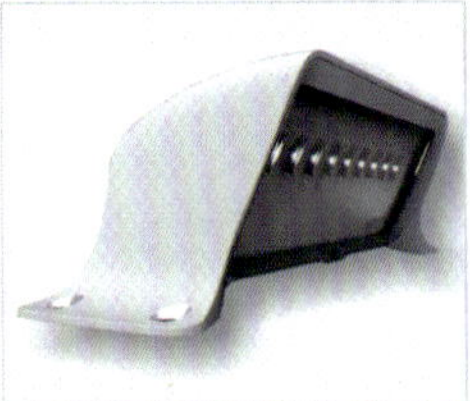

DAC-A01 路桥栏杆灯

DAC-A04 公路广告牌灯

DAC-A02 洗窗灯

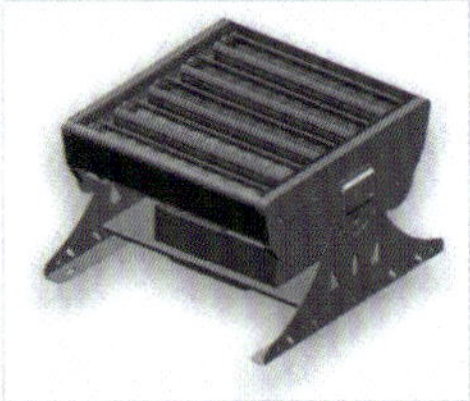

DAC-A03 桥梁拉索灯

DAC 迪艾生 www.diaic.com

广东科技年鉴

二〇一四年卷

广东省科学技术厅 编

SPM 南方出版传媒
广东人民出版社
·广州·

图书在版编目（CIP）数据

广东科技年鉴. 2014年卷/广东省科技厅编. — 广州：广东人民出版社，2015.10

ISBN 978-7-218-10441-6

Ⅰ. ①广… Ⅱ. ①广… Ⅲ. ①科学研究事业—广东省—2014—年鉴 Ⅳ. ①G322.765-54

中国版本图书馆CIP数据核字（2015）第255021号

GUANG DONG KE JI NIAN JIAN 2014 NIAN JUAN

广东科技年鉴（2014年卷）

广东省科技厅编

出 版 人：曾　莹

责任编辑：段太彬
封面设计：于俊红
责任技编：周　杰

出版发行：广东人民出版社
地　　址：广州市大沙头四马路10号（邮政编码：510102）
电　　话：（020）83798714（总编室）
传　　真：（020）83780199
网　　址：www.gdpph.com
印　　刷：广州市快美印务有限公司
书　　号：ISBN 978-7-218-10441-6
开　　本：889mm × 1194mm　1/16
印　　张：31.25　　插页：55　　字数：1100千
印　　数：4000册
版　　次：2015年10月第1版　2015年10月第1次印刷
定　　价：300.00元

《广东科技年鉴》编辑部（广东省科技创新监测研究中心）
地址：广州市连新路171号3号楼5楼508室
电话：（020）83163345　　网址：www.gdstic.cn

如果发现印装质量问题，影响阅读，请与承印公司（020-61300400）联系调换。

编 辑 说 明

一、《广东科技年鉴》是广东省科学技术厅主编的综合性科技年刊和资料性工具书，其编辑部设在广东省科技创新监测研究中心。该年鉴1992年创刊，每年出版一卷，旨在全面、系统、准确地记录广东省的科技工作、科技进步情况，为各级政府制定科学决策、科研企事业单位制定发展战略提供依据和参考，为广大读者了解和研究广东科技事业提供信息资料和数据。

二、《广东科技年鉴》采用分类编辑法，主体内容设篇目、类目、分目、条目四个层次，以条目为基本单元。2014年卷共设11个篇目，34个类目，159个分目。全书条目的标题统一用黑体加【 】表示，个别包含多方面资料的条目则在文内用楷体标题表明各段资料的主题。

三、《广东科技年鉴》（2014年卷）在保持基本框架相对稳定的前提下，对部分内容进行了更新、调整、充实。其中："科技政策与投入"篇目根据2013年度相关工作调整进行整合，设置"科技政策法规及软科学研究""科技人才"和"科技计划项目"三个类目，分别在各类目下介绍科技政策法规和软科学研究计划，创新科研团队、高层次专业技术人才队伍和科技干部，科技计划和重大科技专项的情况；"地市科技概况"类目下新增"全国县（市）科技进步考核"使该部分内容更丰富详实。

四、《广东科技年鉴》（2014年卷）主要记录2013年度广东科技工作的进展，部分内容和数据涉及2013年度前的情况，以求查阅和对比方便。

五、本年鉴记事的起止时间为2013年1月1日至12月31日，凡未明确标注年份的内容，均指2013年。

六、本年鉴所刊载的内容和资料，分别由有关省直单位、高等院校、科研院所、企业、各地级以上市科技局、省科技厅机关各处室及厅属各单位提供，并经各级主管部门审定。

七、本年鉴统计数据均经撰稿单位与统计部门核对，某些对应指标数据在上卷刊出后作了调整的，以本卷刊出的数据为准；标点符号、数字用法、计量单位和各种专业术语等，均依照国家最新编辑出版规范和行业规定。

八、为避免交叉重复，部分稿件内容经综合归类合并后，采用联合署名；有的在编排时进行详略处理，注明详见某处；对部分机构、会议、活动、文件等名称，在本分目首次出现使用全称，以后出现使用简称。

九、《广东科技年鉴》（2014年卷）的编纂出版得到了各有关单位、撰稿人及社会各界的大力支持，在此深表谢意。本书疏漏之处，敬请广大读者批评指正。

《广东科技年鉴》编辑部

2015年8月

《广东科技年鉴》（2014年卷）
编辑委员会

编辑部

目　录

研究、开发及科技成果产业化

现代产业体系建设

农业科技发展

社会发展领域科技进步

科技发展资源、环境和条件

科协、科技社团及科技普及、宣传

区域科技创新发展

附　录

Table of Contents

Overview

Science and Technolgoy Policy and Investment

Science and Technology Innovation System Construction

Industrialization of Research, Development, Science and Technology Achievements

Modern Industrial System Construction

Agricultural Science and Technology Development

Science and Technology Progress of Social Development

Resource, Environment and Condition of Science and Technology Development

Sciences Associations, Science and Technology Groups, Science and Technology Popularization and Promotion

Regional Science and Technology Innovation Development

Appendix

综述

广东科技工作综述

2013年，广东科技工作坚持以科学发展观为指导，紧紧围绕“三个定位，两个率先”总目标，深入实施创新驱动发展战略，大力发展创新型经济，着力优化创新环境，推动自主创新工作取得新进展、新突破，区域创新能力显著增强，逐步构建起以企业为主体、市场为导向、产学研相结合的具有广东特色的开放型区域创新体系。

【自主创新能力建设】 2013年，广东省区域创新能力综合排名连续6年位居全国第2。在5个一类指标中，创新环境、创新绩效名列全国第1，企业创新能力名列第2，知识创造和知识获取能力分别位居全国前列。创新投入与专利产出进一步增长，全年全社会研发（R&D）经费达1 443.45亿元，R&D经费占GDP比重达2.32%。专利产出稳步增长，全年全省发明专利申请量达68 990件，同比增长14.1%；有效发明专利拥有量位居全国第1；PCT国际专利申请量突破1万件，占全国的1/2强，稳居全国首位。科技人才队伍进一步壮大，全省从事研发人员达65.24万人，人才规模保持全国第1；获得国家“973计划”首席科学家项目8项，连续5年实现丰收。牵头承担的国家重大科技项目继续呈现增长态势，全球运算速度最快的超级计算机“天河二号”落户国家超级计算广州中心并投入使用。全年获得国家自然科学基金项目经费超过13.7亿元；在高新技术领域获得中央财政资金超过10亿元；国家和省、市（区）科技型中小企业技术创新基金规模超过7.5亿元，创历年之最。获得2013年度国家科学技术奖28项。广东县市科技进步考核通过率从2003年的26%上升到了2013年的72%，呈现出快速提升的良好态势。

【现代产业体系建设】

高新技术产业　2013年，全省22个高新区年营业总收入达2.4万亿元，同比增长20.6%；实现工业增加值5 500亿元，同比增长25%。全省高新技术产品产值达4.5万亿元，同比增长15%。全省高新技术企业总数达7 374家，排名全国第2。高新区“创业孵化—加速—集群”的内生增长模式逐步形成。建成深圳下一代互联网、惠州云计算智能终端2个国家级创新型产业集群试点，试点数量占全国总数的1/5；新增国家级科技企业孵化器11家，数量位居全国第1，新增数量达到广东省过去20年总数的一半。

战略性新兴产业　2013年，LED产业全年产值达2 800亿元，继续居全国首位。推动珠三角9市率先完成公共照明领域应用LED照明产品工作任务，全省累计安装LED灯具超过300万盏，累计节电近15亿千瓦时。推进“国家半导体照明综合标准化示范区”建设，完成国家标准提案1项，发布地方标准4项；启动实施标准光组件计划，首批发布21个光组件产品，LED领域专利申请量近5万件，居全国首位。

传统产业　2013年，全省实施“一镇一策”行动计划和“一校一镇、一院（所）一镇”产学研特派团联动帮扶计划，一大批传统产业通过运用高新技术、先进适用技术和现代信息技术改造提升，大大推动了产品的更新换代和产业链的延伸。加快建设专业镇中小微企业九大公共服务平台，通过技术创新和现代服务，加快推进专业镇传统产业转型升级。全年新建专业镇中小微企业服务平台100家。新增省级专业镇21家，总数达到363家，实现地区生产总值超过1.85万亿元。

科技服务业　2013年，省科技厅组织召开全省科技服务超市建设现场会，大力推广深圳南山科技服务超市模式。加快培育发展科技服务机构，全省共有19家国家技术转移示范机构。加快发展技术市场，全年认定登记技术合同20 268项，合同成交总金额535.68亿元，合同成交额再创新高，比2012年大幅增长44.9%，其中技术交易额为514.51亿元，比2012年增长61.5%。支持办好广州留交会、深圳高交会、东莞国际科技合作周、惠州云博会等重大科技服务平台。

【国内外创新资源整合】

省部院产学研合作　2013年，广东省与中科院、中国电子科技集团公司、浙江大学等签订战略合作框架协议，加快集聚国家重要创新资源。新建产学研合作研究院11家，院士工作站34家，企业产学研合作创新平台52家，全省各类产学研合作技术创新平台总数超过1 600家；新增企业科技特派员555名，累计7 290多名，形成科技特派团效应。积极实施“走出去”战略，组织本省企业北上与清华大学、北京理工、四川大学、上海交大等多所名校开展校企对接活动，促使一批重点高校的科研成果入粤转移转化。截至2013年年底，省部院产学研合作全年实现产值2 600亿元，利税260亿元。

国际和区域科技合作　2013年，中乌巴顿焊接研究院建设工作进展顺利，为本省核电、船舶、航空、机械、海洋工程、生物医疗等产业的技术创新发挥重要作用。东莞“国家级环保与水处理国际创新园”、广州“国家级科技服务国际创新园”的基础建设和“招科引资”工作稳步推进。协调推进佛山中德工业园、揭阳中德生态金属园等国际合作园区建设并取得新进展。推动完善粤港科技合作机制，加快推进“粤港创新走廊”建设。牵头组织“内蒙古·广东科技交流合作周”工作，签约金额3 630多亿元，推动两地进入经济社会全面合作新时代。

【科技创新平台建设】　2013年，广东省成为省部共建国家重点实验室建设工作的首家试点单位，新增2家省部共建国家重点实验室，国家重点实验室累计达到21家。新建了16家省重点实验室，累计达196家，基本覆盖了电子信息、生物医药与健康、新材料、环保、新能源等本省重点发展领域，涵盖了基础研究、应用基础与应用开发研究、科技成果转化整个创新链。全年共批准新组建472家省级工程技术研究中心，累计达1088家。截至2013年年底，广东共建成水稻、旱地作物、蔬菜、畜禽、南亚热带果树、热带亚热带植物等49个生物种质资源库和1个生物种质资源数据库，各类自然科学资源总数超过35万份，其中生物种质资源总数达17.6万份，与建设前的6.8万份相比显著增加。

【重大科技专项】　2013年，省科技厅继续组织实施“低碳技术创新与示范”“重大新药创制”2个省重大科技专项，重点支持了建筑节能技术和标准的研究、新型药物和医药产业公共服务平台及粤港共性技术攻关及应用的研究。根据粤港产业、科技紧密合作的特点，以粤港共性技术联合招标的方式来组织重大科技专项项目，重点支持集成电路设计技术、现代物流技术和现代技术外包公共服务平台，以及制造业信息化、先进制造、新材料与纳米技术等共性技术攻关，着力提升粤港两地产业的核心竞争力。

继续深入推进在省八大战略性新兴产业领域的核心关键技术攻关工作；推进商业模式创新，在LED照明产品、低碳技术创新、“数控一代”机械产品、低成本创新医疗器械产品、农村信息直通车等领域，加快推进重大创新成果的示范推广和市场应用。“十二五”以来，省财政累计投入约35亿元组织实施各类省重大科技计划项目，有力促进全省新兴产业发展和传统产业转型升级。据统计，专项带动辐射全省新兴产业发展规模超过6 000亿元。

【科技服务社会民生】

农业、农村科技创新　针对制约广东农业产业发展的关键技术环节，广东省重点发展植物种业创新、动植物病虫害防护关键技术、农产品与食品加工关键技术、食品安全关键技术和现代农业产业关键技术，支持35个项目开展共性关键技术专题研究，培育29个农业科研创新团队。开展农村科技特派员科技服务和创业行动，截至2013年年底，本省农村科技特派员与农民建立利益共同体477个，开展试验示范和技术培训7 660次，开展基层科技服务3.9万次，接受基层科技服务的企业有6 845个，推广农业科技成果、新品种、新技术、新工艺1 622个，推广先进农业和农村适用技术3 904项，推广和转化了一批先进实用的农业技术成果。

创新医疗器械产品应用示范工程　深入推进低成本创新医疗器械产品应用示范工程，在粤东西北和珠江三角洲开展基层医院“全覆盖”远程医疗服务试点和创新医疗器械产品示范，确定56家试点单位。通过在试点医疗机构配置彩色超声多普勒诊断仪、数字化X射线机，建立远程医学技术网络系统和远程健康监护服务体系，显著提升基层医疗机构的设备配置水平。尝试可持续实施模式，引入企业扶贫资金，引导地方政府资金和社会资金投向民生领域。

突发事件应急技术研究　以组建省突发事件应急技术研究中心为主要抓手，支持防灾减灾核心技术研发，开展应急技术、人才的前瞻性储备。截至2013年年底，全省已组建的24家省突发事件应急技术研究中心，在协助政府应对突发事件中发挥了积极的作用。如依托华南农业大学组建的禽流感监测、预警及快速诊断应急技术研究中心和依托省疾控中心组建的新发传染病病原学检测技术研究中心，在应对2013年H7N9亚型禽流感突发事件中为省政府提出系列科学合理建议，及时了解本省现状、协助处理首例病例，有效地稳定了本省防疫形势。

【科技体制改革】

科技管理制度改革　开展省级科技业务管理“阳光再造”行动。完善项目管理制度，出台省科技计划项目合同书、项目结题管理等实施细则，规范科技计划立项程序和评价体系，建立“项目查重系统”，加强科技计划项目管理内部专报制度。探索建设专家库，完善评审专家信用评价制度。全面实施重点重大科技项目预算评审制度，推进实施科技项目财务验收制度，加快完善科技项目经费监管机制。

科研体制改革　推进省属四大科研机构建设，省科技服务业研究院机构编制方案获省编委批复，研究院建设实现重要进展。落实国家扶持民办非企业科研单位财税优惠政策，加大对新型科研机构的扶持力度，保障新型科研机构的健康发展。促进高校、科研院所和企业科技资源的整合优化和共建共享，全省大型科学仪器协作共享平台建设迈上新水平。

【自主创新环境建设】

科技创新配套政策　加快完善《广东省自主创新促进条例》配套政策，出台配套政策7项，成稿及拟出台的9项。积极落实企业研发费用税前扣除、高新技术企业税收优惠等国家财税优惠政策成效显著，帮助企业减免税收超过100亿元。

创新科研团队和人才引进　成功引进广东省第4批34个创新科研团队，汇聚海内外高层次人才200多人；启动实施粤东西北人才发展帮扶计划（扬帆计划），引进12个创新创业团队，汇聚高层次人才60多人。新增两院院士4人，长江学者12人，国家杰青10人，“千人计划”入选者39人，“中科院百人计划”入选者12人等一批学术带头人。

科技与金融结合　出台《广东省人民政府办公厅关于促进科技和金融结合的实施意见》，推动试点地区探索科技金融结合新模式。改组成立广东省粤科金融集团有限公司，成立天使投资基金，设立粤科科技小额贷款和粤科科技融资担保公司，以国家级高新区为重点，积极开展业务工作。联合省直部门发布《关于省级民营科技园认定的管理办法》，有力推进民营科技园“三资融合”模式建设工作。

创新文化建设　成功举办第2届中国创新创业大赛（广东赛区）暨首届“珠江天使杯”科技创新创业大赛，优化全省创新创业氛围。加强科技宣传阵地和载体建设，成功举办第22届全省“科技进步活动月”。广东科学中心发挥科普创新平台作用，全年共接待公众150万人次。

（广东省科学技术厅办公室　陈锡强）

领 导 讲 话

在广东省科学技术奖励大会暨全省科技工作会议上的讲话

——中共广东省委副书记、广东省省长 朱小丹

（2013年2月25日）

同志们：

今天，我们在这里隆重召开广东省科学技术奖励大会暨全省科技工作会议，认真贯彻落实党的十八大、习近平总书记视察广东重要讲话、全国科技工作会议和省委十一届二次全会精神，表彰获得2012年度广东省科学技术奖的科技工作者，总结过去五年我省科技工作情况，并对今年的科技工作进行部署。在此，我谨代表省委、省政府向获奖单位和个人表示热烈的祝贺！希望大家再接再厉，团结带领全省科技工作者为建设创新型广东做出更大贡献。刚才，云贤同志作了全省科技工作报告，省科技厅作了获奖评审工作报告，获奖代表梁荣佳同志作了发言，都讲得很好，我都赞同。下面，我讲两点意见：

一、认清形势，坚定信心，进一步增强实施创新驱动发展战略的责任感和紧迫感

过去五年，是我省经受住各种困难和风险考验，坚定不移推动科学发展，在改革开放和现代化建设中取得新成就的五年，也是我省科技事业蓬勃发展、科技创新成效显著的五年。五年来，我省深入贯彻落实党中央、国务院关于推进自主创新和科技进步的决策部署，广泛聚集国内外创新资源，推动全省科技工作实现跨越式发展，为支撑引领经济社会全面协调可持续发展奠定了坚实基础。突出体现在以下四个方面：

一是科技创新在抵御国际金融危机冲击中发挥了关键作用。面对国际金融危机带来的极其严峻复杂的国内外经济形势，全省科技系统坚决落实中央和省委、省政府的决策部署，迅速组织实施“十大创新工程”，全面推进省部院产学研合作，狠抓高新区和专业镇两大载体建设，加快培育发展战略性新兴产业，细化落实国家对企业创新扶持政策，大大提高了我省企业和产业的创新能力与抗风险能力。五年来，全省高新技术产业逆势上扬，产品产值年均增长16%，2012年突破4万亿元。LED等战略性新兴产业快速发展，2012年实现增加值2 651亿元。特别是21个高新区以占全省0.2%的土地面积创造了全省约1/6的工业增加值和出口额，342个专业镇占全省生产总值的比重从2007年的24%上升到2012年的32%，有力支撑了全省经济平稳较快发展。

二是科技创新在加快产业转型升级中发挥了核心推动作用。自2008年起，我省区域创新能力连续五年稳居全国第1梯队。2012年全省发明专利授权量达22 153件、数量居全国第1，PCT国际专利申

请受理量占全国半壁江山。技术自给率达68%，接近发达国家和地区70%的水平。特别是省部院产学研合作7年来，吸引了全国640多所高校、科研机构的2.5万多名专家、教授来粤开展形式多样的产学研合作，组织实施合作项目2万多项，助力企业和行业不断推出新工艺、新产品，开拓新市场，显著提升了企业竞争力，有力支撑和引领了全省产业转型升级。

三是科技创新在建设幸福广东中发挥了不可缺少的重要作用。坚持把民生科技摆在突出位置，在推进农村信息直通车、推动中医药创新发展及现代化、实施“临床医学”民生科技专项、开展创新医疗器械产品应用示范、建设防灾减灾社会公益技术体系等方面取得显著成果。五年来，全省共颁发省科学技术奖1 371项，其中在社会民生和“三农”领域颁发的奖项多达593项，占获奖总数的43.3%。特别是突破了生态环境、人口健康、食品安全、公共安全等领域的一批关键技术，有效提升了科技支撑和服务社会发展的能力。

四是广东科技在国家创新发展大局的地位实现了重大提升。五年来，我省在争取国家科技项目经费、牵头承担国家重大项目、承担国家大科学建设工程、培育发展新型科研机构、构建具有广东特色的创新政策法规体系等方面都取得重大突破，显著提升了广东在国家创新发展大局中的地位。一批具有世界竞争力的新型科研机构相继涌现，在超材料、中微子、基因组、干细胞等重大原始创新领域跻身国际领先水平。散裂中子源、中微子实验、超级计算中心等重大科学工程先后落户我省，基础研究水平和能力大为提升，获“973计划”首席科学家项目数为前11年的3.5倍，推动我省快步迈入创新驱动发展的新阶段。

总之，过去五年我省科技工作的扎实有效推进，为加快转型升级、建设幸福广东做出了重要贡献。这些成绩的取得，是在省委、省政府的正确领导下，全省科技战线广大干部职工团结拼搏、开拓创新、真抓实干的结果。借此机会，我代表省委、省政府，向大家表示衷心的感谢和诚挚的问候！

同时，我们也要清醒地看到，我省科技创新发展仍然存在各种不足和问题：自主创新仍是突出短板，创新能力与产业转型升级的要求还不相适应，高层次创新人才结构性短缺，核心技术供给不足；多主体协同创新的体制机制尚未健全，高校、科研院所和企业合作的利益分配、知识产权共享、人才流动等机制有待完善；全省科技区域发展不平衡问题较为突出，县（区）科技管理队伍力量较为薄弱，基层科技服务网络不健全等。对此，我们必须高度重视，采取更加有力措施认真加以解决。

当前，我省正进入经济社会深刻转型变革、实现“三个定位、两个率先”总目标的关键阶段。广东发展机遇与挑战并存，机遇大于挑战。当今世界，新科技革命和产业变革方兴未艾，深刻改变着国际经济社会的发展格局。党中央、国务院和省委、省政府对科技进步与创新高度重视、寄予厚望。党的十八大明确提出要实施创新驱动发展战略，强调科技创新是提高社会生产力和综合国力的战略支撑，必须摆在国家发展全局的核心位置。习近平总书记去年底视察广东期间强调，谁能在创新上下先手棋，谁就能掌握主动。我们要大力实施创新驱动发展战略，加快完善创新机制，全方位推进科技创新、企业创新、产品创新、市场创新、品牌创新，加快科技成果向现实生产力转化，推动科技和经济紧密结合。省委十一届二次全会强调，要突出创新驱动，发展创新型经济，增强产业核心竞争力。这为我们做好新形势下科技工作进一步指明了方向，也提出了新的更高要求。我们要认真贯彻落实党中央、国务院和省委、省政府的决策部署，坚定必胜的信心和决心，以高度责任感和紧迫感，解放思想，改革创新，凝聚力量，攻坚克难，奋力开创广东科技创新新局面。

二、紧紧围绕“三个定位、两个率先”总目标，加快推动广东科技工作实现新一轮大发展

今后五年，是我省率先全面建成小康社会、率先基本实现社会主义现代化极为关键的时期，也

是提高自主创新能力、建设创新型广东的冲刺阶段。全省科技工作的总体思路是：紧紧围绕主题主线和“三个定位、两个率先”的总目标，推进产业发展、知识创新和服务民生三大重点任务，完善开放型区域创新、现代产业技术支撑、社会发展科技服务和自主创新政策法规四大体系建设，优化珠三角、东西两翼以及粤北山区科技资源三大空间布局，形成立足广东、服务全国、面向世界的自主创新新格局，在全国率先建成创新型省份，成为全国创新型区域、国家战略性新兴产业基地、亚太地区重要的创新中心和成果转化基地，走出一条具有广东特色的自主创新新路子。今年是贯彻落实党的十八大和习近平总书记视察广东重要讲话精神的开局之年，做好今年的科技工作至关重要。要突出抓好以下七个方面的工作：

（一）加快完善区域创新体系。要针对我省不同地区发展的实际，努力构建创新型广东建设新格局。一方面，要加快完善以珠三角地区为中心的开放型区域创新体系。充分发挥珠三角地区在市场机制、产业配套和法制环境等方面的优势，继续组织实施各类重大科技专项，加快引进创新团队和人才，优化重大创新平台布局，加快完善科技服务体系，争取更多的国家创新资源落户，推动珠三角成为亚太地区开放型区域创新中心和成果转化集散地。另一方面，要大力实施以粤东西北地区为重心的区域科技协调发展计划。围绕产业链部署创新链，通过珠三角地区的产业转移和科技辐射，推动东西北地区与珠三角地区创新对接合作。在东西北地区布局建设一批以高新区、产业转移园、农业科技园、民营科技园等为重点的科技创新载体，在各地实施一批支撑当地支柱产业发展的重大科技项目，推动东西北地区加快提升科技创新能力。

（二）大力发展创新型经济。发展创新型经济必须全方位推进科技创新、企业创新、产品创新、市场创新、品牌创新，推动经济增长从要素驱动为主向创新驱动为主转变。力争通过3～5年的努力，全省创新型经济规模超过3万亿元，占国民经济生产总值50%以上，推进经济结构战略性调整，加快形成更具国际竞争力的经济发展新模式。一要突出培育创新型大型骨干企业。要坚持以企业为主导深化产学研合作，完善支持企业创新的各项政策，引导各类创新要素向企业集聚。实施创新型企业“院线提升计划”，着力推动创新型企业尽快成长为规模超100亿、500亿、1 000亿元的大型骨干企业，争取在高技术产品研发和市场开拓上取得重大突破。与此同时，要建立民营科技企业数据库和创新平台，加大力度支持科技型中小企业发展。二要实施省重大科技专项与核心技术攻关。加强高端新型电子信息、新能源汽车、半导体照明、生物医药等战略性新兴产业核心关键技术攻关，强有力组织更多处于产业链高端、具有重大带动作用的核心关键技术攻关，为发展创新型经济提供有力支撑。与此同时，要加强商业模式创新，加快新能源汽车、LED照明产品、“数控一代”机械产品等重大创新成果的产业化和推广应用。三要加强高新区和专业镇建设。要全面推动高新区二次创业，加快建设战略性新兴产业基地和先进制造业基地，打造创新型产业集群，助推全省经济结构调整。重点推进深圳移动互联网、惠州云计算智能终端、中山健康科技园和广州北斗卫星导航等省级以上创新型产业集群建设试点。要通过“推进产业技术创新”和“完善综合服务平台”两大抓手，完善专业镇创新服务体系，助推专业镇中小微企业加快发展，促进专业镇产业加快转型升级。

（三）广泛集聚国内外创新资源。实践证明，在开放合作中推进科技创新，对于突破我省创新资源瓶颈、快速提升自主创新能力、促进产业转型升级，具有重要作用，必须毫不动摇坚持下去。一要深化省部院产学研合作。完善省部会商机制，争取更多的国家重大科学工程和科技项目落户广东。积极推进广州超算中心、散裂中子源、大亚湾中微子实验室（二期）、国家基因库等大科学工程建设，增强我省创新实力。加强与全国重点高校、科研院所的产学研对接活动，组织实施一批重大项目和新技术、新产品示范应用工程。二要加强国际科技交流合作。重点推进与美国、欧盟、以色列等的合作，有效利用全球创新资源。加快建设中乌巴顿焊接研究院、东莞中以产业园、广州国家现代服务业国际创新园和佛山“中德工业服务示范区”等重大国际合作平台。加强粤港澳台科技产业合作，推进粤港创新走廊建设。三要构建人才引进使用和管理工作新局面。认真做好省第4批创新科研团队引进、国家创新人才推进计划等工作，着力引进培养一批具有原始创新能力的科技人才。充分利用各级实验室体系、工程技术中心、新型科研机构等行业公共平台，多渠道培养壮大我省产业技术人才。加快完善各类人才的评价考核制度、激励机制和评价标准，全力营造良好创新创业环境。

（四）大力发展民生科技。让科技成果惠及广大人民群众是科技事业发展的重要使命，促进民生改善是科技工作的本质要求。要大力推进人口健康、公共安全、资源环境、防灾减灾等重点领域科技工作。深入推进创新医疗器械产品应用示范工程，提高县区卫生机构的设备配置水平。加强社会管理科技创新，强化社会安全、食品安全以及应急装备研发，提高社会管理科学化水平。实施节能减排创新行动，加强资源保障、节能减排、重大水利工程等方面的集成创新与应用。扎实推进可持续发展试验区建设，促进生态文明建设。与此同时，要大力加强农业科技创新。我省已经进入依靠科技进步促进农业发展的历史新阶段，科技创新已成为发展现代农业的根本动力。要加强农业科技创新和物质技术装备建设，完善基层农业技术推广体系，发展现代农业科技园区，培育扶持一批创新型农业龙头企业，扎实推进国家农村信息化示范省建设，提升农村信息化水平。

（五）深化科技体制改革。科技体制改革是破解科技创新发展难题的强大动力。一要加快推进科技管理体制改革。全面实施《广东省省级科技计划管理改革实施方案》，加快形成新型科技计划管理体系。加强对国家和省级重大科技计划项目的统筹协调，分类指导区域协同发展。二要深化科研体制改革。以组建工业、农业、社会发展和科技服务业等四大主体科研机构为重点，深化省属科研机构改革，充分发挥省属科研机构在科技创新中的骨干作用。大力扶持深圳光启、华大基因、广州华南新药创制中心、东莞华中科大工研院等新型科研机构发展，力争在源头技术创新上实现新的重大突破。三要创新科技服务发展体制机制。大力发展科技中介服务机构，扶持一批科技服务骨干企业，加快建设省科技服务业研究院和广东现代服务交易中心。

（六）促进科技、金融、产业融合发展。广东拥有发达的实体经济、雄厚的金融资源，推动科技、金融、产业融合发展，是我省提高自主创新能力、加快转型升级的重要途径。要加快形成以政府投入为引导、企业投入为主体、社会资本以及风险资本积极参与的多元化科技投入体系。尽快制定出台《广东省促进科技金融结合的实施意见》，进一步完善科技信贷、创业投资及服务体系建设等方面的优惠政策。积极建设多层次资本市场，大力培育发展创业投资、风险投资和私募股权投资，引导金融资本进入科技创新和高科技产业领域。积极探索知识产权质押、科技保险、集合票据、投贷联合等科技金融新路子，支持科技型中小企业融资上市。推进“广佛莞”和深圳国家科技金融结合试点工作。

（七）加强组织领导，为实施创新驱动发展战略提供有力保障。各级政府、各有关部门要从全省经济社会发展大局出发，把科技工作摆在更加突出的位置来抓，进一步增强实施创新驱动发展战略、人才强省战略，建设创新型广东的责任感和紧迫感。要深入实施改善创新环境五年行动计划，加快制订自主创新条例的配套政策文件，完善政府创新投入的统筹使用、监督管理和绩效评估制度。深入开展“全省科技进步活动月”、群众性创新活动等，培育创新意识、发展创新文化，激发全社会的创新活力，形成崇尚科学、尊重知识、勇于创新、爱护人才的良好社会风尚。

同志们，全面实施创新驱动发展战略，加快提升我省自主创新能力和产业核心竞争力，是新时代赋予我们的光荣使命。让我们紧密团结在以习近平同志为总书记的党中央周围，在省委的坚强领导下，进一步解放思想、攻坚克难、真抓实干、不辱使命，为加快建设创新型广东，率先全面建成小康社会、率先基本实现社会主义现代化而努力奋斗！

谢谢大家。

在全省科技工作会议上的工作报告

广东省副省长　陈云贤

（2013年2月25日）

尊敬的小丹省长、木声常委，同志们：

根据会议安排，现在我就五年来全省科技发展情况和今年工作安排作一个简要报告。

一、五年来全省科技工作回顾

过去五年，我省深入贯彻落实科学发展观，牢牢把握“主题主线”和加快转型升级、建设幸福广东的核心任务，将科技和自主创新作为加快转型升级的核心推动力来抓，加快创新型广东建设步伐，有力支撑引领全省经济社会平稳较快发展，促使科技工作在全省发展大局中实现了从“配角”到“主力军”、从“演员”到“执行导演”的重大转变。主要体现在以下五个方面：

（一）区域创新能力显著提升。自2008年起，广东区域创新能力综合排名连续五年位居全国第2，现已基本进入创新型地区行列。全省技术自给率从53.9%上升到68%，R&D经费占GDP比重从1.3%提高到2.1%，超过全国平均水平；R&D人员从19.95万人增加到45万人；发明专利授权量达22 153件，增长21.4%；PCT国际专利申请受理量达9 211件，占全国的50.8%；专利密度达751件/百万人，均居全国前列。原始创新能力厚积薄发，5年共获“973计划”首席科学家项目37项，为前11年的3.5倍；中国散裂中子源、中国超算中心、大亚湾中微子实验室等大科学工程纷纷落户我省，一批具有世界竞争力的新型科研机构相继涌现，标志着广东在国家创新发展大局中的地位实现了重大提升。

（二）科技支撑产业结构优化升级成效显著。一是以高新区为载体，创新型产业集群建设加快推进。2012年，全省21个高新区营业总收入达2万亿元，同比增长19%；实现工业增加值5 000亿元，同比增长21%。高新区以占全省0.2%的土地面积，创造了全省约1/6的工业增加值、1/6的出口额、1/3的高新技术产品产值。二是战略性新兴产业加快发展。2012年，全省高新技术产品产值预计达4万亿元，同比增长17.3%；其中，LED等八大战略性新兴产业实现工业增加值2 651亿元，占规模以上工业的12.1%，成为推动全省经济发展的重要引擎。三是以专业镇为载体，传统优势产业加快转型升级。实施“一镇一策”行动计划，出台《关于依靠科技创新推进专业镇转型升级的决定》《关于加快专业镇中小微企业服务平台建设的意见》等文件，大力建设专业镇中小微企业服务平台，推进专业镇技术创新和集聚发展。截至2012年年底，全省专业镇数量达342个，实现地区生产总值从2007年的7 650亿元上升到2012年的约1.8万亿元。

（三）国内外优质创新资源聚集效应显著。一是省部院产学研合作成果丰硕。开展省部院产学研合作以来，省级财政投入28亿元，带动地市财政投入120亿元，社会及企业投入达1 000亿元，吸引全国640多所高校、科研机构的2.5万多名专家、教授来粤开展了形式多样的产学研合作，组织实施合作项目2万多项，累计实现产值1.2万亿元，利税1 700多亿元，获得专利2.8万多件，为企业培养技术和管理人才9.1万人。二是国际科技合作取得新进展。以“哑铃型”国际科技合作模式为切入点，推动国外高端创新资源与我省产业需求紧密对接，先后与白俄罗斯、乌克兰等独联体国家以及以色列、德国等发达国家建立长效合作机制。三是高层次创新人才引进工作扎实有效。省财政资金累计投入14.95亿元，带动地市财政和社会投入80多亿元，顺利引进3批共57个创新科研团队和49个领军人物，集聚各类创新人才近6 000人，为广东带来一大批产业发展急需紧缺的关键核心技术。

（四）关键共性技术实现重要突破。5年来，我省积极创新科技管理模式，集中优势资源实施省级重大科技专项，累计投入省财政专项资金14.2亿元，带动相关支柱产业实现产值1 200亿元以上，在节能减排、新药创制、电子信息、轻工装备、家电等领域突破一批制约产业发展的技术瓶颈。特别是2011年以来，省财政投入30亿元开展战略性新兴产业核心技术攻关专项行动，有望取得一批拥有自主知识产权的核心技术和装备，掌握战略性新兴产业发展的主动权。同时，加强商业模式创新，在LED、“数控一代”机械产品、建筑节能等领域实施创新应用示范工程，推动重大创新成果加快产业化。

（五）自主创新政策体系日益完善。2008年以来，我省先后出台《广东自主创新规划纲要》《广东省建设创新型广东行动纲要》《关于加快高新技术产业开发区发展的意见》等重要政策文件，颁布我国首部自主创新地方性法规——《广东省自主创新促进条例》，并制定了一系列的配套政策文件，形成覆盖创新链的政策法规体系。落实企业研发费扣除额累计超过750亿元，帮助企业减免税收累计超过180亿元，加速了科技与产业紧密结合。

总之，过去五年我省科技工作取得了显著成绩，为经济社会平稳较快发展提供了强大的科技支撑，为加快建设创新型广东积累了宝贵经验。但我们也清醒地看到，我省科技工作还存在一些薄弱环节：高端人才仍较为缺乏，核心技术供给不足；多主体协同创新的体制机制还不够健全，科技与金融结合还不紧密；科技区域发展不平衡问题较为突出，基层科技管理队伍建设有待加强等。对这些问题要高度重视，采取有力措施认真加以解决。

二、2013年科技工作重点

2013年我省科技工作的总体要求是：深入贯彻落实科学发展观，全面贯彻党的十八大、习近平总书记视察广东重要讲话、全国科技工作会议和省委十一届二次全会精神，牢牢把握“主题主线”和加快转型升级、建设幸福广东的核心任务，按照“大科技、大开放、大合作”的发展思路，积极实施创新驱动发展战略，大力发展科技产业，为实现“三个定位、两个率先”的总目标提供强大的科技支撑。重点将抓好以下七项工作：

一是深化科技体制改革。完善企业主导产业技术创新的体制机制，推动企业加快成为技术创新、研发投入和成果转化的主体。扶持民营科技型企业做强做大。推进科技管理体制改革。完善科技计划项目经费管理制度。推进省主体科研机构建设，重点建设省科技服务业研究院。大力培育发展新型科研机构。

二是加强高新区和专业镇建设。加快推进一批国家级创新型产业集群建设试点，通过打造创新型产业集群和完善科技服务体系实现高新区二次创业。深入实施“一校（院、所）一镇”产学研帮扶计划，重点推进专业镇生产力促进中心等九大平台建设，推动专业镇技术创新和服务创新。

三是深化省部院产学研合作和国际科技合作。完善省部会商机制，推动省部院产学研重大创新平台和大科学工程建设，省市联动组织实施一批产业共性技术重大创新项目。实施“校镇”协同创新人才计划和企业科技特派团行动。探索推广华南理工大学“前孵化器”模式。拓宽产学研合作领域，深化与央企所属科研院所、国防科工系统的合作。加强国际和区域科技合作，聚集全球科技创新资源。

四是推进产业核心关键技术攻关。积极承担国家重大科技专项和“973计划”“863计划”等高端前沿科技项目。继续实施省重大科技专项，加快推进战略性新兴产业核心技术攻关，积极引导参与制定新兴产业的国家和国际标准。加强技术集成、工艺创新与商业模式创新，重点在LED产品、建筑节能、“数控一代”机械产品等领域实施创新应用示范工程。

五是完善科技服务体系。大力发展科技中介服务机构，扶持一批科技服务骨干企业。支持专业科技服务机构在专业镇、高新区、产业转移园等设立分支机构。加快建设广东现代服务交易中心，使其成为现代服务产品“超市”。推动深圳前海、广州南沙及珠海横琴等粤港澳科技服务合作集聚区建设。加快科技金融服务平台建设。

六是加大科技服务民生力度。组织实施一批社会发展科技项目和示范工程，重点推进创新医疗器械产品应用示范工程。加大科技服务生态文明建设力度，实施节能减排、水气污染联防联控等行动。加强农业科技创新，依托“农村信息直通车”工程，深入开展“国家农村信息化示范省建设试点”工作。

七是全面优化创新创业环境。加快制定《广东省自主创新促进条例》配套政策，完善自主创新政策体系。做好第4批创新科研团队和领军人才引进、省杰出青年基金项目等工作，启动实施广东省高层次人才特殊支持计划。促进科技与金融相结合，引导更多的社会资本投入科技创新。加强科技与文化相结合。

同志们，新时期对科技工作提出了新的更高要求。让我们在省委、省政府的正确领导下，凝聚共识，振奋精神，全力以赴推进科技创新各项工作，为加快创新型广东建设，率先全面建成小康社会、率先基本实现社会主义现代化做出新业绩！

谢谢大家。

重大会议和重大科技活动

广东省科学技术奖励大会暨全省科技工作会议

2013年2月25日，省委、省政府在广州召开广东省科学技术奖励大会暨全省科技工作会议。省委副书记、省长朱小丹出席会议并要求，在全国率先建成创新型省份，力争通过3～5年，全省创新型经济规模超过3万亿元，占国民经济生产总值的50%以上。副省长陈云贤作全省科技工作报告。

朱小丹代表省委、省政府对过去5年全省科技工作所取得的成绩给予充分肯定。朱小丹指出，今后5年是广东省深化改革开放、加快转变经济发展方式的攻坚时期，也是提高自主创新能力、建设创新型广东的冲刺阶段。本省进一步推进科技进步和创新发展正面临一系列新形势、新要求，机遇与挑战并存，机遇大于挑战。

朱小丹强调，广东科技工作必须紧紧围绕主题主线和“三个定位、两个率先”总目标，在全国率先建成创新型省份，成为全国创新型区域、国家战略性新兴产业基地、亚太地区重要的创新中心和成果转化基地，走出一条具有广东特色的自主创新新路子。

朱小丹要求，2013年是贯彻落实党的十八大和习近平总书记视察广东重要讲话精神的开局之年，做好当年科技工作至关重要。全省科技工作要推进产业发展、知识创新和服务民生三大重点任务，完善开放型区域创新、现代产业技术支撑、社会发展科技服务和自主创新政策法规四大体系建设，优化珠三角、东西两翼以及粤北山区科技资源三大空间布局。要重点加快完善区域创新体系，大力发展创新型经济，广泛集聚国内外创新资源，大力发展民生科技，深化科技体制改革，促进科技、金融、产业融合发展。同时加强组织领导，为实施创新驱动发展战略提供有力保障。

会议颁发2012年度广东省科学技术奖共计280项，其中特等奖2项，一等奖29项，二等奖80项，三等奖169项，特等奖由“佛山一环快速干线工程建设与管理创新实践”项目、“专业镇中小微企业科技服务体系的创新与实践”项目获得。这批获奖项目中，共获得授权发明专利619项，比上年增加20.8%，获得其他知识产权609项；企业独立承担或参与完成的170项，占获奖项目总数的60.7%，其中企业以第1完成单位完成的项目119项，占企业获奖项目的70.0%，比上年提高了8.1个百分点；属于农业科技、重大疾病防治、食品安全、防灾减灾、节能环保等民生领域的成果117项，占获奖项目总数的41.8%。

（广东省科学技术厅科技服务与管理处　王雅文）

广东省LED照明技术及产品推广应用联席会议

2013年4月10日，省政府在广州召开省LED照明技术及产品推广应用联席会议，通报LED照明产品推广应用工作情况，研究解决推广应用过程中存在的问题，部署下一步工作。省科技厅等联席会议组成成员、省政府机关事务管理局、佛山市人民政府以及南方电网相关负责人参加了本次会议。副省长陈云贤出席并讲话。

会上，省科技厅领导通报了全省推广应用LED照明产品工作情况及下阶段工作计划。自2012年省政府印发《广东省推广使用LED照明产品工作方案》以来，全省各地形成了你追我赶、创优争先的良好局面，总体工作进展顺利。截至2012年年底，全省累计推广使用LED路灯近80万盏，室内LED照明产品超过200万盏，示范路段超过10 000公里，示范规模和建设进度在全国名列前茅。

省领导充分肯定了广东省前一阶段推广应用LED照明产品所取得的成绩，强调LED产业是广东省培育发展战略性新兴产业的三大突破口之一，大力推广应用LED照明产品，既是进一步激活消费市场、促进本省LED产业快速发展、推动产业结构优化升级的重要举措，也是突破节能减排和能源紧缺瓶颈、促进绿色低碳发展的有效途径，对本省全面实现转型升级意义重大。各地市、各部门要乘势而上，加大创新力度，扎实做好LED照明产品推广应用工作，推动LED产业又好又快发展。2013年要着重做好以下工作：一是抓紧完善有关政策；二是要大力推动公共机构使用LED照明产品；三是要加强产品质量监管和技术标准建设；四是要加强宣传引导；五是要继续强化对推广应用工作的行政督导；六是要筹办好推广应用LED照明产品佛山现场会。

（广东省科学技术厅高新技术发展及产业化处 张冬蕾）

广东省数控一代机械产品创新应用示范工程现场推进会

4月25日，省科技厅在佛山召开2013年广东省数控一代机械产品创新应用示范工程现场推进会，会议总结了“数控一代”示范工程启动以来的成绩和经验，部署下一阶段的工作。中国工程院院长周济作重要讲话，广东省副省长陈云贤致辞，省科技厅领导作示范工程实施工作报告。

周济充分肯定了广东省推动“数控一代”示范工程的成绩，深刻阐述了新的工业革命形势下实施“数控一代”示范工程的重要意义。他指出，“数控一代”创新示范工程是企业发展的内在需求，要以制造业的数字化、智能化为核心，通过“工业化和信息化”两化深度融合开创中国特色的创新道路，并要求以企业为主体，通过组织创新、协同创新推进“数控一代”示范工程的实施。

陈云贤指出，“数控一代”机械产品创新应用示范工程实施以来，在广东省特色优势行业数控化关键技术和功能部件攻关、典型行业和重点区域创新应用示范以及应用和培训服务体系建设等方面均取得明显成效，对本省机械装备产业提升自主创新能力和国际竞争力，加快转型升级做出了重要贡献。当前，广东省正处于从制造大省向创新大省加快转变的重要时期。全省各地、各有关部门要认真贯彻落实国家和省有关部署要求，发挥好自身优势和特色，深化科研体制改革，广泛利用各种创新资源，大力推进协同创新，加强产学研合作，争取早日实现机械产品的全面升级换代。

2012年，广东省在特色优势行业开展数控化关键技术攻关、数控系统及数控装备新产品开发，开发100种以上专业化数控系统和100种以上数控化装备新产品；典型行业和重点区域创新应用示范建设取得了明显成效；“数控一代”培训服务体系逐步完善，建立了一系列行业数控技术综合服务平台。数控装备产业已拥有在国内占较大市场份额的优势企业、处于领先地位的主导产品和相对完善的技术研发与服务体系，形成了以珠三角为核心、辐射东西两翼的数控装备产业发展格局。2012年，全省机械装备产业工业增加值同比增长9.1%，高于全省工业的平均增速1.1%。下一步，广东省将充分发挥各部门、各地方和主要行业协会的主动性和积极性，重点推进攻克机械装备数控化关键技术和功能部件、开展重点行业应用示范、重点区域应用示范、完善技术研发和应用服务体系及优化示范工程实施环境等工作。

会上举行了佛山市南海区广工大数控装备协同创新研究院的揭牌仪式。“数控一代”机械产品应用示范城市、公共服务平台、典型企业等有关代表作交流发言。

佛山市委市政府、南海区委区政府相关领导，各地级以上市科技局（委）、国家级高新区、有关专业镇、机械装备企业、机械工程学会负责人，“数控一代”专家组以及省科技相关负责同志等150多人参加了会议。

（广东省科学技术厅高新技术发展及产业化处　黄　攀）

全省科技服务超市建设现场会

2013年4月26日，全省科技服务超市建设现场会在深圳南山召开。会议总结近年来科技服务业工作情况，交流经验，推广典型，并对全省进一步推进科技服务业发展、加快科技服务超市建设进行动员和部署。广东省副省长陈云贤出席会议并讲话，省科技厅作广东省科技服务业发展情况工作报告。全省地级以上市分管科技负责同志，21个高新区、部分专业镇负责同志，以及部分科技服务机构代表共160人参加了此次会议。

南山区科技创业服务中心在发展实践中不断摸索，丰富产品，健全服务，初步形成了南山科技服务超市建设的服务机构准入制、服务对象开放制、连锁服务网络化、专业服务系列化、特色服务品牌化的“两制三化”模式，走出了一条具有广东特色的科技服务业发展新路子，成为全省科技服务超市建设的一个标杆，为解决科技与经济“两张皮”问题、促进创新成果更好地转化为现实生产力具有重要的示范意义。

省领导强调，推动科技服务超市加快发展要着重抓好六个方面工作：一要坚持规划先行，做好科技服务超市建设顶层设计与区域布局；二要强化创新发展，完善科技服务超市体制机制；三要鼓励特色发展，积极打造超市服务品牌；四要拓宽融资渠道，加大科技服务超市建设投入力度；五要完善扶持政策，为科技服务超市建设营造良好政策环境；六要加强组织领导，为科技服务超市建设提供有力保障。

省科技厅在工作报告中总结汇报了近年来广东省发展科技服务业的主要经验做法，指出近年来全省科技服务业蓬勃发展，截至2012年年底，全省共有各类科技服务从业单位约3.5万家，服务企业超过50万家，全年实现增加值超过2 000亿元，约占全省GDP的4%；全省科技服务业研发（R&D）经费达到150多亿元，占全省R&D经费的比重达到12.5%，推动全省R&D经费占GDP比重突破2%，促进经济发展方式从投资驱动向创新驱动转变。在省委、省政府的正确领导下，全省上下共同努力，探索形成了一系列发展科技服务业行之有效的做法和经验，并就培育科技服务超市的下一步工作计划提出建议。

会前，与会议代表参观考察了南山区科技创业服务中心和深圳联合产权交易所；会上，南山区科技创业服务中心、千人计划南方创业服务中心等机构作典型发言。

（广东省科学技术厅科技服务与管理处　严军华）

首届内蒙古·广东科技合作活动周

2015年5月25日，首届内蒙古·广东科技合作活动周（以下简称“活动周”）在广州开幕，中共中央政治局委员、广东省委书记胡春华，省长朱小丹出席“活动周”启动暨签约仪式，并会见了内蒙古自治区主席巴特尔率领的内蒙古代表团。

胡春华对内蒙古代表团的到来表示欢迎，对内蒙古长期以来给予广东的关心支持表示感谢。他说，近年来，内蒙古经济社会发展取得了长足进步，呈现良好的发展态势和前景。广东处于改革开放前沿，在资金、管理、信息、市场方面优势明显，尤其在科技创新、应用技术市场化等方面走在全国前列，与内蒙古经济发展的关联性、互补性较强。希望两省区以这次“活动周”为契机，广泛深入开展合作对接，实现互利共赢。

巴特尔说，广东是我国最具发展活力和科技创新实力的地区。内蒙古自然资源富集，发展潜力很大，加强同广东等兄弟省区市的交流合作，依靠科技创新推动产业转型升级是内蒙古持续健康发展的战略选择。内蒙古将把广东省的资金、技术、人才等优势与内蒙古的资源、区位等优势结合起来，推动实现科学发展、富民强区。

朱小丹表示，广东愿意与内蒙古一道，充分发挥两省区各自的比较优势，进一步完善合作机制，提升合作水平，重点在产业对接、资源能源、商贸物流、科技研发、文化旅游、人才交流等领域合作取得新突破。

启动暨签约仪式上，朱小丹、巴特尔分别代表两省区致辞，两省区签署经济社会发展合作框架协议，有关地市、部门、高校及科研院所签署合作协议。仪式后，与会同志参观了内蒙古·广东区域合作展。

活动周期间，共设置了26个专题对接和盟市活动分会场，双方累计签署了218项合作协议，签约金额达3 630.89亿元。此外活动周还发布了384个项目需求，其中资金需求243项，技术需求141项。期间达成的合作意向，既有面向全局的政府间战略性框架合作协议，也有企业间的具体项目合作，涵盖了经济、科技、教育、人才、文化、卫生等各个领域。

（广东省科学技术厅办公室　陈锡强）

全省推广应用LED照明产品工作现场会

2013年6月14日，省政府在佛山市召开全省推广应用LED照明产品工作现场会，广东省副省长陈云贤出席会议并讲话，省科技厅通报了全省推广应用LED照明产品的有关情况。省LED照明技术及产品推广应用联席会议各成员单位，各地市政府分管领导及相关部门负责人，高校、科研院所和企业代表近200人参加了会议。

省领导充分肯定了一年来广东省推动LED照明产业发展取得的显著成绩和先进经验，并对下一阶段加快LED路灯应用推广工作进行了部署。大力推广应用LED照明产品，既是进一步激发消费市场、促进本省LED产业健康持续发展、推动产业结构优化升级的关键环节，也是推动科技惠民、促进绿色低碳发展的重大举措。全省各地、各有关部门和单位要从抢占未来产业制高点、打造广东经济“升级版”，破解资源能源瓶颈约束的战略高度，把LED推广应用工作抓紧、抓好、抓出成效。要营造有利于LED产业发展的市场环境和产业生态，全力以赴完成LED照明产品推广应用目标任务，确保珠三角地区2013年年底前完成、其他地区于2014年年底前完成推广目标任务。下一步要着重做好四方面工作：一是要加强组织领导，坚持LED照明推广目标任务不动摇；二是要严保工程质量，严格准入门槛，确保改造工程使用LED标杆体系目录产品。三是完善政策措施，支持LED照明产业技术研发、产品制造及推广应用。四是要强化宣传督导，营造推广应用良好氛围。

省科技厅总结了近一年来全省推广应用LED照明产品的做法、成效以及下阶段工作建议。广东省自2008年启动绿色照明示范工程建设，逐步从试点示范到全面推广使用，带动LED产业实现了产值连年翻番的跨越式发展，已经成为全省新兴的支柱产业。2012年，全省LED产业产值约2 170亿元，LED研发和生产企业约4 000家，带动就业近300万人。特别是自2012年省政府召开全省推广应用LED照明产品工作会议以来，广东省公共照明领域推广应用LED照明产品良好局面已经形成，有力带动了LED照明产品在全社会的普及和应用。会上，佛山市政府、深圳市机关事务管理局、南方电网综合能源有限公司、广深珠高速公路有限公司分别就推广应用LED照明产品经验作了发言。

据了解，在推广应用方面，2012年5月，广东省政府印发了《广东省推广使用LED照明产品实施方案》。仅这一年多来，全省已经招标和新安装的LED路灯近60万盏，超过历年总和，新增应用路段超过1万公里，一年就节约用电3亿千瓦时。截至2013年6月，全省累计安装LED路灯80万盏，累计节约用电近10亿千瓦时。

在标准建设方面，完善了LED照明产品评价标杆体系，重新修订了标杆体系检测办法，严把产品质量关，并通过招标将标杆检测机构拓展至10家。截至2013年6月，共发布标杆目录10期，推荐产品超过1 200个。经各类示范工程验证，经标杆体系推荐的LED照明产品没有出现质量问题，且平均节电率达55%。

在商业模式创新方面，破除传统商业模式条块分割的弊端，加大商业模式创新和推广力度，强化政产学研用紧密结合，逐渐形成政府、企业、用户、金融机构等多主体利益共享，资金链、产业链和生产链多方共赢的新模式。全省在

LED照明产品推广应用中涌现出一批具有典型代表的地区和单位。如佛山市采取全市集中招标节能服务公司的模式，缩短了各区分散招标的时间，提高了整体工作推进效率；清远、珠海等市采用“合同能源管理+产品”的模式，一次性完成全市路灯改造工程招标；肇庆市探索虚拟业主模式，解决中小业主分散改造问题等。

会后，与会代表参观考察了佛山市南海区推广应用LED照明产品示范点。

（广东省科学技术厅高新技术发展及产业化处　张冬蕾）

全省国家级高新区科技与金融结合推进会

2013年11月7日，全省国家级高新区科技与金融结合推进会在江门高新区召开。广东省副省长陈云贤出席会议并讲话。会前，陈云贤先后到中山、江门高新区调研，走访了解科技型中小企业的发展情况。

省领导指出，历经多年的建设和发展，广东省高新区成功探索了科技与经济紧密结合的有效途径，成为引领广东高新技术产业发展的强大引擎和自主创新的重要策源地。高新区有基础、有条件、有必要推进科技金融结合工作，要紧扣科技金融创新发展的主线，把科技金融结合作为高新区发展的重中之重，抓实抓好。做好新形势下广东高新区的科技金融工作，要发挥市场配置创新资源的力量，围绕产业链部署创新链，围绕创新链完善资金链，开展推动科技金融结合的管理创新和组织创新，努力开创全省科技和金融结合的新局面。当前特别要把握好科技金融结合规律，针对不同阶段科技创新的需求，提供个性化的金融产品支持。各地市要把金融服务业务延伸到各高新区，构建起全方位的金融配套服务，通过在高新区内建立小额贷款公司、担保及再担保公司，开展知识产权质押评估，探索发行中小微企业债券、鼓励和培育企业上市等措施，形成科技金融产业融合发展的强大链条，全方位服务中小企业创新发展。各级科技、金融主管部门要切实采取有力措施，指导好、服务好、督促好高新区科技金融结合工作。

近年来，广东省高新区在科技与金融结合方面大胆创新，通过推动国家科技和金融结合试点示范、建立技术产权交易和风险投资对接平台等多种模式，初步建立了集种子资金、股权投资、科技信贷、知识产权质押贷款、股权交易、上市融资于一体的科技金融服务体系，有效地促进了科技成果转化和高新区创新发展。2012年，全省高新区实现工业总产值近2万亿元、高新技术产品产值1.4万亿元，分别占据全省的1/6和1/3。国家级高新区拥有上市企业157家，占全省A股上市企业的40%。

会上，广州、惠州、深圳、佛山、珠海高新区作了经验介绍，省科技厅、省金融办、粤科金融集团等单位作发言并展开交流讨论。

（广东省科学技术厅高新技术发展及产业化处　黄　攀）

2013中国（东莞）国际科技合作周暨电子信息产品博览会

2013年11月12日，由科技部与广东省政府共同主办，科技部国际合作司、东莞市政府和省科技厅承办的2013中国（东莞）国际科技合作周暨电子信息产品博览会（以下简称“合作周暨电博会”）在东莞开幕。这是东莞第10次举办国际科技合作周，也是该活动首次升格为国家级科技创新活动。科技部副部长曹健林、广东省副省长陈云贤、省科技厅厅长黄宁生等领导嘉宾出席开幕式。

陈云贤在开幕式致辞中表示，当前广东正处在深化改革开放，加快转变经济发展方式的关键阶段，迫切需要提高科技对经济社会发展的引领支撑能力。合作周暨电博会广泛集聚国内外创新资源，为推动产学研和国际科技合作提供了广阔的舞台。广东将借此机会，广泛借鉴各国经验，深入开展国际合作，大力实施创新驱动发展战略，努力提升区域创新能力，深层次推动产业转型升级。希望各国、各地区借助这一国际性、专业性平台，进一步拓展合作领域，丰富合作内容，提升科技综合实力，增强产业发展后劲，携手开创互利共赢新局面。

该届合作周暨电博会内容较历届更为丰富，活动从上届的20多项增加至30多项，展区面积从上届的10 000平方米增加到20 000平方米，举办时间持续到11月15日。合作周暨电博会共设“科技展览、高峰论坛、项目洽谈、授牌签约”四大专题，汇聚中欧合作创新论坛、“国际技术转移”专题论坛、新一代通信技术高峰论坛等7场高峰论坛以及以色列水处理技术对接、中欧光电对接等3个洽谈对接会。活动还首次设立了国际科技交流合作展，以专馆的形式展示以色列、独联体、芬兰、德国的先进科技成果，共吸引国内外330多家高科技企业和124家国家级国际合作基地参展。

参加该届合作周暨电博会的外宾人数创下历届之最，包括白俄罗斯国家科学与技术委员会主席、以色列环保部总司长、芬兰工艺与设计国家委员会主席、中乌巴顿焊接研究院院长等多位重量级外国科技官员、专家应邀出席，21个国家和地区近120多位外宾、70多位外籍华人与会。

东莞国际科技合作周始办于2004年，与20多个国家和地区建立了合作关系，促成各类科技和人才合作项目2 000多项，累计吸引观众超过40万人次。

（广东省科学技术厅科技交流合作处　李　荷）

2013广东经济发展国际咨询会科技论坛

2013年11月22日，2013广东经济发展国际咨询会科技论坛在广州举行。广东省副省长陈云贤、副秘书长李捍东及来自省直各单位、各地级市科技局负责人等出席了论坛。

陈云贤在致辞中表示，广东省战略性新兴产业发展和制造业高级化已具备一定基础和条件，但从总体上看仍然处于初级阶段，还需要破解一系列难题，才能实现可持续发展。在此新形势下，加快产业转型升级、进而在新一轮国际竞争中持续保持竞争力，正是举办广东经济发展国际咨询会科技论坛的宗旨所在。随着经济全球化的不断深入，科技全球化迅猛发展，各类研究与创新主体功能重新定位，相互间的依赖性不断增强；资源能源环境等诸多问题，绝非一国一己之力可以解决。因此唯有不断强化合作意识、大力推进开放式创新，才有可能应对上述全球共同的挑战。

2013年科技论坛的主题是“产业转型再造核心竞争力”，邀请德国弗劳恩霍夫协会国际合作部主任劳乌尔・克林纳博士、德国大众汽车集团（中国）执行副总裁杜思凯先生和广东工业大学校长陈新教授作为主讲嘉宾，围绕广东省产业转型升级的现实需求，以增效技术和电动交通为切入点，在国际视野下探讨广东如何在发展工业和社会经济的同时兼顾资源效率和环境保护，实现经济可持续发展，为本省产业发展提供有益借鉴和路径参考。

省内科研机构、高校、高新技术企业和社会团体组织以及英美领事馆等中外听众共180余人参加了论坛。

（广东省科学技术厅科技交流合作处　李　荷）

第15届中国国际高新技术成果交易会

2013年11月16—21日，第15届中国国际高新技术成果交易会（以下简称“高交会”）在深圳会展中心举行。该届高交会以“坚持创新驱动发展，提高经济增长质量”为主题，设有“高新技术成果交易、高新技术专业产品展、中国高新技术论坛、super-SUPER专题活动、高新技术人才与智力交流会、不落幕的交易会”六大板块活动，围绕创新驱动发展，多维度、全方位地展现了我国战略性新兴产业与自主创新的最新成果，促进了更广范围的国际科技交流合作。

中共中央政治局委员、国务院副总理汪洋，中共中央政治局委员、广东省委书记胡春华，中国工程院院长、院士周济，广东省长朱小丹，商务部副部长王超等出席启动仪式。

王超在启动仪式上致辞表示，高交会作为国内最具规模和影响力的高新技术产品展示和交易盛会，为推动中国高新技术产业和战略性新兴产业发展、提升自主创新能力、加快外贸发展方式转变、促进国际交流与合作做出了积极贡献。高交会将全面展示我国加快创新型国家建设、实施创新驱动发展战略、推动战略性新兴产业发展等方面的成果，为中外企业深入交流与合作搭建平台，创造更多商机。

该届高交会有包括29个国家和地区、34个外国团组在内的3 012家参展商参展；有包括来自78个国家和地区、115个代表团在内的54.1万人次参会；总展览面积达11.5万平方米。专业观众人气指数达到232，即平均每天每个展位接待232位专业观众；采购商人气指数达到53，即平均每天每个展位接待53位有意向或有实际采购行为的采购商。

该届高交会有1万多个项目参加展示，参展商带来的高新技术项目与产品数达3 300项，其中拥有自主知识产权的项目数为2 071项，占62.8%，涵盖了节能环保、新一代信息技术、生物、高端装备制造、新能源、新材料、新能源汽车和现代农业等领域。"网上高交会"搭建常年交易平台，提供在线配对撮合和项目推荐服务，截至该届高交会结束，累计入库项目已达16 299个。

该届高交会坚持"节俭、绿色、务实"的办会理念，不单独举办开闭幕式，将启动仪式与中国高新技术论坛相结合举办，取消组委会第3次会议和国内团组秘书长会议等。同时也不再组织集中颁奖，将集中颁奖改为现场颁奖。本届高交会更侧重实效，各区、各部门在重点采购洽谈，企业路演等专业化活动上下工夫，做好服务。首次推出商务考察服务，更好地满足参展商参观考察深圳著名企业、研究机构的愿望，促进双方交流合作。

【高交会论坛】　该届高交会中国高新技术论坛以"坚持创新驱动发展，提高经济增长质量"为主题，旨在密切关注经济结构调整转型时期世界经济的新动向，抢抓新一轮技术革命和产业革命带来的市场机遇和发展空间，进而推进自主创新与交流合作双轨并行。新西兰经济发展部长兼科技创新部部长斯蒂文·乔伊斯等分别从各自专长的领域出发，向大会参与者介绍创新意识的重要性、当下各国产学研的发展现状、未来国际合作前景等热门讯息。

资本市场专场　该届高交会中国高新技术论坛——资本市场专场围绕"世界经济走势分析及中国的发展机遇与挑战""新兴产业的投资机会"以及"2014年全球资本市场的机遇与挑战"等议题展开。2010年诺贝尔经济学奖获得者克里斯托弗·皮萨里德斯爵士等就论坛主题进行专题演讲。

新一代信息技术峰会　该届高交会中国高新技术论坛——新一代信息技术峰会针对"新一代信息技术的未来趋势及发展战略""电子商务与物流智能化的展望""移动设备与应用的未来走向""第四代信息技术与移动互联网的新机遇"4个重要议题，众多演讲嘉宾做了精彩的演讲。

中国新能源发展峰会　该届高交会中国高新技术论坛——中国新能源发展峰会嘉宾就新能源产业的发展前景、能源安全、能源结构等方面作主题演讲。

中国创业家峰会　该届高交会中国高新技术论坛——中国创业家峰会围绕"科技创新与可持续发展""商业模式创新与资本运作""转型时期的创业之道"等议题展开。

【高交会展览】

战略性新兴产业专题展　该届高交会在6号馆专设"战略性新兴产业专题展"展示我国战略性新兴产业的发展成就及其在加快产业结构转型升级、推动科学发展方面的积极成效。35个省、市及25所高校团组结合地区经济社会发展特色，展示战略性新兴产业发展和区域转型升级的成果。

"863计划"成果深圳巡回展　为广泛宣传推介"十一五"以来国家"863计划"成果，促进高技术领域成果的转化交易，科技部在该届高交会期间举办"2013年国家'863计划'成果深圳巡回展"。科技部结合高交会"坚持创新驱动发展，提高经济增长质量"的主题，重点选择了国家"863计划"信息技术、生物和医药技术、

先进制造技术、先进能源技术、现代农业技术以及军民两用等领域的134项成果进行推介宣传，巡回展以高交会为窗口，开展洽谈推介活动，促进成果推广转化交易，为各方搭建产、学、研、用一体化平台。

首届深圳电子商务发展成果展　为进一步深入推动电子商务示范城市的建设工作，阶段性总结创建工作经验，集中展示深圳市电子商务产业发展成果，深圳市电子商务服务中心于高交会期间在市民中心B区西厅举办为期2周的“首届深圳电子商务发展成果展”。该成果展作为2013年高交会系列活动之一纳入展会日程。成果展通过介绍深圳市电子商务领域特色企业、优秀企业、创新企业的成功经验和发展成果，集中展示深圳电子商务发展的惊人速度与巨大活力。

软件和信息技术服务专题馆　工业和信息化部在该届高交会4号馆专设“软件和信息技术服务专题馆”，以“发展软件产业，引领信息消费”为主题，突出软件和信息技术服务业的创新发展及支撑经济社会发展的成果应用，充分展示和体现软件产业引领信息消费的大趋势。专题馆全部为特装展位，中国移动、中国联通、腾讯、百度、金山等行业龙头企业参展，展示行业最新技术成果与发展趋势。

“科技创新、贸易发展”专题馆　该届高交会商务部专馆设在深圳会展中心7号馆，主题为“科技创新、贸易发展”，设置了科技兴贸创新基地建设成果展区和综合展区2个部分，共有65家相关机构、150余家厂商参展，展品和项目涉及生物医药技术、新材料、光机电一体化、新能源及节能、低碳技术、化工、航空航天等领域，重点推荐展出项目包括控制芯片、电机驱动器、生物医药测试平台、先进医药产品、智能机器人、激光仪器、新能源产品等。专题馆集中展示参展企业创新设备、技术和高新技术成果项目。

“感知中国——协同创新支撑服务我国战略性新兴产业发展”主题展　该届高交会中国科学院在深圳会展中心5号馆以“感知中国”——协同创新支撑服务我国战略性新兴产业为主题，共组织中科院30余家研究所（院）和院地合作机构参加展览，参展项目达118个。展览以创意展区、行业应用展区、技术产品展区三大板块为展示主线，重点策划“融汇平台”“场馆感知”“农资物联网与食品安全”“智慧视觉”等展示项目以及智能工业、环境监测等行业应用解决方案。主题展馆通过创意互动、行业应用、产品技术的展示，直观呈现中科院在物联网、云计算等新一代信息技术发展的现状及支撑服务我国培育战略性新兴产业的科技创新成果。

（深圳市科技创新委员会　李奇松）

第16届中国留学人员广州科技交流会

2013年12月18—19日，第16届中国留学人员广州科技交流会（以下简称“留交会”）在广州白云国际会议中心举行，并举行了首届珠江创新峰会。会前，中共中央政治局委员、广东省委书记胡春华，省长朱小丹会见了林毅夫等参加留交会的著名专家学者，巡视了“欧美同学会百年历史回顾展”“千人计划专家成果展”“2013广州城市创新展”等活动展区。

胡春华强调，推动经济社会的进一步发展，人才和科技是关键。当前，广东正在深入贯彻落实党的十八届三中全会精神和中央经济工作会议精神，谋划和推动全面深化改革，加快推进产业转型升级，对人才和科技的需求更为迫切。

胡春华指出，留交会架起了海内外专家学者与中国、广东沟通的桥梁。广东将坚持办好留交会，充分发挥留交会引才聚才的平台作用，为广大需求单位和海外留学人员搭建方式更加灵活、渠道更加畅通的交流平台。希望各位专家学者通过这个平台不断增进对广东的了解，为广东经济社会发展出谋划策、献计献力。

林毅夫表示，无论商业传统还是创新意识和氛围，广东非常适合海内外人才创新、创业。当前，在经济全球化的背景下，海内外人才的创新、协作已经变得非常频密，借助留交会平台，可以进一步促进这种协作的落地，将更多高价值、高创新性的项目引进国内、引进广东。

该届留交会以“创新、融合、共赢”为主题，以“面向海内外，服务全中国”为宗旨，在

18、19日2天会期内，设论坛活动、对接交流、展览展示和“创博会”四大板块、11个主题活动，有1 500多名国内外高层次人才参加，其中从海外归国的高层次人才和“千人计划”专家就有300多名。

该届留交会收集了来自国家“千人计划”项目188个、“春晖杯”创新创业大赛项目148个、独联体国家项目300个、海外人才报名项目超过100个，以及国家互联网联盟推荐项目136个等方面的数千个项目，涵盖电子信息、生物医药、节能环保、新能源、新材料、机械和装备制造等众多领域，并从中精选了700多个优质项目参会。吸引了50个城市、超过1 000家机构和企业参展参会，200多家珠三角地区有投资意向的民营企业以及100多家投融资机构也参加，参观洽谈达2万人次。大会达成项目合作意向300项，现场签约项目39项。“千人计划”项目现场达成重点跟踪意向43个，一般对接意向144个，仅生物医药领域，就有31个项目达成投资意向。

【与会人才交流】

“千人计划”项目对接会　“千人计划”项目对接会是第16届留交会“千人计划”主题的重要组成部分，旨在促进“千人计划”项目与广州及南方地区有高新技术领域投资意愿或转型需求的规模企业间的高效务实对接交流。该届留交会“千人专家”人数之多，项目覆盖面之广，科技成果之高端，在广州、在留交会的历史上，都是史无前例的一次。

此次对接会共收集了近200个项目现场对接。其中，按项目类型区分，生物医药类项目33个，电子信息类项目42个，工程材料与化学化工技术类项目20个，能源资源与环境技术类项目25个，高新技术类项目24个，青年“千人计划”专家项目4个；按合作方式分，有落户成果转化项目近40个。

第8届“春晖杯”创新创业大赛对接会　由教育部、科技部共同主办的第8届“春晖杯”创新创业大赛对接会在该届留交会上顺利举行并取得了预期的项目对接成果。在该次对接会的现场，由85家“春晖杯”创业企业加盟新成立的“春晖杯”企业联盟，更是首次回到留交会进行展示宣传。

该次“春晖杯”创新创业大赛对接会专设了192个入围项目洽谈展位，还另设了28个“一对一”的创业园专展洽谈区，为来自电子信息、生物医药、光机电和新材料、新能源与高效节能、资源与环境、现代服务业、文化创意以及现代农业等专业领域的留学人员与需求单位之间的成功对接，搭建了一个集宣传、推介及洽谈的综合平台，有力地推动了海外创新项目在广州的深耕、孵化与发展。

第8届“春晖杯”创新创业大赛共收到报名352个，其中符合受理条件的参赛项目276个，最终确定了192个入围项目，再次刷新了“春晖杯”创新创业大赛的入围项目总数。“春晖杯”组委会更首次走出国门，在我国留学人员集中的美国硅谷—旧金山开设了分赛区，旧金山分赛区的符合参赛资格的项目更是高达120个，占全球参赛总数的43%。在该次“春晖杯”创新创业大赛专项对接会上，旧金山赛区所有入围项目组成了代表团，在教育部的全程资助下，76名留学人员在现场成功地进行了创业交流与项目洽谈。

【重大论坛和会议】

投资与产业发展论坛　该论坛以“移动互联网时代的投资机遇”为主题，邀请到IDG集团、软银赛富投资顾问有限公司、弘毅投资有限公司等的知名投资人就“移动互联网的投资机遇”作主题演讲。同时，邀请500名国内外知名创投机构和企业参会，共同探讨投资市场和项目与资本的结合，促进中国经济的持续发展和转型升级。熊晓鸽还提议在广州将这种交流常态化，举办“白云投资论坛”，在广州这座创新之城畅谈投资创业之道。

首届珠江创新峰会　该届留交会首次举办了“珠江创新峰会”，首届峰会以“全球化条件下的创新合作”为主题，邀请著名经济学家林毅夫、卡耐基梅隆大学董事会主席雷·莱恩和美国人文与科学学院外籍院士、美国科学院外籍院士、“千人计划”专家联谊会会长施一公等世界知名的专家学者，为广州的创新发展把脉建言，得到了到会企业家与留学人员的高度认可与评价。在现场进行主题分享的雷·莱恩表示：“跨学科的人才交流合作将协助解决全球社会所面临的根本性的挑战和问题”，而这一观点也很好地诠释出留交会作为人才合作交流平台，大力支持人才创新的发展意义。

【科技成果展览】

独联体国际科技成果展　该届留交会上，广东与独联体国际科技合作联盟邀请了来自俄罗斯、白俄罗斯、乌克兰、哈萨克斯坦等独联体国家30多个科研单位、40多位高端技术专家携带350余项最新技术项目来穗进行项目推介、洽谈，项目涉及电子信息、新材料、新能源、高端装备制造等领域。该成果展在16届留交会期间的集中展示，进一步提升了广州企业的科技创新和成果转化能力，有助于推动中国与独联体国家之间的科技合作。

成果展展示面积约300～400平方米，分四大功能展示区：乌克兰国家科学院重大项目成果展示区、独联体国际高端人才展示区、广州与独联体科技合作成果展示区、独联体发展历程展示区。其中，乌克兰国家科学院重大项目成果展区为该次展览的核心区，重点展示“中乌联委会”科技合作项目。该次成果展由乌克兰国家科学院、广东与独联体国际科技合作联盟联合承办。

自2009年独联体机构和专家首次参加留交会以来，在短短5年内，独联体国家共300多名高端技术专家参加了留交会，推介最新合作项目超过1 200项，洽谈对接成功60多项，签订技术和商贸合同总额6 000万美元。其中，利用留交会的洽谈平台，已经促成福建省科技厅与广州市相关单位签订合作协议，将对独联体国际科技合作资源数据库运用到协助福建省建立福建—独联体国际技术转移中心和泉州国际科技创新中心的建设中。可以说，独联体国家最新项目和高端人才的推介和洽谈已经成为留交会的一大特色，留交会也已经成为国内各地区与独联体国家开展国际科技合作洽谈的重要舞台。

第3届中国（广州）国际创新博览会　第3届中国（广州）国际创新博览会（以下简称“创博会”）在该届留交会的平台上同期举办。该届创博会总展示面积达8 000平方米，展出项目超过1 600项，参展企业300家，实物模型近500件，吸引了众多参加留交会的国内外专家学者入场参观、交流。

该届创博会集科研成果展示、技术转移合作和配套政策环境展示于一体，通过七大专题展区和两大主题论坛，围绕“智慧城市”和“技术转移”两大方向，重点展示了国家和地方取得的最新科技成果，向社会各界广泛宣传科技创新。同时，在该届留交会“务实办会”的宗旨指导下，为企业提供科技项目对接平台，积极推动科技成果落地与转化、促进科研创新成果与市场对接。

在展览现场，广州中国科学院工业技术研究院、广州中国科学院软件应用技术研究所等中科院8家在穗单位联合展示了广州地区自主创新和可转化的科技创新成果和产品，充分体现出广州重视科技、支持创新的环境氛围。同时，为了推动广州的国家创新型城市建设和“智慧广州”建设，该次论坛还特别突出“智慧城市”的主题，不仅设立智慧城市及物联网主题展，还同期举办了广州智慧城市及物联网高峰论坛，并发布《2013中国智慧城市发展水平评估报告》与《2013年中国智慧园区发展水平评估报告》。

广州城市创新展　该届留交会首次引进了广州城市创新展，多角度地展示广州方方面面的创新，充分彰显广州系统创新的实力，充分体现了广州“善为新、常为新”的创新传统和氛围。通过“声”“光”“电”等高科技，用26个创新案例，勾勒了广州四大创新板块，三大创新特色，让“广州创新、创新广州”在广大海外学子的脑海中留下了深刻的印象。

该展以“创新助力广州腾飞”为主题，分为4个板块。包括：“体制机制创新”，主要展示广州深化改革、转变政府职能、营造法治化国际化市场环境等方面内容；“科技创新创业”，主要展示广州坚持创新驱动，大力发展战略性新兴产业等方面内容；“商业模式创新”，主要展示广州运用金融、信息技术手段推动传统产业转型升级等方面内容；“环境治理与创新”，主要展示广州在生态文明、环境治理等方面的创新举措。

（广州市科技和信息化局　刘时良）

第2届中国创新创业大赛（广东赛区）暨“粤穗天使行动”系列活动

2013年6月6日，由科学技术部火炬高技术产业开发中心、广东省科学技术厅、广州市科技和信息化局联合主办，广东省粤科风险投资集团、广州科技风险投资有限公司、广东省生产力促进中心等单位联合承办的第2届中国创新创业大赛（广东赛区）暨“粤穗天使行动”系列活动在广东科学中心正式启动。

“粤穗天使行动”系列活动包括了8个子活动，分别是：举办第2届中国创新创业大赛（广东赛区）暨首届“珠江天使杯”科技创新创业大赛，设立广东粤穗天使创业投资有限公司，成立广东省科技金融促进会、广东天使创业投资联盟，发布广东前孵化器专项计划，建立广东天使创业投资网站，编辑出版《广东天使创业投资快讯》，筹建广东天使创业投资俱乐部等。

其中，第2届中国创新创业大赛（广东赛区）暨首届广东“珠江天使杯”科技创新创业大赛以“科技创新，成就大业”为主题，广东赛区比赛自启动以来，吸引了省内653家创新创业企业、112个创新团队报名参赛（未含深圳赛区），在全国赛区中排名第4位；经过赛区初赛、决赛和尽职调查，共有30家企业和6个团队晋级全国赛，其中珠海云洲智能科技有限公司获得全国赛总决赛初创企业组第1名。此外，新设立的广东粤穗天使投资基金由粤科风险投资集团和广州科技风险投资公司联合发起，致力培育高水平的创业团队。基金规模为5亿元，第1年为1亿元，并引入社会资金，投资种子期和早期创业的项目。截至活动结束，通过参赛企业遴选，已达成投资意向的企业近30个，首批形成投资方案并由天使基金投资的企业有9家，投资金额4 000多万元。

（广东省科学技术厅规划财务处　韩亚欣）

全省科技统计指标

与2012年相比，科学研究人员、农业技术人员和工程技术人员数量均有所下降，R&D经费保持稳步增长。

科　技　人　力

2013年，广东省国有企业、事业单位专业技术人员达145.56万人，在国有企事业单位专业技术人员中，工程技术人员、农业技术人员、科学研究人员分别有13.98万人、1.25万人、0.38万人，分别占总体的9.61%、0.86%、0.26%（见表1-4-1-1）。

科　技　经　费

2013年，全省R&D总经费1 443.45亿元，比2012年增长16.8%，占GDP的2.32%；政府科技拨款344.94亿元，比2012年增长39.8%，占财政支出的4.1%，比2012年高0.76个百分点（见表1-4-2-1）。

2013年，全省研究机构R&D经费为44.80亿元，高等院校为45.83亿元，企业为1 333.40亿元，分别占总体的3.1%，3.2%，97.4%。按经费来源分，政府资金116.32亿元，占8.1%；企业资金1 290.71亿元，占89.4%；国外资金9.83亿元，占0.7%；其他资金26.70亿元，占1.8%（见表1-4-2-2）。

表1-4-1-1　全省国有企业、事业单位专业技术人员数（2009—2013）

指标	2009年		2010年		2011年		2012年		2013年	
	绝对人数（人）	比重（%）	绝对人数（人）	比重（%）	绝对人数（人）	比重（%）	绝对人数（人）	比重（%）	绝对人数（人）	比重（%）
工程技术人员	153 563	10.50	154 297	10.58	151 700	10.48	151 998	10.42	139 807	9.61
农业技术人员	15 805	1.08	14 074	0.97	13 475	0.93	12 256	0.84	12 538	0.86
卫生技术人员	268 796	18.37	257 338	17.65	253 992	17.54	264 976	18.16	269 147	18.49
科学研究人员	5 984	0.41	4 528	0.31	5 260	0.36	5 021	0.34	3 813	0.26
教学人员	856 665	58.56	878 477	60.25	879 621	60.75	861 104	59.02	888 962	61.07
其他人员	162 048	11.08	149 330	10.24	151 700	10.48	163 663	11.22	163 663	9.71

注：其他人员含经济人员、财会人员、统计人员、文艺人员、外语翻译人员。

表1-4-2-1　全省科技活动经费增长情况（2009—2013）

指标		2009年	2010年	2011年	2012年	2013年
R&D经费	（亿元）	652.98	808.75	1 045.49	1 236.15	1 443.45
#占GDP比重	（%）	1.65	1.76	1.96	2.17	2.32
政府科技经费拨款	（亿元）	168.50	214.44	203.92	246.71	344.94
占政府财政支出的比重	（%）	3.89	3.96	3.04	3.34	4.1

表1-4-2-2　全省R&D经费明细情况（2013）

单位：亿元

项目	合计	企业	科研机构	高等院校	其他
R&D经费	1 443.45	1 333.40	44.80	45.83	19.42
#政府资金	116.22	43.23	30.94	29.86	12.18
企业资金	1 290.71	1 270.29	2.62	12.17	5.62
国外资金	9.83	8.70	0.93	0.17	0.03
其他资金	26.70	11.17	10.30	3.63	1.59

科技活动机构

2013年，广东省科技活动机构为4 714个，其中科研机构有186个，全日制所有制普通高校科技活动机构有652个，企业科技活动机构有3 815个，其他类型科技活动机构有61个，分别占总数的4.0%、13.8%、80.9%和1.3%（见表1-4-3-1）。

【科学研究与技术开发机构】　2013年，全省共有科研机构186个，R&D人员1.49万人，R&D经费为44.80亿元。

【高等院校科技机构】　2013年，广东省有高等院校138所，拥有研究机构652个。高等院校科技机构共有R&D人员0.71万人，R&D经费为8.98亿元。

【企业技术开发机构】　2013年，企业办研究开发机构3 815个，机构R&D人员21.83万人。全年工业企业办研究开发机构经费629.68亿元。

科研课题与科技成果

2013年，全省各类单位共开展R&D项目10.75万项，参加项目人员全时当量45.22万人年，项目经费1 274.25亿元。

2013年，全省科技执行部门共发表科技论文87 227篇，其中科研机构7712篇，高等院校63 073篇，企业9 403篇。全省科技执行部门共申请专利125 555件，其中科研机构、高等院校、企业分别申请专利2 214件、5 684件和116 300件。全省科技执行部门共出版科技著作2 118种，其中科研机构、高等院校、企业分别出版170种、1 803种和23种（见表1-4-4-1）。全省共获2013年度国家科技奖励成果8项，获2013年度省级科技奖励成果262项，省级重大科技成果登记486项（见表1-4-4-2）。

表1-4-3-1　科技活动机构概况（2013）

指标		合计	企业	科研机构	高等院校	其他
机构数	（个）	4 714	3 815	186	652	61
R&D人员	（万人）	241 300	218 304	14 868	7 078	1 050
R&D经费支出	（亿元）	684.46	629.68	44.80	8.98	1.01

表1-4-4-1 科研课题及科技产出情况（2013）

指标		合计	企业	科研机构	高等院校	其他
科技项目数	（项）	107 453	49 654	5 047	50 119	2 633
科技项目人员全时当量	（人年）	452 082.5	413 650.3	10 083.4	19 379.0	8 969.8
#科学家和工程师	（人年）	153 303.3	129 275.6	6 132.6	15 404.0	2 491.1
科技项目经费内部支出	（万元）	12 742 493.0	12 116 205.1	200 076.2	326 796.4	99 415.3
专利申请数	（件）	125 555	116 300	2 214	5 684	1 357
发表科技论文	（篇）	87 227	9 403	7 712	63 073	7 039
出版科技著作	（种）	2 118	23	170	1 803	122

表1-4-4-2　国家及省级科技成果奖励情况（2009—2013）

单位：项

指标	2009年	2010年	2011年	2012年	2013年
国家科技奖励成果	26	36	34	26	28
省级科技奖励成果	273	260	272	280	262
省级重大科技成果	504	431	482	573	486

（广东省科技统计分析中心　张金水）

科技政策与投入

科技政策法规及软科学研究

科技政策法规研究与制定

【《广东省自主创新促进条例》配套政策】 2012年省政府印发《广东省自主创新促进条例》配套政策制定任务分工方案，省直各牵头单位按照分工方案要求，积极工作。截至2013年年底，正式出台多项《条例》配套政策：《广东省人民政府办公厅关于促进科技服务业发展的若干意见》（粤府办〔2012〕120号）、《广东省科学技术厅关于科技成果登记与信息公开的实施办法》（粤科管字〔2013〕127号）、《广东省质量技术监督局等六部门关于加强实施技术标准战略工作的政策措施》（粤质监标函〔2012〕913号）、《广东省人民政府国有资产监督管理委员会关于印发广东省省属企业创新发展考核办法的通知》（粤国资考评〔2012〕93 号）、《广东省人民政府国有资产监督管理委员会、广东省财政厅关于广东省省属企业改革与发展专项资金（竞争性部分）评审规则》（粤国资规划〔2012〕145号）、《广东省人力资源和社会保障厅关于突出贡献人员转技术资格评定的暂行办法》（粤人社发〔2012〕38号）、《广东省人力资源和社会保障厅关于进一步加强博士后工作促进广东自主创新的实施意见》（粤人社发〔2012〕263号）。这些配套政策为加快《条例》的贯彻落实奠定了坚实基础，为全省自主创新工作提供良好法制环境。

【《广东省科技成果转化促进条例》】 为进一步落实《广东省自主创新促进条例》中关于职务创新成果转化等相关规定，2013年，省科技厅积极牵头起草《关于促进职务创新成果转化与产业化的实施办法》。但由于该政策作为部门规范性文件的效力较低，涉及在政策层面难以解决的无形资产评估难、国有资产处置权限低等问题。为此，省科技厅深入开展科技成果转化立法前期研究工作，起草形成《广东省科技成果转化促进条例》（初稿），被成功列入了省十二届人大常委会五年立法规划的第一类新制定项目，力争通过立法途径破解制约科技成果转化的瓶颈问题。

（广东省科学技术厅政策法规处　李金惠）

科技政策法规宣传与落实

为贯彻落实党的十八大精神，扎实开展党的群众路线教育实践活动，促进创新型省份试点建设，省科技厅于7月16—29日组织7位专家组成宣讲团，开展了“2013年度广东省自主创新政策法规巡回宣讲培训”活动。本次活动主要围绕省级科技计划项目管理工作、《广东省自主创新促进条例》及有关配套政策、企业研发费用税前加计扣除政策和高新技术企业认定及复核、复审4个方面内容开展。

宣讲团在10个工作日内，行程5 000余公里，先后深入清远、东莞、惠州、河源、汕头（金平区、龙湖区）、云浮、肇庆（高要市）、佛山（南海区、顺德区）、中山、江门、阳江、湛江、韶关、广州等地，举办了16场专题宣讲培训，共培训地市（区、县）科技部门管理人员、科技型企业高管和财务等人员4 000余人，免费发放相关资料5 000余份。宣讲培训活动受到与会人员及多家媒体的热烈欢迎和高度评价，调查问卷显示有99%的受调查人员表示满意，90%的受调查人员表示愿意了解新政策新知识。

此次宣讲培训活动把省科技政策的宣传、落

地工作与党的群众路线教育实践活动紧密结合在一起，参加人员由高新技术企业增加了科技型企业、会计师事务所、行业协会等有关人员，实现了政策宣讲培训从珠三角地区到粤东西北地区、从高新技术企业到科技型企业全覆盖。

（广东省科学技术厅政策法规处　李金惠）

软科学研究计划

2013年度广东省软科学研究计划围绕贯彻党的十八大、全国科技创新大会和全省科技创新工作会议有关精神，以加快创新驱动发展和产业转型升级、促进“双提升”为主线，聚焦“十二五”期间广东科技和经济社会发展的全局性、战略性和前瞻性问题及重大决策需求，在广东自主创新政策法规体系建设、区域创新体系建设、科技发展体制机制建设等方面组织遴选了“广东实施创新驱动战略建设创新型省份的推进路径研究”等一批立足实践、面向决策的研究项目，全年共立项130项，共支持经费约1 300万元。部分项目已经提前启动研究并取得阶段性成果，为本省科技、经济与社会的创新发展提供了科学决策参考。

【广东实施创新驱动战略建设创新型省份的推进路径研究】　该重大研究项目拟深入分析新形势下实施创新驱动战略的紧迫性和重要性，探索建立创新型省份的评价体系或指标，深入剖析创新驱动战略与创新型省份建设的相互关系，在全面借鉴国内外实施创新驱动战略建设创新型区域建设的基础上，通过对创新型广东建设现状的评价，深入研究制约创新型广东建设的关键指标及原因，结合广东社会、经济发展的现实需求，提出广东实施创新驱动战略建设创新型省份的总体思路、有效推进路径和重点目标任务，为实现建成创新型广东提供重要的战略决策参考。该研究的阶段性研究成果已为广东制定深化科技体制改革、加快创新驱动发展相关政策提供决策参考依据。

【《广东省科技成果转化促进条例》预研究】　该重点研究项目拟全面分析《条例》制定对于广东省社会和经济发展的重要性和紧迫性，研究国内外科技成果转化法律法规政策及相关措施，在充分学习国内外先进经验做法的基础上，研究和分析《条例》制定出台的理论依据、现实依据和法律依据，重点分析广东省科技成果转化过程中需要重点解决的问题，有针对性地起草设计《条例》的制定思路和基本框架，力求推动立法解决广东科技转化中面临的现实问题，通过立法营造广东科技成果转化良好法治环境。该研究的阶段性研究成果已为加强广东省地方科技立法探索，推动政府相关部门正式开展相关立法制定研究工作奠定基础。

【外资并购对科技创新的影响】　2013年，该项目被纳入2013年度国家软科学研究计划项目。项目拟从外资并购中国上市公司入手，研究外资并购与目标公司绩效的关系，以及外资并购对目标公司、目标产业、国家技术创新的影响，从微观企业、中观行业和宏观国家三个层次分析外资并购对科技创新的影响及其影响机理，提出相应政策建议，为国家制定引入外资促进科技创新相关政策提供决策参考。

（广东省科学技术厅政策法规处　陈　晓）

科　技　人　才

创新科研团员引进和管理

2013年，本省成功启动“珠江人才计划”第4批广东省引进创新创业团队及“扬帆计划”首批粤东西北地区创新创业团队的申报及评审，成功引进第4批34个创新创业团队，为本省高层次人才队伍注入新生力量，“扬帆计划”成功引进12个创新创业团队，首次为粤东西北地区引入高层次人才。

【第4批创新创业团队引进工作】 第4批引进的34个团队（见表2-2-1-1）汇聚海内外高层次人才201人，其中高级职称175名，占87.1%；博士学位184人，占91.5%；包括发达国家院士9名、千人计划入选者12名、长江学者3名、国家杰出青年科学基金获得者29名、国外知名高校、科研机构终身教授或副教授178名，整体层次高，创新能力强。34个团队中有15个团队近5年在*Nature*或*Science*上累计发表过论文76篇，获得授权发明专利982项，其中拥有独立知识产权的发明专利793项。这些核心关键技术的引进，将极大地支撑引领广东省战略性新兴产业的发展。入选团队总体呈现以下特点：

团队项目突出产业化　第一，申报项目以成果转化类为主。34个申报团队中，选择填写“成果转化与产业化类”24个（可复选），占70.6%；应用研究与开发类项目17个（可复选），占50%；基础研究类项目5个（可复选），占14.7%。

第二，申报主体以企业为主。34个团队中，由企业引进的团队23个，占67.6%；由高校引进的团队5个，占14.7%，其中高校引进团队多数与企业订立成果转化合作协议，联合进行申报；由科研机构引进的团队6个，占17.6%。34个团队中，项目实施2年内有15个团队获得生产批件、研发出样机或实现小规模生产，有8个团队可实现小批量生产；项目实施5年内有16个可实现大规模销售，有12个获得生产批件、研发出样机或实现小规模生产。这些团队长期在国内外从事研究开发工作，具备一定的成果转化基础，其瞄准广东良好的创新环境和市场环境，携带资金和成果来粤进行转化与产业化，将极大地推动广东省产业转型升级及战略性新兴产业的发展。

来粤工作方式全职化　34个团队带头人中，有21个全职来粤工作，占61.8%。201名成员中，全职在粤工作的成员133名，占66.2%。2013年，新增“至少有两名团队成员（包括带头人或核心成员）全职在粤工作”的基本申报要求。全职来粤工作，充分反映了引进人员逐步将科研事业重心转移到广东省的决心和信心，充分反映了团队成员回国创新创业的激情和热情，同时还反映了专项计划对高层次人才的巨大吸引力和凝聚力。

团队成员来源国际化　34个团队中有27个团队由境外引进，占79.4%，分布美国、西班牙、荷兰、澳大利亚及中国香港等多个国家和地区，从侧面体现了广东省引进创新科研团队在世界范围内，尤其是发达国家华人社会中的知名度和影响力。34个团队从境外引进成员147名，占总人数的73.1%，其中包括9名发达国家院士，12名千人计划入选者和178名国外知名高校、科研机构终身教授或副教授。这些成员绝大部分拥有国外知名高校教育背景且长期在国外从事科研工作，紧跟世界科技前沿。引进他们，不仅带来新技术、新项目，也带来新视野、新思路，支撑引领产业高端发展、追赶学科前沿的同时，可极大地拓展广东省与国际交流合作的广度和深度，在国际舞台上展现广东省科研新进展、新风貌。

人员年龄结构年轻化 201名高层次人才平均年龄44岁，其中35岁以下的成员46名，占22.9%，有1位团队带头人仅31岁，他们年富力强、思想活跃、创新热情浓、积极性高，他们中的绝大部分人长期在国外知名企业、著名高校、一流科研机构接受高端培养和全方位锻炼，已逐步成为各自领域的科研骨干。借专项计划为跳板，他们将在广东这个大舞台上，施展才华，逐步成为广东省发展战略性新兴产业的青年领军式人才、院士后备力量，引领省战略性新兴产业快速发展。

【扬帆计划】 为贯彻落实省委、省政府进一步加快粤东西北地区振兴发展的战略部署，2013年9月，省委组织部牵头启动实施“粤东西北地区人才发展帮扶计划”（简称“扬帆计划”，含5个项目）。由省科技厅负责组织实施的引进创新创业团队项目，专项办负责具体组织实施工作。该项目面向国（境）外、省外以及珠三角地区，按照“三注重两符合”（注重团队水平、注重技术成果、注重产业化前景，符合加快发展需要、符合优化经济结构需要）的原则，分3个档次引进12个团队，省财政按档次分别给予800万元、500万元、300万元资助。

2013年入选的12个团队（见表2-2-1-2）共汇聚高层次人才61人，平均年龄43岁，其中高级职称38人，占62%；博士44人、硕士13人，占93%，包括国家重点实验室负责人1人，省外知名高校、科研机构教授或副教授9人，整体水平较高。大多数团队与引进企业有前期产学研合作基础，所依托项目与当地重点产业联系紧密，成果转化可行性高，部分研发已进入小试或中试，产业化目标明确，能较快成为当地经济新增长点，对带动当地重点、特色产业技术发展具有重大意义。

表2-2-1-1 第4批创新创业团队名单

序号	团队名称	引进单位	带头人
1	新型柔性显示技术团队	深圳市柔宇科技有限公司	刘自鸿
2	人造视网膜技术创新团队	中国科学院深圳先进技术研究院	Mark S.Humayun
3	氮化物半导体照明产业技术创新团队	广东省工业技术研究院（广州有色金属研究院）	中村修二
4	高分子成型过程及系统团队	群达模具（深圳）有限公司	高福荣
5	全人源抗体新药研发平台的建设与应用团队	暨南大学	廖化新
6	高性能锂离子动力电池研发与产业化创新团队	东莞市迈科科技有限公司	屈德扬
7	淀粉功能材料的研发及产业化团队	广东益德环保科技有限公司（汕头）	余　龙
8	图像搜索产业国际创新团队	广东图图搜网络科技有限公司	范建平
9	国际MOCVD装备研发制造创新团队	广东省中科宏微半导体设备有限公司	MILAN POPHRISTIC
10	新一代抗体药物研发团队	百奥泰生物科技（广州）有限公司	路易斯·帕瑞达
11	群体微生物基础理论与前沿技术创新团队	华南农业大学	E.Peter Greenberg
12	3D打印高分子复合材料研发及产业化创新团队	广东银禧科技股份有限公司	史玉升

（续上表）

序号	团队名称	引进单位	带头人
13	光伏器件与储能电池及其关键材料创新团队	北京大学深圳研究生院	潘　锋
14	程星通信团队	广州程星通信科技有限公司	贾鹏程
15	液晶光学透镜成像技术科研团队	深圳超多维电子有限公司	叶　茂
16	精密制造技术创新团队	深圳市圆梦精密技术研究院	李军旗
17	OTL团队	三一海洋重工有限公司	叶　伟
18	原创1.1类靶向个性化抗肿瘤药物开发及产业化创新团队	广州医药集团有限公司	翟一帆
19	神经元保护药的研发与产业化团队	广州市赛普特医药科技有限公司	段大跃
20	高效固氮微生物产品研发与产业化创新科研团队	东莞市保得生物工程有限公司	林　敏
21	新型高效制浆造纸生物技术开发与产业化团队	广州瑞辰盛达生物技术有限公司	王祥槐
22	高亲和性T细胞受体（TCR）介导的抗肿瘤过继免疫创新科研团队	广州市香雪制药股份有限公司	Cassian Yee
23	单晶蓝宝石纤维及其增强复合材料创新团队	东莞深圳清华大学研究院创新中心	Victor Valcarcel
24	超液晶智能材料创新科研团队	深圳市国华光电科技有限公司	Dirk Jan Broer
25	印制电路特种电子化学品创新团队	广东光华科技股份有限公司（汕头）	何　为
26	光纤广域监控设备研发及产业化创新团队	广东复安科技发展有限公司	贾　波
27	高技术陶瓷先进制造技术创新团队	广东工业大学	林华泰
28	药用聚乙二醇工程技术用于创新药物的研发与产业化团队	广州朗圣药业有限公司	徐　敏
29	创新制剂国际化与产业化团队	广东东阳光药业有限公司	郑玉群
30	纳米医学工程创新团队	中山大学	梁锦荣
31	结核病系统生物学与转化医学创新科研团队	广东体必康生物科技有限公司	毕利军
32	生物医学转化团队	暨南大学	尹芝南
33	先进功能薄膜材料及其产业化应用团队	中国科学院深圳先进技术研究院	李振声
34	大功率太阳能中高温锅炉研发及产业化创新科研团队	广东五星太阳能股份有限公司	王志峰

表2-2-1-2 “扬帆计划”首批引进创新创业团队名单

序号	团队名称	引进单位	带头人
1	日系整车配套的高端钎焊箔技术开发团队	乳源东阳光精箔有限公司	新仓昭男
2	高效零件先进成形创新团队	怀集登云汽配股份有限公司	王宝雨
3	终端技术创新团队	西可通信技术设备有限公司	刘元安
4	基于互叶白千层的高端医用敷料的研制及其产业化示范创新团队	广东富阳生物科技有限公司	金义光
5	天然右旋龙脑创新开发团队	广东华清园生物科技有限公司	陈填烽
6	山地果园机械研发创新团队	广东振声科技股份有限公司	洪添胜
7	高品质日用陶瓷技术创新团队	广东昌隆陶瓷股份有限公司	张志杰
8	高效传热与节能减排集成技术团队	汕头华兴冶金设备股份有限公司	朱冬生
9	固升K2创业团队	广东固升医药科技有限公司	朱洪友
10	海水鱼类种业与健康养殖创新科研团队	阳江职业技术学院	刘晓春
11	生物饲料工程创新团队	阳江市强农饲料有限公司	袁礼江
12	多功能高岭土矿物材料研发团队	茂名高岭科技有限公司	水中和

（广东省引进创新创业团队专项办公室　苏　帆）

高层次专业技术人才队伍建设

2013年，全省各级人力资源和社会保障部门切实履行政府人才综合管理部门职责，把人才工作、特别是高层次专业技术人才工作摆在更加突出、更加重要的位置，紧紧围绕贯彻省委、省政府的决策部署，坚持人才优先发展的主线，以打造人才新高地、建设人才集聚首选区为目标，勇于创新，务实进取，全力以赴抓好人才工作落实。各级党委、政府和有关部门也把人才工作摆在更加突出、更加重要位置。全省上下形成了第一把手抓第一资源的新局面，有力地推动了全省人才工作的发展。

总体来看，全省高层次人才的队伍规模更加壮大，队伍结构更加优化。截至2013年年底，全省专业技术人才总量达456万人，同比增加21万人，增幅达4.8%；高层次人才总量达28.7万人，占专业技术人才总量的6.3%，同比增加2.2万人，增幅达8.4%，其中粤东西北12市增量约占31%，高层次人才区域分布及结构有所改善。全职在粤两院院士36人，“新世纪百千万人才工程”国家级人选90人，享受政府特殊津贴专家5 071人，全省累计招收博士后研究人员6 000余人，已出站博士后超过60%留粤工作。建成国家级留学人员创业园4个，省级留创园1个，在园留学人员总数达16 000人，留学人员创业企业总数达2 392家，2013年技工贸总收入达310亿元。省高层次人才服务专区已为本省入选中央“千人计划”的179名专家提供“一站式”服务。高层次人才引领经济社会发展的引擎作用日益凸显，最新数据报告综合显示，广东技术自给率接近70%，区域创新能力连续6年稳居全国第2位，其中规模以上企业研究开发人员数超过41.6万，发明专利授权数达18 242件，各项重要指标均居全国前列。

【“粤港澳人才合作示范区”建设】 2013年，广东省加快建设广州南沙、深圳前海、珠海横琴“粤港澳人才合作示范区”。广东省人力资源和社会保障厅（以下简称“省人社厅”）制定印发《关于印发广东省人力资源和社会保障厅推进“粤港澳人才合作示范区”建设总体安排的意见及实施方案的通知》。珠海市在全国率先实行地方人才立法，出台《珠海经济特区人才开发促进条例》。省人社厅与深圳市人社局、深圳前海管理局签订《共建人才工作改革创新窗口单位备忘录》。

【高层次专业技术人才引聚】 打造高层次人才品牌工程，切实发挥引才聚才示范凝聚作用。2013年，广东省引进第4批领军人才——通过免评引进5名国内外院士，评审引进15名海外知名专家，每位入选者给予500万元的经费资助。在评审引进的15名专家中，高校引进5名，占33.3%；科研机构引进4名，占26.7%；企业引进6名，占40%。评选出第3批“南粤百杰工程”培养对象15名，每人给予100万元培养资金，成功为本省培养院士后备人才。当年新增4名院士中，2名是第1批南粤百杰人才培养工程人选，1名是第3批南粤百杰有效候选人。配合省委组织部等部门出台《广东省培养高层次人才特殊支持计划》，省财政每年给予1.6亿元支持，与“国家特支计划”形成上下衔接、科学合理的高层次人才选拔培养体系。

根据省里的统一部署，组织实施“粤东西北地区人才发展帮扶计划”（简称“扬帆计划”），为粤东西北地区选拔“引进紧缺拔尖人才项目”21人，“培养高层次人才项目”30人，“高技能人才培养项目”215人，各项目入选者分别获得省财政给予的100万元、20万元和1万元资助。

【高层次专业技术人才培育】

博士后培养 2013年，广东省大力实施博士后培养工程，获批博士后工作站85家，新增数量居全国首位。截至2013年年底，全省共有137家博士后科研流动站，288家博士后科研工作站和165家博士后创新实践基地。紧密围绕本省经济社会重大需求、重点项目，派出与引进相结合，省人社厅会同中山大学组织开展专题调研，大力推进“广东博士后国际交流计划”。积极争取省财政对粤东西北博士后工作投入，纳入“扬帆计划”给予专项经费支持。

人才评价制度改革 不断优化人才评价机制。按照“转变职能、简政放权”和建立现代高水平大学的要求，着手研究制定高校职称改革实施意见。稳步推进中小学教师职称制度改革，已完成人员过渡和正高级评审。积极开拓职称工作的服务领域，顺利开展工业设计职业资格制度等试点工作，确立了工业设计人员的职业身份和发展通道，有效激发了全省工业设计人才队伍的积极性。

专业技术人才知识更新工程 在专业技术人才队伍中开展大规模的知识更新培训，全年重点培训10万名高层次、急需紧缺和骨干人才，全省专业技术人员参加继续教育的比例达到70%。

（广东省人力资源和社会保障厅　冯　岚）

科技干部教育与培训

2013年，省科技厅加强科技创新能力和管理干部队伍建设，为全省创新驱动发展提供人才支持与组织保障。广东省科技干部学院作为国家级星火培训基地和广东省科技干部、专业技术人员继续教育基地，全年共举办各类培训班22期，培训科技干部、专业技术人员1 456人次，联合省级星火培训基地和星火学校开展农村科技创新创业带头人和新型职业农民培训，举办科技讲座70多次，培训7 600多人次。

【全国县市科技局长“科技管理改革与创新驱动发展”专题研修班】 2013年6月20—27日，由科技部主办、省科技厅协办、省科技干部学院承办的“全国县市科技局长‘科技管理改革与创新驱动发展’专题研修班”在广东省科技干部学院举办，来自全国28个省、直辖市和自治区的76位县市科技局局长参加了研修班。

科技部政策法规司和省科技厅领导分别作“科技体制改革与创新驱动发展”“广东科技工作情况介绍”专题报告。研修班邀请了广东省委党校、广州市委党校和广东省科技情报所的专家及广东省研究县域科技发展的知名专家教授为学员授课，并组织举办了以“县市创新环境建设”“县市科技管理创新”等为主题的结构化研讨活动。

【科技系统干部培训】 2013年，省科技干部学院举办了2期“创新驱动发展提高管理能力”专题研修班。第1期“创新驱动发展提高管理能力”专题研修班于6月17—25日举办，来自全省地级市科技局（委）、顺德区经济促进局的领导共22人参加了研修班。第2期“科技管理创新和创新环境建设”研修班于10月28日—11月2日举办，来自全省36个县（市、区）科技局的领导参加了研修班。

省科技厅领导研修班作题为“广东科技工作发展情况及重点工作任务”的专题报告。研修班还邀请了省社会科学院的专家和省科技厅有关领导为学员授课，主要包括“科技计划管理改革与项目管理规程实施”“加强科技项目经费管理”“优化科技资源配置提高创新能力”等专题；组织学员就“地市科技发展重点任务与措施”“科技创新环境建设的经验措施”等主题进行研讨交流，深入探讨地级市科技管理创新的经验与举措；组织学员赴珠三角对专业镇、科技园区进行考察。

【新疆科技管理业务培训班】 2013年11月3—15日，由新疆科技厅主办、省科技干部学院承办的“新疆自治区科技管理业务培训班（广州）”在省科技干部学院举办，来自新疆14个地州的38位科技管理干部参加培训。培训班邀请了省科技厅相关领导和科研院所、高校的专家教授为学员授课并组织学员赴珠三角考察调研。

【西藏林芝地区科技管理干部研修班】 2013年12月15—25日，由省科技厅主办，省科技干部学院承办的“西藏林芝地区科技管理干部研修班”在省科技干部学院举办。西藏林芝地区科技管理部门的16位学员参加培训。

研修班邀请广东省农业科学院、广东省微生物所的专家学者为学员授课，主要包括：“现代农业科技与特色农业”“食用菌资源开发与种植加工”“花卉园林植物资源开发”“科技经费使用与管理”等专题；组织学员赴深圳、珠海、韶关、东莞等地市参观现代农业示范园、有机农产品、绿色食品生产基地、高新技术产业园区与创新型企业等。研修班的举办支持了西藏林芝地区科技管理干部的培养，加强了粤藏两地科技工作交流。

【内蒙古科技创新助推县域经济发展领导干部专题培训】 2013年5月27日，省科技厅组织举办了内蒙古科技创新助推县域经济发展领导干部专题培训，200多位来自内蒙古的市、旗的党政干部参加为期7天的专题培训。

本期培训班邀请了省科技厅的领导和有关专家为学员授课，主要包括“广东科技发展情况”“国内外制造业发展趋势及相关技术动态”“国内外产业集群的发展及广东省专业镇发展”“优化科技资源配置推动社会经济发展”“广东省产学研合作模式及发展情况”“广东省创新团队的建设情况”等专题。培训班还组织学员前往珠三角等地进行实地考察，通过学习交流，了解广东依靠科技创新加快经济发展的具体做法，使学员进一步拓宽视野，创新工作思路，提高综合素质。

【专业技术人员继续教育与培训】 2013年，省科技干部学院举办专业技术人员继续教育与培训班15期，累计培训1 268人次，主要包括：电子商务、物流管理、计算机专业技能、企业管理、继续教育公需课、投资建设项目管理师考前培训、注册资产评估师、设备监理师考前培训、全国注册土木工程师考前培训、全国建造师考前培训、公安刑侦技侦专业技术培训、管理咨询师考前培训、计算机专业技能培训等。培训班的举办促进了专业技术人员技能水平的提高。

【星火科技培训】 2013年，省科技干部学院加强农业科技服务体系和农村科技人才队伍建设，促进现代农业科技创新成果推广应用，重点开展以农村科技创新创业带头人、农业技术推广人员、种养殖大户、专业农民、新型职业农民等为对象的农业科技培训，指导并协助省级星火培训基地和各星火学校举办培训班和讲座70多次，培训7 600多人次。

【全国信息技术专题培训班】 2013年，省科技厅委托省计算中心举办全国信息技术专题培训班，培训IT行业高中级专业技术人员、急需紧缺和骨干人才70多名，有效地提高了高层次科技人才的知识水平，培养高层次创新型人才，并促进高端科技学术交流，推动了广东省专业技术人才知识更新工程实施的进程。

（广东省科学技术厅人事处　罗海波）

（广东省科技干部学院　曾煜洲）

科技计划项目

科技计划管理

2013年，省科技厅贯彻深化科技体制改革总要求，以自主创新作为推动经济社会转型升级的重要抓手，不断推进科技计划管理改革，以建立适应自主创新规律的科研管理体制为目标，积极探索实施科技业务管理阳光再造行动，大力发展高新技术产业和战略性新兴产业，积极开展产学研合作，进一步健全区域创新体系。

【阳光再造行动】 2013年，改革科技计划管理体制、落实科技业务阳光再造行动是省级科技计划管理的首要任务。省科技厅按照促进科技计划信息公开、实现权力制衡、提高科技计划绩效等目标，组织相关管理人员和研究专家，赴北京、上海、陕西、湖南、湖北等地学习调研，并在省内进行了广泛的调研座谈，系统研究借鉴了国内外科技项目和经费管理的先进经验，针对科技计划管理工作存在的薄弱环节和管理漏洞，认真进行了改革完善，编制起草了《省级科技业务管理阳光再造行动实施方案》。该方案向上级机关和领导报告后，获得了充分的肯定，为全省科技计划管理改革明确了目标和方向。

按照省科技业务管理阳光再造行动方案要求，省科技计划管理分步落实相关改革措施。一是梳理制订《广东省科技厅业务管理体系及分工方案》，按照“扬长补短、创新集聚、三链融合、贴近前沿”的指导思想和“更宽、更前、更紧密”的基本思路，梳理业务管理职能和工作任务，围绕重大基础研究项目培育、产学研协同创新平台覆盖、前沿技术与新兴产业促进、国际科技合作提升、创新创业环境营造等创新功能，结合十八届三中全会精神，重新构建了新的业务体系。二是启动建设科技业务管理阳光政务平台，以公开透明、流程再造为原则，围绕打造一个可以有效连通国家、省、市各级科技管理部门和科研单位，充分实现信息资源共享，业务流程科学规范，责任主体明确的“广东省科技业务管理阳光政务平台”的总要求，积极重构打造科技业务管理阳光政务平台。三是夯实工作基础，稳步推进制度建设等基础性工作，加快出台一系列工作细则和工作规程。制定发布了《广东省科学技术厅关于省科技计划项目合同书管理的实施细则（试行）》和《广东省科学技术厅关于省科技计划项目结题管理的实施细则（试行）》；对全省科技计划管理专家库进行了扩容和更新，提升了省外专家的比重；按照精细化管理要求，规范科技计划立项工作程序和机制，统一科技计划业务申报入口和立项出口；建立科技计划项目管理专报制度，针对科技计划项目管理中的一些典型情况和创新做法，以专报形式及时向领导汇报。

【项目申报评审】 在做好管理制度改革的同时，省科技厅积极协调落实2013年省级科技计划项目预算的分配实施，狠抓项目审核把关，确保财政资金安全。统筹改革了科技计划项目申报指南的编制和发布形式，做到更加公开透明。全省全年共受理了16 200多项省科技计划项目的申报。邀请3 000多名专家对申报项目进行了评审，其中省外专家400余名，保证了项目评审质量。省科技厅狠抓项目申报资质和项目质量的审核工作，联合财政等部门进行严格的核查和评估，不符合条件的坚决不予立项，经过规范科学的立项程序，2013年度共立项3 871项，资助总金额215 443万元。

（广东省科学技术厅规划财务处　陈楚祥）

重大科技专项

2013年，省科技厅继续设立重大科技专项，根据全省经济结构调整升级的需求和提高民生服务保障的要求，组织实施“低碳技术创新与示范”“重大新药创制”2个省重大科技专项，并且根据粤港产业、科技紧密合作的特点，投入更多资金以粤港共性技术联合招标的方式来组织重大科技专项项目。2013年，省重大科技专项重点支持了建筑节能技术和标准的研究，新型药物和医药产业公共服务平台及粤港共性技术攻关及应用的研究，有效放大带动了社会科技资源的投入，为广东省创新水平的提高做出了有力的贡献。

【“低碳技术创新与示范”重大科技专项】 为进一步提升广东省建筑及相关产业低碳节能技术水平，促进建筑低碳节能技术在全省建筑工程中的推广应用，建设低碳示范省和宜居城乡示范省，2013年广东省低碳技术创新与示范重大科技专项继续组织开展建筑及相关产业节能减排关键技术攻关及产业化，推进建筑节能减排关键技术集成和示范，提升建筑节能减排整体技术水平，力争在全省建筑节能降耗的贡献上有新突破。

2013年支持重点包括两方面：一是建筑节能减排关键技术攻关及产业化，从技术方面推动建筑产业低碳水平提升，研究重点涵盖新型建筑围护结构节能产品和技术、低碳节能设备和技术、基于物联网技术的大型公共建筑节能运行管理系统。同时支持公共服务性单位在技术研究的基础上，完成《广东省绿色低碳建筑技术与产品评价标准》《广东地区建筑节能减排技术路线研究》等。

二是建筑节能减排技术集成与示范，主要在新建楼宇、小区开展低碳节能技术集成与示范，包括新的建筑规划与建筑设计、屋面系统隔热与散热技术、可再生能源建筑一体化规模化应用技术、施工过程绿色低碳技术的应用示范等；在既有楼宇、小区进行改造低碳节能技术集成与示范，重点支持公共场馆、酒店商场、医院、校园、工业厂房、产业园区等既有建筑开展建筑低碳节能技术集成与示范；在建筑节能减排的商业模式创新及国内外服务合作方面进行示范，大力推广合同能源管理在商业运行的服务模式并开展与国外的合作研究。

【“重大新药创制”重大科技专项】 为促进具有广东省特色的药物创新体系的建设，加快重大新药品种的研发，增强广东省医药企业自主研发能力和产业竞争力，2013年，广东省针对恶性肿瘤、心脑血管疾病、神经退行性疾病、糖尿病、精神性疾病、自身免疫性疾病、耐药性病原菌感染、肺结核、病毒感染性疾病等严重危害人民健康的重大疾病，组织开展包括化学药物、现代中药及生物技术药物等重大创新药物的研究，拟在2015年前完成一批创新药物的临床前研究，并获得国家药监部门的认可。该专项将支持广东省建设生物药产业化公共服务平台，推动完成抗体药物中试基地技术体系构建，提高省内抗体药物创新研究成果转化水平；建设一个干细胞与再生医学创新平台，以干细胞与再生医学在组织康复、重大疾病治疗和抗衰老医学中的应用等为主线，建立干细胞临床治疗、康复及抗衰老技术应用与转化的国家级创新中心。为提高基层医院对群众健康的保障水平，广东省大力推动基层医疗机构创新医疗器械产品与示范，重点开发服务于基层民众的移动健康系统，争取所研发产品的成本比现同类产品成本降低20%以上，并在产品的适用性、先进性、可靠性、经济性等方面具有较好的保障。

（广东省科学技术厅高新技术发展及产业化处　郭秀强）

科技创新体系建设

产学研合作

2013年，广东省产学研合作工作以“三部两院一省”产学研合作框架为基础，按照厅党组的工作部署，积极开展重大项目实施、产学研协同创新平台建设、企业科技特派员的派驻和专业镇转型升级等工作，着力构建立足广东、服务全国、面向世界的开放型区域自主创新体系，大幅提升了广东自主创新能力和产业竞争力。2013年，广东省与中科院、中国电子科技集团公司、浙江大学等签订战略合作框架协议，加快集聚国家重要创新资源。以新机制组织凝练一批产学研合作重大专项，8年来合作项目累计达2.6万多项。省部院产学研合作全年实现产值2 600亿元，利税260亿元，产学研合作工作规模和成效进一步提升。

产学研合作重大项目

【重大科学工程】

中国散裂中子源工程　该项目是国家“十一五”期间启动建设的重大科技基础设施项目，并作为“科技创新能力建设重点”列入国家“十二五”规划，是世界上最前沿的高科技跨学科领域基础研究和基础应用研究项目之一。项目由中科院和广东省共同建设，选址于广东省东莞市，建成后将成为发展中国家拥有的第1台散裂中子源。散裂中子源一期工程于2012年5月动工，截至2013年年底，该项目一期工程已完成投资4.9亿元，土建工程基本完成了2/3，包括测试1号实验楼、测试2号实验楼、辐射防护实验楼、冷冻站、综合实验楼、综合服务楼、排风中心等9栋大楼组成的辅助设备区已基本完工。

大亚湾核反应堆中微子实验室工程　该项目由中国科学院高能物理研究所牵头、以我国科学家为主建设了大型粒子物理实验装置。其主要科学目标是通过探测来自反应堆的中微子，精确测量物理学中的基本参数——中微子混合角 θ13。2013年，大亚湾反应堆中微子实验站已全面建成，全部8个中微子探测器正式投入运行取数。实验站将持续运行3～5年，把 θ13的测量精度提高4倍，并开展反应堆中微子能谱测量等研究，继续领跑世界反应堆中微子研究。

广州超级计算中心工程　该项目是“十二五”期间国家“863计划”支持的重大科技项目，是广州重点建设的科技一号工程，是开展重大科学研究、推动战略性新兴产业发展、支撑国家创新型城市和智慧广州建设的重大战略性基础设施。2013年，天河二号超级计算机一期系统已研制成功，系统峰值性能54.9PFlops（每秒5.49亿亿次双精度浮点运算），国际标准测试程序Linpack实测性能为33.9PFlops（每秒3.39亿亿次双精度浮点运算），系统能效比1.9GFlops/W（每瓦19亿次双精度浮点运算）。

【产学研合作重大专项】　2013年，产学研合作重大专项继续以各地市党委政府重点发展或关注的产业、行业为主要对象，以专业镇、产学研合作技术创新联盟、行业龙头企业为主要载体，通过省市联动、产学研合作、区域协同创新组织重大专项。各地市根据本地区产业技术领域的实际情况，组织相关企业与高等院校、研究院所共同凝练重大共性技术，在项目组织上进行优化组合、联合实施，实现基于产业链的协同创新。根据各地市的组织推荐，全年共择优支持19个项目。

（省部院产学研结合协调领导小组办公室）

产学研创新平台和创新联盟

【产学研合作技术创新平台】 2013年，广东省以服务企业技术创新、提升区域创新能力为宗旨，全年新建高水平产学研合作研究院11家，新建产学研合作技术创新联盟共性技术创新平台17家，新建院士工作站34家，新建企业产学研合作创新平台52家，新建企业科技特派员工作站29家，新建企业重点实验室9家。截至2013年年底，全省各类产学研合作技术创新平台总数超过1 600家。

【专业镇中小微企业公共服务平台】 2013年，广东省依托产学研合作，加快专业镇中小微企业服务平台建设，全年新建专业镇中小微企业服务平台100家，专业镇建设和转型升级的进程进一步加快。组织发动全省21个地市的151个专业镇围绕技术创新平台、检验检测平台、电子商务信息网络服务平台以及公共服务平台创新发展研究等内容，申报了221个平台建设项目，最终经专家评审后选择100个项目给予支持。

【公共创新平台】 2013年，广东省积极引导国家重点建设高校、国家级科研院所与广东地方和重点产业领域共建公共创新平台，佛山市顺德区人民政府和湖南大学共建的广东湖南大学研究院正式启动，研究院规划总建筑面积为7万多平方米，按功能划分为“研发、中式、实验、检测功能区”“孵化和产业化功能区”“人才培养和科技服务功能区”三大区。湖南大学现有的国家重点实验室、国家工程中心、国家超级计算中心等都会在顺德设立分实验室和分研发中心。广州南车有轨交通研究院正式落户广州，填补了广东轨道交通装备产业研发领域的空白，实现了从制造到“智造”的转型升级。

【产学研创新联盟】 截至2013年年底，产学研创新联盟总数已达104家，覆盖了半导体照明、下一代通信、电动汽车、数字家庭、数字装备等产业领域。产业技术联盟围绕区域产业发展的重大技术问题，组织制定产业技术路线图，提出制约产业发展的关键、共性技术问题，组织联合攻关，突破一批制约产业发展的重大技术瓶颈问题。

（省部院产学研结合协调领导小组办公室）

产学研合作交流对接

【省院、市院合作】 为更好地集聚中科院的创新资源，7月24日，中共中央政治局委员、广东省委书记胡春华，广东省省长朱小丹在广州与中科院院长白春礼进行了工作会商，广东省和中科院召开全面战略合作领导小组会议暨重大科技合作签约仪式，会议调整了省院全面战略合作领导小组及办公室人员名单，省院双方签署了《关于共建创新型广东的合作协议》。为加强与各地市和领域的合作力度，中科院还分别与佛山市、揭阳市、清远市、广东省海洋渔业局签署了相关合作协议。10月31日，广东省委常委、珠海市委书记李嘉一行赴中科院进行了院地合作商谈，双方签署了《中科院广州分院珠海市科技合作协议》。

【校企、校地、地企合作】 广东大力推动校企和校地产学研合作，实施“走出去”战略，积极开展校企对接活动，全年先后3次组织省内13个地市科技局和62家企业到清华大学、北京理工大学、北京科技大学、四川大学、电子科技大学、上海交通大学、同济大学、江南大学等高校开展产学研对接活动，有26家企业与高校达成了一批合作意向，同时组织了3场对接回访，切实跟进落实。推动北京大学、清华大学、浙江大学、同济大学和中国电子科技集团公司等一批顶尖高校和科研机构分别与东莞、广州、珠海、惠州等签订了共建公共创新平台合作协议，进一步集聚全国优质创新资源进入广东。组织召开10余场产学研技术创新联盟研讨会，积极服务会员单位和产学研合作工作。

6月27日，广东省政府与中国电子科技集团公司在广州签署战略合作框架协议。双方将以产学研协同创新和产业转型升级为突破口，充分发挥各自优势，优先在LED、通信与导航、汽车电子、云计算、物联网、数字家庭、智慧城市等领域开展战略合作，并通过搭建国家级创新平台和共建中国电科华南电子信息科技园等措施，携手把广东建设成为我国电子信息领军人才聚集地，电子信息新产品、新技术核心研发地和世界级高端电子信息产业基地。

【企业科技特派员】 2013年，全年新增企业科技特派员555名，累计达到7 290多名，形成科技特派团效应。截至2013年年底，来自全国294所高校科研院所的7 291名企业科技特派员，携带1万多名科技特派员助理入驻3 000多家企业，成为了企业的科技传播员、科技联络员、科技调研员和科技实施员，有效地缓解了企业人才短缺的问题。

（省部院产学研结合协调领导小组办公室）

企业科技创新

2013年，广东省继续引导全省企业走创新发展的道路，鼓励企业提升创新能力，加大科研投入，发挥企业技术创新的示范引领作用，促进了广东省产业转型升级和创新型广东目标的实现。

全省工业企业科技创新

2013年，广东规模以上工业企业有4.12万家，其中有R&D活动的企业0.57万家，有研究机构的企业0.27万家，R&D人员53.1万人，全年R&D经费投入总量1 237.5亿元，占广东全社会R&D经费总量的85.7%。R&D项目4.09万个，发明专利申请4.72万件。

【研发投入】 2013年，广东在整体经济增速放缓的情况下，工业企业的R&D经费投入达到1 237.5亿元，比上年增长14.8%。工业企业研发投入总量在全国各省市中名列第2位，仅比第1位的江苏省少2.1亿元（见表3-2-1-1）。在经过前些年研发经费投入的高增长，广东工业企业研发投入增速虽有回落，但仍实现了两位数的增长。在工业企业三大行业中，制造业增长13.9%，采矿业增长48.6%，电力、热力、燃气及水生产和供应业增长136.1%（见表3-2-1-2、表3-2-1-3）。

表3-2-1-1 部分省市规模以上工业企业R&D经费对比情况（2013）

项目	北京	天津	山东	广东	上海	江苏	浙江
R&D经费（亿元）	213.1	300.0	1 052.8	1 237.5	404.8	1 239.6	684.4

表3-2-1-2 广东工业企业R&D经费投入与增长速度情况（2011—2013）

项目	2011年	2012年	2013年
R&D经费（亿元）	899.4	1 077.9	1 237.5
增长速度（%）	27.8	19.8	14.8

表3-2-1-3 广东工业企业三大行业R&D经费投入与增长速度情况（2011—2013）

行业	2011年		2012年		2013年	
	总量（亿元）	增长（%）	总量（亿元）	增长（%）	总量（亿元）	增长（%）
采矿业	1.33	19.8	3.70	178.2	5.50	48.6
制造业	893.79	27.8	1 067.47	19.4	1 216.19	13.9
电力、热力、燃气及水生产和供应业	4.32	30.1	6.69	54.8	15.80	136.1

【研发主体】 2013年，广东工业企业从事科技研发的人员不断增加，研发队伍不断发展壮大。全年R&D人员有53.1万人，比上年增长2.3%；R&D人员全时当量为42.6万人年，比上年略有增加；工业企业R&D人员已占全社会R&D人员总量的81.4%，广东已成为全国工业企业中研发人员最多的省份（见表3–2–1–4、表3–2–1–5）。

表3–2–1–4 部分省市规模以上工业企业R&D情况对比（2013）

项目		山东	广东	江苏	浙江
R&D人员	（万人）	32.7	53.1	51.1	33.7
R&D项目数	（万个）	3.19	4.09	4.85	4.22
专利申请数	（万件）	4.00	9.67	9.35	7.71

表3–2–1–5 广东R&D人员情况（2011—2013）

2011年		2012年		2013年	
R&D人员（万人）	R&D人员全时当量（万人年）	R&D人员（万人）	R&D人员全时当量（万人年）	R&D人员（万人）	R&D人员全时当量（万人年）
41.6	34.6	51.9	42.5	53.1	42.6

【科研项目与成果】 2013年，广东工业企业全部科技项目为5.88万个，R&D项目共4.09万个，比上年增长9.1%。其中，大型工业企业1.54万个，中型企业1.32万个，小微型企业1.23万个，分别比上年增长2.7%、16.8%、8.8%。珠三角地区已成为广东科技研发最活跃的地区，全年广东珠三角九市研发项目共3.8万个，比上年增长9.8%，占全省工业企业研发项目的93.1%。广东规模以上工业企业的研发项目总数，始终保持在全国各省市的前列（见表3–2–1–4）。

广东工业企业研发能力不断提高，其研发成果为广东带来了丰厚的经济和社会效益。2013年，广东规模以上工业企业申请专利9.67万件，其中发明专利4.72万件，与兄弟省市相比，广东专利大省的地位更加稳固（见表3–2–1–4）。全年广东工业企业创建行业标准0.2万项，发表科技论文0.64万篇。企业日益广泛的研发活动催生了工业新产品的不断涌现，全年广东工业企业开发新产品项目4.74万个，比上年增长9.5%，新产品产值1.8万亿元，比上年增长14.6%。

【科技创新存在问题】

研发项目含“金”不高　全部科技项目中非R&D项目有1.79万个，占科技项目的30.4%，非R&D项目占科技项目的比重过大。其中，属技术改进、改造和产品优化的项目占了11.4%；属技术引进应用项目占了1.7%；属产业化与成果推广的项目占了9.2%；属科技园区（中心、院、所）等其他建设类项目占了8.1%。在对限额以上科技项目统计中，R&D项目有2.64万个。其中，技术含量低的项目占了认定项目数量的21.5%，同类型或技术特点相似的项目占了18.2%，简单的技术集成研发项目占了13.1%。

政府资金投入偏少　工业企业中政府资金用于核心研发项目上的经费总量和比重仍然不高。2013年规模以上工业企业使用来自政府部门的科技活动资金为45.9亿元，政府资金与企业资金比约为1：35。全年政府资金中用于R&D的经费为38.9亿元，占工业企业自身R&D投入总经费的3.2%（见表3–2–1–6）。对微型企业特别是创业初期或处于孵化期的科技型微小企业的研发经费资助更是偏少。据统计，工业企业来自政府的R&D经费，大中型企业为31.6亿元，占了总量的81.2%；小型和微型企业为7.3亿元，仅占总量的18.8%（见图3–2–1–1）。

表3–2–1–6　政府投入与企业投入研发活动经费对比情况（2013）

活动类型	企业投入（亿元）	政府投入（亿元）	政府投入/企业投入（%）
科技活动	1 586.8	45.9	2.9
R&D活动	1 198.6	38.9	3.2

注：此表中“企业投入”中不包括政府资金

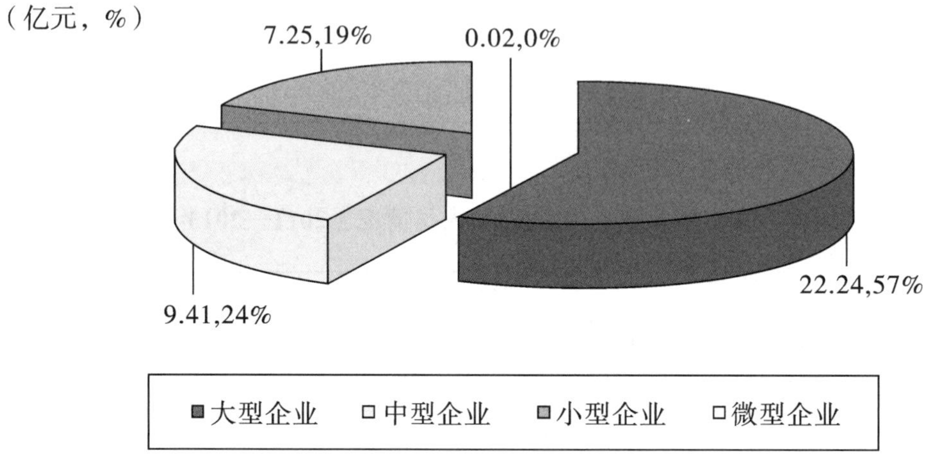

图3–2–1–1　政府资金在不同规模企业中的投入情况（2013）

优惠政策落实不够　2013年，广东有研发活动高新技术企业0.31万个，其他企业0.26万个，研发费加计税费减免共44.25亿元。高新技术企业研发经费为899.4亿元，仅完成加计税收减免经费37.7亿元（按15%税费减免，理论上可达到202.4亿元）。其他一般性企业研发经费338.1亿元，仅完成加计税收减免经费6.6亿元（按25%税费减免，理论上可达到126.8亿元），实际已减免仅占理论可减免的13.4%，企业实际享受的与理论上可以享受的税费减免相差较远（见表3–2–1–7、表3–2–1–8）。

表3–2–1–7　工业企业研发经费税费减免情况（2013）

企业类型	企业数（万个）	R&D经费（亿元）	理论可减免税费（亿元）	实际已减免税费（亿元）
有研发活动的高新技术企业	0.31	899.4	202.4	37.7
有研发活动的一般企业	0.26	338.1	126.8	6.6

注：加计扣除是指企业当年发生的研发费用按50%加计扣除应纳所得税额。此表中理论可减免抵扣税费按高新技术企业15%、一般企业25%的税率计算而得

表3-2-1-8　珠三角地区工业企业R&D经费与享受加计抵扣税费对比（2013）

地域	R&D经费（亿元）	加计扣除减免税费（亿元）
广东省	1 237.48	44.25
珠三角地区	1 174.59	42.34
广州市	171.02	4.91
深圳市	532.94	25.08
珠海市	34.57	4.28
佛山市	161.22	2.26
江门市	31.80	0.26
肇庆市	15.41	0.30
惠州市	55.60	2.90
东莞市	109.93	1.57
中山市	62.10	0.78

研发资源过于集中　广东工业企业研发经费资源仍过于集中于局部地区、单一行业和少数企业。2013年，广东珠三角地区工业企业R&D投入经费为1 123.8亿元，占全部工业企业R&D经费的90.8%。在工业企业中，计算机、通信和电子设备制造业R&D经费投入为586.1亿元，占全部工业企业的47.4%；电气机械和器材制造业R&D经费投入为150.1亿元，占全部工业企业的12.1%。在高新技术领域新材料、环保和生物医药产品制造行业的R&D经费投入却偏少，如信息化学品、生物药品、航空航天设备、环境保护设备制造和稀土金属冶炼的R&D经费投入，分别仅为1.8亿元、5.1亿元、0.9亿元、1.4亿元和0.27亿元。深圳市某两家通信器材和电子产品生产企业的R&D经费投入分别为240.5亿元、63.6亿元，占深圳市全部工业企业R&D经费投入的57.1%，占全省工业企业R&D经费投入的24.6%（见图3-2-1-2）。

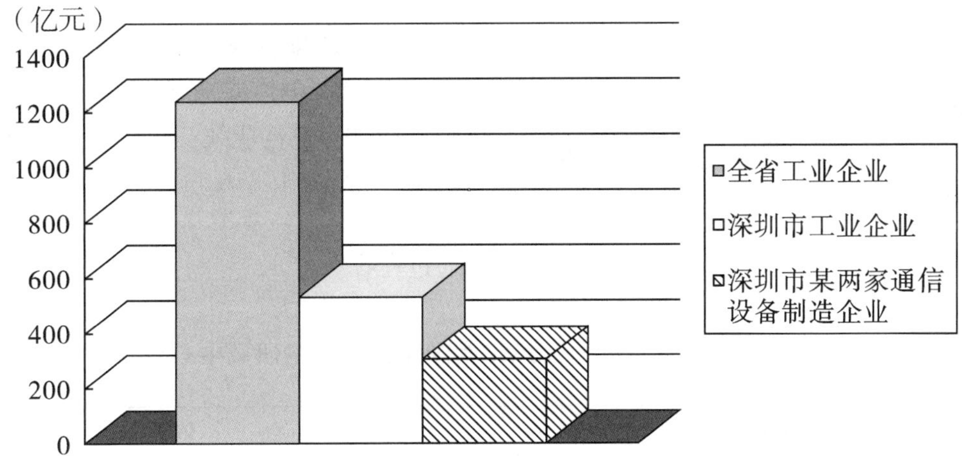

图3-2-1-2　个别市个别企业占全省R&D经费投入对比（2013）

（广东省统计局　谭乐明）

民营科技企事业单位发展

【科技类民办非企业单位进口科学研究和教学用品免税资格审核认定】 根据科技部、民政部、财政部、海关总署和国家税务总局《关于科技类民办非企业单位适用科学研究和教学用品进口税收政策的通知》和《科技类民办非企业单位进口科学研究和教学用品免税资格审核认定管理办法》，2013年6月，省科技厅联合省民政厅共同组织开展了科技类民办非企业单位进口科学研究和教学用品免税资格审核认定工作，共受理6家单位申请，经严格审核，共认定广东华南新药创制中心、广东南方信息安全研究院2家单位具有科技类民办非企业单位进口科学研究和教学用品免税申请资格。

【民营科技型企业创新产业集群建设】 发挥高新区、专业镇在整合创新资源、发展民营科技产业中的重要载体平台作用，为民营科技型企业技术创新提供强大的科技支撑和良好环境，重点支持和推进深圳新型互联网、惠州智能终端、中山健康科技等国家创新型创业集群建设。落实《广东省高新区创新型产业集群建设方案》，培育和建设广州高新区生物医药等11家省级创新型产业集群。截至2013年年底，深圳新型互联网、惠州智能终端已被认定为科技部重点培育十大产业集群。

【民营科技型企业研发机构建设】 2013年，贯彻落实《广东省企业研发机构“十二五”发展规划》，重点推进《规划》提出的“十二五”期间省企业研发机构建设发展的七项工程，重点落实有关税收优惠、财政激励、科技金融、人才扶持等方面的具体实在的政策措施。继续启动实施省创新型企业院线提升计划，重点支持创新型企业组建研究开发院、制定与实施创新路线图等工作。2013年，全年全省新增省级创新型试点企业71家，累计达454家；新认定省级创新型企业56家，累计达286家；国家级创新型试点企业累计达39家，其中国家级创新型企业23家，数量位居全国各省市第3位。按照《广东省企业研发机构“十二五”发展规划》要求，积极贯彻实施新修订的《广东省科学技术厅关于省工程技术研究中心建设的管理办法》（粤科函政字〔2013〕1513号），加快省级工程中心建设，大力培育国家级工程中心，推动国家、省、市三级工程中心梯队建设，加大工程中心网站信息化建设力度，提升全省研发机构建设水平。

（广东省科学技术厅政策法规处　王富贵）

技术创新平台建设

【广东省工程技术研究开发中心】

2013年，广东省工程技术研究开发中心（以下简称“省工程中心”）建设取得阶段性突破。全省共4家工程中心获批2012年度国家工程技术研究中心（见表3-2-3-1）。截至2013年年底，全省2012年度国家工程技术研究中心认定数量位居全国31个省及直辖市、自治区（除香港特别行政区、澳门特别行政区以及台湾省）第1位，与山东省并列，创广东省国家工程技术研究中心认定工作历年最佳成绩。全年分两批共批准组建472家省级工程中心，同比增长521.1%，其中企业类共406家，公益类共66家；96家省级工程中心通过验收。

表3-2-3-1　广东省获批的2012年度国家工程技术研究中心名单

序号	工程中心名单	依托单位
1	国家生猪种业工程技术研究中心	温氏集团、华南农业大学
2	国家企业互联网服务支撑软件工程技术研究中心	金蝶软件（中国）有限公司
3	国家稀散金属工程技术研究中心	广东先导稀材股份有限公司
4	国家特种计算机工程技术研究中心	研祥智能科技股份有限公司

截至2013年年底，全省已建立国家级工程中心23家、省级工程中心1 088家。省级工程中心中依托企业组建的有995家（占91.45%），依托高校组建的有61家（占5.61%），依托科研院所组建的有32家（占2.94%）（见图3-2-3-1），带动一大批本土中大型企业设立企业研发机构。省工程技术中心行业领域布局不断优化，基本覆盖新材料（311家）、光机电一体化（296家）、电子信息（191家）、生物医药（148家）、现代农业及深加工（58家）、新能源与高效节能（33家）、资源与环保（16家）、其他（35家）等重点产业领域（见图3-2-3-2）。这些工程中心主要分布于珠三角地区，有819个，占全省的75.28%；粤东地区（汕头、潮州、揭阳、汕尾）有139个，占全省的12.78%；粤西地区（湛江、茂名、阳江）有42个，占全省的3.86%；粤北地区（韶关、梅州、清远、河源、云浮）有88个，占全省的8.08%（见图3-2-3-3）。

经过21年建设，省工程中心规模和领域不断扩大，带动企业建立了一批研发机构，然而其建设、管理的问题也逐渐凸显。为进一步加强省工程中心建设，省科技厅对省工程中心建设情况做了一次全面而深入的调研，组织召开多个行业和领域的专家座谈会，共同探讨省工程中心建设的新思路、新方法，对存在问题和建设经验进行全方位总结和分析，形成《关于加强我省工程技术研究中心建设的思考与建议》的调研报告，展开加强省工程中心建设工作、加快以企业为主体的创新体系建设的新一轮探索。在充分调研基础上，省科技厅开始对省工程中心建设的改革工作，内容涉及省工程中心建设的总体思路、功能定位、运行管理机制以及管理办法的修订等。12月31日，省科技厅颁布新的《广东省科学技术厅关于广东省工程技术研究中心的管理办法》对工程中心建设工作进行多方面革新，省工程中心工作迈上新的进程。

区分功能定位，实施分类管理　根据功能定位，把工程中心分为企业类和公益类，根据其不同特点实行分类指导和管理。企业类工程中心主要以本企业为服务对象，提供技术发展战略制定、技术研发支撑、技术交流与合作、技术人才培养等服务；公益类工程中心主要依托高校和科研机构组建，为相关行业提供产业共性技术攻关、核心装备研制、标准制订、工程技术人才培训等公共服务。两类工程中心的组建条件、考核标准和扶持政策均作了较大调整，在日常管理上实行分类指导、分类管理。企业类工程中心以建有独立研发机构为认定的必要条件，不再将提供公共服务作为认定和考核的主要指标；公益类工程中心以具有为同行业（领域）服务的经验和能力为必要条件，根据其为行业提供公共服务的数量和金额给予资金扶持。

调整组建条件，实行“宽进严出”　企业类工程中心的定位从“强调行业领先，强调公共服务”向“强调鼓励企业建立研发机构，强调帮助企业建立内部研发体系”转变，对工程中心实行“宽进严管”，在强化后续跟踪管理的前提下适当调整组建门槛，适度扩大工程中心规模。鼓励依托单位针对行业细分领域进行申报，允许同一行业或领域设立多个工程中心。

加大扶持力度，实行扶持方式多元化　综合利用财政资助、股权激励、产业化股权投资等手段形成政策合力。对考核为优秀或具备创建国家工程中心基础的工程中心，优先纳入省工程中心建设专项，并优先推荐申报国家工程中心；独立法人的工程中心可视同省级科研机构直接向省科技厅申请科技计划项目，优先支持工程中心申报省科技厅年度科技计划项目；工程中心可优先、优惠使用全省科技基础条件平台入网仪器设备等。

建立动态管理机制，实行优胜劣汰　建立广东省工程中心的考核指标体系，将知识产权创造、研发投入、研发人员、研发场地、研发设备、在研项目、研发管理制度等指标作为考核的硬性条件，建立工程中心基本信息数据库和统计体系，强化对工程中心的动态监控和实时指导。对工程中心实行两年一次的定期考核，对考核优秀的优先纳入下一年专项资金支持范围，对考核不合格的给予摘牌处罚。

完善管理体系，加强责任管理　省工程中心建设总体工作由原来的省科技厅会同发展改革委、经贸委共同负责，改为由省科技厅单独负责；日常管理工作由地市以上科技局会同发展改革局（委）、经贸局（委）共同负责，改为由地市以上科技管理部门负责。强化管理部门的责任，提高管理效率。

【企业技术中心】 2013年，国家和省两级企业技术中心呈良好发展态势，数量不断增长，发展质量不断提升，竞争力不断增强。通过企业技术中心建设，广东省很大程度上提升了企业的自主创新能力、整合内外资源能力和适应市场变化能力，使技术中心充分发挥在合作创新、战略制定、创新研发、人才培养等方面的作用。

国家认定企业技术中心 2013年，全省新增国家认定企业技术中心8家（含深圳）。截至2013年年底，全省共有国家认定企业技术中心74家，比2012年增长10.45%。从行业分布来看，以轻工和电子行业居多，分别为19家和16家，分别占总数的25.68%和21.62%；其次为机械、化工、船舶、有色、医药、有色等6个行业，合计28家，占总数的37.84%。从地区分布来看，珠三角地区共61家，占全省总数的82.43%（见图3-2-3-4）；中央及省属企业5家，占全省总数的6.76%；东西北地区8家，占全省总数的10.81%（见图3-2-3-5）。

省级企业技术中心 截至2013年年底，全省共认定13批共601家省级企业技术中心（不含深圳市），比上年数量增长40.42%。从行业分布来看，601家省级企业技术中心分布在有色、医药、冶金、石化、轻工、农业、建筑、建材、家电、机械、化工、纺织、电子、船舶以及其他（物流、煤炭、能源、烟草、电力等）等行业。其中，以机械（134家）、轻工（112家，不含家电）、电子（92家）三大行业居多，占全部省级企业技术中心的56.24%。从地域分布来看，珠三角地区428家，占全省71.21%；粤东四市76家，占全省12.65%；粤北及山区五市39家，占全省6.49%；粤西三市38家，占全省6.32%；省属企业20家，占全省3.33%。

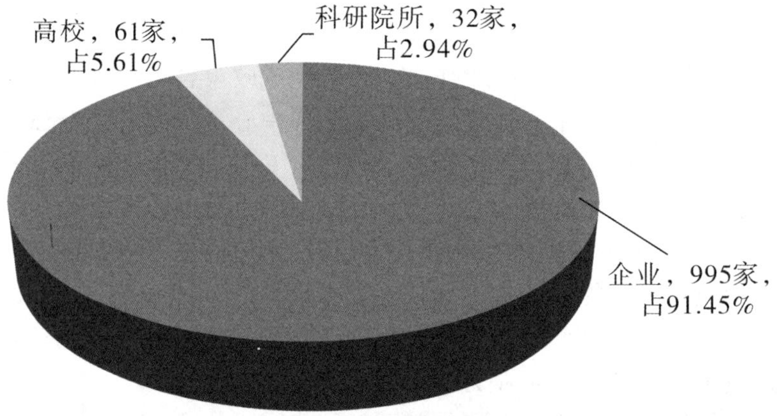

图3-2-3-1 广东省工程技术研究中心依托单位情况（2013）

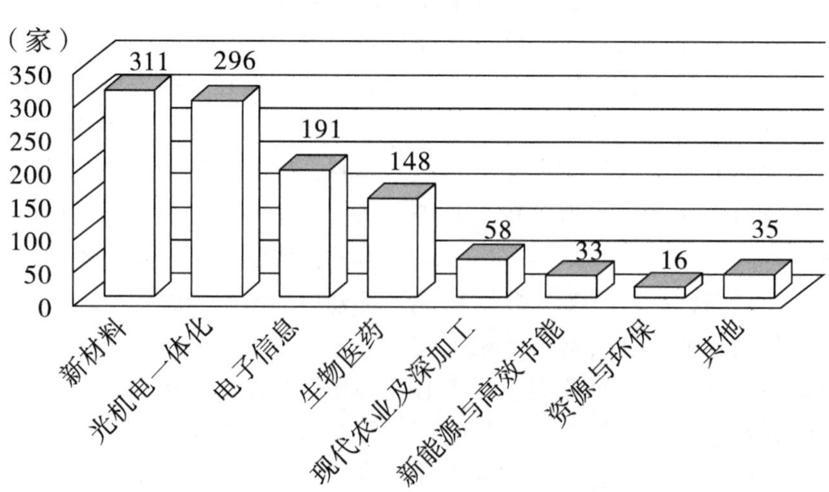

图3-2-3-2 广东省工程技术研究中心技术领域分布（2013）

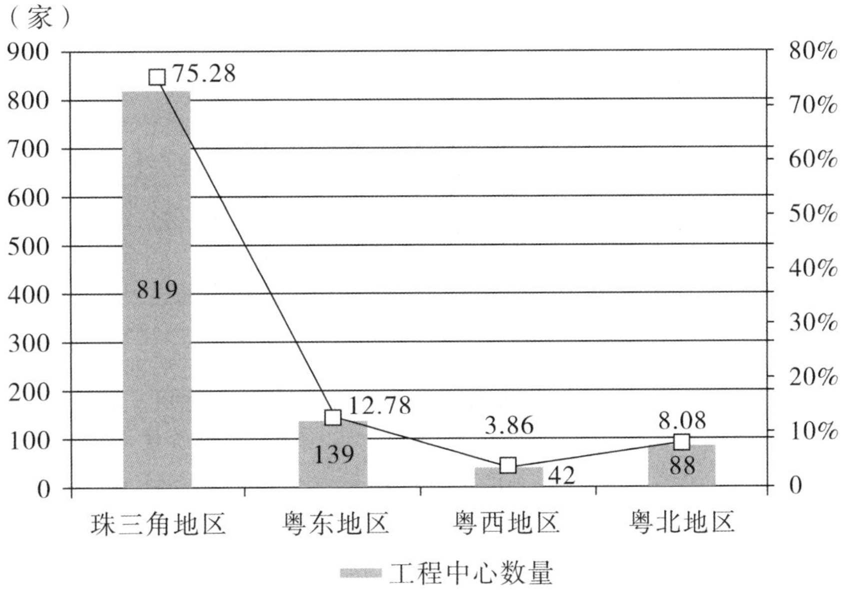

图3-2-3-3　广东省工程技术研究中心地区分布（2013）

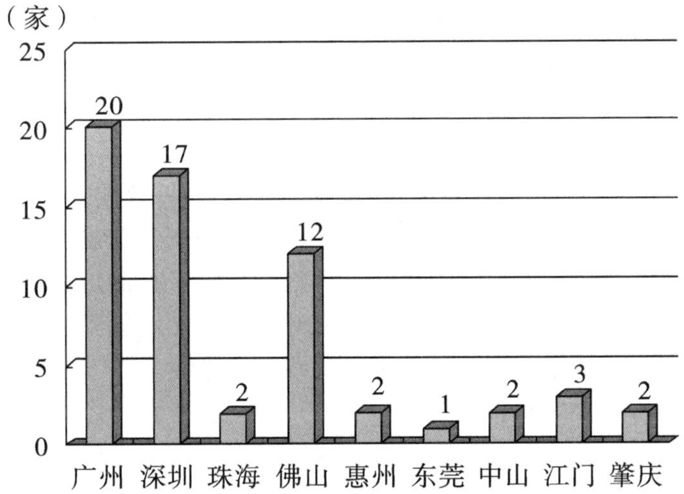

图3-2-3-4　珠三角地区国家认定企业技术中心分布（2013）

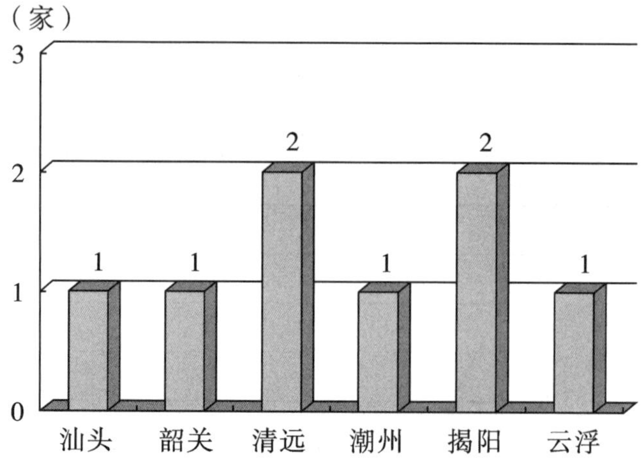

图3-2-3-5 东西北地区国家认定企业技术中心分布（2013）

（广东省科学技术厅政策法规处 张 燕）

（广东省经济和信息化委员会技术创新与质量处 黄海丹）

创新型企业建设

【创新型企业发展现状】 2013年，广东省继续组织开展省级创新型企业评价、试点、复审以及国家级、省级创新型企业年度信息采集工作，全省从省级创新型（试点）企业到国家级创新型（试点）企业的金字塔形创新型企业队伍建设不断推进，企业创新能力不断提升，创新成效不断凸显，已成为提升全省自主创新能力和建设创新型广东的主体力量和“王牌军”。全年全省新增省级创新型试点企业71家，累计达454家；新认定省级创新型企业56家，累计达286家；国家级创新型试点企业累计达39家，数量位居全国31个省及直辖市、自治区（除香港特别行政区、澳门特别行政区以及台湾省）第3位，其中国家级创新型企业23家，数量位居第2位。

【创新型企业院线提升计划】 第2批实施院线提升计划项目的创新型企业，近两年企业主营业务收入、利润总额、纳税总额、研发费用投入增幅分别达22.15%、31.27%、24.53%和34.05%；专利授权总数、发明专利授权数增幅分别达6.99%和77.91%；参与制定国际国家或行业技术标准数增幅达18.18%；新产品销售收入增幅达14.19%。4月，省科技厅启动实施2013年度广东省创新型企业院线提升计划项目，经组织申报与专家评审，遴选出18个项目，重点支持创新型企业组建研究开发院、制定与实施创新路线图以及院线提升计划研究与推广等工作。

工具书出版　9月，由省科技厅组织编写的两本引导创新型企业实施创新发展战略的升级版工具书——《创新平台：企业研究开发院的构建》和《创新管理：企业创新路线图》正式出版，在全国率先立足企业实践对院线提升理论框架进行系统、全面地凝练，进而指导企业组建研究开发院、制定创新路线图，具有理论建设性和实践可操作性。

《创新平台：企业研究开发院的构建》系统研究了企业在建设研究开发院过程中涉及的顶层设计、活动流程、组织结构、制度建设、队伍建设等方面内容，提出了一个包含战略系统、活动系统、支撑系统三大系统的研究开发院建设框架。

《创新管理：企业创新路线图》系统研究了企业在制定创新路线图过程中涉及的创新理论、创新方法、理论框架、制定流程、制定方法等方面内容，从三个世界——创意世界、技术世界、商业世界，三大系统——抽象系统、活动系统和支撑系统，三层创新——源创新、流创新、核创新，五条路线——思想路线、技术路线、产品路线、市场路线、组织路线，对企业创新管理进行了全新、全方位的逻辑体系建构，提出了一个立足企业实践、具有建设性和操作性的企业创新路线图制定理论框架。

第2期广东省创新型企业院线提升计划宣讲培训会　11月28日，第2期广东省创新型企业院线提升计划宣讲培训会在广州召开。会议由省科技厅主办，华南理工大学现代服务业研究院和广东省生产力促进中心联合承办，全省各地级以上市科技管理部门和有关创新型（试点）企业的学员等共计140余名代表参加了会议。宣讲培训会旨在阶段性总结广东省近4年来实施院线提升计划的理论与实践，系统讲解院线提升计划的理论基础和体系构建，加强各地科技管理部门和企业对院线提升计划项目内涵与要点的理解，引导企业进一步科学系统谋划创新体系建设，明确创新思路，将院线提升计划的理论方法工具积极运用到企业创新管理中，成功组建企业研究开发院，制定并实施企业创新路线图，进一步推动广东省创新型企业建设，提高企业创新软实力与核心竞争力。

（广东省科学技术厅政策法规处　陈　晓）

科技型中小企业技术创新

【立项及资金投入情况】　自国家、广东省实施科技型中小企业技术创新基金计划以来，围绕“发展高科技、促进产业化”宗旨，不断引导地方政府、企业、创业投资机构和金融机构加大对科技型中小企业技术创新的投入力度，形成了较完善的国省市区（县）四位一体的创新工作体系，为营造良好的“大众创业，万众创新”环境，为全省实施创新驱动战略发挥了积极作用。

15年来国家和省技术创新项目累计实现销售收入294亿多元，缴税总额24.5亿元，获得授权专利4 400余件，其中发明专利1 100余件，累计带动就业人数3.67万人。在创新基金支持和培育下，广东省在电子信息、生物医药、新材料等领域涌现出一批如冠昊生物科技股份有限公司、广东金明精机股份有限公司、蓝盾信息安全技术股份有限公司等创新能力强的科技型中小企业，其中34家获得资助企业成功在主板或创业板上市，同时有更多的企业在新三板挂牌，这些企业已迅速成长为行业龙头企业，创造了显著的经济社会效益同时起到了良好的创新创业示范作用。

【典型案例】

“全自动地表水水质采样机器人”项目　该项目由珠海云洲智能科技有限公司自主研发，项目充分利用自身技术优势，将世界上先进的智能导航水面机器人技术与水质监测技术和计算机、通讯技术相结合，研发出实现标准化的水质采样和机动灵活的大面积水质在线监测的无人船。项目系列产品在“2013第二届中国创新创业大赛”中脱颖而出，成为代表广东企业角逐全国赛半决赛的三家初创企业之一，并在中国创新创业大赛总决赛中战胜了全国数千家参赛企业，取得“企业初创组第一名”。

“高性能汽车发动机罩盖用尼龙材料”项目　该项目由东莞市意普万尼龙科技股份有限公司研发，获得2013年省和国家创新基金立项。项目产品均通过ROHS、REACH、PAHS、PFOS等第三方测试，阻燃产品通过UL-94标准阻燃性能认证，产品广泛应用于汽车、电子电器、机械五金、电动工具、健身器材等领域。通过创新基金项目实施，公司逐步发展壮大，于2014年1月24日正式在新三板挂牌上市，证券代码：430389。

【培训工作】　2013年，广东省共组织20余场创新基金项目申报培训会，培训企业2 000余家、服务机构150家，参会人数4 000余人次，取得良好的效果。

【监督管理】　2013年，广东重点加强监理验收工作力度。全年监理项目680项，其中完成验收301项，监理上报率和验收合格率分别达100%和92%。广东省顺利完成了国家项目2012年年报、2013年半年报的监理工作，其中2012年年报完成监理588个项目，2013年半年报完成监理项目543

项，上报率达100%，监理表报质量及上报率位居全国前列；完成了国家2009年度项目的清理、2010年度项目的验收及2011年大部分项目的验收工作。

2013年，为提升创新基金管理工作，联合省社科院完成“广东省科技型中小企业与战略性新兴产业”研究报告，为政府完善支持和鼓励科技型中小企业发展政策提供决策参考。

（广东省科学技术厅高新技术发展及产业化处　龚建文）

高等院校科技创新

2013年，广东省高等学校加大对科研工作的投入，不断完善高等院校的科研创新条件，科研综合实力的稳步提升。

全省普通高等学校主要科研指标

【科研项目和经费】 根据广东省78所高校和21家高校附属医院统计，2013年，全省普通高校拨入项目（课题）经费合计56.66亿元，较2012年增加2.37亿元，增长4.37%，占全省高校当年拨入科研经费的76.51%。在研课题52 637项，其中当年新立项课题21 535项，较2012年增加969项，增长4.71%；当年新立项课题拨入经费35.30亿元，较2012年增加0.38亿元，增长1.09%。

全省普通高校当年拨入科研经费总额为74.06亿元，较2012年增加2.06亿元，增长2.86%。其中：人文社会科学类的科研经费10.68亿元，增长10.10%，占总经费的14.42%；科技类经费为63.38亿元，增长1.74%，占总经费的85.58%。初步分析，由于科技体制改革等多方面原因，部分源于省财政经费的科研项目经费，未能按照预期在统计时间节点前下达，导致本年度科技经费增长缓慢。当年政府投入的科研经费为48.22亿元，较2012年减少1.8亿元，降低3.60%；当年企事业单位拨入的科研经费为19.08亿元，较2012年增加2.95亿元，增加18.29%；当年其他经费拨入为6.77亿元。

【科研人力资源】 2013年，全省普通高校从事教学与研究人员总数为91 154人，较2012年增加3 089人，增长3.51%。其中：人文社会科学类教学与研究人员数为28 784人，较2012年增加820人，增长2.93%；科技（理、工、农、医）（以下简称“科技”）类教学与研究人员数为62 370人，较2012年增加2 269人，增长3.78%。从事教学与研究人员中高级职称人数为30 267人，较2012年增加1 725人，增长6.04%。博士研究生共17 288人，较2012年增加1 230人，增长7.66%。

【科研产出】

成果奖励与成果鉴定 2013年，全省普通高校共获得各类成果奖425项。其中：科技领域获得国家级二等奖以上奖励10项，比2012年增加4项，省部级二等奖以上奖励105项；人文社科领域获得部级奖53项、省级奖196项。

科技类成果中共有96项成果进行了鉴定，其中鉴定结论为国际水平的31项，国内首创的7项，国内先进的57项。

学术论文发表及图书出版 2013年，全省普通高校共发表学术论文66 310篇，较2012年减少1 316篇，降低1.95%；其中在国外发表学术论文15 150篇，较2012年增加2 957篇，增长24.25%。发表科技类学术论文47 245篇，较2012年减少787篇，降低1.64%；其中在国外发表学术论文14 348篇，较2012年增加2 841篇，增长24.69%；SCI、EI、ISTP三大索引收录论文17 876篇，较2012年增加1 607篇，增长9.88%。发表人文社科类学术论文19 064篇，较2012年减少530篇，降低2.70%，其中在国外发表学术论文802篇，较2012年增加116篇，增长16.91%。

出版专著797部，较2012年减少27部，降低3.28%。其中：科技类专著出版136部，较2012年减少21部，降低13.38%；人文社科类专著661部，较2012年减少6部，降低0.90%。

专利申请与授权 2013年，全省普通高校专利申请6 048件，较2012年增加779件，增长

14.78%。其中，发明专利3 639件，较2012年增加609件，增长20.10%，占专利申请总数的60.17%。获专利授权4 299件，较2012年增加1 076件，增长33.39%。全省高校拥有13 125件专利，较2012年增加3 676件，增长38.90%。

技术转让　2013年，全省普通高校技术转让合同252项，较2012年减少55项，降低17.92%。合同金额17 040.1万元，较2012年减少2 609.5万元，降低13.28%。当年实际收入10 932.6万元，较2012年增加1 321.8万元，增长13.78%。

【学术交流】　2013年，全省普通高校开展科技类学术交流和合作研究共派出1 780人次，接受1 489人次；出席国际学术会议7 413人次，交流论文3 768篇；主办国际学术会议214次，国际学术会议特邀报告1 234篇。开展人文社科类学术交流和合作研究共派出791人次，含国（境）外105人次；接受合作研究623人次，含国（境）外87人次；出席国际学术会议1 518人次；提交交流论文1 342篇；主办国际学术会议84次。

【研究机构】　2013年，全省普通高校拥有上级主管部门批准的研究机构636个，较2012年增加7个；其中科技活动机构491个，包括国家级机构39个、省部级机构335个、其他主管部门机构117个；人文社科研究活动机构117个，包括教育部重点研究基地8个、省部共建基地2个、“985工程”哲学社会科学创新基地2个、省级基地55个、省级实验室4个、其他46个。

（广东省教育厅　田兴国）

中　山　大　学

2013年，中山大学科研工作坚持“夯基础，抓重点，重协同，强服务”的发展理念，以“两大牵引”（人才牵引、政策牵引）为创新驱动，以“四大方面”（前瞻谋划、过程管理、重点跟踪、政策引导）管理创新为根本手段，实现了科研实力的稳步提升。

【科研项目和经费】　2013年，中山大学承担重点重大项目能力增强，科技经费保持稳定增长。该校当年科技总经费11.21亿元，其中计划项目科研经费9.27亿元、委托项目科研经费1.94亿元。

中山大学积极争取并获得多项重点重大项目。全校新增4个国家“973计划”和重大科学研究计划首席科学家项目，年度首席人数创下历年最好成绩，位居全国高校第6位；共获批2013年度各类国家自然科学基金项目540项，合计经费3.61亿元，其中国家自然科学基金重点类项目18项，资助经费5 178万元；获国家杰出青年科学基金3项，位居全国高校第8位；获国家自然科学基金优秀青年科学基金8项，位居全国高校第8位；新增“863计划”项目3项，国家科技支撑计划课题2项，合计经费5 072.8万元；国家公益性行业专项获资助项目2项，课题7项，合计经费3 508万元；国家科技重大专项获资助项目6项，课题1项，总经费6 298.8万元；国家海洋经济创新发展区域示范专项获资助项目2项，课题1项，合计经费约8 075.8万元。获得卫生部公益行业基金1项，合同金额1 196万元。该校横向重大项目取得历史性突破，生命科学院的苏薇薇教授团队与悦康药业集团有限公司共同组建“悦康药业—中山大学药物研究开发联合实验室”，获批配套技术开发项目经费1 500万元；超级计算学院张军教授团队与深圳中兴网信科技有限公司共建“中山大学—中兴网信云计算技术与应用联合实验室”，签订1 000万元横向项目合同。

【科技成果】

科技奖励　2013年度，中山大学苏成勇教授团队和沈培康教授团队的项目同时获得国家自然科学奖二等奖，获国家自然科学奖二等奖数排在全国高校第3位；王刚教授和纪红兵教授双双荣获中国产学研合作创新奖；获得高等学校科学研究优秀成果奖（科学技术）一等奖2项、二等奖4项；中华医学科技奖一等奖1项、三等奖1项；计亮年院士荣获广东省科学技术突出贡献奖，获广东省科学技术奖一等奖5项、二等奖9项、三等奖7项。

表3-3-2-1 由中山大学牵头的部分获奖情况（2013）

序号	项目名称	主要完成人	获奖类别
1	纳微配位空间的金属—有机超分子组装行为及构效关系	苏成勇 康北笙 鲁统部 潘梅 姜隆	2013年度国家自然科学奖二等奖
2	纳米电催化能源材料的功能定向制备	沈培康 徐常威 孟辉 刘应亮	2013年度国家自然科学奖二等奖
3	Ricci流理论及其几何应用	朱熹平 陈兵龙 邓少雄 顾会玲 张珠洪	2013年度高等学校科学研究优秀成果奖（科学技术）一等奖
4	组织免疫微环境调控肝癌进展的新机制	郑利民 邝栋明 庄诗美 吴艳 李莲	2013年度高等学校科学研究优秀成果奖（科学技术）一等奖
5	微纳结构与光子器件基础研究	李宝军 张垚 邢晓波 余华清 赵新宏	2013年度广东省科学技术奖一等奖
6	组织免疫微环境调控肝癌进展的新机制	郑利民 邝栋明 庄诗美 吴艳 李莲	2013年度广东省科学技术奖一等奖
7	提高腹膜透析质量和推广应用的系列研究	余学清 阳晓 郑智华 陈崴 叶晓青 毛海萍 杨琼琼 姜宗培 郭群英 易春燕 林建雄 关锦美	2013年度广东省科学技术奖一等奖
8	周围神经缺损修复材料系列研究	刘小林 朱庆棠 顾立强 全大萍 江丽 杨越雄 朱家恺 戚剑 胡军 王东 杨俐敏 杨伟红 许扬滨 侯赛云 何波	2013年度广东省科学技术奖一等奖
9	牙体牙髓疾病防御调控机制与拟生态修复体系的研究及临床干预	凌均棨 韦曦 林正梅 古丽莎 曾劲峰 龚启梅 高燕 张恺 王劲茗 刘路 胡晓莉 蒋宏伟 刘红艳 杜宇 黄湘雅	2013年度广东省科学技术奖一等奖
10	白内障超声乳化手术治疗的系列研究及推广应用	刘奕志 罗莉霞 陈伟蓉 程冰 郑单莹 林浩添 吴明星 柳夏林 张新愉 黄文勇 何明光 殷秋霞 曾明兵 刘玉华	2013年中华医学科技奖一等奖
11	计亮年		2013年度广东省科学技术突出贡献奖

学术论文　中山大学2013年度发表学术论文6 447篇。据中国科学技术信息研究所2013年发布的数据显示，全校2012年度发表SCI收录论文2 794篇，EI收录论文628篇，ISTP收录论文252篇。据不完全统计，2012年该校在*Science*，*Chem. Rev*，*Ecology Letters*，*Adv. Mater.*，*Environmental Science and Technology*等国际学术期刊发表高水平论文31篇，其中影响因子9.0以上的论文22篇。主要的科学进展包括：化学与化学工程学院张杰鹏教授、陈小明教授研究团队在孔配位聚合物框架设计合成获得新进展。他们发现可以通过合理组合线型的二羧酸和吡啶苯甲酸配体，将氧心三核M3O（RCOO）6L3簇用作三帽三棱柱构型的9连接节点，并获得首例由单一9连接节点组成的ncb网络结构。该研究最近发表于*Nature Communications*上。环境科学与工程学院刘广立副教授、张仁铎教授及其团队在海水淡化及资源化研究方法取得重要进展，提出了一种新型生物电化学系统，使海水不仅可以实现低能耗脱盐淡化，而且在此过程中产生高浓度的盐分可同时资源化。这研究成果在SCI环境科学与技术类杂志中排名第1的*Environmental Science & Technology*上正式发表。

专利发明　2013年，中山大学专利申请569件，获专利授权400件。其中申请发明专利495件，授权发明专利291件。罗笑南教授和苏薇薇教授作为第一发明人双双荣获第15届中国专利优秀奖。苏薇薇教授团队研制的原创化学一类新药柚皮苷获国家食品药品监督管理总局颁发的药物临床试验批件，标志着中山大学在“重大新药创制”领域取得了突破进展。柚皮苷一类新药已经获得欧洲发明专利、日本发明专利各1项，获得中国发明专利4项，拥有自主知识产权，开发柚皮苷一类新药，在国际、国内均属首创。

【产学研合作】

国家超级计算广州中心建设　国家超级计算广州中心由广东省人民政府、广州市人民政府、国防科技大学、中山大学共同建设，是广州市重点建设的科技一号工程。2013年，中山大学继续贯彻“高度重视、高效推进”宗旨，积极推进国家超级计算广州中心有关工作。科技部于2013年11月为“国家超级计算广州中心”正式授牌。中山大学全面贯彻落实该校在超级计算领域人才培养、学科建设和应用研究平台等方面的建设工作，先后成立中山大学超级计算学院、超级计算应用研究院和大数据研究院，以期实现对国家超级计算广州中心所需高端人才和技术的有力支撑，同时借力中心超算优势资源，提升该校人才、学科和科研的综合实力。

落实《中山大学服务广东发展行动计划》　在前期完成《中山大学服务广东发展行动计划（2013—2016年）》（以下简称“计划”）编制工作的基础上，按照学校对计划实施工作的总体部署，切实推进计划实施工作。一是加强顶层设计，成立领导小组和工作小组，统筹部署，合理规划；二是分解重点任务，明确权责分工，确保计划保质保量齐头推进；三是建立工作推进机制，包括“定期协调工作会议制”“定期重点工作汇报机制”和“多元渠道宣传机制”等，将计划落到实处，切实为广东省经济社会发展提供有力支撑。

服务粤东西北地区　2013年，中山大学继续深入推进校市合作工作，加大人才、智力和技术对粤东西北地区的输出和支撑力度。积极落实《省委、省政府关于进一步促进粤东西北地区振兴发展分工方案》。一是与揭阳市、梅州市签订校市合作协议，明确合作内容，加大对接力度；二是通过共建校市合作研究开发中心、产学研科技成果转化基地等途径，进一步加强与湛江、梅州、清远、揭阳、茂名等市的产学研合作；三是通过建立非直属附属医院，开展义诊、送医下乡等医疗服务，提升揭阳、清远、梅州等市的医疗服务水平；四是通过全方位多层次的合作开展各种类型的教育与人才培训，为揭阳、清远等市培养高层次管理人才和专业技术人员。

【科研平台建设】　2013年，中山大学光电材料与技术国家重点实验室和生物无机与合成化学教育部重点实验室参加评估获优秀。获准建设科技部国际联合研究中心1个，国家地方联合工程实验室1个，国家食品药品监督管理总局评价中心1个，教育部工程研究中心1个，广东省工程技术研究开发中心8个，广东省重点实验室3个，广东省科技厅国际合作基地1个，广东省教育厅工程技术研究中心1个，广州市重点实验室1个。

表3-3-2-2 中山大学获准建设科研平台（2013）

序号	类别	名称
1	科技部国际联合研究中心	转化医学国际联合研究中心
2	国家地方联合工程实验室	新药成药性评估及评价国家地方联合工程实验室
3	国家食品药品监督管理总局评价中心	药物安全性评价中心
4	教育部工程研究中心	超算工程软件教育部工程研究中心
5	广东省工程技术研究中心	广东省抗病原微生物药物与免疫技术工程技术研究中心
6	广东省工程技术研究中心	广东省康复医学与临床转化工程技术研究中心
7	广东省工程技术研究中心	广东省牙颌系统修复重建技术与材料工程技术研究中心
8	广东省工程技术研究中心	广东省交通环境智能监测与治理工程技术研究中心
9	广东省工程技术研究中心	广东省生物分解材料工程技术研究中心
10	广东省工程技术研究中心	广东省大数据管理与应用工程技术研究开发中心
11	广东省工程技术研究中心	广东省便携式普及型先进实用医疗器械工程技术研究中心
12	广东省工程技术研究中心	广东省海洋动力与结构安全工程技术研究中心
13	广东省重点实验室	广东省高性能树脂基复合材料重点实验室
14	广东省重点实验室	广东省器官捐献与移植免疫重点实验室
15	广东省重点实验室	广东省恶性肿瘤表观遗传与基因调控重点实验室
16	广东省科技厅国际合作基地	华南重大神经疾病诊治国际合作基地
17	广东省教育厅工程技术研究中心	广东高校强直性脊柱炎综合防治工程技术研究中心
18	广州市重点实验室	广州市恶性肿瘤分子机理与转化研究重点实验室

【科技交流与合作】

学术大师论坛　2013年，中山大学学术大师论坛共举办6场，重点围绕基础学科、新兴学科、交叉学科等理工科各领域的前沿、热点问题，以及与社会生产和地方经济建设密切相关的重大科技问题进行选题，超过1 000名师生参加了论坛活动。中山大学学术大师论坛创办于2009年，是中山大学重要的科技学术交流平台之一。该论坛基金由学校拨款设立，从校长基金支出，由科技发展研究院统一管理。中山大学学术大师论坛得到学校领导和众多学术带头人的关心和指导，以及各领域许多学术大师的大力支持，在推动中山大学学术进步和发展、加深学术交流和启迪学术创新思维等方面起到了积极的作用。

学术会议　2013年，中山大学举办了亚洲季风年开放科学大会、第8届海峡两岸物理研讨会暨物理系主任联席会议、第12届国际凝聚态理论与计算材料学会议、国际可再生清洁能源的电化学材料和技术大会、中国城市转型与重构国际研讨会等20场大型国际学术会议。

中国城市转型与重构国际研讨会于12月13—15日在中山大学召开。会议由中国地理学会城市地理专业委员会、中山大学地理科学与规划学院及城市与区域研究中心、香港大学城市研究及城市规划中心、英国SAGE出版集团与Urban Studies编辑部、Urban China Research Network共同主办。海内外各高校和科研机构的300多位专家学者参加了会议，其中30多人来自英国、美国、澳大利亚、法国、日本、韩国等国家，30多人来自我国港澳台地区，是近年来中国城市研究国际会议中规模最大的一次。会议围绕“城市转型与重构”这个主题，分别探讨中国城市转型与规划教育、中国城市更新与城市重构、中国城市规划与城市研究的未来发展、中国城市发展与城市治理、中国城市社会文化问题研究等。

科技展会　2013年，中山大学参加各类科技展会，促进科技交流与合作。先后组织参加2013年福建“高校服务海西”中国海峡项目成果交易会展会、2013年“9+2”泛珠三角区域经贸合作洽谈会、2013中国（宁波）高新技术成果交易洽谈会、广州“中英可持续制造技术创新对接会”、教育厅首届广东省校企协同育人交流会等11个各类展会。中山大学获得深圳高交会组委会优秀组织奖。

（中山大学科技处　徐　静）

华南理工大学

2013年，华南理工大学紧密围绕建设高水平研究型大学的目标，以国家、广东省重大科技需求为导向，在重大项目、重要奖励、重点基地和高层次人才等方面取得了突出成绩，科技创新能力进一步增强，科研综合实力进一步提高。

【科研项目和经费】　2013年，华南理工大学新增科研项目超过3 100项，科研项目实到经费超过12亿元。

在基础研究方面，以首席科学家单位获批“973计划”项目1项；获批国家自然科学基金项目219项，经费接近1.5亿元，其中国家杰出青年基金项目2项、国家优秀青年科学基金项目4项、国家自然科学基金重点类项目10项。

在应用研究方面，牵头获批“863计划”项目课题2项（其中作为首席专家单位获批1项，经费6 418万元）、国家科技支撑计划项目2项、国家重大仪器开发专项任务1项。

在横向科技合作方面，承担企事业单位委托项目超过1 400项，合同经费达5.8亿元。

【科技队伍建设】　2013年，华南理工大学现有教职工4 548人，其中专任教师2 363人，中国科学院院士3人，中国工程院院士4人，双聘院士28人，“973计划”首席科学家6人，国家教学名师4人，长江学者特聘教授19人，“千人计划”入选者12人，国家杰出青年科学基金获得者26人；拥有教育部创新团队10个，广东省创新科研团队2个，广东省自然科学基金团队17个。其中2013年新增国家杰出青年科学基金获得者2人，教育部创新团队1个，广东省自然科学基金团队1个。

【科研成果】　2013年度，华南理工大学获省部级以上科技奖励31项，包括国家科学技术奖3项，其中以第1完成单位获奖2项。王迎军教授团队完成的“磷酸钙类生物活性陶瓷和骨修复体模板法仿生制备新技术及临床应用”获国家技术发明奖二等奖，赵谋明教授团队完成的“发酵与代谢调控关键技术及产业化应用”获国家科技进步奖二等奖，陆继东教授团队参与的“高效低耗流化床燃煤工业设备关键技术及应用”（第2完成单位）获国家科技进步奖二等奖。获高等学校科学研究优秀成果奖（科学技术）二等奖1项；获广东省科学技术奖27项，其中特等奖1项、一等奖4项、二等奖10项、三等奖12项。

表3–3–3–1　由华南理工大学获牵头的部分获奖成果（2013）

序号	项目名称	项目负责人	获奖类别
1	磷酸钙类生物活性陶瓷和骨修复体模板法仿生制备新技术及临床应用	王迎军	2013年度国家技术发明奖二等奖
2	发酵与代谢调控关键技术及产业化应用	赵谋明	2013年度国家科技进步奖二等奖
3	面向电路板无铅联装的光学和微焦X射线检测技术与成套设备	张宪民	2013年度广东省科学技术奖一等奖

据2013年中国科学技术信息研究所公布结果，2012年度华南理工大学发表国际学术论文被三大索引（以SCIE、EI、ISTP计）收录论文3 389篇次，其中SCI学科影响因子前1/10的期刊论文194篇，在全国高等院校中排名第13位。材料学院吴宏滨教授以通讯作者在*Nature Photonics*发表的研究论文*Enhanced power-conversion efficiency in polymer solar cells using an inverted device structure*入选“2012年中国百篇最具影响国际学术论文”。

【产学研合作】 2013年，华南理工大学在电子信息、装备制造、新材料和新能源等广东省战略性新兴产业领域广泛开展科技合作，为企业解决了一大批技术难题，有效增强了区域和企业的技术创新能力。如与广州新视界光电科技有限公司共同研制出我国第1块彩色柔性AMOLED显示屏，填补了我国在该技术领域的空白；选派近百名优秀科技特派员进驻省内各类企业，为企业提供了科技和人才支撑；继续加强与企业共建产学研服务平台，年内与无限极（中国）有限公司、青岛奥环新能源科技发展有限公司等大型企业共建联合研发中心平台7个，其中无限极（中国）有限公司向学校投入2 300多万元科研经费。

华南理工大学大力推进广州现代产业技术研究院建设，截至2013年年底，建设了高端制造装备、新能源技术、轻工技术与工程、船舶与海洋海岸工程和现代服务业5个研发平台，组建了高分子产品先进制造技术与装备、精密电子制造装备、绿色能源、农产品精深加工、燃料电池、新型酶制剂、船舶、现代交通工程和空调节能与控制工程技术9个研发中心。2013年，广州现代产业技术研究院在南沙区举行的平台考核评估中，综合考核指标位居南沙首位，企业孵化、人才引进、专利申请等单项指标在所设的6个单项评比中均列第1名。

华南协同创新研究院围绕生物医药与医疗器械、高端装备、高端电子信息和新材料与新能源等4个领域，充分整合学校资源，吸引和集聚国内外的创新力量和成果，联合相关优势企业，积极推进相关平台建设和重点项目开展。中山市华南理工大学现代产业技术研究院搭建了中山市数字化机械装备研发平台、中山材料表面工程与薄膜技术服务平台、LED高端芯片封装技术与装备创新服务平台。这些区域研究院集研究开发、中试生产、企业孵化和人才培养于一体，是科研成果转化和产业化的重要基地，与校内科研机构形成有效而紧密的对接，通过区域研发平台的建设辐射带动周边的社会经济发展。

【知识产权工作】 2013年，华南理工大学申请专利1 939件，其中发明专利1 363件，申请国际专利（PCT）23件；授权专利总量1 347件，其中发明专利642件。彭新一教授等发明人完成的专利“中央空调末端环境温度与冷源负荷远程调控方法及系统”、徐善辉副研究员等发明人完成的专利“一种低噪声窄线宽高功率的单纵模光纤激光器”和汤勇教授等发明人完成的专利“一种微细沟槽管多级拉拔制造方法”等3件专利荣获第15届中国专利优秀奖，获奖数量居全国高校并列第1。2009年以来全校累计获中国专利奖数量居全国高校首位。此外，该校有1件专利获2013年广东专利金奖，2件专利获广东专利优秀奖。

【科研平台建设】 2013年，华南理工大学新增科研基地成绩显著，获批1个国家工程技术研究中心，6个广东省工程技术研究开发中心，1个广东高校工程技术研究中心，1个广州市重点实验室（见表3-3-3-2）。

表3-3-3-2　华南理工大学获批组建的科研平台（2013）

序号	类别	名称
1	国家工程技术研究中心	国家移动超声探测工程技术研究中心
2	广东省工程技术研究开发中心	广东省建筑材料低碳技术工程技术研究中心
3	广东省工程技术研究开发中心	广东省大数据分析与处理工程技术研究中心
4	广东省工程技术研究开发中心	广东省环境风险防控与应急处置工程技术研究中心
5	广东省工程技术研究开发中心	广东省节能与新能源绿色制造工程技术研究中心
6	广东省工程技术研究开发中心	广东省食品绿色加工与营养调控工程技术研究中心
7	广东省工程技术研究开发中心	广东省智能交通信息与控制工程技术研究中心
8	广东高校工程技术研究中心	广东高校海量大数据的智能信息处理与安全工程技术研究中心
9	广州市重点实验室	广州市景观建筑重点实验室

该校3个国家重点实验室以“一优二良”的成绩通过科技部组织的5年一次的严格评估。截至2013年年底，华南理工大学共有上级主管部门批准建设的部省级自然科学类科研机构88个。

【科技交流与合作】　2013年，华南理工大学主办或承办了第72届国际糖业科技大会、第2届国际长余辉与光激励发光材料大会、海峡两岸高校高端IT人才论坛、国际农业工程委员会第8届技术会议等16次大型国际学术会议。主办或承办第4届中国云计算学术大会、珠江三角洲高端轻工装备创新发展研讨会、第3届中国激光诱导击穿光谱学研讨会、第12届全国青年岩石力学与工程学术大会等13次全国性大型学术会议。

第3届中国激光诱导击穿光谱学研讨会　3月22—24日，第3届中国激光诱导击穿光谱学研讨会在广州召开。该会议由中国光学学会环境光学与技术专业委员会主办，华南理工大学承办，来自美国加州大学伯克利分校、法国里昂第一大学、香港浸会大学、清华大学、中国海洋大学等国内外学界专家130余人参加了会议。会议围绕中国激光诱导击穿光谱学的最新研究进展、国内外激光诱导击穿光谱技术（LIBS）的发展趋势及其应用等主题开展学术报告，与会专家分别介绍了各自在LIBS技术方面取得的最新研究成果，并就我国LIBS研究发展的对策和合作展开了讨论。

第72届国际糖业科技大会　5月12—15日，第72届国际糖业科技大会在广州举行。该会议由国际糖业工艺师协会（S.I.T.）主办，华南理工大学承办，来自22个国家及地区的170多位国外代表及80多位国内代表参加了会议。与会代表就过程控制、制糖工艺、在线监测、副产物高值化、化工设备设计、节能减排、糖品安全等方面作主题发言，并就“糖厂厂房和设备的维护性和操作性的最大限度提高”“包装——选择、提高和优化”2个专题展开讨论。

第4届中国云计算学术大会　11月9—10日，第4届中国云计算学术大会在广州举行。该会议由中国通信学会主办，华南理工大学、北京信通传媒有限责任公司承办。来自国内外知名高校、科研院所、企事业单位的200多位专家、学者、工程师围绕云计算领域的前沿理论及应用技术问题进行了探讨和交流。大会设立6个分会场，围绕“云计算理论、模型与方法”“弹性计算与资源调度”“云安全与云存储”“云计算应用”“大数据与数据挖掘”“物联网、传感器网络及其他”等主题进行了探讨。

国际农业工程委员会第8届技术会议　11月4—6日，国际农业工程委员会第8届技术会议在广州召开。该会议由华南理工大学承办，国家自然科学基金委等单位支持协办，来自44个国家的167名国外专家共700名专家学者参会。会议以“先进的食品加工技术和质量控制”为主题开展研讨与交流，接收论文441篇（拟EI收录），举行学术报告120场。美国工程院院士R. Paul Singh教授、加拿大皇家科学院院士Digvir Jayas教授、澳大利亚工程院院士Xiao Dong Chen教授等人分别以“世界农业与食品加工现状”“食品安全与质量控制”“先进的食品加工技术”等为题进行主旨演讲。

第2届国际长余辉与光激励发光材料大会 11月17—21日，第2届国际长余辉与光激励发光材料大会在广州召开。该会议由华南理工大学主办，中山大学、广东工业大学及华南农业大学协办，来自中国、美国、英国、法国、荷兰、日本等14个国家和地区的208名代表参加会议，包括中国科学院院士苏锵教授、法国科学院院士Jacques Lucas教授、Elsevier出版集团Optical Materials主编、Georges Boulon教授在内的专家作了56场报告。与会者围绕新波段长余辉与光激励发光材料的合成与开发、缺陷与结构表征、动态能量传递过程、电子捕获与释放模型及其模拟、长余辉与光激励发光材料应用譬如生物成像、癌症光疗以及纳米材料发光等主题开展，展示了长余辉及光激励发光材料及相关领域内的最新前沿研究动态。会议口头报告78个，张贴报告46个，口头报告中有34个来自国外，44个来自国内。

（华南理工大学科技处　杨　军）

暨南大学

2013年，暨南大学继续围绕“搭大平台、组大团队、拿大项目、出大成果”的科研发展思路，坚持知识创新与技术创新相结合，坚持科技创新与学科建设、高层次人才培养相结合；深化科技管理体制改革，最大限度地调动广大教师的积极性与创造性，加快科技成果的转化和高新技术成果产业化，扎实推进科研工作，提升该校科技创新能力，产生了一批高层次科研成果，实现多项突破。

【科研项目和经费】 2013年，暨南大学获批科研经费达到2.93亿元，比2012年的2.85亿元增长3%。获批基础类项目183项，经费11 351.5万元，同比增长47.4%。其中：国家自然科学基金获资助项目109项，获批经费6 068.5万元；获批4个标志性大项目，包括优秀青年基金1项，重点项目3项。获批各级纵向科技计划项目59项，经费5 483万元，其中科技部“863计划”青年科学家专题资助3项，海洋经济区域示范项目课题3项，经费分别为580万和383万元。签订横向项目113项，获批经费达到13 046万元。获拨中央高校基本科研业务费2 740万元。

2013年，暨南大学获批重大项目在量和质上都有显著提高，出现了多个亮点：获“863计划”重大项目1项，为“微藻高效规模化培养及生物燃料清洁制备技术”，资助经费2 300多万元，这是该校首个“863计划”首席项目，首席专家为张成武教授；张弓教授成为该校首位国家自然科学基金优秀青年科学基金获得者；获广东省自然科学基金杰出青年项目5项，广东省自然科学基金研究团队2项。

【科研平台建设】 2013年，暨南大学挂牌成立抗体药物、粤港澳组织再生与修复、中药与天然药物、光纤传感4个协同创新中心，启动了公共安全领域、生物材料、信息安全和水生生物等4个协同中心的培育。新增海洋天然产物研究与药物开发联合实验室（暨南大学—德国维尔茨堡大学）1个，再生医学教育部重点实验室顺利通过了教育部组织专家的验收。

【产学研合作】 2013年，暨南大学与东莞市人民政府共建东莞暨南大学研究院。该研究院首批遴选了“国际药品注册公共服务中心”和“新药产业化公共服务支撑平台”等2个项目，首期东莞市政府专项财政支持2 500万元；与广东出入境检验检疫局签订战略合作协议，共建“检学研基地”；食品科学研究团队与全球著名中餐快餐连锁企业香港大家乐集团共建了“餐饮技术联合研发中心”；水生生物学研究团队与国家级高新技术企业深圳市鸿和达水利水环境有限公司共建产学研结合示范基地；生物医药研究团队与国家级高新技术企业海纳川集团共建了暨大医药中心——海纳川联合实验室，共计投入横向经费320万元。

【科研成果与专利】 2013年，暨南大学的科技高水平论文增长快速，三大索引收录该校论文1 799篇，同比增长了23%，A1类论文358篇，其中一区58篇，一区第一作者/通讯作者38篇；组织申报2013年度广东省科技科学技术奖7项，其中以第一完成人获得一等奖2项，三等奖1项；2013年累计申请专利130件，获授权123件。

【科技合作与交流】 2013年，暨南大学统筹组织了一系列学术交流报告会，累计达144场次，支持经费28.63万元；支持学术会议约840人次，其中出国学术交流经费1.54万元，支持主办国际、国内学术会议经费18.7万元，支持省级以上学会费用3.8万元。

2013医学科学前沿暨第6届分子靶向药物与肿瘤免疫学研究及应用研讨会于11月8—10日在暨南大学召开。会议由中国工程院医药卫生学部、暨南大学和中国医药生物技术协会单克隆抗体专业委员会共同主办，由广东省分子免疫与抗体工程重点实验室和广东省免疫学会承办。中国工程院甄永苏院士和詹启敏院士，中国科学院姚开泰院士，美国科学院院士、加州大学圣地亚哥分校的Michael karin以及耶鲁大学、上海第二军医大学、四川大学、中山大学、暨南大学等高校的专家学者出席会议。会议回顾、交流、总结了近年来分子靶向药物与肿瘤免疫学领域取得的成绩，展望该领域将会取得的突破，将进一步推动分子靶向药物及肿瘤免疫靶向诊断与治疗的发展。

（暨南大学科技处　朱星谕）

华南师范大学

2013年，华南师范大学以协同创新为引领，结合国家战略和广东需求，紧密围绕学校“四重”工作部署安排，加强重大项目、重大平台和重要成果奖励的培育，稳中求进，不断探索学校科技创新发展的新思路。全校科技工作成绩显著，继续保持稳健发展势头。

【科研项目和经费】 2013年，华南师范大学获科技项目经费1.27亿元，连续3年突破亿元并持续稳步上升。实到横向科技经费4 501.73万元，较2012年增长46.1%。

国家自然科学基金获批90项、经费5 356.5万元，项数和经费数均列全国师范院校第3名，基础研究综合实力稳居同类院校先进行列。获批经费首次突破5 000万元，项目资助率28.6%，均创历年最高。

【科研成果及专利】 2013年度，华南师范大学共获得国家科学技术奖1项，省部级科学技术奖1项。其中，朱诗亮教授主持完成的“量子几何相位及其相关问题研究”获2013年度国家科学技术奖自然科学奖二等奖，实现学校作为国家科学技术奖项第1完成单位零的突破，是建校以来获得的最高级别科技奖项。王瑞强教授主持完成的“低维量子受限电子的输运及其光学特性”获2013年度广东省科学技术奖自然科学二等奖。

2013年，全校共提交专利申请211项，其中发明专利182项，实用新型专利27项，外观设计专利2项；共获授权专利85项，其中发明专利68项，实用新型专利14项，外观设计专利3项。另有计算机软件著作权申请登记27项。

共以第1单位发表三大索引收录论文1 073篇，其中SCI收录论文628篇，EI收录论文417篇，ISTP收录论文28篇；以华南师范大学为第1署名单位在*Nature*杂志发表论文1篇。

量子几何相位及其相关问题研究　该项目属量子力学和量子信息领域，提出冷原子实现和探测相对论狄拉克粒子的理论并预言可观测相应的拓扑相变，被斯坦福、ETH和Nice大学的实验观察到。揭示了几何相位和量子相变的内在定量联系。该项目是国际上最早研究冷原子几何相位诱导规范势的少数理论组之一，提出实现原子自旋霍尔效应理论，并被NIST实验实现。冷原子相对论效应和诱导规范势已逐步成为当前量子模拟的新热点研究。提出了非绝热和非常规几何量子计算理论，解决了原绝热理论不易在实际体系中实现的困难，已被7个独立实验验证。项目发表的20篇核心论文中，PRL 10篇，被*Nature*、*Science*、*PRL*等SCI论文他引1 137次，8篇代表论文他引602次。

低维量子受限电子的输运及其光学特性　该项目以低维量子系统中的受限电子为研究对象，研究了电子对光、热、电的量子响应，建立了以电子电荷和自旋两种属性为基础的量子输运理论及其在光学方面的应用，发现电子热、电输运以及非线性光学一系列新特性。项目主要创新点如下：1. 首次在磁性分子系统中提出热—自旋偏压转换理论，建立了热电输运与分子自旋电子学的内在联系；2. 发展了受限电子量子效应对光响应理论，率先在抛物受限势中采用密度矩阵的方法解析地推导出非线性光学系数表达式，揭示调控非线性光学系数的最优化的方案；3. 对自旋霍尔效应的微观机理认识取得突破，提出了产生关于自旋霍尔效应解释的新机制并建立以此为基础的自旋极化调控理论；4. 率先提出机械运动非弹性的自旋输运理论，首次建立机械自由度与电子自旋之间的内在关联，提出多种微观机制量子调控电子行为的方案。项目创造了一系列独特的研究思想、方法，取得了一系列新成果，解决了一系列关键科学问题，具有重要的理论研究价值。

项目完成人包括中国科学院院士、教育部“新世纪优秀人才”、教育部“量子物理与量子操控研究”创新团队学术带头人，合作发表论文43篇，被SCI论文正面他引407次，其中10篇代表作SCI他引173次。

【产学研合作】　2013年，华南师范大学签订校企合作项目4项，推进在“中新广州知识城”建立华南师范大学科技园的工作。完成学校在南沙区建立“华南师范大学南沙智慧科技园”的初步可行性报告。

【科研平台建设】　2013年，华南师范大学共获批广东省级重点实验室1个，为量子调控工程与材料重点实验室；广东省工程技术研究中心4个，包括广东省教育云服务工程技术研究中心、广东省光电检测仪器工程技术研究中心、广东省重要保健功能食品工程技术研究中心、广东省水环境生态治理与修复工程技术研究中心。截至2013年年底，学校省级工程中心由2个增加至6个。

【科技交流与合作】　2013年，华南师范大学主办偏微分方程国际学术会议、“细胞衰老生物学协同创新中心”成立仪式暨高峰论坛、广东省“能源与环境的化学理论与应用技术协同创新中心”研讨会等8场大型学术会议。

为迎接华南师范大学建校80周年庆典，该校组织“80周年校庆暨2013年学术活动月”学术活动，共举办学术活动62场，其中新世纪论坛6场。

偏微分方程国际学术会议　12月7—10日，偏微分方程国际学术会议在华南师范大学召开。来自北京大学、清华大学、中国科学院、中国工程物理研究院、复旦大学、南京大学、武汉大学、北京师范大学、新加坡国立大学、香港中文大学、香港城市大学等国（境）内外著名高校的近120位专家学者参加了本次会议。与会专家中包括中科院院士、长江学者特聘教授、国家杰出青年基金获得者等。此次会议的成功举办加深了国内外同行对华南师范大学数学学科的了解，为数学学科建设的进一步发展起到了积极的推动作用。

“细胞衰老生物学协同创新中心”成立仪式暨高峰论坛　2月26日，“细胞衰老生物学协同创新中心”成立仪式暨高峰论坛在华南师范大学举行，相关参建单位的领导和专家学者及华南师范大学师生近200人参加。“细胞衰老生物学协同创新中心”由华南师范大学生命科学学院牵头，中山大学生命科学学院、南方医科大学基础医学院、暨南大学新药研究所、华南农业大学动物科学学院、广东医学院、中科院华南植物园、中科院广州生物健康与医学研究院、深圳市作物分子设计育种研究院等9个单位共同组建。该协同创新中心紧扣国家和广东省发展需求，未来研究主要集中在细胞衰老信号转导、细胞衰老调控、细胞死亡机理与细胞抗衰老药物研究4个方向，重点关注人口衰老和健康、农作物生产等问题，并通过体制创新、机制创新、人才培养创新和科研创新，实现合作共赢的局面。

（华南师范大学科技处　张　雯）

华南农业大学

2013年，华南农业大学科坚持“优势学科上水平，新兴学科创特色”的科研目标，实施“科技强校”战略，团结拼搏、开拓创新，科技创新能力和服务社会的能力进一步增强。

【科研项目和经费】 2013年，华南农业大学科研到位经费达4.345亿元，比2012年增长25%。其中纵向项目到位经费3.314亿元，占76%，横向项目到位经费1.031亿元，占24%；自然科学类到位经费3.983亿元，占92%，人文社会科学类到位经费0.362亿元，占8%。

新增立项纵向项目459项，与上年同期持平，合同经费达21 185.8万元。其中“863计划”课题1项，合同经费1 020万元；国家科技支撑计划课题2项，合同经费共1 606万元；国家农业成果转化资金项目1项，合同经费60万元；国家国际合作项目1项，合同经费264万元；农业公益性行业科研专项1项，合同经费1 729万元；转基因重大专项1项，合同经费462万元；国家林业局软科学项目1项，合同经费100万元。

华南农业大学在3个项目上实现了突破，首次获批国家自然科学基金国家基础科学人才培养基金1项，经费200万元；首次获批组织间合作研究项目（国际合作项目）1项，经费200万元；获得国家自然科学基金重点项目2项。此外，获得国家自然科学基金委员会—广东省人民政府联合基金重点项目3项，经费780万元。

【科技成果】

成果奖励 2013年，华南农业大学共获得省部级以上各类科技奖励49项，其中主持项目获得奖励26项，参与项目获得奖励23项；荣获国家科学技术奖一等奖和二等奖各1项，省部级科学技术奖特等奖1项，省部级科学技术奖一等奖4项，广东省农业技术推广奖一等奖6项。参与完成的“重要动物病毒病防控关键技术研究与应用”荣获2012年度国家科技进步奖一等奖，这是华南农业大学近5年来获得的唯一一项国家科学技术奖一等奖（见表3-3-6-1）。

表3-3-6-1 华南农业大学部分获奖重大成果表（2013）

序号	获奖项目	项目负责人	获奖类别
1	荔枝高效安全生产理论与关键技术体系研究及产业化应用	李建国	广东省科学技术奖一等奖
2	农业生物灾害监测与防控平台	胡月明	广东省科学技术奖二等奖
3	农林用风送式系列喷雾机及控制装置的研究与应用	洪添胜	广东省科学技术奖二等奖
4	广东冬种马铃薯高产优质高效栽培关键技术集成与应用推广	曹先维	广东省农业技术推广奖一等奖
5	蔬菜重大害虫——烟粉虱综合防治技术示范与推广	李守军	广东省农业技术推广奖一等奖
6	奶牛乳房炎快速检测和诊疗技术研发与应用	王　翀	广东省农业技术推广奖一等奖
7	现代猪分子育种技术的应用与推广	梁克勤	广东省农业技术推广奖一等奖
8	Y型杂交水稻新组合华优8305的选育和推广应用	梁克勤	广东省农业技术推广奖二等奖
9	环保、安全、高效植物精油杀虫剂的推广应用	徐汉虹	广东省农业技术推广奖二等奖
10	提高夏茶品质的综合技术的推广与应用	曹潘荣	广东省农业技术推广奖二等奖
11	新城疫预防与控制技术推广与应用	罗开健	广东省农业技术推广奖二等奖
12	无籽沙糖橘低投入高效益栽培技术图说	叶自行	中国农业科技奖科普成果奖一等奖
13	耕地质量变化快速监测评价及信息系统建设	胡月明	国土资源科学技术奖二等奖

人文社科类科研成果水平不断提高。罗必良教授获教育部第6届高等学校科学研究优秀成果奖（人文社科）论文类三等奖；4位教师获得广东省哲学社会科学优秀成果奖，其中范碧鸿和罗必良老师获得二等奖，徐燕琳和吴建新老师获得三等奖；多位教师撰写的论文获2013年广东省社会科学学术年会大会论文奖，其中一等奖2篇、二等奖1篇、三等奖1篇。

学术论文　2013年，全校被SCI、EI收录论文共871篇。其中，生命科学学院、亚热带农业生物资源保护与利用国家重点实验室刘耀光课题组经过10年的不懈努力，成功克隆三系杂交稻广泛利用的野败型细胞质雄性不育基因并阐明了不育发生的分子机理，相关论文《水稻线粒体与细胞核有害互作产生细胞质雄性不育》于2013年3月17日在线发表于国际顶级遗传学杂志*Nature Genetics*（影响因子：35.532）；资源环境学院廖红教授和美国杜克大学Philip N. Benfey院士为共同通讯作者的研究论文在美国科学院院报PNAS（5年平均影响因子10.47）上在线发表。

【产学研合作】　2013年，全校共签订各类横向科技项目合同826项，合同总额1.3亿元，合同数量和合同总额较2012年分别增长6.7%和10.8%，到位经费比2012年的7 676万元增加34%。新增广东省企业科技特派员11人，签订新的企业科技特派员派驻协议20个。

在“科技绿舟”平台上，华南农业大学大力推进“三三四一”工程，搭建新的校地合作平台。组织了4次大型签约活动，先后与广东的佛冈县、郁南县、廉江市、茂名市、广西贺州市、湖南新田县等各级政府及珠海市斗门生态农业园管理委员会等签订合作协议或达成合作共识。与广西农业厅的合作进一步深化，依托资源环境学院作物营养与施肥研究室张承林副教授领导团队的技术力量，中国首家年产10万吨自动化液体肥料生产线在广西建成投产，实现该校科技成果的产业化。

【知识产权工作】　2013年，华南农业大学专利申请量突破300件，达到325件，比2012年增加了40%；专利授权量突破200件，达到213件，比2012年增加了12%；已登记的计算机软件著作权有34个，比2012年增加了48%；新申请的植物新品种权5个；通过审定的品种10个。

举办了2次专利代理人和发明人座谈交流会，组织科技人员和管理人员参加知识产权培训，华南农业大学有6件发明专利、7个植物新品种权及1个兽用疫苗采用许可实施的方式推广应用，涉及的领域包括生物制药、木材加工、农业工程、食品加工、作物育种、畜牧医学等，合同总额达到1 047万元，越来越多的企业和知识产权交易中介机构希望与该校开展知识产权方面的合作。

【科技平台和团队建设】　2013年，华南农业大学紧扣国家科技发展的战略部署，结合广东省的区位特色和科技创新的现实需求，大力整合相关资源，加大力度组织申报创新团队和科研平台。全校新增国家生猪种业工程技术研究中心、畜禽育种国家地方联合工程研究中心2个国家级工程中心以及4个省级工程中心（见表3-3-6-2）。

“华南农业大学新农村发展研究院”获得科技部和教育部批准成立。该研究院由华南农业大学申报、广东省人民政府推荐，是广东省内唯一获批的国家级新农村发展研究院，实现了广东省零的突破，标志着该校服务新农村建设又上了一个新台阶。

刘雅红教授领衔的科研团队入选“教育部创新团队”，资助经费300万元；张炼辉教授领衔的“群体微生物基础理论与前沿技术创新团队”入选广东省第4批创新科研团队，资助经费2 500万元；聂庆华教授入选“教育部新世纪人才支持计划”，资助经费50万元。

广州农业文化遗产与美丽乡村建设研究中心成功入选广州市人文社科重点研究基地，实现了该校广州市人文社科重点基地零的突破。

表3-3-6-2 华南农业大学新增省部级以上科研平台名单（2013）

序号	类别	名称
1	国家工程（技术）中心	国家生猪种业工程技术研究中心
2	国家工程（技术）中心	畜禽育种国家地方联合工程研究中心
3	广东省工程技术研究开发中心	广东省农业航空应用工程技术研究中心
4	广东省工程技术研究开发中心	广东省食品安全检测与风险控制工程技术研究中心
5	广东省工程技术研究开发中心	广东省兽用中药与天然药物工程技术研究中心
6	广东省工程技术研究开发中心	广东省服装创新设计工程技术研究中心
7	广东省重点实验室	广东省兽医临床重大疾病综合防控重点实验室

【科技交流与合作】 2013年，华南农业大学共组织了学术活动63场，其中国外专家24场，院士学术报告5场。主办承办了农业航空应用技术研讨会、全国实蝇类害虫学术研讨会、水稻生产农机农艺技术融合研讨会、“农村家庭承包经营：历史变迁与制度创新”学术研讨会、创新广东现代农业经营体制研讨会、“广东低碳发展与生态文明建设”研讨会等全国性学术会议。

（华南农业大学科技处 谢 韩）

南方医科大学

【科技项目和经费】 2013年，南方医科大学获立项课题396项，资助经费13 377.51万元。其中，获国家自然科学基金项目173项，资助经费9 821万元，在项目数和经费数上连续第8年创历史新高，在全省高校排名第3位。其中，获国家杰出青年基金项目1项，这是该校2007以来的第7位杰出青年基金获得者；获国家优秀青年基金项目1项，实现了该校在该类别项目上零的突破。获省部级项目197项，其中教育部博士点基金优先资助领域重点项目2项，广东省自然科学基金68项。获人文社科项目18项，其中教育部人文社科研究课题2项，省哲学社科课题8项，省高校教育科学重大项目1项，实现该校在教育科学重大项目零的突破。

【科研平台建设】 2013年，南方医科大学器官衰竭防治重点实验室通过多学科协同研究，整合相关领域的优势力量，被科技部、广东省批准为省部共建国家重点实验室，该校的科研平台建设迈上了一个新的台阶。实验室批准立项后，每年将获得广东省不低于500万元的经费支持及科技部在项目计划及人才计划等方面的重点支持。

南方医科大学慢性肾病临床医学研究中心通过形式审查、实力评估、视频答辩和综合评审等环节，被科技部批准为首批国家临床医学研究中心，这标志着该校在“慢性肾病”防治领域的临床研究已进入国家级梯队。首批认定的国家临床医学研究中心全国仅有13个单位。

南方医科大学“脑血管病诊疗技术与器械”工程技术研究中心获教育部批准立项，“广东省重大精神疾病研究重点实验室”获广东省科技厅批准立项。

南方医科大学承担的广州市城乡公共卫生服务体系建设研究基地顺利通过广州市社科联和广州市社科规划办组织的年度检查。

【科技成果】 南方医科大学以第1完成单位获2013年度广东省科学技术奖一等奖3项、二等奖1项。根据2013年中国科技信息研究所公布的资料，南方医科大学2012年度被SCI收录论文541篇，比2011年度增加219篇，在全国高校中名列第75位，比2011年度提升了11位，在全国医药类高校名列第10位。该校的《南方医科大学学报》荣获“百种中国杰出学术期刊”称号，在全国医药大学学报类期刊排名第1。2013年，南方医科大学申请专利89件，获授权专利41件，申请数量比2012年增长39.06%，拥有的授权专利总数达272件。

项目名称：结直肠癌转移相关分子标志物的鉴定及其分子机制研究

获奖情况：2013年度广东省科学技术奖一等奖

该项目在探讨结直肠癌转移分子机制的基础上，筛选并建立可用于结直肠癌转移早期诊断、疗效监测及预后预测的个性化分子诊断技术，取得如下成果：1.建立单细胞源性子代细胞亚系，为预测结直肠癌转移及患者的预后评估提供新技术；2.创立石蜡组织提取蛋白质的新技术；3.提出LASP-1、RhoGDI、SATB2多分子联合应用有望作为结直肠癌预后判断的新靶标及临床干预的新靶点；4.提出HOXB7、FMNL2、Slit-Robo通过信号传导通路介导诱导结直肠癌细胞恶性转化及EMT发生的新观点；5.揭示PRL-3与CDH22、Stathmin相互作用调控结直肠癌细胞生长与转移的新机制。研究成果发表论文117篇，获全国优秀博士学位论文1篇、广东省优秀博士学位论文3篇，部分成果在国内外学术会议做学术报告。

项目名称：胃肠肿瘤腹腔镜微创手术的临床研究及应用推广

获奖情况：2013年度广东省科学技术奖一等奖

该项目在国内率先发起成立中国南方腹腔镜结直肠癌外科研究组和中国腹腔镜胃癌外科研究组（CLASS），建立起两个目前国际上大样本量的结直肠癌和胃癌数据库并基于上述两个数据库进行了腹腔镜与开腹胃癌、结直肠癌手术安全性、肿瘤学疗效的回顾性分析。项目组举办的“腹腔镜胃肠外科基础与临床学习班”，累计已培训全国各地学员2 000余人；应邀在内地及港澳地区现场演示腹腔镜胃肠肿瘤手术200余次，有效推动了我国腹腔镜胃肠肿瘤手术技术的推广以及微创外科循证医学研究。

项目名称：鼻咽癌精确放射治疗的临床和基础研究

获奖情况：2013年度广东省科学技术奖一等奖

该项目从靶区精确勾画、放疗技术优化及靶向指标筛选等方面对复发和转移鼻咽癌进行研究，发现放射线照射激活AKT1表达，AKT1表达水平升高抑制鼻咽癌细胞凋亡，促进了鼻咽癌转移；发现MDM2基因309位点GG基因型能显著提高鼻咽癌患病风险，而MDM4 rs1563828位点TT基因型能使鼻咽癌患者发病年龄显著提前，这为判断鼻咽癌放射敏感性、疾病进展、转移倾向及预后分析提供可靠依据。研究成果发表论文30余篇，技术推广应用到全国29家大型综合医院和专科医院，取得了良好的社会效益。

【科技交流与合作】 2013年，南方医科大学承办了“第11届国际转基因技术协会世界大会”等大型学术会议16场，举办各类学术讲座26场。

第11届国际转基因技术协会世界大会　此届会议是国际转基因技术协会首次在亚洲地区召开全球大会，由南方医科大学承办，于2月25—27日在广州召开。会议邀请国际转基因技术协会主席等300余位代表参加会议，针对近年来转基因技术的最新进展和应用展开广泛的学术交流。

地中海贫血暨出生缺陷预防国际研讨会　会议由国家卫计委、国际地中海贫血联盟共同主办，中国计划生育生殖健康研究会、广东省卫计委和南方医科大学共同承办，于11月18日在广州召开，来自世界卫生组织、国际地中海贫血联盟和卫生部等国家和国际组织的代表及专家约90余人参加会议。会议重点探讨地中海贫血及出生缺陷预防策略和方法，中国计划生育生殖健康研究会、国际地中海贫血联盟共同签署了合作备忘录，双方将继续深化国际交流与合作，共同推动国家和区域间地中海贫血和出生缺陷防治工作。

南方医科大学与军事医学科学院签署战略合作协议　10月27日，南方医科大学与军事医学科学院本着优势互补、互利共赢、资源共享、真诚合作、共同发展的原则，积极响应国家关于推进协同创新、提升创新能力的号召，经过友好协商，签订协同创新战略合作协议。双方将在人才培养、科学研究、转化医学、合作交流、资源共享等方面充分发挥各自特色和资源，积极探索协同创新的机制体制。

（南方医科大学科技处　曹　蓓）

广州中医药大学

2013年，广州中医药大学继续加强重大、重点项目的申报、组织与管理工作，科研课题申报数和经费都有较大的增长。加强科技平台建设，增强学校在科学研究、开发与成果转化的实力。

【科研项目和经费】 2013年，该校纵向科研项目立项数达399项，科研合同经费6 698.17万元。其中，获得国家自然科学基金资助74项，经费达3 600万元，在全国中医药院校中名列前茅。该校首次获得国家自然科学基金委员会理科基地项目资助200万元。该校获得立项的重大项目还包括："863计划"课题1个，"973计划"课题1个，"十二五"国家科技支撑计划4个，"十二五"重大课题1个，"十二五"重大专项1个，省财厅项目1个。

【产学研合作】 2013年，该校签订横向项目包括技术委托、技术合作以及技术服务等57项，涉及金额超过1 600万元；与广东真丽斯化妆品有限公司、广西仙草堂药业有限公司、梅州市本草源科技有限公司3家企业达成构建产学研基地协议，合作金额275万元；与内蒙古大唐药业有限公司签订了全面战略合作协议，全面提升了校企合作层次和范畴。

在校地、校市、校校合作方面，该校先后与清远、阳江、中山、东莞、英德和揭阳等市政府签订了全面合作协议，借助政府力量推动产学研合作。另外，还与澳门科技大学、广东医科大学、广东药学院、内蒙古大学民族医学院、包头医学院等建立了合作战略关系，为该校在校校合作方面拓展了空间。

【科技平台建设】 2013年，该校重点打造的国际中医药转化医学研究所正式挂牌运行，成为该校在科研条件建设方面的突出亮点，增强了学校在科学研究、开发与成果转化的实力。华南中医药协同创新中心于2013年5月份正式挂牌运行。以国际中医药转化医学研究所为依托的肿瘤中医药防治转化医学研究协同创新发展中心和华南中医药协同创新中心2个协同创新平台通过广东省首批认定。

【科研成果及专利】 "岭南地产药材抗流感病毒药效物质基础研究"项目获2013年度广东省科学技术奖三等奖。2013年，全校共申请专利25项，获授权8项，专利转化2项。发表学术论文969篇，其中SCI收录论文74篇。

【科技交流与合作】 2013年，该校举办了13场学术讲座等科技交流活动，中国工程院周宏灏院士，国家自然科学基金二审专家、福建中医药大学副校长李灿东教授，哈佛大学医学院暨马萨诸塞州总医院研究科学家王宗伟教授，耶鲁大学医学院细胞与分子生理系首席研究员冷强博士，中国大百科全书总编辑委员会委员孙关龙教授等作精彩的报告。

中医药转化医学与创新药物研究高峰论坛于10月19日在广州中医药大学举办。中国工程院杨胜利院士、清华大学罗国安教授、美国罗格斯新泽西州立大学江亚伍教授、澳门科技大学校长刘良讲座教授、美国休斯敦大学胡明教授、美国弗几尼亚大学潘东风教授等围绕"转化医学与创新药物研发"主题，做了7场报告，与200余师生共同探讨了转化医学在中医药学中的作用与地位，为学校开展中医药转化医学研究提供了发展思路。

（广州中医药大学科技处　蔡晓燕）

广东工业大学

2013年，广东工业大学重点围绕学校"四重建设"和"协同创新"中心工作，不断创新体制机制，强化特色，坚持做"与产业市场对接最好的中国高校"，在科研创新、平台建设、人才培育、地方交流服务等方面实现了跨越式大发展。

【科研项目和经费】 2013年，广东工业大学科研到校经费再次突破3亿元，其中纵向项目经费12 711万元，横向项目经费10 183万元，校办产业经费8 000万元。获国家自然科学基金立项58项，立项经费2 906万元，首次获得国家自然科学基金重点项目、优秀青年基金项目。国家社科基金突破6项，首次获得国家社科基金后期资助项目、国家社科基金艺术学项目。此外，获广东省自然科学基金立项32项，广东省杰出青年基金项目2项。

【科研成果及专利】 该校谢胜利团队2012年、2013年连续两年获得高等学校科学研究优秀成果奖（科学技术）技术发明类二等奖。获2013年度广东省科学技术奖6项，其中一等奖2项、二等奖2项、三等奖2项；获颁2010—2011年度哲学社会优秀成果奖5项，其中二等奖4项、三等奖1项。

全年申请专利439件，授权专利188件，申请PCT国际专利2件。戴青云教授的发明专利“生产过程的实时监控系统及监控方法”、阎秋生教授的发明专利“一种金属带材无毛刺分切加工装置及其加工方法”2项成果同时获2013年广东省专利金奖、第15届中国专利奖优秀奖，实现了学校在中国专利奖上“零”的突破。

2013年，广东工业大学被三大索引收录科研论文890篇，其中SCI收录385篇，较2012年增长38%。

【产学研合作】 2013年，广东工业大学积极响应省委、省政府“进一步促进粤东西北地区振兴发展”的号召，先后与河源市、潮州市、揭阳市、汕头市等加紧推进对接合作，与河源市、潮州市饶平县、揭阳市榕城区签订了战略合作协议，积极推进对粤东西北服务力度。学校牵头或参与组建省部院产学研创新联盟7个，成立企业联合实验室33个。新增企业科技特派员24人次，累计派出特派员394人次，派出总人数继续位居全省第2位。组织推荐学校高水平优秀科技成果参加全省科技成果与产业对接会、第2届惠州云博会、第15届深圳高交会以及揭阳市成果交易会等各类展会，向社会展示学校科研水平和科研成果的经济价值和社会价值，更好地促进科研成果产业化。

【科研平台和队伍建设】 2013年，广东工业大学加大对重点平台、团队、人才组织培育力度。依托机电学院建设的制造物联网技术国家地方联合工程实验室获国家发改委批准立项，实现了该校在国家级科研平台上零的突破；新增1个广东省重点实验室，6个广东省工程技术研究开发中心，1个广东省普通高校工程技术研究中心，1个教育厅国家科技合作创新平台。

表3-3-9-1 广东工业大学获批组建的科研平台（2013）

序号	类别	名称
1	国家发改委工程实验室	制造业物联网技术国家地方联合工程实验室
2	广东省重点实验室	广东省功能软物质材料重点实验室
3	广东省工程技术研究开发中心	广东省工业设计集成创新工程技术研究中心
4	广东省工程技术研究开发中心	广东省集成电路高端芯片应用工程技术研究中心
5	广东省工程技术研究开发中心	广东省物联网与控制专用芯片及系统智能化工程技术研究中心
6	广东省工程技术研究开发中心	广东省药食两用资源综合利用工程技术研究中心
7	广东省工程技术研究开发中心	广东省金属成型与模具新技术工程技术研究中心
8	广东省工程技术研究开发中心	广东省建筑业土木工程技术研究中心
9	广东省普通高校工程技术研究中心	海量大数据的智能信息处理与安全技术研发中心
10	教育厅国家科技合作创新平台	高性能结构与材料联合研究中心

同年，佛山市南海区投入1.2亿元与学校共建的佛山广东工业大学数控装备协同创新研究院正式启动，是该校继东莞华南工业设计创新院、广州国家现代服务业集成电路设计产业化基地之后，与地方政府联合建设的第3个地方服务平台，再次开启了学校发展提速的新引擎，有望以此为契机，立足珠三角地区实现与工业界深度融合，助推广东经济产业跨越发展。此外，获中央财政支持地方高校发展专项资金项目1项。在创新团队建设人才培育方面，连续3年获批广东省创新团队，新增新世纪优秀人才2名。

【科技交流与合作】 为进一步拓展学校科技学术交流层面和影响力，2013年，广东工业大学依托蔡文研究员创立可拓学，在省委书记胡春华、副省长陈云贤等领导的高度重视与支持下，积极探索建设符合科研规律的国际协同创新研究机构——广东工业大学“可拓学与创新方法国际研究院”，并经教育部批准，在北京召开了九国学者筹备的首届可拓学与创新方法国际研讨会，向国际全面介绍这一中国人创立的新学科。会议成立了“国际可拓学学会筹备委员会”，并定于2015年成立“国际可拓学学会”。

此外，广东工业大学立足学科优势，先后承办了第17届全国热力学分析与节能学术会议等国际会议11场，以及广东省自然科学基金委的2013年国家自然科学基金项目（广东地区）申报培训会议、民政部的全国民办社工服务机构能力建设研修班、省哲社联的广东省社会科学2013学术年会“探索科学发展实验区”学术专场等学术活动8次。承担科技部“国际科技合作与交流专项项目”1项，1名教授参加“2013厄瓜多尔普罗米修斯项目”。

（广东工业大学科技处　穆　森）

汕　头　大　学

【科研项目和经费】 2013年，汕头大学整体科研实力稳步增长，共获得科研项目立项366项，经费总额为7 472万元。其中，省部级以上科研项目127项，立项经费5 500万元。

【科研平台建设】 汕头大学已建成了布局合理的基础研究、工程技术应用研究以及科技成果转化等高水平研究创新平台。2013年，该校新增广东省重点实验室1个，广东高校工程技术研究中心1个，广东高校国际科技合作创新平台1个。截至2013年年底，该校拥有广东省重点实验室6个，广东省国际科技合作基地3个，广东省重点产业科技创新平台1个，广东高校重点实验室3个，广东高校产学研结合示范基地4个，广东高校工程技术研究中心3个，广东高校国际科技合作创新平台3个。

【产学研工作】 2013年，汕头大学继续挖掘科技创新力量，强化与地方的战略合作及协同创新，推动与化妆品、食品、不锈钢、陶瓷等地方支柱产业的产学研对接。学校与地方政府共同建设的汕头轻工装备研究院围绕轻工装备行业的关键共性技术，积极开展产品创新，并通过技术、产品和服务辐射，为地方轻工装备制造行业创造了显著的经济效益和社会效益。2013年，汕头轻工装备研究院被省经信委认定为轻工装备产业中小企业公共（技术）服务示范平台。

【科研成果】 2013年，汕头大学高水平科研成果显著。由管铁教授带领的研究团队联合国

表3-3-10-1　汕头大学获批建设的科研平台（2013）

序号	类别	名称
1	广东省重点实验室	广东省有序结构材料的制备与应用重点实验室
2	广东高校工程技术研究中心	广东省高校数字内容管理工程技术研究中心
3	广东高校国际科技合作创新平台	广东高校发育毒理学国际科技合作创新平台

内外多家著名研究机构和实验室，取得人H7N9病毒研究的重大突破，为H7N9禽流感的防控提供了重要科学依据。课题组在国际顶级学术期刊*Science*发表题为*Infectivity*，*Transmission and Pathology of Human H7N9 Influenza in Ferrets and Pigs*（人H7N9病毒在雪貂和家猪中的感染性、传播性和致病性）的研究论文，揭示了病毒感染雪貂的临床病理变化特征，提示了H7N9病毒具备空气传播以及人传人的可能性；随后，又在世界上首次阐明了H7N9病毒各基因的起源与病毒的进化形成过程，研究论文*The genesis and source of the H7N9 influenza viruses causing human infections in China*（中国H7N9流感病毒的发生与人类感染的源头）在*Nature*上发表。

根据中国科学技术信息研究所2013年年底发布的数据，2012年汕头大学被科学引文索引扩展版（SCIE）收录论文347篇，较上一年度增长48%，SCI收录论文的期刊平均影响因子达3.0。在“2013中国大学Nature & Science论文排行榜”中，汕头大学居全国高校第15位、广东省高校第1位，篇均被引次数（327次）位居全国第2，仅次于东南大学。

汕头大学李丹教授课题组的研究成果“超分子配位化合物及其集聚体的控制合成”获得2013年度广东省科学技术奖一等奖，霍霞教授课题组的研究成果“电子垃圾拆解区化学污染暴露的发育毒理学研究与健康风险评估”获得2013年度教育部高等学校科学研究优秀成果奖（科学技术）二等奖。

【知识产权工作】 2013年，汕头大学进一步加强知识产权管理工作，不断提升知识产权创造与保护能力。该校依托广东省知识产权（汕头大学）培训基地，为汕头工艺行业举办“创新专利作用”专题培训，为汕头轻工装备行业举办“轻工装备数控技术专利分析”培训，承办涉外知识产权维权开放咨询等多项活动。该校还成立了汕头市首支保护知识产权志愿服务队，通过知识产权宣传周、专利周等大型活动，持续加强知识产权知识宣传力度，取得良好的社会反响。

【科技交流与合作】 2013年，汕头大学在国际化办学方面迈出了重要一步，与以色列理工学院签署合作备忘录，主办或承办国内外重要学术会议10余场。

与以色列理工学院签署合作备忘录　9月29日，朱小丹省长和李嘉诚先生赴以色列，见证了汕头大学与以色列理工学院合作备忘录的签署。两校计划在汕头市合作举办广东以色列理工学院（TGIT）。以色列理工学院是全球顶尖的工科大学之一，以雄厚的产学研实力和创新影响力著称。汕头大学和以色列理工学院合作办学，对引入并充分利用其优质教育资源，培育新兴产业急需的高层次人才，推动广东和以色列高科技创新企业合作，提高广东省的科技竞争力具有重要意义，同时也将成为中以友谊的重要桥梁和纽带。

计算方法与函数论国际学术会议（Computational Method and Function Theory，简称CMTF）　CMTF是国际数学复分析及其计算领域的大型学术会议，每4年举办一次。第7届会议于6月10—14日在汕头大学举行，是在亚洲国家举办的首次会议。来自38个国家和地区的150多位专家出席了该次会议，其中来自海外的参会者超过100人。大会邀请国际数学在该领域的11位顶级专家分别作为时1小时的大会学术报告，同时设立了4个分会场，120多位与会专家在会上作了主题报告，介绍当前国际数学在该领域的最新研究进展。

2013年国际拓扑学会议（International Conference on Topology 2013）　该会议于8月10—16日在汕头大学召开，来自荷兰自由大学、日本筑波大学、南京大学、大连理工大学、四川大学、湖南大学等国内外20多个大学的70多名专家、学者出席了该次会议。会议邀请国际著名数学家Jan van Mill先生以及国内10多位拓扑学专家作了大会学术报告，尤其突出拓扑学的最新进展交流，为拓扑学交流提供了一个高水平的平台。

第7届无机化学青年学者研讨会　该次研讨会由国家自然科学基金委员会主办，汕头大学承办，于11月10—12日在汕头大学举行。南京大学游效曾、北京大学严纯华和中山大学陈小明等中国科学院院士，国家自然科学基金委员会常务副主任梁文平、无机化学处处长陈荣，30多位长江学者、国家杰出青年科学基金获得者以及80余位活跃在无机化学及相关领域前沿的青年学者应邀参加了该次研讨会。研讨会采取邀请报告、墙展和讨论相结合的方式进行，与会代表对无机化学的前沿、热点科学问题和未来发展方向等进行了深入研讨。

第5届能源转换国际会议　该次会议由汕头大学承办，北京大学工学院、日本同志社大学科学与技术学院和能源转换研究中心协办，于11月25—27日在汕头大学举行。来自日本、新加坡、中国台湾和大陆的专家学者就能源转换最新技术、如何提升转换效率等热点问题进行了广泛的交流。

（汕头大学科研处　罗英光）

科研院所科技创新

2013年，广东省继续推进现有科研事业单位分类改革，四大主体科研机构建设工作稳步推进。同时，广东省新型研发机构发展迅猛，已成为广东深化科技体制改革、提升自主创新能力的生力军。

科研机构体制改革

【四大板块主体科研机构建设】 贯彻落实省政府办公厅《转发省编办科技厅关于深化科研体制改革意见的通知》，推进省现有科研事业单位分类改革，同时创造性提出在工业、农业、社会发展和科技服务业等领域分别组建四大主体科研机构的改革思路，加快构建广东科研体制改革新版图。截至2013年年底，已完成广东省工业技术研究院、广东省农业科学院、广东省科学院组建工作。

启动广东省科技服务业研究院（以下简称“省科服院”）筹建工作。省科服院作为全省现代服务业领域的主体科研机构于2012年10月经广东省机构编制委员会批准设立。建设省科服院是建设创新型广东的重大举措之一，得到了广东省委、省政府主要领导的高度重视。省科服院以6个现有的省科技厅所属事业单位为基础，是整合社会科技资源组建而成的副厅级事业单位，重点开展科技服务领域的应用基础研究、共性关键技术攻关、专业技术服务、战略性新兴科技服务、科技成果转化及产业化的领域的工作。省科服院基本建成后，将带动形成产业布局合理、服务功能强大、支撑作用显著的科技服务创新体系。加快省科服院的建设有利于进一步推动全省科技服务业整合优势资源、拓展服务功能、提升服务水平，促进科技服务业发展，为建设创新型广东和现代产业体系提供强有力的科技服务支撑。

【新型科研机构发展】 近年来，省委、省政府高度重视发展新型研发机构，把它作为深化科技体制改革、实施创新驱动发展战略的重要抓手，将政府引导、市场配置、民间参与三股力量拧成一股绳，不断加强省部产学研合作，不断创新科研体制机制，大力培育引进创新团队和人才，推动全省新型研发机构发展取得重要进展，在推动科技创新、服务经济社会发展方面取得突出成效。截至2013年年底，全省共有122家新型研发机构，2013年研发经费支出达41亿元。新型研发机构在超材料、基因组学等领域初步掌握了源头创新的话语权，由三大国际文献索引收录的论文数量占全省总数的8%；近3年专利申请量7 599件，高于传统国有科研机构的申请量。全省新型研发机构通过技术改造、合作研发、成果转化、企业孵化、创业投资等方式，成功孵化1 000多家企业，服务3万多家企业转型升级；通过从源头创新到新技术、新产品、新市场的快速转换，催生了新材料、生物工程等一批新兴产业的发展壮大。全省新型研发机构共拥有各类国家级创新平台22个，有23个引进的创新科研团队进驻或创办了新型研发机构，集聚了各类高层次创新人才6 000多人。

实践证明，省新型研发机构已成为深化科技体制改革、提升自主创新能力的生力军。本省推动新型研发机构发展，决策正确、路子对头、效果明显，得到了党和国家领导人的充分肯定以及社会各界的广泛认同。

【省主体科研机构创新能力建设专项项目】 为深入贯彻《关于深化科研体制改革的意见》《关

于促进科技服务业发展的若干意见》以及2013年省政府工作报告中“加快建设省科技服务业研究院”的要求，加快推进广东工业、农业、社会发展和科技服务业四大主体科研机构建设，提升主体科研机构创新能力，发挥四大主体科研机构在提高广东自主创新能力、促进经济发展方式转变中的重要作用，2013年7月23日，省科技厅联合省财政厅统一发布了《广东省科学技术厅 广东省财政厅关于组织申报2013年广东省省级科技计划项目（第七批）的通知》，启动了2013年省主体科研机构创新能力建设专项项目的组织申报工作。

该专项的申报对象为广东省内已经组建或正在组建的工业、农业、社会发展和科技服务业四大类主体科研机构的省属科研单位，专项重点支持广东省科技服务业研究院筹建单位。就支持范围来看，专项支持全省主体科研机构整合优势科技资源，研发产业关键共性技术，建设高水平创新平台，培养引进高层次创新团队和领军人才等工作，改善主体科研机构科研条件，切实提高主体科研机构创新能力。经评审，2013年，省主体科研机构创新能力建设专项项目拟立项25项，总体立项率为49.02%。

具体支持范围如下：一是配套支持主体科研机构建设国家重点实验室、国家工程实验室、国家工程技术中心、国家工程研究中心等国家级科技创新研发与服务平台；二是支持主体科研机构开展国际科技合作，共建高水平创新科研平台；三是支持主体科研机构重大创新条件、重大创新平台以及重大科技设施建设；四是支持主体研发机构建设战略性新兴产业重大研发平台与服务平台；五是支持主体研发机构引进国内外高水平创新科研团队或科技领军人才；六是支持广东省科技服务业研究院筹建单位建设科技战略研究与情报服务开发平台、引进消化吸收再创新国际资源服务平台、科技基础条件共享平台、产业技术创新动态监测平台、分析测试技术研究与公共服务平台、云计算研究与应用技术创新服务平台等科技服务创新平台建设。

（广东省科学技术厅政策法规处　王富贵）

中国科学院广州分院、广东省科学院

【中国科学院广州分院】 中国科学院广州分院作为中国科学院的派出机构，负责协调、联系广州地区的中国科学院华南植物园、中国科学院南海海洋研究所、中国科学院广州地球化学研究所、中国科学院广州能源研究所、中科院广州化学有限公司、中科院广州电子技术有限公司、中国科学院广州生物医药与健康研究院（由中国科学院、广东省人民政府、广州市人民政府共建）以及地处长沙市的中国科学院亚热带农业生态研究所和地处深圳市的中国科学院深圳先进技术研究院（由中国科学院和深圳市人民政府共建），以及2011年开始筹建的位于海南省三亚市的中国科学院三亚深海科学与工程研究所（筹）共10个科研开发机构。

截至2013年年底，全院共有职工3 941名，其中：中国科学院院士5名（含兼职3名），中国工程院院士3名，俄罗斯科学院外籍院士1名，国际欧亚科学院院士4名；高级专业技术人员1 035名，中级专业技术人员1 028名，初级专业技术人员996名；具博士学位1 340名，具硕士学位1 146名。是年底，全院有国家万人计划入选者3名，国家杰出青年基金入选者36名（其中2013年入选4名），国家千人计划入选者30名（其中2013年入选7名）。

2013年，该院新增了广东省应用植物学重点实验室（依托于中国科学院华南植物园）。是年底，全院共有国家重点实验室4个（其中之一与广州市呼吸病研究所共建），中国科学院重点实验室10个，广东省重点实验室11个，湖南省重点实验室1个。是年，新获批成立广东省工程研发中心3个，截至2013年年底，全院有广东省工程研发中心8个，广州市工程研发中心2个。共有野外科学实验站15个，其中，国家与中国科学院共属野外科学实验站6个，中国科学院专属野外科学实验站4个，中国科学院广州地区研究所所属野外科学实验站5个。共有科学考察船3艘，植物、岩矿、海洋生物标本馆3个。

截至2013年年底，全院有博士点30个，博士后流动站7个，学术性硕士点49个，专业性硕士点20个。2013年，招收研究生628名，其中硕士研究生357名，博士研究生271名。是年，毕业研究生477人，在读研究生1 942人，其中在站博士后122名。

2013年，全院在研科研项目3 513项，项目总经费38.81亿元，2013年到位项目经费12.29亿元。按项目性质分类，其中：应用及应用基础研究2 634项；试验发展项目185项；技术推广及科技服务634项；成果应用60项。按项目来源分类，承担或参与的国家（含各部委）项目1 208项，其中："973"计划项目126项；"863"计划项目37项；国家科技支撑项目46项；国家自然科学基金815项。承担中国科学院项目321项，承担广东省科技计划项目178项，广东省自然科学基金90项，广州市科技计划项目66项，广东省、广州市非科技主管部门项目117项，广东省除广州市以外其他市县项目490项，湖南省、海南省等他省科技计划42项，国际科技合作项目66项，企业委托项目596项，广东省和中国科学院合作项目62项。

2013年，全院取得科技成果22项；在国内外核心期刊发表论文3 115篇，其中SCI收录1 577篇；出版专著23种，881万字；获受理专利申请1 397件，其中发明专利1 252件。PCT国际专利申请50件。获授权专利419件，其中发明专利309件。获第15届中国专利优秀奖3项，2013年广东省专利金奖2项，优秀奖1项。2013年度获国家自然科学二等奖1项，广东省科学技术一等奖4项，湖南省科学技术一等奖1项、自然科学一等奖1项。

2013年，全院接待欧、美、日、韩等发达国家和港澳台44个国家（地区）来访的科技界人士381批879人次；主持召开国际学术会议12次；向41个国家和地区派出学术交流及合作研究科技人员共505批989人次。

【广东省科学院】 广东省科学院为广东省人民政府直属科研事业单位，管理广州地理研究所、广东省昆虫研究所、广东省微生物研究所、广东省生态环境与土壤研究所、广东省自动化研究所（原广东省科学院自动化工程研制中心，于2013年更名）、广东省科技图书馆、广东省科学院幼儿园共7个机构。

2013年，全院共有职工909名，其中：中国科学院院士3名（兼职）；具高级专业技术职称的有222名，中级职称245名，初级职称124名；具博士学位的有136名，硕士学位220名。有博士后科研工作站2个。

2013年，该院新增了省部共建华南应用微生物国家重点实验室。截至2013年年底，全院有国家重点实验室1个，广东省重点实验室5个，广东省公共实验室5个，广州市重点实验室1个（与市属单位合建），广东省重点科研基地3个，广东省种质资源库（标本馆）3个，广东省工程研发、监测、检测中心等11个，广州市工程研发中心3个。野外科学实验站15个。

2013年，全院在研科研项目530项，项目总经费2.628亿元。2013年到位项目经费1.578亿元。按项目性质分类，其中：基础及应用基础研究335项；试验发展项目21项；技术成果推广及科技服务项目165项；成果应用9项。按项目来源分类，承担国家（含部委）项目104项，其中："973"计划项目1项；"863"计划项目5项；国家自然科学基金82项；国家科技支撑项目等4项。承担省、市、区地方政府各类项目306项，其中：广东省科技计划项目137项；广东省自然科学基金项目25项；广州市科技计划项目30项；广东省和广州市非科技主管部门项目31项；广东省除广州市外其他市县项目83项。此外，承担中国科学院项目1项，国际科技合作项目5项，省、院合作项目16项，企业委托项目46项。

2013年，全院取得科技成果62项；在国内外核心期刊发表论文314篇，其中SCI收录129篇；出版专著3种，17万字；专利申请受理76件，其中发明专利60件。PCT国际专利申请4件。获授权专利66件，其中发明专利53件。2013年度获中国专利优秀奖1项，广东省专利金奖1项，广东省专利优秀奖2项。获得2013年度广东省科学技术一等奖1项、三等奖1项，2013年度广东省环境保护科学技术一等奖1项。

2013年，全院接待13个国家（地区）来访的科技界人士46批67人次；向12个国家（地区）派出科技人员62批139人次；主持召开国际学术交流会议3次。

【重点实验室建设】

省部共建华南应用微生物国家重点实验室　该实验室在广东省华南应用微生物重点实验室——省部共建国家重点实验室培育基地的基础上组建而成，该培育基地2009年获科技部批准组建，2012年4月通过科技部组织的专家验收并正式运行，2013年经科技部组织专家论证获批成立省部共建国家重点实验室。

该实验室根据国家和社会需求以及实验室的建设目标，重点研究方向为：热带亚热带微生物资源多样性与利用，环境微生物与区域生态安全，有害微生物监测与防控。研究方向重点突出、目标清晰、区域和应用特色明确，有利于紧密结合地方发展需求，加强应用微生物学的基础理论和应用研究，进一步提高重点实验室的研究水平。通过两年建设，实验室已形成拥有先进管理机制和实验环境条件的科技创新平台，正在成为培养引进和聚集高层次生物科技人才的创新基地，在促进地区性科技创新体系建设，提高自主科技创新能力等方面发挥着重要作用。

广东省应用植物学重点实验室　广东省应用植物学重点实验室于2013年获省科技厅批准成立。该重点实验室旨在广东特色植物资源保育和种质创新、华南特有植物功能性物质的研究、环境治理与景观优化的植物技术集成3个方向开展应用基础理论及技术开发研究，克服生态危机和促进国家经济社会的健康持续发展，促进我国植物生物质资源保护与可持续利用研究及产业化发展。应用植物学将会成为现代农业的支撑和基础，在未来国家生态环境建设和新农村建设，特别是人居适宜环境建设方面将会发挥重要作用，在提高人类生活质量上也具有重大意义。

【获奖科研成果、专利简介】

项目名称：干细胞多能性与重编程机理研究

完成单位：中国科学院广州生物医药与健康研究院。

主要完成人：裴端卿、潘光锦（清华大学）、秦宝明、秦大江、张小飞

获奖情况：2013年度国家自然科学二等奖

该项目属于干细胞生物学研究领域，紧密围绕着干细胞多能性的维持、调控和解决干细胞来源瓶颈的诱导多能干细胞（iPS）重编程机理这两大关键问题，发现了：（1）维生素C能通过缓解细胞衰老提高重编程效率；（2）非转基因小鼠体细胞可被成功重编程并可推广到多种细胞和物种；（3）阐明了Nanog、Oct4等重要干细胞全能性因子作用及调控机理。这些发现开启了我国的iPS研究，为我国在干细胞多能性调控和体细胞重编程领域的发展奠定了基础。截至2010年1月，在*Cell Stem Cell*（IF：25.421）等杂志已发表相关SCI论文18 篇，8篇代表性论文他引508次，单篇最高他引次数125次，其中2篇属于全球引用率Top 1%的高引用文章。主要发现及结论对该领域发展做出了重大贡献。

项目名称：乡土植物在生态园林中应用的关键技术研究与产业化

完成单位：中国科学院华南植物园

主要完成人：邢福武、陆宏芳、谭广文、王发国、王晓川、陈红锋、丁朝华等

获奖情况：2013年度广东省科学技术一等奖

该项目针对生态园林建设中存在种类单调、乡土植物少、搭配不合理、栽培繁殖技术水平低、粗放经营和生态效益低等问题，从植物资源调查编目着手，研究地带性植物群落的结构与功能，在此基础上营造近自然生态园林群落，研发乡土植物繁育和栽培关键技术，对其适应性与观赏性进行评价。该成果经专家鉴定达国际领先水平。已出版专著4部，发表论文130篇（其中SCI收录45篇），论文被SCI和中国引文数据库他引683次；制定了园林行业3项标准，获得授权专利11个。项目在我国南北各地建立研发基地32处，约1 206.3公顷，经营苗木产品3 000多个，重点推广新优种类30种。成果完成单位生产苗木480万株，实现直接经济效益27.69 亿元，在国内带动辐射推广1.4万公顷，累计经济效益达64.00亿元，极力推动了乡土植物的推广应用。

项目名称：区域空气毒害污染物及其环境效应

完成单位：中国科学院广州地球化学研究所

主要完成人：王新明、张干等

获奖情况：2013年度广东省科学技术一等奖

该成果建立了国际一流的挥发有机物（VOCs）、二噁英分析平台；自主设计并研制了具有当前国际先进水平的室内烟雾；建立了我国唯一的气溶胶有机碳/元素碳放射性同位素分析制样平台；研发具自主知识产权的PM2.5采样器并实现商业化；推动制定了相关地方行业标准。

该研究成果揭示了珠三角等臭氧层消耗物质（ODS）的时间趋势、大气持久性有机污染物（POPs）的分布与来源，发现了电子垃圾拆解地含溴二噁英等新兴污染物及POPs在季风携带下的跨境迁移、水—热组合控制大气POPs的干湿沉降。定量测评了大气重金属沉降对区域土壤质量和水生生态系统的影响。为珠江三角洲在我国率先实施区域空气毒害物防控，提供了有力的技术平台和科学支撑。

该项研究成果，已发表SCI收录论文208篇，其中，在环境科学领域权威期刊*Environ Sci Technol*发表论文32篇，国际大气环境领域专业期刊*Atmos Environ*，*J Geophys Res-Atmos*分别发表论文51篇和14篇。论文SCI总引用4 715次，他引共3 784次，其中ISI高引用TOP1%一篇。

项目名称：天然气水合物开采三维综合模拟技术系统

完成单位：中国科学院广州能源研究所

主要完成人：李小森、黄宁生、李清平、李刚、陈朝阳、张郁

获奖情况：2013年度广东省科学技术一等奖

项目基于不同的地质背景特征，发明了NGH藏地质分层结构构建技术、分布式散点微孔开采井设计技术、井网布置及其耦合技术，采用分布式光纤测温、超声波检测、光纤微观形貌表征和电导率表征等先进测试技术，首次建立了统计缔合流体理论（SAFT）的分子热力学方程和分形—缩核动力学方程，研制了国际上首套中试规模、专用于NGH开采研究的三维综合模拟技术系统。通过对降压、热激、注化学剂和联合方法及新型原位热化学方法等研究，完成了自然界海底NGH藏开采潜力评价，提出了开采技术方案；研发了水合物法分解产出气中提纯甲烷技术及工艺。

该研究已获授权发明专利17项，获国际专利受理1项，发表SCI收录论文72篇。系统有效体积117.8升，最大模拟水深3 000米，最低模拟环境温度-15℃，涵盖了我国海域和青藏高原的储藏条件。气体开采量高于400NL/h，产出气经水合物法提纯后甲烷浓度大于97%。

项目名称：生物柴油固体催化连续绿色生产关键技术与产业化应用

完成单位：中国科学院广州能源研究所、龙岩卓越新能源股份有限公司，华南农业大学、佛山市正合生物能源有限公司

主要完成人：袁振宏、叶活动、吕鹏梅、王忠铭、谢君、赵志明、李惠文、罗文、杨玲梅、苗长林、罗丹明

获奖情况：2013年度广东省科学技术一等奖

该项目开展了地沟油等高酸值废油脂连续绿色生产生物柴油核心技术的创新性研究。研制了CaO基固体碱催化剂，在静态混合活塞流反应器内实现了预处理后废油脂的转酯化，同时开展了生物柴油/甘油连续分离、利用渗透汽化膜实现甲醇低能耗连续回收提纯、脂肪酸甲酯连续精馏、生物柴油安定性添加剂等关键技术的研究，形成废油脂生物柴油连续清洁生产的模块化工艺系统。该系统酯化、酯交换反应转化率达到95%以上，甲醇回收纯度及利用率达到99%以上，突破了以地沟油等废油脂作为原料生产生物柴油工艺很难连续的技术瓶颈。首次在国内使用无水纯化净化生物柴油，实现生物柴油无污染、绿色化生产。生物柴油产品达到国家BD100标准，生产成本低于1 000元/吨。设备全部国产化，综合技术经济指标处于国际领先水平。

项目已获得授权专利23件，其中发明专利11件，实用新型专利12件，发表论文52篇。该技术成果自2007年示范应用以来，累计生产生物柴油34.95万吨，创造产值约20.85亿元，利税3.48亿元，减排CO2约87.38万吨，取得了显著的经济效益和社会效益。

项目名称：地下和蛀干害虫病原线虫的系统研发和应用

完成单位：广东省昆虫研究所、中山大学、

河北省农林科学院植物保护研究所、华南农业大学、华南理工大学、中国科学院华南植物园

完成人：韩日畴、邱礼鸿、陈书龙、丘雪红、颜珣、马娟、曹莉、游娟、许再福、李秀花、韩秀英、陈镜华、张中润、赵瑞华、张丽坤

获奖情况：2013年度广东省科学技术一等奖

该项目旨在系统研发环境友好型生物制剂——昆虫病原线虫，实现农林地下和蛀干害虫的安全、有效防治。针对其资源分类、共生机理、工艺流程、应用技术等系列科学问题和技术难点进行攻关，建立了国际标准的线虫分类系统，发现和描述了11个斯氏属线虫新种，占全球已描述种类的19%；建立约占全球种类70%的线虫资源库，为研发和行业提供资源保障。阐明了异小杆线虫与发光杆菌属细菌之间的食物信息、营养、定殖专化性，取得了系列支撑性科学新发现，促进了产业和应用技术的突破。发明与优化了线虫与共生细菌的产业化培养与应用关键技术，研发出具国际市场竞争力的线虫制剂8个，产品获美国农业部进口许可证，成功获准进入美国市场，并与日本多家公司签订了合作协议，同时在广东、河北、山东、香港等11个省区推广应用，防治地下和蛀干害虫，防治面积累计1.4万多公顷次，一般防效达到85%以上，明显减少了化学农药的使用量，新增产值5亿多元，取得了显著的社会、生态和经济效益。

项目名称：猪氨基酸营养功能的基础研究

完成单位：中国科学院亚热带农业生态研究所

主要完成人：印遇龙、谭碧娥、孔祥峰、吴信、姚康、李铁军

获奖情况：2013年度湖南省自然科学一等奖

该项目以动物营养学、动物生理学、动物生物化学和分子生物学等学科理论为指导，围绕猪氨基酸在肠道代谢、肌肉沉积以及孕体发育中生理功能的分子机制开展了系统研究，丰富了猪氨基酸营养理论，推动了氨基酸在养殖业中的应用。该项研究取得了3项重要科学发现，并已发表在*Amino Acid*和*Journal of Nutritional Biochemistry*等国内外该领域顶尖杂志上，10篇代表作中8篇SCI收录论文的累计影响因子超过30。研究结果被广泛引用，10篇代表作被*Current Opinion in Clinical Nutrition and Metabolic Care*等杂志合计引用218次，其中他引120次。成果鉴定专家认为，该成果整体上达到同类研究的国际先进水平，部分居国际领先水平。相关成果曾被国家自然科学基金委员会评为“国家重大科学突破或重要科学进展资助成果的典型创新案例”。

反刍动物营养调控与饲料高效利用技术研究与应用

完成单位：中国科学院亚热带农业生态研究所

主要完成人：谭支良、汤少勋、周传社、刘建新、高民、任国谱等

获奖情况：2013年度湖南省科技进步一等奖

该项目从建立和改进营养代谢的研究技术与方法入手，系统研究了反刍动物日粮碳水化合物、蛋白质、氨基酸及磷的消化、代谢与转运规律，建立了基于蛋白质与氨基酸营养调控、碳水化合物及粗饲料优化组合与添加剂调控的饲料高效利用关键技术体系；建立了肉用反刍动物饲料有效纤维需要量的评价指标与方法，改进了粗饲料阳离子交换量的化学测定方法、反刍动物肝细胞原代培养和瘤胃上皮细胞培养技术；揭示了反刍动物体内氮（氨基酸）吸收与代谢的相关机制；发现并阐明了植物提取物改善肉品质及提高动物机体抗氧化能力的机理；构建了我国主要粗饲料营养价值和精饲料淀粉营养特性数据库。已公开发表论文190篇，其中SCI收录论文63篇。申请专利10项（其中授权3项）。率先克隆19个与山羊主要营养吸收转运有关的载体基因。应用该技术体系配制的饲料提高奶牛全程奶产量5%～10%，粗饲料消化利用率15%以上，肉牛平均增重提高18%左右。累计新增产值56.06亿元，新增利润11.1亿元，新增税收2.94亿元。

【重要学术交流活动】

第6届广州国际干细胞与再生医学论坛暨第2届中国再生细胞生物学年会　该届年会由中国细胞生物学学会再生细胞生物学分会、中国留学人员广州科技交流会组委会、中国科学院等主办，中科院广州生物医药与健康研究院承办，于2013

年12月18—19日在广州举行。来自中国、美国、英国、德国、加拿大、澳大利亚、西班牙等海内外一批知名干细胞与再生医学专家和科技人员共300余人与会。中国科学院院士、加拿大皇家科学院院士、澳大利亚皇家科学院院士以及国家“发育与生殖研究”重大科学研究计划专家组成员，“973计划”首席科学家等国内外该领域的40余位知名专家到会演讲，围绕多能性与重编程的调控、神经科学与神经干细胞、造血细胞分化调控、疾病模型与转化医学、植物再生生物学等热点话题与参会者展开广泛的交流与讨论。大大提升了广州乃至我国在该领域的重要国际学术影响力，为我国干细胞与再生医学研究的纵深发展起到了积极的促进作用。

第10届全国岩石学与地球动力学研讨会　该届会议由中国地质学会、中国矿物岩石地球化学学会、国家自然科学基金委员会地球科学部和中国科学院发起，中国科学院广州地球化学研究所、同位素地球化学国家重点实验室承办，于2013年12月1—4日在广州召开。全国50余家地学单位800余人与会，共收集到425篇论文摘要。通过会前讲座、大会报告、专题报告以及展板的形式，展示了近年来岩石学和地球动力学领域的最新研究成果。会议对拓宽地球系统科学研究领域、提高岩石学与地球动力学的研究水平具有重要意义，对推动了固体地球科学领域重大成果产出和青年人才培养发挥了重要促进作用。

第14届全国有机地球化学学术会议　该届学术会议由中国石油学会石油地质专业委员会、中国地质学会石油地质专业委员会、中国矿物岩石地球化学学会沉积学专业委员会主办，中国科学院广州地球化学研究所、有机地球化学国家重点实验室承办，于2013年11月7—11日在珠海召开，全国85个企事业单位的科研院所、高等院校共540名代表与会。会议的主题紧紧抓住我国油气勘探的两个新动向——非常规与深部油气，共收到学术论文摘要412篇，内容涉及烃源岩地球化学、油气生成地球化学、成藏地球化学、天然气地球化学、非常规和深层油气、生物和环境地球化学，以及地球化学新技术新方法、微生物地球化学勘探等。会议评选出的25篇青年优秀论文和优秀展板论文。

第5届全国微生物资源学术暨国家微生物资源平台运行服务研讨会　会议由中国微生物学会微生物资源专业委员会、国家微生物资源平台主办，广东省微生物研究所等承办，于2013年11月23—24日在广州召开，来自全国27个省（市、自治区）的116家高校、科研院所、政府部门、企业单位的360多位代表出席了会议。会议的主题是“微生物资源与人类健康”。大会共收到论文摘要131篇。会议首次进行了墙报（Poster）展示，共展出墙报31篇，其中10篇被评为优秀。38位专家分别就海洋生物共生体——新药发现的新宝库、高寒湿地低温甲烷古烷及其冷适应机理、肠道菌群与代谢病关系研究进展、极端耐辐射微生物资源开发利用、我国主要食品中重要食源性致病微生物风险识别和分布规律研究等内容作了精彩报告。与会代表围绕如何全面推进我国微生物资源研究及微生物资源平台的运行开展了深入、热烈的交流和讨论。

【2013年当选院士】

彭平安　男，研究员、博士生导师。主要从事石油天然气地球化学、环境地球化学、生物地球化学研究。曾主持或参加了50余项国家科技攻关计划、“973计划”、中国科学院重大项目、国家自然科学基金重点项目的研究工作。在盐湖沉积环境浅成烃、卟啉化合物、含硫化合物、高分子物质（沥青、干酪根、碳黑）结构以及毒害有机物与自然有机质的关、非生物降解过程的研究中取得了成绩。已发现含硫羊毛甾烷、卟啉等新生物标志物3类。经过10余年的努力逐步证明了高硫未成熟油的非干酪根成油观，对盐湖沉积环境、碳酸盐沉积境的未成熟油勘探具有重要的参考意义。地质体中高分子物质的分子结构研究仍然是石油、天然气地球化学的难题，彭平安等用一系列专一性、选择性强的化学降解及其同位素标定技术研究了高硫沥青和高硫干酪根的结构，在分子水平上认识了这些物质，理论上有了很大的进步。彭平安最近致力于自然有机质与毒害污染物之间的关系、自然界非生物降解等研究。共发表论文206余篇，其中被SCI收录104篇，被SCI刊物引用约625次。研究成果曾获国家自然科学二等奖1项、三等奖1项，中国科学院科技进步一等奖1项，广东省自然科学一等奖1项、二等奖3项，国家教育部一等奖等。

2013年当选中国科学院院士。

陈勇　男，责任研究员、博士生导师。现任中国科学院广州能源研究所研究员、博士生导师。曾任中国科学院广州分院、广东省科学院院长，中国科学院广州能源研究所所长，中国科学院华南植物园主任。兼任联合国工业发展组织国际太阳能技术促进转让中心特聘专家；科技部国际合作专家委员会专家；曾任“十五”国家“863计划”能源领域专家委员会副主任。

长期从事有机废物的能源化与资源化利用理论研究和工程技术开发，致力于发展“城镇矿山”事业。提出了“就地就物，分级分步、掘尽其能，用尽其物”的有机废物再生利用的思路，并根据有机废物的营养元素（C/N/P）和能量元素（C/H/O）设计利用路径，以降解差异性开发热转化和生物转化技术，并以产学研结合的模式研究开发了有机废物转化为热、电、气、液体燃料、有机肥等的系列技术和技术集成系统。获国家科技进步奖二等奖2项，广东省科技进步一等奖2项，获2012年何梁何利科技进步奖，获授权发明专利23件、实用新型专利14件，发表论文260多篇，主编著作5部、参编著作7部。

2006年当选国际欧亚科学院院士，2013年当选中国工程院院士。

张偲　男，责任研究员、博士生导师。现任中国科学院南海海洋研究所所长、中科院海洋微生物中心主任，兼任中国海洋学会常务理事、中国海洋与湖沼学会常务理事、中国海洋学会热带海洋分会主任委员、广东海洋学会理事长。

围绕“热带海洋微生物多样性的时空分布特征及其功能”关键工程科技问题，开展微生物多样性的观测、认知和利用研究，发展热带海洋生态工程理论，促进热带海洋生态保护和生物资源利用的工程化，为发展我国海洋战略性新兴产业与海洋生态文明事业做出了贡献。曾获国家科技进步二等奖、海南省科技进步特等奖、广东省科技成果一等奖、中国专利优秀奖、何梁何利基金科技创新奖、广东专利金奖和广东省丁颖科技奖各1项。发表论文169篇（含SCI收录论文139篇），出版专著2册，获授权发明专利39项。

张偲是我国第一个海洋微生物“973计划”项目“海洋微生物次生代谢的生理生态效应及其生物合成机制”的首席科学家，是我国热带海洋生态工程的学术带头人。2013年入选中国工程院院士。

印遇龙　男，研究员、博士生导师。现任中国科学院亚热带农业生态研究所畜牧健康养殖中心主任，学术委员会副主任，动物营养学国家重点实验室、生物饲料安全与污染防控国家工程实验室和中国科学院亚热带农业生态系统过程重点实验室学术委员会委员，国际食品、农业与环境学会常务理事（芬兰），中国畜牧兽医学会科技专家动物营养学分会常务理事，中国微量元素与食物链研究会副理事长，兼任南昌大学博士和博士后导师家。1994年推荐为联合国教科文组织动物营养专家，被选为英国剑桥国际名人传记中心副主任、美国名人传记所顾问，被联合国教科文组织和中国科学院挑选为中国当代科技精英之一。已在*Nucleic Acids Res*（IF 7.5）和*J Nutr Biochem*（IF 4.3）等SCI期刊上发表论文114篇，中文论文190余篇，论文被他人引用了2 031次；主编和参编中英文专著6部，获授权专利10项，克隆并在GenBank注册了与猪肠道健康相关基因13个。先后获省部级以上科技奖励12项，其中“畜禽氮磷代谢调控及安全型饲料配制关键技术研究与应用”获国家科技进步二等奖，“仔猪肠道健康调控关键技术及其在饲料产业化中的应用”获国家科技进步二等奖，“猪饲料养分回肠末端利用率及有效氨基酸需要量的研究”获国家科技进步三等奖，“猪、鸡营养参数及配方新技术研究”获国家科技进步二等奖。

2013年入选中国工程院院士。

（中国科学院广州分院、
广东省科学院　张　军）

广东省农业科学院

广东省农业科学院下设水稻研究所、蔬菜研究所、植物保护研究所、作物研究所、果树研究所、农业经济与农村发展研究所、动物科学研究所、动物卫生研究所、蚕业与农产品加工研究所、农业资源与环境研究所、环境园艺研究所、饮用植物研究所（茶叶研究中心）、农业生物基因研究中心、农产品公共监测中心和农业科研试验示范场等15个科研机构。建有博士后科研工作站1个，国家重点实验室1个（畜禽育种国家重点实验室），省部共建国家重点实验室培育基地1个，农业部专业性/区域性重点实验室5个，农业科学观测实验站5个，广东省公共实验室3个，广东省重点实验室12个，科技部国际科技合作基地1个，国家种质资源圃6个，省市共建种质资源库9个，收集保存国内外种质资源4万多份，建有广东广州国家农业科技园区和中国农业科技华南创新中心。

截至2013年年底，该院在职职工1 842人，其中具有高级专业技术资格科技人员343人，博士213人，享受国务院政府特殊津贴在职专家24人，入选国家“百千万人才工程”国家级人选3人，“全国杰出专业技术人才”和“全国优秀青年科学家”各1人。有24位专家担任国家现代农业产业技术体系岗位科学家或综合试验站站长，有26位专家担任省现代农业产业技术体系创新团队成员。2013年，该院新增3位国务院特殊津贴专家，3位专家获得“全国优秀科技工作者”称号，1位专家获得“全国粮食生产突出贡献农业科技人员”称号。

【科研项目】　2013年，该院获立项科技项目共360项，新立项合同总经费2.01亿元，其中国家级项目立项141项，项目经费占总经费比例从2012年的45.7%提高至56.64%。基础研究项目立项再创新高，共获得国家自然科学基金项目立项20项，同比增长25%，合同经费801万元，同比增加59%。牵头承担的“973计划”项目“猪鸡抗病的基础研究”获得持续资助，主持或参与转基因重大专项重点课题2项，主持农业部公益性行业专项1项，主持国家农业科技成果转化资金重点项目2项，牵头承担省柑橘黄龙病综合防控重大技术研究项目。

【科研成果】　2013年，该院获得各级科技成果奖励58项，其中国家科技进步奖特等奖1项（参与），广东省科学技术奖一等奖5项，农业部中华农业科技奖一等奖4项（含参与1项）。全年有55个农业新品种通过各级品种审定，其中通过广东省审定品种42个，占全省同期审定品种的38.2%。获授权专利70件，其中发明专利53件。获得计算机软件著作权7项。累计出版科技著作19本，发表科技论文573篇，其中SCI收录论文94篇。

表3-4-3-1　广东省农业科学院部分获奖科技成果（2013）

序号	项目名称	项目负责人	获奖类别
1	水稻“三控”施肥技术体系的建立与应用	钟旭华	2012年度广东省科学技术一等奖
2	桑树资源功能物质研究与食药用开发	廖森泰	2012年度广东省科学技术一等奖
3	小菜蛾成灾机制研究及抗药性治理技术体系构建与应用	冯　夏	2013年度广东省科学技术一等奖
4	黄羽肉鸡营养需要与肉质改良营养技术研究	蒋宗勇	2013年度广东省科学技术一等奖
5	南方谷物方便食品专用配料制备及品质改良关键技术研发	张名位	2013年度广东省科学技术一等奖
6	南方传统粮油食品品质改良关键技术与新产品研发	张名位	2012—2013年度中华农业科技奖科学研究成果一等奖
7	华南特色瓜类蔬菜新品种选育及产业化推广应用	罗少波	2012—2013年度中华农业科技奖科学研究成果一等奖
8	畜禽营养与饲料研究团队	蒋宗勇	2012—2013年度中华农业科技奖优秀创新团队成果奖

项目名称：小菜蛾成灾机制研究及抗药性治理技术体系构建与应用

主要完成单位：广东省农业科学院植物保护研究所、华南农业大学、中国农业科学院蔬菜花卉研究所

获奖情况：2013年度广东省科学技术奖一等奖

该项目综合应用了多学科的理论和技术，在国内外率先从害虫抗药性区域治理的视野，研究掌握了小菜蛾在全国各区域的种群动态，首次明确了小菜蛾种群越冬北限与迁飞路径，明确了小菜蛾成灾的规律与机制；首次建立了小菜蛾中期预警技术；规范了全国小菜蛾抗性监测方法，制定了行业标准，明确了我国五大区域小菜蛾抗性变化规律，首次绘制了小菜蛾对12种代表性药剂抗性分布区域图，并构建了小菜蛾抗氯虫苯甲酰胺数字化基因表达谱，揭示了小菜蛾抗性机制；研发了小菜蛾成虫电击车、性信息素诱杀装置防控等关键技术；针对我国十字花科蔬菜的生产模式，组建了具有显著区域及种植模式特色的小菜蛾抗药性区域治理技术体系。项目发表论文论著37篇（部），其中SCI收录论文5篇；形成技术规程2套，申请和授权发明专利7件，开发农药新品种30个，取得农药“三证”产品4个，产品销售至全国各省和周边4国；建立监测区26个，示范区45个，示范面积达6.67万公顷次，直接应用面积195万公顷次；新增总产值66.7亿元，经济、社会和生态效益显著。项目成果丰富了农业昆虫学、害虫综合防治理论，奠定了我国小菜蛾研究在国际上的领先地位，显著提升了小菜蛾整体防控水平，为我国十字花科蔬菜和油菜的安全生产做出了重大贡献，在种群灾变规律、预测预警、抗性监测、抗性机制、抗性治理策略与技术体系等方面取得了创新性进展，成果整体达到国际领先水平。

项目名称：黄羽肉鸡营养需要与肉质改良营养技术研究

主要完成单位：广东省农业科学院动物科学研究所、广东温氏食品集团股份有限公司、广东新南都饲料科技有限公司、广东智威农业科技股份有限公司

获奖情况：2013年度广东省科学技术奖一等奖

该项目系统研究提出快大型、中速型和慢速型黄羽肉鸡以及快大型黄羽肉种母鸡营养需要量，提供营养需要技术参数370个；研究提出改善黄羽肉鸡肉质的营养改良技术3套和缓减运输应激对肉质不利影响的营养调控技术1套。研制开发出黄羽肉鸡优质、高效饲料添加剂、预混料等产品共13个，其中1个产品被评为国家重点新产品。项目获国家发明专利2件，出版著作2部，发表论文62篇，其中SCI收录9篇。项目研究提出的黄羽肉鸡营养需要与肉质改良营养技术和产品推广应用于70多家黄羽肉鸡饲料生产、养殖企业，直接用于生产黄羽肉鸡全价配合饲料累计1 000多万吨，应用单位实现经济效益累计达到18.1亿元，社会效益显著。

项目名称：南方谷物方便食品专用配料制备及品质改良关键技术研发

主要完成单位：广东省农业科学院蚕业与农产品加工研究所、华南理工大学

获奖情况：2013年度广东省科学技术奖一等奖

该项目针对南方米粉丝、广式月饼、谷物糊类、片类和代餐乳类等南方谷物方便食品营养单一、蛋白质缺乏、质量不稳、安全隐患突出等问题，突破大宗粮油加工副产物（米糠、花生粕、大豆粕）中难溶和变性蛋白的可溶化技术难题，解决全谷物中大分子物质难降解和完全糊化等技术瓶颈，研发系列高品质全谷物方便食品新产品，创建南方米粉丝加工专用大米原料标准，首创用复合植物淀粉作为专用天然增韧剂，发明两段糊化、变温干燥等米粉丝品质改良加工关键技术，研发广式月饼自动化工业化生产核心装备，大幅提高生产效率，率先研制低热量广式月饼新产品。获发明专利22件，实用新型专利8件；参与制定国家和行业（地方）标准4个；发表论文72篇，其中SCI收录20篇；研发新产品26个。核心技术在20余家企业推广应用，为南方谷物方便食品产业转型升级发展发挥了引领和示范作用。

项目名称：南方传统粮油食品品质改良关键

技术与新产品研发

主要完成单位：广东省农业科学院蚕业与农产品加工研究所、华南理工大学、深圳职业技术学院、广州酒家集团利口福食品有限公司等

获奖情况：2012—2013年度中华农业科技奖科学研究成果一等奖

该项目以产业中产品品质改良的关键加工技术和新装备研发为主线，重点突破制约全谷物方便早餐、米粉丝和广式月饼等传统粮油食品品质改良系列关键技术和装备的瓶颈，设计研发系列新产品，确定质量标准与安全控制技术体系，建立了南方传统粮油食品品质改良关键技术体系，在龙头企业进行了产业化生产与示范，对南方传统粮油食品业的技术装备升级和产品品质提升等发挥了重要作用。该成果获授权国家发明专利17件，发表学术论文62篇，其中SCI收录18篇，获绿色食品证书产品10个，国家地理标志保护产品1个，参与制定国家标准4个，新增产值64.4亿元。

项目名称：华南特色瓜类蔬菜新品种选育及产业化推广应用

主要完成单位：广东省农业科学院蔬菜研究所

获奖情况：2012—2013年度中华农业科技奖科学研究成果一等奖

该项目针对近年来华南地区特别是广东省内瓜类蔬菜作物生态环境恶化、品种相对单一及更新缓慢等状况，开展了华南特色瓜类蔬菜新品种选育至产业化推广应用整个链条的研究，综合研制形成华南特色瓜类抗逆性生态育种技术，创制出品质优良材料106份，耐热材料29份，耐寒材料25份，主侧蔓坐果株型材料10份，抗病材料23份，雌性系材料18份。获得国家发明专利授权4件。选育出“丰绿苦瓜”“黑优1号冬瓜”等13个通过品种审定的市场效益明显、各具生态特色的一代杂种，新品种推广53.78万公顷，年推广面积占广东省同种瓜类面积30%以上，社会经济效益明显，促进了华南地区瓜类品种的调整和升级。

【科学研究进展】

应用基础研究　在动植物功能基因组、转基因技术及蛋白质组学研究方面取得了一批重要发现。在国际上首次完成花生A基因组测序，结果表明野生花生基因组中70%的碱基序列是重复的，远远高出国际一致认为重复度低于50%的标准。在国际上首次对香蕉枯萎病24个营养亲和体类型及香蕉细菌性软腐病菌进行全基因组测序。开发了大量的柑橘、荔枝SNP标记并成功应用于杂种区分、资源鉴定、起源进化研究中。筛选到了鸡、水稻、香蕉、甘薯、茶树等一些重要经济性状的候选基因。培育出BMP15干涉转基因阳性猪15头。

农作物新品种选育　水稻育种持续保持优势地位，育成通过广东省审定的水稻品种25个，占全省同期审定水稻品种的58%，另有14个水稻品种通过湖南、福建等省品种审定。“天优3618”“天优华占”被农业部确认为超级稻品种，截至2013年年底，该院共有11个水稻品种通过农业部超级稻品种认定，占全省超级稻品种总数的86.4%、全国的10.9%。育成“金田8号”“粤研1号”2个辣椒品种通过国家农作物品种鉴定，育成“航花2号”和“航花3号”2个国内首批太空育种花生品种，选育出抗病（枯萎病）优良的香蕉品种“中蕉3号”，有12个兰花新品种登录英国皇家园艺学会。

农产品质量安全研究　完成国家农业行业标准及地方标准制修订项目16项，完成各级政府部门下达的监测、检测等任务共17项，赴省内外各地抽取样品2 413个，获取数据6.2万个，为农产品质量安全和政府监管提供科学依据。构建了以阻控重金属进入食物链为核心的农艺综合修复技术模式，并在珠江三角洲进行推广应用，为解决重金属污染区域农田土壤退化和农产品铅、镉超标问题提供技术支持。提升农产品质量安全检测技术，实现不同形态砷、汞同时定性定量检测，达到国际先进水平。研究出食用油中阿维菌素、伊维菌素和18种有机磷农药残留测定方法，填补了食用油中这些药物检测方法的空白。集成反酸田/酸性田土壤改良与产量提升技术，显著提高了反酸田/酸性田水稻产量。形成菜地氮磷面源污染控制技术，有效削减菜地土壤氮流失负荷、提升蔬菜对氮的利用效率。

动植物重大病虫害防控研究　牵头启动广

东省柑橘黄龙病综合防控重大技术研究，该研究创造性地采用无毒容器大苗技术，通过繁育无毒病苗，结合黄龙病综合防控技术，力争重振全省柑橘产业。建立香蕉细菌性软腐病菌分子快速检测方法及枯萎病、病毒病等重大病害多重检测技术。组建小菜蛾抗药性区域治理技术体系，在广东及国内其他菜区推广应用达20万公顷（其中广东8.8万公顷）。研发番茄黄化曲叶病综合防治技术，并在省内示范与推广2万公顷，防效达75%以上。研制出禽流感H7N9病毒和猪口蹄疫等一批抗体检测技术，动物疫病综合检测水平处于国内领先。建立猪场猪群抗体水平检测与预警、药物保健消毒及驱虫技术体系，制定出猪场生物安全关键技术规程，为生猪健康养殖提供技术支持。建立中国—东盟农业外来有害生物预警与防控平台，形成了一批高效、简化、快速的检测鉴定新技术。

现代高效种养与农产品深加工技术研究　水稻栽培技术在全省应用覆盖率超过75%，其中“水稻三控施肥技术”是国家主推技术，在省内应用面积为80万公顷。集成蔬菜养分综合高效管理技术，并在珠三角、粤西南的蔬菜主产区示范推广约5.33万公顷。集成提出茶树生态栽培模式及茶园主要病虫害的有效控制技术，减少化肥投入30%以上，达到国际先进水平。建立生猪肠道健康的无抗生素营养调控技术，为全面禁用抗生素的生态健康养殖提供了关键技术支撑。提出一批生猪、黄羽肉鸡、蛋鸭健康养殖饲养标准及关键技术规程。在果蔬、粮油、畜禽、水产、蚕桑资源等方面开展深加工技术研究和应用，促进全省农业产业链延长和农民增收。

农业经济与农村信息化研究　首次承担了广州市政府决策咨询课题“广州各产业对GDP的贡献率研究”。编著出版《广东现代农业产业发展报告2013》。进一步加强农业信息化研究，该院农业经济与农村发展研究所经农业部批准为首批全国农业农村信息化示范基地。开通“广东省农产品安全信息公共服务平台”和“安全农产品舆情监控信息系统”，建立了农业专业镇创新资源支持中心。编制的《广东省农村信息化行动计划（2013—2015年）》已由省政府办公厅发布。

【科技服务】

优良品种和先进技术推广　2013年，该院共有120个水稻品种（组合）在全省推广应用，种植面积约100万公顷，占全省水稻种植面积的50%以上，其中天优998、五优308成为超级稻的主打品种；粤晶丝苗、美香占等成为优质稻主栽品种。水稻“三控”施肥技术、华南双季超级稻强化栽培技术等水稻配套栽培技术在省内推广约120万公顷，覆盖率超过75%。黑优系列冬瓜、丰绿苦瓜、夏冠节瓜、农夫长茄等蔬菜新品种及相关栽培技术推广辐射面积达13.33万公顷，大部分品种成为广东省甚至华南地区蔬菜主栽品种。甜糯玉米、花生、甘薯、马铃薯等经济作物良种及配套生产技术推广应用面积约23.33万公顷，其中甘薯和花生品种省内种植覆盖率均超过50%。荔枝、龙眼等果树安全、优质、高效栽培技术在珠海、潮州、东莞、茂名、湛江等地进行综合试验示范推广，产量普遍增加20%以上。蚕桑新品种占两广地区市场份额达80%以上，新蚕药及蚕桑种养技术覆盖率超过40%。蚕桑资源及副产品加工技术、黑色食品加工技术等生产的产品在同类产品中的国内市场占有率超过70%。英红9号、鸿雁12号等茶叶新品种占全省新种植茶园面积的80%以上，使广东省茶树良种率水平达国内领先水平。岭南黄鸡连续第4年被列为农业部2013年主导品种，年供应种鸡360万套，可生产肉鸡4.3亿只，在全国市场占有率超过12%。饲料添加剂、预混料产品及相关技术用于470万吨饲料生产、1 150万头猪和1.1亿只禽的养殖，技术服务辐射全国12个省份。

院地合作与院企合作　2013年，该院先后与东莞市人民政府、阳春市人民政府、澄海区人民政府、内蒙古农牧科学院、内蒙古农业大学、广东杨氏南北鲜果有限公司签订了6份合作协议。与东莞市政府合作共建的东莞都市农业研究院已挂牌成立。打造饲料品质控制和科研开发两大服务体系，为全省100多家水产饲料企业提供科技服务；牵头组建广东现代农产品加工产业技术创新联盟。截至2013年年底，该院已与广州、梅州、揭阳、河源等11个市县政府签订科技合作协议，与东莞市政府共建东莞都市农业研究院，与河源市、仁化县、开平市3个国家现代农业示范区建立对接合作关系，与全省21个地市农科所签订农业科技战略合作协议。在全省100多个市县（区）建立试验、示范、服务基地（基点）420多个，与410多家龙头企业、农村合作社建立固定合作关系，并牵头发起8个省级产业技术联盟和3个省级行业协会。

农技服务与救灾复产 2013年，该院共派出科技人员1 500多人次，赴省内18个市25个县（区）开展冬春农业生产、“科技进步活动月”、技术推介、科技咨询、田间技术指导等系列活动，共推广新技术40项、新品种200多个，建立科研示范基地150个，科研示范面积达1.33万公顷，举办农技培训近500场次，受培训人数5万多人次。8月中旬，强台风“尤特”“潭美”和强降雨给全省农业生产造成了严重损失。该院积极参与农业救灾复产活动，组织水稻、蔬菜、果树、花生、蚕桑、花卉、畜牧、茶叶等产业专家编制灾后复产复种技术指南60项，累计派出专家72批243人次，分赴全省18个市近103个受灾点开展灾后复产技术指导与服务。

【科研平台建设】 2013年，该院整合科研院所优势资源，科研条件平台数量及类型进一步丰富。农业部南方蔬菜监督检验测试中心、农业部功能食品重点实验室、农业部作物基因资源与种质创制广东科学观测实验站、农业部家禽遗传育种重点实验室获立项建设。全年新增1个省级企业重点实验室（广东省杂交稻种业关键技术研发企业重点实验室）、1个省重点科研基地（广东省畜禽营养与饲料重点科研基地）和2个工程技术研究中心（广东省新型肥料与高效施肥工程技术研究中心、广州市杂交稻工程技术研究开发中心）。广东省旱地作物良种良法示范基地和甜玉米种子亲本提纯繁殖基地启动建设。联合穗港澳15家科研院所和企业共同组建的穗港澳宠物诊疗与健康协同创新中心正式启动。省部共建国家重点实验室培育基地—广东省农产品加工重点实验室、国家油料作物改良中心南方花生分中心等一批重点科研平台顺利通过验收。

【科技交流与合作】 2013年，该院共签署国际合作协议9份。作为秘书长所在单位，该院牵头整合华南地区主要农业科研机构和大学与东盟主要农业国家建设中国—东盟农业科技协作网。帮助哥斯达黎加建设中哥示范农场，双方商定于2014年与哥国地球大学及两国农业部签署四方农业科技合作谅解备忘录。

2013年，该院共组织30批66人次分赴美国、泰国等17个国家执行科技项目、开展学术交流活动等；邀请和接待了来自美国、加拿大等19个国家的69批219人次来访，其中包括汤加首相图伊瓦卡诺代表团、塞拉利昂执政党代表团和肯尼亚纳库鲁郡长代表团等高层政要；邀请来自美国加州大学、康奈尔大学等世界知名大学和研究机构的知名专家学者来院做学术报告或开展学术交流50多场次。

（广东省农业科学院　邹文平）

广东省工业技术研究院（广州有色金属研究院）

广东省工业技术研究院（广州有色金属研究院）是广东省工业领域的主体科研机构，是集科学研究、人才培养、产业发展和技术服务为一体的综合性科研单位。2013年，广东省工业技术研究院（以下简称“广东省工研院”）拥有职工1 359人，其中中国工程院院士1人，享受政府津贴46人，教授级高级工程师和高工415人，硕士和博士500人，具有中级职称以上科技人员占70%。建有科技创新及基础条件平台21个，其中国家级6个，省部级15个。设有矿产资源综合利用、现代表面工程技术、稀有金属提取冶金、甘蔗糖业科学与工程等国内领先优势学科和新型稀土材料、材料加工、焊接技术、粉体制备技术、高性能高分子复合材料、分析测试技术、生物育种与生物炼制、医疗器械等新兴学科，学科体系结构合理、特色鲜明。近年在各级主管部门的支持下，广东省工研院新组建机电工程研究所、化学工程研究所、中国—乌克兰巴顿焊接研究院、广东半导体照明产业技术研究院、粉体技术研究中心等研发机构。

广东省工研院利用自身的科技创新优势，

立足广东，面向全国，在国家重大资源的开发利用、社会经济发展、国防军工等方面发挥着积极的作用。2013年，广东省工研院实现综合收入10.45亿元，年利税0.66亿元。建有科技产业公司及控股、参股公司10个。直接开发的高新技术产品100多种，已形成规模化的科技产业群，部分新技术、新产品出口多个国家和地区。

【科研项目】 2013年，广东省工研院共实施科研项目488项，其中纵向科技计划项目345项、企业委托项目135项；新立纵向科技计划项目109项，其中，新立国家级项目26项，省级项目40项，市区级项目26项；当年科技投入2.83亿元。科研项目按计划进度推进，实施效果良好，科研人员的整体研究开发水平得到提高，全年项目执行率100%，计划完成率97.5%。

项目名称：矿产资源综合利用与安全监测科学问题

完成单位：广州有色金属研究院稀有金属分离与综合利用国家重点实验室、稀贵金属综合利用新技术国家重点实验室、低品位难处理黄金资源综合利用国家重点实验室等17家国家重点实验室

该项目属“973计划”前期研究专项，由依托广东省工研院的稀有金属分离与综合利用国家重点实验室主持，下设10个课题，项目研究了我国稀贵、稀散、重有色金属资源与二次资源和海洋硫化物、稠油资源，研究绿色分离与加工、资源化循环和综合利用及高效开采等科学问题，在技术理论和方法上取得了多项创新性成果，对我国资源高效清洁综合利用和安全生产提供坚实的技术基础。项目共申请国家专利43件，获得授权专利19件；发表学术论文104篇，其中国际学术论文12篇、国内92篇、SCI收录7篇、EI收录18篇；修编技术标准2部，编写专著2部，获得省部级奖励5项。项目全面完成计划任务和目标，于2013年6月14日通过了科技部组织的验收。

项目名称：铝熔体净化、晶粒细化产业共性技术研究及在工业铝材上的应用

完成单位：广东省工研院、上海交通大学、东北大学、中山市金胜铝业有限公司

该项目属广东省重大科技专项资金项目，针对高端工业铝材生产的需要，采取产学研合作方式，研究开发具有自主知识产权、经济实用的铝熔体透气砖底吹流槽式在线除气技术、电磁过滤技术、高品质Al-5Ti-1B合金丝细化剂及其短流程连续铸挤成形技术。项目研究成果突破了铝加工产业链中的铝熔体净化和晶粒细化两大产业关键共性技术，实现了对铝熔体进行高效除气及其在线深度过滤除杂；开发的晶粒细化剂具有细化效果好且稳定等优点，总体技术达到国际先进水平，通过建设示范应用生产线，实现技术和装备在高端工业铝材生产上的集成应用。该技术已广泛应用于高品质工业铝型材、铝板带和铝箔生产中，替代进口产品，大幅度地提高了铝材产品的质量和生产效率，对于推动铝加工产业的转型升级和技术进步具有十分重要的意义。

【科研产出】 2013年，广东省工研院共有13项科研成果进行了鉴定，46项科研项目通过验收；申请专利108件，其中发明专利87件、实用新型专利18件；获授权专利69件，其中发明专利34件、实用新型专利15件；申请软件著作权3件，获得软件著作权4件；共制修订标准66项，其中国家标准29项、行业标准37项；发表论文380篇，其中中文核心期刊论文165篇，EI、SCI收录的共53篇，国际会议30篇，国内会议35篇。2013年共有25项科研成果获得国家、省、市、行业等的奖励，其中广东省科学技术奖一等奖1项、三等奖4项，广州市专利优秀奖2项，广州市专利贡献奖1项，中国有色金属工业协会科学技术奖一等奖4项、二等奖4项、三等奖2项，陕西省科学技术一等奖1项，云南省科学技术二等奖1项，韶关市科学技术一等奖1项，广东省农业技术推广三等奖1项，其他农业类奖项3项。

截至2013年年底，广东省工研院累计取得各类科研成果1 000多项，其中国家级奖励100多项，省部级奖励600多项，近10年获得国家科技进步奖二等奖6项。累计获授权专利187件，其中发明专利131件，实用新型专利54件，软件版权2件。2013年该院共制定标准55项，其中国家标准29项、行业标准26项。

表3-4-4-1 广东省工业技术研究院（广州有色金属研究院）获奖重要成果一览表（2013年度）

序号	项目名称	获奖情况
1	复杂难选钼钨类质同象白钨矿选矿新技术	中国有色金属工业协会科学技术一等奖
2	超大型低品位贵金属共伴生矿综合回收关键技术研究及产业化	中国有色金属工业协会科学技术一等奖
3	铝加工业节能降耗及三废资源化关键技术开发与示范	中国有色金属工业协会科学技术二等奖
4	复杂稀土矿物及新型稀土材料分析技术与评价	中国有色金属工业协会科学技术二等奖
5	面向高端多层片式陶瓷电容（MLCC）纳米氧化钇的制备新技术	中国有色金属工业协会科学技术二等奖
6	粤糖03-393等配套栽培技术示范推广	全国农牧渔业丰收推广二等奖
7	粤糖系列甘蔗新品种营养调控关键技术与示范	中国轻工业联合会科技进步二等奖

项目名称：复杂难选钼钨类质同象白钨矿选矿新技术

获奖情况：中国有色金属工业协会科学技术一等奖

完成单位：广州有色金属研究院、青阳县百丈岩矿业有限公司

主要完成人：邱显扬、周晓彤、卢耀初、徐锃、邓丽红、施平刚、付广钦、刘瑞林等

该项目技术解决了伴生有磁黄铁矿的低品位钼钨类质同象白钨矿的浮选技术难题，使该类钨资源成为可利用资源。该技术成功应用于安徽省青阳县百丈岩钼钨矿，建成1 500吨/日规模选矿厂，生产指标稳定，实际回收率达75%以上。2011年1月—2013年8月，新增销售额16 075.16万元，新增利税10 020.15万元。该成果属国内外首创，整体技术达到国际先进水平。

项目名称：超大型低品位贵金属共伴生矿综合回收关键技术研究及产业化

获奖情况：中国有色金属工业协会科学技术一等奖

完成单位：广州有色金属研究院、云南黄金矿业集团股份有限公司

主要完成人：邱显扬、符德贵、汤玉和、蒲恩彬、叶富兴、高起方、刘志斌、杨德生等

该项目技术实现了金、银、铁回收指标大幅度提高，整体技术达到国际领先水平。该技术成功应用于云南省鹤庆北衙矿业有限公司180万吨/年选厂，每年新增销售收入21 478.72万元，每年新增利润15 564.88万元，上缴税费4 567.88万元，经济和社会效益显著。

【**科技服务**】 2013年，广东省工研院主要围绕资源与环境、材料与化工、先进制造、电子信息、生物技术、产业服务等六大研究领域开展科技服务工作。实施科技报务项目130项，科技服务范围遍及全国，并逐步走向国外，在资源综合利用、材料等优势专业领域国际影响力逐渐增大，如由广东省工研院资源综合利用研究所完成的项目“莫桑比克石墨钒选矿技术研究”。

莫桑比克石墨钒矿经国外几家科研机构研究均认为该矿石墨嵌布粒度极细，钒矿物种类较多，赋存状态复杂难选，石墨精矿品位极难提高，钒不可有效富集。广东省工研院项目组提出了采用闪速浮选及高梯度磁选回收石墨和钒的选矿工艺流程，实现了石墨精矿品位达到95%，回收率为96%。高梯度磁选的磁性精矿V2O5品位达到5.11%，回收率达到57.15%。磁选尾矿再磨脱泥后可获得V2O5品位为2.11%钒精矿，钒的总回收率达到92%。得到委托方的好评和认可，该选矿技术达世界领先水平。

【**科研平台建设**】 2013年，广东省工研院进一步加强科技创新平台建设，中国—乌克兰巴顿焊接研究院、广东半导体照明产业技术研究院、稀有金属分离与综合利用国家重点实验室等重大

科技创新平台建设工作已取得重要进展。中国—乌克兰巴顿焊接研究院已建成现代焊接装备与工艺、先进焊接材料、现代表面工程技术、激光与等离子加工、生物组织焊接技术等5个实验室；广东半导体照明产业技术研究院已完成主要设备采购。广东省稀土开发及应用重点实验室、广州市金属材料成型与加工工程技术研究中心、广东省金属材料综合利用检测与评价中心、激光加工技术国际合作研究中心等平台建成并通过了主管部门组织的验收。并完成了广东省现代焊接技术重点实验室的组织架构建设，成立了学术委员会。广东省矿产资源综合利用重点实验室、广东省现代焊接技术重点实验室、广东省稀土开发及应用重点实验室、广东省现代表面工程技术重点实验室均获得省科技厅再建设支持，实验室研究和运行水平获得提升。

稀有金属分离与综合利用国家重点实验室依托广东省工研院建设。经过3年的努力，于2013年年底全面完成建设任务。该实验室主要目标是围绕稀有金属主体资源、伴生资源和再生资源的开发和综合利用，开展基础理论、应用基础理论和工程化研究，攻克稀有金属资源开发利用的共性关键技术，提高我国稀有金属资源的综合利用率和循环利用率。主要研究方向有：稀有金属综合回收理论与共性关键技术研究、共生难选稀有金属矿的综合回收研究、稀有金属低品位、复杂矿的无污染冶金工艺研究、稀有金属二次资源再生利用及稀有金属废水、废渣和废气的治理与资源化研究。建设期内累计引进高端科研人员7人，培养研究生24人；承担省部级以上纵向项目50项、横向项目147项；完成各类科研项目143项，获得科研经费8 293万元；累计提供创新型成果25项，科技成果转化产品产值达2.32亿元；累计申请专利37件，授权专利15件，出版学术论著4部，发表论文107篇；获得国家科技进步奖二等奖1项，中国有色金属工业协会科技进步奖一等奖4项、二等奖5项、三等奖3项，已向科技部申请验收。

【科技交流与合作】 2013年，广东省工研院参加了北京国际科技产业博览会、泛珠三角区域经贸合作洽谈会、广东省珠江三角洲地区与山区及东西两翼经济技术合作洽谈会、广州国际创新博览会、广东揭阳科技展等展览会，进一步加强了与地方的沟通联系及成果推广工作，推动广东省工研院与珠三角及东西两翼地区产业的结合与成果应用。组织参加了由内蒙古自治区人民政府、广东省人民政府联合举办的“内蒙古·广东科技合作活动周”，作为广东省主体科研机构参与科技周系列活动，与内蒙古自治区相关政府部门、企业、高校和科研单位广泛接洽，先后与鄂尔多斯市政府、包头稀土研究院、内蒙古冶金研究院、内蒙古科技大学、内蒙古工业大学签署了多项合作协议。

广东省工研院积极开展与外界的学术及科研交流活动，组织20人代表团参加了中俄新材料会议，刘敏作的核聚变应用涂层的大会报告引起广泛关注。邀请多名院士和科技领军人物来广东省工研院进行学术交流，取得良好效果。

在国际合作与交流方面，广东省工研积极推进与乌克兰巴顿焊接研究所、德国弗劳恩霍夫协会、英国伯明翰大学、法国贝尔福—蒙博里亚科技大学等国外知名研究与大学的合作与交流，在与乌克兰巴顿焊接研究所前期形成的合作交流机制基础上，进一步加强沟通，磨合完善、互信交流，逐步呈现和谐顺畅的交流局面。

（广东省工业技术研究院　王　翔）

深圳光启高等理工研究院

深圳光启高等理工研究院（以下简称“光启”）是以超材料创新技术为代表进行一系列源头创新科技研发和产业化的国际化新型创新机构。光启研究院充分融合电子信息领域、生物光子领域、数理统计领域等学科的各种先进技术，形成具有高度学科交叉与突破性创新的研究风格，建立了超材料超级计算设计、超材料关键工艺制备和超材料先进测试的技术体系。所研发的原创性世界尖端科技在航空航天、无线互联、智慧园区等领域产生重大影响和应用，在相关领域引领世界科技发展。

2013年，在广东省人民政府和深圳市人民政府的大力支持下，具有超材料技术领域世界一流水平和国际领先技术优势的光启研究院，结合自身特点，积极开展技术创新，引进优秀人才，不断提高团队的综合能力和国际竞争力；同时，加强与产业链上下游企业的合作，大力推进超材料产业化的进程。

经过近4年的发展，光启团队已经达到近300人的规模，其中包括引进海外创新创业团队3个，包括新材料、电子信息、微波射频等学科大量海内外高层次人才，极大加速了超材料的研发进度和产业化进程。同时，光启还引入富有产业化经验的产业人才共同加速超材料的研发和产业化进程。另一方面，光启率先在全球推动超材料技术的大规模商用化，并在底层核心知识产权覆盖上具有绝对控制权。

【科研项目】 截至2013年12月，光启先后承担了国家首个超材料领域“863计划”项目“超材料及其相关器件关键技术研发”子课题“超材料空间调制技术研究与产业化”、国家发改委2013年新材料研发与产业化专项、广东省重大产业技术攻关项目、广东省自然科学基金、深圳市民生计划、重点项目、重大产业技术攻关计划等40多个国家、省、市级重大科研项目。

超材料空间调制技术研究与产业化 该项目通过对超材料空间调制技术的理论研究，突破超材料和相关器件设计、制备、测试等关键技术瓶颈，构建高水平超材料设计、制造、测试平台，开发出具有自主知识产权、高性能的超材料器件和系统，推动相关应用基础研究到应用技术及产业化，促进具有独特应用模式的超材料产业的快速发展。

新型多制式小型化融合天线关键材料及核心技术研发与产业化 该项目为发改委新材料专项，项目利用超材料对电磁波具有电磁调制、能流控制、波束赋形、介电放大等的作用，突破多制式（2G、3G、4G）融合基站天线研发与产业化核心关键技术，搭建超材料及相关产品检测平台，实现年产100万平方米的超材料生产能力，完成5 000套新型多制式融合天线的应用示范。

【科研产出】 2013年，光启通过对包括超材料在内的源头创新科技的科研及产业化，取得了一系列的科研成果。包括超材料平板卫星天线，已经在22个省市进行了试点，参与了广电总局“户户通”工程在内蒙古、天津等地的项目应用。超材料迷你射频滤波器已与瑞典爱立信公司总部签订定制化超材料射频滤波器的商用开发合同，宣布进入产业化阶段。以超材料高性能小天线为技术特色的超级WiFi无线互联解决方案，已经成功完成了多个产业化项目，包括深圳会展中心、深圳低碳城、东莞松山湖、深圳软件产业基地、中洲国际迅美科技广场楼宇智能化、前海管理局等的WiFi覆盖项目。由光启提供全套解决方案的深圳地铁WiFi覆盖项目，也已经进入试运行阶段。

在智能光子技术产业化方面，光子认证解决方案，已经在包括深圳软件产业基地、中投国际商业大厦等项目中取得应用。光子覆盖解决方案也在某保密会议室成功应用。

截至2013年年底，光启申请国内外专利总数1 106件，其中已授权的有228件。光启实施知识产权战略，实现对超材料领域基础性、原理性专利的快速覆盖，持续提升我国在超材料技术及相关战略性新兴产业的话语权。

【产学研合作】 2013年11月，光启在第15届高交会上发布了基于智能手机完成的光子支付的解决方案，该方案无需对SIM卡、SD卡及现有手机硬件进行任何改造，能够有效防止电磁捕获及干扰，具有高安全性和使用便捷性。10月，光启与深圳银联网络公司在光子支付领域达成了战略合作协议。同月，光启与瑞典爱立信公司斯德哥尔摩总部签署商用合同，共同在全球范围内推动超材料技术的射频滤波器商用。

光启研发的超材料迷你射频滤波器和超材料超薄平板卫星天线荣获“2013CITE创新产品与应用金奖”和2013年第15届中国国际高新技术成果交易会“优秀产品奖”。

【科研平台建设】 光启作为深圳市支撑性基础研究机构，在建1个国家重点实验室——超材料电磁调制技术国家重点实验室，1个广东省工程实验室，1个广东省重点实验室，6个深圳市工程实验室及6个深圳市重点实验室。这些实验室将为该工程实验室的建设提供必要的软件和硬件支持，从而大力推进工程实验室建设进程，提升自主创新能力。光启还获批成立了全国首个专注于超材料研发与产业化的企业博士后工作站，为深圳市3个具备独立招生资格的企业博士后工作站之一，为超材料领域培养高层次专业人才。为了加快产业化进程，2013年7月，光启首条超材料生产中试线在深圳建成投产。11月，由光启作为发起单位和秘书处的全国电磁超材料技术及制品标准化技术委员会获批在深圳成立，为统筹电磁超材料上下游产业的发展导向，促进市场迅速健康、稳健的发展提供重要支撑。

【科技交流与合作】 光启积极对外开展各类交流与合作。2013年4月，刘若鹏参加北京西苑论坛，作“工业级超材料技术的创建与发展”主题演讲。6月，刘若鹏参加广东省科协组织的科普讲座，作有关超材料技术的主题报告。11月14日，国家“863计划”项目“超材料及其相关器件关键技术研发”主题项目学术交流会在光启召开。11月22日，“超材料电磁调制技术国家重点实验室”学术委员会第2次会议召开。季春霖参与了中电科集团超材料论坛和公安部技侦手段信息技术应用发展战略学术研讨会，作“超材料创新技术的发展与应用”演讲。赵治亚参加中国功能材料及应用学术会议，与中国科协、中国科学院、国家自然科学基金委员会等进行学术交流。

为了给公众尤其是青少年提供一个初步认识和了解超材料学科、技术及产业化的平台，培养青少年科学意识，普及科技知识，提升民众科技素养，光启超材料电磁调制技术国家重点实验室于5月26日举办“公众开放日”活动。该活动通过组织市民和青少年观看科普展板、视频、报告等方式，全方位地向社会展示了实验室在学科建设、人才培养、仪器设备、科研成果等方面的内容，取得了良好的社会效应。

（深圳光启高等理工研究院　安思凝）

科技服务体系建设

广东处于加快转变经济发展方式、提升产业竞争力和自主创新能力的关键时期，省科技厅认真贯彻落实党的十八大精神，积极配合推动全省科技行政体制改革，下放和转移科技业务审批权限，努力营造技术市场良好发展环境，积极推动科技服务业发展壮大。

2013年4月，《2013年促进科技服务业发展计划项目申报指南》面向社会公布，在现代科技服务产品超市、创新创业服务基地培育、科技服务机构与平台建设、科技服务业共性技术研发4个专题实施一批科技计划项目，攻克一批支撑科技服务业发展的关键共性技术，建设一批科技服务机构和平台，扶持一批创新创业服务基地，打造现代科技服务产品超市。

科技服务机构及平台

2013年纳入广东省科技服务业统计范围的科技服务机构总数达到1 640家，从业人员达262 426人，收入合计1 598亿元，累计发表科技论文17 509篇，承担各级政府项目10 548项。

【科技服务机构】

深圳市南山区科技创业服务中心 深圳市南山区科技创业服务中心（以下简称“科创中心”）成立于1999年9月，由南山区人民政府主办，是深圳市首批国家级孵化器之一。科创中心涵盖了创业服务、投融资服务、平台服务、综合服务、创新发展理论研究五大服务职能。近年来，科创中心通过加强投融资服务、园区拓展、创业服务、公共技术平台、国际合作、理论研究等服务体系建设，为科技企业的创立和发展、科技成果产业化等提供全方位的创新创业服务；科创中心在实践中探索形成了服务机构准入制、服务对象开放制、连锁服务网络化、专业服务系列化、特色服务品牌化的“两制三化”服务模式，为南山区实施创新驱动发展战略、构筑区域创新体系、建设核心技术自主创新先行区提供服务支撑。

截至2013年年底，科创中心已有孵化基地16个，孵化面积超过110万平方米，在孵企业1 000余家，培育出大批科技龙头企业，其中上市和拟上市企业超过60家。中心打造了“接触”沙龙、“创业之星”大赛等服务品牌；推出了“孵化贷”“成长贷”“研发贷”“知识产权质押”等科技金融产品；建成南山创新资源共享服务平台；搭建了中芬金桥创新中心（深圳）联合办公室、深港青年创新创业基地等交流合作平台。

2013年4月，省科技厅在深圳市南山区召开全省科技服务超市建设现场会，组织编写了《广东科技服务超市研究报告》，总结交流和宣传推广南山区科技创业服务中心等科技服务机构的优秀经验和做法。

广州广电计量检测股份有限公司 广州广电计量检测股份有限公司（GRGT）是原国家信息产业部军工电子602计量测试站，经2002年改制形成的一家计量检测技术服务专业机构，GRGT总部位于广州，已在深圳、北京、上海等全国各地城市建有30多个分公司、服务工作站和合作实验室，并在广州、天津、长沙、无锡、郑州建有5个综合型实验室基地，构成了全国性技术服务保障和营销服务网络，为各类企业提供便捷服务。GRGT通过国家实验室（CNAS）、国防实验室（DILAC）和总装军用实验室认可，并通过中国计量认证（CMA），是中国CB实验室，建立企业计量最高标准80多项，通过CNAS、DILAC认可项目699项。GRGT提供的计量检测服务主要包括：为各个行业提供仪器计量校准、产品环境与可靠性测试、电磁兼容检测、产品安全检测、化学分析、环境监测、食品检测、产品认证、高端仪器设备维修、国家职业资格技能鉴定等一站式服务。近年来，GRGT以平均每年超过40%的增长率快速发展，每年为超过5 000家企业进行技术服务，2013年收入超过2亿元，利润总额超过3 000万元。

【生产力促进机构】 2013年，省科技厅加快完善生产力促进中心体系建设，推动基层生产力机构服务区域经济。生产力促进中心充分发挥全省网络化组织的功能，通过建立公共服务平台，规范机构管理，创新服务理念，不断提升服务能力和服务水平，为全省中小微企业提供了多层次、多元化的科技服务支撑。11月，省科技厅组织开展2013年度全省生产力促进中心统计工作。

全省生产力促进中心主要形成了综合性、行业性和专业性3种机构类型。一是综合性生产力中心，为企业创新发展提供全方位的服务，如广东省生产力促进中心等，截至2013年年底，全省共有综合性生产力促进中心85家。二是依靠自身的科技资源和行业技术优势构建的行业生产力促进中心，如工业与日用电器生产力促进中心。三是专业性生产力促进中心，如古镇镇生产力促进中心等，专注于提升本省专业镇中小微企业的技术创新能力，推动产业集群优化升级；省科技厅在中山、佛山等产业集中度高、创新环境较好的地市共建设了23个专业性生产力促进中心。

截至2013年年底，全省共有省市县及行业生产力促进中心130家，其中国家级示范中心7家，省级示范中心16家，另有4家中心入选广东省科技服务业百强企业（机构），1家中心被认定为广东省科技服务业发展示范基地。此外，2013年，广东省生产力促进中心积极参与组建区域产业支援联盟及科技服务联盟，形成了省市联动、行业互动的良好发展局面，成为带动当地产业转型与创新发展的生力军，为促进地方产业转型升级和经济发展做出了重要贡献。

【科技公共服务平台】 省科技厅继续实施专业镇中小微企业服务平台建设专项，加大力度在专业镇支持建设一批生产力促进中心及工业设计、知识产权、人才培训、创业孵化等服务平台。中山古镇灯饰产业公共服务平台、东莞电子科技大学电子信息工程研究院中小微企业服务中心、西樵纺织专业镇生产力促进中心等一批服务功能完善、服务覆盖范围广的中小微企业服务平台，在促进产业转型升级当中发挥了十分重要的带动和促进作用。

中山古镇灯饰产业公共服务平台（以下简称“服务平台”）由中山古镇生产力促进中心建设运营，服务平台定位为推动灯饰产业优化升级的非盈利性的科技服务实体及产业综合平台，下设立科技创新、中小企业服务、知识产权服务、创业孵化服务、品牌推广服务五大功能中心；建有中山大学（古镇）半导体照明技术研究中心、中山市（古镇）知识产权展示交易中心、国家灯具质量监督检验中心（中山）半导体照明检测实验室等26个服务实体；为中小企业提供了技术合作攻关、新产品送检、质量检测认证、仪器设备计量、出口检验、技术标准咨询、专利和版权申请及维权、知识产权展示交易等服务。

其中，与中山大学共同投资、以市场化运作的中山大学（古镇）半导体照明技术研究中心，根据国内外市场以及古镇在半导体照明技术领域的发展需求，全面开展光学、结构、驱动控制、照明系统设计及咨询、验证、人才培训等业务。2013年，该中心已组建包括常驻人员12人、兼职开发人员4人的专业技术团队，逐步与镇内企业达成LED及光学方面的研发项目。

国家灯具质量监督检验中心（中山）半导体照明检测实验室2013年为600多家企业提供检测服务，制定3 000多份质检和计量报告及证书，服务范围拓展到广州、东莞、深圳、佛山等城市，检测能力已覆盖照明行业产品的95%以上，通过认证认可的产品119种，涉及国内国际标准共263个。

中山市（古镇）知识产权展示交易中心以非营利性公益机构模式建立，为专利技术供需各方，尤其是非职务发明人和中小企业及中小投资人等提供一个诚信、低成本的常设展示交易场所，以及相应的一系列相关服务，形成专利技术项目展示、交易、咨询、评估、融资、培训、孵化的公共服务体系。截至2013年年底，中心已引入专利项目近400项，其中包括中山职业技术学院及其他高校学业专利产品300多项及企业专利产品50多项。

【创新创业服务基地】 2013年，省科技厅在全省高新区、科技产业园、产业转移园、民科园等园区规划建设创新创业服务中心及服务基地。打造了清华科技园广州创新基地等一批以市场化运作为基础，推广应用成功商业模式、服务品牌效应突出的创新创业服务基地，成为依托科技创新推进地方经济发展的新增长点。

清华科技园广州创新基地位于广州市番禺区，占地86.67公顷，总建筑面积84万平方米，是清华科技园在国内最大的分园之一。广州创新基地提供的服务内容主要包括：物业服务、产学研合作服务、创业孵化服务、投融资服务、科技成果转化服务、创新人才培育、知识产权服务及配套服务等。基地通过与清华大学信息技术研究院合作，建立了清华大学信息技术研究院华南成果转化基地；与深圳清华大学研究院建立产学研合作，引进深圳清华大学研究院的成果开展孵化和合作；是广东省、广州市与清华大学“省校”“市校”产学研合作的承载平台。基地推行“专业孵化+创业导师+天使投资”的孵化模式，建立“苗圃+孵化+加速”的全孵化体系，提供标准化、规范化、专业化的企业孵化服务。

基地自2010年运营以来，一批海外上市公司、国内准上市公司等高新技术类企业，以及清华大学院系、科研及教育等机构相继进驻。截至2013年年底，园区已建成12万平方米物业，包括孵化器、研发楼、专家办公楼、公寓和综合配套楼，租售率超过50%，园区已入驻企业40家，主要为IT、新材料、生物等领域高科技企业，企业员工近千人，年均服务企业次数为1500项次。入驻企业获高新技术企业认定5家，共拥有发明专利14项，著作权40项，承担国家级科技计划项目6项。

（广东省科学技术厅科技服务与管理处 严军华）

技术转移与技术市场

【技术转移机构】 2013年，广东省大力支持技术转移机构能力建设，扶持国家技术转移示范机构发展，扩大国家技术转移示范机构的示范效应和规模效应。截至2013年年底，全省共有被科技部批准的国家技术转移示范机构26家，共获得财政支持资金35 189万元，其中地方资金17 004万元。2013年，全省国家技术转移示范机构共促成技术转移项目7 935项，成交金额125亿元，其中战略性新兴产业技术转移项目3 093项，成交金额66亿元；组织技术交易活动1 434次，服务企业42 549家，解决企业需求10 696项。广东省除支持技术转移机构开展技术转移活动，还鼓励各单位开展技术转移相关培训，推动技术转移工作发展，全年国家技术转移示范机构共组织技术转移培训12 190人次。

【技术合同登记】 为落实《国务院关于同意广东省“十二五”时期深化行政审批制度改革先行先试的批复》精神，营造技术市场健康发展环境，广东省将技术合同认定审核权限从2013年起下放到地级以上市科技行政管理部门，此举大大方便了企业，提高了办事效率，增加了技术市场活力。2013年，全省共认定登记技术合同20 268项，合同成交总金额535.68亿元，同比增长44.9%，其中技术交易额514.51亿元，比上年同期大幅增长61.5%。

【科技会展】 2013年，省科技厅充分发动本省优势特色产业领域的关键技术、重点产品及企业参展，全年共组织78家单位120多个项目参加北京科博会、东盟博览会、西博会、杨凌农高会等8个由政府举办的大型科技展会。新增参加深圳文博会、赤峰农博会，有针对性地拓宽了科技文化产业、农业科技产业的会展渠道，会展服务覆盖的行业领域和合作区域进一步扩大。会展组织工作得到展会主办方及参展企业各方的一致好评，分别在北京科博会、东盟博览会、杨凌农高会获得“优秀展示”“优秀组织”“优秀参展项目”等荣誉奖项。

【经贸洽谈】 2013年，按照省政府要求，省科技厅组织科技分团参加泛珠洽谈会，与广东省经贸代表团一道赴广西、湖南两省区开展经贸洽谈活动。科技分团完成了第8届泛珠洽谈会签约项目的履约情况跟踪和新签约项目的申报工作。其中，第8届泛珠洽谈会合作项目总金额6 777万元，已全部按进度履约，履约到位总金额1 733.6万元；新增签约项目金额873万元。

（广东省科学技术厅科技服务与管理处 周 彧 严军华）

科 技 评 估

2013年，广东省技术经济研究发展中心（以下简称“省技经中心”）加强科技项目评估工作的规范化建设，完善各类项目评估程序及评价方法，以适应社会经济不断发展对科技评估工作的新要求，确保科技评估工作的公开、公正、公平和评价结果的安全性、高效率、高质量。

【科技项目管理】

项目评审与咨询 2013年，省技经中心完成2013年度广东省科技计划项目网上评审工作，涉及工业攻关领域、社会发展领域、产学研合作、农业领域、科技服务管理、国际合作、软科学研究七大专题，评审项目约7 786项，设置约280个评审组别，邀请评审专家超1 400人次。完成了2013年广东省战略性新兴产业项目（核心技术攻关项目、LED产业项目两个专项）的评审组织工作，其中，核心技术攻关项目受理834项，经形式审查和书面评审后，对其中163个项目进行了考察与答辩；LED产业项目受理121项，对其中73个项目进行了考察及答辩。完成了2013年度产学研合作重大成果转化、高水平产学研合作研究院、院士工作站、省院重点项目等专题约279个项目的答辩论证，以及产学研合作重大专项34个项目的现场考察工作，共计邀请评审专家超183人次。完成了2013年度广东省“重大新药创制”重大专项的网评及答辩考察工作，其中网上评审151项，答辩会议与现场考察共计89项。完成了2013年度广东省“数控一代”机械产品创新应用示范工程专项的网评及答辩考察工作，其中网上评审197项，集中会议答辩145项。协助省科技厅完成了2014年度的国家重点新产品和火炬计划的组织评审与上报工作，其中重点新产品项目评审170项，火炬计划评审65项目。完成国家“863计划”、科技支撑计划2014年备选项目评审共计45项。承担了2013年省粤港共性技术招投标工作以及佛山市重大科技项目海内外招标代理工作，承接了东莞、佛山等地市科技项目、专利及引进科技人才等多种类别的评估咨询工作，如2013年东莞市医疗卫生科技计划一般项目、东莞市第3批引进创新创业领军人才、2013年佛山市医学类科技攻关项目、2013年佛山市禅城区产学研专项资金项目、2013年佛山市禅城区科技开发专项资金项目、2013年佛山市禅城区专利技术实施计划项目、佛山市禅城区第6届专利奖项目等。

政务服务 2013年，省技经中心继续为科技管理部门提供优质的政务服务，全年在促进科技管理体系改革方面提供服务超过8项（次）。配合省科技厅科技管理业务改革，起草《广东省科技计划项目立项评审管理细则》《广东省科技计划项目合同书管理细则》《广东省科技计划项目验收结题管理实施细则》《广东省科技计划信用管理暂行办法》《广东省科技咨询专家库工作手册》《广东省科技咨询专家管理办法》等规范性文件。年中，省科技厅提出“分权制衡、功能优化、流程再造、公开透明”的改革思路，对业务管理体系进行重大改革调整，省技经中心向省科技厅提出《广东省科技项目评审管理改革建议方案》，省科技厅肯定了此报告对促进目前厅科技业务管理体系改革较大的实操性和现实意义，并将《广东省科技项目评审管理改革建议方案》作为科技业务和经费管理系列专题调研报告之一呈递省厅各领导及有关处室传阅。

专家库管理 2013年，省技经中心参与广东省科技咨询专家库日常管理与维护工作。作为广东省科技咨询专家库日常管理机构之一，省技经中心担负起专家选拔、考核、监督及维护等具体工作。为了完善科技咨询专家库管理工作，专门到湖南、湖北两省科技管理部门进行调研考察、全社会征集科技人员入库，不断拓展专家资源，扩大专家库规模、建立专家信息更新机制，全年扩增专家入库达2 000多人；配合专家库技术支撑单位，根据广东省科技特点，提出使用灵活的专家专业分类标准，使选取的专家应更加准确和全面，解决专家抽选难的问题；开展对专家信用评价体系的研究。

【理论研究与交流】 2013年，省技经中心加强对科技评估工作的理论研究，积极探索科技评估的方法、指标体系等，根据各类评审工作中的政策要求，与相关科技主管部门进行沟通，分别制定指标体系。“广东省科技信用评价指标体系及模型构造研究”“广东省科技专家库内容建设”“广东省自主创新100强企业认定考核管理研究”和“科技项目评估平台建设”4个课题被列入2013年省科技计划。对广东省专家库应用情况研究的相关成果《广东科技咨询专家库资源的应用状况和提升完善的探讨及建议》论文发表在2013年《科技信息》第2期。

（广东省技术经济研究发展中心）

研究、开发及科技成果产业化

基础性研究

2013年，广东新增两院院士4名，国家“973计划”（含国家重大科学研究计划）首席科学家8人，新增国家自然科学杰青基金获得者10人，获得国家自然科学基金经费超过14亿元。广东大亚湾中微子实验室发现新的中微子振荡模式与华南理工大学曹镛院士、吴宏滨教授研究组成果“发现利用倒置结构可提高聚合物太阳能电池的能量转换效率”入选2012年度“中国科学十大进展”。

国家自然科学基金委员会—广东省人民政府自然科学联合基金

【项目申报与资助情况】 2013年，国家自然科学基金委员会—广东省人民政府自然科学联合基金（以下简称“NSFC—广东联合基金”）受理项目195项，其中重点项目142项、面上项目53项。该批申请项目共有88个依托单位申请，分布在20个省市自治区。共资助32个项目，其中重点项目29个，面上项目3个。重点项目资助强度约为260万元，其中广东牵头24项，广东牵头与外地合作11项，省外牵头与广东合作7项。

2013年NSFC—广东联合基金项目吸引了更多省外优秀科研单位与科学家参与，包括北京大学、中国科学院、上海交通大学、中国科学技术大学苏州研究院、香港科技大学深圳研究院等参与到NSFC—广东联合基金项目来。经过两期合作努力，NSFC—广东联合基金迄今已发展成为国家与地方合作开展基础研究的“品牌基金”，国家自然科学基金委参照NSFC—广东联合基金模式先后成立了NSFC—云南联合基金、NSFC—河南联合基金、NSFC—新疆联合基金、NSFC—福建联合基金与NSFC—山东海洋科学研究中心联合资助项目。

表4-1-1-1 NSFC—广东联合基金资助项目情况表（2009—2013）

年份	立项总数（项）	由广东牵头的项目				由外地牵头的项目			
		立项数（项）	占立项总数（%）	与外地合作项目数（项）	占广东牵头项目数（%）	立项数（项）	占立项总数（%）	与广东合作项目数（项）	占外地牵头项目数（%）
2009	28	21	75.0	12	57.1	7	25.0	6	85.7
2010	25	15	60.0	5	33.3	10	40.0	8	80.0
2011	31	24	77.4	13	41.9	7	22.6	5	71.4
2012	32	28	87.5	18	57.1	4	12.2	3	75.0
2013	32	24	75.0	11	45.8	8	25.0	7	87.5

【项目选介】

水稻—稻田环境系统重要信息的快速获取与解析研究　该项目是华南农业大学承担的NSFC—广东联合基金重点项目。项目以水稻生产过程为研究对象，针对传统检测方法覆盖面小、工作效率低且成本高等问题，主要研究水稻—稻田环境系统重要信息的快速获取和解析方法，实现了以下研究目标：成功研究出稻田水层高度及土壤含水量、甲烷排放等信息的快速获取方法以及无线传感器网络系统；以所测得的传感器信息与实际环境系统信息之间的相关关系为基础，建立了基于光谱检测技术的水稻主要病虫害、水稻苗情长势以及产量估测等信息的定量解析模型及水稻产量的估测模型；提出了对水稻—稻田环境系统重要信息进行实时、快速、准确采集和解析的新方法，为我国水稻生产管理的智能化、精确化提供了技术支撑。

项目共发表论文22篇，其中SCI/EI收录15篇；申请发明专利6件，已获授权2件；申请计算机软件著作权登记2件；整理撰写著作《水稻—稻田环境系统重要信息的快速获取与解析方法研究》1部；培养博士后1人，博士研究生8人，硕士研究生7人。

氧化损伤蛋白质促发慢性肾脏病加速性动脉粥样硬化的作用及分子基础　该项目是南方医科大学承担的NSFC—广东联合基金重点项目。动脉粥样硬化等心血管病变（简称CVD）是慢性肾脏病（简称CKD）的主要并发症和首位死亡原因，然而CKD时促进心血管病变的因素和机制尚未完全阐明。项目的前期工作发现，CKD时存在的氧化应激导致蛋白质氧化损伤增加，蛋白质氧化产物在体内蓄积，实验动物蛋白质氧化产物慢性负荷可加速动脉粥样硬化斑块形成。该项目旨在证实假设：CKD时潴留的蛋白质氧化产物（AOPP）和糖化氧化产物（AGE）不仅是氧化应激的标志物，其本身是导致血管损伤、促进CVD的致病因素。

项目的主要研究结果如下：1. 发现AOPP通过与血管内皮细胞表面受体RAGE的相互作用，上调内皮细胞NADPH氧化酶依赖的炎症反应；通过活化RhoA-ROCK途径导致内皮细胞骨架蛋白ezrin Thr567磷酸化，促进细胞内F-actin形成应力纤维，增加动脉粥样硬化病变早期炎症细胞跨内皮迁移；2. 首次证实，肾小管腔中的白蛋白（白蛋白尿）通过与肾小管上皮细胞吞噬受体Megalin/Cubilin的相互作用活化局部肾素血管紧张素系统（RAS），导致全身高血压；AOPP修饰的白蛋白在低于正常白蛋白100倍的浓度便能活化肾脏RAS，其作用主要通过清道夫受体CD36；3. 证实AOPP通过诱导内质网应激促进脂肪细胞炎症和胰岛素抵抗，导致血管损伤；4. 通过CKD队列研究，证实循环AOPP蓄积是我国血透患者CVD的独立危险因素；腹透患者组织AGE潴留水平与腹透液葡萄糖负荷相关，是我国腹透患者发生CVD最强的独立危险因素；5. 证实循环AOPP水平增高与早期糖尿病患者内皮功能障碍密切相关，可能是预测糖尿病内皮功能障碍的生物标志物。

项目在SCI收录期刊发表论著17篇，其中影响因子（IF）>7的期刊3篇，IF>3的期刊10篇（IF按2013年计）。在肾脏病领域排名第1（*J Am Soc Nephrol*，IF 8.987）和排名第2（*Kidney Int*，IF 7.916）的期刊发表论著2篇，上述杂志均配发述评给予高度评价。在高血压领域排名第2的期刊（*J Hypertens*）发表论著1篇，该杂志配发述评给予高度评价。项目培养国家杰出青年基金获得者1名（2012年）；培养博士后1名，博士研究生4名，硕士研究生5名。研究生毕业论文均发表在SCI收录期刊上，研究生毕业论文获“全国优秀博士论文提名”1人，被评为“广东省优秀博士论文”1篇。项目研究期间，举办国际学术会议1次，参加人数405人；出国参加国际学术会议44次，参加人数15人次。项目相关研究结果获2012年度广东省科学技术奖一等奖，有关AOPP的研究获香港肾脏病学会表彰病理学领域有突出贡献的“Chan Woon Cheung Memorial Award”（2012年），后续获得国家“973计划”首席科学家项目1项。

粘土矿物的表面反应性与有机硅烷化研究　该项目是中国科学院广州地球化学研究所承担的NSFC—广东联合基金重点项目。项目以不同晶体化学特征的高岭石、蒙脱石和水滑石为研究对象，系统研究了活化处理对其结构和表面酸性的影响；以表面活性剂和有机硅等为改性剂，采用插层和嫁接方法对其进行有机改性，探讨了矿物晶体化学特征、活化和改性方法对有机粘土结构与性能的影响；建立了粘土矿物有机改性的方法与技术，为广东丰富的粘土矿物资源的利用提供了理论和技术支撑。

项目取得了以下成果：1. 揭示了高岭石的表面反应性、嫁接条件对产物结构的影响：（1）高岭石的结晶度越高越易于极性分子的插层和有机硅烷的嫁接，产物结构的有序性也越高；同时，插层剂的分子构型对嫁接产物的结构有明显影响。（2）选择高于插层剂沸点的温度，有利于嫁接反应的进行；当反应温度高于插层剂沸点而低于有机硅沸点时，插层剂将部分残留在层间；当温度高于有机硅沸点时，有机硅以单层平卧模式嫁接于高岭石内表面。（3）极性较大的溶剂将覆盖在高岭石表面，阻碍有机硅烷与矿物表面的缩合；极性较弱的溶剂则有利于嫁接反应的进行。2. 阐明了蒙脱石嫁接反应的特征及其产物结构与性能的影响因素。（1）蒙脱石的嫁接反应包括插层和缩合两个反应过程，嫁接位置包括片层的内表面和端面；酸活化有利于有机硅烷的插层，并提高其表面憎水性；在气相条件下，负载的有机硅烷包括嫁接、插层和表面吸附3种状态。（2）在含水溶剂中，嫁接反应会产生“锁定”效应；无水介质中，有机硅烷仅能部分“锁定”蒙脱石片层，表面活性剂依然可以进入层间。（3）有机硅烷既可同时嫁接到Keggin-Al柱和蒙脱石表面；非极性溶剂有利于嫁接反应，而极性溶剂不利于嫁接反应，但产物具有较高的比表面积和孔容；热处理会使Keggin-Al离子脱羟，导致嫁接量减少；有机硅烷嫁接的Keggin-Al柱撑蒙脱石能同时吸附有机和无机污染物。3. 建立了有机硅烷嫁接粘土结构与性能的调控方法，阐明了其调控机制：（1）设计并建立了有机硅烷嫁接阴离子型粘土的3种方法，并获得了系列不同结构、形貌和有机硅烷嫁接方式的阴离子型粘土；（2）阐明了有机硅烷和表面活性剂调控粘土结构和形貌的机制。

项目发表学术论文28篇，其中SCI收录论文13篇；获授权国家发明专利1件、申请国家发明专利2件。参加项目的研究生中有6人次获“中国科学院院长奖学金特别奖”“中国科学院优秀博士论文”等奖励，项目骨干成员获“国家基金委优秀青年科学基金”“侯德封奖”“丁颖科技奖”等，1人入选“新世纪百千万人才工程”国家级人选；2人担任国际学术期刊的副主编和编委。

南海北部滨海断裂带、深部发震构造与地壳稳定性研究 该项目是中国科学院南海海洋研究所承担的NSFC—广东联合基金重点项目。南海北部陆缘是研究华南地块和南海地块之间构造关系的重要地区，也是南海北部陆缘地震带的分布区域，其间的滨海断裂带不仅是两地块的分界线，也是南海北部陆缘地震带重要的控震构造和发震断裂，发育于南海北部陆缘的沉积盆地蕴含着丰富的油气资源。项目利用完成的海陆地震联测和多道反射地震数据，结合研究区其他地球物理探测剖面和野外地震地质调查，模拟获得了南海北部陆缘的二、三维精细地壳结构，揭示了研究区不同构造单元地壳结构的变化特征，从浅到深地揭示了珠江口海域滨海断裂的发育位置、规模、构造形态等几何学特征；在综合分析南海北部构造形变、震源机制解和GPS测量等资料的基础上，探讨了南海北部地震活动性特征与中强震发震机制，并对华南沿海和南海北部的地壳稳定性进行了分析与评价。

项目主要获得以下认识：1. 华南陆区为正常的陆壳结构，向海域逐渐表现为拉伸减薄型陆壳特征，南海北部陆缘从东到西地壳拉张减薄程度和模式具有较大的差异性，其间的滨海断裂带整体上表现为走向NE-NEE、主体倾向SE的高角度正断层，并对应重磁异常梯度带，综合断裂带深浅部差异、发震机制及其两侧地壳运动特征，认为滨海断裂带是华南正常陆壳与南海减薄陆壳的分界断裂；2. 珠江口海域滨海断裂在担杆岛外12km处发育，宽约15～20km，断裂带内沉积物厚约2km，二维地壳结构显示断裂带内沉积层纵波速度为1.8km/s～3.5km/s，上地壳速度为5.2km/s～6.1km/s，下地壳速度为6.3km/s～6.6km/s，莫霍面在滨海断裂带北西侧的29km抬升至南东侧的27km；3. 多道反射地震数据揭示，北部断阶带主要发育倾向SE的板式断层，北部凹陷带内断裂构造最为发育，断裂组合有半地堑、地垒、窄地堑等样式，中央隆起带内广泛发育倾向NW的反向板铲式断层，南海北部洋陆转换带主要由北部裂陷期下沉区段、海山或埋藏海山隆起带和掀斜断块带组成，在南海东北部宽度为225km，中部为160km，西北部为110km；4．南海北部陆缘地震带可以划分为闽南—粤东、阳江、雷琼3个地震活跃区和珠江口地震弱活动区，沿滨海断裂带发生的中强震多为走滑型，受菲律宾海板块NW向高速运动和印藏碰撞侧向应力传递影响，南海北部陆缘运动方向为SEE向，根据历史地震、断裂发育及活动情况、地壳形变、火山活动等因子将南海北部陆缘地壳稳定性划分成稳定区、次稳定区和不稳定区3个等级。

项目发表研究论文28篇，其中SCI收录论文10篇，EI收录论文3篇，核心期刊论文15篇。在人才培养与国际合作方面，通过该项目的实施共培养4名博士研究生和3名硕士研究生；参加国内外学术交流21人次，其中参加国际会议5人次；接待境外专家来访1次。2013年1月10—12日，项目组织召开了南海北部陆缘构造研究研讨会，来自国内外多个涉海研究机构的知名专家共50余人参加了会议，会议提交学术报告26个，其中特邀报告5个，共宣读发表论文25篇，这次会议深化了南海北部陆缘构造的研究，并促进了各研究单位与科研人员间的交流与合作。该项目的执行，促进了中科院南海海洋研究所与广东省地震局海陆联合深部地震探测技术人员的培养和团队建设，促成双方进一步深入合作，获得省部合作项目1项，国家基金重大研究计划的重点项目1项、面上项目1项、优秀青年科学基金项目1项和青年科学基金项目1项。

高增益磷酸盐玻璃光纤及大功率单频光纤激光器应用基础研究　该项目是华南理工大学承担的NSFC—广东联合基金重点项目。项目通过理论分析和实验设计优化，初步解决了多组分玻璃除水除杂、玻璃匹配性等基本科学问题和研究难点，确定了磷酸盐多组分玻璃光纤的纤芯和包层玻璃组分。采用管棒法研制了多组分玻璃光纤预制棒，并通过系统实验和理论分析，确定了光纤拉丝工艺参数，成功研制出物化性质稳定、机械性能良好的掺稀土多组分玻璃光纤。研制的高增益磷酸盐玻璃光纤，其单位长度增益达5dB/cm（比石英掺铒光纤高2个数量级）。实现了磷酸盐玻璃光纤与石英光纤的低损耗熔接，熔接损耗小于0.3dB。以高增益磷酸盐玻璃光纤为核心介质，研制了超窄线宽单频光纤激光器，实现了2kHz线宽200MW超窄线宽光纤激光，激光输出中心波长可在1530nm～1565nm范围任意调节，功率稳定度0.05dB，边模抑制比SMSR大于65dB，斜率效率达26.0%。

项目在国际知名学术期刊上发表SCI收录学术论文35篇，已申报国家发明专利10件（其中已授权发明专利5件），受邀国内外学术会议特邀报告5次。该项目研制的“千赫兹线宽单频光纤激光器”获2011年第12届中国（深圳）国际高新技术成果交易会“优秀产品奖”。项目核心基础研究工作“掺稀土特种光学玻璃与玻璃光纤应用基础科学问题及新技术研究”于2011年5月获2010年度广东省科学技术奖（自然科学类）一等奖，“单频光纤激光材料与器件关键技术及应用”获2012年度高等学校科学研究优秀成果奖（科学技术）一等奖，发明专利“超窄线宽单频光纤激光”获2013年中国专利优秀奖。项目实施期间，于2013年11月19—23日，在广州组织召开第2届国际长余辉与光激励会议，参会国内外同行200余人，会议论文集作为专刊将发表在Elsevier出版社*Optical Materials*上。此外，在项目开展过程中，研究团队有4名博士研究生赴德国Erlangen-Nuremberg大学、新加坡南洋理工大学、荷兰乌德勒支大学、美国劳伦斯伯克利国家实验室进行联合培养博士项目计划，加深了与国际著名实验室和同行专家的合作交流；青年教师中有3人分别获得国家杰出青年科学基金、国家优秀青年科学基金和教育部新世纪优秀人才等人才培养计划支持；培养博士研究生6人，硕士研究生10人。

可见与近红外发光金属—有机杂化材料的设计合成与电光/光电器件研究　该项目是中山大学承担的NSFC—广东联合基金重点项目。研究工作针对节能性可再生能源与太阳能的开发利用问题，开展了稀土/VIIIB族单一或混合金属配合物杂化材料的设计、合成及其光学性质、能量传递研究，开发在可见及近红外域具有较好发光性质的发光材料；研究新型传能与光波调制模式，实现对近红外、可见光和白光的调制；开展高效率低成本太阳能电池染料敏化材料研究，研发具有高光电转换效率且长期稳定的染料敏化太阳能电池。通过4年的研究，项目组在有机—无机杂化材料的设计合成、器件结构优化、电子与能量传递过程、机理的研究等方面取得了系列成果，开发了一些具有发光效率高、稳定性好的可见—近红外发光材料、白光照明材料、光致变色及机械变色灯动态响应发光材料，以及较高光电转换效率的太阳能电池材料。在以下方面取得研究进展和系列成果：1.新型配合物材料的发光调节与光响应性能研究，包括单组份配合物的白光调制与可见—近红外大范围光调节，发光配合物的光响应性能研究及应用探索。2.太阳能电池及光电转换性能研究，包括燃料的设计合成与性能研究，染料敏化太阳能电池的光阳极材料研究，量子点敏化太阳能电池。

项目执行期内，项目发表国际刊物论文96篇，包括SCI收录论文60篇，多篇论文入选ESI高被引论文；出版中文专著1部；申请国内专利10件，获授权专利4件；获邀国际会议特邀报告16篇。学术合作交流方面，组织国内外学术活动7次，国际会议大会特邀报告16次。2012年度获批国家自然科学基金重大研究计划1项，2011年度获批国家自然科学基金面上项目1项。课题负责人苏成勇获2013年度国家自然科学奖二等奖（第1完成人）。

（广东省科学技术厅基础研究与科研条件处 崔 洁）

获国家科技项目支持情况

2013年，广东省基础研究持续稳步前进，全省获国家“973计划”（含国家重大科学研究计划）首席科学家项目8项；获国家自然科学基金项目2 373项，总资助经费超过14亿元，位列全国第4；新建省部共建国家重点实验室2个；新增国家杰出青年科学基金项目10项，资助经费2 000万元，位列全国第5；新增国家自然科学基金重点项目29项，资助经费8 423万元，位列全国第5。此外，中山大学获得国家自然科学基金项目549项，资助总经费3.67亿元，位居全国第7。中国科学院深圳先进技术研究院刘新研究员获批立项国家重大科研仪器设备研制专项（自由申请类），资助经费800万元，为广东省获批的第2项国家重大科研仪器设备研制专项项目。

【国家“973计划”首席科学家项目】 2013年，广东获得的国家“973计划”（含国家重大科学研究计划）项目主要集中在新材料、新能源、高端电子信息、重大疾病防治等充分体现国家重大需求与重大民生科技的领域，开展具有战略性、前瞻性、全局性和带动性的基础研究。

以中山大学的余思远教授为首席科学家的“基于光子轨道角动量（OAM）的新型通信体制基础研究”项目，针对电磁波通信频谱和容量资源非常紧缺背景下我国社会信息化对通信容量继续大幅度增加的重大需求，研究把光子轨道角动量（OAM）这一尚未利用的电磁波参数维度用于通信。其核心是寻找新的电磁波通信容量资源，并研究其充分利用的方法，以大幅度提高通信系统频谱效率和容量，满足未来10～30年间通信容量2～3个数量级的增长需求，解决其对通信技术发展提出的根本性挑战。

以华南理工大学的黄飞教授为首席科学家的“高效有机/聚合物太阳电池材料与器件的基础研究”项目，针对面向我国在新材料、新能源领域的重大需求，开展高效有机/聚合物太阳电池（OPVs）材料与器件的基础研究。高效率、低成本、环境友好、资源丰富的下一代太阳电池是当前太阳能利用的主要研究方向，作为一类重要的下一代新型薄膜太阳电池，有机/聚合物太阳电池近年来在国际上引起了广泛的关注，经过国内科研人员的多年努力，已成为中国在国际上有较大影响的研究领域之一。与无机半导体太阳电池相比，有机/聚合物太阳电池具有成本低廉、可采用溶液加工制备大面积器件以及可制成柔性器件等突出优点，与无机半导体太阳电池有非常强的互补性，因而具有巨大的商业开发价值和应用前景。

表4-1-2-2 广东省获国家“973计划”（含国家重大科学研究计划）首席科学家项目情况（2013）

序号	类别	项目名称	负责人	依托单位
1	“973计划”首席科学家	微型能源动力系统的科学问题	赵黛青	中国科学院广州能源研究所
2	“973计划”首席科学家	基于光子轨道角动量（OAM）的新型通信体制研究	余思远	中山大学
3	“973计划”首席科学家	高效有机/聚合物太阳电池材料与器件研究	黄 飞	华南理工大学
4	“973计划”首席科学家	合成生物器件干预膀胱癌的基础研究	蔡志明	深圳大学
5	国家重大研究计划首席科学家	基因转录终止与蛋白质翻译新调控机制	徐安龙	中山大学
6	国家重大研究计划首席科学家	液相激光熔蚀及在若干光电纳米材料制备中的关键科学问题研究	杨国伟	中山大学
7	国家重大研究计划首席科学家	全球变化背景下南海及周边地区春夏气候变异特征和机理及其对全球气候的反馈作用	杨 崧	中山大学
8	国家重大研究计划青年科学家专题首席科学家	体细胞重编程过程中的表观遗传调控研究	陈捷凯	中国科学院广州生物医药与健康研究院

（广东省科学技术厅基础研究与科研条件处 崔 洁）

广东省自然科学基金

近年来，广东省结合经济社会需求，通过基础研究资金，加强重点学科和学术带头人的培养，经过长期努力，广东省自然科学基金已成为广东省原创优秀青年人才脱颖而出的最有力“引擎”：2000年以后广东省新增的“两院院士”、国家“973计划”首席科学家、国家自然科学杰出青年基金获得者、长江学者等高端人才90%以上曾经受过省自然科学基金前期多次强有力资助（海归人才除外）。如2013年广东新当选“两院院士”的陈勇、张偲、彭平安研究员均为2003年受资助的广东省自然科学基金研究团队协调人，充分体现了广东省自然科学基金对科研领军人才培养的前期培育与引导作用。

【项目申报与资助】 2013年，省自然科学基金受理申报项目5 564项，共有276家单位申报。经过网填资料和纸质材料形式审核，正式受理5 203项，其中自由申请项目3 089项、博士科研启动项目1 701项、重点项目211项、研究团队54项、省杰青项目148项；项目总经费9 800万元，比上年增加1 800万元，资助立项总数1 164项，资助率20.88%。立项项目中，研究团队41项（包括滚动支持28项），重点项目87（包括滚动支持43项），自由申请688项，博士科研启动317项，省杰青项目31项。

表4-1-3-1　广东省自然科学基金资助项目情况（2013）

计划类别	立项数（项）	经费（万元）	资助率（%）
研究团队（包括滚动支持）	41（包括滚动支持28项）	1 660	24.07
重点项目	87（包括滚动支持43项）	1 270	20.90
自由申请	687	3 746	22.30
博士科研启动	318	954	18.70
省杰青项目	31	2 170	20.95

表4-1-3-2　广东省自然科学基金各学科面上项目资助情况（2013）

学科	自由申请项目					博士科研启动项目				
	受理数量（项）	立项数量（项）	资助率（%）	占比（%）	总经费（万元）	受理数量（项）	立项数量（项）	资助率（%）	占比（%）	总经费（万元）
数理	113	21	18.58	3.05	105	89	14	15.73	4.42	42
化学	167	37	22.16	5.38	187	108	24	22.22	7.57	72
生科	445	84	18.88	12.21	424	236	55	23.31	17.35	165
地球	144	23	15.97	3.34	121	89	19	21.35	5.99	57
材料	296	48	16.22	6.98	230	201	34	16.92	10.73	102
信息	321	71	22.12	10.32	347	204	41	20.10	12.93	123
管理	222	48	21.62	6.98	638	143	26	18.18	8.20	78
医学	1 383	355	25.67	51.74	1 694	631	105	16.64	32.81	315
合计	3 091	687	22.22	100	3 746	1 701	318	18.69	100	954

【广东省自然科学杰出青年基金】　2013年，广东省自然科学杰出青年基金从148名申报人中择优选取资助31名，每位资助100万元，资助项目数较上年增长了48.38%。评出的31位“省杰青”平均年龄只有32周岁，副高以上职称的占了96.8%，且全部具有博士以上学位，最年轻的“省杰青”还不到30岁。

【项目选介】

重要兼性厌氧微生物在难降解污染物整治中的脱毒降解代谢网络　该项目是由广东省微生物研究所承担的广东省自然科学基金研究团队项目。项目针对广东省高速的工业化和城镇化进程中所凸现的毒害性有机污染问题，以具有生物蓄积毒性和稳定化学结构的有机污染物溴代阻燃剂作为目标污染物，以在环境污染治理中发挥重要引擎作用的兼性厌氧微生物为重点研究对象，通过发展和运用微生物生理生态学研究的新技术，建立了高效降解脱毒功能微生物定向选育技术，发现了PBDEs降解功能新菌株，丰富了毒害性污染治理菌种资源；从呼吸产能的角度研究了兼性厌氧微生物降解转化PBDEs的机理，发现并揭示了铁循环促进微生物降解转化PBDEs的机制；从分子、细胞和群体水平阐明了微生物协同降解转化PBDEs过程中呼吸活性调控的响应机制及其代谢网络特点。通过环境微生物基础理论创新和环境生物工程应用技术研发的深入和拓展，研发了基于微生物代谢网络调控的PBDEs污染沉积物的

原位修复技术，重点突破一批以高效降解脱毒功能微生物为核心、以节能降耗环境友好为特征的高新环境生物技术，为本省的生态环境污染治理和环保产业的发展提供技术支撑。

项目执行期内，团队共发表了研究论文52篇，其中SCI收录论文28篇；申请国家发明专利16件，其中授权7件；后续获得了20项科研项目的资助，总经费达799万元。项目在执行过程中，通过跨学科和跨地区的合作研究，搭建一个学科互补、强强联合的交流合作平台，培养一支投身于环境保护科学事业的高素质人才队伍，其中包括1名博士后、7名博士研究生和11名硕士研究生，并有3位青年科研人员由助理研究员晋升为副研究员。在科技创新能力提高、区域生态环境保护和环保产业发展服务等方面取得了突出的业绩。先后获得2011年广东专利优秀奖、2013年度广东省环境保护科学技术奖一等奖和2013年度国家环保部环境保护科学技术奖三等奖等科技奖励。

神经退行性疾病信号转导及新靶标研究　该项目是由中山大学承担的广东省自然科学基金研究团队项目。该项目针对帕金森病（Parkinson's Disease，简称PD）和阿尔茨海默病（Alzheimer's disease，简称AD）等神经退行性疾病的重要病理特征——神经元凋亡和突触可塑性异常，从源头入手，通过神经元信号转导、基因调控和相关蛋白质组学研究，寻找并揭示了若干重要的对神经元凋亡和突触可塑性异常起关键作用的蛋白质分子，为阐明神经退行性疾病的机制和确立治疗靶标提供了科学依据：1. 阐明了GSK-3α和GSK-3β介导神经元凋亡。CaMKIIβ能够直接磷酸化GSK-3α（Ser21）和GSK-3β（Ser9）并抑制其活性，这一事件介导了活性依赖的促神经存活作用。2. 阐明了CaMKII/GSK-3/CRMP-2通路途径调控神经元树突的生长。该成果阐明了GSK-3调控的新机制，并为进一步确立其作为帕金森病治疗新靶标提供了科学依据。3. 发现calpain切割并激活GSK-3β，在经典的神经元凋亡模型中，提出GSK-3β Ser9磷酸化可抑制这一切割事件的发生。揭示了GSK-3β调控的新机制，为阐明其促神经元凋亡的分子机制提供新思路。4. 对促神经元凋亡蛋白Bim的转录调控机制进行了深入研究，阐明Egr-1直接调控Bim基因的表达，发现Bim是Egr-1的一个促凋亡靶基因，揭示了Egr-1上调Bim在神经元凋亡中的作用，同时也阐明了光辉霉素、色霉素等药物保护神经元的机制。5. 课题组还进行了神经元凋亡中重要信号转导通路——JNK/c-Jun通路的靶基因及对神经元凋亡调控的研究工作，证实了caspase-3是c-Jun的促凋亡靶基因。

在该项目的支持下，研究团队共获得后续经费资助1 625万元，获得后续基地建设经费370万元。团队负责人还获得了帕金森病研究的其他资助："973计划"项目课题，经费714万元；国家自然科学基金重点项目，经费230万元；NSFC—广东联合基金项目，经费279万元。团队负责人和主要成员的研究成果获得省部级科技奖励3项。此外，该研究团队申请专利5件，发表18篇学术论文（其中8篇标注该项目资助），培养博士研究生14名、硕士研究生14名、博士后2名，团队新晋副教授2名。

缺血性脑卒中治疗新策略的基础研究　该项目是由南方医科大学承担的广东省自然科学基金研究团队项目。项目研究围绕缺血性脑卒中神经保护新靶点及脑卒中后遗症抑郁症的治疗新方法做了深入研究。主要学术贡献有：1. 揭示了神经元存活机制受损在缺血性脑损伤中的重要作用——L-型钙通道功能降低机制；2. 发现神经调节素-1通过促进PV中间神经元的GABA释放保护缺血性脑损伤；3. 从激活内在存活机制的新视角，发现了一些治疗时间窗长的神经保护新靶点如L-型钙通道、ErbB4受体等；4. 揭示了脑胶质细胞具有调控动物抑郁情感的作用；5. 发现了ATP是抑郁发生发展的重要因素之一，是治疗抑郁症潜在的新途径。以上研究成果具有重要的理论意义和潜在的临床应用价值。

项目执行期内，团队共发表发表SCI收录论文28篇，影响因子5分以上的10篇。先后获得国家自然科学奖二等奖、广东省科学技术奖一等奖、教育部自然科学奖二等奖、中华医学科技奖二等奖等。后续获得国家杰出青年基金、国家自然科学基金重点项目等科研课题28项，资助金额达2 423万元。

【重大基础研究成果】 随着现代生物医学的发展，抗肿瘤药物研发的焦点正在从传统抗肿瘤药物转移到靶向抗肿瘤药物，设计和发现新型靶向抗癌药物是当今抗肿瘤药物研究和研发的重要方向。过渡金属配合物作为抗肿瘤药物具有一些有机小分子化合物难以比拟的优点，如可调控的几何构型、丰富的光化学物理性质、可变化的氧化还原特性等。因此，过渡金属配合物可用于构建新型的靶向型抗肿瘤药物，同时还能作为细胞内与肿瘤密切相关的生物大分子及小的信号分子的荧光探针。另一方面，纳米药物载体具有提高药物吸收度和稳定性、改善药物性质和靶向性，延长药物作用时间、减少毒副反应等特点，目前在医药领域的应用极为广泛。无机纳米量子点和高分子的纳米微粒，可用于开发集靶向、成像和治疗作用于一体的多功能纳米药物，有望应用于肿瘤诊断和基因治疗。

中山大学毛宗万教授进行肿瘤靶向金属药物的研制与应用，在下列5个方面取得了重要进展：1．金属抗肿瘤药物设计。以特殊的核酸结构（如G–四链体DNA）以及肿瘤发生、发展的关键蛋白（主要包括DNA拓扑异构酶I和II、端粒酶和组蛋白去乙酰化酶和细胞周期素依赖性激酶）为靶点，设计并研究了系列金属钌、铂配合物的抗肿瘤作用机制。2．金属配合物荧光探针。利用（II）多吡啶配合物丰富的光物理、光化学、电化学性质及稳定的八面体结构，设计开发了能有效识别混合型的G四链体结构探针和新型细胞核荧光染料。3．多功能纳米药物载体。围绕复合无机纳米材料和医用聚合物纳米载体材料的靶向化、智能药物控释及多功能化开展了系统深入的研究。4．人工核酸酶构筑。通过无机—有机杂化合成双环糊精双金属超分子体系，探索出构建高效人工核酸酶的新途径。5．从理论上研究双金属配合物催化RNA骨架中磷酸酯键的反应机理，阐明中间体结合模式，澄清多年有关反应活性位点的争论。

（广东省科学技术厅基础研究与科研条件处 邱　莹）

科　技　成　果

2013年，全省共有28个项目获得2013年度国家科学技术奖，其中获国家自然科学奖4项、国家技术发明奖10项、国家科技进步奖14项。全省科技成果登记有1 809项。广东省科技成果呈现：企业创新主体作用突出；惠及民生的科技成果不断涌现；优秀青年人才成为科技创新生力军；为解决经济发展重大需求提供支撑；基础研究和原始创新能力明显提升的特点。

科技成果管理

【科技成果登记】　2013年，全省科技成果登记有1 809项。由省科技厅核准登记的有486项，其中以鉴定评价形式的有406项。

省科技厅核准的登记成果中，应用技术成果435项，占登记总数的89.51%；基础理论成果42项，占登记总数的8.64%；软科学成果9项，占登记总数的1.85%。在应用技术类科技成果中，已授权专利数875件，其中591件专利为企业取得，占67.54%；电子信息、软件、光机电一体化、新材料、新能源与高效节能、生物医学、环保等高新技术领域成果297项，占应用技术类成果登记总数的68.28%。

成果完成单位中，企业完成229项，占47.12%；医疗机构完成38项，占7.82%；科研院所、大专院校完成173项，占35.6%；其他项目46项，占9.47%。

413项成果已得到应用。对其中139项成果进行经济效益统计显示，新增利润124.77亿元，比2012年增长34.97%；新增利税21.19亿元，比2012年降低了59.83%；出口创汇40.26亿元，比2012年增长168.95%。

表4-2-1-1　全省已登记重大科技成果基本情况（2012—2013）

项目	2012年		2013年	
	项目数（个）	比重（%）	项目数（个）	比重（%）
一、成果完成单位类型				
1. 独立研究机构	83	14.49	78	16.05
2. 大专院校	89	15.53	95	19.55
3. 企业	286	49.91	229	47.12
4. 医疗机构	53	9.25	38	7.82
5. 其他	62	10.82	46	9.46
合计	573	100	486	100
二、成果类别				
1. 应用技术	522	91.10	435	89.51
2. 基础理论	44	7.68	42	8.64

（续上表）

项目	2012年		2013年	
	项目数（个）	比重（%）	项目数（个）	比重（%）
3．软科学	7	1.22	9	1.85
合计	573	100	486	100
三、成果水平				
1．国际领先	35	6.11	25	5.14
2．国际先进	142	24.78	119	24.49
3．国内领先	236	41.19	191	39.30
4．国内先进	76	13.26	75	15.43
5．其他	84	14.66	76	15.64
合计	573	100	486	100
四、基本情况				
1．鉴定项目数	480	83.77	406	83.54
2．验收项目数	37	6.46	25	5.14
3．评审项目数	46	8.03	42	8.64
4．行业准入数	2	0.35	1	0.21
5．其他	8	1.39	12	2.47
合计	573	100	486	100

表4-2-1-2　全省已登记重大科技成果应用及经济效益情况（2013）

应用情况			经济效益情况		
项目		合计	项目		合计
稳定应用	（项）	361	经济效益项目数	（项）	139
小批量或小范围应用	（项）	52	净利润	（万元）	1 247 699
试用项目数	（项）	17	实交税金	（万元）	211 855
应用后停用	（项）	2	出口创汇	（万元）	402 572
未应用	（项）	3	节约资金	（万元）	270 333
#资金问题	（项）	3	技术转让收入	（万元）	12 194

表4-2-1-3　全省重大科技成果登记完成单位情况（2007—2013）

单位：项

项目	2009年	2010年	2011年	2012年	2013年
合计	504	431	482	573	486
企业	236	217	238	286	229

（续上表）

项目	2009年	2010年	2011年	2012年	2013年
科研院所	71	60	84	83	78
大专院校	98	88	71	89	95
医疗机构	51	34	51	53	38
其他	48	32	38	62	46

【科技成果鉴定】 2013年，由省科技厅批复组织的科技成果鉴定有206项。这些成果鉴定项目中，作为第1完成单位的申报单位分类情况如下：企业申报的项目有91项，占44.18%；高等、大专院校申报的项目有52项，占25.24%；科研院所申报的项目有43项，占20.87%；医疗机构申报的项目有18项，占8.74%；其他项目有2项，占0.97%。由上述统计数据可知，企业是申报成果鉴定的主体，同比增长4.72%，其次是高等、大专院校等教育机构，同比增长5.96%。

成果鉴定的鉴定形式分为函审鉴定和会议鉴定。其中，会议鉴定有178项，函审鉴定有28项，分别占总数的86.41%和13.59%。由此可见，会议鉴定仍是成果鉴定的主要形式。

表4-2-1-4 全省科技成果鉴定基本情况（2012—2013）

项目	2012年		2013年	
	项目数（项）	比重（%）	项目数（项）	比重（%）
一、成果完成单位类型				
1. 科研院所	61	27.36	43	20.87
2. 高等、大专院校	43	19.28	52	25.24
3. 企业	88	39.46	91	44.18
4. 医疗机构	26	11.66	18	8.74
5. 其他	5	2.24	2	0.97
合计	223	100	206	100
二、成果鉴定形式				
1. 会议鉴定	199	89.24	178	86.41
2. 函审鉴定	24	10.76	28	13.59
合计	223	100	206	100

（广东省科学技术厅科技服务与管理处　王雅文）

科　技　奖　励

【国家科学技术奖获奖情况】 2013年度，广东省获国家科学技术奖再创佳绩。在国家科学技术奖授奖数量减少的情况下，本省获奖数量与上年度持平。全省共有28个项目获得2013年度国家科学技术奖，其中获国家自然科学奖二等奖4项；国家技术发明奖二等奖10项，数量为历年之最，比上年度增加一倍；国家科技进步奖14项，包括特等奖1项、一等奖1项、二等奖12项。广东省农业科学院水稻研究所和华南农业大学参与了国家科学技术进步特等奖项目“两系法杂交水稻技术研究与应用”的研发。金发科技股份有限公司继华为技术有限公司、中兴通讯股份有限公司之后再获国家“企业技术创新工程奖”。另外，中山大学孙逸仙纪念医院宋尔卫主任医师获得2013年度何梁何利基金科学与技术创新奖——青年创新奖。

表4-2-2-1　广东省获国家科学技术奖项目名单（2013）

序号	项目名称	主要完成单位	主要完成人	奖励等级
自然科学奖（共4项）				
1	量子几何相位及其相关问题研究	华南师范大学 香港大学	朱诗亮　汪子丹	二等奖
2	纳微配位空间的金属—有机超分子组装行为及构效关系	中山大学	苏成勇　康北笙 鲁统部　潘　梅 姜　隆	二等奖
3	干细胞多能性与重编程机理研究	中国科学院广州生物医药与健康研究院 清华大学	裴端卿　潘光锦 秦宝明　秦大江 张小飞	二等奖
4	纳米电催化能源材料的功能定向制备和协同效应机理研究	中山大学 暨南大学	沈培康　徐常威 孟　辉　刘应亮	二等奖
技术发明奖（10项）				
1	磷酸钙类生物活性陶瓷和骨修复体模板法仿生制备新技术及临床应用	华南理工大学 上海贝奥路生物材料有限公司 中国人民解放军第四军医大学第一附属医院	王迎军　陈晓峰 卢建熙　任　力 杜　昶　王　臻	二等奖
2	果实采后绿色防病保鲜关键技术的创制及应用	中国科学院植物研究所 浙江省农业科学院	田世平　蒋跃明 秦国政　郜海燕 孟祥红　郑小林	二等奖
3	低成本易降解肥料用缓释材料创制与应用	中国农业科学院农业资源与农业区划研究所 深圳市芭田生态工程股份有限公司 五洲丰农业科技有限公司	张夫道　张建峰 杨俊诚　王玉军 黄培钊　王学江	二等奖
4	冶金高频液压控制伺服元件关键技术及应用	武汉科技大学 韶关液压件厂有限公司	陈奎生　陈新元 傅连东　曾良才 湛从昌　张济民	二等奖
5	高性能无线射频识别（RFID）标签制造核心装备	华中科技大学 东莞华中科技大学制造工程研究院 武汉华威科智能技术有限公司 中山达华智能科技	尹周平　王瑜辉 熊有伦　陶　波 陈建魁　蔡小如	二等奖

（续上表）

序号	项目名称	主要完成单位	主要完成人	奖励等级
6	仿生耦合多功能表面构建原理与关键技术	吉林大学 一汽铸造有限公司 广东美的生活电器制造有限公司	任露泉 周宏 张志辉 邱小明 刘国懿 李家勋	二等奖
7	夏热冬冷地区建筑冷热湿一体化高效处理技术与装备	东南大学 珠海格力电器股份有限公司	张小松 殷勇高 梁彩华 李舒宏 徐国英 庄嵘	二等奖
8	异构多域无线网络协同安全关键技术及应用	西安电子科技大学 华为技术有限公司 北京交通大学	马建峰 郑志彬 裴庆祺 吴昊 沈玉龙 左文树	二等奖
9	信息密度非均匀下的异构无线组网新技术	北京邮电大学 中兴通讯股份有限公司	张平 陶小峰 张建华 冯志勇 赵先明 向际鹰	二等奖
10	下一代互联网4over6过渡技术及其应用	清华大学 中国电信集团公司 华为技术有限公司	吴建平 崔勇 李星 徐明伟 赵慧玲 蒋胜	二等奖
		科学技术进步奖（14项）		
1	两系法杂交水稻技术研究与应用	湖南杂交水稻研究中心 湖北省农业科学院粮食作物研究所 江苏省农业科学院 安徽省农业科学院水稻研究所 华中农业大学 武汉大学 广东省农业科学院水稻研究所 湖南师范大学 江西农业大学 广西壮族自治区农业科学院水稻研究所 中国水稻研究所 袁隆平农业高科技股份有限公司 江西省农业科学院水稻研究所 华南农业大学 福建省农业科学院水稻研究所 贵州省水稻研究所 北京金色农华种业科技有限公司 湖南省气象科学研究所	袁隆平 石明松 邓华凤 卢兴桂 邹江石 罗孝和 王守海 杨振玉 牟同敏 王丰 陈良碧 贺浩华 覃惜阴 刘爱民 尹建华 万邦惠 李成荃 孙宗修 彭惠普 程式华 潘熙淦 杨聚宝 游艾青 曾汉来 吕川根 武小金 邓国富 周广洽 黄宗洪 刘宜柏 冯云庆 姚克敏 汪扩军 王德正 朱英国 廖亦龙 梁满中 陈大洲 粟学俊 肖层林 尹华奇 廖伏明 袁潜华 李新奇 童哲 周承恕 郭名奇 阳庆华 徐小红 朱仁山	特等奖

（续上表）

序号	项目名称	主要完成单位	主要完成人	奖励等级
2	中药安全性关键技术研究与应用	中国人民解放军军事医学科学院放射与辐射医学研究所 浙江大学 中国人民解放军总医院 天津中医药大学 中国中医科学院中药研究所 深圳微芯生物科技有限责任公司 河南中医学院	高　月　杨明会 范骁辉　王宇光 程翼宇　高秀梅 梁爱华　宁志强 王书芳　苗明三 马增春　张　晗 肖成荣　陆倍倍 谭洪玲	一等奖
3	基于先进聚合物材料自主创新的创新体系工程	金发科技股份有限公司		二等奖
4	发酵与代谢调控关键技术及产业化应用	华南理工大学 中国食品发酵工业研究院 佛山市海天（高明）调味食品有限公司 江南大学 金星啤酒集团有限公司 广东肇庆星湖生物科技股份有限公司 广州双桥股份有限公司	赵谋明　张五九 赵海锋　黄文彪 陆　健　王海明 李国基　崔　春 郑明英　徐正康	二等奖
5	高效低耗流化床燃煤工业设备关键技术及应用	华中科技大学 华南理工大学 武汉天元锅炉有限责任公司 黄石市建材节能设备总厂 江联重工股份有限公司 黄石市天达热能设备有限公司 广西华昇节能工程设计有限公司	陈汉平　张世红 刘德昌　陆继东 杨　文　石　虹 任鲁军　黄　琳 吕雪峰　赖育华	二等奖
6	曙光高效能计算机系统关键技术及应用	中国科学院计算技术研究所 曙光信息产业（北京）有限公司 上海超级计算中心 国家超级计算深圳中心	孙凝晖　张佩珩 聂　华　安学军 霍志刚　王普勇 陆　健　沙超群 谭光明　李根国	二等奖
7	长期循环动载下饱和软弱土地基灾变控制技术及应用	浙江大学 中国铁建港航局集团有限公司 温州大学 河海大学 广东省公路建设有限公司 机械工业勘察设计研究院	蔡袁强　高玉峰 王　军　徐长节 刘吉福　孙宏磊 杨仲轩　郑建国 尹敬泽　黄　腾	二等奖
8	环保型路面建造技术与工程应用	长安大学 哈尔滨工业大学 中国建筑材料科学研究总院 北京市市政工程设计研究总院 深圳海川工程科技有限公司	沙爱民　裴建中 谭忆秋　何唯平 张忠伦　胡力群 孙朝云　蒋　玮 齐　琳　李　东	二等奖

（续上表）

序号	项目名称	主要完成单位	主要完成人	奖励等级
9	支气管哮喘分子发病机制及诊治新技术应用	浙江大学医学院附属第二医院 广州医学院第一附属医院 杭州浙大迪迅生物基因工程有限公司	沈华浩 钟南山 郑劲平 吴善东 王 凯 李 雯 陈爱欢 王苹莉 徐 军 李 靖	二等奖
10	新生儿脑损伤预防、诊断和治疗技术的研究与应用	中国人民解放军北京军区总医院 四川大学华西第二医院 首都医科大学附属北京妇产医院 南方医科大学珠江医院	封志纯 刘 敬 母得志 李 坚 屈 艺 李 宏 曹海英 方素珍 李熙鸿 尹晓娟	二等奖
11	无线接入网多制式融合（SingleRAN）技术创新与产业化	华为技术有限公司	朱浩冰 吕劲松 吴旺军 张明安 朱尔霓 周 军 项能武 赵永祥 陈 震 许 亮	二等奖
12	多流态梯级强化浮选技术开发及应用	中国矿业大学 湖南柿竹园有色金属有限责任公司 本溪钢铁（集团）矿业有限责任公司 云浮广业硫铁矿集团有限公司	刘炯天 曹亦俊 李晓东 张海军 缪成印 李小兵 王 琦 马子龙	二等奖
13	原发性闭角型青光眼发病机制与防治体系的建立及应用	首都医科大学附属北京同仁医院 中国医学科学院北京协和医院 天津市索维电子技术有限公司 中山大学中山眼科中心	王宁利 赵家良 徐 亮 王怀洲 王 涛 梁远波 王雪乔 牟大鹏 黄 瑶 李思珍	二等奖
14	重度感音神经性耳聋致病机制及出生缺陷干预研究与应用	中国人民解放军总医院 中南大学湘雅医院 清远市澳麦尔基因技术有限公司	戴 朴 冯 永 袁慧军 袁永一 王国建 黄莎莎 韩明昱 金政策 梅凌云 贺楚峰	二等奖

【广东省科学技术奖奖励情况】 2013年度，广东省评选出广东省科学技术奖262项，其中广东省科学技术突出贡献奖1项、特等奖2项、一等奖30项、二等奖78项、三等奖151项。中国科学院院士、中山大学教授计亮年获省科学技术突出贡献奖，“交直流并联大电网关键技术研究及工程实践”项目、“深圳市南山区科技服务体系建设及运行模式的创新与实践”项目获省科学技术奖特等奖，获奖成果涵盖了电子信息、装备制造、生物医药、新材料、新能源、环保等本省经济社会发展的重点领域。

表4-2-2-2 2013年度广东省科学技术奖特等奖、一等奖名单

序号	项目名称	承担单位	主要完成人
特等奖（2项）			
1	交直流并联大电网关键技术研究及工程实践	中国南方电网有限责任公司 广东电网公司 南方电网科学研究院有限责任公司 中国能源建设集团广东省电力设计研究院 华南理工大学 南京南瑞继保电气有限公司 南京南瑞集团公司 清华大学	
2	深圳市南山区科技服务体系建设及运行模式的创新与实践	深圳市南山区人民政府 深圳市南山区科技创业服务中心	
一等奖（30项）			
1	微纳结构与光子器件基础研究	中山大学	李宝军 张 垚 邢晓波 余华清 赵新宏
2	区域空气毒害污染物及其环境效应	中国科学院广州地球化学研究所 香港理工大学	王新明 张 干 彭平安 李向东 郭 海 李 军 丁 翔 刘 向
3	超分子配位化合物及其集聚体的控制合成	汕头大学	李 丹 黄晓春 尹业高 周小平 詹顺泽 李 冕 吴 涛 彭 蓉
4	组织免疫微环境调控肝癌进展的新机制	中山大学	郑利民 邝栋明 庄诗美 吴 艳 李 莲
5	结直肠癌转移相关分子标志物的鉴定及其分子机制研究	南方医科大学	丁彦青 赵 亮 梁 莉 李建明 廖雯婷 王 爽 李祖国 周 军 邓永键 王晓燕
6	小菜蛾成灾机制研究及抗药性治理技术体系构建与应用	广东省农业科学院植物保护研究所 华南农业大学 中国农业科学院蔬菜花卉研究所 南京农业大学 华中农业大学 湖南省植物保护研究所 海南省农业科学院农业环境与植物保护研究所 浙江省农业科学院 云南省农业科学院农业环境资源研究所 福建农林大学	冯 夏 钟国华 陈焕瑜 李振宇 张德雍 胡珍娣 林庆胜 何余容 吴青君 张 帅 游 红 章金明 谌爱东 符 伟 尹 飞

（续上表）

序号	项目名称	承担单位	主要完成人
7	地下和蛀干害虫病原线虫的系统研发和应用	广东省昆虫研究所 中山大学 河北省农林科学院植物保护研究所 华南农业大学 华南理工大学 中国科学院华南植物园	韩日畴　邱礼鸿　陈书龙 丘雪红　颜　珣　马　娟 曹　莉　游　娟　许再福 李秀花　韩秀英　陈镜华 张中润　赵瑞华　张丽坤
8	高产抗逆大豆新品种选育及配套栽培技术应用	华南农业大学 广西壮族自治区农业科学院 广东省农业技术推广总站	年　海　程艳波　廖　红 杨存义　马启彬　刘玉涛 牟英辉　严小龙　胡浩民 陈怀珠　孙祖东　王秀荣 黄　鹤　王子明　李秀平
9	乡土植物在生态园林中应用的关键技术研究与产业化	中国科学院华南植物园 广州普邦园林股份有限公司 棕榈园林股份有限公司 广东中科琪林园林股份有限公司	邢福武　陆宏芳　谭广文 王发国　王晓川　陈红锋 丁朝华　刘东明　刘　楠 张倩媚　简曙光　黄少玲 刘坤良　全小燕　梁镜明
10	黄羽肉鸡营养需要与肉质改良营养技术研究	广东省农业科学院动物科学研究所 广东温氏食品集团股份有限公司 广东新南都饲料科技有限公司 广东智威农业科技股份有限公司	蒋宗勇　周桂莲　林映才 蒋守群　胡友军　郑春田 陈　峰　席鹏彬　马现永 程忠刚　张罕星　洪　平 阮　栋　王薇薇　丁发源
11	人工鱼礁关键技术研究与示范	中国水产科学研究院南海水产研究所 广东省海洋与渔业环境监测中心 深圳市海洋与渔业服务中心	贾晓平　陈丕茂　蔡文贵 李纯厚　唐振朝　刘思远 贾春斌　李永振　王华接 余　景　李辉权　杜飞雁 陈国宝　廖秀丽　陈海刚
12	南方谷物方便食品专用配料制备及品质改良关键技术研发	广东省农业科学院蚕业与农产品加工研究所 华南理工大学 深圳职业技术学院 广州酒家集团利口福食品有限公司 黑牛食品股份有限公司 广西黑五类食品集团有限责任公司 广东霸王花食品有限公司 广东汇香源生物科技股份有限公司 广东趣园食品有限公司 广州力衡临床营养品有限公司	张名位　魏振承　杨晓泉 刘　冬　唐小俊　张瑞芬 徐志宏　邓媛元　李健雄 罗宝剑　张　雁　池建伟 左敏儿　孔令会　赖学佳

（续上表）

序号	项目名称	承担单位	主要完成人
13	高性能LTE 基站商用系统	中兴通讯股份有限公司	李春旭 王喜瑜 柏燕民 向 阳 徐 军 柏 刚 张诗壮 马凤国 朱伏生 康凤岐 李春艳 王雪宏 申建华 江 海 赵 刚
14	天然气水合物开采三维综合模拟技术系统	中国科学院广州能源研究所	李小森 黄宁生 李清平 李 刚 陈朝阳 张 郁 颜克凤 吕秋楠 徐纯刚 吴慧杰 王 屹 李 波 夏志明 蔡 晶 阮徐可
15	云数据交换和服务调度平台及应用	深圳大学 深圳太极软件有限公司 中兴通讯股份有限公司	明 仲 曾 崛 陈剑勇 陈国良 江 华 肖志娇 查树衡 孙仲明 陈 昊 谢文军 白鉴聪 邓未玲 冯禹洪 卢 翔 张 冲
16	面向3G/4G无线通讯增值服务的酷云系统	宇龙计算机通信科技（深圳）有限公司 深圳大学	纪 震 方 元 黄 强 郭晓涛 陈剑勇 许奕波 方春冬 闫正航 徐进涛 宁家宏 张 衡 陶 仪
17	新型RFID传感网技术及其在铁路交通中的应用	广东工业大学 华南理工大学 中南大学 深圳市丰泰瑞达实业有限公司	谢胜利 余 荣 李 波 樊晓平 王小可 刘震宇 吴宗泽 吕 俊 李卫军 杨俊杰
18	面向电路板无铅联装的光学和微焦X射线检测技术与成套设备	华南理工大学 东莞市科隆威自动化设备有限公司	张宪民 唐岳泉 陈 忠 何凤涛 邝泳聪 肖全忠 钟海源 欧阳高飞 谢宏威 吴福培 吴 浩
19	面向定制生产的协同设计与制造关键技术	广东工业大学 香港大学 广州市圆方计算机软件工程有限公司 巨轮股份有限公司 广东科达机电股份有限公司	陈 新 陈庆新 戴青云 黄国全 陈新度 毛 宁 屈 挺 周淑毅 孟 超 胡国金 伍乃骐 杨煜俊 刘 强 刘建军 王美林
20	金属—塑料复合用功能材料研发与应用	广州鹿山新材料股份有限公司 中山大学	汪加胜 章明秋 唐舫成 韩丽娜 麦堪成 王明辉 阮文红 陈旭东 容敏智 淡小翀 范德辉 朱东湖 陈占春 徐剑峰 周红军

（续上表）

序号	项目名称	承担单位	主要完成人
21	节材耐磨损钢铁材料关键技术研发与集成示范	暨南大学 广州有色金属研究院 广州有色金属研究院新丰耐磨合金材料有限公司 广州市天河区金棠表面工程技术有限公司	李　卫　郑开宏　冼卫泉 乐有树　刘　英　王　翔 李　展　李　林　苏志辉 李运初　张治国　戚文军 黄　勇　谢家浩　尤德强
22	广州塔主被动复合调谐控制技术研究	广州大学 哈尔滨工业大学 广州新电视塔建设有限公司 广州市设计院 香港理工大学 奥雅纳工程咨询（上海）有限公司深圳分公司 广州广船国际股份有限公司 深圳市大族电机科技有限公司 上海材料研究所 鸿印隔震制振（汕头）有限公司	谭　平　滕　军　潘汉明 周福霖　欧进萍　周　定 倪一清　刘彦辉　李　惠 汪　洋　沈朝勇　张春巍 吴浩中　熊　伟
23	生物柴油固体催化连续绿色生产关键技术与产业化应用	中国科学院广州能源研究所 龙岩卓越新能源股份有限公司 华南农业大学 佛山市正合生物能源有限公司	袁振宏　叶活动　吕鹏梅 王忠铭　谢　君　赵志明 李惠文　罗　文　杨玲梅 苗长林　罗丹明
24	提高腹膜透析质量和推广应用的系列研究	中山大学附属第一医院	余学清　阳　晓　郑智华 陈　崴　叶晓青　毛海萍 杨琼琼　姜宗培　郭群英 易春燕　林建雄　关锦美
25	鼻咽癌精确放射治疗的临床和基础研究	南方医科大学	陈龙华　郑小康　吴德华 李启生　丁　轶　刘　英 官　键　王宏梅　袁亚维 张耀伟　石玉生　朱晓霞 林志雄
26	胃肠肿瘤腹腔镜微创手术的临床研究及应用推广	南方医科大学	李国新　余　江　张　策 王亚楠　胡彦锋　程　侠 邓海军　薛　琪　甄　莉 丁自海
27	周围神经缺损修复材料系列研究	中山大学附属第一医院 广州中大医疗器械有限公司 中山大学	刘小林　朱庆棠　顾立强 全大萍　江　丽　杨越雄 朱家恺　戚　剑　胡　军 王　东　杨俐敏　杨伟红 许扬滨　侯赛云　何　波

（续上表）

序号	项目名称	承担单位	主要完成人
28	牙体牙髓疾病防御调控机制与拟生态修复体系的研究及临床干预	中山大学附属口腔医院	凌均棨 韦 曦 林正梅 古丽莎 曾劲峰 龚启梅 高 燕 张 恺 王劲茗 刘 路 胡晓莉 蒋宏伟 刘红艳 杜 宇 黄湘雅
29	中药白头翁活性成分的系统研究与应用	暨南大学 中国药科大学	叶文才 吴晓明 王广基 张冬梅 汪 豪 范春林 陈卫民 周 芳 徐进宜 张晓琦 毕 毅 张经纬 孙建国 王 英 赵守训
30	原创新药艾普拉唑的研发与产业化	丽珠医药集团股份有限公司 珠海保税区丽珠合成制药有限公司 丽珠集团丽珠制药厂 丽珠集团丽珠医药研究所	侯雪梅 刘 然 胡海棠 周月广 秦湘红 周淑芳 孔祥生 金 鑫 陈 剑 肖 鸿 汪伟明 刘 珍 李啸峰 王祥红 王燕清

【广东省科学技术奖获奖项目特点】

企业发挥了创新主体的作用　获奖成果中，企业独立承担或参与完成的156项，占获奖项目的59.5%。企业以第一完成单位牵头完成的有106项，占获奖项目的45%。由企业主导、高校和科研单位参与研发、实施后取得显著经济社会效益的成果占大多数，充分体现企业、高校、科研单位之间的协同创新成效显著，也反映出本省以企业为主体的创新体系建设不断完善，创新能力不断增强。

惠及民生的科技成果不断涌现　2013年获奖项目中，与人民群众日常生活、看病就医、生活环境等密切相关的优秀成果有112项，占初评获奖项目总数的42.7%，体现科技惠及民生，科技为本省人民健康生活、幸福生活提供重要支撑。

一批优秀青年人才成为科技创新的生力军　通过引进创新科研团队，实施国家自然科学杰出青年基金项目等措施，引进培养了一批具有重大原始创新发展潜力的青年科学人才。获奖人员中，牵头或参与研究攻关的40岁及以下中青年科技人员达1 570人，占总获奖人数3 106人的50.54%。获得一等奖的30个项目中，团队平均年龄在45岁及以下的有26个，占一等奖获奖项目的86.7%。

为解决经济发展重大需求提供了服务支撑和技术支撑　发挥政府导向是科技奖励的一个重要目的，获奖成果中，涌现出一批为本省经济建设、产业结构调整、社会服务做出积极贡献，解决本省社会经济发展重大需求的成果。

基础研究和原始创新能力明显提升　2013年度获奖的22个自然科学类项目共发表论文1 832篇，其中SCI、EI收录1 442篇，他引16 190次。同时统计数据表明，近两年广东国家自然科学奖获奖项目数占推荐项目数的比例均高于50%。

【特等奖项目介绍】

项目名称：交直流并联大电网关键技术研究及工程实践

完成单位：中国南方电网有限责任公司等

我国能源资源的储存和使用呈逆向分布，南方区域（粤、桂、黔、滇、琼）中云南和贵州两省一次能源保有量占五省区的90.5%，而广东GDP占该区域约2/3，为贯彻国家西部大开发和西电东送战略，南方电网规划建设了交直流并联大系统。

交直流并联输电既充分发挥直流输电远距离

大容量、可控性强的特点，又能发挥交流输电的联网功能，是南方区域西电东送和网架结构的必然选择，但该技术也面临交直流系统稳定相互影响、机电电磁暂态过程相互交织、多直流落点集中等诸多世界级挑战，国内外均无大规模实施的经验。

该项目重点研究和解决了以下7个方面技术问题：

1. 揭示了多回直流换相失败规律、交直流系统交互作用等交直流并联大电网内在机理，拓展了现代大电网技术理论；

2. 提出了交直流送电规模、直流电压等级、多回直流落点等一整套交直流协调规划方法，发展了交直流并联大电网规划技术；

3. 创立了交直流并联大电网稳控技术与在线安全稳定综合防御技术；

4. 创建了多直流协调控制、振荡定位和解列控制、电网故障感知等交直流电网广域监测控制技术体系；

5. 研发了交直流网损优化、跨流域水电群优化、煤耗在线监测等节能与经济运行技术；

6. 研发了应对雷电、台风、冰雪凝冻等自然灾害的防灾减灾技术；

7. 构建了世界上规模最大的交直流并联电网全景式实时数字仿真平台。

项目形成了保障大规模交直流并联电网安全、优质、经济、环保运营的技术体系。依托项目成果，在南方区域建成了“八交五直”、输电能力达2 470万千瓦的世界最大规模交直流并联电网，始终保持安全稳定、经济高效运行，近3年获得直接和间接经济效益29.3亿元。2003年至2012年，累计输送西部电能8 298亿度电，其中送广东7 464亿度电，2012年占广东全社会用电量比例达24.4%，城市客户年平均停电时间降低为3.13小时，十年降幅82%；为国家节省输电走廊用地2.4万公顷，为广东减少发电标煤2.4亿吨，减排二氧化碳6.3亿吨、二氧化硫450万吨。项目成功实现了我国能源资源跨区域大规模优化配置，为国家西部大开发战略实施和广东经济社会持续快速发展提供了重要支撑，带动了国内电力装备制造能力的跨越式发展，极大地提升了我国电工装备的国际竞争力。

项目成功开辟出交直流并联电网远距离大容量输电技术道路，确立了我国在世界大电网技术领域的领先地位，已被中国国家电网公司和部分新兴国家电网企业广泛借鉴，具有广阔的推广应用前景，对世界能源开发利用格局产生了深远影响，产生了特别重大的社会效益和经济效益。

项目名称：深圳市南山区科技服务体系建设及运行模式的创新与实践

完成单位：深圳市南山区人民政府等

南山建区于1990年，当时经济基础非常薄弱，且资源短缺、资金不足、经验缺乏。在后来的产业转型升级发展过程中，形成了大规模创新资源的聚集，传统的生产性服务业已不能满足产业升级和结构调整的需求，急需建立区域科技服务体系，提供高层次、专业化的科技服务。南山区聚集了超过2万家企业，高新技术企业有强烈的自主创新意愿和需求，但是普遍存在人才不足、设备匮乏、资金短缺三大瓶颈，严重影响了自主创新能力的提升，急需政府引导、整合社会创新资源建立科技服务体系，解决科技企业创新资源稀缺的难题。

为此，南山区按照“政府引导、市场运作、园区载体、专业服务、协同创新”的原则，南山区拓展服务领域，优化发展环境，形成了较完善的科技服务体系。主要做法是：

1. 设立科技创业服务中心，强化政府引导作用；

2. 实施“大孵化器”战略，培育战略性新兴产业；

3. 建立“线上+线下”式公共技术平台，推动科技资源共享；

4. 成立十六大产业联盟，深化产学研协同创新；

5. 践行科技金融创新，建立科技投融资服务体系；

6. 推行知识产权和标准战略，抢占技术创新高地；

7. 创立“品牌+特色”，开展五类专业化服务。

2012年，全区科技进步贡献率超过70%，实现高新技术产品产值3 350亿元，占深圳市28%；

高新技术产品增加值1 307亿元，占GDP的比重达46%，全社会R&D投入占GDP比重达5.49%，高于深圳市1.68个百分点。

截至2012年年底，全区有效发明专利达2万件，每万人发明专利拥有量181件，是全国2015年计划平均水平的55倍。拥有国家、省、市、区级创新载体451个，占深圳市比重达60%以上，其中国家级载体18个、省级载体33个。南山聚集了深圳市80%以上的高层次人才和创新团队，引进国家“千人计划”64人、全职院士6位，引进“广东省创新科研团队”14个，引进深圳市“孔雀计划”团队14个。

南山区科技服务体系建设及运行充分体现了“高新”“高成长”的特点，注重以“创新、创业、高端人才”的科技服务为重点，以创新带动技术与产品、以创业带动产业、以人才带动要素资源的集聚发展。未来，南山区将进一步加快构建多元化的科技服务体系，将南山建设成为区域创新中心、国家核心技术自主创新先行区和国际知名的自主创新发源地，成为广东省区域科技服务体系示范区。

【突出贡献奖获得者介绍】

计亮年，男，1934年4月出生于上海市。1956年毕业于山东大学。1975年至今在中山大学任教，曾任化学与化学工程学院院长，广东省化学会理事长。先后担任*J. Biol. Inorg. Chem.*、*J. Inorg. Biochem.*等5种国际刊物，以及国内《无机学报》《高等学校化学学报》等5种刊物的编委或顾问编委。1989年当选为英国皇家化学会会士（Fellow）。2003年当选为中国科学院院士。

计亮年院士创建的中山大学生物无机化学研究团队，近38年始终不懈地探索金属酶的化学模拟及其构效关系并取得重大突破。在核酸酶方面，合成出500多个尚未见文献报导的钌多吡啶配合物基础上，系统地研究、发现和总结出钌配合物中主配体取代基的电子性质、取代位置等10多个结构改变对DNA键合的调控规律，为钌配合物作为生物大分子结构探针和治疗药物的潜在应用奠定坚实的理论基础。在细胞色素P450单加氧酶方面，合成出200多个尚未见报道的金属卟啉配合物作为酶活性中心基础上，系统地研究、发现和总结出金属卟啉配合物中取代基性质、轴向配体等10多个结构改变对酶活性之间调控规律。在此基础上，提出了轴向配体活化模拟酶的作用机制，为我国成功实现碳氢化合物仿生绿色氧化工艺生产起到理论先导作用。

以上成果使计亮年院士应邀在重要国际会议上作特邀报告和邀请报告等40多次，在金属酶方面发表系列论文700余篇，论文被他引超过8 000次。获中国发明授权专利9件，其中3件已实现产业化。除1978年获得全国科学大会奖外，金属酶方向研究成果先后获得国家和省部级奖10项。计亮年院士还10多次代表中国在生物无机化学领域的国际机构中担任组委、顾委等职务；在广州组织了大型国际会议4次、全国学术会议4 次，对提升我国和广东省生物无机化学学科在国际上的学术地位起到了重要作用。

在56年的教学生涯中，计亮年院士勤奋刻苦、为人正直、言传身教、治学严谨。为本科生和研究生主讲过12门基础课和专业课，主编第一版《生物无机化学导论》，1995年获得国家教育委员会全国优秀教材奖二等奖；1994年由计亮年院士负责的本科生无机化学课程被列为广东省重点课程，1998年起被教育部列为国家理科基地创建“名牌课程”；1997年“提高研究生综合素质，培养合格的高层次人才”项目获广东省教学成果奖一等奖，同年获国家教育委员会国家教学成果奖二等奖。培养研究生100余名，有的已成为国家杰出青年、全国优秀教师等，为国家培养了一批生物无机化学新兴学科师资队伍和优秀科技人才。计亮年院士先后获得国家和省部级个人荣誉奖11项，包括“全国先进工作者”称号（2000年）、“全国优秀科技工作者”称号（2001年）等。

（广东省科学技术厅科技服务与管理处 王雅文）

现代产业体系建设

高新技术及战略性新兴产业发展

2013年，广东省继续加强高新技术企业的培育力度，全省高新技术企业数量和质量稳步增长，高新技术产品进出口额持续增长，占全国比重的39%。

高新技术产业

2013年，广东高新技术产业已形成4.5万亿元的产业产值规模，同比增长15%。2013年，广东省高新技术企业的数量8 237家（其中深圳3 836家），全国排名第2。广东高新技术企业在研发人员、科技投入、科技项目研发数、成果转化数、专利产出、高新技术产品产出等指标都在逐年攀升，呈现良好的发展势头，成绩显著。

【高新技术企业认定】 截至2013年年底，广东省组织完成两批认定和两批复审的评审工作，共受理评审1 524家，通过评审的高新技术企业1 237家（见表5-1-1-1）。

表5-1-1-1 高新技术企业认定复审评审统计表（2013）

单位：家

申请批次	申请数量	通过数量
第1批认定	350	265
第1批复审	281	262
第2批认定	668	525
第2批复审	225	185
合计	1 524	1 237

【高新技术企业科技投入与产出】

高新技术企业科技投入 2013年全省共评审了1 524家高新技术企业，近3年科技研发投入达到284.63亿元，占年销售额的3%～6%，每家企业平均投入的研发费用达到1 868万元，开展的研发项目总数20 639项，户均研发项目数13.5项。

高新技术企业科技产出 2013年新评审的1 524家高新技术企业近3年授权知识产权17 590项，户均11.5项，其中发明专利1 457项，户均有0.95项发明专利。近3年，全省高新技术企业授权专利数有起伏波动，但整体呈上升趋势，平均年增幅达到30%。

2013年新评审的1 524家高新技术企业，近3年成果转化数达到21 484项，户均成果转化14项，形成高新技术产品收入达到2 259.76亿元，户均1.48亿元。

【高新技术企业科技人员】 高新技术人才是高新技术企业创新发展的保障，据科技部门统计，近3年全省高新技术企业大专以上学历的人员在稳定增长，年均增幅达到10%以上。根据2013年统计数据，高新技术企业从业人员中本科学历以上人员达606 203人，占从业人员总数的20.7%，其中研究生学历人员123 110人，占从事人数4.28%。平均每家高新技术企业本科以上人员约82人。这些高层次人才和从事科技活动的专业人才为广东省高新技术企业产业技术创新发挥了重大作用。

【高新技术产品认定】 2013年，全省组织认定高新技术产品共3 441件，覆盖电子信息技术、生物与新医药技术、资源与环境、新能源、高技术服务等高新技术领域。这些产品都具有核心自主知识产权，反映了较高的科技水平及创新能力。

【高新技术产品进出口】 2013年，全省外经贸系统围绕“稳增长、调结构、促转型”，深入实施“科技兴贸战略”，鼓励外经贸企业自主创新，推动高新技术和战略性新兴产业国际化发展，促进外经贸加快转型升级，高新技术产品进出口快速增长，总额继续居全国首位。

据海关统计，2013年广东省高新技术产品进出口4 751.0亿美元，同比增长16.6%，占全国比重的39%。其中，出口2 564.3亿美元，同比增长15.8%；进口2 186.7亿美元，同比增长17.5%。高新技术产品进出口、出口、进口增幅分别比全省进出口、出口、进口增幅高5.7个、5.0个、6.5个百分点，占全省进出口、出口、进口的比重分别为43.5%、40.3%、48.0%，比2012年分别提高2.1个、1.7个、2.6个百分点。全省高新技术产品进出口顺差377.6亿美元（见表5-1-1-2）。

表5-1-1-2 国内主要沿海省市高新技术产品进出口情况（2013）

地区	进出口		进口		出口	
	累计（亿美元）	占比（%）	累计（亿美元）	同比（%）	累计（亿美元）	同比（%）
全国	12 185.3	100	6 603.4	9.8	5581	10.1
上海	1 662.8	13.7	881.6	-2.3	781.3	-4.2
江苏	2 197.8	18.0	1 274.2	-2.7	923.6	0.8
浙江	219.5	1.8	142.8	-3.5	76.7	-12.4
山东	330.2	2.7	173.9	20.4	156.2	11.0
福建	302.5	2.5	155.1	10.9	147.3	11.3
广东	4 751.0	39.0	2 564.3	15.8	2 186.7	17.5

贸易方式结构 一般贸易进出口增速高于加工贸易，贸易方式结构有所优化。一般贸易项下高新技术产品进出口、出口、进口额分别为1 035.6亿、505.4亿、530.2亿美元，分别增长17.9%、18.0%、17.8%。加工贸易项下进出口、出口、进口额分别为2 428.2亿、1 462.3亿、966.0亿美元，分别下降1.4%、1.7%、1.0%。一般贸易进出口的比重提高到21.8%，加工贸易进出口的比重下降至51.1%。其他贸易进出口为1 287.2亿美元，同比增长58.3%，占比27.1%（见表5-1-1-3）。

表5-1-1-3 广东省高新技术产品进出口（按贸易方式）情况（2013）

项目	进出口（亿美元）	占比（%）	出口（亿美元）	同比（%）	进口（亿美元）	同比（%）
全省	4 751.0	100	2 564.3	15.8	2 186.7	17.5
一般贸易	1 035.6	21.8	505.4	18.0	530.2	17.8
加工贸易	2 428.2	51.1	1 462.3	-1.7	966.0	-1.0
其他贸易	1 287.2	27.1	596.6	52.1	690.5	63.6

经营主体结构　民营企业进出口比重提高，经营主体结构进一步优化。民营企业高新技术产品进出口1 561.4亿美元，同比增长66.2%，占全省的比重为32.9%；外商投资企业高新技术产品进出口2 810.8亿美元，同比增长2.3%，占全省的比重为59.2%；国有企业高新技术产品进出口267.8亿美元，同比下降3.2%，占全省的比重为5.6%；集体企业高新技术产品进出口109.7亿美元，同比增长1.2%，占全省的比重为2.3%（见表5–1–1–4）。

进出口地区分布　高新技术产品对中国香港、韩国出口增长较快，对欧美日增速放缓，从中国台湾进口增长较快。高新技术产品对中国香港、韩国分别出口1 511.4亿、189.3亿美元，同比增长29.0%、17.5%；对欧盟出口173.0亿美元，同比增长0.6%；对美国、日本分别出口179.3亿、81.8亿美元，同比下降19.0%、2.1%。从中国台湾进口506.6亿美元，同比增长43.7%；从韩国、东盟分别进口332.1亿、294.3亿美元，同比增长11.1%、9.7%；从日本进口139.1亿美元，同比下降11.9%。

进出口产品领域　进出口高新技术产品中，计算机与通信技术产品占的份额最大，电子技术产品增速领先。计算机与通信技术产品进出口达2 353.6亿美元，同比增长5.4%，占全省高新技术产品进出口的49.5%；电子技术产品进出口1 800.3亿美元，同比增长44.4%，占全省高新技术产品进出口的37.9%；光电技术产品进出口404.8亿美元，同比增长2.9%；生物技术、生命科学技术产品进出口分别同比增长15.3%、11.2%；计算机集成制造技术、航空航天技术、其他技术产品进出口分别同比下降16.0%、5.4%、22.2%（见表5–1–1–5）。

表5–1–1–4　广东省高新技术产品进出口（按企业性质）情况（2013）

项目	进出口（亿美元）	同比（%）	占比（%）
全省	4 751.0	16.6	100
民营企业	1 561.4	66.2	32.9
外商投资企业	2 810.8	2.3	59.2
国有企业	267.8	–3.2	5.6
集体企业	109.7	1.2	2.3
其他企业	1.3	—	—

表5–1–1–5　广东省高新技术产品进出口（按领域）情况（2013）

项目	进出口（亿美元）	同比（%）	占比（%）
全省	4 751.0	16.6	100
计算机与通信技术产品	2 353.6	5.4	49.5
电子技术产品	1 800.3	44.4	37.9
光电技术产品	404.8	2.9	8.5
生物技术	1.2	15.3	0.03
生命科学技术产品	41.1	11.2	0.87
计算机集成制造技术	69.4	–16.0	1.5
航空航天技术	40.7	–5.4	0.86
其他技术产品	2.1	–22.2	0.04

进出口区域分布　高新技术产品进出口集中在珠三角地区，区域发展不平衡。珠三角九市高新技术产品出口2 536.7亿美元，同比增长15.8%，进口2 169.6亿美元，同比增长17.6%，分别占全省的98.9%和99.2%。粤东西北地区高新技术产品出口27.5亿美元，同比增长19.4%，进口17.0亿美元，同比增长11.5%，分别占全省的1.1%和0.8%。其中，深圳、东莞、惠州市高新技术产品分别出口1 690.2亿、336.1亿、216.4亿美元，合计占全省出口的87.5%，分别同比增长19.7%、13.1%、21.0%；分别进口1 388.5亿、313.3亿、174.4亿美元，合计占全省进口的85.8%，分别同比增长24.5%、8.7%、28.0%（见表5–1–1–6）。

表5–1–1–6　珠三角九市高新技术产品进出口情况（2013）

地市	出口（亿美元）	同比（%）	进口（亿美元）	同比（%）
广州	104.7	–5.4	137.5	–12.4
深圳	1 690.2	19.7	1388.5	24.5
东莞	336.1	13.1	313.3	8.7
珠海	68.7	0.5	67.4	23.3
佛山	36.9	–18.9	38.4	–17.1
惠州	216.4	21.0	174.4	28
中山	64.9	5.0	37.3	7.9
江门	12	18	6.2	–4.5
肇庆	4.6	20.2	1.5	–17

（广东省商务厅　高　峰）
（广东省科学技术厅高新技术发展及产业化处　张相年）

LED产业

2013年，广东LED产业继续保持高速增长，总产值达2811亿元，同比增长近30%，产值和规模继续位居全国首位。2013年，广东省LED产业增加值为652.48亿元，同比增长28.41%。其中，1季度LED产业增加值112.63亿元，同比增长21.09%；2季度LED产业增加值177.88亿元，同比增长32.30%；3季度LED产业增加值175.20亿元，同比增长24.73%；4季度LED产业增加值186.77亿元，同比增长33.20%。

2013年，全省累计招标LED灯1 321批次，共242万盏，其中路灯及隧道灯110万盏，景观灯及室内灯132万盏。至2013年，广东已成为全球最大的LED封装和显示屏生产基地，LED封装产量约占全国的70%，约占世界的50%，显示屏占全球市场份额的90%以上。

【产业核心技术】　省科技厅在战略性新兴产业LED专项中引入股权投资方式，加大对成长性LED企业的资金支持，为企业实现跨越发展提供有力支撑。2013年，以股权投资方式支持全省10家企业约4.8亿元，加速LED核心技术攻关及产业转型升级。

截至2013年年底，广东省LED产业相关领域专利申请共近5万项，约占全国LED专利申请量的30%。近年来，一批拥有自主知识产权的核心技术取得重大成果。如广东中科宏微半导体设备有限公司和广东昭信企业集团有限公司相继研制出国产MOCVD样机、基于氧化锌外延透明电极结构的新型高效大功率LED芯片、氮化镓同质外延技术等填补了产业空白。

【标准建设】 2013年，省科技厅、质监局等充分发挥省半导体照明联合创新中心、广东省半导体光源产业协会、半导体照明推广应用中心等行业组织的作用，积极开展了标杆产品检测发布、节能服务公司备案、旧灯具回收企业备案等工作，在示范区建设，质量标杆体系建设方面都取得了进展。

LED产品质量标杆体系　省科技厅加大标杆体系的推广力度。组织相关行业协会和组织开展宣贯和培训，完善了标杆体系的管理、实施以及检测等保障措施。重新修订了标杆体系检测办法，累计发布标杆目录16期，推荐接近2 000个规格产品，有力地保障了示范工程高质量的推进，同时为形成技术标准积累了丰富的试验数据。6月11日，广东省LED照明产品标杆质量自律联盟成立大会在广州召开，“省半导体照明标杆自律联盟”正式宣告成立。这是国内首个LED业自律联盟，代表着LED照明市场将由强制监管向自觉规范转化。

标准光组件计划　省科技厅积极实施标准光组件计划。2013年，具备科学性的标准光组件技术规范体系通过专家评审，并获得了行业专家的广泛认可。标准光组件的技术体系实现了3个首创：一是首先提出以“发光组件为基准单元”的新标准化、模块化方法，实现了标准化模式创新；二是首先提出了以“层级项目指导书”为主要实施内容的多单位协同创新方法，实现了协同创新方法的创新；三是首先提出以照明和半导体工业相结合的“光组件”二维分层分级方法，实现了分层分级方法的创新。

LED照明标准光组件的规范研制和体系建设取得了明显进展。2013年，LED照明标准光组件研发及应用联盟顺利成立，并已吸纳成员超150家，省内超过80%的企业已经形成对LED照明标准光组件的初步认知。

【国家半导体照明综合标准化示范区】 2013年，省科技厅加快推进“国家半导体照明综合标准化示范区”建设。2月，国标委批复广东为首个“国家半导体照明综合标准示范区”，省科技厅会同省质监局开展相关标准制修订模式创新，积极争取广东LED地方标准升格为国家标准乃至国际标准。截至2013年年底，已完成国家标准提案1项，发布地方标准4项，处于报批中地方标准有11项，地方标准提案30项。

【宣传推广】 2013年是广东省公共照明领域推广使用LED照明产品的实施年，也是珠三角各市完成推广任务的关键年，为此，省科技厅加强了指导和督促检查，确保省政府的任务得到落实。6月3日，以广东省人民政府办公厅名义印发《关于进一步加大工作力度确保完成推广使用LED照明产品工作任务的通知》，进一步强化工作任务和工作要求。同时，对各地LED照明采购工程进行动态监测，及时掌握各地招标及施工进展情况，对不按《省实施方案》要求的工程及时责令其改正，有效保障了省政府工作部署的执行。

4月10日，省政府在广州召开省LED照明技术及产品推广应用联席会议及推广应用LED照明产品佛山现场会，通报LED照明产品推广应用工作情况，研究解决推广应用过程中存在的问题，部署下一步工作。针对各地在实际工作中总结的工作经验和面临的问题进行深度的交流，大力推广成熟的商业模式，加速了推广应用LED照明产品工作全面铺开。结合省政府召开佛山现场会契机，《南方日报》《科技日报》《经济日报》等媒体开设专版，全面宣传广东省推广应用取得的良好局面、普及LED知识等。在省科技厅网站开辟LED工作专栏、编印《广东省推广应用LED工作简报》12期，及时通报各地进展，介绍经验做法。

（广东省科学技术厅高新技术发展及产业化处　张冬蕾）

节能环保产业

【清洁生产企业】 2013年，广东省共414家企业申请省级自愿性清洁生产企业，省科技厅与省经济和信息化委（以下简称“省经信委”）认定并公布两批共255家清洁生产企业，完成2013年广东省清洁生产企业（第1批）换证工作。省科技厅、省经信委会同省环境保护厅组织完成第1批80家省清洁生产技术服务单位业绩考评和换证审查。

【广东省清洁生产示范园区和技术中心】 为贯彻落实《广东省“十二五”清洁生产规划》，加快推进全省清洁生产工作，2013年，省经信委会同科技厅，联合启动了第1批省清洁生产示范园区、技术中心创建工作。

6月，省经信委发布《关于创建省清洁生产示范园区的通知》。示范园区的主要任务是：在现有经国家和省认定的各类园区（包括开发区、工业园、产业基地等）中，通过全面推进清洁生产工作，推广应用清洁生产先进技术工艺和产品设备，重点突出源头减量和过程控制，提高资源利用率和产出率，加快推进园区节能减排，选择一批成果明显的园区创建为省清洁生产示范园区。到2015年，全省将分批共创建10个清洁生产示范园区。

7月，省经信委、科技厅联合印发《关于创建省清洁生产技术中心的通知》（以下简称《通知》）。根据《通知》，省清洁生产技术中心的申请单位面向生产企业、科研机构和高等院校。此外，一是要求已经建立技术中心，正常运行时间超过一年；二是在科研经费上，企业有不低于200万元的研发仪器和设备，近两年年均研究开发经费不少于100万元；科研机构或高等院校则要求仪器和设备不低于500万元。企业的清洁生产能力也是重要门槛之一，要求单位产品资源及能源消耗、污染物排放，以及资源综合利用水平等各项清洁生产指标，原则上达到了清洁生产先进水平。企业一旦成功创建省清洁生产技术中心，将可承担行业关键和共性的清洁生产技术攻关和研发，引进、消化、吸收国内外先进技术，并为行业清洁生产技术成果推广应用提供技术咨询服务。入围企业或机构可参与行业清洁生产技术标准或评价方法体系等技术文件的编制工作。

经园区、企业自愿申报，各地市推荐，有关专家评审，公布惠州大亚湾石油化学工业区等3个园区为第1批省清洁生产示范园区、环境保护部华南环境科学研究所等41家单位为第1批省清洁生产技术中心。

表5–1–3–1 第1批省清洁生产示范园区名单

序号	单位名称
1	惠州大亚湾石油化学工业区
2	珠海（茂名）产业转移工业园
3	肇庆高新技术产业开发区

表5–1–3–2 第1批省清洁生产技术中心名单

序号	单位名称
1	环境保护部华南环境科学研究所
2	华南理工大学造纸与污染控制国家工程研究中心
3	广东省工程技术研究所
4	工业和信息化部电子第五研究所
5	广东省环境科学研究院
6	中山大学（环境科学与工程学院）
7	暨南大学水处理工程研究中心

（续上表）

序号	单位名称
8	中国科学院广州能源研究所
9	广州市万绿达集团有限公司
10	广州珠江钢琴集团股份有限公司
11	广州广船国际股份有限公司
12	互太（番禺）纺织印染有限公司
13	广州珠江啤酒股份有限公司
14	广州广日电气设备有限公司
15	广州市中新塑料有限公司
16	广州丽盈塑料有限公司
17	广州番禺高勋染整设备制造有限公司
18	广州市能源检测研究院
19	广州市标准化研究院
20	广州市二轻工业科学技术研究所
21	广州三孚新材料科技有限公司
22	广州市环境保护工程设计院有限公司
23	博创机械股份有限公司
24	深圳市雄韬电源科技股份有限公司
25	东江环保股份有限公司
26	深圳市通产丽星股份有限公司
27	深圳市深港产学研环保工程技术股份有限公司
28	佛山欧神诺陶瓷股份有限公司
29	佛山市三水凤铝铝业有限公司
30	佛山通宝精密合金股份有限公司
31	东莞市五株电子科技有限公司
32	东莞市清洁生产科技中心
33	五邑大学（化学与环境工程学院）
34	广东嘉俊陶瓷有限公司
35	广东萨米特陶瓷有限公司
36	广东四会互感器厂有限公司
37	广东羚光新材料股份有限公司
38	广东肇庆星湖生物科技股份有限公司
39	广东顺祥陶瓷有限公司
40	广东四通集团股份有限公司
41	广东天银化工实业有限公司

【粤港清洁生产伙伴计划】 2013年，认定第5批“粤港清洁生产伙伴”标志企业104家。10月，香港特区环境局和广东省经信委，在香港共同举办第5届“粤港清洁生产伙伴”计划的授奖仪式，共有104间企业获奖，以表彰企业在推动清洁生产方面的努力。“粤港清洁生产伙伴计划”由粤港两地共同开展，截至2013年10月底，已批出超过2 100个资助项目。参与该计划的企业通过改善生产工程，每年平均减少排放2 500吨氮氧化物、4 400吨二氧化碳、1 000万吨污水，节省成本7亿港元。

【科技项目组织实施】

2013年，在资源环境领域，由中科院广州能源所作为主承担单位的“地热资源利用技术”国家科技支撑计划项目已申请国内专利8件，其中发明专利4件，获实用新型专利授权3件，顺利通过了科技部社发司在重庆组织召开的中期检查会。此外，由省科技厅组织、以珠海格力电器股份有限公司为项目承担单位的“建筑用节能高效空调设备及系统开发”项目顺利通过了可行性论证，对实现绿色建筑与建筑节能的城镇化和城市发展的具有重要意义。

（广东省科学技术厅社会发展与农村科技处 陈文杰）

产业支撑载体建设

2013年，全省22个高新区年营业总收入达2.22万亿元，同比增长16.12%；实现工业总产值2.08亿元，同比增长14.54%。全省高新技术产品产值全年达4.5万亿元，同比增长15.38%。全省高新技术企业总数突破8 000家，排名全国第2。高新区“创业孵化—加速—集群”的内生增长模式逐步形成。建成深圳下一代互联网、惠州云计算智能终端2个国家级创新型产业集群试点，试点数量占全国总数1/5；新增国家级科技企业孵化器11家，数量居全国第1位，新增数量达到广东省过去20年总数的一半。

高新技术产业开发区

2013年，全省各高新区继续贯彻落实省委、省政府《关于加快高新技术产业开发区发展的意见》，全省高新区建设和发展迈上了新台阶。截至2013年年底，全省共有省级以上高新区22家，其中国家级高新区9家，省级高新区13家。2013年，全省高新区实际开发面积305平方公里，实现营业总收入达到2.22万亿元，同比增长16.12%；实现工业总产值2.08亿元，同比增长14.54%；高新区已经成为了各地的“金字招牌”，引领各区域经济科技飞速发展。

【高新区“三类园区”建设】 2013年，广东省推进深圳、广州国家自主创新示范区建设，积极培育原创性新兴产业和业态，形成具有国际竞争力的区域创新中心。推动中山、惠州、珠海、佛山、东莞等创新型科技园区建设，加快创新资源的集聚，形成“内生增长”发展模式。推动肇庆、江门等创新型特色园区建设，大力发展特色产业集群，塑造区域品牌。加快推进河源、湛江等条件成熟的省级高新区升级为国家高新区，提升园区发展水平。支持清远、韶关、汕头等省级高新区加快建设国家级高新区的步伐，推动省级高新区经济功能与服务功能的有机统一。

【高新区转型升级】 广东省高新区已经逐步实现了产业集聚和生产基地向人才集聚和创新基地转变，由输出产品向溢出技术和服务转变，由增量扩张用地模式向存量改造优化转变。

利用自身的机制和品牌优势，带动周边区域发展 通过实施“一区多园”模式，利用高新区已经形成的区域品牌和良好的机制环境来对这些园区进行提升和改造。如惠州仲恺高新区全面启动了慧云生态创意产业园、同方信息港等园区配套载体建设带动周边区域发展。

在产业和功能上实现与周边区域的协同发展 高新区着力发展研发设计、核心生产和技术服务，周边区域则发展生产、制造部分，形成有效的分工与合作，促进周边产业竞争力提升。如佛山高新区全面构建以博爱湖为核心的城市公共服务体系，倾力打造创新型、国际化、幸福乐居的生态品质新城。同时，加快城市综合体、南海中央公园、南海人民医院新院区、佛山西站等重点项目建设。

创新要素加速流动，促进自主创新能力的提升 通过创新要素、人才、信息和先进技术的合理流动，建立了高新区与周边地区的科技合作机制，提升了区域自主创新能力。如深圳高新区成立了人才工作领导小组，制定了《深圳高新区建设“国家海外高层次人才创新创业基地”管理实施办法》，出台了一系列人才工作政策措施，集聚创新资源落户，带动创新资源的有序流动。

【高新区选介】

广州高新技术产业开发区　2013年，广州高新区营业总收入4 680.18亿元，比上年增长11.34%；工业总产值3 501.41亿元，增长9.83%。2013年，广州高新区大力推动产业基地建设，集聚了40多家创新型企业。其中，广州海格通信集团股份有限公司入选为“广东省北斗卫星导航产业联盟主席团单位”，个体化医疗产业成为国家科技部创新型产业集群培育试点。同时搭建了中英生物科技之桥、中以生物科技之桥、瑞士洛桑生命科技园、香港科技园等国际合作平台。

深圳高新技术产业开发区　2013年，深圳高新区在省委、省政府的正确领导下，按照深圳市委市政府战略部署，紧紧围绕建设世界一流高科技园区和创建国家自主创新示范，推进创新驱动发展战略，加快高新区优化升级，促进自主创新能力和产业竞争力“双提升”。在科技部组织的全国105家国家级高新区综合评定中，深圳高新区排名第2，在广东省组织的高新区考核中综合排名第1。2013年荣获国家“创新型产业集群试点”单位、“知识产权示范园区”等称号。2013年，深圳高新区实现工业总产值4 815.94亿元，同比增长2.61%；总收入4 656.04亿元，同比减少0.41%。

惠州仲恺高新技术产业开发区　2013年，惠州仲恺高新区紧紧围绕市委提出的尽快进入珠三角第2梯队的目标，深化体制机制改革，大力发展战略性新兴产业，创新和加强社会建设，经济社会发展取得较好成效。2013年，惠州仲恺高新区引进内、外资项目113个，总投资217.29亿元；建立“专业孵化+创业导师+天使投资”模式以建设国家级孵化器，截至2013年年底，全区在孵企业近150家，毕业企业56家，孵化面积达20万平方米。截至2013年年底，惠州仲恺高新区实现工业总产值2 504.27亿元，同比增32.11%；总收入2 707.66亿元，同比增长38.70%，各项指标增幅继续在全市保持领先。

（广东省科学技术厅高新技术发展及产业化处　黄　攀）

高新技术产业化基地及火炬计划特色产业基地

广东省火炬计划特色产业基地（以下简称“特色产业基地”）经过多年的发展，已经成为发展地方特色高新技术产业和区域优势产业的重要载体。2013年，广东省的产业集群发展迅速，特色产业基地已成为全省经济平稳较快增长的新亮点和产业结构调整的重要力量，为全省大力发展高新技术产业、战略性新兴产业以及推动传统产业转型升级发挥了重要的支撑作用。截至2013年年底，全省共有省级以上特色产业基地107家，其中，国家级特色产业基地27家，省级特色产业基地80家。2013年，全省特色产业基地内有企业8.41万家，工业总产值23 722.65亿元，上交税额1 192.08亿元，出口创汇797.96亿美元。

【江门半导体照明特色产业基地】　2013年，江门半导体照明特色产业基地的工业总产值达236.32亿元，增速22.9%，近几年一直保持20%左右的增长速度。2013年，骨干企业的产值在2010年基础上翻了一番，达到126.43亿元。培育了一批有竞争力的本地企业，包括广东江门真明丽集团有限公司、广东德力光电有限公司、江门市科恒实业股份有限公司、广东金莱特电器股份有限公司、广东聚科照明股份有限公司5家上市公司。形成了从“外延—芯片—封装—应用”的由上游到下游一条龙的完备产业链。

【中山电梯特色产业基地】　中山电梯特色产业基地共有各级企业技术中心17 家，工程研究中心6 家。2012—2013 年间，承担了国家、省、市级各类科技项目达60项。基地实现工业总产值135.25 亿元，比2010年增长172.52%；销售收入134.94 亿元，比2010 年增长176.35%；交税总额5.96 亿元，比2010 年增长467.62%；税后利润6.88 亿元，比2010 年增长30.06%；出口创汇2.86亿美元，比2010 年增长16.26%。

（广东省科学技术厅高新技术发展及产业化处　黄　攀）

民营科技园

【省级民营科技园认定管理办法】 为贯彻落实《广东省人民政府办公厅关于推广三资融合建设模式促进我省民营科技园发展的意见》，加快培育科技型企业和壮大民营经济，规范全省民营科技园的认定和管理，推动民营科技园又好又快发展，省科技厅联合省住房城乡建设厅有关处室研究起草了部门规范性文件《广东省科学技术厅 广东省住房和城乡建设厅关于省级民营科技园认定的管理办法》，明确了省级民营科技园的认定对象、申报认定条件、申报程序、组织管理、考核评估等事项。该《办法》自2013年11月1日起施行。

【省民营科技园建设项目】 2013年省民营科技园建设项目，主要贯彻落实《广东省人民政府办公厅关于推广三资融合建设模式促进我省民营科技园发展的意见》和《中共广东省委广东省人民政府关于促进民营经济发展上水平的意见》，重点抓好民营科技园"三资融合"建设试点和综合科技服务平台建设，探索民营科技园建设新体制机制，提高企业自主创新能力，促进民营科技园又快又好发展，为实现经济转型升级做出贡献。4月，省科技厅组织发布《关于组织申报2013年广东省省级科技计划项目（第四批）的通知》。一是支持民营科技园开展"三资融合"（即土地资本、金融资本和产业资本相融合）建设；二是支持民营科技园创新创业人才平台建设；三是支持民营科技园发展规划制定；四是支持民营科技园方面的建设研究和服务支撑项目；五是支持开展全省民营科技企业、高新技术企业数据库建设。经专家评审，2013年，省民营科技园建设项目拟立项项目16项，总体立项率为72.73%。

（广东省科学技术厅政策法规处 王富贵）

创新型产业集群

2013年，广东省重点围绕产业集群建设，加大关键技术攻关和专业科技服务载体建设，加速产业集群的建设与升级。截至2013年年底，全省建成深圳下一代互联网、惠州云计算智能终端2个国家级创新型产业集群试点，试点数量占了全国试点的1/5。列入国家级创新型产业集群试点（培育）的有广州个体化医疗、中山数字医疗、珠海智能配电网装备等3个。

【深圳下一代互联网国家级创新型产业集群试点】 深圳高新区下一代互联网创新型产业集群成功入选，成为全国首批创新型产业集群试点，下一代互联网产业将成为深圳高新区重要的新兴产业。

2013年，深圳高新区下一代互联网创新型产业集群产业链关联企业达1 023家，其中高新技术企业有264家，从业人员总数12.48万人。主要包括物联网、高端软件、三网融合、电子商务和云计算等相关产业。

深圳高新区下一代互联网创新型产业集群不断提升自主研发能力，2013年互联网企业申请专利3 855件，其中发明专利申请量2 784；专利授权1 398件，其中发明专利授权527件。606家企业科技经费支出占销售额的10%以上。

2013年，集群顺利进入了千亿集团的行列，实现总销售收入1 008.45亿元，净利润215.81亿元，上缴税费84.15亿元，分别占高新区对应指标的21.66%，57.78%，30.96%。

截至2013年年底，深圳高新区已形成了较为完整的移动互联网产业链，以腾讯、华为、中兴、融创天下、卓望数码为代表，在移动终端、核心技术研发、平台软件、移动服务内容等多个方面具备全国乃至全球领先的实力。深圳高新区将以下一代互联网产业集群作为发展方向，打造国家级下一代互联网产业集群，其中，移动互联网、应用服务和电子商务将得以优先发展。按照相关政策，列入试点的集群将获得科技部1亿元的资金扶持，地方政府也会给予一定的配套，因此，集群试点工作必将加速推进深圳互联网产业的发展。

【惠州云计算智能终端国家级创新型产业集群试点】 惠州云计算智能终端创新型产业集群于

2012年11月获科技部批准建设，是中国首批“创新型产业集群试点”之一，也是中国唯一一个以云计算产业为基础的产业集群。预计到2015年，该产业集群将实现销售收入2 000亿元。

该产业集群位于惠州仲恺高新区核心区域，依托占地达17平方公里的平板显示、移动互联网、LED、新能源四大产业园及占地1.9平方公里的“慧云”生态创意产业园建设。截至2013年年底，惠州云计算智能终端产业集群产值2 047.80亿元，占惠州仲恺高新区总产值超过70%，同比增长32.4%，提前一年突破2 000亿元的发展目标。2013年集群产出手机2.87亿台，同比增长55.7%。全年人均GDP达到12.47万元。

该产业集群是以智能手机、平板电脑、智能车载终端和智能平板电视为代表的智能终端与以嵌入式软件、智能终端操作系统、应用软件、内容提供和云服务为代表的云计算相关应用紧密结合所形成的创新型产业集群。已形成以TCL、德赛、华阳三大集团以及三星、科锐、元晖、龙旗、鼎智、长城、雷曼等为龙头的云计算智能终端产业布局，形成了从技术开发、原材料加工到终端产品制造的完整产业链和较大的产业集群，产品覆盖全国并出口欧洲、北美、东南亚、中东、南美、非洲等地区。

截至2013年年底，该产业集群中已涌现出一大批优质项目。如总投资26亿元的TCL液晶产业园，是当年中国彩电行业独立投资规模最大、技术最为完备的工程。LED产业园则以半导体产业龙头美国科锐项目为主体，形成以外延片生产、芯片制造为主的上游产业板块和以封装、应用为主的下游产业版块。

（广东省科学技术厅高新技术发展及产业化处　黄　攀）

科技企业孵化器

2013年，广东省成立了创始会员近百个单位和个人的广东省科技企业孵化器协会，初步形成了省、市、区与协会共同推进的工作体系。2013年全省新增国家级科技企业孵化器11家，数量居全国第1位，新增数量达到广东省过去20年总数的一半；新增国家级科技企业孵化器培育单位9家，单年新增数量创历史新高。截至2013年年底，全省各类孵化器总数约200家。

【广州创新谷】 广州创新谷是一家专注于TMT和移动互联网产业的专业科技企业孵化器，2012年由华为互联网业务前总裁朱波创办，其通过关注“草根”创业，为创业者提供苗圃孵育、中期孵化和加速成长，利用其在业界的人脉资源，为创业者提供全产业链的创业孵化指导，同时通过以租转股、持股孵化的模式，实现创业者和孵化器运营者的互利共赢，成为孵化器发展4.0模式（无偿创业服务+天使投资+以租转股）的成功典范。截至2013年年底，创新谷已培训创业人员达2万人次，投资孵化项目20 多个。形成“北有创新工场、南有创新谷”的口碑，成为华南第1、我国著名的移动互联产业创新创业苗圃。截至2013年年底，创新谷投资项目超过30个，直接投资5 000万元，带动相关资金投入近10亿元，孵化的超级课程表、3D游、可信、巨能推、奇异果等产品已经成为我国移动互联行业的著名应用和品牌。

【东莞天安数码城】 东莞天安数码城科技企业孵化器于 2011 年建成，是东莞市“三重建设项目”之一，是广东省科技厅审核认定的省级科技企业孵化器和东莞市“三资融合”示范科技产业园，是由天安数码城集团投资设立并运营的综合型、营利型孵化器，孵化器坚持民投民建民营，以市场为导向，创新性实践出“科技—金融—地产”相融合的孵化器开发运营模式。已形成“创业苗圃—孵化器—加速器”一体化的创业孵化生态链，针对不同阶段企业、项目的发展需求，提供定制化的孵化服务。孵化器投入使用的场地面积为3.5 万平方米，在孵企业使用场地（含公共服务场地面积）3.2 万平方米，占 91.4%。

【瀚天科技城】 自2006年启动产业社区改造和重建以来，整个片区发生了翻天覆地的变化。瀚天科技城成为了南海区大力发展楼宇经济和都市型产业的重要载体，也是“三旧”改造及城市更新的成功案例。瀚天科技城于2008年投入运营，截至2013年年底，孵化面积达到3万平方米，在坚持综合型孵化项目的基础上，重点打造了“创享蓝海”和“华南环境产业”等特色孵化项目，累计孵化企业126家，毕业企业36家，在孵企业90家。孵化器已申请专利的在孵企业为40%，为社会提供2 500个就业岗位，大专以上学历职工占企业总人数的81%。在“创享蓝海”孵化项目里面，涌现了艾乐博机器人、闪光网络、动想科技、爱鲜网、云端容灾等一批成长性佳、后劲强的科技型企业。

截至2013年年底，翰天科技城现有高新技术企业22家，省民营科技企业22家；省工程技术中心2个；上市企业3家，股改成功企业2家。瀚天孵化器根据创新型企业的特点，为入孵者提供多元化的空间服务，并且根据企业不同发展阶段的需求及特点提供具有针对性的服务。作为新型孵化器，瀚天孵化器主要解决目前中小企业面临的共性问题，帮助企业突破发展中的种种瓶颈，提高孵化企业成功率。在多元化空间服务的基础上，形成了完善的科技企业孵化服务体系和创业导师工作机制。整合现有政府扶持、产业联盟、公共技术平台及专家顾问等公共资源，提供包括知识产权、投融资等一系列专业增值服务。2013年，瀚天孵化器荣获国家级科技企业孵化器，已初步形成了“孵化器+加速器+产业园”的培育模式。

【东莞市高盛科技园】 东莞市高盛科技园成立于2010年5月，是南城区首个以“政府引导、企业投资”的“三旧”改造项目。2010年，南城区引高盛集团整合旧厂区和周边土地进行就地升级，成功打造了配套设施先进完善，集企业总部办公、研发、实验、检测于一体的高端电子信息产业园。2013年12月18日，高盛科技园被科技部认定为“国家级科技企业孵化器”。高盛科技园通过实施“厂区升级、产业置换”，产生了良好经济、社会效益和产业聚集效应，成为了产业升级与“腾笼换鸟”相结合的成功范本。

高盛科技园探索设立了一套完整的企业孵化运行机制：南城区政府给予入孵科技型企业相应扶持政策作为引导，高盛运营服务中心搭建全方位的孵化服务体系，并成立独立的种子基金和创投基金，为入孵企业提供科技金融服务，共享企业成长的收益。园区还建立了一套从入园到毕业的完整孵化机制，在入园之初有筛选机制，主要是对创业项目和科技项目进行筛选，在培育阶段有苗圃培育和科技企业培育，而在毕业阶段，园区还会进行股权式跟踪和无股权式跟踪，并进行“二次孵化”。据统计，截至2013年年底，高盛科技企业孵化器累计毕业30家，毕业企业均有自主知识产权，其中8家企业获得国家高新技术企业认定；累计申请专利362件，获得的认定专利227件，其中发明专利58件，实用新型专利169件；软件登记27项。且每家毕业企业连续两年营业收入累计超过1 000万元。

（广东省科学技术厅高新技术发展及产业化处 黄 攀）

大学科技园

截至2013年年底，广东省共有大学科技园8家，其中国家级3家（中山大学国家大学科技园、华南理工大学国家大学科技园、深圳虚拟大学国家大学科技园）；省级5家（暨南大学科技园、华南农业大学科技园、广州中医药大学科技园、深圳大学科技园、南方医科大学科技园）。同时，还引进了清华大学科技园设立广州番禺创新基地。这些大学科技园大多数形成了“一园多区”共享模式，对广东省的科技创新、科技成果转化、高科技企业孵化培育、创新创业人才培养等方面发挥了较大的作用。

中山大学国家大学科技园 截至2013年年底，该园区已基本形成了6个分园区、3个中试基地以及各具不同功能的研发基地，其中主孵化园区、大学城园区、越秀园区以及南校区中试基地、梅州中山大学南药基地已经正常运行。2013年11月，该园区获广州市人力资源和社会保障局认定为“广州市创业（孵化）示范基地”；12月获科技部认定为“国家级科技企业孵化器”。

华南理工大学国家大学科技园 该园区在主园区大力开展技术创新、创新人才培养和企业孵化工作，在各分园有重点地发展特色产业，截至2013年年底，已建立了5个大学科技园分园、1个IC专业孵化器。截至2013年9月，该园区已转化科技成果300余项，累计获得知识产权800余项，累计园区总产值超过80亿元，累计创造利税约11亿元。

南方医科大学松山湖实验动物科技园　截至2013年7月，南方医科大学与松山湖管委会合作建设的南方医科大学松山湖实验动物科技园建设取得阶段性成果，拥有符合国际标准的实验动物生产设施2万平方米，实验大楼3 000平方米，是中国第1个涵盖猴、犬、小型猪等大型实验动物的综合性实验公共服务平台，它同时还可为世界一流制药企业大量提供满足各类新药实验要求的标准化实验动物，以及专业的合同外包服务（CRO）。

深圳虚拟大学国家大学科技园　该园区按照“多校一园、市校共建”的特色模式来建设。截至2013年11月，该园区自成立以来累计培训各类人员183 574人，其中：培养博士1 585名、硕士37 276名、引进实习研究生3 847人、订单培训56 561人次；举办国际学术会议、专家讲座2 131场；进站博士后123名。在深设立研发机构184家，转化科技成果1 460项，承担国家级科技项目531个，省部项目86个，市级项目487个，获得专利555项，孵化企业791家。

2013年，佐治亚理工学院与天津大学合作在虚拟大学园开展电子与计算机工程（ECE）硕士学位项目，这是首个全日制教育项目落户深圳虚拟大学园，在深圳尚属首次。录取首批120名学员，由佐治亚理工派遣全职教授（每年约12名）来深授课。

截至2013年年底，虚拟大学园已有50多所国内外名校在园区设立研究院和相关机构，包括清华大学、北京大学、香港大学、加拿大阿尔伯达大学等国内外院校以及中国科学院、中国工程院院士活动基地和中国社会科学院研究生院。

（广东省科学技术厅高新技术发展及产业化处　黄　攀）

农业科技发展

科 技 兴 农

2013年，广东省注重提升农业自主创新能力，引导产学研结合，解决农业产业共性关键技术，突出产业技术的创新发展，结合区域优势，兼顾平衡发展，提升农业企业自主创新能。开展共性关键技术专题研究35项，安排战略性新兴产业核心技术攻关计划项目9项，安排现代农业产业关键技术集成示范项目24项，培育农业科研创新团队29个，开展产学研协同创新，建设科技创新体系。推进国家级农科园建设，加快省农业发展方式转变，提升科技引领和产业集聚总体水平。

农业科技计划项目管理与实施

2013年，广东省获国家经费支持约7 587万元，其中2个项目获得国家“863计划”和科技支撑计划项目立项，经费支持共计4 932万元；18个项目获国家农业科技成果转化资金支持，经费1 280万元；7个县（市）获农业科技富民强县专项行动计划支持，经费940万元；3个项目获国家星火计划重大项目立项支持，经费435万元。2013年，省科技厅立项支持省级农业重点项目22项，共安排经费2 200万元；立项农业科技专项34项，其中广东农村信息直通车工程15项，广东国家农村信息示范省12项，农业科技园区7项，共安排经费1 680万元；立项农业科技一般项目510项，其中，现代农业适用关键技术研究11项，现代农业产业关键技术集成示范24项，农村科技特派员72项，农业领域引导项目403项，共安排经费6 053万元（见表6–1–1–1）。

表6–1–1–1 广东省农业领域科技计划项目受理情况（2013）

序号	类别	立项数（项）	支持经费（万元）
1	重点项目	22	2 200
2	农业专项	34	1 680
	#广东农村信息直通车工程	15	480
	广东国家农村信息示范省	12	200
	农业科技园区	7	1 000
3	一般项目	510	6 053
	#现代农业适用关键技术研究	11	700
	现代农业产业关键技术集成示范	24	720
	农村科技特派员	72	658
	农业领域引导项目	403	3 975
	#省直	196	1 734
	地市	183	1 876
	对外科技援助	24	365
4	合计	566	9 933

【关键、重点技术创新】 2013年，省科技厅针对制约广东省农业产业发展过程中的关键技术环节，致力突破产业技术发展瓶颈，重点发展动植物种业创新、动植物重大病虫害防护关键技术、农产品与食品加工关键技术和食品安全关键技术，提升农业科技自主创新能力，共投入经费2 200万元，支持22个重点项目（见表6-1-1-2）。其中，安排经费1 100万元，支持11个动植物种业创新项目，重点支持广东省农科院、华南农业大学、中山大学、广东海洋大学等高校和科研院所开展蔬菜、粮食作物、家畜和水禽等品种选育和创新研究；安排经费400万元，支持4个动植物重大病虫害防护关键技术研究项目，重点支持农作物、家禽和水生动物重大病虫害防控技术的研究；安排经费500万元，支持5个农产品与食品加工关键技术项目，包括食品加工品质调控关键技术和农产品加工装备的研究；安排经费200万元，支持2个食品安全关键技术项目的研究，包括食品安全风险评价和有害物质检测技术的研究。

表6-1-1-2 广东省农业领域关键节点关键技术重点项目（2013）

序号	项目名称	主要承担单位
动植物种业创新		
1	广东省岭南特色蔬菜杂交育种共性关键技术研究	广东省农业科学院蔬菜研究所
2	主要粮食作物（水稻）抗性育种技术研究——优质高产抗病杂交稻新品种选育与应用	广东省农业科学院水稻研究所
3	林木杂交新品种选育技术研究	广东省林业科学研究院
4	旱地作物品种改良技术研究	广东省农业科学院作物研究所
5	广东省家畜分子与细胞工程育种技术研究团队	华南农业大学
6	作物诱变育种新技术研究	华南农业大学
7	广东抗寒及特异茶树新种质的创制和利用研究	华南农业大学园艺学院
8	斑节对虾抗逆新品系选育研究	中国水产科学研究院南海水产研究所
9	生长性能和繁殖性能高的水禽品种选育	仲恺农业工程学院
10	农林植物种苗组培快繁和脱毒繁育技术研究	广东海洋大学
11	近江牡蛎三倍体优质苗种及马氏珠母贝新品种培育技术研究与开发	中国科学院南海海洋研究所
动植物重大病虫害防控关键技术		
1	广东省猪重大传染病控制关键技术集成研究与示范	广东省农业科学院动物卫生研究所
2	广东省农作物有害生物抗药性控制技术研究	广东省农业科学院植物保护研究所
3	水生经济动物病毒病防控技术研究	中山大学生命科学学院
4	广东省家禽重大传染病控制技术研究	华南农业大学兽医学院
农产品与食品加工关键技术		
1	亚热带果蔬加工品质调控关键技术研究	广东省农业科学院
2	广东省食药用菌驯化与利用技术研究	广东省微生物研究所
3	农产品高效节能干燥与冷链物流装备技术研究	广东省现代农业装备研究所
4	食品发酵与代谢调控技术研究及产业化应用	华南理工大学轻工与食品学院
5	水产蛋白改性技术研究	广东海洋大学

（续上表）

序号	项目名称	主要承担单位
食品安全关键技术		
1	农产品质量安全风险评价关键技术研究	广东省农业科学院农产品公共监测中心
2	广东省水产品中有害物质高通量检测技术研究	华南农业大学食品学院

主要粮食作物（水稻）抗性育种技术研究—优质高产抗病杂交稻新品种选育与应用　该项目由广东省农业科学院水稻研究所、广东省金稻种业有限公司、华南农业大学、中国科学院华南植物园、仲恺农业工程学院共同承担完成，立项经费100万元。

项目研究内容包括：1．抗旱、抗草、耐盐及水稻逆境相关生理研究，筛选抗逆性材料以期用于杂交稻亲本的选育；2．创制及选育优质多抗的籼稻不育系；3．选育多抗、丰产、优质的杂交稻新品种；4．研究制定安全高效的新品种繁、制种技术规程；5．新品种产业化推广应用，为农民增产增收。

水生经济动物病毒病防控技术研究　该项目由中山大学生命科学学院、中国科学院南海海洋研究所、中国水产科学研究院南海水产研究所、广东海大集团股份有限公司共同承担完成，立项经费100万元。

项目研究及产业化内容包括：1．研制2种水产病毒病现场、快速、准确、敏感的检测技术及试剂盒；2．制订6种对虾病毒病生物防控技术和使用规程；3．研制2种虾蟹类病毒的中草药；4．开发3种鱼类病毒病有效疫苗，疫苗保护期8个月以上，人工感染保护率在80%以上，其中1种疫苗申报新兽药证书，力争产业化生产；5．研发1套水质检测仪器；6．制定1套测水调水防控病毒病发生技术。

水产蛋白改性技术研究　该项目由广东海洋大学、中国水产科学研究院南海水产研究所、华南理工大学、广东兴亿海洋生物工程有限公司、湛江中南岛生化有限公司共同承担完成，立项经费100万元。

项目研究及产业化内容包括：1．水产蛋白物理改性关键技术；2．水产蛋白酶法改性关键技术；3．水产蛋白生物改性关键技术。

广东省水产品中有害物质高通量检测技术研究　该项目由华南农业大学食品学院、中国广州分析测试中心、广东省农业科学院农产品质量安全与标准研究中心、佛山市中南农业科技有限公司、珠海丽珠试剂股份有限公司共同承担完成，立项经费100万元。

项目研究内容包括：1．标记物优化及免疫检测方法的建立与优化；2．快速前处理技术研究；3．仪器条件的优化及方法的建立与验证。

亚热带果蔬加工品质调控关键技术研究　该项目由广东省农业科学院、华南农业大学、华南理工大学、广东宝桑园健康食品有限公司、广州市从化顺昌源绿色食品有限公司共同承担完成，立项经费100万元。

项目研究内容包括：1．亚热带特色果蔬主栽品种品质特征属性数据库构建；2．亚热带果蔬干和果蔬脯加工品质调控关键技术研究；3．亚热带果蔬汁和果酒加工品质调控关键技术研究；4．亚热带果蔬功能食品加工品质调控关键技术研究。

（广东省科学技术厅社会发展与农村科技处　叶毓峰）

农业科技示范与推广

【农业科技园区】　2013年，省科技厅安排1 000万元在揭阳、清远、河源、阳江等地市建立农业科技园区，覆盖整个粤东西北地区，推广示范农业科技创新技术及成果，以农业产业为依托，提升不同区域优势特色产业。另外，湛江特色水海产业国家农业科技园区和珠海斗门国家农业科技园区已通过科技部的专家评审，列入第5批国家农业园区建设，至此，广东省（深圳除外）已有广州、湛江、珠海3个国家农业园区。

广州国家农业科技园区　2013年，广州国家农业科技园区实现总产值10.44亿元，年度增加值2.61亿元，出口创汇1 252万元。园区已建成核心区面积387公顷，还通过各种形式，在全省主要农业产区共建示范区面积166 667公顷，龙头企业2家，新增1个省级企业重点实验室、1个企业科研基地和1个工程技术研究中心。园区引进新技术2项，新产品2个，推广新技术7项，新产品15个，授权发明专利20项，共获得各级科技成果奖励48项，其中，国家科技进步奖特等奖1项（参加），省科学技术奖一等奖4项（含参加2项），全国农牧渔业丰收奖一等奖1项，农业部中华农业科技奖一等奖4项。举办技术培训75次，培训技术人员17 617人，带动周边农户年人均纯收入12 000元。

湛江特色水海产业国家农业科技园区　2013年，湛江特色水海产业国家农业科技园区内实现总产值22.28亿元，年度增加值2.95亿元，出口创汇8.69亿元。园区已建成核心区面积2 200公顷，示范区面积16 000公顷，龙头企业6家。推广新技术5项，新产品9个，授权发明专利7项，举办技术培训6次，培训技术人员6 642人，带动周边农户年人均纯收入9 566元。

珠海斗门国家农业科技园区　2013年，珠海斗门国家农业科技园区实现总产值17.6亿元，年度增加值1.2亿元，出口创汇718万元。园区已建成核心区面积333.33公顷，示范区面积31 217公顷，龙头企业14家。引进植物和粮食新品种各1个，推广新技术1项，新产品1个，新设施5套，授权发明专利4项，举办技术培训6次，培训技术人员2 000余人，带动周边农户年人均纯收入13 888元。

【星火计划】　2013年，广东省共设立国家星火计划项目114个，其中，重大项目3个（见表6-1-2-1），面上项目111个。项目投入经费3 986万元，其中国拨经费435万元。

项目实施取得了初步成效。据国家星火重大项目的调研统计，截至2013年年底，通过建立示范基地、示范推广先进技术、带动企业和农民等方式，实现年产值1.3亿元，年利税196万元；项目成果覆盖县（市）33个，覆盖乡镇109个，覆盖农民12.3万人，农民人均增收900元；创造就业岗位318个，促进劳动力转移200人。建立农业专家大院1个，开展技术指导和培训，指导培训农民1 000人次；支持和培养农业专业合作组织2个，开展技术培训和技术推广，培训农民150人次，推广技术1项；通过“企业+农户”的模式带动农民，支持农业企业17个，覆盖乡镇103个，推广技术12项。新增培训基地2个，举办培训班5个，编写教材3种，印刷教材2 000册，建立远程教育站点1个，培训农民1 300人，培训科技致富带头人、农村科技服务人员、基层科技管理人员合计350人次。

岭南果蔬安全关键技术集成示范　该项目获得国家星火计划重大项目支持110万元。项目围绕香蕉安全，优质栽培与增值技术集成示范，免洗净菜技术及产业化推广，荔枝、龙眼及瓜类主要病虫害安全防控技术集成示范，果桑种植加工技术及产业化应用，无线图像传感器网络在蔬菜虫害监测中的应用示范等5个方面开展集成与示范。

2013年，项目实施取得了显著的成效：1.

表6-1-2-1　广东省获国家星火计划重大项目（2013）

序号	项目名称	承担单位
1	岭南果蔬安全关键技术集成示范	广东省农业科学院
2	南方水产高效健康养殖产业化示范与推广	汕尾红海湾广泰实业发展有限公司
3	对虾产业高效生态关键技术集成与示范	中山大学

集成了香蕉安全优质栽培技术1套；建立生产示范基地3个，总面积约66.67公顷，年产值超过900万元，覆盖农民约1 000人，人均增收约4 000元，技术辐射面积1 333.33公顷以上，培训技术人员、果农300人次以上；2. 一期示范单位10家，年实现免洗净菜销售收入5 000万元，年加工蔬菜1万吨，企业降低10%的综合成本500万元，同时可以100%循环回收处理2 000吨菜头菜尾垃圾，节约垃圾处理费30万元；3. 集成了2套防控技术体系，示范基地2个，示范区总面积达40公顷。自主研制的高效、安全化学防控产品累计推广80吨，应用面积6.2万公顷次，已培训产区技术人员、果农、菜农1 000人次以上。4. 集成了果桑绿色配套种植技术1套，研究集成了加工桑果原汁的生产技术及其贮藏技术1套；研究优化了桑果汁饮料生产工艺1套，生产设备1套；研究优化了桑果酒生产工艺1套，生产设备1套；建立了3个果桑种植及加工产业化示范基地，示范面积1 533.33公顷，年产值超过2亿元；培训果桑种植农户3 000人次以上，桑果加工生产技术骨干200人次以上；5. 图像传感器节点能够及时在大田环境下采集蔬菜图像并传输蔬菜图像，获得了较好的蔬菜图像质量，节点与簇首传输距离已能够达到1 000米。被EI检索录用投稿学术论文1篇。研究了基于双目的作物叶片图像稠密匹配算法，并申报发明专利。

南方水产高效健康养殖产业化示范与推广　该项目获得国家星火计划重大项目支持165万元。项目在工厂化循环水养殖的基础上，开展海淡水鱼工厂化养殖设备和系统的技术优化，同时配以动植物医院基层水产诊所服务体系以及相应的高效健康养殖技术，建立石斑鱼、澳洲宝石鲈、花鳗鲡、罗非鱼等海淡水名特优水产养殖品种的高密度工厂化循环水高效健康养殖示范模式，构建高效安全的水产养殖健康保障技术体系。

2013年，项目建设了300立方水体循环流水设施系统基础工程，初步形成高密度健康育苗模式，生产种苗推广试养。制定了《养殖车间系统操作规程》及《淡水鱼循环水工厂化养殖关键技术规范》各1项。自主生产了3批虹彩病毒SGIV灭活疫苗，对其安全性等进行了检测；对具有抗病毒活性较好的石斑鱼免疫基因进行了真核酵母表达，对表达产物活性进行了检测；使用自主研发出的微芯片实验室技术检测技术平台（Lab-on-a-chip）等一系列检测和诊断新技术，筛选无病害携带的健康苗种石斑鱼。已基本完成动植物医院基层水产养殖远程诊治服务平台的设计和编码，并已上线；在汕尾、茂名、肇庆、江门、中山、佛山6个地市建立20个动植物医院示范基层水产诊所，配套相应的水产诊所远程终端及应用系统；建成50人以上的村村通动植物医院水产中心医院专家服务团队，并建立稳定的座席专家10人，为水产养殖户实时在线提供水产疾病专家咨询；建立村村通动植物医院12396专家服务热线、短讯（农讯通）、互联网（动植物医院基层水产养殖远程诊治服务平台）等多通道远程水产养殖技术服务通道。

对虾产业高效生态关键技术集成与示范　该项目获得国家星火计划重大项目支持160万元。项目围绕对虾主要病毒病生态防控技术集成、凡纳滨对虾抗白斑综合症新品种“中兴1号”亲本扩繁与种苗生产标准、养殖对虾水质调控技术集成、对虾高效环保饲料与投饲技术、对虾加工技术与示范推广、对虾养殖集成技术综合示范与推广应用等6个方面开展集成与示范。

2013年，项目实施效果显著。形成了在养殖期排水的环保技术操作标准1套，建立盐度6以下的凡纳滨对虾白斑综合症革胡子鲶、草鱼生物防控技术标准各1套，建立盐度6以下的凡纳滨对虾白斑综合症革石斑鱼、美国红鱼生物防控技术标准各1套。构建了抗白斑综合症凡纳滨对虾“中兴1号”12个杂交配套组合，杂交配套繁育苗种养殖成活率17%。建立了1个南美白对虾基础种群，基础种群数量1.3万对；扩繁了5个南美白对虾基础种群，每个基础种群数量达到1.6万对；扩繁了4个南美白对虾核心种群，每个核心种群数量达到2.5万对。对核心种群和基础种群生长及抗WSSV进行测试、筛选；扩繁新品种（系）凡纳滨对虾优质虾苗6亿尾；提高饲料的利用价值和利用效率，缓解饲料行业对鱼粉进口的过度依赖。以海大集团2012、2013年生产的对虾饲料分别为40万吨、46万吨，总计86万吨，每吨饲料提高9%利用效率计，总计少用10万吨鱼粉，每吨鱼粉价格为1万元，少支出外汇10亿元。新增3个5万吨级的对虾饲料厂，新增15条虾料产品线，等于增加15万吨/年的产能和60万吨的虾料销量，新增产值45亿元，利息4.5亿元，通过添加剂技术和水体微生态制剂技术分解吸收水体小分子污染物，使氮磷的排放减少20%。2013年，新品种（系）虾苗推广中试养殖面积486.67公顷，项目集成技术示范养殖266.67公顷，养殖成功率80%以上，单造每公顷产量5 625千克以上。2013年项目产值7亿多元，利税6 800多万元，覆盖县市78个，覆盖乡镇586个，覆盖农民3万多人，农民人均增收0.6万多元，人均比上年增收0.15万多元。培训农技人员和养殖大户3 000多人，增加就业岗位近3 560个。

（广东省科学技术厅社会发展与农村科技处 叶毓峰）

农村科技服务

【农村科技特派员】 广东省全面开展农村科技特派员科技服务和创业行动，成效显著。2013年，广东省共有农村科技特派员12 186名，农村科技特派员团队209个，法人农村科技特派员254个，农村科技特派员工作站1 121个，已有国家级科技特派员创业链3条，新申报推荐国家级科技特派员创业链9条。（2013年当年）全省农村科技特派员与农民建立利益共同体477个，开展试验示范和技术培训7 660次，开展基层科技服务3.9万次，接受基层科技服务的企业有6 845个，推广农业科技成果、新品种、新技术、新工艺1 622个，推广先进农业和农村适用技术3 904项。2012—2013年，全省农村科技特派员共创办农业企业188家，其中龙头企业达到98家；组建农村经济合作组织或专业协会289个，会员达25 902人。科技特派员工作为科技人员创造了与产业结合、与市场结合的条件，为科技人员开展创新创业活动、创办科技实体提供了良好机遇，2012—2013年，广东省农村科技特派员平均每年实施科技特派员创业项目300多个，创办企业或组建经济合作组织200多个，实现年利润约3.5亿元，培育和壮大了一批发展良好的农业科技企业。

【科技扶贫】 2013年，按照省委、省政府的要求，省科技厅积极开展新一轮扶贫“双到”工作，厅帮扶工作小组深入对口帮扶点东源县灯塔镇下围村摸底调研，走访贫困户、低保户、五保户共130多户，摸清帮扶村群众以及村基础设施的基本情况，制定了《东源县灯塔镇下围村扶贫开发“双到”工作方案》。厅领导先后带队赴下围村调研考察和慰问，深入了解农民群众对扶贫工作的意见和建议，还组织厅机关各处室和厅属各单位的代表开展了数次赴村帮扶慰问活动，深入开展“一对一”的帮扶工作，及时下拨2013年扶贫“双到”专项经费258万元，用于修缮村道，修建安全饮用水输水管等基础设施建设，以及改善村委会办公条件，帮助贫困户危房改造和贫困户脱贫和解困，通过产业扶贫和救济性帮扶等措施，确保第1年的扶贫“双到”工作顺利进行。

【科技下乡】 2013年，省科技厅在信宜、连南、高要、东源等地开展粮食生产、特色农产品安全种养、医疗卫生科技下乡活动，为当地的农民、种养大户、农技人员开展多场专题技术培训，培训农民1 500多人；向农户赠送化肥250多千克，水稻和蔬菜良种500多千克，技术资料10 000多份，化肥500多包。通过组织农村科技特派员科技下乡活动，每年发放农业技术资料和科普资料近59.8万份，培训农村基层技术人员和农民约60.96万人次，为13.8万户农民直接提供各类农业科技服务；农村科技创业行动则安置劳动力就业18.5万人，带动8.9万户农户增收，辐射带动90多万农户、784万人受益，有效促进了当地农民的科技素质不断提升和增收致富，带动和造就了一批文明富裕的高素质新农民。

【科技对口援助】 省科技厅按照国家和广东省的对口援助工作整体规划和部署，针对新疆喀什地区两县一市和西藏林芝地区的科技交流与项目实施工作，从四方面开展工作：1.加强交流，及时把握对口援助地区科技需求。2013年3月，省科技厅到林芝地区考察，与林芝地区科技局进行了工作会商，进一步明确了科技援藏工作方向。2.深化合作，跟踪落实科技援助项目实施情况。2012年，省科技厅对7个援助项目给予立项，对援藏干部工作经费给予支持，共投入资金240万元并不定期听取承担单位工作汇报，确保项目顺利实施。3.加大支持，改善对口科技援助地区的基础条件。2013年，通过项目支持、联系相关单位进行物资捐赠等方式，重点解决了喀什地区办公用车、办公设备更新等相关硬件问题，推进当地科技部门工作实现信息化、现代化建设。4.完善“广东对口科技援助工作办公室”信息管理系统，除规范科技援助相关文件、资料的存储利用，还通过发布对口科技援助相关动态信息，建立一个对口科技援助的对外宣传窗口，提高社会关注度。

（广东省科学技术厅社会发展与农村科技处 叶毓峰）

农村信息化

2013年，省科技厅投入专项资金480万元，立项15个项目支持直通车工程开展专家团队、电子商务、网站群等建设（见表6-1-4-1）。

【国家农村信息化示范省建设】 2012年，科技部、中组部、工信部联合下文将广东省列为国家农村信息化示范省建设试点。按照《广东建设“国家农村信息化示范省”实施方案》，2013年，省科技厅以“三农直通车工程”综合服务平台为基础，与省委组织部远程办、省农业厅、省供销社、省物价局等单位签订战略合作协议。2013年，省科技厅设立“广东农村信息示范省建设”专项，立项12个项目，投入200万元支持国家农村信息化示范省的建设工作（见表6-1-4-2）。广东国家农村信息化示范省建设工作有序

表6-1-4-1　广东农村信息直通车工程专项项目（2013）

序号	项目名称	承担单位
1	动植物医院远程智能诊断终端应用推广及专家团队建设	广东村村通科技有限公司
2	广东农民专业合作社电子商务应用推广	广东村村通科技有限公司
3	广东省农产品安全预警与追溯技术研究	广东省农业科学院农业经济与农村发展研究所
4	村村通动植物医院动物中心医院专家团队建设	广东省前沿动物保健有限公司
5	广东食用菌产业电子商务交易平台建设及应用	广东省食用菌行业协会
6	大埔县特色农产品电子商务交易平台建设及应用	大埔县供销合作社联合社
7	广东茶叶流通电子商务交易平台建设及应用	广东省茶叶流通协会
8	村村通动植物医院广东植物医院专家团队建设与服务	广东大丰植保科技有限公司
9	新农村信息化综合服务平台	珠海市发思特软件技术有限公司
10	蕉岭县特色农产品电子商务交易平台建设及应用	蕉岭县供销合作社联合社
11	面向平价超市的特色农产品电子商务交易平台建设及应用	广东新供销商贸连锁股份有限公司
12	斗门区水产品电子商务交易平台建设及应用	珠海市斗门区农产品流通协会
13	白云区特色农产品电子商务交易平台建设及应用	广州市白云区供销合作联社
14	番禺区特色农产品电子商务交易平台建设及应用	广州市番禺区石碁供销社
15	特色农产品电子商务平台的研究与应用	陆丰市跨越种养专业合作社

表6-1-4-2 广东农村信息示范省建设专项项目（2013）

序号	项目名称	承担单位
1	广东农民专业合作社管理信息系统应用推广	广东村村通科技有限公司
2	动植物医院江门（开平）植物分院建设及应用	江门市植物保护站
3	新会区农村党员现代远程教育网络服务站信息员培训体系建设	江门市新会区农村信息化综合服务中心
4	动植物医院阳江植物分院建设与应用	阳江市种子和土肥环保管理站
5	围绕信宜市农业特色产业开展党员现代远程教育网络信息员培训	信宜市三保惠民信息服务专业合作社
6	动植物医院汕尾市植物分院建设与应用	汕尾市农业科技研究院
7	惠东县植物医院分院建设及应用	惠东县农业技术推广中心
8	动植物医院博罗分院建设与推广应用	博罗县农业技术推广中心
9	怀集县党员现代远程教育网络服务站信息员培训	怀集县生产力促进中心
10	陆河县党员现代远程教育网络服务站信息员培训	中共陆河县委组织部
11	广东水产动物中心医院建设及应用	中国水产科学研究院珠江水产研究所
12	党员现代远程教育网络服务站信息员培训	封开县科学技术局

推进，实施了“省级农村公共信息服务平台”等一批农村信息化重大工程建设，在农村信息基础设施建设、服务网点建设和农业专业应用建设等方面取得一系列重大突破。

【省级农村公共信息服务平台建设与运营】 省级农村公共信息服务平台建设工作，是在广东农村信息直通车工程已建的省级农村综合信息服务平台基础上进一步夯实平台，已建成三农信息门户网站、网站群系统、数据中心、五大农村专业应用信息系统，包括农业电子商务平台、动植物医院公共服务平台、农业物联网技术应用平台、新农医服务平台、农村远程村务管理信息服务平台，基本建成了省级农村公共信息服务平台，包括：省级农村公共信息服务平台门户网站“三农直通车”，22个产业信息网站群，18个地方特色信息网站群，1 000个数字乡村信息网站群。

【示范工程建设】

农业电子商务示范工程 “一站式”农业电子商务服务体系为农产品和农资供求信息的发布、撮合、交易、物流配送以及安全追溯等提供一站式商务服务，实现农产品的产销对接，加速农产品流通，降低农产品营销成本，提高农业生产综合效益。由广东村村通科技有限公司主办的村村通商城电子商务培训，2013年合计培训了919个农业企业、合作社，共1 295人。B2C农业电子商务平台（村村通商城）已有7个地区开通联盟商城，372家涉农企业开通企业网店，供销安全农产品6 000多种，并参与了广东省政府组织的“广货网上行”活动。B2B农业电子商务平台（亿农大市场）已有国内农民专业合作社、涉农企业4 590家在线发布企业信息、供求信息。农业电子商务服务覆盖珠江三角洲、粤东、粤西、粤北四大区域，并向“泛珠三角”区域延伸服务，建立了村村通联盟商城—江西分城、云南分城、内蒙古分城。

动植物医院示范工程 以广东省农科院植物保护研究所、动物卫生研究所及珠江水产研究所建成植物、动物、水产3家省级中心医院，基层动植物诊所200多家，基本形成广东省主要农业区域的新型、高效、综合植物病虫害防治、动物与水产疫病防治服务体系。2013年，以“医院—平台—诊所—农民”的服务模式，组织列席专家

400多名，借助12396语音热线和动植物远程视频诊断为农业合作社、农业专业镇种养大户及个体农户提供技术支持，较好地解决了农业种植、养殖中长期存在的防治难、诊断难、看病难的根本问题，实现了科技信息在广大农村中低成本、高效率传播。2013年10月，动植物村村通动植物医院公共服务平台的农博士信箱共为农户解答了问题195人次，其中种植类和养殖类的问题分别为83人次和112人次，农业专家视频预约24人次。《动植物医院》杂志整合植保、动物、水产疫病防治技术以及新成果、新产品，把高效安全实用的种植养殖技术、病虫害诊断与防控技术、安全用药指导等知识普及到农村基层种养户和农民专业合作社。杂志发行覆盖广东21地市，全省9 000多家农民合作社，4 500多家大型兽药店、农资店等均可收到杂志。杂志还逐步辐射到广西、江西、福建等省区，未来将覆盖泛珠三角地区，致力于成为华南地区最专业、最实用、覆盖最广的科普类杂志。

农业物联网应用示范 2013年，广东省村村通科技有限公司和中山梁全福养殖场合作共同建设示范基地，在10月安装了一套水产物联网生产监控设备，大大提升水产养殖监控的便利性与实用性，更适于水产养殖基地的示范应用与推广。与广州市东涌盛唐水产养殖场合作，共同建设水产物联网南沙示范基地，基地在2013年9月安装了一套水产物联网生产监控设备，用于监测对虾养殖池的重要环境因子：溶解氧、水温和pH值。

【交流与合作】 广东省村村通科技有限公司在江西省进行了名优农产品电子商务平台应用推广培训；与云南省达成共建“西部边疆特色农产品及农资电子商务服务平台”的意向，并提出“泛珠三角”区域农村科技信息合作方案；与内蒙古自治区科学技术信息研究院签订了《粤蒙共同推进农村信息化创新服务平台合作协议》，双方将共同推动创新服务平台建设，整合各方资源，展开部省联动和跨省市、地区、部门间的合作，进一步提升广东省农村信息化水平。

10月28日，为加快推进广东农村信息化示范省建设，省科技厅在省农科院组织召开了广东国家农村信息化示范省建设工作推进会。

（广东省科学技术厅社会发展与农村科技处 叶毓峰）

科技富民强县

截至2013年年底，广东省获科技部、财政部立项科技富民强县专项46个。2013年，有20个项目在执行期，其中2011年立项6个，2012年立项7个，2013年立项7个（见表6-1-5-1）。

表6-1-5-1 广东省执行期内的科技富民强县专项（2013）

单位：万元

序号	立项年度	市名	县（市、区）名	项目名称	国拨资金
1	2011	韶关	乐昌市	粤北山区安全优质农产品生产技术应用与推广	73
2	2011	韶关	仁化县	油茶产业化生产	103
3	2011	河源	东源县	新丰江流域生态农业技术示范与产业化	85
4	2011	梅州	梅县	金柚关键技术示范开发与产业集群培育	74
5	2011	汕头	南澳县	大型海藻良种繁育、高效栽培及深加工技术示范	79
6	2011	潮州	潮安县	畜禽肉制品机械化加工技术开发及其产业化	72
7	2012	韶关	南雄市	粤北山区优质稻安全种植及加工技术集成应用	163
8	2012	韶关	始兴县	优质无公害蔬菜标准化生产技术集成应用推广	111

（续上表）

序号	立项年度	市名	县（市、区）名	项目名称	国拨资金
9	2012	河源	源城区	源城区食用菌产业化发展	151
10	2012	肇庆	四会市	无公害生猪技术集成与应用示范	112
11	2012	江门	台山市	鳗鱼标准化生产技术示范推广	120
12	2012	湛江	吴川市	吴川羽绒加工产业化示范	172
13	2012	云浮	郁南县	粤西地区现代蚕桑技术示范推广与产业化	81
14	2013	河源	和平县	猕猴桃规范化种植技术研究与产业化开发	145
15	2013	肇庆	怀集市	珠江三角洲生猪生产基地产业化技术集成与应用示范	155
16	2013	江门	开平市	开平市优质肉鸡健康生产技术示范与推广	140
17	2013	茂名	化州市	优质罗非鱼产业化技术集成示范与推广	160
18	2013	茂名	信宜市	广东省信宜市怀乡鸡健康养殖示范与产业化开发	55
19	2013	惠州	博罗县	外向型蔬菜安全生产关键技术集成与产业化示范	140
20	2013	阳江	阳东县	阳东县水产品养殖与加工产业升级示范工程	145

2013年，本省在执行期的20个专项共计划安排11 731万元经费支持，其中科技部下拨专项经费1 783.6万元，带动地方及企业配套投入经费9 947.4万元。各个科技富民强县试点工作均按计划进度组织实施，经费及时下拨到位，总体进展顺利。在2013年度的专项经费支出中，新技术新品种引进费支出为2 881.3万元，新技术示范推广费支出为4 157.9万元，科技服务费支出为1 089万元，培训费支出为891.1万元，其他支出为923万元。

【实施成效】 2013年处于执行期的20个专项，均为农业类项目，均是当地具明显农业特色和较强的产业技术经济带动效益的项目。专项的立项和实施，极大地促进了本省特色优势农业产业的健康可持续发展。据2013年度执行情况统计，20个项目中参与产业的企业有611家，其中年销售500万元及以上的企业250家，销售额100万元以上的企业348家，建立研发机构的企业有78家，企业产业年产值约210.1亿元，上缴利税约2.0亿元。项目的实施，有效地增加了农民就业，促进了农民增收。20个项目共吸收从业人员约40.8万人，其中吸收农业劳动力约37.1万人，直接参与项目实施的农民人数达32.9万人，辐射带动了约33.6万农民参与产业建设；有效提高了农民收入，农民人均项目收入达到8 514.8元，直接参与农民人均纯收入14 053.3元。

这些项目的实施，增强了产业科技创新和科技支撑引领作用。共研发新产品新品种88个，鉴定成果37项，获奖成果31项，申请专利190项，获授权专利137项，引智人数370人，引进新品种148个，新品种推广面积1.59万公顷，推广新技术86项，建立示范基地141个。较好地提升了产业科技能力，共搭建各类信息平台59个，农产品交易平台56个，建立农民协会111个，农业技术合作组织436个。培养乡土人才约1万人，共培训农民21万人，建立培训机构93个，开办培训班1 845期，发放资料31.7万份。共带动453名科技特派员参与，其中法人科技特派员66人，科技特派团52个，形成利益共同体6个，创办企业50个，其中龙头企业18个，实施科技项目开发90项，年项目总投资约7 756万元，实现年利润3 420万元。组建合作经济组织或专业协会336个，会员人数6 221人。

【主要做法和经验】

完善项目组织管理，保障专项顺利实施　全省20个试点县（市、区）均专门成立了富民强县工作领导小组，由县（市、区）主要领导任组长，相关职能部门负责人任成员，保障富民强县工作的顺利实施。同时聘请有关专家成立专家委员会、专业技术协会，为项目实施提供咨询、指导，解决有关技术问题，保障合法权益。

阳东县十分重视海洋产业的发展，制定了《关于加快海洋经济强县建设的实施意见》，和《广东省海洋经济综合试验区发展规划阳东县实施方案》。针对科技富民强县项目的实施工作，先后成立了多个工作领导小组，以加强对项目实施工作的领导协调工作，为项目的实施工作提供了支撑保障。同时，为加强对项目经费的监督管理，成立了县科技富民强县专项资金管理领导小组，由县财政局和县科技局抽调人员组成，实行专账管理，专款专用，项目资金按计划进度拨款。

依靠龙头企业示范和示范基地，带动产业健康发展 依靠龙头企业可带动农业结构的调整、促进农产品加工业的发展、农业实用技术的应用推广、带动农民增收、促进农业农村经济持续发展。依靠生产示范基地可创新农技推广机制，搭建农技推广体系改革平台，加速农业科技成果的转化。

郁南县坚持区域布局的原则，依托现有基础，优先发展自然条件优越、优势突出的产区，大力培植发展种桑养蚕的示范户、示范村，以重点户、共育户、科技示范户为依托，形成规模优势，通过企业带动，提升蚕桑产业化经营水平，让农民切切实实感受到参与种桑养蚕的好处。截至2013年年底，全县7个蚕桑主产镇均先后办起了“新种优质高产蚕桑示范基地”、小蚕共育户、新型养蚕示范户。郁南县信达茧丝绸有限公司以“公司+研究所+基地+协会+农户”的发展模式，先后通过提供免费种苗、药物以及补贴等方式，扶持农户发展蚕桑生产。信达茧丝绸有限公司为5 000多户农户免费提供了价值超100万元的蚕药和收购补贴，免费发放优质桑苗30万株。

源城区在实施科技富民强县专项计划中，立足当地特色产业，实现“三结合”，依靠科技带动农民致富和财政增收，为县域经济的全面、协调、可持续发展提供有力的支撑。围绕与当地特色产业进行产业化开发，食用菌业是源城区农业特色产业，食用菌发展空间大、带动力强。2013年，全区已培育省级农业产业化龙头企业6家，市级农业产业化龙头企业8家，组建专业技术协会和农民合作组织22家，带动1 200户示范培植户共同致富。

加强产学研合作，夯实产业发展基础 科技富民强县专项行动计划，为高等院校、科研院所先进科技成果的转化和推广应用提供了产学研合作的良好平台，有效地促进了高等院校、科研院所与县域农业经济社会发展的有机结合，为服务社会主义新农村建设提供了良好畅通的渠道，同时也为高等院校、科研院所培养人才、科技创新提供了基地。

怀集县与广东省农业科学院合作，制订了《怀集县建设“珠三角安全食品产业基地”总体规划》，与省农科院、华南农业大学在食品安全领域开展全方位的科技合作。广东温氏食品集团股份有限公司公司成立了怀集总部，带动在温氏集团公司担任专职技术与管理人员和技术顾问的华南农业大学、中山大学专家教授服务于怀集畜牧业的发展。以产学研形式与怀集县农业龙头企业和农民大户合作的高等院校与科研院所等单位的科技人员更是超过100人。怀集特色农业已成为现代农业科技的实验田，农业产业化的孵化器。

化州市的广东雨嘉水产食品有限公司、广东百维生物科技有限公司通过产学研合作形式，与广西大学、中国水产科学研究院南海水产研究所、广东海洋大学等高校院所进行协同创新合作，引进高新技术人才，共同开展罗非鱼加工技术开发和罗非鱼胶原蛋白肽系列生物制品研制，获得显著的效果。申请发明专利1项，实用新型专利6项。

加大人才技术输送，提升产业科技含量 农业依靠科技，科技依靠人才。在现代农业发展的关键时期，在自主创新、成果转化和技术推广应用能力等方面，农业科技与农业人才有着举足轻重的作用。

和平县充分整合县内外科技人才资源，组建科技团队。一年来，由县科技局牵头联合各有关公司通过加强与仲恺农业工程学院、省果树研究所、和平县水果研究所合作，很好地整合县内外科技人才资源，为专项任务的完成打下坚实的工作基础。截至2013年年底，技术团队全员28人，专业技术人员23人，其中正高级6人，副高级7人，其他工程技术人员10人。

另外，和平县切实加强新技术新品种的推广应用。在项目实施过程中，采用了高接换种技术，充分利用了原品种的树桩优势，有效地缩短了猕猴桃童龄期的管理，提早投产，降低了生产成本，比小苗种植换种提早了两年时间。通过高接换种技术大力推广“和平红阳”“大果和平红阳”及“金艳”等优质高档新品种，新品种的种植面积迅速扩大，2013年全县种植面积达333公顷以上。

生产管理体系标准化，提升产品的市场竞争力　农业生产管理的标准化，保障了农产品的质量安全，提升了农产品的品质，打破了贸易壁垒，扩大了产品的市场空间。

台山市完善标准化生产管理体系，提高台山地区在鳗鱼养殖、加工、包装、贮藏和运输过程中对有害物质和有害生物的控制及其保障能力，保障农产品质量安全。建立包括水质监控、渔药管理、病害防治、饲料管理，药物残留监控等操作规程，建立科学有效的病虫害综合防治计划和产品质量可追溯体系，制定严格的产品质量标准，引导养殖户按照最新的标准去做。有了过硬的质量，符合出口标准，大大提高了台山鳗鱼的市场占有率和出口创汇能力。

【典型案例】

韶关市乐昌市　韶关市乐昌市在项目实施过程中，为巩固提高粮食生产能力，创办了早晚稻高产示范片各667公顷，优质稻技术集成示范片333公顷，超级杂交稻高产示范片6.67公顷，还创办了水稻生产全程机械化和鱼塘规范用药示范点，灾后复产示范片；开展了测土配方施肥、水稻机械化播种温室大棚、农业节水工程、“一乡一品”等项目建设，提高了广大农民的科技意识和科学种田水平，促进了农业增产增效；依托“合作社（公司）+基地+农户”的模式，大力推广标准化种植和加强“三品认证”，加快农业主导产业的生产基地建设，创建合作社“粤之宝”品牌，积极与当地永安南城、粤客隆、广州江南市场、好绿鲜连锁店、中山好又多等超市产销对接，加大深加工厂建设力度，延伸产业链；引进粮、果、菜等优新品种70多个进行试验示范及推广，在生产中大力推行标准化高产栽培、病虫害综合防治、蔬菜大棚育苗等各种主导先进适用技术17项，大力推广无公害生猪养殖技术，加快推进规模养殖场污染减排，加强鱼塘规范用药和水产苗种检疫；围绕“三打两建”主题，深入开展农资市场及农产品质量安全专项整治，通过开展一系列执法检查，规范了本市农资市场，维护了农民利益，保障了农业生产安全；围绕发展农村经济、增加农民收入，保证农村稳定这个主题，坚持“实际、实用、实效”的原则开展了科技培训工作。

截至2013年年底，全市农林牧渔业总产值达31.3亿元，农村人均纯收入9 295元，在无公害农产品、绿色食品、有机食品的“三品”认证工作中，共有45家企业70个产品持有有效“三品”证书。全市有农民专业合作社366家，其中国家级2家，省级18家，发展社员近3万人，通过粤宝合作社和粤俊种猪有限公司等引进新品种70个，推广面积800公顷，推广新技术17项，鉴定科技成果3项，获奖成果3项，申请专利25项，获授权21项。建立了示范基地8个，农民协会2个，农民技术合作组织162个，辐射带动农民就业6 300人，农民人均纯收入增收420元。共举办农民科技培训、合作社社员培训、扶贫技能培训等各类培训班近625期，培训农民2.98万人次，培养乡土人才180人，发放资料40 000多份。

云浮市郁南县　云浮市郁南县在项目实施过程中，注重强化领导，各部门联动协作，制订发展规划，把蚕桑产业作为该县今后发展特色农业的核心来发展，同时加强市场管理，出台相应文件规范本县的蚕桑市场经营行为。

该县以西南大学生物技术学院、广东省农科院蚕业与农产品加工研究所、郁南县信达茧丝绸有限公司、郁南县蚕桑协会等作为技术支撑单位，共建专业镇技术创新平台，开展桑蚕新品种、种养新技术及蚕药的改良实验和示范推广工作，引进蚕新品种、开展桑苗的提纯复壮研究和繁育、建立无病毒种苗繁育体系，建立优质桑树苗圃基地，加强蚕种检测中心建设、净化蚕种场和原蚕区，大大提高了郁南县蚕桑产品的品质和产量。通过开展小蚕共育技术、大蚕地面条桑育技术等技术推广应用，辐射带动农户万户以上，先进蚕桑种养技术普及率大大提高，还引进和应用先进缫丝工艺及设备，推广应用机械化种桑剪桑技术和设备，提高了种桑的工作效率。

该县依托现有基础，优先发展比较优势突出的产区，建立了12个共140多公顷优质桑树示范种植基地和8个小蚕共育基地，大力培植发展种桑养蚕的示范户、示范村，以重点户、共育户、科技示范户为依托，形成规模优势，通过企业带动，提升蚕桑产业化经营水平。2013年，全县蚕桑面积已达0.87万公顷，蚕桑产业总产值约11亿元，全县7个蚕桑主产镇均先后办起了“新种优质高产蚕桑示范基地”、小蚕共育户、新型养蚕示范户。当地龙头企业如郁南县信达茧丝绸有限公司以“公司+研究所+基地+协会+农户”的发展模式，先后通过免费提供种苗、药物、补贴等方式，扶持农户发展蚕桑生产，通过办培训班、派发宣传资料、培育示范户等多种形式开展广泛宣传，为创造良好的产业发展环境打下基础。

该县积极组织实施科技项目，2013共组织实施6个产业相关科技项目，投入项目资金758万元，促进了蚕桑产业科技含量和产业化水平的提高，开展专家定期定点咨询服务，通过与华南农业大学、广东省农科院蚕业与农产品加工研究所等深入合作，针对郁南蚕桑产业发展的实际问题建言献策，形成了县生产力促进中心、技术推广中心、信息服务站、协会、农民合作社、本地农技推广队伍为主的农业技术推广网络，开展技术指导和培训，2013年，该县开展培训班162期，科技入户活动58次，培训蚕桑实用人才536名，遍布全县蚕桑生产镇，直接或间接指导和培训农户近10万人次。

（广东省科学技术厅社会发展与农村科技处 叶毓峰）

林业科技发展

2013年，省委、省政府召开了全省新一轮绿化广东大行动工作会议，出台了《关于全面推进新一轮绿化广东大行动的决定》。林业科技工作重点围绕新一轮绿化广东大行动、建设全国绿色生态第一省的总目标，特别是紧紧围绕生态景观林带、森林碳汇、森林进城围城、乡村绿化美化四大重点生态工程建设，全面推进林业科技发展。

《关于加强林业科技创新的实施方案》

为贯彻落实《中共广东省委、广东省人民政府关于全面推进新一轮绿化广东大行动的决定》精神，经省政府同意，省林业厅于11月28日印发了《关于加强林业科技创新的实施方案》。

【目标要求】 围绕新一轮绿化广东大行动，以提高自主创新能力和林业建设科技含量为核心，以体制机制创新为动力，以突破核心关键技术、强化技术集成应用、构建科技创新与示范平台为重点，大力实施创新驱动发展战略，全面提升广东林业科技综合竞争力，使广东省林业科技发展水平处于全国前列，为建设全国绿色生态第一省提供强有力的科技支撑。到2015年，全省林业科技成果转化率达到70%，科技进步贡献率达到55%；到2017年，全省林业科技成果转化率达到75%，科技进步贡献率达到60%。

【主要任务】

突出自主创新，提升林业科技创新引领能力 一是加强种质资源开发利用。围绕林业种业发展需要，加强优良乡土树种、珍贵树种及木本粮油、木本中药材、木本花卉、生物能源、林下经济植物等生物遗传资源的收集、保存、评价与创新利用，选育优质、高效、多抗的林木、花卉等良种和新品种，为林业建设提供良种储备。二是加快生态建设关键技术攻关。围绕四大重点林业生态工程和五大森林生态体系建设，加快困难立地造林、石漠化治理、生态系统修复、灾害防控、生态服务功能评估、林业碳汇计量监测等技术创新，突破生态建设关键技术，促进森林面积和蓄积双增长，全面提升生态产品生产能力。三是加强惠民产业技术创新。围绕农民增收致富和林业产业转型升级，重点加强森林资源培育、林下经济发展、林产品综合利用与质量安全控制等产业技术创新，促进森林资源的高效利用，提高木竹材综合利用率和产品附加值。

构建创新示范平台，提升林业科技资源共享和创新能力 一是建立完善科技创新平台。加强林业公共科学研究基础实验平台建设，建立广东林业科技创新平台，推进林业工程技术研究体系建设，建立主要林木种质资源库、2～3个林业长期科研试验基地及科技成果交易、碳汇计量监测等咨询服务平台。加强生态观测研究，完善森林、湿地、荒漠化生态系统监测网络。提升现有省部级重点实验室等平台建设水平，促进装备现代化。鼓励企业建立研发中心，构建产业技术创新联盟，促进协同创新。二是打造区域科技示范网络。加强林业科技示范基地建设，建立1～2个国家级、若干省级区域性林业科技示范基地，每个市县、省属林场各规划建立1个林业科技示范基地，推进林业新技术、新品种应用示范。

加快转化应用，全面提高林业科技支撑服务水平 一是强化技术集成配套推广。加强林业科技成果转化与实用技术的组装配套推广，提高科技成果转化率和先进技术应用覆盖面。林业重

点工程建设必须与科技支撑同步设计、同步实施和同步验收，切实提高工程建设科技含量。推进科技特派员行动计划，深入开展科技下乡活动，不断提高林业从业人员的实用技能。二是大力推进林业标准化。建立健全林业技术标准体系，促进林业科研开发、成果转化、技术推广、标准化示范有机衔接，提高林业标准化生产普及率。强化林产品质量监管和检验检测体系建设，提高林产品质量安全水平。推进森林认证，促进森林可持续经营和林产品国际贸易。三是完善科技推广体系。加强省、市、县三级林业科技推广体系建设，强化基层林业科研机构和林业工作站的科技推广职能，改善科技推广工作条件，推进林业科技推广站规范化、标准化建设；加快林业科技推广人才培养，不断提升各级推广机构专业技术人员的比例，到2017年全省林业科技推广机构具有大专及大专以上学历的人数达到80%，专业技术人员达到90%。

【保障措施】

加大资金投入　省财政在原有林业科技创新专项资金基础上，2014—2016年每年新增安排1 000万元用于省级林业科技创新平台建设及科研开发、成果转化、林产品质量与碳汇监测、高科技人才培养等工作。

加强人才培养　实施"十百千林业人才培养计划"，培养10名在国内外具有一定影响力的学术带头人，100名各学科领域优秀青年科技骨干，1 000名基层实用型专业技术人才。

完善评价与信用机制　充分发挥科技评价的导向和激励作用，完善重大科技项目决策、实施、成果评价机制；加强林业知识产权保护，营造激发科技人员创新创业积极性的良好环境。强化科技诚信监督，加大对学术不端行为的惩处力度，将科研诚信作为专业技术职称评定、科技立项、成果评价、奖励推荐等重要依据，切实净化学术风气。

加强交流合作　加强林业科研院所与国内外相关科研机构、企业单位的交易合作，支持科技人员到国外科研和教学机构开展合作研究和进修，激发林业科研院所创新活力。加强林业先进技术引进，支持林业技术输出，提升林业对外科技合作水平。充分发挥在粤中央相关科研院所、高等院校的科技资源优势，有效推进产学研合作，提升广东林业科技发展能力。

（广东省林业厅科技与交流合作处　张心结）

科技创新与平台建设

【科技攻关】　重点推进广东省省级林业科技创新专项、国家林业公益性行业科研专项等林业科研项目实施，在优良乡土阔叶树种、珍贵树种、油茶及薇甘菊防治技术研究等方面取得重要进展，尤其在乡土阔叶树种选育方面取得了新突破。选择出樟树、木荷、黎蒴、枫香和火力楠优良种源5个，家系110个，单株152株，其材积平均增益分别达5%、39%和138%以上；突破了优良材料种苗无性繁殖的技术瓶颈，樟树、枫香组培达产业化技术水平，樟树生根率达92.6%，枫香生根率达98%，移栽成活率均达到90%以上；黎蒴扦插成活率90%以上。2013年有44项省林业科技创新专项资金项目通过了验收，收集林木优良种质资源272份，建立种质资源圃133公顷，建立林木良种繁育基地40公顷，繁育优质苗木900多万株。

【科技创新平台】　加快林业生态监测网络建设，重点抓好国家级、省级生态监测定位站基础设施建设和规范管理，广东东江源、南岭森林生态系统定位研究站基本建成。继续加强省级林业科研试验示范基地、省优良珍贵树种培育试验示范基地和省高脂马尾松良种繁育基地等三大林业科技创新示范基地（平台）建设，基地规模达到467公顷，其示范带动作用日益显现。广东林木种质资源库项目已完成2公顷种质资源繁育圃基础建设，23个树种2 000多份种质资源的收集、评价，营建种质资源迁地保存林233.3公顷；南方森林标本馆和林木检验检测基地项目已进入建设施工阶段，总建筑面积3.9万平方米。

（广东省林业厅科技与交流合作处 张心结）

科技示范推广

【项目管理及实施】 重点抓好中央财政林业科技推广示范项目的实施和管理，完成到期项目验收13项，对2012年度立项的18个项目进行了绩效评价。通过项目实施，2013年共新建樟树、枫香、中华楠、红锥、土沉香、格木等优良树种推广示范林880公顷，繁育优质苗木570多万株，培训技术人员和林农近2 000人次，发放各类技术宣传资料16 780份。

【科技服务】 组织开展以“实施创新驱动发展战略，共建创新型广东林业”为主题的科技进步活动月系列重点活动38项。组织编写出版了《南方主要珍贵树种栽培技术》等实用技术书籍；开展了科技咨询、科技服务、科技普及和林业重点生态工程科技支撑调研咨询活动等。

（广东省林业厅科技与交流合作处 张心结）

科 研 成 果

【科技成果奖励】 2013年度，全省有7项林业科技成果获广东省科学技术奖，其中一等奖1项、二等奖2项、三等奖4项；1项获第5届梁希林业科学技术奖三等奖；10项成果获广东省农业技术推广奖，其中一等奖1项、二等奖4项、三等奖5项。

表6-2-4-1 部分林业获奖成果一览表（2013）

序号	获奖类别	获奖项目名称	完成单位
1	2013年度广东省科学技术奖一等奖	乡土植物在生态园林中应用的关键技术研究与产业化	中国科学院华南植物园 广州普邦园林股份有限公司 棕榈园林股份有限公司 广东中科琪林园林股份有限公司
2	2013年度广东省科学技术奖二等奖	森林冰雪灾害损失评估、减灾及次生灾害防控技术研究	华南农业大学 广东省林业科学研究院
3	2013年度广东省科学技术奖二等奖	华南主要景观树种抗逆性评价及其培育技术	广东省林业科学研究院 广东国森林业有限公司
4	第5届梁希林业科学技术奖三等奖	杉木系统改良与无性系选择	广东省林业科学研究院 广东省林木种苗管理总站 乐昌市龙山林场 肇庆市国有林业总场大坑山林场 韶关市曲江区国营小坑林场
5	2013年度广东省农业技术推广奖一等奖	华南优良景观树种及新品种评选与培育推广	广东省林业科学研究院等
6	2013年度广东省农业技术推广奖二等奖	油茶优良品系引进及快速繁育技术示范	华南农业大学等
7	2013年度广东省农业技术推广奖二等奖	橄榄优良品系与丰产栽培技术推广	广东省林业科学研究院等
8	2013年度广东省农业技术推广奖二等奖	环保多效木材保护技术推广应用	广东省林业科学研究院

（续上表）

序号	获奖类别	获奖项目名称	完成单位
9	2013年度广东省农业技术推广奖二等奖	基于平板电脑的森林资源清查数据采集关键技术应用与推广	广东省林业调查规划院
10	2013年度广东省农业技术推广奖三等奖	绿萝标准化栽培技术推广与应用	茂名市林业科学研究所
11	2013年度广东省农业技术推广奖三等奖	黑木相思引种栽培技术推广应用	梅县林业科技推广站
12	2013年度广东省农业技术推广奖三等奖	珍贵乡土树种土沉香栽培技术推广	惠州市林业科学研究所
13	2013年度广东省农业技术推广奖三等奖	油茶芽苗砧嫁接技术推广	龙川县林业科学研究所
14	2013年度广东省农业技术推广奖三等奖	中小水库库区水源林经营技术推广	汕头市林业科学研究所

乡土植物在生态园林中应用的关键技术研究与产业化 该成果首次系统地对我国乡土植物进行资源调查、编目、评价和数据库构建，收录优良景观植物6 000多种，发现新种28种；评价了木兰科、彩叶植物、藤本植物和耐盐碱植物近500种，筛选出适合于生态园林建设的新优乡土植物150种；解决了伯乐树、首冠藤、瑶山苣苔等30种优良乡土景观植物种苗的规模化繁殖技术。首次实现乡土园林植物“从天然群落到引种繁殖再到营造自然的生态园林景观群落”的规模化循环利用；成功解决利用乡土植物进行边坡绿化等关键技术集成；综合运用能量生态学与经济学分析评价方法，系统揭示了城乡生态系统中植物景观的动态规律，为景观规划、物种配置和生态园林建设的可持续发展提供了科学依据。建立了15个苗木产业化生产基地，生产苗木4 80万株，累计实现直接经济效益27.69亿元，在国内带动辐射推广1.4万公顷，累计实现经济效益约64亿元，产生了良好的社会、生态和经济效益。出版专著4部，发表论文130篇，其中SCI收录论文45篇。获授权发明专利10件，实用新型专利1件；获得国家植物新品种权证书1个，国际登录新品种15个；制定标准3项。该项研究系统性好，创新性强，实用性高，成果达到国际领先水平。

森林冰雪灾害损失评估、减灾及次生灾害防控技术研究 针对2008年初我国南方遭遇的特大低温灾害对森林和林业的破坏，该项目以粤北林区为研究对象，从经济学、生态学、森林培育学、森林经营学、森林保护学等多学科的角度展开联合攻关，系统开展了粤北受损森林的损失评估、人工林复产关键技术、受损林木高效利用和次生灾害防控技术研究。

1．研究并构建了森林冰雪灾害损失的综合性评价指标体系，并基于该评价体系综合评估了2008年雨雪冰冻灾害对粤北山区造成的总损失金额，为广东省林业系统和政府制定灾后经济补偿和技术支持提供了重要的科学依据。2．运用直接梯度分析和间接梯度分析法，定量研究了冰灾后山地常绿阔叶林冠层变化、土壤微生物以及土壤节肢动物功能多样性变化趋势；通过人工杉林受损类型、受损程度及其土壤理化性质和灾后人工林的蓄积损失量和损失价值量的变化趋势，提出了有计划、有步骤地清除人工林受损林木，减少其经济价值损失，促进人工杉林萌芽更新的减灾复产措施。3．开展了受损木材加工应用过程中的防腐和防蓝变技术研究，开发了以铜和季铵盐（DDAC）为主要成分的SAB乳化液和以多菌灵和百菌清为主要成分的复配药剂NCM；研究并优化了单板/金饷网层积复合材制造工艺；建立了环割受损林木的预处理技术。4．系统研究了粤北灾区灾后森林可燃物的燃烧性、森林火环境变化以及次生性林业有害生物的发生动态，重点分析了受损林分蛀干害虫的发生规律，建立了无公害蛀干害虫监测与防治技术研究。研究成果达到国内同类研究的领先水平，其中冰雪灾害损失综合评估体系研究、受损天然林的杉木人工林的土壤肥力动态研究、受损林木防腐及高附加值综合利用技术研究达到国际先进水平。人工林减灾复产技术、受损林木的防腐和高附加值利用技术和次生灾害防控技术为灾区林分的减灾复产工作提供了重要的技术支撑，同时也降低了灾区林业的经济损失和生态损失。

华南主要景观树种抗逆性评价及其培育技术　针对生态景观林带、森林进城围城等重点生态工程建设中凸显的树种选择与配置科学依据不足、特殊立地营建困难、优质种苗培育低效、优异新品种稀缺等技术难题，应用森林培育学、森林生态学和风景园林学等理论，解决了苗期水肥控制、花期综合调控和矮化造型等技术，系统收集保存了主要景观树种107种，建立了景观树种观赏性和抗逆性评价体系，全面优化了主要景观树种培育关键技术环节，综合构建了华南主要景观树种科学评价与高效培育技术体系。

1．突破了难繁景观树种扩繁技术。研制了难繁树种红花荷大砧嫁接技术和杜鹃红山茶芽苗砧嫁接技术，红花荷嫁接成活率达90%，比其他嫁接成活率提高2～3倍，获得的嫁接新品系开花时间从实生苗的6年下降为2～3年。杜鹃红山茶嫁接成活率可达95%，有效解决大量繁殖的技术瓶颈。2．解决重要观赏性状量化分析技术，构建重要乡土景观树种观赏性综合评价体系，选育优良新品系（种），综合评选出“烈焰”“郁金”2个新品种，红花荷新品系3个。3．创建定量精准抗性测定技术，创立华南主要景观树种抗逆性评价体系，筛选高抗性景观树种。高抗大气污染树种52种，抗高温高湿树种12种，抗寒、抗旱树种各10种。4．提出了景观树种苗期精准环保施肥技术。采用DRIS营养诊断和N素指数施肥法，重点研究红花荷等景观树种苗期养分需求规律，提出最佳施肥配方和优化施肥方法，实现苗期精准和环保施肥，苗木出圃率提高15%以上，育苗成本降低10%以上。5．研发花期调控和矮化造型技术，建立目标产品定向培育技术体系。研发红花荷矮化造型和水肥促花调控专利技术，水肥调控可提早开花25天以上，花期整齐，树高控制在2米以内，同比产值提高50%以上。鉴定成果2项，达国际同类研究的先进水平；获授权发明专利2件；获植物新品种权2项；发表论文21篇，出版专著1部。近3年累计培育优质苗木约1.2亿株，示范造林1 500多公顷，实现直接和间接经济效益4.08亿元。

【知识产权保护】　2013年，根据国家林业局和省知识产权局的统一部署，省林业厅开展了以“实施知识产权战略，支撑林业创新发展”为主题的知识产权宣传周活动，在广东林业信息网和广东林业科技信息网开设“林业知识产权宣传专栏”，宣传林业知识产权相关法律法规和知识。继续推进油茶遗传资源调查编目工作。进一步加强植物新品种创造、运用、保护和管理，有26个林木花卉新品种申请植物新品种权，有15个新品种获得植物新品种授权。

【标准化与产品质量管理】　2013年，全省经省质量技术监督局批准发布17项广东省地方标准，经国家林业局发布3项林业行业标准；新立项制修订林业行业标准4项、广东省地方标准21项。新建全国油茶标准化示范区3个、全省林业标准化示范区7个，验收省级林业标准化示范区2个。广东盈然木业有限公司被列为国家林业标准化示范企业。配合国家林产品质检机构开展了中密度纤维板的质量安全监测抽查，共抽查相关企业20家，引导企业按标准组织生产，更好地保障林产品的质量安全。7个林产品获“广东省名牌产品（农业类）”称号，33个林产品获“广东省名牌产品（工业类）”称号。

表6-2-4-2 经批准发布的林业行业标准和广东省地方标准（2013）

序号	标准编号	标准名称	负责起草单位
1	LY/T 2208-2013	乐昌含笑栽培技术规程	广东省林业科学研究院
2	LY/T 2209-2013	榕树栽培技术规程	华南农业大学
3	LY/T 2211-2013	钝叶娑罗双培育技术规程	广东省林业科学研究院
4	DB44/T 1108-2013	生态景观林带作业设计技术规范	广东省林业调查规划院
5	DB44/T 1109-2013	实木拼接板	华南农业大学
6	DB44/T 1110-2013	灰木莲育苗技术规程	广东省林业科学研究院
7	DB44/T 1111-2013	南洋楹育苗技术规程	广东省林业科学研究院
8	DB44/T 256-2013	杉木无性系育苗技术规程	广东省林业科学研究院
9	DB44/T 1141-2013	降香黄檀育苗技术规程	肇庆市林业科学研究所
10	DB44/T 1142-2013	互叶白千层栽培技术规程	肇庆市林业科学研究所
11	DB44/T 1143-2013	商品林经营管理规范	华南农业大学
12	DB44/T 1144-2013	生态公益林经营类型划分技术规程	华南农业大学
13	DB44/T 1228-2013	森林公园质量等级划分与评定	广东省林场管理总站
14	DB44/T 1233-2013	朱缨花育苗技术规程	华南农业大学
15	DB44/T 1234-2013	瓜栗苗木生产技术及产品质量分级	华南农业大学
16	DB44/T 112-2013	木麻黄栽培技术规程	中国林科院热带林业研究所
17	DB44/T 1236-2013	饮用水源林营建与管理规范	广东省林业科学研究院
18	DB44/T 1237-2013	能源矿迹地植被恢复技术规程	茂名市林业科学研究所
19	DB44/T 1238-2013	绿僵菌防治椰心叶甲技术规程	广东省林业科学研究院
20	DB44/T 1239-2013	油桐尺蛾核型多角体病毒杀虫剂生产技术规程	茂名市林业科学研究所

（广东省林业厅科技与交流合作处　张心结）

科技管理与交流合作

【科技项目管理】　完善林业科技项目实施管理制度，省林业厅与省财政厅联合制定并印发了《广东省省级林业科技创新专项资金管理暂行办法》，省林业厅制定并印发了《广东省省级林业科技创新专项资金项目管理办法》等，进一步规范了省林业科技创新项目实施及资金管理。

【科技投入】　2013年，省林业厅共落实国家和省财政林业科研、推广项目经费4 800多万元。其中，国家林业公益性行业科研专项和“948计划”项目各1项、林业行业标准制定项目4项、林业科技创新平台运行补助项目3项，合同经费279万元；中央财政林业科技推广示范项目19项，经费1 900万元；省林业科技创新专项、农业标准化专项、林业科技创新示范基地等经费2 650万元。

【交流合作】　拓展粤港澳林业科技交流合作，为港方举办林业技术培训1期，培训20人次，开展森林病虫害监测及防治技术、林分改造技术等方面的交流合作；全年开展粤港澳林业交流合作9项次，人员交流145人次。开展国际林业科技交流合作，组织学习交流和引进国外林业先进技术和经验，引进了雨树等林木种质资源。

（广东省林业厅科技与交流合作处 张心结）

渔业科技发展

广东省把实施科技兴渔战略，作为推进全省渔业转型升级的战略性工作来抓，不断加大工作力度，创新体制机制，全省渔业科技工作迈出了新的步伐。2013年，全省扎实推进现代渔业建设，渔业经济总产值达2 125亿元，同比增长7.1%，增加值692.2亿元；水产品总产量816.1万吨，产值1 004.9亿元，同比增长6.8%，增加值365.7亿元；水产品出口额33亿美元，同比增长22.2%；渔民人均年纯收入1.23万元，同比增长10%。渔业各项经济指标均居全国前列。

科技成果奖励

2013年度，广东省渔业科技发展成效显著，共获得各类奖项21个，其中广东省科学技术奖7项，广东省农业技术推广奖14项（见表6-3-1-1）。

表6-3-1-1　渔业部分获奖项目（2013）

序号	获奖类别	获奖项目名称	第1完成单位
1	2013年度广东省科学技术奖一等奖	人工鱼礁关键技术研究与示范	中国水产科学研究院南海水产研究所
2	2013年度广东省科学技术奖二等奖	南海主要海水养殖鱼类免疫机制及其在免疫防治中的应用	中国水产科学研究院南海水产研究所
3	2013年度广东省科学技术奖二等奖	刺激隐核虫生物学及综合防控技术研究	中山大学
4	2013年度广东省农业技术推广奖一等奖	大口黑鲈“优鲈1号”推广应用	中国水产科学研究院珠江水产研究所
5	2013年度广东省农业技术推广奖一等奖	水产饲料多糖制剂的研制与应用推广	广东省农业科学院动物科学研究所
6	2013年度广东省农业技术推广奖二等奖	罗非鱼良种良法研究与推广应用	广东省淡水名优鱼类种苗繁育中心
7	2013年度广东省农业技术推广奖二等奖	鲷鱼种苗培育关键技术及产业化示范推广	中国水产科学研究院南海水产研究所
8	2013年度广东省农业技术推广奖二等奖	鳗鲡养殖人工智能专家系统的研制与推广应用	中国水产科学研究院珠江水产研究所
9	2013年度广东省农业技术推广奖二等奖	对虾高位池循环水养殖设备研发及应用	中国水产科学研究院南海水产研究所
10	2013年度广东省农业技术推广奖二等奖	活鱼规模化高密度远程运输系统的应用与推广	广东何氏水产有限公司

【刺激隐核虫生物学及综合防控技术研究】 该成果开展了刺激隐核虫病的早期诊断和检测技术研究、刺激隐核虫病的生态防控、免疫预防和药物防治技术研究，集成形成一套刺激隐核虫病综合防控技术。其主要研究成果包括：1. 阐明了刺激隐核虫的分类地位、生活史、流行病学特征及危害情况；2. 揭示了海水鱼类对刺激隐核虫感染的免疫应答规律，为刺激隐核虫的免疫防治奠定了理论基础；3. 揭示了蓝子鱼天然抗刺激隐核虫感染的机制，为刺激隐核虫的防控开辟了新途径；4. 创建了1套刺激隐核虫传代和保种的标准化体系、1种刺激隐核虫PCR检测技术、1套刺激隐核虫病诊断规程和1套刺激隐核虫病综合防控技术体系，为刺激隐核虫的防控奠定了雄厚的技术基础。项目成果在广东省进行了4年的推广应用，产生了显著的经济效益和社会效益。

【大口黑鲈“优鲈1号”推广应用】 该项目通过传统选育技术和现代分子标记技术，培育出国内外首个人工选育的大口黑鲈新品种“优鲈1号”，比未选育群体生长速度快17.8%～25.3%，高背短尾的畸形率由5.2%降低到1.1%，具有明显的养殖优势。累计推广生产优鲈1号鱼苗达82亿尾，主要销往广东、江苏、浙江和四川等大口黑鲈主产区。集成的优鲈1号种苗标准化生产技术、健康养殖技术和病害防治技术操作简单，实用性强，易于推广，实现了大口黑鲈“优鲈1号”新品种在国内的养殖覆盖率达60%以上，示范及推广养殖面积达1.5万公顷，新增产值28.7亿元，养殖增收10%～22%，经济效益和社会效益显著。

【水产饲料多糖制剂的研制与应用推广】 该项目针对水产养殖中抗生素、有机农药、防病抗病药物严重污染养殖水体、制约水产养殖业健康发展并危害食品安全这一现状，从提高水产动物免疫力、增强抗病力和预防为主的思路出发，研究β-1、3-D-葡聚糖和低聚木糖的应用，形成了水产用多糖系列预混料产品，在水产饲料中添加后显著减少了养殖过程在抗生素的使用，提高了水生动物的成活率，创造显著的经济效益。技术和产品推广应用到广东、广西、海南、福建、浙江、江苏、上海和河北8省市区的100多家饲料厂，累计推广水产饲料多糖预混料6 500吨，市场占有率达到80%以上，销售额约1.4亿元，利润2 500万元，累计应用于近650万吨水产饲料中，实现社会产值近325亿元，节支总额近20亿元。

【罗非鱼良种良法研究与推广应用】 该项目采用群体选育与家系选育相结合的方法，对通过国家品种审定的“新吉富”罗非鱼良种继续进行选育，选育出具有自主知识产权和品牌的优良新品种——“广特超”新吉富罗非鱼，其生长速度比奥尼罗非鱼快40%，比其他普通罗非鱼快24.6%，抗病力提高10%。创新发明了“循环水工厂化育苗”“网箱育苗技术”和“物理转性育苗技术”，大幅提高了苗种生产能力，最大产能达到年产罗非鱼苗种3亿尾，罗非鱼雄性率达到99.7%。建立5个示范区38个示范点，在广东高要、茂名、珠海、广州、江门、惠州等地举办培训班35期，培训3 500多人次，推广规模累计3.9万公顷，新增产值23.2亿元，新增利润4.5亿元。

【鲷鱼种苗培育关键技术及产业化示范推广】

该项目研究集成了鲷鱼亲鱼培育、人工催产、种苗培育、中间培育、健康养殖等关键技术，优化了全人工繁殖技术并进行整合熟化，形成系统的鲷鱼全人工繁育技术体系。进行北方名贵鱼类条石鲷在广东省的繁育与养殖，并取得成功。通过该项目的实施，饶平县海水鱼养殖产量从2003年的8 966吨，上升到2011年的6.4万吨，渔业成为农业第1支柱产业。该项目实施4年来，生产鲷鱼种苗47 174万尾，新增产值4 717万元；生产商品鱼4 720吨，可创产值1.2亿元；推广养殖面积约973.3公顷，产值1.6亿元，共计总产值约3.3亿元。

【鳗鲡养殖人工智能专家系统的研制与推广应用】 该项目针对鳗鲡养殖过程中存在的质量安全问题，通过构建覆盖集约化养殖全程的水产养殖数字化数据库，研究涉及环境因子、水质因子和养殖鳗鲡的定量关系模型，基于数学模型结合人工智能技术建立鳗鲡养殖，并为水产品的质量安全从源头上提供技术保障。相关技术对于完善鳗鲡池塘管理措施、规范鳗鲡养殖技术等方面具有重要意义，实现了经验养殖向精确养殖的初步转变。技术在惠州、清远、珠海、饶平、东莞等地多家养殖企业示范应用，几年来推广面积达666.7公顷，增加产值500万元，多创利润50多万元。

【对虾高位池循环水养殖设备研发及应用】 该项目发明了高位池循环水处理新设备，开发了高密度养殖池底排污结构、高效增氧装置、新型饲料搅拌器，优化建立了节能、环保、高效的循环水处理系统工艺。高效循环养殖技术对养殖水体中$NH4^+$和NO^-_2含量相对消除率分别为57%和54%，对可溶性磷和CDO的相对消除率为36%和15%，提高增氧率18%，对虾相对增重率提高23%。在广东惠州、深圳建立了示范基地，并在惠州、汕尾、茂名等市推广应用，面积35.3公顷，产量达到3.8吨/公顷。纳入统计范围的6家应用单位近3年累计新增产值7 445.9万元，新增利润2 196万元。

【活鱼规模化高密度远程运输系统的应用与推广】 该项目通过采用独特的鲜活水产品低温暂养技术、纯氧配送技术、逐级降温、智能控温技术，以及特殊小包装设计，使活鱼半休眠状态后运输，实现远程节水、节能50%，及48小时长时间高密度运输，远程运输成活率达98%以上；产品配送地囊括除西藏、新疆外的全国各地，活鱼运输成本为1元/公斤，仅为传统运输成本的1/4。自2012年2月开始推广，截至2013年2月，新增经济效益超过6.1亿元。

（广东省海洋与渔业局　陈海丽）

渔业专项实施

2009年以来，广东省财政设立了一系列渔业科技专项，截至2013年年底，累计投入资金6.5亿元，科技兴渔项目的实施，取得了显著成效。

【广东省海洋渔业科技推广专项】 2009年起，广东省财政每年安排海洋渔业科技推广专项资金5 000万元，主要用于海洋与渔业科技创新、技术推广、振兴“南珠”等方面，建设具有全国领先水平的科研成果应用示范基地。2009—2013年，该专项累计实施项目385个，投入资金2.4亿元。2013年，在海洋渔业科技推广专项资金中调整700万元，用于广东海洋与水产高科技园建设，专项实施项目73个，投入资金4 050万元。2013年的专项实施科技攻关与研发类重点更加突出，强调了与本省海洋经济创新发展区域示范的衔接；扶持方向更加明确，重点扶持科研院所和高校；项目内容设置更加贴近产业发展实际，申报指南对项目内容做了较大调整。

【广东省深水网箱产业发展专项】 广东省从2010年开始组织实施深水网箱产业发展专项，2010年投入经费1 500万元，2011年起增加到2 500万元。支持深水网箱养殖产业园区建设，建成了湛江特呈岛、潮州柘林湾等一批深水网箱养殖产业园区，全省深水抗风浪网箱已发展到1 300个。2013年新建深水抗风浪网箱314个，年产量1.7万吨。

【广东省水产良种体系建设专项】 广东省财政2011年设立水产良种体系建设专项资金，2011—2015年，每年安排资金2 000万元。2013年扶持良种选育项目12个，安排资金1 000万元；扶持省级以上良种场10个，安排资金500万元；扶持市县级技术更新和亲本更新项目30个，安排资金440万元。

【广东省鱼病防治专项】 广东省从2009年开始组织实施鱼病防治专项，每年投入经费2 000万元。利用省鱼病防治专项建成基层水生动物诊疗机构28个，2013年新建1个市级区域性中心实验室、4个县级水生动物防疫检疫实验室，全省有21个地级市（含深圳市）、69个县（市、区）建立了水生动物防疫检疫实验室（含在建），有10个县承担了农业部渔业局下达县级水生动物疫病防治站建设项目。

【广东省水产品质量安全专项】 广东省从2009年开始组织实施水产品质量安全专项，每年投入经费2 000万元。2013年加大了水产品质量安全监控，强化快速检测技术应用。水产品省级抽检合格率达97.2%，全省250个乡镇挂牌成立了水产品质量安全监管机构，水产品质量安全监管工作走在全国前列。探索实施以制定产地编码为主的产地准出管理模式，将全省4万多家养殖企业信息登记录入省水产养殖企业动态管理数据库，将7 365家养殖企业录入可追溯管理系统。新制定20个渔业地方标准，新建8个水产品质量安全示范区。

（广东省海洋与渔业局　陈海丽）

产业科技支撑

2013年，广东省全面落实《国务院关于促进海洋渔业持续健康发展的若干意见》，率先在全国出台配套措施。健康养殖、深海养殖、远洋捕捞加快推进，水产品质量监管力度持续加大，现代渔业建设步伐不断加快。

【现代渔业园区建设】 积极创建农业部“水产健康养殖示范区”，建成水产健康养殖示范区116个，面积2.5万公顷。2013年扎实推进“水产健康养殖示范场”创建工作，全省申报创建农业部水产健康养殖示范场57个。创建农业部水产健康养殖示范场36个、“菜篮子”基地16个。

【“菜篮子”（渔业）生产基地建设】 根据农业部、财政部扶持“菜篮子”产品生产项目的指导意见，中央财政拨付1 000万元项目资金，扶持40个“菜篮子”水产品生产基地建设。2013年，中央财政拨付800万元项目资金，安排补助金项目16个，每个项目中央财政补助50万元。通过“菜篮子”产品基地建设，提高了渔业综合生产与应急供应保障能力。

【水产养殖】 2013年，全省水产养殖产量达647.7万吨，养殖面积57.0万公顷。海水养殖产量287.0万吨，面积19.7万公顷，产值349.2亿元，增加值132.6亿元，其中：海水鱼类产量43.3万吨，面积2.8万公顷；海水虾产量38.2万吨，面积6.2万公顷；海洋贝类产量191.6万吨，面积8.9万公顷；海水珍珠产量6 052千克，面积2 264公顷。淡水养殖产量360.7万吨，面积37.3万公顷，产值484.7亿元，增加值169.7亿元，其中：淡水鱼产量326.9万吨，淡水虾产量27.9万吨。

【海洋捕捞】 大力发展“深蓝渔业”。2013年，广东省落实中央海洋渔船更新改造补助资金2.96亿元，扶持更新建造大型渔船95艘，使全省渔船小、旧、残的局面逐步改观。全省捕捞产量162.1万吨，产值141.4亿元，其中：海洋捕捞产量149.1万吨，产值125.2亿元，增加值45.0亿元；淡水捕捞产量13.0万吨，产值16.2亿元，增加值5.8亿元。

【水产品加工流通】 截至2013年年底，全省拥有水产品加工企业1 077个，其中年主营业务收入500万元以上的水产加工企业128个，全省水产品加工能力达259.4万吨/年。2013年，全省水产品加工总量达143.3万吨，产值240.2亿元，增加值103.6亿元；水产流通产值697.1亿元，增加值164.7亿元。

【休闲渔业】 全省观赏鱼及配套渔具产业迅猛发展，每年观赏鱼产值近10亿元，占全国的60%。2013年，全省观赏鱼产量达2.5亿条，广州、东莞、中山等地已成为观赏鱼养殖集散地，产品远销港澳台、东南亚等地。观赏渔具规模生产企业200多家，销售总额占全国的60%以上。广州、深圳、佛山、梅州等地积极发展集垂钓、美食、娱乐、度假、旅游、商务于一体的高层次休闲渔业，2013年休闲渔业产值22.9亿元，增加值8.9亿元。

【渔港建设】 建成广东省粤海渔船交易服务中心，以阳江市为试点，开展省渔船交易服务中心试运行工作。加快编制超国家级的现代渔港建设规划，初步制定超国家级标准渔港建设指标体系，全省二三类渔港建设步伐明显加快。

（广东省海洋与渔业局　陈海丽）

科技体系建设

2013年，全省深入解放思想，坚持先行先试，突出加快建设现代渔业体系，促进海洋与渔业科技创新，全面推进海洋与渔业科技发展，努力推进实现现代渔业发展新跨越，科技支撑能力得到提升，科技保障体系不断壮大。

【科技平台建设】 广东海洋与渔业科研力量、科技成果和研发水平居全国前列，已成为我国海洋与渔业科技人才、科技创新、高技术成果转化和产业化的重要集聚区。以中山大学、中科院南海海洋研究所、广东海洋大学、水科院南海水产研究所、珠江水产研究所等在粤科研院校为支撑，全省建成了覆盖有害生物控制与资源利用、水生经济动物良种繁育、海洋渔业生态环境、水产品质量安全风险评估等领域的省部级重点实验室25个，成为全省海洋与渔业科技创新的重要保障。全省拥有的海洋与渔业专业技术人才约占全国同类人才的25%，涉海涉渔专职科研人员达2 795人，其中中高级职称人数达1 660名。

【水产良种体系】 扶持良种选育项目12个、省级以上良种场10个，已有 6 家良种场通过省原良种审委会验收，成为省级水产良种场。截至2013年年底，全省已建成2个国家级水产良种场，1个国家级水产种质监督检验测试中心和1个国家级水产引种保种中心（设在珠江水产研究所），57个省级水产良种场。全省水产苗种场共有1 970个，占地面积约1.13万多公顷，其中已发证1 671个，未发证的299个，持证率为85%。全省水产种苗年生产总量达7 593.3亿尾，保障了水产养殖业持续健康发展。

【水生动物防疫检疫体系】 全省共有18个地级以上市、84个县区经当地编办同意设立了水生动物防疫检疫机构，占应建机构总数的比例分别为85.7%和80.7%，2013年新设立蕉岭县、鼎湖区2个县级水生动物防疫检疫机构。继续大力推进水产或苗种产地检疫工作，全省有15个市、38个县（区）开展了水产苗种产地检疫工作，共计检疫鱼苗19亿多尾，虾苗7亿多尾，检疫范围比2012年增加5个地级市、6个县区。对872名乡村水产技术员进行了渔业乡村兽医登记、发证，全省共有渔业乡村兽医3 809名。

【水产品质量安全监管体系】 广东省从2006年开始实施水产品质量安全追溯项目，共建立了1个省级、7个市级、13个县级水产品可追溯监管平台，在广州、茂名等7个市13个县（区）29家养殖企业和4家批发市场，配备可追溯设备软件。溯源养殖品种包括罗非鱼、草鱼、对虾、文岁鲤等品种，将可追溯体系建设和水产品产地标识管理工作有机结合起来，在标识的内容中增加追溯码信息，累计已有7 300多家养殖企业完成编码录入工作，基本完成了鳜鱼、乌鳢、罗非鱼、鳗鱼四大品种养殖企业的产地标识的全覆盖，有效加强了对水产品的质量监管力度。2013年，水产品省级抽检合格率达97.2%，全省250个乡镇挂牌成立了水产品质量安全监管机构，水产品质量安全监管工作走在全国前列。

【渔业安全监管体系】 推进广东省渔业安全生产通信指挥系统建设，建成了由1个省级指挥中心，14个沿海市级分中心，46个沿海县级站点及10个AIS基站组成的广东省渔业安全生产通信指挥系统，实现了全省沿海大中型渔船即时通信、实时监控和船位识别。2013年，参与渔业海难事故救助91起，救助渔民193人，救助海洋渔船108艘，挽回直接经济损失950.8万元。两艘千吨级执法船和首架海监飞机投入使用，率先在全国省级海洋渔业执法机构中拥有直升机，使广东省执法装备水平走在全国前列。

【水产技术推广体系】 加快全省乡镇水产品监管机构推进步伐，2013年，全省共有250个乡镇站取得地方编办批复（独立站或加挂水产站牌子），其中水产专业站121个、综合站129个。2013年，举办全省水产技术推广系统业务骨干培训及全省水产技术推广站长培训班3期；开展渔业从业人员职业技能培训班5期，共培训329人；渔船转产转业渔民培训班共培训213人；阳光工程创业培训班共培训53人。

（广东省海洋与渔业局　陈海丽）

社会发展领域科技进步

社会发展领域科技计划项目组织与实施

2013年，省科技厅联合各省直部门开展社会发展领域科技工作，促进全省民生科技工作长足发展。广东省社会发展领域共受理申报项目3 500个，根据专家评审结果，共立项资助872个项目，主要分布在新药创制、人口与健康、资源与环境、防灾减灾、公共安全等领域。省科技厅继续推进广东省科学技术厅—广东省中医药科学院联合科研专项以及中医药国家科技支撑计划的实施，推动国家级项目及平台的申报建设，开展科技惠民工作。

2013年，省科技厅继续深入开展创新医疗器械产品应用示范工程工作，有效实施《广东省创新医疗器械产品应用示范工程实施方案》，深入推进十百千万工程。在粤东西北和珠江三角洲开展基层医院“全覆盖”远程医疗服务试点和创新医疗器械产品示范。组织省内有关专家先后到梅州兴宁市和蕉岭县、湛江吴川市、清远佛冈县等县市实地调研26家医疗机构，确定在56家试点。通过为试点医疗机构配置彩色超声多普勒诊断仪、数字化X射线机，建立远程医学技术网络系统和远程健康监护服务体系，显著提升基层医疗机构的设备配置水平。尝试可持续实施模式，引入企业扶贫资金，引导地方政府资金和社会资金投向民生领域。

医药产业发展

【项目组织实施】 2013年，省科技厅组织实施战略性新兴产业专项和省“重大新药创制”重大专项，重大新药创制重大科技专项立项42项，资金7 970万元。组织实施广东省科学技术厅—广东省中医药科学院联合科研专项和国家“十二五”科技支撑计划项目“华南区中药材规范化种植及大宗中药材综合开发技术研究”，有力推进广东省建设中医药强省。积极配合科技部做好“重大新药创制”和“艾滋病和病毒性肝炎等重大传染病防治”国家科技重大专项的推荐和答辩工作，推动全省生物医药产业发展。

积极做好军事医学院与广东的合作。2012年12月，军事医学科学院、省科技厅、广州市政府、广州开发区管委会四方签署了共建军事医学科学院华南干细胞与再生医学研究中心合作协议，在干细胞与再生医学领域新增了一家大型国家级创新与转化平台。2013年支持其干细胞与再生医学创新平台建设2 000万元。

【国家临床医学研究中心】 8月，由科技部、国家卫生计生委和总后卫生部共同组织的“国家临床医学研究中心启动会”在北京召开，会议公布首批认定国家临床医学研究中心的名单。其中，广东省入选两家单位，分别为：由钟南山院士牵头，依托广州医科大学第一附属医院组建的“国家呼吸系统疾病临床医学研究中心”；由侯凡凡院士牵头，依托南方医科大学南方医院组建的“国家慢性肾病临床医学研究中心”。首批认定的国家临床医学研究中心13个单位，涉及心血管病、神经系统疾病、慢性肾病、恶性肿瘤、呼吸系统疾病和代谢性疾病6个疾病领域，广东省获首批认定的单位数量居全国第2位。国家临床医学研究中心和协同网络是国家医学科技创新体系的重要组成部分，是推动相关疾病领域临床研究和转化医学发展的组织中心和承担主体，也是促进医学科技向临床的转化应用和向基层普及推广的实施主体。广东省首批认定单位将大力发挥其引领、带动和辐射作用，协同创新，进一步提高疾病诊治技术服务水平。

国家呼吸系统疾病临床医学研究中心　该中心以实现基础研究向临床医学的相互转化，建立常见呼吸疾病早发现、早诊断、早干预的体系，建立适宜国情的诊疗药物和技术为临床研究重点。旨在以呼吸常见四大疾病（肺感染与肺损伤、肺癌、慢阻肺、慢性咳嗽与哮喘）为基础，加强生物资源库及华南地区细菌耐药、呼吸道病毒监测网建设，完善呼吸诊疗中心和呼吸疾病工程中心建设，加强与国际、国内呼吸中心、基层的合作网络，加速简易呼吸疾病防治产品的研发和推广应用。截至2013年9月，中心已建立病原资源库和产学研平台，搭建起较高的学术交流平台和建立完善的交流机制，并组织参与制定多个诊治规范和指南近年承担各级科研课题191项，组织开展 73 项临床研究，发表文章1 121篇，授权专利 60件，获得省部级以上奖励6项。

国家慢性肾病临床医学研究中心　该中心以开展随机对照临床研究、建立预警和风险评估新方法、慢性肾病心脑血管并发症防治、慢性肾病转化医学研究、规范临床研究和数据管理体系为重点研究任务。目标通过承担国家重大临床研究任务，开展和评估慢性肾病诊疗新技术，推进产学研结合的转化医学研究，培训临床研究和基层防治队伍，引领珠三角地区和全国慢性肾病防治事业发展。截至2013年9月，中心已建立超过7万例的队列和生物样本库，近年承担省部以上科研课题56项，在SCI、医学和肾脏病学等期刊发表论著多篇，获国家发明专利授权5件，获国家一类新药证书1项，获得省部级以上奖励5项 。

【国家中医药发展论坛】　“珠江论坛”是由科技部、国家中医药管理局和广东省人民政府共同主办的高层次、综合性中医药自由学术论坛，也是代表国家中医药行业最高级别的论坛。

5月，国家中医药发展论坛（“珠江论坛”）第10届学术研讨会在广州举行。该次研讨会以“中医四诊仪器发展的关键问题与前沿方向”为主题，旨在系统梳理中医四诊的源流和现状，深化研讨中医四诊仪器的主要瓶颈和发展方向，前瞻性加强对中医四诊仪器的未来发展思考，从而推动中医原始创新和产业发展、提高中医服务能力、促进中医现代化进程。

9月，国家中医药发展论坛（“珠江论坛”）第11届学术研讨会聚焦“生物标志物与中医药”这一主题，于在广州成功召开。与会专家围绕会议主题，就生物标志物发现与意义、中医药与生物标志物的关系两个中心议题展开了充分讨论并达成了共识会议还建议加强顶层设计和系统整合，促进团队合作，建立国家层面上的生物样本库，为中医药临床研究和新药发现提供支撑。

11月，国家中医药发展论坛（“珠江论坛”）第12届学术研讨会在广州举行。该届“珠江论坛”以“加快协同创新，推进跨越发展”为主题，邀请相关领域的专家学者，围绕“国家中医药临床研究基地临床研究和平台建设成果交流”“中药新药研发市场需求研讨”“基地和重点企业协同创新机制探讨”“大数据协同创新中心建设思路和方法讨论”4个中心议题展开深入研讨并初步达成共识。

（广东省科学技术厅社会发展与农村科技处
陈文杰）

海洋资源开发与利用

2013年，省科技厅在海洋资源开发与利用专项共立项支持了23个项目，资助经费530万元。

2013年，中山大学联合北京大学、国土资源部广州地质调查局、中国科学院南海海洋研究所、中国科学院广州能源研究所、中国水产科学研究院南海水产研究所正式成立协同创新联盟。联盟和省海洋与渔业局、广州市南沙区政府协商共建协同创新中心。

【海洋生物科技协同创新联盟】　2013年，广东省充分发挥中央在粤涉海科研机构优势，加强产学研合作，积极促进海洋高新技术创新联盟建立。3月，中山大学与广东大华农动物保健品股份有限公司签订了以发展南中国海海洋生态产业为核心的产学研合作协议。

2006年以来，中山大学与广东大华农动物保健品股份有限公司在动物疾病控制方面开展了卓有成效的合作，共同建设生物安全三级实验室，开展重大烈性动物传染病的研究，取得了一系列重要成果。双方拟在原有合作基础上，围绕南海海洋生物资源利用开展更加紧密的产学研协同创新合作，充分发挥中山大学在海洋生物技术领域的技术优势和人才优势，结合大华农公司的成果转化平台和资金实力，共同建立海洋生物科技协同创新联盟。随着合作的深入，不仅将有利于加快中山大学高水平大学的建设进程，助推广东大华农公司的产业优化，还将为南海海洋资源利用提供技术储备，促进海洋生态产业持续健康发展，促进海洋产业加速发展。

【科技创新平台】

海洋生物天然产物化合物库 为促进海洋科技的发展，进一步实现依靠科技进步来提升海洋产业核心竞争力，国家和多省市相继搭建产学研结合的海洋医药学科创新支撑平台和重点实验室，加速海洋药源生物的开发和产业化利用，广东省启动组建国内首个系统集成式海洋生物天然产物化合物库。该库是国家海洋经济创新发展区域示范项目，由中山大学承担，联合多家高校和科研院所共同参与。

（广东省科学技术厅社会发展与农村科技处 陈文杰）

防灾减灾科技支撑

2013年，省科技厅以组建省突发事件应急技术研究中心为主要抓手，支持防灾减灾核心技术研发，开展应急技术、人才的前瞻性储备。新组建广东省热灾害应急技术与救援装备研究中心，已组建的24家省突发事件应急技术研究中心在协助政府应对突发事件中发挥了积极的作用。

依托华南农业大学组建的禽流感监测、预警及快速诊断应急技术研究中心和依托省疾控中心组建的新发传染病病原学检测技术研究中心，在应对2013年H7N9亚型禽流感突发事件中为省政府提出系列科学合理建议，及时了解全省现状、协助处理首例病例，有效稳定了全省防疫形势。

（广东省科学技术厅社会发展与农村科技处 陈文杰）

社会发展各领域科技发展

2013年，广东省各有关部门坚持以科学发展观为指导，紧紧围绕“三个定位，两个率先”总目标，深入实施创新驱动发展战略，加快发展海洋科技、应急科技等各项事业。科技创新与社会发展各领域的关系越来越密切，在民生领域发挥着越来越重要的作用。

人口与健康

截至2013年年底，全省拥有卫生机构（含村卫生室）47 855个，每千常住人口拥有卫生计生机构0.45个；全省医疗机构拥有床位37.8万张，占全国总量的6.1%，每千常住人口拥有床位数3.55张；卫生计生人员71.0万人，约占全国总量的7.3%，其中卫生技术人员55.5万人，包括执业（助理）医师21.1万人、注册护士21.8万人，每千常住人口拥有执业（助理）医师1.98人，注册护士2.05人。居民期望寿命达到76.1岁（全国74.8岁）。全省婴儿死亡率为3.23‰（全国9.5‰），孕产妇死亡率为11.99/10万（全国23.2/10万）。2013年全省常住人口自然增长率7.80‰，政策生育率86.01%，低生育水平保持稳定。

【科技创新体系建设】 2013年，南方医科大学南方医院被认定为国家慢性肾病临床医学研究中心，广州医科大学附属第一医院被认定为国家呼吸疾病临床医学研究中心。南方医科大学获科技部批准成立“器官衰竭防治国家重点实验室”，中山大学附属第一医院“广东省器官捐献与移植免疫重点实验室”、中山大学孙逸仙纪念医院“广东省恶性肿瘤基因调控与靶向治疗重点实验室”、南方医科大学“广东省重大精神疾病防治重点实验室”和广州医科大学附属第二医院“广东省过敏反应与临床免疫重点实验室”等4个实验室被列入2013年省重点实验室，省计划生育科学技术研究所“男性生殖与遗传重点实验室”获批为国家卫生计生委重点实验室。

省医学科研基金受理课题申报1 351项，立项资助管理334项，立项非资助管理347项，资助总额300万元。加大对计划生育服务网络医技人员开展计划生育和生殖健康领域科研活动的支持力度，立项资助管理55项，立项非资助管理100项，总资助经费180万元。卫生计生系统共获厅市级以上科研立项课题7 087项，资助经费8.95亿元，其中，新增国家传染病防治科技重大专项3项和国家新药创制科技重大专项12项，共新增中央资助经费1.09亿元，获国家科技支撑计划、“863计划”“973计划”和国家自然科学基金等重大科研项目932项，资助经费5.5亿元。

【科技成果奖励】

全省卫生系统获得2013年度广东省科学技术奖49项，占奖励总数的18.77%，其中一等奖9项、二等奖16项、三等奖24项。中山大学中山眼科中心的“白内障超声乳化手术治疗的系列研究与推广应用”获2013年度中华医学科技奖一等奖。

项目名称：白内障超声乳化手术治疗的系列研究与推广应用

主要完成单位：中山大学中山眼科中心

获奖情况：2013年度中华医学科技奖一等奖

白内障是全球排行首位的致盲眼病，手术是唯一的复明手段。传统白内障囊外摘除术，切口大、手术时间长、并发症多、复明效果差。该项目组率先在国内开展超声乳化手术，并针对国人眼解剖和白内障特点，突破性改良了切口制作、碎核方法和人工晶状体固定等手术关键技术，使之成为我国治疗白内障的常规术式，提高了我国白内障整体治疗水平。在国际上首先应用“扭动”超声模式，并率先验证其优于传统“振动”模式，推动了全球主流超声模式的转变。“扭动模式”已写入5部国际著名眼科手术专著。

【适宜卫生技术推广】　根据“安全、有效、经济、成熟及适合基层使用”的原则，广东省安排78万元专项经费对6项重点技术按5万元/项，24项一般引导技术按2万元/项进行资助推广。

【卫生人才培养】

全科医生转岗培训　2013年，广东省顺利完成国家下达的全科医生转岗培训任务，第2期425名学员于6月29日通过统考，取得结业证书。启动第3期全科医生转岗培训工作，由广州医科大学、广东医学院、汕头大学医学院、中山大学以及各市临床、社区实践基地承担，共培训425名学员。

全科医生规范化培训　贯彻落实《国务院关于建立全科医生制度的指导意见》和广东省政府《关于建立全科医生制度的实施意见》精神，继续在深圳、广州、珠海、佛山、清远等市等市推进全科医生规范化培训试点工作，推动实施全科医生“5+3”和“3+2”培养模式。

乡镇卫生院卫技人员专项培训　制定《广东省2013—2014年乡镇卫生院卫技人员专项培训实施方案》，以基础知识、基本理论、基本技术和基本方法为重点，以胜任岗位工作为目标，通过理论教学与临床实践相结合的方式，对广东省经济欠发达地区1 005所乡镇卫生院、社区卫生服务中心从事X线、心电图专业的2 010名卫生技术人员开展专项培训。

【信息化建设】　2013年，全省卫生系统进一步规范全员个案信息管理，把好数据源头质量关。继续开展全员人口数据清理清查工作，做好统计动态监测和评估分析。将原“粤人促进工程”“省级卫生综合管理平台”优化整合，推进申报立项。基层医疗卫生机构管理信息系统项目建设加快推进，全员人口信息系统进一步完善。

（广东省卫生和计划生育委员会　涂正杰）

金　融

【金融系统监管信息化】　2013年，在广东省人民政府金融工作办公室（以下简称“省金融办”）和中央驻粤金融监管机构的指导和支持下，广东各金融机构采取多种措施，有效保证了信息化环境安全稳定，金融系统实现总体安全稳健运行。

广东银监局　广东银监局以《广东银行业金融机构信息科技风险管理指导意见》为抓手，积极采取措施，落实各项监管要求，提高信息科技系统的稳定性，确保了辖内银行信息系统的安全平稳运行。制定了《广东银行业信息科技运行监控指标体系》，有效指导机构提高信息科技运行监控能力，自主开发了广东银监局信息科技风险管理系统，持续发布监管部门的信息科技监管制度、风险提示、调研报告，持续收集各银行机构信息科技风险管理事项的最新动态，实现了机构科技风险信息的一站式管理，促进了银行机构与监管机构、信息科技监管部门与机构监管部门的信息共享和良性互动。

广东保监局　广东保监局开发上线了多个监管信息系统，监管效能明显提升，重点是广东省保险中介机构信息管理系统，主要功能包括三个方面：一是兼业机构数据库。数据库包括兼业代理机构的许可证审批时间、许可证有效期、代申报机构及机构基本信息，已有数万兼业机构信息。二是兼业机构审批系统。广东银邮类机构兼业代理网点办理许可或变更，只需通过中介管理系统在线填报，大大提高了审批效率。三是中介业务数据报送。根据要求，驻粤各保险公司均需每月在中介管理系统中报送合作中介机构（包括专业和兼业）的业务数据，实现了保险公司和中介机构业务数据的双规报送、两边比对，极大提高了数据真实性。该系统运行平稳，为提高行政审批和非现场监管工作效率提供了有力帮助。

省金融办　省金融办积极开发使用小额贷款

公司和融资性担保公司的非现场监管系统，有效提升监管效率。小额贷款公司非现场监管系统包括监管端和企业端两个部分，在企业端，小额贷款公司主动把相关的业务和财务数据上报系统，供监管部门监管；在监管端，监管部门通过信息平台，动态及时地获取大量监管信息与业务信息，结合现场监管，有效防范风险。该系统已在全省推广使用，并不断升级改造。在总结小额贷款公司非现场监管系统建设经验的基础上，省金融办挑选具备资质条件的软件公司，加强对融资性担保公司的监管指标、预警方式、日常维护等的分析，加快研发进度，进一步修改完善融资担保公司非现场监管系统，截至2013年年底，该系统已开发完成并在广州、顺德等地试点运行，待成熟稳定后在全省推广使用。

【信息科技投入与基础设施建设】 2013年，广东辖内法人银行不断加大信息科技投入，IT系统建设投入资金总计达31.65亿元，占银行全部投入的10.78%；科技人员配备逐年增加，2013年信息科技人员为1 756人，比上年增长9.75%。另一方面，信息科技基础设施建设步伐也在不断加快，广发银行在南海金融高新区建设新的数据中心，东莞银行、广州银行分别于郑州、南京投产了异地灾备中心，华兴银行同城灾备中心也顺利投入使用并开展了切换演练。

2013年，在中国保监会的指导下，中国保险保障基金公司出资20亿元，正式成立了中国保险信息技术管理有限责任公司（以下简称“中国保信”）。中国保信是保险业首家全国性、专业性的数据和技术服务公司，已基本完成了全国车险信息平台的物理集中，推动中介云平台、健康险平台、农险平台等系统建设。

（广东省人民政府金融工作办公室　陈　艳）

公　安

2013年，全省公安科技信息化部门认真贯彻落实“科技强警”战略，坚持“服务公安中心工作、服务实战、服务基层”的理念，以“金盾工程”二期建设为载体，深入推进公安科技信息化建设和应用，加强运行服务管理、通信保障、科技和技防管理等工作，较好地完成了各项工作目标。

【科研管理】

标准化工作　完成统一全省公安机关机构代码工作，共编制、汇总、核查、上报标准机构代码18 642条。收集、整理公安部下发的国家标准、行业标准信息80余条，全省公安信息化标准检索系统标准库标准总量达1 668份。2013年度，全省公安机关有2个标准立项项目获公安部准予立项。

2013年广东省公安机关科技活动周　组织开展2013年公安科技活动周，全省举办科技讲座、培训、展览等活动160余场，制作公安科普板报100余块，发放各类宣传资料1万余份，建立公安科普宣传网站20余个，取得了良好效果。

【科技成果与奖励】 2013年度，省公安机关共有21个科研项目经公安部、省科技厅批准立项；有2个科技项目获公安部科学技术奖，其中二等奖1项、三等奖1项。此外，省公安厅科技信息化处负责组织研发的空间标准地址库管理平台，获得国家地理信息科技进步二等奖。

【信息化建设和应用】

PGIS省级平台（警用地理信息系统）建设　PGIS省级平台（警用地理信息系统）一期项目顺利通过公安部验收，平台功能进一步完善，项目中的空间标准地址库管理平台，获得2013年度国家地理信息科技进步二等奖；省厅和11个市（区）分别还与同级国土部门签订了《关于加强地理信息数据资源共享与合作的协议书》，有力推动PGIS地理数据采集，截至2013年年底，已采集全省行政区划数据17 545条，采集视频数据48万多条，关联上图的业务数据9 300多万条。

警务信息资源整合共享　广州、深圳公安机关已完成“部门间信息共享与服务平台”建设，省公安厅和其他7个地市公安机关已启动“部门间信息共享与服务平台”建设；广东省还启动了与湘、陕、新、渝等四地的警务信息资源共享

合作。

视频图像智能分析与应用技术公安部重点实验室建设 该实验室制定了3年发展规划及其实施方案，完善了12项管理规章制度，召开了2013年国际学术交流会和学术委员会会议，建成了技术交流暨成果展示厅，并与中星微公司签署了推广SVAC国家标准战略合作协议。截至2013年年底，实验室累计研发了平台性共性技术6项，核心关键技术8项；获得省部级以上科技奖励3项。

金盾工程二期建设 8月1日，省公安厅召开厅机关金盾工程二期建设推进会；8月7日，省公安厅召开全省金盾工程二期建设推进电视电话会议，全省金盾工程二期建设全面启动。省厅金盾工程二期投资总额2.674亿元，规划有建设项目49个，截至2013年年底，已有24个项目启动或递交实施方案，占总数的49%。

地市级信息中心等级评定 2012年12月—2013年4月，公安部和省公安厅组织开展了地市级公安机关信息中心等级评定。全省21个地市中，珠海、广州、深圳等3个地市被公安部评为一级公安信息中心，汕头、佛山、河源、中山、清远、梅州、湛江、茂名8个地市被省公安厅评为二级公安信息中心，东莞、云浮、揭阳、阳江、韶关、江门、惠州、肇庆、潮州、汕尾10个地市被省公安厅评为三级公安信息中心，大大提升了本省各级公安信息中心建设运行水平。

科技信息化通信保障 2013年，全省公安科技信息化部门集成应用无人机航拍、350兆数字集群通信、移动卡口等多种科技信息化手段，先后深入一线参与“春雷行动”“雷霆行动”和“海燕行动”等专项行动，圆满完成各专项行动的无线指挥通信保障和信息支撑服务工作，得到省领导的高度评价，称赞任务的通信保障工作是“传统战术与现代科技结合应用的经典案例”。

【信息化队伍建设】

先进典型评选和宣传 广泛发动各级公安机关参加活动，最终从各警种推荐人选中评出100名“全省公安信息化建设应用百名先进典型”，并通过《南方法制报》等媒体对部分信息化典型人物及其事迹大力进行宣传报道。

广东公安视频监控技术应急工作队组建 应公安部要求，省公安厅科技信息化处在全省公安科技信息化部门抽选视频技术骨干组建应急工作队，接受公安部及省厅调派，为全省乃至全国的重大突发事件处置、重特大案件侦破工作服务。2013年，应急工作队利用视频监控技术协助侦办茂名“1·20系列团伙盗车案”“曲阜7·17铁路设施破坏案”“秦皇岛抚宁10·10灭门案”等重特大刑事案件，协助江苏无锡、四川成都等地市兄弟单位侦破多起案件，得到当地警方的一致好评。

（广东省公安厅　李先全）

海　洋

2013年，广东省扎实推进海洋强省建设，全省海洋经济保持持续稳定发展，海洋生产总值达1.23万亿元，同比增长11.7%，占全省GDP比重的19.7%，占全国海洋经济的1/5强，连续19年保持全国领先地位。海洋渔业各项经济指标均居全国前列，取得了较好成效。三次产业结构为2.4∶50.1∶47.5，产业结构进一步优化。

【海洋经济建设】

海洋经济综合试验区 省政府印发广东省发展临海工业等5个实施方案以及广东海洋经济综合试验区建设分工方案，确定涉海重大项目224个，分解督办事项82条。深圳、珠海、惠州、江门、阳江、湛江、潮州等市出台建设海洋经济强市意见或方案，海洋经济综合试验区工作有序推进，提前一年完成海洋经济发展试点阶段任务。会展、金融等海洋服务业政策纳入CEPA补充协议在广东省先行先试，培育了深圳海王集团股份有限公司等龙头企业。

海洋新兴产业集聚区 近年来，广东省海洋生物等战略性新兴产业各领域均取得较快发展，广东海洋高技术产业集聚发展态势初步显现。珠江三角洲地区初步形成了以广州、深圳为核心的海洋医药与生物制品产业集群；珠江口沿岸地区初步形成了以广州、深圳、珠海、中山为中心的海洋装备制造产业带。粤东、粤西沿海地区分别

形成了各具特色和优势的海洋生物育种与海水健康养殖产业集群。2013年，省海洋渔业局联合省发改委，向国家发改委和国家海洋局组织申报《广东省海洋高技术产业基地发展试点工作实施方案》，正式申请广州、深圳、湛江为国家首批海洋高技术产业基地。同时，以广州南沙国家新区为依托，向国家海洋局申报了国家科技兴海产业示范基地。

高端海洋产业“黄金海岸” 积极推进集中集约用海，优先保障南沙龙穴岛、汕头东部经济带、湛江东海岛等29片集中集约用海区项目审批，引导用海项目在集中集约用海区落户，有力保障了阳江核电、惠来电厂、港珠澳大桥、深中通道、揭阳中委炼油等一批涉海重大项目用海。大力推进广州南沙、深圳前海、珠海横琴等重大平台，以及汕头海湾新区、中山翠亨新区、茂名滨海新区等重点区域建设，海洋产业进一步集聚集约发展。中船广州龙穴造船基地一期项目如期建成。珠海长隆国际海洋度假区、湛江“五岛一湾”滨海旅游产业园区等项目加快推进。

海域海岛使用管理 起草《关于科学围填海支持海洋经济发展的意见》，落实守海有责的要求，健全海域使用审批制度，强化海洋功能区划的刚性约束，强化实地勘查，严格围填海项目审核审批。全省发放海域使用权证189本，确权用海面积3 992公顷，其中填海面积366公顷。建立海岛项目管理制度，启动第2次海岛资源调查和领海基点保护范围选划工作，共普查海岛1 973个，编印海岛地名志，树立岛碑424个。无居民海岛使用确权发证工作步入正轨，首次发放珠海大、小三洲无居民海岛使用权证。台山市、汕头南澳县、珠海横琴岛海岛整治修复项目实施方案获国家海洋局批准。

【海洋主导产业发展】

海洋渔业 2013年，全省海洋渔业增加值407万元，同比增长8%。海洋捕捞149万吨，海水养殖287万吨，海水养殖面积20万公顷。加大深水网箱产业园区建设，建成湛江特呈岛、潮州柘林湾等一批深水网箱养殖产业园区，全省深水抗风浪网箱已发展到1 300口。新建深水抗风浪网箱314个，年产量1.7万吨。

海洋油气业 随着国家实施南海战略的不断推进，海洋石油天然气勘探开采能力和输送能力不断增强。中海油不断加快推动海上油气田勘探开发和海上油气登陆广东，为广东省经济发展提供更经济、更可靠的能源保障。全年海洋油气业增加值为666亿元，同比增长9.2%。

海洋船舶工业 广东船舶修造业积极根据市场需求调整船型结构，紧贴市场脉搏开拓经营，使全省的船型结构朝着高新技术船型、海洋工程装备及其辅助船舶、工作船、公务船及其他非货运船等多元化方向发展。全年海洋船舶工业增加值为162.3亿元，同比增长7.5%。

海洋化工业 广东沿海石化项目不断上马建设，在建、新建、扩建、竣工的炼油项目众多。惠州大亚湾石化工业区发展集团有限公司10万吨/年催化干气制苯乙烯项目填海工程海洋环境影响评价通过核准。中海油粤东项目获批，中海油在广东新增600万吨液化天然气。湛江中科炼化总投资590亿元，拟形成1 500万吨原油加工和100万吨乙烯产能，配套建设50平方公里石化产业园区，打造中国石化工业的示范性产业基地。茂名石化2013年完成炼油改扩建，炼油能力提高到2 000万吨，茂名市与茂名石化合作建设一批总投资达123亿元的石化项目。全年海洋化工业增加值为1 161亿元，同比增长7.9%。

海洋工程建筑业 广东省海洋工程建筑业发展态势良好，众多涉海项目工程开工建设。港珠澳大桥海底隧道E1沉管与西人工岛暗埋段初步拉合（国内首个实现外海深水安装的沉管工程），汕头东海岸新城规划建设、湛江海东新区规划建设等一批重大涉海项目加快建设。全年海洋工程建筑业全年实现增加值为1 292亿元，比上年增长13.5%。

海洋交通运输业 海洋交通运输业态势平稳，广东省规模以上沿海港口货物吞吐量深圳港超过2.1亿吨，广州港达到4.2亿吨，湛江港为1.6亿吨；集装箱吞吐量深圳港超过2 000万TEU，广州港达到1 400万TEU；旅客吞吐量深圳港为450万人，珠海港达到600万人，湛江港超过1 000万人。全年海洋交通业增加值达到778亿元，同比增长10.2%。

滨海旅游业 2013年是“中国海洋旅游

年”，广东省积极推动邮轮、游艇旅游，以广州、深圳、珠海为核心，积极在沿海和沿江各市建设游艇码头。大力推进滨海旅游园区建设，设立滨海旅游产业园区竞争性扶持资金，引导社会资本投入。全年滨海旅游增加值为1 780亿元，同比增长15.6%。

【海洋新兴产业发展】

海洋工程装备制造业 海洋工程装备制造业屡创佳绩，继2012年底成功接获4座钻井平台订单后，2013年承接2座钻井平台和1座自升式钻井平台订单，并首次承接了6 000马力（HP）深水供应船订单，迈出广东船舶工业走向“深蓝”的坚实一步。10月，全球迄今同类型FPSO改装中工程量最大、最复杂的海工项目“伊利亚贝拉”FPSO改装项目，在中船澄西远航船舶（广州）有限公司完工出厂，开创我国华南地区FPSO改装之先河。

海洋新能源开发 广东沿海珠江口盆地东部海域首次钻获高纯度可燃冰（天然气水合物）样品，并通过钻探获得可观的控制储量。此次发现的可燃冰样品具有埋藏浅、厚度大、类型多、纯度高四个主要特点。通过实施23口钻探井，控制可燃冰分布面积55平方公里，将其折算成天然气，控制储量1 000亿立方米～1 500亿立方米，相当于特大型常规天然气田规模。

高端海洋休闲旅游业 珠海、中山、江门三市政府签署《推进珠中江海洋经济区域紧密合作协议》，将整合资源，大力发展高端海洋休闲旅游业。通过以建立粤港澳滨海休闲旅游度假中心为目标，加大三市滨海旅游资源的整合力度，科学设计三市旅游精品线路，大力开发邮轮游艇、个性海岛等高端休闲旅游项目，共同打造黄茅海（珠海—江门）、川岛（江门）旅游休闲娱乐区，淇澳岛（珠海）—翠亨新区（中山）—大广海湾区（江门）高端游艇旅游区。

游艇产业 广东省游艇产业发展迅猛，以广州、深圳、珠海为核心，汕头、湛江、中山、东莞、江门、阳江、茂名、惠州、汕尾等游艇俱乐部群为支撑的滨海游艇旅游黄金海岸带正在加快形成，“海上绿道”“粤港澳游艇自由行”发展计划已经启动，全省10多个游艇项目加快推进，投资10亿元的亚洲游艇城项目正式签约启动。截至2013年年底，码头泊位数规划总规模突破1万个，整体产业规模年均增长38%以上，成为广东发展海洋经济的重要增长极。

【海洋区域开发建设】

珠江三角洲地区 珠江三角洲打造海洋经济优化发展区，为产业结构调整，企业转型升级拓展空间。广州南沙、深圳前海、珠海横琴加快细化落实国家赋予的政策措施，推进南沙、前海、横琴重大合作平台建设，力争率先基本实现粤港澳服务贸易自由化。珠海《万山区产业发展规划》《万山区空间概念性规划设计》和《万山区海岛建筑风貌规划研究》相继获得市政府批准实施。中山翠亨新区已确定签约重大项目10多个，初步协议总投资额高达千亿元。

粤东西地区 为落实省委、省政府《关于进一步促进粤东西北地区振兴发展的决定》，粤东、粤西打造海洋经济重点发展区。湛江《海东新区发展总体规划》、阳江《广东阳江滨海新区发展总体规划（2013—2030年）》通过省政府常务会议审议批准。汕头市首先启动新津河口片区建设，同时抓紧塔岗围片区和外砂片区的规划建设，把东部城市经济带建成汕头的中央商务区，建成世界有名、国内一流的生态型海滨新城。

【海洋环境与资源保护】

海洋环境保护与监测 编制发布2013年度《广东省海洋环境状况公报》。推进广东省岸基海洋观测站网建设，惠东海龟湾、北部湾雷州海洋站运行情况良好。推进湛江特呈岛、阳江海陵岛国家级海洋公园建设。为及时预防预报台风、风暴潮灾害，广东省建成惠州大亚湾、阳江闸坡渔港2个全国首批海洋环境精细化预报台，海平面变化影响调查评估工作受到国家海洋局肯定。

海洋生物资源养护 加快人工鱼礁建设，2013年，全省建设人工鱼礁区4座，开展了“建设人工鱼礁保护海洋资源环境”议案结案检查工作。全省建成水产种质资源保护区16个，海洋类型保护区54个，保护区数量、面积和种类均居全国首位。

海洋生态文明建设 配合省人大开展了《广

东省实施〈中华人民共和国海洋环境保护法〉办法》执法检查。省政府颁布《广东省惠东海龟国家级自然保护区管理办法》。会同有关部门制定海岸带综合整治试点工作方案。横琴、考洲洋、柘林湾等重点海域生态修复工作进展顺利。组织编制第1批国家级海洋生态文明示范区建设方案，启动第2批海洋生态文明示范区创建工作。启动“十大美丽港湾”及珠江口河口示范项目建设。

【国家海洋专项实施】

海洋经济创新发展区域示范专项 国家海洋经济创新发展区域示范专项于2012年开始，2013年全面实施。2013年，国家扶持广东省海洋经济创新发展区域示范项目资金3亿元，支持广东省开展多项海洋公益科研攻关，海洋科技取得了一批新成果。启动实施成果转化与产业化项目40个，52项海洋高技术成果得到转化。安排海洋经济创新发展区域示范项目36个，下达资金1.8亿元。争取国家支持，配备8 628万元经费，启动战略性新兴产业发展等6个重大项目研究。

海洋科技创新推广 通过海洋经济创新发展区域示范专项项目的实施，省海洋与渔业主管部门加强了与中科院、中山大学、国家海洋技术中心等科研机构的战略合作，开展海洋生物天然产物化合库建设、区域性海洋立即监测与观测系统建设合作，推动共建国家深海海洋试验场、国家海洋技术南方中心。通过成果转化与产业化项目的实施，推动企业、科研机构、大专院校加强协同创新，组织重大产业关键技术协同攻关，探索建立海洋产业技术创新战略联盟。截至2013年年底，全省海洋生物等战略性新兴产业领域已拥有以企业为主体的省级以上工程技术中心、重点实验室8家以上，各种技术研发及合作研发机构30家以上。

【科技成果奖励】 2013年度，广东省海洋科技发展取得成效，获得广东省科学技术奖一等奖1项、二等奖1项、三等奖2项。

项目名称：人工鱼礁关键技术研究与示范

主要完成单位：中国水产科学研究院南海水产研究所

获奖情况：2013年度广东省科学技术奖一等奖

该项研究成果总体上达到国际先进水平。研发和建立了人工鱼礁工程设计与结构优化技术体系，研究和建立了礁区附着生物生态特征评估方法，创建了“鱼礁模型趋附效应概率判别”诱集效果评估方法，首次研发了“现场网捕—声学评估—卫星遥感评估”相结合的人工鱼礁效果综合定量评价技术和礁区生态系统服务价值评估模型。首次系统集成5项共性技术，形成了我国较为完整的人工鱼礁技术体系，并建立了人工鱼礁示范区。该体系在我国沿海省市普遍推广应用，取得了显著生态、社会和经济效益。

项目名称：南海主要海水养殖鱼类免疫机制及其在免疫防治中的应用

主要完成单位：中国水产科学研究院南海水产研究所

获奖情况：2013年度广东省科学技术奖二等奖

该成果从鱼及病原入手，通过对鱼免疫系统和病原的研究，研发了疫苗、病原检测和免疫增强剂技术并进行了集成，有效预防疾病的发生，取得了重大突破，达到国际先进水平。在国内率先对海水养殖鱼类疾病预防技术进行了集成，建立了以疫苗和免疫调节剂为基础的海水鱼类疾病预防技术体系，取得重大突破。该技术在海南省、广东省等7个地区的鱼苗场及养殖网箱进行了应用，取得了显著的经济效益和社会效益。

【海洋科技合作与交流】

战略协同创新平台建设 2013年2月，省海洋渔业局与中山大学就加强海洋政策研究合作，加强海洋技术研发合作，共同推进建设海洋生物天然产物化合物库，共同建设高水平海洋科技创新平台和海洋人才培养合作；9月，就合作开展省海洋与水产高科技园开发利用签订协议。5月，省海洋与渔业局与国家技术中心签订战略合作框架协议，就共建区域性海洋立体监测与观测系统，“国家深海海洋试验场（广东）”“国家海洋技术中心（南方中心）”达成合作意向。

沿海地区合作 江门市紧紧抓住促进大广海湾跨越式发展的历史机遇，在2013年11月上海举行的广东江门（上海）投资洽谈会上，与上海及

长三角地区达成合约77项，总投资金额达157.68亿美元，这将对珠三角地区实现9年大跨越奠定良好的基础。

海洋宣传　2013年6—12月，广东电视台联合省海洋渔业局等单位推出了大型全景式系列报道《广东沿海行》，从经济、文化、社会、生态等方面全景式展现广东省海洋事业发展情况，在社会上引起广泛关注和热烈反响。

（广东省海洋与渔业局　陈海丽）

环境保护与生态整治

【科技成果奖励】　2013年度，由省环境保护厅推荐报送的“微生物除臭技术与设备”“臭氧—曝气生物滤池水处理工艺应用于工业废水深度处理回用”“第16届广州亚运会环境质量监测与预警技术和保障措施研究”3个项目获得环保部环境保护科学技术奖三等奖；由环境保护部华南环境科学研究所等单位承担的“南方典型河口生境演化特征与污染防控技术及应用”项目获得广东省科学技术奖三等奖。

由广东工业大学等单位承担的“催化、吸附功能性纳米材料的制备及其在污染控制和环境分析中的应用”等6个项目获得广东省环境保护科学技术奖一等奖；由东莞市环境监测中心站承担的“东莞市大气PM2.5自动监控系统集成开发应用”等13个项目获二等奖；由东莞市环境科学研究所等单位承担的“新型易腐有机垃圾就地再循环利用设备的研发”等14个项目获三等奖。

微生物除臭技术与设备　该项目利用典型恶臭物质的高效降解菌种和专利菌剂，解决了生物除臭工程中没有合适接种物、处理效率不高等问题；适合生物除臭滤塔特殊要求的填料，填补了含硫恶臭气体生物净化中缺乏防酸化功能填料的空白；适用于中低浓度、大风量的恶臭处理工艺与集成设备。生物除臭技术已应用于生活垃圾、市政污水以及印染污水等处理厂和树脂、油漆涂料、食品加工等工业排放的恶臭污染治理。截至2012年年底，该项目已在广东、江西、浙江、江苏、湖北、四川、陕西等省30个主要城市推广了63项除臭工程，实现产值1.94亿元。

催化、吸附功能性纳米材料的制备及其在污染控制和环境分析中的应用　该项目针对在环境领域具有广泛应用前景的二氧化钛纳米材料、稀土铁酸盐纳米材料和碳纳米材料开展研究；将基础理论与应用研究相结合，成果包括纳米材料结构与性能、光催化作用下污染物降解的机理与动力学、纳米材料的吸附机理与吸附性能，以及纳米材料在污染控制和环境分析前处理等方面的应用。截至2013年年初，项目已发表研究论文75篇，其中被SCI收录36篇，被EI收录29篇。研究成果为国内外相关领域的研究工作提供了帮助，大大丰富和发展了环境纳米材料的制备及其应用领域的相关基础理论和应用技术。

【生态整治】　为集中连片推进广东省农村环境综合整治，有效改善农村环境质量，省环境保护厅与省财政厅联合创新农村环保专项资金分配方式，以省内生态发展区域、重点流域、饮用水源地、典型区域的村庄连片地区为重点，采取竞争性评审方式，选择一批最能实现专项资金绩效目标、实施成本低、资金使用效益最高的连片整治示范项目。2013年，筛选出始兴、新兴、平远、龙川、陆河5个农村环境连片综合整治示范县试点项目，并与5个县政府签订目标责任书，明确整治目标和具体任务，落实地方政府责任。同时进一步扩大农村连片环境综合整治范围，中央和省财政专项资金扶持65个农村环境综合整治项目，涉及278个村庄，受益人口74.1万人。

【清洁生产】　2013年，省环境保护厅印发了《广东省电镀行业清洁生产审核技术指南》和《广东省造纸行业清洁生产审核技术指南》，对推进重点行业通过清洁生产实现主要污染物总量减排、实现绿色升级起到了良好的指导作用。共有1 113家重点企业开展强制性清洁生产审核工作，提出清洁生产方案15 124项，已实施清洁生产方案14 391项，共投资242 088.5万元，取得了良好的环境效益。

（广东省环境保护厅环境监测与科技标准处　赵　扬）

能源开发与利用

2013年，广东省一次能源消费总量25 645.23万吨标准煤，比上年增长了6.49%，原煤、原油、电力、天然气占能源消费比重分别为47.9%、26.4%、19.4%、6.3%；广东的终端能源消费量达29 349.23万吨标准煤，比上年增长了3.42%，原煤、油品和电力分别占终端能源消费量的11.6%、17.5%和49.1%。2013年，广东能源生产总量为5 418.49万吨标准煤，比上年上升6.48%，占终端能源消费量的18.46%，能源自给率低，对外依存度很高。原煤依然是广东的主要能源消费产品，由于原煤属不可再生能源和非清洁能源，原煤消费比例控制不下来直接影响生态环境的改善。从2001—2013年的统计数据看来，广东能源生产总量的年均增长缓慢，2005年开始全年能源生产总量没有多大增长，有些年出现下降，而能源消费量逐年增加，使得广东能源供需矛盾一直十分突出。全省万元生产总值能耗同比下降4.55%，完成了万元生产总值能耗下降3.5%的年度目标。

【能源科技成果及奖励】 2013年，广东省注重能源方面科技开发工作，取得一批科技成果，一批科研成果获2013年度广东省科学技术奖（见表7-2-6-1），大大地推动了广东省能源的开发与利用。

【节能减排】

低碳技术创新与示范　4月15日，广东省发展改革委与美国加利福尼亚州环保局、能源委联合在广州举办“广东省—加州低碳发展对话”，就广东与加州的低碳和能源发展情况进行交流和探讨。

10月30日，英国驻广州总领事馆在广州举办了第1届中英清洁和能效生产研讨会，会议汇聚了包括陶瓷在内的不同行业的企业代表以及在清洁和能效生产领域中有代表性的英国公司，给中英两国提供更宽阔的合作平台，为两国在清洁能效生产领域提供了更多的合作机遇。

广东省发改委于10月15—16日组织全省各地市发改委（局）及省直有关部门的管理人员召开碳排放权交易管理制度研讨班。11月27日举办了广东省碳排放权交易培训暨碳排放权配额分配工作会议，会议向首批控排企业和新建项目企业系统介绍了广东省碳排放权管理和交易的机制及配额分配方案，并为这些企业办理了碳排放权配额注册登记系统、碳排放权交易系统的开户。 12月19日，国家发展改革委副主任解振华和中共广东省委常委、广东省常务副省长徐少华，在广州

表7-2-6-1　广东省能源领域获科学技术奖部分成果（2013）

序号	获奖项目	承担单位	获奖级别
1	交直流并联大电网关键技术研究及工程实践	中国南方电网有限责任公司等	特等奖
2	天然气水合物开采三维综合模拟技术系统	中国科学院广州能源研究所	一等奖
3	生物柴油固体催化连续绿色生产关键技术与产业化应用	中国科学院广州能源研究所等	一等奖
4	百万千瓦超超临界机组系列优化技术研究与工程应用	广东电网公司电力科学研究院等	二等奖
5	±800kV及以下高压直流输电用密闭式循环水冷却系统	广州高澜节能技术股份有限公司	二等奖
6	动态畸变负荷电能准确计量及溯源技术、装备与应用	广东电网公司电力科学研究院等	二等奖
7	大型火电机组基于环保经济的全供应链主动配煤掺烧动态优化技术	广东红海湾发电有限公司等	二等奖
8	全直流变频空调ECO节能关键技术研究及应用	广东美的制冷设备有限公司	二等奖
9	高性能半封闭双螺杆制冷压缩机开发及产业化应用	珠海格力电器股份有限公司等	二等奖
10	夏热冬暖地区建筑围护结构节能关键技术研究与应用	广东省建筑科学研究院	二等奖

碳排放权交易所共同为碳排放权交易市场开市敲锣，标志着广东省碳排放权交易正式启动。

2012年，广东省科技厅、省财政厅、省住房城乡建设厅共同制定了《科技促进建筑节能减排实施方案》。2013年，建设了一批绿色低碳建筑，如中新广州知识城南起步区绿色低碳城区建设技术集成与示范项目，佛山新城绿色低碳城区建设技术集成与示范项目；攻克了一批共性与关键技术，低碳技术创新与示范专项立项，如广东省绿色建筑评价与标识体系研究与实施项目，绝热型材配置可调遮阳节能门窗研发项目。

LED应用　广东珠三角地区LED应用企业数量占了中国LED应用企业总数的近2/3，占比达66.4%，是国内LED产业第1大省。2013年6月，省政府办公厅下发了《广东省人民政府办公厅关于进一步加大工作力度确保完成推广使用LED照明产品工作任务的通知》，明确将LED照明产品推广应用列入节能减排考核。由广东省半导体照明产业联合创新中心（GSC）组织实施的LED照明标准光组件项目，形成了完善的LED照明标准光组件技术与管理体系。

工业节能　扎实推进电机能效提升及注塑机节能改造，以及能源管理体系、能源管理中心、能效对标的“三能”体系建设等节能重点工程，实施节能产品惠民工程，加快节能先进技术推广应用，加大淘汰落后产能力度。重视工业节能，取得系列应用成果，如广东省重大科技专项“铸造行业综合节能减排的技术应用与示范”通过对铸造领域综合节能减排的理论和关键技术进行研究，应用先进生产工艺（或过程）、先进技术、先进设备以及集成创新，实现污染综合治理和废弃物的综合利用；建设铸造综合节能减排技术示范工程，并在铸造行业示范与推广。2013年，开展试点的东莞、佛山两市节能改造注塑机超过2 000台，节能约42万吨标准煤。

电动公交车推广应用　8月8日，广东省发改委召开了纯电动公交车推广应用商业运营模式座谈会，就推进珠三角地区公交电动化进行交流和探讨。11月，东莞城巴投用100辆全新的新能源公交车，是东莞首批投放的气电混合动力公交车。气，指的是LNG；电，则是安装在车体尾部的“超级电容储能装置”。与LNG单燃料公交车相比，这一车型更加节能、环保。实验数据显示，这一车型比传统的柴油驱动公交车省油20%，每辆车每年还可以减少50吨的碳排放。截至2013年年底，广东省城市公共交通领域试点和应用新能源车辆的地市达17个，应用规模达11 411辆。

【新能源和可再生能源技术研发与应用】　广东新能源的储量丰富，可开发利用储量均居全国前列。广东各地对发展新能源热情高涨，如阳江、河源着力打造新能源基地，汕尾打造重要电力能源基地。

核电　核能利用方面，无论沿海还是内陆，均有不少适于建设核电站的场址，经过中广核集团多年的勘察，已开工建设和储备适合建核电站的厂址数量居全国第1位。截至2013年年底，中广核集团布局全国沿海在建的15台核电机组建设正在稳步有序地推进，建立了以国家级研发中心、集团级研发中心、公司级研发中心为主体的三级科技创新研发构架。作为我国一次核准开工建设容量最大的核电项目——阳江核电站工程，建设6台百万千瓦级核电机组。阳江核电基地在建机组达4台，全面进入工程建设与生产准备的高峰期。1号机组首次并网成功实现，新增100万千瓦清洁核电。

中广核集团承担着16台百万千瓦级核电机组的建设任务，在建机组规模和数量居全球首位，取得了核级数字化仪控系统产品平台Firmsys、百万千瓦级核电站全范围模拟机、核反应堆专用机器人等重大科研成果。推进核电科技创新工作，形成“大亚湾模式”升级版——自主先进技术品牌ACPR1000，已应用于阳江核电站5、6号机组建设。开展自主知识产权三代核电技术的研发，于2013年已完成初步设计。开展先进小型堆技术研发，探索并介入高温气冷堆、快堆等第4代核能技术攻关。承担的“核电灾害风险应对及研究”课题进行了审查验收，对核电厂可能发生的灾害风险进行分析及评估，为科学认识核电灾害风险、进一步提高核电灾害风险的应对能力提供技术支持；同时，吸取日本福岛核事故应急管理的经验教训，为进一步完善我国核应急管理体制提出建议。“863计划”项目“核电行业重大工程自动化成套控制系统”通过验收，其中，中广核集团承担子课题“百万千瓦级核电站仪控系统总体方案设计研究”“先进控制室及人因工程设计研究”“安全级仪控系统的标准体系研究”“百万千瓦级核电站数字化控制系统技术规范研究”。

截至2013年，大亚湾核电站1号机组已安全运行19年，连续安全运行3 699天，十余年没有发生非计划停堆事件，岭澳核电站1号机组7年多没有发生非计划停堆事件，在全球同类机组中分列第1和第2。

风能　广东开发海上风电具有得天独厚的优势，海岸线长，为全国第1，沿海风能资源丰富，海上风电规模开发潜力巨大。2013年，广东风能科技开发与应用取得了较大进展，风能项目逐步推进，取得了一批风能科研成果。在风能产业方面，风电设备整机制造水平全国领先，风电场选址也逐步由沿海地区向内陆山区和海上扩展。新增527.6MW，累计2 218.9MW，国内排名前列。中广核集团新增海上风电1 536.65MW，累计5 000.65MW。中国明阳风电集团，明阳风电甘肃（酒泉）基地建成投产，标志着明阳风电对西部市场的开发和服务反应有了强有力的支撑和保障；自主研制的全球单机容量最大的SCD6.5MW海上风机又有新进展：2013年11月1日，明阳SCD6.5MW海上风机导管架成功发运，14日完成吊装。2013年，明阳新增容量1 286MW。

太阳能　2013年，广东省在太阳能研究与应用推广取得较大进展，光热光电的应用逐步广泛，在非晶硅（薄膜）太阳能电池、太阳能玻璃及太阳能建筑一体化的技术和生产方面居于全国前列，一些大型企业积极投入力量加强太阳能应用技术研究，如华为进入光伏电站市场，研发全新设计的光伏逆变器，开创“智能光伏电站”；比亚迪开展光伏应用研究，投入到光伏发电领域；格力、美的进行太阳能空调、热水器研究。

生物质能　依托中科院广州能源研究所设立的“国家能源生物燃料研发中心”获国家能源局批准建设，对提升我国生物燃料产业的核心竞争力，促进能源领域高技术产业的跨越式发展，完善生物燃料技术创新体系的建设具有重要的现实意义。

非粮液体燃料、纤维素液体燃料、生物柴油、生物燃气以及成型燃料5个研发的基础设施和实验平台已基本建设完成，示范装置已取得阶段性成果。在生物质液体燃料转化及利用方面，开发出纤维素连续水解、废油脂连续脂化转化、能源藻规模培育、水相催化等核心技术。温州10万吨地沟油生产生物柴油示范工程、越南废鱼油4 000吨/年生物柴油工程、广西2 000吨甘蔗渣水解制备燃料乙醇示范工程等进入建设阶段。

在生物质燃气规模化利用方面，开发了能源草制备生物燃气关键技术、生物燃气分离净化技术、高效生物质混合气化技术、生物燃气窑炉燃烧控制技术等。广西武鸣1 000万立方交通燃气示范工程、广东佛山1 000万立方窑炉燃料示范工程，建成并投入使用以稻草等生物质为原料，通过化学方法进行液化，变成水溶性BOD，以液体进料的方式进行发酵，研制开发了稻草高效液化水解技术及秸秆高效发酵产沼气装置等。15kW新型秸秆制备生物燃气发电中试系统成功发电运行。

其他能源　2013年，海洋能、地热能、天然气水合物在研究方面取得了较大的进步。2013年5月17日，第2届中国海洋可再生能源发展年会暨论坛在广州举行，会议以“开拓与创新——蓝色能源之路”为主题，推进海洋能研究。海岛独立可再生能源系统核心技术研究基本完成，建设珠海大万山岛2MW独立能源系统。在珠海万山海域投放经过修检的波浪能发电装置“鹰式一号”，经受了台风强浪考验，依然正常发电，为海洋波浪能发电装置的抗台风研究提供了珍贵的数据和经验。100kW漂浮式波浪能电站研究从数值优化开始，经槽模型试验进行水动力学以及能量转换原理验证，比例样机实海况抗台风试验，样机实海况发电试验，逐步改进设计，建成了100kW漂浮鸭式波浪能装置。研制成功10kW水母式波浪能发电装置。

广东省多家单位承担的国家科技支撑计划项目“地热资源利用技术”，在地热资源综合梯级利用集成系统工艺、关键设备装置设计方案、高温热泵机组和溴化锂吸收式制冷机组的研制以及浅层地热资源监测技术等方面取得了多项成果。

5月30日—6月1日，“2013年南海海洋油气勘探开发论坛”在广州召开，内容涉及南海油气和天然气水合物的勘探前景和进展、深水油气开发的工程实践和经验、南海构造演化、深水沉积体系等多个方面。12月1—4日，第8届国际天然气水合物大会国际科学委员会第3次会议在广州召开。广州能源所承担“天然气水合物目标预测、开采和应用关键技术”及天然气水合物开采试验模拟进展顺利，开展水合物目标预测、开采和应用关键技术及模拟研究。广州海洋地质调查局自行研制的“天然气水合物海底环境长期监测系统”成功进行海试，将海底天然气水合物环境监测传感器或仪器接入监测系统，实现海底长时间、高可靠地监测水合物海底环境。广东多家单位共同承担的“973计划”项目“南海天然气水合物富集规律与开采基础研究”通过验收。

（中国科学院广州能源研究所　苏秋成）

交　通

2013年，广东省公路通车总里程达20万公里，公路网密度112.98公里/百平方公里，其中，高速公路通车里程5 705公里，新增181公里。航道通航总里程1.2万公里，等级航道4 667公里。港口码头泊位2 975个，其中万吨级泊位271个，新增港口货物年通过能力6 000万吨。全省公路水路客运量、旅客周转量、货运量、货物周转量分别达到60亿人、2 780亿人公里、29亿吨、1.2万亿吨公里，同比分别增长8.4%、12.1%、16.2%、29.9%。港口货物、集装箱年吞吐量分别达15.5亿吨、5 000万标准箱，同比增长10%和5%。全省交通基本建设完成投资960亿元，较原计划超额完成26.5%。其中，高速公路完成投资650亿元，较原计划超额完成55%；国省道60亿元，地方公路130亿元，公路客货站场4.5亿元，港口建设110亿元，航道建设5亿元。

【科技成果与奖励】 科技进步是加快交通现代化建设进程的支撑，广东交通科技积极开展新技术、新工艺、新材料等方面的研究和推广应用，科技水平得到全面提升，促进了交通行业的快速发展。2013年度，广东省交通运输行业共有5个项目获得广东省科学技术奖，其中“大跨度混凝土刚构桥结构变形控制技术及耐久性”项目获二等奖，“超强涌潮水域桥梁基础施工关键技术研究”等4个项目获三等奖。

大跨度混凝土刚构桥结构变形控制技术及耐久性　该项目以佛山广明高速公路建设项目为依托工程进行研究，属土木工程领域（交通行业）。该项目的主要研究成果为：1. 研发了高强、高韧、抗疲劳及耐久性能好的钢纤维聚合物结构混凝土（SFPSC），并提出了采用SFPSC进行箱梁设计及施工的方法和技术；2. 研发了基于远距离摄像及图像处理的桥梁结构二维位移长期监测技术，并研制了桥梁结构二维位移的长期监测系统；3. 首创了具有3个子系统、既能监测结构内力又能监测结构位移的大跨度桥梁长期健康监测系统；4. 提出了基于仿真实验数据及由长期健康监测系统收集的实测数据的大跨度预应力混凝土刚构桥上部结构的耐久性评估方法。

上述主要研究成果在广明高速公路富湾特大桥、惠大高速公路东江特大桥、福州平潭海峡大桥等工程中得到了应用，取得了重大的经济和社会效益。

超强涌潮水域桥梁基础施工关键技术研究　该项目紧紧围绕广东地区乃至全国的特大工程基础施工和可持续发展需要，以嘉绍大桥为依托，系统地进行特殊水动力、结构耐久性及数字化施工方法研究。研究领域隶属于桥涵工程的基础工程施工，同时与水沙动力学及材料科学也密切相关。主要技术内容和技术经济指标如下：

1. 通过对钱塘江超强涌潮特殊水域水动力的研究，探明了构筑物上涌潮压力分布情况，并提出了涌潮回淤厚度概念，据此对涌潮作用下墩位及其附近的局部冲刷深度和范围的计算公式进行修正，为围堰设计及基础施工提供了可靠依据。

2. 借助TAM Air微量热仪研究不同矿物掺量的水化放热特性及不同聚羧酸减水剂掺量和分子结构对复合胶凝材料体系水化放热过程的影响，创新性地从理论上定量确定矿物掺合料的取代方法与取代量对大体积混凝土水化放热的影响；采用密实骨架堆积法对大体积混凝土进行优化设计，最大限度地降低大体积混凝土胶凝材料用量；针对不同部位的结构对于混凝土的性能及抗裂能力要求的不同提出了大体积混凝土匹配抗裂设计原则；根据承台、塔座等不同部位大体积混凝土结构的不同，提出大体积混凝土梯度设计方法。

综合应用以上技术并对其施工工艺和质量控制技术进行系统研究，形成高性能混凝土的设计制备与裂缝控制技术。

3. 充分吸收特殊水动力研究成果，设计全过程组合式定位导向系统控制围堰平面偏位和垂直度，并将水平荷载均匀传递到钢护筒群；通过计算机控制系统对吊点荷载及行程进行监控，通过测量监控系统对围堰姿态实时分析计算，同时指导围堰的沉放及纠偏施工。

综合应用以上技术，形成了超强涌潮、大流速、大冲刷环境下双壁围堰的数字化沉放控制施工技术。

研究过程中发表论文12篇，其中EI检索2篇；获得专利授权7件；出版专著1部，培养硕士、博士研究生8名。成果总体达到国际先进水平，其中在强涌潮特殊水域水动力机理研究方面居国际领先地位。项目成果已在嘉绍大桥、珠江黄埔大桥等多项重大工程应用，共节约成本3 000万元。随着研究成果的进一步推广应用，将大大提高广东地区乃至全国的桥梁建设水平，产生更大的经济与社会效益。

【城市轨道交通】 在广州地下铁道总公司（以下简称“广州地铁”）被广州市认定为“广州市第2批创新型试点企业”之后，2013年广州地铁获得“广州市创新型企业”称号。在2012年成为市工程技术研发中心的基础上，广州地铁申请组建省级工程中心，进一步提升广州地铁科技研发平台。

2013年，广州地铁以地铁安全、效率、节能、环保先进技术研究为目标，积极引入外部智力和创新资源，与卢耀如、刘友梅、钱清泉等6名院士达成合作意向，极大地提升了广州地铁的综合科研实力。

科研项目 2013年，广州地铁共开展科研项目109项，主要包括新工法应用、下穿武广高铁专题、各线路土建施工技术总结等土建类项目，以及新产品研制、车站相关机电设备的技术研究、节能研究、有关信号等重大科技攻关项目研究。这些科研项目的研究，对解决广州地铁工程建设、运营过程中的实际问题，提升广州地铁科技水平，攻克城市轨道交通核心技术堡垒具有积极的作用。

广州地铁精心组织，高效统筹推进国家“863计划”项目“城市轨道交通列车在途监测与安全预警关键技术”和国家科技支撑计划项目“城轨交通列车运行状态全息检测与故障诊断技术及装备研制”的研究及试验、示范工程实施、综合联调工作，攻克了制约项目进展的技术难点和工期瓶颈问题，按期完成三站两区间、15列示范列车装车调试等工程示范工作，同时严格执行合同，及时完成资金支付、知识产权申请、财务审计、研究成果整理等工作，截至2013年年底，共签订合同79份，完成专项经费支出2 793万元，落实配套资金共2.06亿元，按时完成国家“863计划”项目与科技支撑计划课题各项工作任务。

“城市轨道交通列车在途监测与安全预警关键技术”项目研制出我国首台套“城轨列车运行状态全息化检测预警与应急系统装备”，实现了城轨列车的智能感知、智能诊断、智能跟踪以及全寿命周期的管理，提高了城轨列车实时安全预防能力，并在广州地铁的15列A型运营车辆上进行了规模部署。项目成果得到国家科技主管部门充分肯定。

市产学研专项城市轨道交通安全保障与节能降耗关键技术研究及示范是广州地铁继直线电机运载系统专项研究后承担的又一项广州市重大科技项目。项目由5个安全保障与节能降耗研究课题组成，涉及广电运通、新科佳都广州广电运通金融电子股份有限公司、广州新科佳都科技有限公司等8家研究单位，技术难度高、在线改造量大、施工配合部门多。广州地铁围绕项目考核目标，采取重点问题提前研究、疑难问题专项突破、现场问题现场解决等措施全面推进项目研究工作，完成了一个运营车站环控设备、智能货币识别装置、视频图像识别等系统的示范工程，以及一列在线运营列车的综合节能改造工作。

对外科技合作 2013年，广州地铁成功申报获批广州市对外科技合作专项2项，包括广州地铁牵头的“城轨道岔裂纹在线监测系统研究与应用”及与广州地铁设计院联合申报的“广州地铁7号线列车牵引节能优化研究”项目，打通了广州地铁与香港科技大学、英国伯明翰大学等国际知名大学的科研合作渠道。

专利申请与授权　2013年，广州地铁共完成国家专利申请44项，获得国家专利授权15项。截至2013年年底，广州地铁累计申请国家专利达162项，获得专利授权101项，其中发明专利授权13项，专利申请量保持了良好的增长态势。

【地方标准建设】　2013年，省交通运输厅完成了《高速公路高清卡口系统技术规范》《高速公路多义性路径识别系统技术规范》《高速公路隧道LED照明设计与施工技术指南》《广东省高液限土施工技术指南》《广东省交通建设工程灌注桩钢筋笼长度检测技术指南》5个交通运输行业地方标准的送审稿评审工作。截至2013年年底，这些行业地方标准已发布。

（广东省交通运输厅　罗　琪）
（广州市地下铁道总公司　陈　龙）

邮　政

2013年，广东省邮政公司持续推进“银行化、电商和管控模式转型”三大战略，坚持“科技兴邮”，着力增强自主创新能力，深化科技应用，科技研发能力和应用成效明显，信息化水平进一步提升，为“十二五”期间广东邮政实现全面转型发展夯实了基础，提供了驱动力。

【科技项目实施及成果推广】　2013年，广东邮政完成科技研发项目36项，新立项30项，推广地市分公司实用研发成果6项。重点开展了金融理财规划、网销业务管理、电商小包管控模式、电商行业直邮整合、邮区中心局处理工艺改造等应用研发；支持了电子地图、移动终端应用、微信、智能包裹箱等新技术探索；开展了预算分析、福利体系等基础管理研究。

电商小包生产运作动态监控系统　项目按照“关键指标实时监控”的管控模式，建设了邮政电商小包生产运作动态监控系统，实现了业务全环节实时监控及跨部门协同管理，实现了电商小包业务的“监控组织扁平化、监控指标系统化、监控手段信息化、监控流程动态化”。项目的监控模式为国内邮政首创，得到集团公司的高度认可并在全国推广应用。系统的应用为广东邮政电商小包业务的发展提供了有力的支撑，也是实践“管控模式转型”战略的成功探索。

常惠生活项目　该项目是东莞邮政分公司借助邮政强大的线下营销能力和广大商家及用户资源，创造性研发的新型O2O运营模式。发行了东邮网“常惠卡”，实现会员卡验证、充值支付、自动划扣年费等功能，配套常惠摇摇手机客户端、微信平台和大IPAD自助终端进行推广应用；与东莞通合作推出公交常惠卡。项目是以O2O为核心模式，实现与金融共振，是具有较大市场发展潜力的电子商务项目。

便民服务网上营业厅　项目搭建了广州邮政便民服务网上营业厅、手机服务终端及微信平台，以代办社会公共服务和邮政特色服务为内容，整合了“自邮一族”、报刊课材订阅、个性化贺卡、集邮、票务等多项业务资源，与交警、地税等公共服务部门和企业系统互联互通，实现了客户在线订购和在线支付，线下享受各项服务。项目是广州邮政在邮政便民服务网络化、移动化方面的积极探索。

ATM完好率保障系统　为了提高邮政金融计算机系统的安全性，集团公司在全国范围内组织了金融计算机系统安全运行竞赛活动。该项目根据竞赛要求，结合各项考核指标，实现了省、市、区（县）、营业网点4级管控架构，对各项重要指标进行实时、准实时监控。系统能自动检测并下载运行数据，自动处理分析数据并细化到每个网点；各市、县局及支局网点人员可以及时了解各项竞赛指标情况；同时通过后台网络监测程序能定时监测终端网络状态。系统使用后，广东邮政金融计算机运行各项指标持续保持安全、稳定。

邮区中心局处理工艺改造　项目在集团公司新增广州邮区中心局小包分拣机处理能力的基础

上，围绕“平面转、不落地；快进出、不中断；移邮件、靠自动”设计思路构建了新的生产流程，通过利用信息化、机械化手段，优化了邮件作业流程，实现进口处理不落地，实行OBR扫描，简化了操作环节。该项目全面提升了广州邮区中心局机械化、规模化生产效率，缩短了邮件处理时限，有力支撑了邮政寄递类业务发展。

效益目标考核体系研究　项目从传统和现代财务评价体系理论出发，借鉴中央企业综合绩效评价体系，结合企业实际情况，从财务的角度制定效益评价指标体系；基于此体系，从横向比较、纵向比较和行业标杆3个维度对地市分公司进行了测算和评价。项目为广东邮政建立以利润为导向的新的财务管控体系奠定了基础。

移动终端基础应用平台　项目基于智能手机终端平台，采用底座、应用客户端、移动应用服务器的系统架构，建立了广东邮政移动开发的基础框架，实现了版本管理、参数配置、操作轨迹监控、终端管理、权限管理等公共功能的整合和复用，并通过无线接入网关与各个业务系统后台的对接。项目实现了广东邮政移动互联网APP系统的统一接入、统一安全管理、统一开发规范。

【信息化建设】　2013年，广东邮政顺利完成了邮政储蓄逻辑集中工程、邮政储蓄公司业务、金融IC卡圈存等全国性金融系统的升级上线；开发应用了国内电商小包动态监控、国内/国际小包辅助、金融风险管理、营收资金管理等系统；推广了便民服务站模式；推出了手机营业厅APP和微信服务方式；信息网保障能力稳步提高，ATM完好率超过98.5%，省中心各储蓄系统连续两年未发生重大故障，荣获中国邮政集团公司（以下简称“集团公司”）金融安全竞赛第3名。

【标准化建设】　广东邮政作为主要研发单位参与集团公司《企业形象管理手册》的修订；结合网点整治重点加强了对形象手册的宣贯、执行和检查，网点整治标准达标率超过98.5%；制定了《广东邮政支局楼设计指引》，促进邮政支局楼外观形象的统一。

【科技进步月】　广东邮政持续开展科技进步月活动，邀请行业内外专家举办了多场科技新技术讲座，继续组织了科技征文、邮政报专栏等系列宣传活动，全省科技氛围持续增强；广东邮政有13篇科研成果论文入选集团公司的科技论坛；有5名专家入选集团公司科技专家库。

（广东省邮政公司　李汪洋）

气　象

【科技项目管理与实施】　2013年，全省气象部门新增国家级科研项目6项，省部级科研项目10项，完成“GRAPES中尺度模式改进与升级”等43个科研项目验收工作。开展了区域数值预报关键技术、精细化空气质量（AQI）和灰霾预报系统建设、延伸期预报等方面的研发，“华南雷暴大风线状对流系统的数值天气预报关键技术研究”项目得到科技部公益性行业（气象）科研专项项目支持，“基于Grapes的精细化空气质量（AQI）和灰霾预报系统建设”等52个科研项目得到2013年广东省气象局科研项目立项支持。利用中国气象局关键技术集成与应用项目、预报员专项项目、气候变化专项项目，重点推荐省气象局优势学科及业务急需推广的项目，有效开展精细化预报交互订正系统、省级风洞实验室自动化控制技术等研究。

精细化预报服务　重新组建了SAFEGUARD（精细化预报）团队，进一步完善精细化预报平台。开发了SWAN-web版本，在华南区域中心及广东省内市县进行推广。加强省市级网格预报平台（GIFT）建设，调整了省、市集约化预报业务流程，开展了推进市县级预报服务平台标准化建设，组织培训推广，在全省各级气象台站开展精细化预报业务，不断完善市县精细化气象预报支撑系统。开展多模式动态权重集成预报技术研究与开发，加强集合预报产品的业务应用。继续完善气候业务基础平台，提高气候趋势预测水平，开展了数值天气模式产品在延伸期预报中的解释应用研究。

新型气象观测资料在预报中应用技术集成与转化　加强卫星资料的应用开发，开展了基于精细化预报平台的卫星产品开发及应用、基于船测资料的FY-3B VIRR海温反演及校验和云导风产品本地化与定高新方法研究等。加强了雷达资料的二次产品开发工作，对珠三角风廓线雷达资料的二次产品开发进行了应用研究，基于雷达等多资料平台开展了粤北山区冰雹探测、预报和预警技术研究。开展了风廓线雷达资料在区域数值模式中的应用研究、华南风廓线雷达网的资料质量控制方法研究、边界层风廓线雷达在天气预警中的应用。加强从化防雷野外实验基地观测数据的研究应用，开展雷电预警防护技术开发及风险评估；加强茂名博贺海洋气象实验基地观测数据质量控制与评估，组织收集整理海洋气象多源资料，建设海洋气象基础数据专题库。

空气质量预报技术研究　开展了基于Grapes的精细化空气质量（AQI）和灰霾预报系统建设，积极服务珠三角清洁空气行动计划。发挥气象在生态文明建设中的基础性科技作用。组织编制了《广东省生态环境气象业务体系建设实施方案（2013—2015年）》，逐步建设现代气象业务体系的生态环境气象业务体系，逐步建立完善观测、预报、预警、评估服务于一体的集约化、规范化生态环境气象业务流程，开展符合当地特点的生态环境气象业务。

【科技创新体系建设】

区域数值天气预报重点实验室建设　多次组织召开区域数值天气预报重点实验室建设协调会议，在运行机制体制上给予大力支持与保障。聘任11位专家任重点实验室学术委员会委员，曾庆存院士任重点实验室学术委员会主任。制定了区域数值天气预报重点实验室发展规划。区域数值天气预报重大科研专项研究被列为2013年度省政府重点工作督办。组织编写了《广东省区域数值天气预报关键技术研究》可行性研究报告，并通过了广东省科技厅专家论证。成立了中国气象局区域数值天气预报重点实验室深圳研究基地，开展数值模式应用技术开发、检验评估模式预报性能等工作。加强粤港澳数值预报技术交流与合作，落实《数值天气预报技术长期合作协议》，成立了粤港澳三方的区域数值天气预报技术合作委员会、区域数值天气预报技术专家小组，组织召开了粤港澳数值预报技术合作交流会议、区域数值天气预报技术研讨会、数值天气预报学术会。2013年，重点实验室在研课题16项，发表代表性学术论文4篇。

核心技术有突破实施方案制定　按照广东省气象局率先基本实现气象现代化工作部署，制定了《广东省气象局核心技术有突破实施方案》，紧紧围绕推进核心技术的突破和现代气象业务体系的建设，有序推进预报精准化、观测自动化、流程科学化进程，不断提升气象科技和人才对气象现代化贡献和支撑能力。不断提高“四个能力”，加快实现“四个一流”，力争在核心技术方面有所突破，为率先基本实现具有中国特色、广东风格的气象现代化提供有力技术支撑。

【气候与气候变化】　2013年，省气象局加强应对气候变化工作的组织协调，积极参与广东省应对气候变化领导小组、低碳发展专家委员会、低碳发展促进会的各项工作。年内多次参加粤港应对气候变化联络协调小组适应气候变化专责工作小组工作会议，组织召开了粤港澳气候变化预估专题研讨会。加强区域内各省气象部门应对气候变化工作的组织协调，组织召开了华南区域气候变化技术交流会暨华南区域气候变化影响评估创新团队交流会。

气候变化关键科学技术研究　编制了《广东省农田温室气体排放清单》。依托“广东省人体健康气候风险和气候预警”项目，建立了广东省气候变化与健康基础数据库，开展了广东省高温热浪健康风险评估和潜势预估。开展了气候变化对珠江流域影响评估研究，编制出版《珠江流域气候变化影响评估报告》。完成了广东省科技计划项目“气候变化背景下广东省极端气候事件的检测与预估研究”。对RCP情景下珠江流域、华南区域和广东省气候变化预估数据集进行了完善，基于相关数据集完成了《气候变化对华南区域人体健康的影响与适应对策》等多篇学术论文。

气候变化监测能力建设　在清远、中山、珠海、惠州、江门、肇庆建成气溶胶质量浓度观测系统，实现珠三角九市全覆盖开展PM1、PM2.5、PM10观测；推进全省地面气象观测自动化，国家级气象台站全部实现能见度自动观测。利用温室气体浓度监测数据，发布了《广东省2012年度灰霾天气公报》。加强气候变化对敏感行业、重点领域影响的监测与资料收集整理，初步完成了《广东省气候变化监测公报（2012）》。

极端天气气候事件监测预警　利用“极端天气气候事件监测系统”实时监测极端强降水、极端高温、极端寒冷等事件，发布《极端事件监测简报》，与香港、澳门联合开展《极端天气气候事件资讯》的实时交换工作。开展气候系统异常监测和诊断工作，发布《气候系统异常监测简报》，不定期完成气候异常诊断报告。

领域气候变化影响评估　引进合适的模型和方法，推进气候变化对沿海和海岸带、水资源、人体健康、农业等重点行业影响的定量化评估。出版了《华南区域气候变化评估报告决策者摘要及执行摘要（2012）》。完成了《粤港澳气候变化评估报告》初稿。

气象灾害风险管理　年内指导30多个县市开展县级气象灾害风险区划及气象灾害防御规划编制工作。组织全省53个县市开展暴雨洪涝灾害风险普查总计55 564条普查记录。本地化开发了基于WEB的暴雨诱发山洪地质灾害风险预警业务平台，与省国土资源部合作，制作发布地质灾害隐患点的风险预警。

生态和环境气象服务　编制印发了《广东省生态环境气象业务体系建设实施方案（2013—2015年）》，完成了《广东省2013年生态气象监测评估报告》。改进华南区域空气质量（大气化学）数值预报业务系统，发布空气质量指数、空气污染气象条件等级预报。与省环保厅签署了《共同推进空气质量预报预警工作合作协议》。

增强风能开发利用服务能力　加强风电功率精细化数值预报平台和服务保障体系建设，进一步提高风电功率预报系统的性能，年内完成《珠海桂山海上风电示范项目台风专题研究报告》。

可行性论证和气候区划工作　全年完成了桥梁、风电、核电、城市规划、交通设施等多项大型工程气候可行性论证服务工作10项。省气候中心顺利通过了气候可行性论证资质考核并取得了延续证书。编写完成了《城市排水工程设计——暴雨强度公式编制技术指南》并由中国局预报司正式印发。《风能资源计算评估系统》V2.0版、《暴雨强度计算系统》V1.0版和《核电项目设计基准龙卷风计算评估系统》3个气候可行性论证业务系统通过了中国气象局预报司的软件测试，并向全国省级气象部门进行了应用推广。根据近30年气候资料，完成全省精细化农业气候资源图集。

【科技成果与奖励】　“南海区域海浪数值模式”“精细化要素网格预报系统”“回南天观测系统”3项科研成果通过广东省气象局业务准入。“气象灾害分区预警和雷暴追踪系统研究与应用”项目获得2013年度广东省科学技术奖三等奖。“广东省现代农业气象业务支撑平台”等7项项目获得2012年度广东省农业技术推广奖二等奖。全省气象部门（仅统计第一作者）发表SCI（E）、EI收录论文21篇，国内核心期刊论文66篇。获得软件著作权9项。

【科技交流与合作】　1月25日，香港城市大学、美国康奈尔大学专家到访中国气象局广州热带海洋气象研究所交流温室气体与PM2.5观测与模式研究。3月19—20日，香港天文台陈营华科学主任、吴满照总学术主任一行两人到博贺海洋气象科学试验基地参观访问。根据《中国气象局与澳大利亚气象局气象科技合作联合工作组第14次会议会谈纪要》计划，10月19—31日，广东省气象台一行三人赴墨尔本与澳大利亚气象局相关业务人员进行交流，参加澳大利亚天气和气候年度研讨会，参访了澳大利亚国家气象局、维多利亚州气象局等单位。12月，省气象局组织了华南区域数值天气预报产品的气象科技成果交流会，向广西壮族自治区、海南省、厦门市气象局，广东省电力、军队等部门积极宣传和推介。

【科普宣传】　省气象局印发了《广东气象科普工作要点（2013—2016年）》。3月23日，开展气象开放日活动，以2013年世界气象日主题——“监视天气，保护生命和财产”为主线，结合世界天气监视网成立50周年，通过专家讲解的方式，为广大市民和公众普及气象防灾减灾知识。7月30日—8月7日，开展“寻找台风踪迹”活动，通过微博、网络、媒体等多种形式征集气象志愿者10名，组织志愿者沿着近年本省沿海台风登陆热门地点（深圳—江门—阳江—茂名—湛江），寻找历史台风的踪迹，感受台风登陆时的惊心动魄，传播防灾减灾知识，增强防灾减灾意识。

（广东省气象局科技与预报处　王桂娟）

地　震

2013年是省地震局承担省部共建重点实验室建设的第2年。广东省地震科技工作继续围绕着贯彻落实全国地震科技大会精神、《国家地震科学技术发展纲要（2007—2020年）》以及《地震工作发展“十二五”规划》的内容，建立健全“监测预报、震灾预防、应急救援和科技创新”的防震减灾“3+1”工作体系，继续加大对地震科技的资金人力投入力度，提升地震科技对防震减灾事业的支撑和引领作用。在地震科技创新和应用、地震科技成果转化和服务方面的能力持续保持提升态势，地震速报、地震预警和紧急处置等技术研发取得新进展，地震科技工作继续在全国处于领先水平。

2013年，人力资源和社会保障部、中国地震局联合评选出20个“全国地震系统先进集体”和15名“全国地震系统先进工作者”。地震监测与减灾技术重点实验室获“全国地震系统先进集体”称号；广东省省地震监测中心黄文辉获“全国地震系统先进工作者”称号。

【科技项目管理与实施】　2013年度，省地震系统加大科研项目申报力度，推进科研项目工作进度及成果管理。广东省地震局地震应急中心的“广东省地震应急技术研究中心”项目获省科技厅立项。广东省与中国地震局共建项目“广东省地震监测预警技术与重大工程地震安全诊断重点实验室”、中国地震局“地震监测与减灾技术重点实验室”建设进入第2年。地震行业专项“全国统一编目处理系统及相关技术规范体系研制”、省重点科研项目“地震预警与自动速报技术研发”和省国际合作项目“粤港澳地区地壳三维结构成像及地震精定位研究”积极推进，广东省地震局承担的科技基础条件建设项目“地震预警与自动速报技术研发”通过验收。2013年，省地震局向中国地震局推荐了5项2014年度星火计划项目，共有3个项目获得立项资格。

珠江口海陆联合三维地震构造探测　按照省部共建珠江三角洲地震安全的协议，广东省地震局组织力量编写——《珠江口区域海陆联合三维地震构造探测》项目计划书。《珠江口区域海陆联合三维地震构造探测》项目拟利用海上气枪和陆上炸药作为震源，海底地震仪、陆上流动台站和固定台网来共同接收信号的海陆联合地震探测方法，对珠江口区域的地震构造进行探测。通过所获得的高密度地震探测数据来研究珠江口区域地壳精细结构特征，建立三维地壳速度结构模型，勾画珠江口区域具有潜在发震能力断裂深部三维结构，为提高研究区地震监测预报和预警能力提供科学依据，为珠江三角洲地区防震减灾工作提供强有力的地震科技支撑。

广东省地震应急技术研究中心　该项目于8月获批立项。项目建设以地震监测与减灾技术重点实验室为依托，根据广东省地震灾害应急救援的技术需要，在分析总结广东省地震灾害特点及应急救援先进技术和经验的基础上，重点研究适应广东省地震灾害突发事件应急救援方面的应急技术、应急装备和应急管理的对策及建议，创建突发性地震灾害应急技术研究中心，形成以地震监测、预警、灾害评价、应急反应、决策支持等，组建一支从事地震灾害应急技术研究的专家队伍。

地震预警与自动速报技术研发　4月，省科技厅组织召开验收会，对省地震局承担的科技基础条件建设项目“地震预警与自动速报技术研发”进行了验收。专家组听取了工作完成情况汇报，进行了现场运行测试检查，认为该项目在总结地震自动速报系统运行经验基础上，进一步升级完善了地震自动速报系统，提高了系统的各项技术指标，成果已经在全国省级区域台网、部分水库地震台网及援建台网得到广泛应用，一致同意该项目通过验收。

桥梁强震动监测与报警系统研制　5月，省地震局按照中国地震局有关星火计划项目验收的要求及工作安排，组织召开验收会，对省地震监测中心负责的地震星火计划项目（青年项目）“桥梁强震动监测与报警系统研制”进行了验收。验收组听取了项目负责人对项目工作及项目成果等内容的汇报后，进行了质询和讨论，一致同意项目通过验收。在中国地震局科技司对星火计划成果评审中，该项目成果被评为优秀。

【科技人才培养】　为加强管理队伍和专业技术队伍建设，提高科技队伍的专业结构，2013年，省地震局完成事业单位公开招聘计划9个，其中7名应届毕业生、2名社会在职人员。根据工作需要，完成5级岗位3人、6级岗位2人、9级岗位6人的聘用工作。推荐3人为防灾科技学院硕士研究生校外指导老师，已正式获聘；推荐1人申请“留学人员科技活动项目择优资助经费”，并获资助。

继续加大干部职工教育培训力度，提高干部素质能力，培训采用派出培训、联合办班、自办班和网络学习等形式。截至2013年年底，省地震系统已组织“高层建筑和生命线工程减灾技术培训班”等5个自办培训班，7个讲座，参加人数330人次。其中“高层建筑和生命线工程减灾技术培训班”被列为中国地震局基层重点培训班和广东省专业技术人才知识更新高级研修项目。“新闻宣传、科普宣传及信息工作会议暨培训”“地震安全性评价研讨暨培训会”2个培训班结合工作需要，改善文风、会风，将工作会议和培训有效地结合起来，既推进工作开展，又进行知识更新，做好业务培训。在举办专题培训班的同时，注重各类专题讲座的开展，邀请地震系统知名专家前来授课，有效地开拓了干部职工的视野，对专业技术人员的知识更新和科技交流起到了重要的作用。省地震分析预报中心举办的“数值模拟方法的应用”系列讲座，利用每周的固定时间进行讲授，有效地提高了专业技术人员的业务能力。按照中国地震局要求，省地震局参加中国地震局继续教育网络学院学习的人员扩展到全局干部。要求机关全体及下属事业单位副处级以上干部每年完成36个阅读学分，下属事业单位专业技术人员及职员每年完成12个阅读学分。

【科普宣传】　为了让社会各界更加深入地了解和掌握地震科普知识，了解防震减灾工作，省地震局积极开展地震科普宣传活动。省地震局科普馆全年接待团体90余批，比上年增加了一倍多；总接待人数超过3万余人，比上年增加了75%。

科普展馆升级改造　在“5·12”防震减灾宣传周到来之前，省地震局结合最新的震情以及防震减灾工作进展，对展板的内容进行全面更新，丰富了防震减灾科普宣传资源，提高了科普馆的互动性、趣味性和知识性。改版后的展板展示内容分为5个部分：地震基本知识、全球及中国地震灾害、广东省面临的地震形势、防震减灾工作、防震准备与避震措施。将原来固定版的“前言”和科普馆的“主形象标识”改造为“世界地震带模型”；增加了“防震减灾服务产品展示区”，展示了广州市部分城区建筑物震害预测系统、广东省部分城市建筑物抗震性能查询系统、广东省农村民居地震安全技术服务系统；制作了一批以“芦山地震”“地震预警”“防震避震”等为主题的流动展板；制作了《广东省防震减灾知识100问》小册子和《地震预警》宣传折页。

日常地震科普活动　科普馆实行面向社会公众开放日制度，接受机关、企事业单位、学校等团体的预约参观。2013年，科普馆在日常时间共接待社会团体参观约60批6 500多人次。

暑期特色科普活动　自2012年开始，科普馆与黄花岗街道联合开展“暑期青少年社会实践活动”，建立了良好的合作关系，成为“印象黄花”参观游览活动的定点单位。2013年暑假期间，省地震科普馆共接待社区辖内青少年10余批共1 100多人次。

作为“省直机关关心下一代工作活动基地”，科普馆加强与省直各单位关工委的联系，共同推进青少年防震减灾科普教育工作，开创了科普基地与关工委合作的特色宣传模式。2013年暑假期间，科普馆与各单位关工委共同组织为20批1 200多名青少年进行了防震减灾科普宣传。

科普馆还与南方报业集团建立长期的合作关系，将科普馆作为“南方报业小记者”的社会实践基地。2013年，接待“南方报业小记者”2批200人次。针对小记者的特点，设置了“专家访问”以及“小记者报道”环节。参观活动后，小记者通过通讯稿的方式在南方报业相关报纸对活动进行报道。通过小记者活动的开展，双方互助共赢，一方面提高了小记者的地震科学素养和采访的技能，另一方面对地震科普馆起到宣传推广的效果。

重点时段科普宣传　2013年，科普馆继续在重点时段加大科普宣传力度，采用“请进来”和“走出去”相结合的战略，强化重要时期的防震减灾科普宣传效果。利用“5・12”防灾减灾周、“7・28”唐山地震纪念日、全国科普日、全国科技周、全省科技活动月、国际减灾日等重点时段，向社会公众免费开放。期间，接待社会公众约1.5万人次。

加强与科技、教育、宣传、消防等部门的合作，联合开展大型科普宣传活动。5月10日，科普馆作为省地震局的代表联合省科协在海珠区客村小学举办“全国防灾减灾日”科普宣传周暨公益科普“两进”（进社区、进学校）活动，活动以“提高防灾减灾意识，建设美丽幸福广东”为主题，科普馆派出一辆地震应急救援车和防震救灾系列科普展板参与展示。9月13日，由广东省全民科学素质纲要实施工作办公室、省科协、省委宣传部等单位联合主办的2013年广东省“全国科普日”活动在广州市越秀区英雄广场拉开帷幕，地震科普馆作为省级科普基地代表参加了活动，以科普展板、群众现场咨询、现场发放宣传材料等形式向前来参观的群众宣传地震科普知识。

“5・12”防灾减灾周期间，科普馆派出专家到黄花小学、广州市第十三中学、恒福中学、南方航空公司等学校和企业进行避震疏散演练的指导和防震减灾知识讲座；在全国科普日活动期间，科普馆到省地震局帮扶村韶关市新丰县古塘村进行慰问，并到回龙镇中学为师生讲授科普知识，200多名新生及老师参加了讲座。

【重点科研项目及成果推广】

全国统一编目处理系统及相关技术规范体系研制　该项目是由省地震局地震监测中心康英研究员主持承担的地震行业专项，项目实施时间从2013年1月—2014年12月。

项目主要目标：1. 编制全国地震台网目录与地震观测报告编报技术规范，以保障全国地震统一编目；2. 目录产出工作的进一步规范化、标准化和精细化；3. 研制和部署统一编目事件连续波形的远程调用系统，实现从远程超大容量地震观测数据在线服务系统中，按事件目录、震相到时、震中距、台站名等获取相关时间段的事件波形数据，以用于统一编目系统编目时的震相矫正；4. 在现有全国统一编目系统的基础上，通过增加震相筛选、联合定位、目录质量评价等功能，研制和部署新的全国统一编目系统，全面实现全国范围的区域台网、国家台站间的联合编目，对于国内外较大地震或两省边界地震使用多个区域台网及国家台站的震相数据进行联合定位，提交地震数据统一管理系统，使产出的地震目录尺度统一而均匀；5. 建立基于数据库的新的地震数据统一管理系统，产出更加丰富的地震观测报告。产出包含有省级台网震相、国家台网震相、地震定位精度、近台距离、GAP值、震中距分布、震中方位角分布、地震初动方向分布、残差分布等内容，对于ML≥3.0级地震纳入各台网产出的新参数目录内容，并对震源机制和震源破裂过程等信息预留相应的位置；6. 利用可以记录到的所有省级台网、国家台网的震相数据，实现对区域台网及国家台网定位精度的监控；7. 建立统一编目综合服务平台。

2013年，该项目取得如下进展：1. 全面调研国内地震编目情况，梳理主要问题，提出解决方案，形成了调研报告；2. 广泛征求业内专家和科研、预报人员的意见，发放了统一地震编目需求调查表，了解行业需求，征求国家台、区域台网、国家台网的实际地震编目工作需求，在编写地震规范、设计统一编目系统中充分考虑，以提高目前地震编目的工作效率、产出水平及丰富内容；3. 完成了软件需求调研分析并设计了系统的架构和主要功能模块指标，启动了台网端和台站端人机交互系统编目软件模块、统一编目事件波形远程调用系统模块、汇集处理系统模块、震相筛选系统模块、速度模型及走时表选择和联合定位系统模块、定位结果质量评价系统模块6

个模块的研制工作；4．开展了矩震级加入传统目录的可行性研究；5．开展了国内各台网历史编目震相标注质量情况的分析研究；6．在全国现有的台站分布下，通过网格化方法，采用数值模拟和历史地震检验的方式，用GT5的标准对国内及周边地区的地震定位能力进行定量检测评估；7．调研国内编目使用模型和定位方法，在统一编目系统中引入了新的定位算法和程序，采用现有的国内外地壳和上地幔三维速度结构和区域地震震相三维走时计算的研究成果（RSTT），初步对比研究了不同速度模型（一维和三维）、不同台站分布情况下，新的定位算法的定位质量情况；8．收集精确地震事件的波形和震相资料，用于统一编目定位试验，以提出定位质量精度评价指标；9．确定地震编目大纲，初步完成地震编目规范的初稿。

广州市部分城区震害预测与防御对策系统升级更新 该项目是对原“广州市部分城区震害预测与防御对策系统”进行升级更新，包括数据更新、软件升级、系统更新。目标是建立面向不同社会群体、集地震专业知识、信息服务、科普宣传功能于一体的地震社会服务平台。通过将“广州市部分城区震害预测与防御对策系统”集成在多元平台（电脑、移动设备、网络）之上，并针对不同需求的用户，提供快捷、准确、可操作性强的相应地震信息服务。除了新平台的拓展之外，系统的效率和用户界面美化程度也将会成为项目的主要改进方向，旨在提供服务的同时，让用户能够通过目前主流的、广泛使用的智能移动终端设备，包括手机平台、平板电脑平台以及网络平台，随时随地进入系统，吸引公众用户关注、重视防震减灾信息，了解逃生常识，起到大力普及整个系统的作用。

在充分利用原始数据、资料的基础上，省地震局首先对数据更新，包括电子地图、地震小区划资料、建筑物普查数据、生命线系统基础资料及人口统计数据、经济统计资料等基础数据的更新；其次是软件升级，主要包括软件环境、硬件环境、网络环境和运行环境的升级；最后是系统升级，升级后的系统针对各种用户类别的不同需求，定制开发不同版本的“广州市部分城区震害预测与防御对策系统”，进行数据库移植和系统管理设计，并将其应用于手机、平板电脑、网络等多个终端。

“广州市部分城区震害预测与防御对策系统升级更新项目”的公众版已完成，对决策版、专业版系统等做进一步完善。工作区范围包括西南以珠江自然水系为界，北至沈海高速广州支线，东至广州大道，面积约70平方公里。工作区包括原东山区、原越秀区、荔湾区3个行政区和天河区、白云区的部分区域。

新版的震害防御系统将最终形成以下5个子系统，4项产品系统。子系统1（产品1）：震害预测信息系统专业版系统。该系统涵盖全部功能模块，为专业技术人员提供完整的数据服务和分析功能。该系统在设计地震影响场和场地地震效应方面，会有创新。子系统2（产品2）：震害预测信息服务领导版系统。该系统是对专业版系统的功能精简，方便领导查询震害预测分析结果和辅助决策信息。子系统3（产品3）：震害预测信息服务公众版系统。该系统是把震害预测的部分成果对公众用户发布的服务。包括公众房屋基本信息和震害预测结果信息查询，地震避难场所和救助咨询服务及地震科普知识等内容。子系统4：震害预测数据库管理系统。该系统包括属性数据库管理、空间数据库管理、元数据管理。子系统5（产品4）：震害防御科普教育系统。该系统用于震害防御科普宣传教育使用，使用多点触摸屏展示，方便科普教育与讲解，包括震害防御科普宣传模块、震害预测科普展示模块。

（广东省地震局 张 项）

建 设

2013年，全省建设科技投入稳步增长，科技进步贡献率明显提高。建设科技成果转化应用水平和建设领域科技含量进一步提高。重点领域应用技术的研究开发力度进一步加大，全省建设科技的整体水平达到国内先进水平，部分科研成果达到国际先进甚至国际领先水平。科技支撑产业结构调整和增长方式转变的能力、建设科技管理水平进一步提高，企业和科研机构对建设科技的投入明显增长，建设工作逐步走上科学发展的轨道。

【科技成果鉴定】 2013年，省住房和城乡建设厅全年组织完成各类建设科技成果鉴定266项，其中“广州亚运城综合体育馆结构关键技术”和“复杂地质条件下土压平衡盾构综合施工技术研究”等11项均达到国际先进水平，部分技术达国际领先水平。达到国内领先水平的项目152项，达到国内先进水平的项目98项，达省内领先水平的项目3项，达省内先进水平的项目2项。完成住房和城乡建设部科技项目验收8项。

【建设科技成果推广应用】 2013年，全省建设系统继续加大科技成果的转化、推广力度，共有5项成果获2013年度广东省科学技术奖，其中“夏热冬暖地区建筑围护结构节能关键技术研究与应用”获二等奖，“广州白云机场航站楼一期及一期扩建工程钢结构设计关键技术”等4项获三等奖。全省共有23项成果获2013年度华夏建设科学技术奖，其中“高层建筑混凝土结构技术规程”等4项获一等奖、“通风与空调工程施工规范”等4项获二等奖、“广交会综合楼超高层建筑主体结构综合施工技术”等15项获三等奖。

夏热冬暖地区建筑围护结构节能关键技术研究与应用 该项目通过研究国内外建筑节能设计评价方法，确定在本地区采用“对比评定法”进行居住建筑节能设计综合评价，以“参照建筑”能耗作为评价指标，提出“参照建筑”的确定方法。研究出适合本地区的“对比评定法”简化方法及计算公式，开发节能设计评价软件。使用稳定周期波动有限单元方法计算围护结构隔热性能，开发隔热计算软件，确定屋面节能控制指标。配套的节能设计软件作为公益软件广泛应用，推动了节能标准的实施。其中门窗幕墙热工软件得到广泛应用，取代了国外软件，成为我国门窗节能标识唯一专用软件。

广交会综合楼超高层建筑主体结构综合施工技术 该项目以广交会综合楼工程为背景，总结出了内筒外框结构立体交叉施工体系、核心筒分片爬升式液压爬模技术、内节点板方形钢管柱混凝土施工技术、方形钢管柱高效制作技术、钢柱钢梁精确安装技术、分段渐变翻搭悬挑式外脚手架施工技术、高层建筑测量综合技术等多项具有创新性和先进性的施工技术。这些成果在广交会综合楼工程结构施工中成功应用，解决了施工的关键技术难点，快速、优质、安全地完成了主体结构施工，产生了明显的经济效益和社会效益。

【工程建设标准化建设】 2013年，省住房和城乡建设厅继续健全覆盖面广、特色鲜明、符合地方发展水平的工程建设标准体系。发布了《高层建筑混凝土结构技术规程》等6项广东省工程建设地方标准，下达了《广东省桥梁结构健康监测系统技术规程》等17项工程建设地方标准的编制（修订）任务。这些建设标准的颁布与实施，促进了城乡建设科技进步，规范了市场行为，确保了工程安全质量，推动了全省城乡建设事业的发展。

（广东省住房和城乡建设厅　刘　映）

电　力

【科技投入与技术攻关】 2013年，广东电网公司认真贯彻“创新驱动发展战略”，落实南方电网公司中长期发展战略和一体化管理要求，结合公司实际制定了科技创新领域深化创先工作专项方案，坚持企业发展与国家发展需要相结合、技术创新与体制机制建设相结合、立足当前与谋划长远相结合、掌握核心技术与提高系统集成能力相结合的基本原则，以管理提升活动和公司创先工作为契机，全面加强管理，科技创新工作取得良好成效。

2013年，广东电网公司围绕电力前沿技术、资产运营及电网核心业务难题开展重大技术研发攻关，牵头承担了3项国家“863计划”课题，建成世界首个商业运营的多端柔性直流工程，多项南方电网公司重点科研项目取得丰硕成果。

【重点科技项目】

“大型风电场柔性直流输电接入技术研究与

开发”示范工程　该工程是国家“863计划”先进能源技术领域智能电网关键技术研发（一期）重大项目“大型风电场柔性直流输电接入技术研究与开发”课题的示范工程。工程由广东电网公司牵头，汕头供电局承担工程建设管理，广东省电力设计研究院承担工程设计，广东省输变电公司、广东火电工程总公司、汕头电力安装总公司、广澳电力发展有限公司以及浙江舟山启明电力建设有限公司承担施工任务，仅用10个月的时间就高标准、高效率、高质量地完成了工程建设任务。

该工程建成一个电压等级为±160千伏，输送容量为20万千瓦的多端柔性直流输电系统。工程一期在汕头南澳岛上建设2个换流站，在澄海区塑城站近区建设1个换流站，同期建设海、陆、空全线直流线路以及相关变电站的配套扩建。工程具有技术难度大、集成程度高、产学研特色显著、接口复杂等特点，是国际上首个自主设计、自主建设、自主关键设备制造、自主调试和自主运维的具有世界先进水平的输变电工程。

该工程的开工建设和顺利投运，对我国掌握大型风电场柔性多端直流接入技术，积累工程设计、施工、调试和运行经验，研究制定工程相关标准、规范，为推广柔性直流输电技术奠定基础。

智能配电网自愈控制技术研究与开发　该项目是广东电网牵头承担的国家“863计划”项目。项目创新地提出了一整套基于我国国情的智能配电网自愈控制技术支撑体系，在研究智能配电网建模仿真分析技术的基础上，建立了多时间尺度的多种分布式电源和储能装置模型库，并集成研发了智能配电网仿真分析平台。系统性地提出了智能配电网自愈控制理论和控制策略，从故障发生前的“预防控制”阶段（事前）、故障发生过程的“紧急控制”阶段（事中）和故障修复后的“恢复控制”阶段（事后）3个阶段，针对不同的控制目标，研究并实现了就地与主站协调控制和保护的策略和算法。在理论研究的基础上，研制了智能配电网自愈控制统一支撑平台与自愈控制系统，以及保护测控一体化终端和故障定位指示装置。其中，研发的自愈控制系统，为提升智能配电网运行水平提供了有效的技术支撑，取得了多项技术创新，整体达到了国际先进水平，并在基于馈线组的自愈控制技术和多源异构多时间尺度数据的综合利用技术等方面达到国际领先水平；研发的保护测控一体化终端及故障定位指示装置在基于功率方向的网络式保护技术和自组网故障定位技术方面达到国际领先水平。

主动配电网的间歇式能源消纳与优化技术研究与应用　该项目是广东电网牵头承担的国家“863计划”项目。项目突破当前配电网单向的电力传输方式和低效的新能源利用模式，建立了我国首个主动配电网技术体系，提出了点/线/面三级消纳和源—网—荷三者互动的技术理念，形成了综合规划、协调控制和灵活运营三大技术，对未来配电网接入大规模间歇式能源所面临的规划、控制及运营问题进行了全面的方法研究及应用实践。在理论到实践的转化过程中，克服了负荷数据采集难、间歇式能源出力预测难、多种分布式资源协调控制难、多方交易模式难等众多技术难题，提高间歇式能源渗透率至50%以上，实现间歇式能源的“零弃电”，降低并网损耗达15%以上。同时，项目还在国家分布式光伏发电示范区——广东佛山市三水工业科技园区建成国内首个主动配电网技术示范工程。针对该示范区节假日“弃光”、停电“弃光”的现象，利用主动配电网技术，示范区内5.5兆瓦分布式光伏发电利用率提高至100%，光伏利用损耗率降低18%，并大幅减少二氧化碳排放量和标煤使用量，极大地推动了新能源产业的发展和能源结构的调整，进一步推进了电力行业向可持续发展方向的转型。

电动汽车运营系统关键技术研究与应用　该项目是广东电网牵头承担的国家“863计划”项目。课题涉及技术领域广、多学科交叉、攻关难度大，涉及传统电网技术领域并考虑电动汽车负荷的电网负荷预测评估与调控、技术经济领域的电动汽车运营模式和考虑用户的充电电价动态制定策略、考虑动力电池电化学特性的管理系统和电动汽车用户行为特性的车载终端研制、信息技术领域的多类型数据源采集及集中挖掘处理等，经过艰苦研发，项目攻克了电动汽车与电网和用户互动协调领域的众多技术难题，开展了电动汽车商业运营模式及经济性分析，提出了适应于大规模电动汽车接入的充电负荷优化调配策略、计及电动汽车充电负荷特性的负荷裕度评估方法、基于用户响应的充电价格优化定价方法等；研制了车载电池管理系统实现了对动力电池的主动均衡保证电池高效利用，研制了车载终端实现了电动汽车用户和充换电服务运营商的全方位互动；成功研发了“南方电网公司电动汽车充换电运营管理系统”，系统整合接入了南方电网辖区内，包括广东、海南电网公司，广州、深圳供电局等地的换电站、充电站、交直流充电桩以及电动汽车的实时数据，系统涵盖业务管理、运行管理、车辆管理、客户管理、资产管理、高级应用等功能，并就社会节能减排、电网资产利用、电动汽车用户方便出行3个维度开展数据挖掘、分析和处理，有力支撑了公司电动汽车业务的开展，大大推动了新能源电动汽车实用化进程，系统已在广州赛马场电动汽车体验中心投入运行向社会开放，并进一步在南网系统内部推广应用。

【科技成果及奖励】 2013年，广东电网公司评审出各类科技奖励126项，其中一等奖23项、二等奖37项、三等奖66项；获得2013年度中国南方电网有限责任公司科技进步奖一等奖2项、二等奖9项、三等奖17项，技术改进贡献奖一等奖1项。广东电网有限责任公司电力科学研究院首次获得“中国技术市场协会金桥奖”。

2013年，广东电网公司系统共获得375项专利授权，其中发明专利70项、实用新型专利299项、外观设计专利6项。截至2013年年底，广东电网公司拥有的有效专利授权697项，其中发明专利授权141项。

（广东电网公司　张　飞）

水　利

2013年是“十二五”规划实施的第3年，广东省水利科技工作紧紧围绕全省水利中心任务，以保障省政府五个民生水利工作方案实施为重点，在推动水利科技创新、促进水利科技交流合作等方面取得了一定成效。

【科技发展规划制定】 2013年3月，省水利厅与省科技厅签订合作备忘录，进一步深化了两厅的交流与合作，在科技项目、科研平台、示范基地、创新科研团队及人才培养等方面达成了合作共识。

10月，为贯彻落实中央和省委、省政府关于加快水利改革发展的决策部署，深入实施《珠三角规划纲要》实现“九年大跨越”工作方案，科学规划广东省水利科技发展蓝图，省水利厅和省科技厅共同印发了《广东省水利科技发展规划（2013—2020年）》（以下简称《规划》）。《规划》提出了2013—2020年期间水利科技发展目标、水利科技重点研究方向和关键技术、水利科技能力建设和保障机制等内容，对广东水利科技工作发展具有重要的指导意义。

【科研项目管理】 2013年，省水利厅和省财政厅共同组织开展了2012年度水利科技创新项目立项评审工作。2012年度省水利科技创新项目受理申报项目82个，共有20个项目获立项。

2013年，“主分量及典型相关分析在水情预测业务中的应用”等7个广东省水利科技项目通过省水利厅验收，“东江流域水质遥感监测系统技术”等8个科研成果通过省水利厅组织的成果鉴定。

【科研平台】 2013年，省水利厅直属单位广东省水利水电科学研究院申报的博士后科研工作站获得人力资源和社会保障部、全国博士后管理委员会批准设立。这是广东省水利系统第1个获批的博士后科研工作站，研究领域涵盖岩土工程、岩土力学、水文学及水资源、水环境和波浪力学、近岸工程等专业。工作站是吸引、培养高层次创新型人才的重要载体，旨在打造形成水利系统产学研相结合的创新发展模式，促进广东水利科技成果转化为生产力，推动自主创新和加快人才培养。

【科研成果及奖励】 “广东省农村水利基础数据库及综合管理平台建设”“大型水利枢纽信息集成融合研究与应用”“单孔大跨度液压启闭双向挡水式水闸的研究与运用”3个项目获得2013

年度广东省科学技术奖三等奖。

项目名称：广东省农村水利基础数据库及综合管理平台建设

主要完成单位：广东省水利水电科学研究院、广东江河水利水电工程咨询有限公司、广东华南水电高新技术开发有限公司

获奖情况：2013年度广东省科学技术奖三等奖

该项目对广东省农村水利设施数量、分布、规模及效益等基本情况进行了全面系统的普查，查清了广东省农村水利基础数据，建立了基础数据库及综合管理信息平台，对规范农村水利工程设计、建设与管理，提高农村水利行业管理和决策水平，推动农村水利现代化具有重要意义。

该成果主要创新点包括：1. 开展了中小型灌区及配套农田水利设施、农村饮水安全工程等农村水利设施的普查，首次全面、翔实地获取了广东省农村水利设施基础数据，并建立了全覆盖的广东省农村水利设施基础数据库，研发了面向基层、功能齐全、运行稳定、便于操作的现代化农村水利综合管理平台；2. 首次制定了农村水利设施编码规则，并采用该编码规则对广东省农村水利设施进行编码；3. 基于普查成果，集成GIS技术及分形理论等，研究了区域水利与社会经济发展的协调关系，揭示了灌溉水利用系数的影响指标及其空间分布规律。

该成果已在广东省农村水利规划、设计、建设与管理中得到广泛应用，有力地支撑了最严格水资源管理制度的实施，有效地保障了广东省农村饮水安全和水生态文明建设，取得了显著的社会、经济效益，推广应用前景广阔。

项目名称：大型水利枢纽信息集成融合研究与应用

主要完成单位：广东省飞来峡水利枢纽管理处

获奖情况：2013年度广东省科学技术奖三等奖

该项目基于BEA Web logic中间件，通过实施水利部“948计划”，研发了大型水利枢纽信息集成应用平台，平台集水情遥测、闸门控制、视频监控、大坝观测、船闸监控、电站自动化运行等为一体，建成了大型水利枢纽“1+10”一体化信息系统体系，实现了各系统统一调度、统一监控、信息共享和综合集成。

该成果主要创新点包括：1. 利用BEA Web Logic中间件，J2EE、Web、CIMS、EAP、SSO等技术，研发了大型水利枢纽一体化信息管理平台，实现了生产和管理数据的有效集成和综合利用，以及大型水利枢纽的多源异构数据融合，解决了“信息孤岛”问题；2. 实现了分布式水文模型在大流域洪水预报中的应用；3. 实现了基于多目标决策的大型水利枢纽业务工作流的集成。

该成果在枢纽的防洪度汛调度、安全生产和日常管理过程中发挥了重要作用，大大提高了枢纽的信息化和自动化水平，取得了显著的社会、经济效益。

项目名称：单孔大跨度液压启闭双向挡水式水闸的研究与运用

主要完成单位：广州市水务规划勘测设计研究院、水利部交通运输部国家能源局南京水利科学研究院、中国水电工程顾问集团华东勘测设计研究院

获奖情况：2013年度广东省科学技术奖三等奖

该项目研究运用大跨度新型水闸作为利用潮汐动力改善感潮河网地区水环境的重要调控手段，解决在双向挡水条件下液压启闭闸门的结构流激振动、上下游河道的消能防冲等技术难点，优化确定结构布置方案和运行操作规程。

该项目研究的双向挡水水闸，单孔跨度大，结构形式新颖，总体布置具有创新性。首次应用液压启闭设备控制上翻式拱形大跨度闸门，并提出了新型底缘形式、新型破水器、弧线与直线形组合坎的新型整流消能防冲措施，解决了复杂水流条件下，液压启闭大跨度水闸运行过程中闸门易出现的振动和动力稳定问题。

成果已成功应用于广州市黄埔涌水闸、花地河水闸工程。水闸建成以来，区域内水安全、水环境、水景观显著提升，取得了较好的经济、社会和环境效益。在城市水环境改善方面，具有良好的推广运用前景。

【科技交流与合作】

国际科技交流与合作　8月，广东省水利水电科学研究院名誉院长杨光华和岩土研究所副所

长张玉成等同志合作完成的论文被第18届国际土力学及岩土工程学术大会收录，大会邀请2人前往巴黎作学术交流。

11月，省水利厅在美国举办防灾减灾体系建设高级培训班，境外培训时间21天，学员20名。学员学习了美国在应急反应机制、应急预案、应急管理体制、洪灾预警、抢险与减灾机制、飓风防护和减灾系统实时监控、水利项目建设管理、水坝分级与安全管理、城市排水及雨洪利用管理等方面理论和实践经验，深入了解了有关做法。

美国突发事件应急管理经过多年的发展，已日臻完善，在自然灾害危机的预防和应对中发挥重要作用，其经验对于加强和完善广东省水旱风灾害防御体系建设具有借鉴意义。借鉴美国国家洪水保险制度建立经验，结合全国重点区域洪水风险图编制项目，选择有条件区域作为研究试点，完成试点区域洪水风险图编制的基础上，探索制定洪水保险计划，组织洪水风险研究，尝试根据洪水风险分布绘制出洪水保险率图，有助于形成洪水风险社会管理试点经验。

11月，广东省水利电力职业技术学院组成6人代表团赴美国洛杉矶技术学院和加拿大多伦多大学进行8天的业务交流，双方就有关职业教育项目的合作进行洽谈，建立友好交流与往来机制。

11月，丹麦代表团一行15人来广东省水利厅进行水管理方面的交流，与省水利厅专业人员进行了技术交流，并参观了广州猎德污水处理厂。

粤台科技交流与合作　11月，第35届海洋工程研讨会在台湾召开，广东省水利水电科学研究院组成4人代表团赴台湾参加了会议。

会议邀请了来自中、法、德、美、日等国的学者进行学术交流。会议主题包括风浪流及其交互作用、波浪与结构物、漂沙及海洋过程、近岸环境和生态系、地球海洋环境问题、规划设计、施工与管理、环境监测与水下技术、海洋能及离岸风等8个方面。通过此次会议，加强了广东水科院与国内外学者在水利、海岸、港湾、海洋等相关领域的交流，拓展了有关产、学、研合作的新思路。

（广东省水利厅　桂江峰）

石　油　化　工

2013年，中国石油化工股份有限公司广州分公司（以下简称“广州石化”）实施“自主创新，重点跨越，绿色低碳，引领新兴，差异特色，支撑一流”的科技战略，发挥广大科技人员的积极性，完成科技开发、新产品开发、专利和科协各项工作任务。有6项科技成果通过中国石化股份公司（以下简称“中国石化”）鉴定验收，1项产学研成果获得广州市科学技术奖三等奖；组织自主开发塑料新产品4种；申请专利8件，7件获得国家专利授权；为广州石化整体经济效益的提高和科技进步做出了积极的贡献。

中国石化集团公司茂名石油化工公司、中国石化集团资产经营管理有限公司茂名石化分公司、中国石油化工股份有限公司茂名分公司统称茂名石化。2013年1月14日，中共中央政治局委员、广东省委书记胡春华视察茂名石化，充分肯定茂名石化为国家和广东省、茂名地区经济社会发展做出的重要贡献，希望茂名石化加快推进经济转型，早日建成世界一流企业，为国家和地方经济社会发展做出更多更大的贡献。

【科技成果与奖励】

广州石化　2013年，广州石化共承担中国石化科技开发项目26项。其中，“适合气相冷凝铬系催化剂工业化应用研究”等6个项目通过中国石化组织的技术鉴定或验收；“重油催化裂化装置烟气脱硫设施污水处理工艺”获得中国石化科技进步三等奖；产学研项目“乘用车内饰件专用低VOC高性能聚丙烯复合材料的研制及产业化”通过省科技厅鉴定并获得广州市科学技术奖三等奖。自主开发项目35项，其中接转项目15项，新立项目25项，投入科技开发经费1 520万元，全年完成结题23项。

茂名石化　2013年，公司共有“聚丙烯烟膜专用料的开发、高密度聚乙烯土工膜专用料的开发、超透瓶用PP专用料的开发、新油种生产高等级道路沥青、优质低标号重交沥青及改性沥青的生产”5个科研项目通过中国石化的技术鉴定。

【重大项目进展】

SHEER技术开发应用　高效能SHEER加氢成套技术开发项目是中国石化科技开发项目，被列入国家“十二五”科技支撑项目，由广州石化和抚顺石油化工总厂研究院共同承担开发任务。2012年4月23日，该技术在广州石化新建200万吨/年加氢改质装置成功应用，6月完成装置初期标定；2013年3月29—31日完成装置中期标定，各项指标及配套部件运行达到设计值；2013年6月17日，项目通过中国石化科技部组织的鉴定。

HIPS生产装置改造　北京化工研究院通过对HIPS模试技术研究，提出双釜预聚工艺包，广州石化据此工艺包对HIPS生产装置进行技术改造。2012年，小预聚釜正式投料开车，HIPS产品质量有所提升，抗冲击强度比原来提高约10%，基本达到科研目标。2013年，在保证HIPS产品质量稳定的前提下对操作参数进行优化调整，通过调整原料配方，产品GH660逐步下降，至当年年底两种产品降至6.68%，产品质量稳定。2013年11月29日，项目通过中国石化科技部组织的鉴定。

柴油超深度加氢脱硫（RTS）技术工业应用　该项目是广州石化与石油化工科学研究院、洛阳石化工程公司联合承担的中国石化“十条龙”科技攻关项目，主要针对不同的原料（直柴、掺炼焦化汽柴油、掺炼催化柴油）对不同活性金属类型柴油加氢脱硫催化剂的反应机理进行研究，探索适宜的反应条件，以发挥催化剂的最佳性能，延长催化剂寿命，生产硫含量达到欧Ⅳ、欧Ⅴ柴油标准的清洁柴油。2013年5月7日，经改造的炼油一部加氢二（B）装置投料试车成功，生产出合格产品；7月13—18日，进行装置初期考核标定，标定按照满负荷工况，原料采用直馏柴油，原料氮含量为141微克/克，产品总硫最低达到5.9微克/克、颜色水白，达到攻关目标要求。

240万吨/年加氢裂化装置开车成功　2013年3月2日，茂名石化2 000万吨油品质量升级工程改造重点项目之一——240万吨/年加氢裂化装置开车成功。装置占地面积22 034平方米，于2011年3月6日动工建设，总投资9.83亿元，是2 000万吨/年油品质量升级改造工程最主要的二次加工装置。装置的成功投产，可进一步满足2 000万吨炼油二次加工能力的平衡，改善油品质量结构，为社会提供清洁优质产品。

150万吨/年汽油吸附脱硫装置投产成功　2013年7月24日，茂名石化150万吨/年汽油吸附脱硫装置投产成功。催化汽油吸附脱硫装置（简称“S Zorb”）是茂名石化2013年汽油产品质量升级和低碳环保装置，总投资2.7亿元。采用S Zorb专利技术，通过选择性吸附和吸附剂的循环再生等工艺有效脱除汽油中的硫化物，大幅降低汽油中的硫化物含量，提升汽油品质，减少汽车尾气二氧化硫排放量。该装置于2012年7月动工，2013年5月20日建成中交。装置的成功投产，使茂名石化生产的汽油更加清洁环保，产品跨入国四时代。

10万吨/年顺丁橡胶装置开车成功　2013年2月24日，10万吨/年顺丁橡胶装置投料开车成功。顺丁橡胶装置是茂名石化产品结构调整的重点项目，装置采用国内先进的顺丁橡胶生产工艺，并在原有生产工艺的基础上进行较大幅度改进，设备国产化率达到100%。装置由2条聚合生产线和3条后处理生产线共同组成，可生产顺丁橡胶BR9000、BR9004A和BR9004B等多个牌号产品。

合资空分装置建成投产　2013年10月10日，由茂名石化与液化空气（中国）投资公司合资兴建的9万标准立方/小时空分装置建成投产并产出合格气体。该装置是茂名石化炼油改扩建工程的重要配套项目，总投资6.58亿元，于2012年3月开工建设，投产后可为新建煤制氢装置提供9万标准立方/小时的高压氧气，满足制氢需求。

化工轻油储备库项目建成中交　2013年7月8日，中国石化重点建设项目——茂名化工轻油储备库建成中交。该项目于2012年12月1日开工建设，总投资4.41亿元，主要建设4个5万立方米石脑油罐以及泵棚、变电所、仪表机柜间、泡沫站、污水提升池等设施。项目投用后可有效缓解茂名石化乙烯生产能力达100万吨/年后，乙烯原料不足的结构性矛盾。

茂名北山岭原油商业储备基地项目通过竣工验收　2013年8月20日，由中国石化集团石油商业储备有限公司全权委托茂名石化代建的茂名北山岭原油商业储备基地项目通过竣工验收。该项目总投资16.95亿元，主要建设15座单体罐容为12.5万立方米的原油储罐及配套设施，工程于

2009年11月1日开工建设，2011年3月31日建成中交，2011年4月25日投用，比总体统筹计划提前20天。

2套新建汽柴油质量升级装置获总部批复 2013年，2号150万吨/年S-Zorb催化汽油吸附脱硫装置获总部批复。该项目批复投资2.89亿元，是继7月建成投产的1号催化汽油吸附脱硫装置之后，拟新建的同规模、同类型装置。该项目2015年前建成投产后，公司汽油质量可全部升级到国Ⅴ标准，进一步减少汽油产品在使用过程中二氧化硫排放量。同年，新建300万吨/年柴油加氢精制装置基础设计获总部批复。该装置主要生产满足国Ⅴ 排放标准（硫含量不大于10ppm）的精制柴油产品，使公司的柴油产品符合国家有关柴油质量升级的发展方向。

催化裂化澄清油的生产及利用技术研究项目中试阶段脱固率效果明显 针对催化外甩油浆固粒含量高等世界技术难题，茂名石化与华东理工大学合作开展在外场作用下使用沉降剂加速催化油浆中固体颗粒的沉降，生产固含量低的澄清油实验研究，及开展催化裂化澄清油工业综合利用工艺研究。2013年6月18日，中试装置在茂名石化3号催化装置内正式投用，在不同工艺条件下进行试验；9月12日中试结束，中试阶段澄清油催化剂粉末含量为0.02%，效果显著。

【新产品开发】

广州石化 2013年，广州石化根据市场需求有针对性地进行塑料新产品开发工作。4月3日，开发生产聚乙烯大棚膜料DFDA 1808；5月21日，开发生产高开口性聚乙烯薄膜料DFDA 2001KT；6月7日，开发生产高密度聚乙烯注塑料DMDA 8008；7月9日，开发生产聚丙烯吸塑料CJ 500AH。新产品用户试用良好，大棚膜料DFDA 1808产品薄膜的机械力学性能及外观与国内外同类产品相当；高开口性薄膜料DFDA 2001KT产品透明性优良，薄膜的开口性有明显提高；聚丙烯吸塑料CJ 500AH产品质量满足食品包装制品生产厂要求；针对华南地区注塑级高密度聚乙烯产品货源紧缺而价格上涨情况及时开发的DMDA 8008产品，性能与市场认可度较高的国内同牌号产品相当。全年塑料新产品产量达4.48万吨，完成总部下达生产计划的106.8%，取得经济效益1 233万元。

茂名石化 2013年，茂名石化坚持“差异化”思路，扎实抓好新产品开发和专用料生产工作，着力提高高附加值产品比例，全力打造高端产品，全年开发生产新产品10个；累计生产新产品及专用料91.39万吨，同比提高10.73万吨，创历史新高。其中，透明抗冲聚丙烯PPB-MT25-S为公司在新产品开发方面首个进入总部“十条龙”的项目，盒盖专用料825-000填补了华南市场高融指LDPE注塑产品市场空白，高压聚乙烯重包装膜专用料2520D等牌号产品成功进入了可口可乐、宜家、普利司通等世界著名跨国公司。

【专利申请与授权】

广州石化 2013年，广州石化共申请专利8件，其中3件发明专利、5件实用新型专利，有2件发明专利和5件实用新型专利获得国家专利局正式授权，是专利工作做得最好的一年，超额完成中国石化下达的专利任务。截至2013年年底，广州石化拥有有效授权专利21件，其中10件发明专利，11件实用新型专利。专利全部在广州石化实施应用，取得了明显经济效益。

“一种脱硫胺液中硫化氢含量的测定方法”专利技术于2013年12月11日获国家知识产权局授予发明专利权。该专利技术用顶空气相色谱法代替传统的碘量法测定贫液中浓度很低的硫化氢含量，避免胺液和杂质污染色谱柱及进样口，可延长色谱柱的使用寿命；消除样品中其他组分对分析的干扰，使色谱基线稳定，硫化氢峰形对称，提高分析的准确率，适用于炼化企业脱硫胺液中硫化氢含量的测定。2011年7月起，该专利在广州石化脱硫装置、硫黄回收装置、溶剂再生和加氢裂化等装置应用，节能增效显著。14万吨/年硫黄回收联合装置B套系统低压蒸汽耗量从原来的30吨/小时降低至22吨/小时，年创效益1 373.5万元。

茂名石化 2013年，茂名石化共申请国内专利24.5件，同比上年23件增加1.5件，申请数量创历史最高纪录。2013年申报发明专利15件，实用新型专利9.5件，发明专利的占有率61.22%，同比公司所有授权专利发明的占有率（43.84%）提高

17.38%。截至2013年年底，茂名石化累计申请国内专利122.5件，累计获得专利授权73件。

【原油评价及分析】 2013年，广州石化完成萨西、奎都、贝拉伊姆、巴士拉等14个原油的全评价和巴士拉、南帕斯、埃斯坡、玛雅、达连、混合进口等20个次原油的简单评价、分析；完成G104罐原油、混合进口、奎都、达连等4个高酸油的酸分布研究；对加氢改质柴油进行切割，考察不同温度范围的航煤性质；进行沙重掺5%达连、科威掺达连（9∶1）原油直拔沥青的评价；确定催化油浆拔头后与脱油沥青调合90号或70号沥青调合比例；进行南帕斯原油、贝拉伊姆原油加脱硫剂试验。

【安全绿色生产】 2013年，茂名石化消灭了分部级以上安全事故，实现了重大生产、火灾、人身伤亡事故“三个为零”目标；在集团公司QHSE大检查中名列小组第1，安全、环保和质量均获先进并得到总部表扬；炼油分部摘掉了广东省环保黄牌，获得绿牌；公司被评为“全国绿化先进单位”“广东省清洁生产企业”，是中国石化和广东省唯一一家全国“安康杯”竞赛示范单位。

茂名石化按照“开门办企业、开放办企业”的思路，增强开放意识，增进与社会公众、主流媒体的沟通互动，传递公司绿色低碳发展理念和责任意识，全年共有来自内地与港澳台地区的79批次1 800多人走入公司厂区体验绿色低碳生产，公司绿色低碳发展成就得到国内主流媒体和社会公众广泛认可。

【优化增效】 茂名石化炼油系统全停大修从2013年10月11日1号渣油加氢装置停汽起，至11月27日1号石蜡加氢装置开汽结束，历时48天，比统筹计划提前2天完成。炼油系统全停大修为建厂以来第1次，涉及装置26套及相关系统工程，施工项目3 866项，预算费用24 924万元。全停大修开创了中国石化炼化一体化企业炼油全停时化工满负荷生产创大效益的先例，引入了信息化和规范化检修管理，创造了安全、绿色、优质、节约、高效、阳光大修新模式，被誉为中国石化炼油全停大修的典范。

2013年，茂名石化化工MTBE装置克服催化剂活性降低、设备管线腐蚀等困难，通过优化操作参数、积极开展隐患排查和治理、组织技术攻关等一系列措施确保MTBE装置一直保持在100%以上高负荷安稳运行。装置全年累计生产MTBE产品7.27万吨，年产量达到该装置设计产能4.6万吨/年的158%。

茂名石化按照“以稳为主、稳中做大、稳中调优”的工作思路，在做大乙烯产量上下功夫。全年克服炼油全停大修导致的裂解原料短缺和燃料气平衡以及裂解装置换热器、裂解炉检修频繁等困难，通过抓好裂解装置存在问题的攻关，全力提升装置运行水平，装置实现了安稳长满优运行。全年生产乙烯112.55万吨，同比提高2.41万吨，超额完成生产乙烯112万吨的目标，超总部下达的指标10.55万吨，创历史新高。

【标准化工作】 2013年，茂名石化质量管理部制定《原料煤》和《外购蜡油》进厂验收质量指标，严把进厂质量关。修订《炼油、化工产品质量指标和保证项目汇编2013版》，转发并执行8个上级产品标准，其中国家产品标准3个（车用汽油、车用柴油、丁二烯橡胶BR 9000），行业标准1个（4号轻燃料油），地方标准1个（粤Ⅳ车用汽油），中国石化一级企业标准2个（乙烯装置用加氢裂化尾油、98号车用汽油），协议标准1个（出口航空煤油（JET A-1）AFQRJOS Issue 27版标准）。

（中国石油化工股份有限公司广州分公司
王新忠　邓志伸）
（中国石油化工股份有限公司茂名分公司
韩泉梅）

国土资源

【科技管理】 2013年，“村镇建设用地再开发关键技术研究与示范”项目获批科技部“十二五”国家科技支撑计划项目立项。获批国土资源部公益性行业科研专项1项，为“珠江三角洲低效用地统筹利用与效益提升关键技术研究”。组织开展2013年广东省国土资源科技专项研究，“广东省地质资料集群化应用模式研究”和“自适应快速地图制图相关技术的应用研究”2个项目获得立项。

省国土资源厅向国土资源部申报2013年度国土资源科学技术奖4项，其中“耕地质量变化快速监测评价及信息系统建设”项目获得二等奖。设立并评选首届国土资源（广东）科学技术奖，评出一等奖6项、二等奖4项。

深圳市国土资源创新研究中心“土地资源制度科技创新团队”和华南农业大学“土地资源监测监管科技创新团队”入选国土资源部科技创新团队培育计划；省国土资源测绘院丁华祥和华南农业大学陈飞香入选第1批国土资源杰出青年科技人才培养计划。

【科普宣传】 2013年，广东省博物馆被国土资源部命名为“国土资源科普基地”。

4月16—22日“世界地球日”主题活动宣传周，省国土资源厅组织专家走进校园，与广大青少年开展丰富多彩的科普活动，在广大青少年中倡导“珍惜地球资源、转变发展方式，促进生态文明、共建美丽中国”的理念。

6月25日全国“土地日”期间，省国土资源厅与团省委联合开展纪念全国“土地日”暨“珍爱国土·青年担当”系列主题宣传活动，组织机关干部、专家、青年志愿者走上街头，深入广大农村、学校，广泛宣传国土资源的国情国策、法律法规和科普知识。

8月29日测绘法宣传日，省国土资源厅与茂名市人民政府联合举办大型主题宣传活动，同时，充分利用主题征文、知识竞赛、书画摄影展、主题论坛、科普宣传等群众喜闻乐见的形式和互联网、手机短信等新媒体，积极开展测绘法、国家版图保护意识的宣传。

【信息化管理】 2013年，省国土资源厅继续加强信息公开工作，网站及政务信息公开成绩突出，被国土资源部评为“国土资源政务信息网上公开示范单位”，被国家测绘地理信息局授予“测绘地理信息系统网站建设信息公开奖”。开展“深化国土资源电子政务系统应用的案例与思考”专题课题调研，探索低成本、高效管理的市—县国土资源电子政务建设及应用模式。

业务管理网络化建设 2013年，省国土资源厅积极开展网上办事窗口建设，进一步简化了事项办理流程，36项行政许可、非行政许可审批和社会服务事项入驻网上办事大厅，实现了“外网受理—内网办理—外网反馈”的全流程办理功能，办事过程数据均已及时交换至省网上办事大厅，网上申办人可以实时查询办理进度情况。网上办事窗口风格严格按照要求进行建设，行政审批事项达到二级办事深度的超过60%，达到三级办事深度的超过20%，符合省网上办事大厅建设要求。

进一步深化业务管理网上运行，实现了国土资源信息的集中式一体化管理、审批业务的互联互通和数据服务统一应用，扩展了地市的报件功能，并与广东省网上办事大厅实时衔接。在原有电子政务系统的基础上进一步开展优化工作，并建设移动办公系统，实现无纸化办公和全流程业务管理。

信息化综合监管体系建设 建设了广东省国土资源综合监管系统，实现对土地资源“批、供、用、补、查”和矿产资源“探、采、用、储、查”生命周期的监测监管；建成广东省土地与矿业权网上交易监测监管系统并于2013年初上线运行，实现全省互联互通；开展了广东省土地登记信息监管系统建设。

（广东省国土资源厅科技教育处 胡吉进）

地　质

2013年，广东省地质工作围绕“加快转型升级、建设幸福广东”的核心任务，积极开展矿产资源勘查及环境地质工作。地质科技以资源与环境为重点，积极申请部、省级科研项目，开展多种形式的科技交流及科普宣传，服务“找矿突破战略行动”和广东生态省建设，为广东省地质找矿、地质灾害防治及环境治理等工作提供科技支撑。

【科研项目实施】　2013年，省地质局获得国土资源部和广东省财政支持的科研项目共14项，经费投入1 065万元。

矿产资源　完成国土资源部重大综合研究项目“广东省矿产资源潜力评价”总体报告并通过国土资源部评审，对全省铁、铜、金等19种非油气重要矿种的资源潜力进行了预测和评价，深入开展了全省区域成矿规律研究，圈定成矿远景区和预测靶区，为广东省矿产资源战略与国民经济中长期规划提供了科学依据。与中国地质科学院矿产资源研究所合作开展“粤西铜金多金属矿床找矿模型研究”“广东乐昌禾尚田钨锡多金属矿成矿规律研究及方法技术总结”课题研究，对典型矿床的成矿模式及找矿模型进行了系统总结研究。“珠江三角洲及周边地区控热地质构造调查研究”项目阳江市新洲千米地热科学钻工程的实施，为本省开发利用地热资源提供科学依据。本省重要的基础地质综合研究项目“广东省及香港、澳门特别行政区地质系列图件编制与综合研究”顺利启动。

环境地质　“高时空分辨率地面沉降监测体系及其在防灾减灾中的应用研究”项目，对地面沉降监测中水准、GPS和InSAR测量3种手段进行最优化配置和监测资料高效融合，为地面沉降地质灾害防治监测提供有效的方法手段。“珠江三角洲农用地土壤重金属重度污染区现状控制及修复研究”项目开发制备出对毒性重金属镉、铅、镍元素有强吸附能力的改性膨润土修复材料，为广东省土壤重金属污染土地的修复提供了技术支撑。

【科技成果与奖励】　由广东省地质调查院与其他单位合作完成的“珠江三角洲地区地下水污染调查评价”获得2013年度国土资源科技奖二等奖。广东省地质测绘院作为参加单位之一的“INSAR高精度地表形变测量的理论方法研究与应用”项目，获得2013年国家测绘科技进步奖一等奖。

2013年，广东省地质学会首次组织开展地质科学技术成果奖评奖活动，全省地质行业共有9个项目获地质科学技术奖一等奖，11个项目获二等奖。获奖项目涵盖了基础地质调查与研究、矿产勘查、水文、工程、环境地质等方面成果以及行业规范等内容。通过评奖活动，更好地调动全省地质科技工作者的积极性，进一步推动全省地质科技工作的发展。

【重点项目选介】

广东省矿产资源潜力评价　该项目属于国土资源部部署开展的全国矿产资源潜力评价工作项目，是我国矿产资源方面的一次重要的国情调查。项目工作年限为2007—2013年。通过项目承担单位广东省地质调查院及省内多个地勘单位的共同努力，2013年全面完成了各项工作任务，并取得了一系列重要成果：全面完成广东省基础地质编图和地质、矿产、物探、化探、遥感、重砂等基础数据库建设，进一步夯实了地质找矿的基础性工作；通过利用广东省基础地质调查和矿产勘查工作成果资料，充分应用现代矿产资源评价理论方法和GIS评价技术，开展成矿地质背景、成矿规律、物探、化探、自然重砂、矿产预测等项研究，全面完成广东省铁、铝、铜、铅锌、钨、锑、稀土、磷、金、银、锰、钼、锡、硫、重晶石、萤石、硼、煤等19个重要矿种的资源潜力评价工作。

项目实施过程中取得了一系列理论技术方法创新：首次在全国提出地球化学区域异常集中度的概念，在典型矿床应用取得良好应用效果；对广东省开展了大地构造相的划分和编图，首次对大地构造相与成矿的关系进行了深入的分析研究，提高了广东成矿规律研究的水平；自主研发了“广东省矿产资源潜力评价综合成果管理与应用系统”，为潜力评价数据集成与成果共享提供了基础平台。项目系统总结了广东省地质调查和矿产勘查工作成果，全面掌握了全省矿产资源现状，科学评价未查明矿产资源潜力，建立真实准确的矿产资源数据库，满足矿产资源规划、管理、保护和合理利用的需要，为广东省矿产资源规划、矿产勘查工作部署、找矿突破战略行动实施以及整装勘查区的确定提供了科学依据，对野外地质找矿工作也具有重要的指导作用。

广东省地质系列图件编制与综合研究　该项目为2013年国土资源部下达的科研项目“中国地质构造区划综合研究与区域地质调查综合集成”

的一个工作项目，由广东省地质调查院承担。项目主要任务是全面总结20多年来广东省及香港、澳门特别行政区区域地质调查、矿产勘查和专题研究最新成果，编制广东省及香港、澳门特别行政区区域地质志和地质系列图件，建立空间数据库，并针对省内重大基础地质问题开展专题研究，为城市规划、工程建设、资源利用、环境保护、防灾减灾等提供基础地质资料，为社会公众提供公益性区域地质信息。2013年完成地理底图编制及数据库建设，开展了粤西地层对比研究，以及“广东中生代岩浆岩形成的构造环境及其演变研究”“广东主要断裂带构造属性特征和成生年代研究”2个重要地质专题研究，获得一批高精度的锆石U-Pb测年数据。项目承担单位还邀请国内知名地质专家来广东省进行了前寒武系地质构造野外考察及研讨会，对广东省前寒武系研究提出了意见和建议。

珠江三角洲及周边地区控热地质构造调查研究　该项目由中国地质调查局部署、中国地质大学（武汉）和广东省地质局共同承担。项目通过开展珠三角及周边地区深部控热地质构造调查研究，建立深部地质结构框架，为寻找广东省深部地热资源靶区，开展干热岩资源勘查提供科学依据。项目组对我国首座地热发电站气所处的丰顺邓屋地热田进行了深入研究剖析，在惠州市黄沙洞地热田发现了水温高达118℃的本省温度最高的温泉地热井，实施了阳江市新洲千米地热科学钻探工程。在新洲地热田实施的1 000米地热科学钻探工程，孔深1 002.3米，孔内实测最高温度110.2℃。项目组对钻孔岩芯进行了全面的分析研究并进行了水质分析及各种物探测井。通过实施千米科学钻探工程，进一步加深了对阳江市新洲地热田水文地质环境和控热地质构造的认识，为广东省其他地区中温地热田勘查、开发研究提供了借鉴和科学的依据。

珠江三角洲农用地土壤重金属重度污染区现状控制与修复研究　该项目由广东省地质实验测试中心承担。项目以珠三角典型农用地土壤重金属重度污染区为研究对象，在调查与评价污染场地土壤重金属污染现状的基础上，利用广东省优势粘土矿物膨润土，通过多次改性、筛选，开发制备出对毒性重金属镉、铅、镍元素有强吸附能力的改性膨润土修复材料，其中的巯基改性膨润土修复材料，具有很强的稳定钝化性能且成本低、无二次污染，其制备方法具有独创性，在模拟盆栽试验和场地修复示范研究中取得了显著修复效果，具有较好的推广应用前景。通过项目研制的修复材料和修复技术的推广应用，开展重金属污染土壤的治理及修复，可以大量减少生产重金属超标的农产品，提高农产品的产量和质量，确保农业生产安全，保障城乡人民及子孙后代的身体健康，实现重大的社会、经济和生态环境效益。

高时空分辨率地面沉降监测体系及其在防灾减灾中的应用研究　该项目由广东省地质测绘院承担完成。自2011年9月正式启动以来，项目研究小组与中南大学合作，完成了广州南沙500平方公里试验区的监测网布设，获得了区内水准监测点、GNSS自动连续监测点以及整个区域的InSAR监测的监测数据，并通过研究突破了复杂环境下高精度地面沉降信息获取、分析、建模的关键技术，解决了在不同观测条件下提高GPS测量精度和监测可靠性的技术方法，研发的“广东GPS地面沉降监测数据处理软件”，实现了自动监测数据的接收和处理，并能够对监测系统在线管理。基于该项目的“InSAR高精度地表形变测量的理论方法研究与应用”技术成果获得2013年度国家测绘科技进步奖一等奖。项目研究成果应用于珠三角地面沉降监测，不仅提高了监测精度、监测数据获取的频率和时效，而且可以减少投入、节约成本，具有良好的经济和社会效益。项目的实施为控制和防治地面沉降，科学规划区域建设、防灾减灾等提供决策依据。

【重点实验室建设】　国土资源部放射性与稀有稀散矿产资源综合利用重点实验室于2012年批准立项建设，依托单位为广东省矿产应用研究所，主要研究方向为放射性、稀有稀散元素的物质组成与工艺矿物学研究、综合利用研究以及测试技术与环境保护。重点实验室位于韶关武江区，建筑面积5 000平方米，下设冶金研究室、选矿研究室、岩矿鉴定室、物理检测室、化学检测室、环境检测室等专业研究室。2013年，实验室有固定研究人员44人，包括教授级高工4人，高级工程师8人，工程师22人，在用仪器设备300多台套，价值1 000余万元。当年依托单位继续投入310万元资金对实验室的场地、环境进行改造和设备购置，完成稀散金属加工车间的搬迁和扩建、选矿实验室的扩建、放射性及室内环境检测室的搬迁改建、大型仪器设备“电感耦合等离子体质谱仪（ICP-MS）”的购置等。

2013年，该实验室开展各类科研项目12项，其中国土资源公益行业科研专项项目2项，分别是“微细粒钼矿利用新技术研究”和“攀西钒钛磁铁矿中稀散元素赋存状态及选冶关键技术研究”，其他科研项目10项。当年，该实验室“微粒斑岩型钼矿选矿实验用复合捕收剂及其应用”获得国家发明专利，开展从工业废料中回收稀散金属镓、铟的技术研究和加工实验，实现了产研一体化。

【科技交流与合作】 2013年，为进一步提高地质科研人员的技术理论水平，了解学科发展动态，广东省地质局和广东省地质学会联合国内其他地质科研机构，开展了多种形式的学术交流活动，有效提升了地质科研人员的素质和能力。

第7届矿床模型与找矿勘查国际研讨会 1月13—19日，由国际经济地质学会（SEG）、国际矿床应用地质学家学会（SGA）、中山大学、中国科学院广州地球化学研究所、广东省地质学会主办的第7届矿床模型与找矿勘查国际研讨会在中山大学南校区举行。来自美国、加拿大、澳大利亚、沙特、蒙古和中国等40多个高等院校、科研机构、地质勘查和政府管理部门等单位的200多位代表参加了会议。会上来自美国原SGA主席David Leach、原SGA主席David Leach、加拿大皇家学会院士Steven Scott及中科院广州地化所教授陈华勇等16位国内外著名矿床学者及找矿勘查专家讲授了各种重要成矿类型的成矿作用理论与找矿勘查应用，并提供了600多件全球具有代表性的矿床采集的岩矿标本给与会代表学习交流。各位授课专家的讲座内容题材广泛，代表了当前矿床学和海洋矿产领域的最新研究成果，是一次矿床模型与找矿勘查学术盛宴，对我国成矿作用研究及找矿工作有着重要的促进作用。

广东地热勘探开发国际研讨会 6月29日—7月1日，由省地质局联合中国地质大学（武汉）主办的广东地热勘探开发国际研讨会在广州举行。来自美国、澳大利亚和中国香港、台湾、大陆的知名专家教授以及来省内外的地热勘探开发行业人士等共47个单位146人参加了研讨会。会上来自美国、澳大利亚及国内的知名专家分别从地球化学和地球物理技术、地质学、计算机模型演算、物探、地热田形成机理、地震反演等角度对目前国内外地热勘探开发最新认识以及前沿科技作了介绍，国内外主要专家对广东地热勘查开发前景和新洲地热田进行了专题研讨，并到新洲地热田进行了实地考察。此次研讨会极大拓宽了全省对地热勘查开发领域的视野，特别是请国内外顶级专家对广东地热勘查开发前景和阳江市新洲地热田勘查进行专题研讨，有力地推进了全省深部地热资源勘查、开发研究工作。

2013年全国珠宝质检机构交流会 9月11—12日，广东省珠宝玉石及贵金属检测中心（GTC）主办的2013年全国珠宝质检机构交流会在广州举行。上海同济大学亓利剑教授、中国地质大学（北京）珠宝首饰实验教学中心主任、博士生导师施光海教授，HRD比利时钻石高层议会（中国）首席代表刘厚祥博士，国家珠宝玉石质量监督检验中心（NGTC）总工程师沈美冬等全国珠宝检测技术界专家、学者及行业精英共计约150人出席了会议。上海同济大学亓利剑教授等11位业界精英学者为交流会做了9个专业技术讲座，参会人员还就具有争议性的多个检测工作技术议题，以及如何降低检测风险、加强内部管理及更好的监督及规范市场等问题展开了热烈的讨论。在GTC的倡议下，来自全国的质检机构共同为“成立全国质检机构联盟倡议书”签名附议。该交流会搭建了全国各个机构间互通有无、取长补短的交流平台，加强了各省市质检机构的技术交流与合作，促进了各个机构为全国珠宝市场的健康发展，起到对珠宝行业规范运作、保驾护航的作用。

【科普宣传及科普创作】 2013年4月22日是第44个世界地球日，我国的活动主题为“珍惜地球资源，转变发展方式——促进生态文明，共建美丽中国”。为唤起人类爱护地球、保护家园的意识，促进资源开发与环境保护的协调发展，结合十八大及“十二五”规划关于加强保护生态文明建设的有关精神，广东省地学界组织开展了多项宣传活动。4月20、21日，广东省地质局、广东省地质学会与广州大学、惠州市人民政府等单位分别在广州及惠州市举办了形式多样的纪念第44个世界地球日宣传活动。活动中请有关专家进行了生动精彩的科普演讲，并结合“共建生态文明，建设美丽中国”内容进行有奖问答，同时在活动现场进行了“地质灾害防治科普图片展”展览等活动，广州大学的学生们还举行了别开生面的地学诗歌“广州大学诗会”。通过宣传活动，进一步提高了民众生态文明建设的理念及地质灾害防治知识，增强了珍惜地球、保护地球的责任感和使命感。

2013年，广东省地质学会、广东省地质局与中国国土资源作家协会等单位共同编辑、创作了《中国地学诗歌双年选（2011—2012年）》《地球语汇—地球科学的诗意记述》等地质科普图书，通过诗歌形式宣传地学科普知识。

（广东省地质局矿产地质处　杨　慧）

广　播　电　视

【“AVS++DRA”音视频双国标技术数字电视地面广播试验】 2013年12月21日，由广东省新闻出版广电局组织的广州市“AVS⁺+DRA”音视频双国标技术数字电视地面广播试验通过总局专家组的论证。

AVS（AudioVideocodingStandard，音视频编码标准）是《信息技术先进音视频编码》系列标准的简称，是我国具备自主知识产权的第2代信源编码标准，也是数字音视频产业的共性基础标准。

DRA（Digital Rise Audio）是广州广晟数码技术有限公司（Digital Rise Technology）开发的一项数字音频编码技术，是音频编码的国家标准。DRA音频标准可应用于数字电视、数字音频广播、数字电影院、激光视盘机、网络流媒体、IPTV及移动多媒体等领域。DRA音频标准同时支持立体声和多声道环绕声的数字音频编解码，它最大的特点是用很低的解码复杂度实现了国际先进水平的压缩效率。由于DRA技术编解码过程的所有信号通道均有24比特的精度容量，故在码率充足时能提供超出人耳听觉能力的音质。国际蓝光光盘协会正式宣布DRA已经通过了蓝光组织的技术测试和评估，DRA成为蓝光光盘的音频标准已经进入了最后的规格书制定阶段。

广东省新闻出版广电局得到国家广电总局批准，在珠江三角洲组织开展“AVS⁺+DRA”音视频双国标技术数字电视地面广播的试验。试播节目为中央电视台综合频道高清节目以及中央电视台综合频道、军事农业频道、新闻频道标清节目，为国标终端设备产业化建立了测试平台。试验得到的系统测试数据、组网配套参数、满足室内和便携终端接收的补点覆盖标准等技术总结，为广电总局制定数字高清电视地面广播单频网国家标准和国家全面启动组网提供经验数据。该试验将拓展广东省自主创新研发的DRA数字音频编码技术国家标准的应用范围到音视频全领域。在试验的同时，还积极推动有条件的企业开发各类国标接收终端产品，推进终端产品迅速产业化。

【中国数字音频广播覆盖试验】 2013年，广东省广播电视技术中心（以下简称“省广电技术中心”）根据国家新闻出版广电总局和广东省新闻出版广电局的安排部署，在国内率先成功开展中国数字音频广播（CDR）覆盖试验，为我国自有知识产权的数字音频广播技术标准的研究和制订提供了有力依据，并为我国数字音频广播技术的推广应用提供了有力借鉴。

CDR是按国家广播电视战略发展规划自主研发的数字音频广播行业标准，能在调频频段方便地实现数模同播或纯数字播出。

省广电技术中心积极参与CDR课题研究与试验以及标准制定相关工作，推动广东CDR试验网建设。2011年，省广电技术中心获得CDR国内首个试验网前期试验点建设立项和广东省政府文化产业专项扶持资金，并于2012年和2013年相继建成了国内首个数字音频广播试验网的广州、深圳两个首批发射点。其中，广州发射点主要试验CDR在高楼密集区域的覆盖效果，深圳发射点则主要试验CDR在沿海地区的覆盖效果。2013年9月，省广电技术中心和广电总局广播科学研究院共同完成CDR覆盖收测验收等工作。截至2013年年底，广州发射点以数模同播方式播出两套数字广播信号、一套模拟广播信号。CDR发射机输出模拟功率约1 400W，数字功率约100W。CDR的调制模式为QPSK，采用码率为3/4的LDPC编码，使用频谱模式9进行数模同播。试验结果表明，CDR对上述两种地形的覆盖效果符合设计要求；使用100KHz频谱传输两套数字广播信号，数据率在32Kbps的数字音频广播收听音质优于占据150kHz带宽的模拟音频广播节目。这标志着CDR技术已可进入实用性阶段。

CDR技术，因其既提高了频率资源的利用率，也可实现数模同播，且为我国自有知识产权数字音频广播行业标准，随着其推广运用将为我国广播业的发展拓展了一个新的空间。

（广东省新闻出版广电局科技处
广东省广播电视技术中心　岑　斌）

科技发展资源、环境和条件

科技金融

2013年，省科技厅在政策体系完善、科技金融服务平台建立、开展区域试点示范、创新科技金融产品和模式等方面取得了成效。《广东省人民政府办公厅关于促进科技和金融结合的实施意见》出台，明确“大力实施创新驱动发展战略和推进金融强省建设，积极引导金融资源向科技领域配置，促进科技和金融结合，加快科技成果转化和培育发展战略性新兴产业”。改组成立广东省粤科金融集团有限公司，成立天使投资基金，设立粤科科技小额贷款和粤科科技融资担保公司，以国家级高新区为重点，积极落实以金融手段保障科技项目的实施。

科技金融改革创新政策建设

按照党中央、国务院关于金融改革工作的总体方针政策，结合广东地方实际，先行先试，大胆尝试，2013年，广东省积极推动金融改革创新，为充分发挥创投行业在促进新产品研发、科技成果转化和高科技产业化，以及推动广东产业转型升级等方面的关键作用，出台了一系列扶持中小企业和支持创投企业发展的政策，营造了良好的创新、创业环境。

【关于促进科技和金融结合的实施意见】 为深入贯彻落实党的十八大以及广东省委十一届二次全会精神，大力实施创新驱动发展战略和推进金融强省建设，积极引导金融资源向科技领域配置，促进科技和金融结合，加快科技成果转化和培育战略性新兴产业，2013年7月15日，省人民政府办公厅正式下发了《广东省人民政府办公厅关于促进科技和金融结合的实施意见》（以下简称《实施意见》）。

《实施意见》共分6部分26条，明确促进科技与金融结合的目标要求，分别从创业投资、科技信贷、资本市场以及科技金融服务体系和体制机制4个方面促进科技和金融结合工作，强调种子基金、孵化基金、“创投基金”和各类创业投资机构对种子企业、初创期企业的支持。引导发展科技信贷，从贷款模式、科技金融产品和服务、新型金融机构、知识产权质押以及科技保险担保业务等方面强化信贷支持力度。努力构建多层次资本市场，促进科技型企业融资，完善科技金融服务体系和机制体制。强调为科技和金融结合服务体系的各个方面建设，营造良好的发展基础条件，并提出促进科技和金融结合的各项保障措施，强调科技金融工作的组织领导、财政投入、管理体制和评估监测，加快形成具有广东特色的科技金融发展模式。

【关于发展创业投资促进产业转型升级的意见】 2013年7月，省发改委和省金融办联合印发《广东省关于发展创业投资促进产业转型升级的意见》（以下简称《意见》），提出将以财政资金为引导、社会资本为主体、境外资本为补充，大力发展创业投资。《意见》同时对创业投资给出了多项优惠政策。《意见》明确表示，设立省战略性新兴产业创业投资引导基金，引导基金以母基金形式，按照“政府引导、市场运作、科学决策、防范风险”的原则运作，主要通过参股投资和跟进投资等方式运作，根据实际需要采用融资担保等其他方式，支持创业投资企业投资处于初创期和早中期创新型企业。随后，省发改委又公布了《广东省战略性新兴产业创业投资引导基金管理暂行办法》，明确引导基金可采用参股投资、跟进投资等方式运作，鼓励社会资本进入创投领域，间接支持创投行业发展。

（广东省粤科金融集团有限公司　王　静）

科技型企业投融资服务

2013年，省科技厅汇聚各类科技创新资源和要素，促进科技和金融结合，实施科技创新和金融创新“双轮驱动”战略，有效缓解科技型企业融资难问题。截至2013年年底，省科技厅充分发挥1亿元科技型中小企业融资贷款风险准备金和3 000万元省市联合风险准备金的杠杆作用，共引导和推动银行向企业贷款超过15亿元，风险准备金实际放大倍数达到30余倍。

省科技厅积极引进金融支持科技创新的平台，支持中国技术交易所设立华南分支机构，支持全省高新区积极备战“新三板”扩容，初步形成“新三板”挂牌企业梯队，支持在原粤科风险投资集团的基础上组建粤科金融集团，组建粤科科技小额贷款和粤科科技融资担保公司，形成科技金融产业发展的一体化效应，打造政策性科技金融服务集团。

【组建粤科金融集团】 6月21日召开的十二届五次省政府常务会议作出了“以粤科风险投资集团为基础组建粤科金融集团”的决定，要求粤科集团在原有的创业投资（风险投资）业务基础上，积极拓展科技小额贷款、科技融资担保、科技融资租赁、科技资产评估与交易、科技产业基金、科技金融产业园区等业务，形成“2+6”的科技金融产业发展新格局。2013年9月27日，广东省粤科金融集团有限公司（以下简称“粤科金融”）获得了省工商管理局颁发《营业执照》，2013年12月9日和12月30日获得了省委、省政府对集团公司领导班子及成员的称谓变更的批复，粤科金融的组建工作顺利完成。粤科金融组建并运营，标志着广东科技金融服务主平台建设取得了重要的进展。

【粤科金融科技金融新业务】 粤科金融在继续做大做强创业风险投资的同时，积极发挥省级政策性科技金融集团的功能和作用，吸引社会各类资金参与科技金融业务，为全省中小微科技创新企业发展提供多层次、网络化的科技金融服务新体系。

发起设立广东省粤科科技小额贷款股份有限公司　广东省粤科科技小额贷款股份有限公司（以下简称“粤科小贷公司”）于2013年12月26日正式开业运营，2013年底注册资本增至10亿元，是全国首家面向全省、可跨区域开展业务的科技小贷公司，首家注册资本突破3亿限制的科技小贷公司，首家允许投资设立子公司的科技小贷公司。截至2013年年底，粤科小贷公司正在积极推进在省内国家级高新区和省级高新区的网络化布点工作，争取在条件成熟时变更为“科技银行”。

发起设立广东省粤科融资担保股份有限公司　广东省粤科融资担保股份有限公司（以下简称“粤科担保公司”）是全省首家省级政策性、专业化科技融资担保公司，于2013年12月26日正式开业运营。粤科担保公司已获得建设银行、国家开发银行、交通银行、民生银行等多家银行近40亿元授信额度，受理了30多个担保项目。增资和在省内国家级高新区、省级高新区和专业镇的网络化布点工作也在推进当中。

筹建广东省粤科融资租赁有限公司　广东省粤科融资租赁有限公司（以下简称“粤科融资租赁公司”）首期注册资本1亿美元，旨在为本省科技型中小微企业、省战略性新兴产业、重点支持项目、政府大型工程建设项目提供融资租赁服务。

发起设立银河粤科（广东）产业投资基金　与银河证券共同发起设立“银河粤科（广东）产业投资基金”，基金总规模50亿元，首期规模5亿元，是本省首支与央企合作设立的大型产业基金。银河粤科基金已完成设立并转入正式运营。

设立广东省粤科产业园投资开发有限公司　粤科金融整合历史存留的、零散的物业资产和科技园区资产，设立广东省粤科产业园投资开发有限公司。粤科产业园公司承接粤科金融集团“2+6”科技金融发展的实业公司，以“五资融合”科技金融产业示范园区建设为抓手，以科技金融产业服务为载体，充分挖掘优质资源，大力拓展科技园区产业，逐步形成以科技金融产业园建设和服务为主要特色的运作平台，打造中国“智谷”，为广东产业转型升级贡献力量。

（广东省粤科金融集团有限公司　王　静）

（广东省科学技术厅规划财务处　韩亚欣）

科技金融试点市

2013年，广东省各国家科技金融试点市按照国家试点工作要求，将科技金融作为建设国家创新型城市的重要抓手，积极探索科技金融结合新模式，多管齐下，协调推进试点工作。

广州市以组织实施国家科技与金融结合试点工作为契机，深入实施“一个中心、两大示范区、三大平台”的科技金融推进体系，与中国银行联合推出了“诚信贷”科技金融特色产品，受到广大科技企业的青睐。

东莞市与中国人民银行广州分行正式签署《共同推进科技金融创新试验区建设合作框架协议》，双方以“行市共建”的模式，共同推进科技金融创新试验区建设。

佛山市创建知识产权投融资综合试验区，吸引了8家国内外知名知识产权高端服务机构、投融资机构以及知识产权产业化项目落户，搭建起知识产权与金融资本对接平台，带动社会投资规模超100亿元，为企业获得知识产权融资超1.4亿元。

（广东省科学技术厅规划财务处　韩亚欣）

风险投资业发展

2013年，世界经济在调整与变革中缓慢复苏，整体经济延续低速增长态势，但不平衡、不稳定性依然存在。美日在量化宽松政策刺激下，经济复苏态势明显，欧盟经济初步企稳，但发展中国家尤其是新兴市场的经济增速有所回落。2013年，中国国内生产总值为568 845亿元，按可比价格计算比2012年增长7.7%，增速与2012年持平，第三产业（服务业）增加值占国内生产总值（GDP）比重提高到46.1%，首次超过第二产业，成为拉动经济增长的主要动力。尽管中国经济增速放缓，但依然远高于全球平均增速，是全球经济增长的重要引擎之一，在这一背景下，2013年中国内地VC/PE市场基金募集较2012年募资情况有所回暖。

据中国风险投资院（CVCRI）统计，2013年全年，中国内地已完成和正在募集（不包括拟设立机构/基金）的基金共313个，其中透露募资额的基金282个，计划募集资本总额高达7 415.52亿元。在98家已完成募集（不包括部分完成）的机构/基金中，有95家机构/基金透露了募集金额，合计达1 228.71亿元，比2012年增长53.91%，平均每家机构/基金募集的风险资本规模高达12.93亿元，比2012年平均募资水平略有提升。另有187家机构/基金正在进行募集，但没有披露募资是否完成。据统计，这些基金的募资总目标规模将达到6 186.82亿元，其中已募集到位824.12亿元。

国家层面出台了一系列政策继续改善创投行业发展环境。2013年7月，为加大对小微企业的扶持力度，缓解小微企业融资难的问题，国家发展改革委发布了《关于加强小微企业融资服务支持小微企业发展的指导意见》，提出支持符合条件的创业投资企业、股权投资企业、产业投资基金发行企业债券，专项用于投资小微企业。2013年8月，国务院办公厅发布《关于金融支持小微企业发展的实施意见》，加强对小微企业的金融服务，支持实体经济发展，鼓励创新创业，为创投行业进一步支持科技创新提供良好的政策环境。

【粤科金融创业风险投资】 2013年，粤科金融系统谋划“2+6”业务体系的建设，始终把做大做强创业风险投资作为业务体系建设的重中之重，采取有效措施强化“募、投、管、退”工作，构建比较完整的天使投资、创业投资、风险投资、产业投资等投资体系，打造“投资基金”和“基金管理”业务平台，发挥政府资金的示范带动作用，引导社会资本积极参与，推动创业风险投资做大做强。

资金募集　2013年，粤科金融通过调集自有资金、发起组建基金、受托管理财政资金等方式，筹集用于创业风险投资的资金近12亿元。此外，粤科金融积极推进发行企业债券，争取募资10亿元创业风险投资资金，相关申报材料已报送国家发改委审批。

天使投资　2013年，在省科技厅的指导支持下，粤科金融以承办“广东创新创业大赛暨天使行动系列活动”为契机，与“中科白云”合作组建“天使一号基金”，基金规模1亿元，围绕“广东创新创业大赛”优胜项目积极开展早期项目投资，截至2013年年底，共审核项目11项，预计投资金额4 300万元左右。

天使基金总规模约5亿元，在5年内分期募集。未来天使基金将引入社会资金，形成社会资金投资于种子期、早期创业项目的新模式。天使基金存续期10年，可按需顺延2年。天使基金将充分利用粤科集团、广州风投国内领先的风险投资经验，以及相应主管单位广东省科技厅、广州市科信局的科技政策及项目资源等，着重于种子期和早期项目投资，引导社会资本对科技创新的投入，着力解决初创期科技企业融资问题；搭建为科技型中小企业服务的平台，吸引、鼓励省内技术人才自主创业，培育高水平、高层次、高素质的创业团队以及具有核心创新能力的高成长性源头企业；树立创新、创业品牌，推动本省科技、金融和产业相融合。

项目管理　强化创业风险投资，新项目投资能力大幅提升，加强在投项目跟踪管理，为创新企业持续发展助力。2013年，粤科金融通过自有投资平台（省科创公司和省科技风险公司）、合作投资平台（区域基金）和省财政资金平台，新增创业风险投资项目32项，新增投资金额7.62亿元。2013年，粤科金融在投创业风险投资项目52项，在投项目资金8.94亿元。集团公司及所属管理公司，围绕规范公司治理、解决发展瓶颈、提升市场竞争能力和推动企业做强做大等重点工作，为投资企业提供全方位的增值服务。

【广东省风险投资促进会】　2013年，广东省风险投资促进会（以下简称“促进会”）第2届理事会选举产生。全年，促进会立足风险投资主流，增强风投机构与创新企业的交流，有效开展投资互动对接服务。6月，参与承办中国第2届创新创业大赛（广东地区）暨首届“珠江天使杯”科技创新创业大赛。11月，促进会秘书处抓住创新创业大赛为契机，以广东天使投资联盟的名义主办，风险投资促进会承办的方式组织了“广东天使创业投资联盟项目研判交流会”。交流会以项目推介为纽带，在业界和社会公开发布“珠江天使杯”大赛概况和部分优秀项目，为会员单位之间、会员单位与其他创投机构之间、创投机构与项目企业之间的对接交流搭建平台，分享资源。

（广东省粤科金融集团有限公司　王　静）

科技基础条件平台建设

在科技部、财政部的指导下，广东省开展2013年度重点科技基础条件资源调查工作，调查对象主要包括高等学校、科研院所及转制院所在内的79家单位，通过调查，获得本省科技资源的客观信息。截至2013年年底，调查单位拥有研究实验基地223个，包含实验室138个、野外台站4个、工程（技术）研究中心22个、分析测试中心7个、研发（技术）中心4个、其他基地48个；拥有原值50万元以上大型科学仪器设备823台，原值总额为9.56亿元；拥有生物种质保藏机构32个及其保藏的种质资源包括植物资源43 523份、动物资源1 566种、微生物资源5 230份（株）；科技活动人员24 537人，其中高层次科技人员（副高级以上职称或获得博士学位人员）总数达到11 604人，占人员总数的47.29%；科技数据库18个；当年承担课题总数量14 246项，其中当面立项6 302项。通过对调查数据的分析，形成相关的调查报告，系统反映广东省重点科技基础条件资源的规模、结构、分布情况及动态变化情况，为科技管理和科学决策提供基础依据，有利于从源头上解决条件建设投入与资源存量脱钩的问题，避免重复购置和建设，有利于保障科技条件投入的科学性、合理性、公平性，有利于提高资金的使用效益，提高科技资源使用效率，增强本省科技创新能力。

创新方法推广应用

2013年，广东省创新方法推广应用工作，积极调动企业、高校和科研院所的骨干力量和优势资源，统筹规划，省市协同推进，完善了推广应用工作基地平台，加大培训推广力度，加强创新方法人才团队建设，强化企业应用与示范培育，进一步扩大社会对创新方法的认知度，全面深入地推进本省创新方法推广应用工作，加速企业自主创新进程。

【推进体系建设】 2013年，广东省强化广东省创新方法推广应用研究中心、广东省创新方法研究会等支撑体系的建设，发挥广东省创新方法与决策管理系统重点实验室公共服务平台功能，做好地市级创新方法推广应用基地建设规划指导和平台建设工作，通过产学研合作、创新导师等工作方式，形成中心与外部优势资源的合作共赢机制，合力推进广东创新方法研究与推广应用工作。

广东省创新方法与决策管理系统重点实验室（培育基地）建设 2013年，广东省创新方法与决策管理系统重点实验室（培育基地）完善实验室基础条件建设，充分发挥创新方法公共服务平台的作用，利用新引进并投入使用的计算机辅助创新软件，为企业提供创新方法培训、咨询、实践和公共服务；实验室积极推动开放课题等专题研究，探索多种创新方法及其融合、人才团队建设方案等。2013年8月，广东工业大学、中国人工智能学会可拓工程专业委员会、广东省创新方法研究会、广东省创新方法推广应用研究中心联合举办了可拓学与创新方法国际研讨会暨可拓学创立卅周年庆典，来自中国、美国、英国、日本、德国、罗马尼亚、印度和澳大利亚的可拓学研究者120多人参加了会议。

广东省创新方法研究会第1届理事会第2次理事会议 2013年5月29日，广东省创新方法研究会第1届理事会第2次理事会议在广州顺利召开，会议明确了广东省创新方法研究会的重点工作及有效运作模式，广东省创新方法师资队伍建设与

服务目标，以及企业创新方法团队培养与应用，就研究会的可持续发展等达成共识。研究会编印发放《创新与方法》内刊近4 000册，利用广东创新方法网广泛、及时宣传报道广东省创新方法工作情况与成效，并组织本土师资开展创新方法学术研究、参加国内外高水平创新方法学术论坛，竭诚为社会各界提供专业化服务。

广东省创新方法推广应用研究中心建设 2013年，广东省创新方法推广应用研究中心承接科技部和省科技厅下达的创新方法研究与推广应用工作总体任务，做好创新方法推广应用顶层设计工作，编写广东省创新方法工作中长期规划和年度计划；合理规划、布局、监督、管理创新方法培训和企业推广应用试点工作；培育创新方法专家团队和服务团队，为推广应用工作提供人才保障；积极推动学校内部开设创新方法本科教学、研究生教学试点，全年共为本科生讲授创新方法基础理论近500人，指导10名研究生参与创新方法研究。引进计算机辅助创新软件，并在教学、科研中进行应用。

【试点及培训普及工作】 2013年，省创新方法推广应用研究中心组织本土创新方法师资在广州、佛山、东莞、中山、江门、珠海、肇庆等地为企业开展了创新方法普及培训工作，同时协助创新工程师"种子"在企业内部开展创新方法培训，全年累计组织开展创新方法培训80余期，参训人数逾6 000人次。在企业传播创新方法，扩大创新方法的受众群体，有效推进了创新方法的应用。

【创新方法推广成效】 创新方法的推广应用工作有效促进了企业的自主创新。2013年，通过企业试点工作，帮助试点企业应用创新方法解决实际技术难题134项，提交专利127项（其中58项为发明专利），获授权专利110项（其中23项为发明专利），为企业创造经济效益逾2.77亿元。

核心技术领域突破：广州无线电集团有限公司 该集团系统、持续推进创新方法的应用，运用TRIZ创新方法，先后多次获得核心技术领域突破。属下广电运通金融电子股份有限公司已成功掌握现金识别和处理领域的全套核心技术（包括存款、取款和现金循环），其中，运用创新方法研制而成的高性能货币识别系统，成为全国该行业首例具有核心自主知识产权的产品，并申请10多项发明专利。

关键技术领域突破：广东万和新电气股份有限公司 继2009年该公司应用TRIZ、成功研制新型燃气具用的水箱防冻装置，攻克了全球性的行业技术难题后，2013年，公司应用TRIZ设计、开发了分层螺旋火焰燃烧技术高效节能灶具，将燃气灶具燃烧热效率从50%调高至目前全球最高的71.4%，促成了整个行业技术的再次腾飞。

工业设计领域突破：广东格兰仕集团有限公司 通过导入TRIZ，格兰仕集团的研发、设计团队应用矛盾矩阵、自弃和修复原理，在短期内迅速融会贯通，创新理念、打破常规，创造性地提出"球体三维聚能"的工业设计理念，成功研制出全球首款圆形设计的UOVO智能微波炉，并成为主打产品，迅速占领市场。

广东工业大学运用TRIZ指导学生获得全国比赛多项大奖 2013年8月，在由教育部高等学校包装教学指导委员会主办的第4届全国包装结构设计大赛上，由赵荣丽等老师指导的"高档瓷盘包装结构设计"获得了大赛一等奖；由成思源和赵荣丽老师指导的"创新定量取出奶粉罐"以及"灵动电脑箱"分别获得二等奖和三等奖。2013年5月，在由中国包装联合会主办的2013中国包装创意大赛上，赵荣丽和成思源老师指导学生应用TRIZ理论开展结构设计，最终设计的作品"竹花—创意奢侈品包装盒"获得了大赛一等奖，作品"任我行—多功能包中盒"获得了大赛二等奖，作品"'华唐爱'之白酒创意包装"获得了大赛三等奖。

（广东省科学技术厅科技服务与管理处 严军华）

实验室体系共享平台

截至2013年年底，全省共建有196家省重点实验室、37家省企业重点实验室、21家国家重点实验室、6家省部共建国家重点实验室培育基地、18家省公共实验室以及32家省重点科研基地，共同构成了极具广东特色的实验室体系，基本覆盖了从基础研究到战略高科技研究、从技术突破到成果转化等产业链条。

【国家重点实验室】 2013年，广东省成为省部共建国家重点实验室建设工作的首家试点单位，南方医科大学、广东省微生物研究所两家单位分别申报的器官衰竭防治国家重点实验室和华南应用微生物国家重点实验室获国家立项，落户广东的国家重点实验室达到21家。

器官衰竭防治国家重点实验室 该实验室以器官功能障碍的易感和环境危险因素、器官功能障碍的共性发病机制和器官间对话的分子基础、器官功能障碍的早期诊断和风险评估、器官保护和器官替代治疗、建设有关器官功能障碍的疾病数据库与数据处理中心为研究方向，针对当前器官衰竭发病和防治的主要关键问题和前沿领域展开探索，以期通过推进共性发病机制和器官间对话研究的深入，提高我国器官功能障碍研究的创新水平，通过揭示器官衰竭发生发展的个性与共性机制，提供器官功能障碍的预警、早期诊断和风险评估的生物标志物，提高我国器官功能障碍的防治水平，加速具有自主知识产权成果向应用转化。实验室的建设将成为国际一流的多研究主体协同攻关平台、器官功能障碍的多学科协同防治体系和转化医学人才培养基地。

华南应用微生物国家重点实验室 该实验室以热带亚热带微生物资源多样性与利用、环境微生物与生态安全、有害微生物监测与防控为研究方向，以期在具有华南地区特色的微生物资源、微生物代谢产物及其抗肿瘤、抗病毒的活性物质研究开发、食源性致病菌和霉腐微生物的防控、海洋微生物和环境微生物的研究与应用方面探索研究成果。预期未来3～5年内，重点在热带亚热带微生物资源多样性与利用、环境微生物与生态安全、有害微生物监测与防控等方面开展高水平研究工作，积极培育新的突破点，大幅度提高我国在应用微生物学研究领域的水平和国际竞争力。实验室的建成将为华南地区增强生物科技自主创新能力，加强产业共性和关键性技术创新，开发具有自主知识产权的高新生物技术、产品和建立相关的标准，完善生物技术科技创新体系等培育生物产业的战略目标提供物质优势和技术引领保障。

【省重点实验室】 广东省重点实验室是广东省科技创新体系的重要组成部分，是本省基础研究、应用基础和应用开发研究的核心力量和骨干平台。截至2013年年底，各级政府累计向广东省重点实验室投入近7.6亿元，依托单位及相关部门配套投入9亿元，已构建了极具广东特色的实验室体系。

2013年，全省新建了16家省重点实验室（表8-2-2-1），截至2013年年底，累计达196家，基本覆盖了电子信息、生物医药与健康、新材料、环保、新能源等本省重点发展领域，涵盖了基础研究、应用基础与应用开发研究、科技成果转化整个创新链。省重点实验室依托建设单位主要为省内高校和科研机构。据统计，高校建有省重点实验室104家，占53%；科研院所建有77家，占39%；其他单位15家，占8%。学科领域分布如下：医学（71家）、生物（45家）、材料（21家）、工程（19家）、信息（19家）、化学（12家）、数理（5家）、地球（4家）。

2013年，广东省以省重点实验室为主要依托，共承担国家级重大或重点科研项目870项，省部项目889项，申请、授权专利2 164项。截至2013年年底，省重点实验室历年累计承担各类科技项目近3.5万项，其中“973计划”首席科学家项目25项，获得国家自然科学奖、技术发明奖和科技进步奖的总数，分别占全省总数的64%、31%和40%。实验室先后累计产生出两院院士13人、国家杰青40人、长江学者31人，申请、授权专利2万余项，助推产业发展成效显著，共制修订国家、行业和地区标准300余项，通过技术推广、成果转化带动各行业，实现经济效益近2 500亿元。这些数据表明，省重点实验室在高水平人才集聚、重大科研成果产出、带动经济社会发展等方面都发挥了强有力的支撑作用。

表8-2-2-1　广东省新增省重点实验室情况（2013）

序号	实验室名称	依托单位
1	广东省能源高效清洁利用重点实验室	华南理工大学电力学院
2	广东省有序结构材料的制备与应用重点实验室	汕头大学
3	广东省纳米微米材料研究重点实验室	北京大学深圳研究生院
4	广东省应用植物学重点实验室	中国科学院华南植物园
5	广东省膜材料与膜分离重点实验室	广州中国科学院先进技术研究所
6	广东省器官捐献与移植免疫重点实验室	中山大学附属第一医院
7	广东省功能软凝聚态物质重点实验室	广东工业大学材料与能源学院
8	广东省过敏反应与免疫重点实验室	广州医科大学附属第二医院
9	广东省量子调控工程与材料重点实验室	华南师范大学物理与电信工程学院
10	广东省恶性肿瘤表观遗传与基因调控重点实验室	中山大学孙逸仙纪念医院
11	广东省高性能树脂基复合材料实验室	中山大学化学与化学工程学院
12	广东省电子信息产品可靠性技术重点实验室	工业和信息化部电子第五研究所
13	广东省光纤激光材料与应用技术重点实验室	华南理工大学材料科学与工程学院
14	广东省近海海洋变化与灾害预警重点实验室	广东海洋大学
15	广东省重大精神疾病研究重点实验室	南方医科大学
16	广东省兽医临床重大疾病综合防控重点实验室	华南农业大学兽医学院

表8-2-2-2　广东省新增省重点科研基地情况（2013）

序号	科研基地名称	依托单位
1	广东省珠江河口湿地蔬菜品种创新及精准栽培重点科研基地	广州市农业科学研究院
2	广东省畜禽营养与饲料重点科研基地	广东省农业科学院动物科学研究所

（广东省科学技术厅基础研究与科研条件处　余　亮）

【重点科研基地】　2013年，全省新建了2家重点科研基地，截至2013年年底，省科研基地累计达32家。

自然科技资源共享平台

【生物种质资源建设】　截至2013年年底，广东省共建成水稻、旱地作物、蔬菜、畜禽、南亚热带果树、热带亚热带植物等49个生物种质资源库和1个生物种质资源数据库，各类自然科学资源总数超过35万份，其中生物种质资源总数达17.6万份，与建设前的6.8万份相比显著增加。

截至2013年年底，广东省农业生物种质资源保存规模国内最大，共保存各种农业种质资源6.6万多份，8个资源库被纳入国家资源圃分圃或国际种质资源中心。广东生物种质资源库在注重区域及广东境内资源收集的同时，围绕各自特色与核心种质资源收集与保育，近5年来加强了全国及国外引种。通过加强生物种质资源的保护和利用工作，支持保存种场地的建设与设施升级，使本省种质资源库基础条件和设施达到国内领先水平，为生物种质资源范围不断扩大提供了坚强的保障。

【实验动物管理】 广东省实验动物学科建设位居全国前列，实行实验动物许可证制度，有效地促进了本省实验动物管理的规范化和制度。截至2013年年底，全省发放实验动物生产许可证27个、使用许可证104个，实验动物科学研究和设施均位居全国前列，为本省生物医药产业和生命科学发展的重要支撑。

实验动物行政执法　结合对实验动物销售数量与流向的分析和对多个实验动物使用单位进行现场摸查的基础上，省科技厅工作人员和广东省实验动物监测所（以下简称“监测所”）检测专业技术人员组成实验动物质量监督执法队，对省内影响力较大的高校和医院的实验动物使用情况进行了现场执法监督检查，发现和查处违规使用实验动物的单位共9家，约谈其中4家违规单位的法人代表，对5家单位下发了整改通知书。对违规单位进行了多次跟踪监督，要求其提交整改报告，根据整改报告对现场和实验动物平台中的实验动物使用情况进行跟踪督办，防止违规行为的继续。及时公开所有实验动物监督检查结果，有效地改正了少数单位实验动物管理和使用不规范的问题。

实验动物平台管理　广东省是国内率先启用“实验动物公共服务平台”执行实验动物质量合格与使用证明在线开具的省份之一，各生产或使用单位的实验动物品种、等级紧密结合监测所的监督检测结果，实现在线开具资格的实时性。2013年，全省共有112家许可证单位纳入网络平台的系统管理，截至2013年11月底，各生产与使用单位通过网络平台开具实验动物质量合格证明17 537张，开具动物实验证明14 378张。

实验动物监督检测　2013年，监测所完成了19家生产单位的实验动物、80家使用单位的实验设施和4家单位的实验动物饲料/笼器具的质量监督检测，其中新设施申请有14家；检测出3家单位的4个动物品系和5家单位的7个设施的质量不符合国家标准。对监督检测不合格情况及时上报省科技厅，省科技厅审核后在省科技厅官网上进行公示并向不合格单位发出整改通知书，停止相关动物或设施的生产与使用，落实整改后再进行复检合格后，再予以公示并恢复生产与使用许可，规范了实验动物行业的良性发展。

实验动物交流与培训　2013年9月，由省科技厅主办、监测所承办的第13届中南地区实验动物科技交流会在广州召开。来自中南六省和北京、上海、浙江等地共250余名实验动物科技工作者参加了会议，参会代表在实验动物法制化管理、实验动物资源开发及共享、实验动物质量检测等方面做了深入的交流与探讨。

2013年，监测所深入到全省各地宣讲《广东省实验动物管理条例》，先后到中科院深圳先进技术研究院、华南农业大学、汕头大学开展了专题讲座，全省共有47家单位、约500名科研人员及实验动物从业人员参加了宣贯报告会。实验动物管理系列宣讲报告会的举办对实验动物标准化管理、生物安全及动物福利等相关规定进行广泛的宣传，加深和提高了各单位对实验动物规范管理的认识与重视水平。

此外，监测所还组织全省的实验动物从业人员进行了3期的培训班，约有227名从业人员进行《广东省实验动物管理条例》和实验知识的学习。邀请专家举办了《实验动物科学问题的凝炼与科学选题》4场次学术沙龙，全省共有200多人参加了学术探讨。

（广东省科学技术厅基础研究与科研条件处　余　亮）

（广东省实验动物监测所　邓少娥）

大型科学仪器共享平台

根据《广东省自主创新促进条例》中大型科学仪器设施共享共用的相关规定，2013年，大型科学仪器共享平台着重在管理制度调整、应用系统建设、仪器信息报送、用户需求调研、技术培训和对外服务等方面开展了一系列工作，提高了平台的社会认知度。

在管理制度建设上，平台积极推动《广东省自主创新促进条例》配套政策《广东省大型科学仪器设施共享办法》的研讨和修订，并制定相应的共享实施细则。在共享服务上，门户网站www.gdsis.cn在2013年底完成改版并上线运行，配有电话热线咨询和在线咨询；平台可提供对外共享的大型科学仪器设施3 832台/套，价值超过30亿元，分布在近150个管理单位，服务范围包括食品安全、医药卫生、材料分析、环境保护等多个领域；年有效开机总机时42 999.6小时，比2012年增长16%；年服务样品总数667 525个，比2012年增长8%；年对外服务用户总数1 792个，服务项目总数1 158个，对外共享服务总收入4 067.7万元，在支持广东科技进步与自主创新、经济建设与发展等方面发挥重要作用；仪器共享率29.4%，完好率95%。在机组交流和技术培训上，除资助入网机组外出学习外，2013年开展对外培训21场，参训人数2 286人次，包括仪器技术交流、实验室培训、政策宣贯等内容；开展学术交流会议、学术讲座，仪器技术与应用研修班等16场，参会人数1 600人次，促进了机组间的相互学习和交流，提升了机组人员在管理、技术和研究探索等方面专业素质和服务能力。

（广东省科学技术厅基础研究与科研条件处　余　亮）

（广东省测试分析研究所　何绮云）

科技文献共享平台

2013年，在科技文献平台建设方面，订购中外文图书2.56万种，中外文期刊1 848种，截至2013年年底，印本馆藏达135册，其中图书57.5万册、期刊77.5万册；继续订购中国知网（CNKI）、维普科技等13种电子资源，用户可使用数据库达170多个，电子资源数据记录总量约2亿条，有效地保障了科研人员查找、利用科技文献的需求。

在平台体系建设与服务支撑方面，全年新增2家省直研究机构服务分馆，分馆总数达19家；新增注册用户3 068个，总注册用户达到了6.61万个，文献请求6.06万篇、满足5.37万篇，满足率达88.69%。

（广东省科学技术厅基础研究与科研条件处　余　亮）

（广东省科技基础条件平台中心　陈树敏）

知识产权工作

2013年，广东省知识产权工作认真贯彻落实党的十八届三中全会和省委十一届三次全会精神，坚持服务产业转型升级，创新驱动发展大局，积极进取，开拓创新，全省知识产权事业取得新进展。

知识产权政策法规建设

【《关于加快建设知识产权强省的决定》贯彻实施】 2013年，深入实施知识产权强省战略列入了省政府的工作要点，省知识产权局切实抓好《关于加快建设知识产权强省的决定》（以下简称《决定》）的贯彻落实。

推进各地市和省直单位的贯彻落实　省知识产权局向各地市局转发了惠州市委、市政府贯彻落实《决定》的实施意见，要求各地参考借鉴惠州市的经验，进一步明确职责分工和目标任务，研究拟定扶持政策和推进措施。截至2013年年底，已有汕头、佛山、惠州、阳江、茂名、潮州、云浮等7个市制定了实施意见或实施方案。省知识产权局还收集整理了各地市和省直各单位贯彻实施《决定》的有关情况，汇总后以专题形式上报省政府，陈云贤副省长亲笔批示“有目标，有举措，认真抓好落实，力争2014年各项工作跃上一个新的台阶”。

推进省知识产权局各项牵头任务的贯彻落实　省知识产权局起草了《〈广东省加快建设知识产权强省重点任务分工方案〉各处室任务分解表》，将2013年和2014年的工作任务按照处室职能分工进行了细化，进一步明确考核目标，加强和推进完成情况的督查，确保了各项任务的深入开展。

【《广东省专利奖励办法》调研修改】 2013年年初，《广东省专利奖励办法》（以下简称《办法》）被列入省政府2013年度制定规章计划预备项目。3月，在广泛征求各地市知识产权局、省有关单位及企业的意见后，省知识产权局形成《办法（送审稿）》。5月，在与相关单位多次沟通达成一致意见后，省知识产权局将《办法（送审稿）》提请省政府审议，得到了朱小丹省长和陈云贤副省长的亲笔批示。6月，为进一步修改完善《办法》，省知识产权局和省法制办相关人员赴珠海、佛山开展专利奖励专题调研，进一步了解、掌握各地市在开展专利奖励有效提高知识产权创造、运用、保护和管理水平等方面的经验和做法，为修改完善《办法》提供实践参考依据。7—12月，根据省法制办对《办法》的意见，省知识产权局及时组织相关人员与省法制办进行充分沟通后，进一步对《办法》及注释稿进行了调整，为省法制办办务会议讨论做好充分准备。

【《关于促进知识产权服务业发展的若干意见》研究起草】 2013年4月11日，广东省人民政府与国家知识产权局签订第2轮省部会商协议，其中促进知识产权服务业发展被列入重要议题。为进一步推动广东知识产权服务业的发展，省知识产权局着手起草《关于促进知识产权服务业发展的若干意见》（以下简称《意见》），积极推动知识产权服务业的发展。

4月，省知识产权局组织开展《意见》起草工作，制定了《意见起草工作方案》，成立了起草小组，制定了《意见》的初步框架。6—7月，经多次讨论，对整体框架和内容进行了较大幅度的调整，形成《意见（征求意见稿）》。8月，省知识产权局向省直各有关单位、各地市知识产权局及局内各部门征求意见后形成《意见（修改稿）》。9月底，省知识产权局联合省府研究室赴佛山进行调研座谈，对《意见（修改稿）》进行了修改。12月，在与省府研究室进一步修改的基础上，省知识产权局形成《意见（送审稿）》并报送省政府审议。

【规范性文件的审查报备】 2013年，省知识产权局认真做好规范性文件的清理、审查、报送、备案等工作，报送省法制办审查的局规范性文件共3份：一是《广东省知识产权局行政处罚自由裁量权适用规则》，该文件已报省法制办审查通过，于9月24日正式印发，并在《广东省人民政府公报》2013年第29期上公布；二是《广东省知识产权局软科学研究计划项目管理办法》，该文件已在年底前报送省法制办审查；三是《广东省重大经济和科技活动知识产权审查评议暂行办法》，该文件于10月底经局办公会议审议通过后，11月初提请省政府审议。

（广东省知识产权局　刘　嵘）

知识产权创造

2013年，广东省专利申请受理总量、实用新型专利、外观设计专利申请受理量居全国第3位，发明专利申请受理量居全国第2位；发明专利授权量居全国第2位；全省PCT国际专利申请受理量居全国第1位，连续12年保持全国首位。截至2013年年底，广东省有效发明专利量连续4年居全国第1位，每万人口发明专利拥有量居全国第3位。

【专利申请】 2013年，广东省专利申请受理量为264 265件，同比增长15.14%。其中，发明专利申请受理量68 990件，同比增长14.13%；实用新型专利申请受理量93 592件，同比增长18.88%；外观设计专利申请受理量101 683件，同比增长12.56%。发明、实用新型和外观设计3种专利申请占总量的比例为26.11：35.42：38.48。

广东省专利申请中的职务申请数量为150 169件，同比增长10.63%；非职务申请数量为114 096件，同比增长21.68%；专利申请中职务与非职务比例56：83：43.17。

【专利授权】 2013年，广东省专利授权量为170 430件，同比增长10.96%。其中，发明专利授权量为20 084件，同比下降9.34%；实用新型专利授权量77 503件，同比增长17.52%；外观设计专利授权量72 843件，同比增长11.21%。发明、实用新型和外观设计3种专利授权占专利授权总量的比例为11.78：45.48：42.74，发明专利授权比例与2012年相比有所下降。其中，职务授权数量99 376件，非职务授权数量71 054件，职务与非职务的比例为58.31：41.69。

【有效专利及专利密度】 截至2013年年底，全省有效发明专利量为95 475件，同比增长21.0%，占全国有效发明专利总量的17.52%。国家知识产权局把每百万人口所拥有的有效发明专利量定义为专利密度，根据国家知识产权局公布的数据，全省的专利密度为901.2（件/百万人），是全国专利密度402.5（件/百万人）的2.24倍。

【PCT国际专利】 2013年，广东省专利申请人通过《专利合作条约》（以下简称“PCT”）向国家知识产权局共提出PCT国际专利申请11 525件，同比增长25.12%；申请量约占国内PCT国际专利申请总量（20 897件）的55.15%。全省PCT国际专利申请连续12年保持全国首位。

在广东省PCT国际专利申请中，611家企业申请9 842件，占全省总量的85.4%；11家高校申请106件，占总量的0.92%；15家科研单位申请69件，占总量的0.6%；4家机关团体申请5件，占总量的0.04%；459个个人申请1 503件，占总量的13.04%。5类申请人中，企业申请优势明显。

广东省21个地级以上市全部递交PCT国际专利申请，与2012年相比增加3个城市。深圳市PCT国际专利申请量仍居各市之首，达到10 049件，同比增加2 028件，增长率为25.28%，占全省PCT国际专利申请总量的87.19%，比上年同期占比上升0.11个百分点；其次为广州市464件，占全省的4.03%；东莞市310件，占全省的2.69%；佛山市

166件，占全省的1.44%；惠州市154件，占全省的1.34%；其余地级市申请量占全省的比例均低于1%。

表8-3-2-1　全省专利申请量及授权量（2009—2013）

单位：件

项目	专利申请量合计	发明专利	实用新型专利	外观设计专利	专利授权量合计	发明专利	实用新型专利	外观设计专利
2009	125 673	32 247	39 027	54 399	83 621	11 355	27 438	44 828
2010	152 907	40 866	47 706	64 335	119 346	13 691	43 901	61 754
2011	196 275	52 012	67 336	76 927	128 415	18 242	51 402	58 771
2012	229 514	60 448	78 731	90 335	153 598	22 153	65 946	65 499
2013	264 265	68 990	93 592	101 683	170 430	20 084	77 503	72 843

表8-3-2-2　全省专利申请量按申请人的构成（2009—2013）

单位：件

项目	专利申请量合计	非职务	高等院校	科研单位	工矿企业	机关团体
2009	125 673	60 876	3 029	1 068	60 450	250
2010	152 907	68 196	4 696	1 412	78 119	484
2011	196 275	78 929	5 165	3 347	107 806	1 028
2012	229 514	93 769	6 191	2 730	125 503	1 321
2013	264 265	114 096				

表8-3-2-3　全省专利授权量按申请人的构成（2009—2013）

单位：件

项目	专利授权量合计	非职务	高等院校	科研单位	工矿企业	机关团体
2009	83 621	44 813	1 419	525	36 706	158
2010	119 346	60 061	1 926	767	56 334	258
2011	128 415	54 895	2 946	1 121	68 914	539
2012	153 598	61 227	3 084	1 555	85 375	2 357
2013	170 430	71 054				

表8-3-2-4　全省专利申请量和授权量按地区分（2013）

单位：件

地区	申请				授权			
	发明专利	实用新型专利	外观设计专利	合计	发明专利	实用新型专利	外观设计专利	合计
广州	12 157	14 575	13 019	39 751	4 055	12 098	10 003	26 156

（续上表）

地区	申请				授权			
	发明专利	实用新型专利	外观设计专利	合计	发明专利	实用新型专利	外观设计专利	合计
深圳	32 211	28 109	20 337	80 657	10 988	23 233	15 545	49 766
珠海	2 729	3 895	1 393	8 017	482	3 214	1 109	4 805
汕头	1 692	2 431	6 877	11 000	211	1 804	4 818	6 833
韶关	316	1 107	843	2 266	61	932	445	1 438
河源	194	545	359	1 098	23	281	217	521
梅州	122	795	769	1 686	44	632	590	1 266
惠州	2 466	3 830	8 872	15 168	467	2 577	2 870	5 914
汕尾	79	521	576	1 176	24	364	430	818
东莞	6 454	12 746	9 812	29 012	1 495	12 080	9 020	22 595
中山	2 432	5 885	13 501	21 818	464	4 941	8 815	14 220
江门	1 634	2 373	4 432	8 439	272	1 973	3 101	5 346
佛山	4 674	11 537	10 988	27 199	1 012	9 717	8 897	19 626
阳江	41	381	1 077	1 499	4	252	924	1 180
湛江	289	598	601	1 488	117	473	498	1 088
茂名	392	725	1 413	2 530	41	457	591	1 089
肇庆	295	964	518	1 777	116	790	382	1 288
清远	187	331	320	838	43	266	300	609
潮州	389	1 234	2 941	4 564	85	622	2 250	2 957
揭阳	143	768	2 667	3 578	51	580	1 766	2 397
云浮	79	175	315	569	28	178	255	461
修正	15	67	53	135	1	39	17	57
合计	68 990	93 592	101 683	264 265	20 084	77 503	72 843	170 430

【中国专利奖】 2013年，广东省开展了两项中国专利奖相关工作，一是对广东省获得第14届中国专利奖的单位及个人实施配套奖；二是组织和推荐广东省项目参加第15届中国专利奖评选。

第14届中国专利奖配套奖　在第14届中国专利奖评选中，广东省共有55项专利获奖，其中金奖项目2项，优秀奖项目53项，获奖项目总数创历史新高，优秀奖项目数居全国首位。7月23日，省政府召开表彰大会，对广东省获奖项目单位及个人给予表彰，并给予金奖每项100万元，优秀奖每项50万元的奖励。获奖项目在《南方日报》《中国知识产权报》等媒体开辟专版、在省知识产权局官方网站设立专栏进行宣传报道。

第15届中国专利奖　广东省认真组织开展第15届中国专利奖项目遴选推荐工作。一方面，省知识产权局按照国家知识产权局《关于评选第15届中国专利奖的通知》要求，在全省范围内遴选优秀项目；另一方面，省知识产权局积极鼓励、引导优秀专利项目单位通过国务院部委、行业协会、科学院院士和工程院院士等多种推荐渠道，争取更多广东省专利项目参加评选。广东省各类渠道共推荐项目99项，其中发明专利67项、实用新型专利7项、外观设计专利25项。省知识产权局推荐项目33项，其中发明专利18项、实用新型专利1项、外观设计专利14项。10月，第15届中国专利奖评选结果揭晓。广东取得历史最好成绩，共72个项目获奖，其中金奖5项、优秀奖67项。获奖项目中，22项由省知识产权局推荐，其中金奖2项、优秀奖20项。

（广东省知识产权局　郑秋莎　刘延君）

知识产权运用

【战略性新兴产业专利信息资源开发利用计划】 为引导战略性新兴产业科学发展，促进产业高端突破，省知识产权局积极推动“战略性新兴产业专利信息资源开发利用计划”实施。

首轮“战略性新兴产业专利信息资源开发利用计划”　2011年以来，省知识产权局一直在推进首轮“广东省战略性新兴产业专利信息资源开发利用计划”11个项目的实施。该计划围绕广东省重点培育发展的新一代通信、物联网、数字家庭、LED、OLED、新能源汽车、生物医药7个重点产业，组织开展专利信息资源开发，进行产业专利分析及预警。2013年1月，完成省财政厅组织开展的该计划工作第三方绩效评价工作，在同批参加评价的省直单位中居第1位。根据《广东省战略性新兴产业专利信息资源开发利用计划项目合同书》，继续推进2011年立项的该计划各个项目实施。

2013年，省知识产权局在广州市分别举行战略性新兴产业——新能源汽车产业、LED产业外延和芯片领域、广东省LED产业重点产品、生物医药产业、数字家庭产业共5场专利分析及预警报告会，分别面向政府机构、知识产权服务机构和相关产业领域共700多家企事业单位，发布《广东省新能源汽车产业专利分析与预警报告》《LED产业外延和芯片领域核心专利分析及预警报告》《中村修二专利分析报告》《2013年广东省LED产业重点产品专利分析及预警报告》《2013年广东省LED产业重点产品高价值专利全文翻译及详细解读》《2013广东省生物医药产业专利竞争情报分析及预警报告》《数字家庭产业—数字电视技术专利信息分析及预警报告》《数字家庭产业—人机交互关键技术专利信息及预警报告》。截至2013年年底，已初步建立战略性新兴产业专利数据库6个，组织产业专利分析及预警报告会14场，面向2 800多家企业发布专利分析及预警报告21份，编辑出版18期《广东省战略性新兴产业知识产权工作动态》；战略性新兴产业专利信息实时统计系统、专利信息资源发布系统分别于2013年6月、10月正式运行，打造广东省战略性新兴产业专利分析及预警平台及品牌。

省知识产权局通过举办培训班、工作交流会和到各项目组听取工作进展情况汇报等方式，及时了解和解决工作中存在的问题。同时，培养大量广受企业欢迎的专利信息利用人才。不少参与课题研究的人员已分布在企业、知识产权服务机构、知识产权管理部门，为广东省知识产权服务业向高端发展提供人才储备。

2013年“广东省战略性新兴产业专利信息资源开发利用计划”　省知识产权局会同省财政厅启动实施新一轮即2013年“广东省战略性新兴产业专利信息资源开发利用计划”，围绕云计算、移动互联网、卫星及应用产业、新型元器件、智能制造装备、环保装备、资源循环利用、生物农业、生物医学工程、高性能高分子材料10个产业领域，经公开组织申报及专家评审立项实施新一批专利分析及预警项目12个。该计划深度开发利用专利信息，形成各重点产业的专利分析及预警研究成果，分析各产业专利布局，明晰本省产业创新发展的优势劣势、方向、突破口与路径，导航产业发展。省知识产权局已于2013年12月面向新一轮各个项目团队组织开展项目实施专题培训班1期。

【广东省产业专利联盟示范单位培育】 2013年，广东省构建以共性关键技术研发为手段、以知识产权利益分享为纽带、以知识产权有效运用为归宿的产学研合作机制，引导有关行业协会和企业建立产业专利联盟、构筑专利池。全年共认定中彩联、顺德电压力锅、广东LED联合创新中心3家联盟为广东省专利联盟示范培育单位，推动示范单位在工作机制、专利信息利用合作机制、专利池建设维护机制、技术标准制定机制、专利联合保护机制等方面开展工作，促进相关产业领域专利的协同创造、协同运用、联合保护和协同管理。截至2013年年底，全省专利联盟达25家。

顺德电压力锅专利联盟　顺德电压力锅专利联盟通过建设专利和标准“双联盟”，实现联手出击、双剑合璧。联盟明确了加盟和许可条件，扩大抱团发展的规模，联盟成员由成立时的4家发展至13家，“专利池”专利数量由46件增加至472件，产品年产量由不到100万台增长至近2 000万台，年销售额由不到4亿元发展到30多亿元，产品占全国市场份额的75%以上。2013年，电压力锅专利联盟成员重新签订联盟协议，增加“成员年新增专利”考核制度，制定入盟新标准，对专利维权工作制定了新措施，完善退出机制，完成联盟成员产品ODM备案工作。

深圳市中彩联科技有限公司（中国彩电专利联盟）　中彩联作为国内最早的实体专利联盟，依靠资深的知识产权专家、法律专家和彩电研发等综合人才团队，基于对国外数千项彩电专利的深度分析，与国外巨头谈判，使国外彩电专利收费从每台彩电41美元降到20美元以下，为国内行业出口彩电节约专利费支出数亿美元。截至2013年年底，中彩联已建立行业专利专题数据库及预警平台，并管理2 600多件的彩电专利池，3D立体显示和智能电视等多个专利池模块也在建立当中；推动建立深圳市智能电视标准联盟，起草部分子标准。通过专利池与国外巨头谈判，中彩联已累计实现直接经济收入逾1 000万元，未来每年还可为联盟带来300万元左右的收入。同时，中彩联以风险代理的形式运营专利池的国外专利，通过反向工程实验锁定涉案目标，预期可获得3件专利的许可收益或诉讼赔偿，这也标志着中国彩电专利实现从被动防守到主动出击的突破。

广东LED联合创新中心　广东LED联合创新中心以广东新光源产业基地为依托，通过与台湾工业研究院、香港应用科技研究院、国家半导体照明工程研发及产业联盟、清华大学、浙江大学等携手合作，汇集国际国内半导体照明巨头企业、科研团队和院所入驻，形成具有较强创新能力、创意服务能力和辐射带动能力的创新策源地，建设覆盖战略研究、标杆体系研究及认证服务、产业联盟共性技术攻关与创新成果转化、知识产权分析和服务、国际合作交流、创意设计与产品展示、人才评价和培训、产品投融资服务在内的八大工作平台，打造LED产业创新服务集群。

【知识产权信息与服务】　2013年，省知识产权局制定《广东创建知识产权服务业发展示范省规划（2013—2020年）》及《关于促进我省知识产权服务业发展的若干意见》。开展知识产权证券化及运营公司模式研究，形成《广东知识产权创业投资基金及其运作模式研究》及《广东省知识产权运营基金方案研究》等多份研究报告，并积极筹划设立知识产权交易平台。新设立广东省知识产权评估与价值分析应用推广项目和知识产权运营机构培育试点项目，择优选择10家知识产权评估与价值分析机构，3家知识产权运营机构，给予经费、项目、培训等方面支持。同时，深圳市福田区成为国家知识产权服务业集聚发展试验区。推动信息化建设和深入开展专利信息服务，印发《国家知识产权局区域专利信息服务（广州）中心服务发展规划（2013—2017年）》。

【知识产权质押及投融资】　2013年5月，省知识产权局等七部门联合印发《关于贯彻落实〈关于加快推进广东省知识产权质押融资工作的若干意见〉的实施细则》，省知识产权局负责牵头推进知识产权质押融资试点，开展知识产权融资项目对接活动，搭建知识产权项目融资交流平台，建设知识产权交易服务平台，简化专利质押登记流程等工作。

2013年，各项工作有序开展：南海、顺德等地国家知识产权投融资试验（试点）稳步推进，广州高新区、深圳高新区、佛山高新区、中山火炬开发区积极开展省级知识产权质押融资试点。中国（广东）知识产权投融资项目对接会连续第3年成功举行，3年对接会共16个项目与创投公司签订逾20份合作协议，涉及金额5.5亿元。中国（广东）知识产权投融资服务平台（www.ip2vc.com）于12月20日正式启动，平台确立按行业分类指导原则，以项目风险分级信息披露为核心内容，对知识产权项目分成融资借款、股权投资、许可合作3个链条进行细化，并与各地产业平台、产业资本、私募创投对接；知识产权交易流转服务体系逐步完善。专利质押融资登记移至国家知识产权局专利局广州代办处，代办处全年共办理11件专利权质押融资登记，金额达3.49亿元。同时，省知识产权局还配合广东银监局等部门，推动国家知识产权局等部门《关于商业银行知识产权质押贷款业务的指导意见》的贯彻落实。

【专利权质押登记】 2013年，国家知识产权局相关部门及国家知识产权局专利局广州代办处受理涉及广东省的专利权质押登记126件，合同金额49.8153亿元，涉及专利权822项，平均每件专利权质押登记涉及金额3 953.60万元。

据统计，在全省专利权质押登记申请中，珠江三角洲地区专利权质押活动比较活跃。其中，深圳、广州、东莞、佛山四市专利权质押量占全省专利权质押总量的90.48%。按专利权人所在地区分布数量由高到低依次是：深圳市81件，占64.29%；广州市14件，占11.11%；东莞市12件，占9.52%；佛山市7件，占5.56%；珠海市4件，占5.56%；中山市3件，占2.38%。

统计数据表明，专利权质押以发明专利和实用新型专利为主。2013年，办理专利权质押登记的发明专利有298项，占总量的36.25%；实用新型专利有505项，占总量的61.43%；PCT国际专利有3项，占总量的0.36%。

【专利保险】 2013年1月，省知识产权局在佛山市禅城区组织召开国家专利保险（广东地区）试点工作研讨会。广州、深圳、东莞、佛山市禅城区先后获国家知识产权局批准，开展全国专利保险试点工作。各有关地区积极制订工作方案、服务手册及相关政策文件，建立综合服务平台，推动工作有效开展。

截至2013年年底，广州、深圳、东莞、禅城四地共98家企业581项专利参与“专利执行险”等险种，总保额112.81万元，最高可获赔2 499.92万元。佛山市禅城区在全国首次推出专利保险，积极探索知识产权与保险资本的融合。禅城区知识产权职能部门经与中国人民财产保险股份有限公司佛山分公司、禅城支公司等单位商议，已形成新的专利保险方案和新的工作模式，成立专利保险合作社，建立专利保险技术专家咨询组和法律维权援助组两个服务团队，开通专利保险网站（www.fszlbx.cn），启用专利保险在线投保系统，搭建企业、保险机构与中介机构对接平台，为企业提供咨询、评估、培训等服务。

省内其他地区结合实际开展专利保险探索。中山市结合该市古镇灯饰行业实际，积极探索开展灯饰行业专利保险工作。截至2013年年底，共17家灯饰企业42项专利参保，保费6万元，最高可获赔90万元。这是全国首个针对单一行业的专利保险探索，对促进行业创新发展意义重大。

【知识产权交易】 2013年，广东省完成了广州、深圳、佛山、东莞4个国家专利技术展示交易中心建设，展示专利技术与产品共1 128件，实际交易额1 298.85万元，发明专利交易量268件。4个展示交易中心分别参与举办中国专利周地方活动、研讨会、论坛、培训等各类活动，服务企业7 287家，人数达40 139人次。

6月，广州股权交易中心根据企业需求，利用自身的金融服务平台，联合各种金融渠道，上线知识产权交易板块，截至2013年年底，共上线知识产权交易项目51件，质押融资金额1 300万元。

【专利实施许可合同备案】 2013年，国家知识产权局相关部门及国家知识产权局专利局广州代办处受理涉及广东省的专利实施许可合同备案1 030件（内含专利2 243项）。专利许可使用费总计人民币18 661.52万元，美元2.15万元。

（广东省知识产权局 李 伟 成 思 吴 瑛 阳屹琴 郑秋莎 丁 洪）

知识产权保护

【打击侵犯知识产权和制售假冒伪劣商品】 2013年，广东省根据《国务院关于进一步做好打击侵犯知识产权和制售假冒伪劣商品工作的意见》要求，围绕严重侵害人民群众切身利益和影响创新驱动发展的突出问题，加大生产源头治理力度，加强市场监督管理，强化刑事司法打击，努力推进诚信体系建设，建立健全长效治理机制，打击侵权假冒工作取得显著成效。

组织管理　省委、省政府高度重视打击侵权假冒工作，朱小丹省长多次批示，省打击侵权假冒工作领导小组组长陈云贤副省长主持召开全省打击侵权假冒工作电视电话会议，传达中央精神，部署本省工作任务，会议首次开至县区一级。省打击侵权假冒工作领导小组办公室积极发挥协调推进作用，组织完成上年度绩效现场考核，制定并推进年度工作要点实施，组织重点成员单位建立打击侵权假冒信息共享合作机制，并将打击侵权假冒各项具体工作纳入本省“两建”考核指标体系。各地按照省政府统一部署，切实加强组织领导。广州升格市知识产权工作领导小组并整合打击侵权假冒工作职能，由陈建华市长任组长，成员包括市有关部门和各区县政府主要领导；深圳市打击侵权假冒工作领导小组成员包括市直单位和各区主管领导，落实了联席会议制度，进一步理顺了关系，提升了工作效能；广州、深圳、珠海、汕头、肇庆所辖县（市、区）全部成立打击侵权假冒协调机构，为工作的深入推进打下坚实的基础。

行政执法　全省各地各部门将日常执法与专项行动紧密结合，围绕重点商品和突出问题，切实加大执法监管保护力度。省领导小组办公室根据外交部转来线索，组织中山、清远等地开展扑克牌侵权假冒违法专项整治行动；农业部门狠抓农资打假专项治理；卫生系统建立打击假冒“救护车”长效联控机制；文化部门部署开展“清源”行动查堵有害出版物；林业系统组织林木种苗行政执法和质量检查；版权部门开展“剑网行动”打击治理网络侵权盗版；质监部门联合汕头专项打击红糖制售假冒行为；工商系统围绕“问题鱼翅”和“湖南问题大米”开展统一清查；广州开展临港商务区侵犯知识产权案件专项行动；河源围绕供港澳食品农产品打造“菜篮子”安心工程防护网。据不完全统计，全年全省共立案查处侵权假冒违法案件41 483件，其中重大案件数量807件；办结35 124万件；向司法机关移送案件943件。

刑事司法　全省公安部门共立制假售假犯罪案件4 126件，破案3 317件，抓获犯罪嫌疑人5 460人，捣毁制假窝点2 532个，缴获假冒伪劣商品2.96亿件。检察机关共批捕侵犯知识产权犯罪案件1 119件1 861人，生产、销售伪劣商品犯罪案件649件973人；起诉侵犯知识产权犯罪案件1 078件1 780人，生产、销售伪劣商品犯罪案件667件905人。全省法院新收侵犯知识产权犯罪案件1 009件1 820人，同期生效案件1 007件1 812人；新收生产、销售伪劣商品犯罪案件629件867人，同期生效判决584件850人，对侵权假冒违法犯罪分子形成强大震慑力。

大要案查处　全省集中优势力量，加大侦破力度，破获一系列具有重大影响的案件。广州联合上海、福建等地警方侦破全国最大的朱氏家族制售假表团伙案；东莞破获公安部督办的“吴某等非法经营假烟案”，抓获21名犯罪嫌疑人；广州破获近年来最大宗假冒食用油案，查扣假冒成品食用油约15吨，原料油3吨多；深圳食药监部门联合公安侦破“5·30销售假药集群案件”；汕头联合上海、江苏、福建等地警方破获吴某双等人非法经营卷烟案；河源破获李某虹等人制售假冒品牌计算器案件，查封生产线4条；揭阳地税联合公安查获2起制造假发票案，缴获假发票均超5万份，抓获嫌疑人11名。

边境执法　广东省内海关查获侵权嫌疑货物4 798批次，涉案货物数量达1 726万件；省内海关加大对出口到美国、欧盟等侵权风险较高的国家或地区的货物监控力度，对重点企业进行分类管理，同时根据海关总署统一部署，联合美国海关开展“知识产权联合执法行动”，联合香港、澳门海关开展打击侵权货物专项行动。全省出入境检验检疫部门积极查处出口涉嫌侵权假冒商品、假证和假收费收据，同时配合东莞、肇庆等地政府开展联合行动，监督销毁入境冻品，共查处行政处罚案件973宗。

展会保护　全省各级打击侵权假冒行政执法部门先后在广交会、加博会、中博会、高交会等大型展会上开展查处侵犯知识产权行为和法律咨询工作，第113届和114届广交会共受理涉嫌侵犯知识产权投诉1 042件。6月18日，汪洋副总理视察加博会知识产权保护服务站，对广东展会知识产权保护给予高度评价。广州市、区两级知识产权局调处展会专利纠纷559件；深圳市知识产权局在全国电子信息产业博览会和中国（深圳）国际文化产业博览会期间开展执法巡查、受理举报投诉、提供咨询服务等工作，赢得广泛赞誉。

“两法衔接”平台建设　广东省成立了“两法衔接”联席会议制度，确定了统一的应用软件和技术标准，并纳入“两建”工作重要内容。8月，省委召开“全省加强行政执法与刑事司法衔接工作”电视电话会议；10月，广东省行政执法与刑事司法衔接工作信息共享平台开通试运行；12月，平台正式启动运行，全省三级信息共享平台按照要求全面开通运行。

软件正版化　继2012年省级和地市政府机关全部实现软件正版化之后，2013年本省县级政府机关软件正版化进展迅速。7月中下旬，省推进使用正版软件工作联席会议派出5个督查组对全省县级政府机关推进使用正版软件工作进行了重点抽查；全省累计抽查68个县（市、区），208个政府机关单位，共1 664台计算机。通过全方位督导检查，截至2013年10月底，全省县级政府机关全部实现软件正版化，提前完成国务院工作部署，其中东莞市软件正版化已全面覆盖市、镇（街）两级机关及村（居）委会一级机构。

诚信体系建设　广东省出台了《广东省建设社会信用体系工作方案》，整合全省超过130万家企业的相关信息优化广东省企业信用信息网，着力推动信用信息互通共享；工商系统建立防范预警与打击惩处为一体的监管执法工作体系，实行网格式监管；深圳联合广州、北京、上海等16个城市开展网络交易监管及消费者权益保护异地协作，共建跨区域电子商务监管协助体系；中山建立多功能的社会征信和金融服务平台，与中国人民银行企业信用信息基础数据库形成地方性与全国性、社会征信与信贷征信互补共进的良好格局。

文化宣传　广东省打击侵权假冒工作领导小组办公室在知名网站开设广东打击侵权假冒工作网，制作打击侵权假冒工作专题片、公益广告，在省内主要媒体刊登打击侵权假冒专版，并率先建立打击侵权假冒网络舆情监测系统，拓宽信息来源，加强社会监督。各地各部门充分利用“3·15消费者权益日”“4·26世界知识产权日”等主题活动，向全社会广泛普及知识产权知识，宣传打击侵权假冒成效。司法系统开展“诚信守法示范企业”评选；广电系统通过新闻、专题和公益广告等多种形式大力宣传；省经信委组织开展假冒伪劣酒类产品大型集中销毁活动；河源集中销毁700余万粒假药；顺德举办知识产权沙龙。各级维权援助举报投诉平台积极发挥作用，社会监督能力不断加强。

在全省各地各部门的共同努力下，广东打击侵权假冒工作成果突出，得到各级领导一致肯定，并获得美国、英国、法国、日本等国家的高度称赞。

【专利保护】　2013年，全省各级知识产权局共立案受理各类专利纠纷案件1 857件（含调解展会专利纠纷），结案1 403件，查处假冒专利案件435件并全部办结，查处专利纠纷案件总数居全国首位；进驻广交会等30余个重大展会进行知识产权保护工作，调处展会专利纠纷1 000余件。探索建立跨区域联合打击专利侵权违法行为等知识产权保护新机制，开展省内执法协作51次，省际执法协作5次。广州市出台《举报假冒专利行为奖励办法》，加大举报监督和案件查处力度。

【查处假冒专利专项行动和查处黑代理专项行动】　8—9月，根据国家知识产权局和广东省“双打”办的要求，省知识产权局继续大力开展组织查处假冒专利专项行动和查处“黑代理”专项行动，突出重点，集中办案，集中整治。

假冒专利专项行动　8月底，省知识产权局组织广州、深圳、佛山、肇庆、惠州、河源、韶关、东莞、汕头、江门、茂名和湛江等12个地市知识产权局以及顺德区经济和科技促进局联合开展查处假冒专利案件统一执法行动。在行动中，各地共对销售“肤立修凝胶”假冒专利药品行为立案39件，对另外3种假冒专利药品立案进行查处，共查获假冒专利药品1 000余盒。

“黑代理”专项行动　8月底至9月中旬，省知识产权局组织全省各地市知识产权局在全省范围内联合开展了查处“黑代理”违法行为统一执法行动。本次行动中，全省知识产权局共立案调查33件，查实8件“黑代理”行为。

【专利行政执法协作】 2013年，广东省各级知识产权局大力加强专利行政执法协作工作，积极强化省际、区域间、部门间的执法协作，严格履行现有协作机制的义务，通过执法协作不断提高执法的水平和效率，共开展省内执法协作51次，省际执法协作5次。

华南地区专利行政执法协作调度中心 为落实国家知识产权局《专利行政执法能力提升工程方案》中关于“建立区域专利行政执法协作调度中心”任务，12月，省知识产权局与广西壮族自治区、海南省知识产权局签订《华南地区专利行政执法协作调度中心工作方案》确认书，华南地区专利行政执法协作调度中心正式开始运行。

粤桂专利执法协作协议 为落实广东和广西两省（自治区）政府间签订的《“十二五”粤桂战略合作框架协议》中的关于“建立健全知识产权执法协作机制”任务，12月，省知识产权局与广西壮族自治区知识产权局签订《粤桂专利执法协作协议》。

四市（区）灯饰产业专利行政执法协作协议 为加强区域执法协作，联合打击专利侵权跨区域转移违法行为，11月，中山市、佛山市、江门市和顺德区知识产权部门在中山古镇签订《四市（区）灯饰产业专利行政执法协作协议》。11月12日，省知识产权局组织江门、中山市知识产权局执法人员在江门开展查处专利侵权案件的联合行动。

执法交流 为共享执法培训资源，省知识产权局与广西壮族自治区、湖南省知识产权局在各自主办的执法培训班互派学员和互相推荐师资；省知识产权局派师资参与湖北、海南、黑龙江等省知识产权局承办的全国专利行政执法培训班的授课工作；广西知识产权维权援助中心派出2名人员到广东省知识产权维权援助中心进行交流锻炼；省知识产权局与广西壮族自治区知识产权局互派执法人员交流展会知识产权保护工作。

【知识产权维权援助】 2013年，广东省各知识产权维权援助中心共办理维权援助申请84件，办理举报投诉案件501件。其中：广东省知识产权维权援助中心办理维权援助申请10件，办理举报投诉案件26件；深圳市知识产权维权援助中心办理维权援助申请10件，办理举报投诉案件23件；汕头市知识产权维权援助中心办理维权援助申请18件，办理举报投诉案件72件；佛山知识产权维权援助中心办理维权援助申请5件，办理举报投诉案件3件；东莞知识产权维权援助中心办理维权援助申请25件，办理举报投诉案件13件；中国中山（灯饰）知识产权快速维权中心办理维权援助申请16件，办理举报投诉案件364件。

12月1日，《国家知识产权局关于同意设立中国杭州（制笔）、中国东莞（家具）知识产权快速维权援助中心的批复》印发，同意设立“中国东莞（家具）知识产权快速维权援助中心”。

【委局合作共建】 2013年，省知识产权局继续加强同国家知识产权局专利复审委员会的交流合作，共同推动提高地方专利行政执法工作。国家知识产权局专利复审委员会共8批58人次来粤，对45件专利无效或复审案件进行巡回审理，为广东省专利复审案件的当事人提供高效、便民的服务。省知识产权局认真做好巡回审理的协助工作，协助组织专利审查员到企业进行交流指导，组织企业、专利代理人及社会公众参加审理旁听，起到宣传教育效果。在第113届、114届广交会，国家知识产权局专利复审委员会共派出12名专家分批参加省知识产权局的驻会专利保护工作，为专利侵权判定工作提供技术指导，大幅提高了执法人员的案件处理能力和水平。3月26—27日，国家知识产权局专利复审委员会在广州举办专利侵权判定实务研修班，广东省各级专利行政执法人员近130人参加培训。

（广东省知识产权局 王 强 毕 赓）

知识产权管理与服务

【专利代理管理】 截至2013年年底，全省有专利代理机构124家、分支机构120家，执业专利代理人971人，从业人员近4 000多人。代理机构中合伙制72家，公司制40家，开办专利代理业务的律师事务所12家。专利代理机构数量和执业专利代理人数量均居全国第2位，分别占全国总量的12.6%和11.8%，分支机构设立数量居全国之首。在代理机构中，具有10名以上（含10名）专利代理人的代理机构有31家。

代理机构审核、分支机构审批及年检　省知识产权局严格按照《专利代理条例》及《专利代理管理办法》，依法做好专利代理机构、分支机构审核、审批工作。2013年，省知识产权局共受理、审核上报国家知识产权局13家，其中获国家局批准11家；审核批准分支机构17家，批准撤销分支机构1家，批准14家分支机构办理著录项目变更。同时，省知识产权局通过年检加强对专利代理执业监管：一是配合条法司及全国中华专利代理人协会完成对118家代理机构、120家分支机构及917名专利代理人的年检；二是以年检为契机，对2012年11月起，实施行政审批制度改革后，本省机构在省内直接通过工商登记设立的分支机构进行一次全面梳理和规范。

2013年专利代理管理工作会议暨广东专利代理协会换届会议　3月，省知识产权局组织召开“2013年专利代理管理工作会议暨广东专利代理协会换届会议”。会议传达学习了2012年全国专利代理管理工作会议精神，全面总结和交流2011年以来广东省专利代理管理经验，深入分析了专利代理行业的面临的形势和发展状况，并对下一阶段全省代理管理工作进行具体部署。来自全省各地级以上市知识产权局、顺德区经济和科技促进局分管领导及具体工作人员、全省专利代理机构及分支负责人共近150人参加会议。会议同时举行广东专利代理协会第3次会员大会暨换届会议，选举产生协会第3届会长、副会长及理事，确定执行机构。

专利代理机构负责人座谈会　12月，知识产权局在深圳召开“专利代理机构负责人座谈会”，来自深圳及周边地区30多家代理机构负责人、广东专利代理协会、深圳知识产权局负责人、深圳专利代理协会负责共50多人参加了座谈会。会议向代理机构传达国家知识产权局副局长贺化在专利代理人资格考试考核工作会议上的重要讲话精神，通报从国家局至省、市知识产权局近年来开展的工作、推出的项目，特别是在扶持支持代理行业发展上的工作情况，并就目前知识产权工作特别是专利代理工作的热点问题进行深入探讨，同时对“营改增”中新出台知识产权服务业的税收政策进行现场解读。

《专利代理条例修订草案》专题调研　9月11—13日，国务院法制办司长王振江、国家知识产权局司长宋建华一行来粤开展《专利代理条例》修订专题调研，广泛征求社会各界对《专利代理条例修订草案（征求意见稿）》（以下简称《条例草案》）的意见和建议。省知识产权局积极配合做好《条例草案》的调研工作，分别组织召开省直有关部门座谈会和立法相对人座谈会，省直相关部门负责人、广州市知识产权局、深圳市知识产权局，部分企业、高校、科研院所及专利代理机构的代表近70多人参加了座谈会。与会者结合专利代理行业发展趋势及广东专利代理实践，对《条例草案》提出很多建设性的意见和建议，受到调研组的充分肯定。会后，省知识产权局还陪同调研组实地走访企业和代理机构。

行政审批事项改革　2013年，省知识产权局认真做好行政审批事项改革后的有关工作：一是认真落实行政审批制度改革工作，停止实施省内专利代理机构在本省内设办事机构和办事机构停业、撤销行政审批事项，并做好有关政策宣传解释工作；二是及时向全省知识产权局系统、各专利代理机构转发国务院批复，并通过网站、媒体向社会公布审批制度改革事项；三是对取消专利代理机构省内设立分支机构行政审批后出现的情况进行梳理总结，将在执行中与工商系统之间的衔接问题及时反映给省编办。2013年，广东省代理机构在本省内经工商部门直接登记设立的分支机构共7家。

专利代理行业服务　2013年，省知识产权局深化专利代理人实务技能培训工作，分别在广州、深圳举办实务技能培训班，培训班为期3天，分专业培训，全省有251名专利代理人参加培训。2012—2013年，全省共有436名专利代理人参加此培训。在广州、深圳举办机械专业、通讯专业“专利代理机构业务能力促进培训班”，共有17家代理机构的48名代理人参加，该培训深入代理机构，培训内容针对性强，由国家局各审查部门直接派人授课，深受专利代理机构欢迎。

圆满完成“2013年全国专利代理人资格考试”广州考点组织工作。本次考试广州考点报名人数2 562人，参加考试1 979人，取得资格人数526人，通过率26.6%。通过人数占历年累计数的1/4，是通过人数最多的一年。

2013年，省知识产权局由局主要领导带队深入专利代理机构调研，对代理机构反映的热点难点问题，积极加强与有关方面的沟通与联系，有效推动相关问题的解决。如对“营改增”对知识产权服务业带来的冲击问题，省知识产权局积极收集、整理代理机构提供的税收资料和信息，并及时将情况反映到省国税局、国家局条法司及全国专利代理人协会。年底，国家税务总局出台《营业税改征增值税试点有关事项的规定》《应税服务适用增值税零税率和免税政策的规定》，明确“营改增”中专利代理机构官费及涉外代理免征增值税。如对实施电子申请后纸件文件及票据打印难问题，省知识产权局积极与国家局初审和流程部进行沟通，获得国家局的高度重视，广州、深圳两个代办处已被列入先行开展异地打印通知书和票据试点，方便代理机构获取各种专利审查纸件通知书及交费票据。

【百所千企知识产权服务对接工程】 “百所千企知识产权服务对接工程”自2010年启动以来，已连续多年列入省政府重点工作内容，2013年，该项工程再次列入省政府的工作要点。广东省先后在东莞、中山、佛山市南海区、顺德区、禅城区5个地区进行试点，再逐步向全省各市推进。大部分地市结合各自实际，开展形式多样的对接活动。

3月，省知识产权局印发了《关于深入开展百所千企知识产权服务对接工程的通知》，建立了地市百千对接工作联系人制度，要求各地市结合本地实际，创新工作方式，有针对性地开展对接专项活动。4月初，省知识产权局印发了《关于开展2013年百所千企知识产权对接服务活动的通知》，并由省知识产权局牵头组织开展在肇庆、云浮的百所千企知识产权对接服务系列活动。系列活动组织了25家专利代理机构的30名资深专利代理人参加，其中肇庆市有59家企业，共约150多人参加活动；云浮71家企业，共约120多人参加活动。活动内容除深入企业开展面对面的对接服务活动外，还举办了“企业专利信息利用技能”“专利申请实务”“企业专利的利用与保护”等专题讲座，进一步加强了对专利代理服务行业的宣传。10月，省知识产权局和顺德区经济和科技促进局联合举办百所千企知识产权服务对接工程进园区暨知识产权服务业集聚发展省区合作会商活动。广东专利代理协会、代理机构、顺德知识产权协会、广东工业设计城及美的创业园的部分企业共50多人参加活动。这次活动是广东省开启百千对接服务工程以来首次走进专题园区的对接活动，专利代理机构和广东工业设计城入驻企业的代表就如何进一步深化广东工业设计城知识产权工作，在园区创建知识产权服务集聚区，建立百千对接服务的常态化基地进行深入的交流与探讨。

【企业知识产权管理】 2013年，企业知识产权管理规范实现“三个基本形成”：贯标咨询服务体系基本形成、贯标专业人员队伍基本形成、全省贯标工作体系基本形成。

工作机制　建立以省知识产权局分管局领导为组长，产业促进处为贯标业务归口管理处室的日常工作机制，认真开展国家标准的宣传推广和组织实施。下发《关于推行企业知识产权管理规范工作的通知》，明确工作原则、工作目标、工作任务和相关配套政策。该工作得到了省发展改革委、省经济和信息化委、省科技厅、省国资委、省工商局、省版权局、省质监局等部门的支持，在全省范围内联合开展企业知识产权管理规范试点工作。

规范宣传　4月，省知识产权局在广州召开全省企业知识产权管理规范推广会议，通过企业知识产权管理规范专题演讲、贯标工作经验交流等方式，宣传国家标准推行实施工作的目标，明确工作内容，部署相关工作。会议为广州市动景计算机科技有限公司等首批10家省标达标企业颁发牌匾。各界代表约150人参会。

培养人才　组织省知识产权局系统管理人员、试点示范园区人员、服务机构人员共39人次，参加国家知识产权局举办的各类贯标培训班。于6月、9月、10月、12月举办4期全省企业知识产权管理规范培训和1期服务机构培训班，培训人员达700余人，培训内容包括贯标实施工作体系、标准文本解读、企业知识产权管理现状诊断、企业贯标实务、管理体系标准及认证认可体系等，培训时间各3天，并分别组织结业考试。此外，还引导各地市积极开展贯标培训。广州、深圳、珠海、汕头、惠州、东莞等地都举办了不同规模的贯标培训班，仅广州市全年就培训1 700多人次。

贯标宣传和辅导　下发《关于组织申报企业知识产权管理规范推进项目的通知》，设立企业知识产权管理规范推进项目，扶持深圳崇德广业知识产权运营顾问有限公司等10家服务质量高、运营情况好的贯标服务机构，按市场化运作原则开展贯标宣传和辅导。

贯标工作试点　下发《关于组织申报企业知识产权管理规范推广试点区域的通知》，发动市、县（区）级知识产权管理部门结合实际，发挥协调作用，加强政策引导，探索有效的企业知识产权管理规范推行工作模式。

企业贯标　珠海格力电器股份有限公司、广东美的集团股份有限公司、宇龙计算机通信科技（深圳）有限公司、广东电网公司电力科学研究院等一批大型骨干企业参加企业知识产权管理规范专题培训；金发科技股份有限公司、广东志高空调股份有限公司已成功与知识产权服务机构对接，进入企业知识产权管理规范的辅导阶段；中国南方电网有限责任公司已在服务机构的帮助下，完成专利全生命周期管理研究及一体化实施系统开发科技项目。

（广东省知识产权局　张　璟　吴　瑛　张淑芳）

知识产权宣传和培训

【知识产权宣传】　2013年，广东省知识产权宣传工作着力宣传知识产权事业的最新进展，努力提升全社会的知识产权意识，促进经济社会发展，营造良好的知识产权氛围。

知识产权战略实施五周年专题宣传　6月19日，省知识产权局组织召开“广东位居2012年全国知识产权综合发展指数排名第一”新闻通气会，广东卫视、新华网等近20家新闻媒体参会并就关心的问题进行了提问。组织开展知识产权战略实施亮点巡回采访活动，累计发稿30余篇，图片10余幅，其中《中国知识产权报》用2个整版、《广东科技报知识产权周刊》用4个整版宣传报道了广东省工作开展情况。在广东省知识产权局门户网站上开设“国家知识产权战略实施五周年”专栏，全面反映广东省实施知识产权战略的做法、进展和成效，广泛发动群众共同关心、支持和参与知识产权战略实施。配合国家知识产权局开展“国家知识产权战略实施五周年中央媒体地方行”专题宣传活动，近10家中央媒体从不同角度对广东省工作开展情况进行了报道。制作《大省的光荣、强省的跨越——广东实施知识产权战略五周年成就巡礼》画册和“实现强省跨越，支撑经济转型——广东实施知识产权战略五周年纪实”专题片。

重大活动和热点工作宣传　2013年，省知识产权局通过各类新闻媒体，先后对第2轮省部高层次战略合作协议签署、全省知识产权工作座谈会暨广东省专利奖励大会、粤港保护知识产权合作专责小组第12次会议、全省打击侵权假冒工作电视电话会议等知识产权的重大活动和热点工作进行了广泛宣传报道。据不完全统计，全年累计在各类媒体发表文字报道400余篇，图片报道近百幅，有力营造了良好的知识产权文化氛围。同时，还注重做好地市知识产权宣传组织指导工作，积极向各级党政领导赠阅知识产权报，向各市发放知识产权宣传资料，提高各级知识产权管理人员的宣传工作意识和能力。

“4·26”知识产权宣传周活动　按照全国知识产权宣传周活动组委会《关于开展2013年全国知识产权宣传周活动的通知》要求，4月，省知识产权局以“建设知识产权强省，支撑创新驱动发展”为主题，精心组织开展了知识产权宣传周活动，取得了良好成效，营造了尊重和保护知识产权的浓厚氛围。活动期间，省知识产权局先后组织开展“2013年全省知识产权宣传周活动启动仪式”，发布2013年全省知识产权宣传周活动方案，举行知识产权人物专题访谈，联合省府新闻办召开《2012年广东知识产权保护状况》（中英文白皮书）新闻发布会，联合腾讯网举办以“知识产权在你身边”为主题的世界知识产权日微访谈活动，邀请专家学者与网友就知识产权热门话题进行讨论，接受广东新闻频道《权威访谈》栏目专访并制作“尊重知识产权、维护市场秩序”专题节目等活动，并配合国家知识产权局圆满完成2012年度全国知识产权保护重大事件、案件及有影响人物的推荐工作，广东省1个事件、3个案件和2个人物分别入选，省知识产权局被全国知识产权保护评选活动秘书处评为优秀推荐单位。

局门户网站窗口宣传 省知识产权局充分发挥局门户网站的重要作用，网站对全年知识产权有关论坛、报告会、讲座等专题活动都予以全方位宣传报道，对知识产权工作新思路、新动态进行及时跟踪分析。省知识产权局先后在局门户网站上推出“广东省知识产权局系统‘两建’工作专栏”“广东省打击侵权假冒工作专栏”“国家知识产权战略实施五周年专栏”“2013年知识产权宣传周专题”等一系列专项栏目，及时发布最新情况，为社会大众了解知识产权工作提供了极大的便利，有效提高了全社会的知识产权意识。

《中国知识产权报广东专刊》宣传 2013年，在广东省的努力争取和《中国知识产权报》报社的大力支持下，《中国知识产权报广东专刊》正式创刊运行。省知识产权局高度重视此项工作，年初，专门印发《关于大力支持“中国知识产权报广东专刊”的通知》，要求全省21个地级以上市知识产权局和顺德区经济和科技促进局大力支持专刊相关工作，省政协副主席、原省知识产权局局长陶凯元撰写了《积极为广东建设知识产权强省鼓与呼》的创刊词。截至2013年年底，专刊共计出版27期，先后推出“广东：励精图治谱写强省建设新篇章”“省部知识产权高层次战略合作十大进展”“争当广东省创新驱动的顶梁柱”等一系列重量级报道，并深入广东省一些知识产权工作成效显著的地市和县区进行重点报道，极大地扩大了广东省知识产权工作的影响力。

【知识产权人才培育】 2013年，省知识产权局积极贯彻国家和广东省知识产权战略纲要，大力实施国家知识产权局《知识产权人才“十二五”规划》和《广东省知识产权事业发展“十二五”规划》，充分调动和发挥各方力量，认真开展知识产权人才工作，取得了良好成效。

首家国家中小微企业知识产权培训基地建设 2013年，省知识产权局指导佛山南海区研究起草中小微企业知识产权培训基地建设的可行性报告和工作方案，提出基地建设的模式和发展方向，并向国家知识产权局正式提出申请；12月，国家知识产权局正式批复同意设立国家中小微企业知识产权培训（南海）基地，首家国家中小微企业知识产权培训基地顺利落户广东。

国家和省知识产权培训基地建设 2013年，省知识产权局全面加强国家和省知识产权培训基地建设，完善知识产权人才培训体系。3月，国家知识产权局副局长甘绍宁、广东省副省长陈云贤共同为全国首家高校以外的国家知识产权培训（广东）基地——广东省知识产权研究与发展中心揭牌；5月，会同省教育厅批复同意在惠州学院设立省级知识产权培训基地，全省累计认定省级培训基地7家；9月，组织召开全省知识产权培训基地工作座谈会，搭建培训基地交流平台；研究制定《广东省知识产权培训基地管理办法》和《广东省知识产权培训基地总结评估实施方案》，加强对省级知识产权培训基地的管理和指导力度。

中国知识产权远程教育广东省知识产权远程教育平台建设 2013年，省知识产权局大力推进中国知识产权远程教育广东省分平台建设工作，研究起草《中国知识产权远程教育广东省知识产权远程教育平台建设方案》并提请中国知识产权培训中心审议通过，启动实施知识产权远程教育平台建设工程，在全省分片区设立首批分站5个，加强与中国知识产权培训中心、国家和省知识产权培训基地的紧密沟通，力争将远程教育打造成为广东省知识产权人才培养的重要新平台。

国家知识产权人才培养 2013年，省知识产权局全面落实国家知识产权人才培养任务，组织全省认真贯彻执行《2013年全国知识产权人才工作要点》。开展全国专利信息领军人才和专利信息师资人才推选工作，3名领军人才和6名师资

人才入选；开展全国知识产权系统人才工作先进集体和个人评选工作，3个集体和3名个人获得荣誉称号；配合国家知识产权局完成全国知识产权教育培训指导纲要修订、知识产权人才评价体系建设情况、《知识产权人才“十二五”规划（2011—2015年）》推进情况等调研工作。

知识产权人才培育专项工程 2013年，省知识产权局研究制定《2013年广东省知识产权人才培训计划》，对全省人才培训工作进行全面安排。同时，针对实务型、复合型人才培养需求推进政府、企事业单位和中介服务机构有关人员的培养研修活动，委托国家和省培训基地，组织举办“2013年企业上市公司总裁知识产权研修班”“第6期政府知识产权行政管理人员研修班”“专利侵权判定实务研修班”“美国新专利法及应对策略研讨班”等各类高层次培训班数十期，参加培训数千人次。

知识产权专业技术资格评审试点工作 2013年，深圳市继续推进知识产权专业技术资格评审省级试点工作，经申报和评审，共有16人通过评审，其中高级（副研究员）3人、中级（助理研究员）11人、初级（实习研究员）2人；按专业分，专利类13人，商标类2人，版权类1人。11月底，广州市获得省人力资源与社会保障厅批复同意开展知识产权专业高、中级专业技术资格评审试点工作。

（广东省知识产权局 吴 勇 张 璟）

知识产权试点和示范

【区域知识产权发展计划】 2013年，广东省继续推进区域知识产权发展计划。4月，全省启动年度区域计划的申报工作。各市知识产权局根据要求并结合本地实际情况，拟定2013年度的工作目标和具体工作任务，如期完成了项目的申报工作。省知识产权局根据“注重实际、兼顾绩效；沟通为主、指令为辅；把握原则、注意平衡；全局为重、灵活处理”的原则，确定了各市2013年度区域发展计划的项目内容。根据计划，全年共安排区域发展计划专项经费509万元，支持各市（含顺德区）开展专项工作55项（2007—2013年，全省共安排区域发展计划专项经费4 660万元）。与往年相比，2013年度的区域发展计划积极贯彻落实省委、省政府《关于进一步促进粤东西北地区振兴发展的决定》要求，将有限的资金向粤东西北地区倾斜，加大对粤东西北地区12个地级市的支持力度。11月，省知识产权局下达计划执行通知并与各市签订合同书。全年，各市大力落实区域发展计划的各项工作任务，扎实推进知识产权战略实施和强省建设，大力促进知识产权创造和运用能力，加强知识产权保护，完善知识产权服务，为推动全省实现“三个定位、两个率先”目标做出积极贡献。

2013年，省知识产权局与揭阳市人民政府正式签署《关于建立知识产权合作会商制度的协议》，以加强“中德金属生态城”知识产权保护为切入点，在推动知识产权战略实施和管理体制创新等7个方面加强合作，充分发挥知识产权助推发展的作用。

【国家知识产权试点和示范城市】 2013年，省知识产权局大力推进国家知识产权试点和示范城市工作，截至2013年年底，全省共有国家知识产权示范城市3个（广州、深圳、东莞），原工作示范城市2个（佛山、汕头），示范城市培育市2个（中山、惠州），地级试点城市6个（肇庆、江门、潮州、珠海、湛江、顺德），县级试点城市5个（广州增城、肇庆四会、江门台山、茂名化州、肇庆高要）。

国家知识产权示范城市 国家知识产权示范城市工作取得积极成效，东莞市以90.17分的优异成绩（在入选的18个城市中排名第2，在地级市中排名首位）成为新一批国家知识产权示范城市，同时也成为广东省首个地级市国家知识产权示范城市。11月27日，东莞市举行高标准建设国家知识产权示范城市动员暨全市科学技术奖励大会，中纪委驻国家知识产权局纪检组长、国家知识产权局党组成员肖兴威为东莞授牌并讲话；省政协副主席，省知识产权局局长陶凯元讲话。同日，国家知识产权局、广东省知识产权局、东莞市人民政府三方在东莞市举行国家知识产权示范城市工作会谈，共商知识产权城市建设大计。

广州、深圳积极开展示范城市建设工作，年初，广州市成立了由陈建华市长任组长的市知识产权工作领导小组，颁布《广州市推进国家知识产权示范城市工作方案》；深圳市成立由许勤市长为组长的深圳市建设国家知识产权示范城市工作领导小组，制定《深圳市建设国家知识产权示范城市工作方案》和《2013年建设国家知识产权示范城市推进计划》。年底，省知识产权局指导广州、深圳两市做好国家示范城市年度考核工作。

国家知识产权示范城市培育市　4月，佛山市（原工作示范城市）、中山市和惠州市（试点期满待培育城市）先后制定实施国家知识产权城市示范培育工作方案，并全面开展示范城市的年度培育工作。年底，在省知识产权局组织开展的国家知识产权示范培育城市年度考核中，3个城市均获得优秀等级。

国家知识产权试点城市　4月和10月，省知识产权局共成功推荐2批10个城市进入国家知识产权试点城市行列，地级城市5个，分别为江门、潮州、珠海、湛江、顺德；县级城市5个，分别为广州增城、肇庆四会、江门台山、茂名化州、肇庆高要，获批试点城市数量占全国同期批复总量的1/4，珠三角地区实现国家知识产权试点城市全覆盖。各城市积极完善试点工作领导机构，认真制定并大力实施知识产权试点城市工作方案，取得积极成效。年底，省知识产权局制定《2013年度国家知识产权试点（含示范创建）城市工作考核表（广东省）》并开展年度试点（含示范培育）城市考核工作，江门、肇庆、广州增城、江门台山、肇庆四会、茂名化州获得优秀等级，潮州获得一般等级。

【国家知识产权强县工程试点、示范县（区）】 2013年，国家知识产权局印发《关于开展国家知识产权强县工程试点、示范县（区）评定工作的通知》，启动全国首批国家知识产权强县工程示范县（区）和2013年度试点县（区）评定工作。省知识产权局全面调研县级知识产权工作基础和发展状况，积极推进国家试点示范县（区）工作。3月，省知识产权局成立“国家知识产权强县工程试点县（区）考核验收组”，对2008年认定的广州市花都区、佛山市禅城区、佛山南海区、佛山顺德区和汕头市龙湖区5个国家知识产权强县工程县（区）的试点工作进行考核验收。经综合评定，以上5个区通过考核，成绩均为优秀。在试点考核成绩的基础上，省知识产权局择优推荐佛山市禅城区、广州市花都区、佛山市南海区3个区作为国家首批示范县（区）候选单位，并同批推荐试点县（区）7个。经国家知识产权局评审，佛山禅城和广州花都成为广东省首批国家强县工程示范县（区），广州萝岗、广州越秀、惠州惠城、惠州博罗、江门江海、阳江阳东和韶关曲江7个县区成为国家试点县（区）。

【知识产权示范企业】 2013年，省知识产权局继续开展“广东省知识产权示范企业”认定工作。各市（区）局积极组织企业申报，并严格按照《广东省知识产权优势示范企业认定办法》（以下简称《认定办法》）规定的条件，对当地申报企业进行认真筛选。共有51家企业申报2013年广东省知识产权示范企业，其中，来自21个市（区）的44家企业经地市局审核后被推荐。根据《认定办法》的条件和原则，省知识产权局进行了认真审查，认定海能达通信股份有限公司等20家企业为广东省知识产权示范企业。

地区分布　被认定的20家企业，分布在11个地市（区），其中：深圳4家，广州2家，佛山3家，东莞2家，中山2家，惠州2家，汕头1家，阳江1家，潮州1家，揭阳1家，汕尾1家。

产业分布　被认定的20家企业既包括通信、生物医药、新能源等战略性新兴产业，也包括化工、陶瓷等传统行业。

专利、商标数量　截至2012年年底，44家企业累计申请专利7 587件，其中发明专利申请2 060件；累计授权专利4 835件，其中发明专利授权632件；申请国际专利538件，授权国际专利58件。共有564件专利进入国家标准及行业标准。注册商标2 435件次。

经济效益　2010—2012年，44家企业累计销售收入达1 189.77亿元，累计利润达130.81亿元。

【知识产权优势企业】 2013年，广东省知识产权局继续开展“广东省知识产权优势企业”的认定工作。共有136家企业申报2013年广东省知识产权优势企业。其中，来自21个市（区）的98家企业经地市局审核后被推荐。根据认定条件和原则，省知识产权局认定广东东阳光药业有限公司等57家企业为广东省知识产权优势企业。

地区分布　被认定的57家企业，其中：广州8家，深圳11家，珠海3家，惠州2家，汕头4家，佛山3家，韶关1家，河源1家，梅州1家，汕尾2家，东莞6家，中山4家，江门3家，阳江1家，湛江1家，肇庆1家，清远1家，潮州1家，揭阳1家，云浮1家，顺德1家。除茂名无企业申报外，其余地市（区）皆有分布。

专利数量　截至2012年年底，98家企业累计申请专利12 990件，其中发明专利申请4 932件；累计授权专利6 790件，其中发明专利授权1 039件。截至2012年年底，拟认定的50家企业累计申请专利4 174件，其中发明专利申请2 096件；累计授权专利2 324件，其中发明专利授权420件。

经济效益　2012年，98家企业专利产品销售收入达555.20亿元，总销售收入达865.14亿元。

【事业单位知识产权试点示范】　2013年，省知识产权局按照第2批广东省事业单位知识产权试点工作考核验收标准，采取委托地市局现场考核及邀请专家打分相结合的方式，评选出中国科学院广州地球化学研究所等10家高校和科研院所为第2批广东省知识产权示范事业单位。

（广东省知识产权局　张　璟　吴　瑛）

科技交流与合作

2013年，广东省共组织申报科技部国际合作专项76项，对R专项2项，与港澳台合作专项5项，双边政府间科技合作项目61项，获得科技部立项的国际科技合作项目12项，支持经费3 977万元，合作国包括希腊、美国、日本、菲律宾、以色列等。全年共计147个项目获得省级对外科技合作计划立项，支持经费5 080万元。

对外科技交流与合作

2013年，省科技厅共组织出访（包括港澳台）66批次，共计129人次。其中，出国30批，55人次；赴港澳31批，54人次；赴台5批，20人次。接待来访12批，共计75人次。组织大型国际性会展及研讨会9次，共计27万人参会。承担国家外国专家局培训任务3批，42人次。

【合作模式创新】

中乌巴顿焊接研究院　2013年1月，中乌巴顿焊接研究院第1届理事会第2次会议召开后，中乌巴顿焊接研究院建设工作在3个层面展开：1. 完善中乌巴顿焊接研究院组织体系，强化中乌双方在合作领域的合作机制，根据未来工作需求，形成合作项目、技术转移、装备应用3个部门务实推进相关合作，将责权利落实到具体工作的团队；2. 建立与相关产业的紧密联系，紧紧围绕产业需求开展合作工作，努力形成以市场机制为主导的可持续发展模式；3. 平台建设以集聚人才、提升创新能力、服务产业转型升级为目标，在整合乌克兰科技资源的同时，形成开放的机制吸纳更多国际创新资源。

国家级国际创新园　2013年，东莞“国家级环保与水处理国际创新园”稳步发展，基础建设方面，继项目用地在6月顺利完成摘牌后，签订土地出让合同，施工队入场施工。合作机制逐步建立，“产业园公司”与以色列理工学院签署《中以研发中心项目合作备忘录》；松山湖高新区、产业园公司、广东工业大学与以色列理工学院知识创新中心共同签署《中以联合知识创新中心项目合作备忘录》；已有超过30家以色列企业签订意向入园协议。

广州“国家级科技服务国际创新园”　基础设施硬件配套工作稳步进行，组织领导架构不断健全，广州国际创新城（国家现代服务业国际创新园）领导小组和开发建设指挥部已经成立。继续大力开展招商引资工作，移动通信产业园、广州创新医学中心、中山大学科技园、华南理工大学科技园已有落户意向，国家开发银行、北京中资银信担保有限公司、北京联东投资有限公司、中国建筑集团等机构表达了参与创新城建设意向，与美国微软、亚利桑那州立大学等机构的合作顺利推进。

【合作渠道建设】

中以合作　2013年4月，陈云贤副省长率领科技代表团访问以色列并代表广东省人民政府与以色列国政府签署了《广东省人民政府与以色列国政府关于促进产业研究和开发的技术创新合作协定》。省科技厅与以色列经济部首席科学家办公室下属的研发中心合作，设立合作项目联合资助计划，开始征集合作项目。此举开创了广东省与外国中央政府双边合作联合资助科技合作项目的新模式。省科技厅还组织全省40多家企业参加到与以色列企业的对接交流“路演”中，为中以企业搭建合作桥梁和平台。

中德合作　省科技厅与德国弗劳恩霍夫协

会的长期合作关系继续保持发展，并逐渐引入到各地市的转型升级发展之中。2013年，省科技厅推进弗劳恩霍夫协会与佛山市的合作，在提出并组织完成了《中德工业服务示范区研究报告》的同时，协助佛山市与该协会开展全面战略合作，聚焦建筑节能和工业服务，提升佛山市产业竞争力，形成新的经济增长点。

中英合作　启动与英国兰卡斯特大学的“催化剂计划”，聚焦中小企业技术创新和走向国际市场。该计划历经近半年的双方协商，已经达成共识，由省科技厅与兰卡斯特大学签署合作谅解备忘录，开展面向中小企业技术创新和国际市场开拓的“催化剂计划”。与英国技术战略委员会合作，组织50多家广东省企业与英国企业代表团进行技术对接活动，取得成效。

与东盟合作　组建“东盟农业科技合作协作网”，实施“走出去”战略。根据科技部要求和广东省的特点，省科技厅组织省农业科学院等单位成立了“东盟农业科技合作协作网”，重点开展对越南、柬埔寨、老挝、马来西亚、菲律宾、泰国等国家的农业科技合作。该协作网获得了科技部国际合作司的批准，成为对东盟国家开展科技合作的重要平台。

【合作平台建设】　根据科技部国际科技合作基地管理办法要求，省科技厅组织开展了国家级国际科技合作基地的申报工作，2013年获得科技部授牌的国际联合研发中心1个，国家级示范型国际科技合作基地1个，组织认定的省级国际科技合作基地5个。截至2013年年底，全省共建设了各类国家级国际科技合作基地19个，省级国际科技合作基地61个。

（广东省科学技术厅科技交流合作处　李　荷）

港澳台科技交流与合作

2013年，省科技厅与香港创新科技署、澳门科技委、香港科学园、香港生产力局和香港、澳门两地大学等相关机构积极沟通协商，组织实施《粤港合作框架协议》《粤澳合作框架协议》中的有关科技重点工作，全面贯彻落实“粤港高新技术合作专责小组”年度工作计划，不断加强粤港澳在科技方面的合作与交流，取得重要进展和显著成效。

2013年6月，省科技厅、香港创新科技署和两地专家举行“粤港科技合作资助计划10年总结座谈会”总结成果及经验，并考察了企业获资助项目的执行情况。7月，粤港高新技术合作专责小组第10次会议在广州举行，双方同意积极落实中央加强内地与香港科技合作的政策措施，通过粤港科技合作资助计划推动两地的科研合作，继续建设两地的科技合作平台以及继续推动广东高新园区与香港科研机构合作。

2013年，省科技厅共组织5批20人次赴台湾进行科技服务、产业转型升级、创新管理等的交流活动，重点就台湾地区科技中介服务机构如何提升中小企业创新能力、促进产业转型升级与发展等公共服务、科技型中小企业创新发展、企业创新方法研究与推广应用、企业科技创新与活力、现代服务业发展模式、粤台科技服务业界在产业研究与发展模式、工业设计、科技中介服务定位等等相关专题与台湾地区相关专业机构及人员进行交流和研讨。

【科技创新平台建设】　2013年，继续落实《粤港共建科技创新平台协议》和《共同推进粤港产学研合作协议》，共同搭建科技创新平台。

粤港干细胞及再生医学实验室　该平台于2013年2月由中国科学院广州生物医药与健康研究院与香港大学联合共建并在香港大学举行了揭牌仪式。粤港共建联合实验室有助于发挥两地在干细胞及再生医学领域的互补优势，推动粤港双方干细胞与再生医学领域人才交流与培养和科研项目的合作开展。

光纤光子学对外科技合作平台　该平台以暨南大学——香港理工大学光纤光子学联合实验室为依托，利用香港理工大学世界领先的光纤光电子研究水平，从事前瞻性和原创性课题研究。

穗港英合作广州生物库中老年慢性重大疾病研究平台　该平台由广州市第十二人民医院与香港大学以及英国伯明翰大学合作，首期研究成果获评为广州市科技进步奖一等奖以及中华预防医学会科学技术奖二等奖。

广州南沙高层次人才引智国际科技交流合作平台 该平台已与香港理工大学、香港科技大学签订联合招收培养博士后研究人员战略合作协议，并陆续与香港大学、香港城市大学开展具体项目的合作。

粤港LED照明交互测试联合服务平台 香港科技园公司与广州市光机电技术研究院共同签署“粤港LED照明交互测试联合服务平台”合作备忘录。

发光二极管（LED）与平板显示（FPD）工程技术研究开发中心 该中心由佛港两地共建，于2013年正式运行。该中心的宗旨是成立一个非营利性、符合市场需求的研发工程中心，定位为“立足佛山、面向广东、辐射华南、联通港澳”，由香港科技大学研发人员负责组建，以佛山市南海区为基地，为佛山市以及广东省的相关企业提供建设、转型、研发、产品性能测试分析、可靠性评估及失效分析、产品标准认证、技术培训、人才培养等服务。

【科技合作计划及项目】

港澳台合作专项 广东环凯微生物科技有限公司与香港理工大学合作的“粤港肉制品安全控制技术研究及应用”、暨南大学药学院与澳门大学合作的“岭南道地中草药的活性成分及质量标准合作研究”2个项目再次被列入2013年科技部第2批港澳台合作专项，共获得370万元经费支持。项目合作进展顺利，联合培养研究生、在SCI发表高水平论文、申请发明专利、定期在两地举办学术报告会、制定省级企业标准、成立企业工程技术研究中心等系列工作有序进行。

“香港—珠三角科技创新走廊”合作计划 粤港双方积极支持落实“香港—珠三角科技创新走廊”合作计划，经过认真调研，结合广州、深圳、佛山、东莞等地市科技机构的力量，认真推动落实已确认实施的“香港—珠三角科技创新走廊（2013年实施方案）”。对已起草的“香港—珠三角科技创新走廊（2013—2015年行动计划）”，双方已进行了认真协商。

创新科研团队资助计划 2013年，香港2个科研团队新入选广东省创新科研团队资助计划，分别是：群达模具（深圳）有限公司引进的由香港科技大学高福荣教授带领的高分子成型过程及系统团队，重点研发高精度注塑机智能控制系统、模具内在线质量感知系统、模塑智能集成系统，可广泛应用于塑料机械、模具行业和注塑制品生产厂家，为提供国产注塑机的升级改造服务，快速实现广东省产业升级；中国科学院深圳先进技术研究院引进的由香港城市大学李振声教授带领的先进功能薄膜材料及其产业化应用团队，主要研究功能薄膜材料的产业化，致力于金刚石和立方氮化硼超硬耐磨薄膜沉积技术等技术的研究。

中医药领域合作 2013年5月，广州中医药大学联合澳门科技大学等单位组建了“华南中医药协同创新中心”，以期成为引领和支撑广东中医药健康服务业及其相关支撑产业升级发展的技术创新及服务核心基地、产业孵化平台。

广州中医药大学、广东省中医院2位专业人员参加2013年4月由中国科技交流中心与澳门科学技术发展基金共同在澳门举办的“中药质量评价关键技术研修班（第2期）”，推动内地与澳门在中药质量检测领域的合作，促进粤澳及与内地的优势互补。

广东省中医院与香港医管局合作开展《粤港两地人群中医健康调查》研究，对粤港两地人群基本特征和中医健康进行流行病学调查，初步形成中医的个体化防治指南。与香港理工大学合作开展《中医健康辨识与诊断信息化研究》，利用现代先进的智能信息技术来解决中医健康辨识与诊断信息化过程中的关键问题；与香港浸会大学中医药学院合作开展《针灸治疗慢性颈痛的临床研究》，通过临床随机对照试验，评价传统针灸疗法治疗慢性颈痛的短期和中长期临床疗效，制订相应的诊疗方案。

海洋渔业领域合作 2013年6月，粤港澳共同举办第6届南海增殖放流活动，香港渔农自然护理署、澳门民政总署首次作为主办单位参加活动，澳门港务局代表也出席了活动。增殖放流活动增强了粤港澳社会各界人士共建渔业生态文明的意识。

8月，广东省海洋与渔业局与香港渔农自然护理署、香港浸会大学、香港潜水总会等单位就珊瑚礁普查、中华白海豚保育等展开交流合作，共同召开粤港澳中华白海豚保育工作交流会。与澳门、海南在海洋环境保护、珊瑚礁普查等方面开展交流合作。

产学研合作 2013年，香港中文大学、香港城市大学、香港科技大学和香港理工大学4所香港大学在深圳南山高新区设立的产学研基地继续发展，为泛珠三角区域的研发机构合企业提供高增值的研发和技术商品化等支援服务，并合作进行科研项目。此外，中央政府于2012年6月底公布的39项惠港措施其中一项“深港青年创新创业基地”已于2013年6月正式揭牌。基地为有志到深圳创新创业的内地和香港青年和企业提供优惠的办公场地、配套设施和专业咨询服务。

【科技园区发展】 2013年，省科技厅大力推进香港科技园与佛山市南海区合作，支持广东高新区与香港科研机构合作，促进新兴产业与特色园区的发展。

南海瀚天科技城“创享蓝海”粤港联合孵化器首批15家孵化企业（5家港资）和3家中介机构已进驻，包括电子信息、医疗技术、机器人、网络动漫、电子商务、知识产权、投融资等多个领域；2013年年底，第3批5家孵化企业获得推荐进驻。2013年5月，南海区政府和香港科技园在德国慕尼黑会议中心联合举办海外招商推介会。推介会以“打开香港和中国内地市场的安全快速通道”为主题，吸引了近百名德国的高新技术企业代表参观洽谈，充分发挥了香港作为国际化窗口城市的特点以及佛山完善产业配套和宽广市场空间的优势，有效整合了粤港两地的营商资源。粤港绿色科技示范大楼楼宇建设已完成，两地计划共同出资，联合香港高等院校的研发资源，分别在香港科学园和南海粤港科技产业升级试验区建设公共技术服务平台。

粤港双方同意启动香港科学园向科技部申请成为现代服务业产业化（伙伴）基地，支持香港科学园与广州和东莞产业化基地建立伙伴关系。2013年7月，香港科技园公司与清远高新技术产业开发区管委会签署战略合作备忘录，重点推进以生物科技为合作试点，共同建设“粤港（清远）生物医药孵化及中试基地”。

【科技合作协调工作机制建设】 2013年，省科技厅积极与科技部港澳台办公室沟通协调，争取对广东开展粤港澳工作的大力支持。组织并参加每年一次科技部与香港特区政府共同召开的“内地与香港科技合作委员会”、科技部与澳门特区政府共同召开的“内地与澳门科技合作委员会”等高层协调会议，全面总结粤港澳科技合作工作的成效与经验，分析开展三地科技合作遇到的困难和问题，部署下一年度的相关工作。同时，省科技厅积极邀请科技部港澳台办公室的领导多次到广东及香港深入实地开展调研，了解粤港澳科技合作工作的最新进展和成绩，得到科技部领导的重视和好评。

省科技厅与香港创新科技署牵头成立“粤港高新技术专责小组”以来，一直开展紧密合作。2013年7月，第10次全体会议在广州召开。会议总结了上一年度的粤港高新技术领域工作，通过了专责小组下一阶段的工作计划报告，双方一致同意下阶段合作重点：应积极落实“香港——珠三角科技创新走廊”实施方案，落实中央加强内地与香港科技合作的政策措施，透过粤港科技合作资助计划推动两地的科研合作，继续建设与稳固两地的科技合作平台，推动广东高新园区与香港科研机构合作。

（广东省科学技术厅科技交流合作处 李 荷）

泛珠三角区域科技合作

2013年，泛珠三角区域依照“优势互补、注重实效、互利互惠、合作发展”的原则，稳步推进各项工作，通过科技资源的开放、共享，科技人才的合理流动和科学家的合作研究，优势互补，建立区域创新体系，提升区域内科技整体水平，促进高新技术及其产业化的发展，组成区域产业协作和战略联盟，为区域内社会经济发展提供科技支撑。

【泛珠区域科技项目合作】 2013年，泛珠区域科技项目合作成效显著，由华南师范大学与香港大学共同完成的“量子几何相位及其相关问题研究”项目获得2013年度国家自然科学奖二等奖；由广东省工业技术研究院、中南大学和长沙理工大学共同完成的“铝加工业节能降耗及三废资源化关键技术开发与示范”获2013年度中国有色金属工业科学技术进步奖二等奖。

联合攻关　2013年，在国家大宗淡水鱼产业技术体系以及支撑计划项目等的支持下，珠江水产研究所与湖南省水产科学研究所、四川省水产学校、贵州省水产技术推广站、云南省水产技术推广站等单位开展了“生物絮团在四大家鱼中的应用技术研究”以及“生态基（生物膜）技术在大宗淡水鱼中的应用研究”，取得了显著效果，并逐步推广。2013年度承担的“珠江流域高产精养池塘健康养殖技术集成与示范”项目，针对珠江流域淡水池塘养殖增长方式仍较粗放、资源环境约束日趋加大、养殖产品质量安全隐患等重大问题，围绕珠江流域养殖生态调控、水产品质量安全保障关键技术以及生态、高效健康养殖方式构建，通过区域池塘底部修复和池塘水环境调控共性技术研究，形成支撑珠江流域高效健康养殖的关键技术。

粤澳合作　截至2013年年底，广州医科大学广州呼吸疾病研究所和澳门科技大学已共同申请并完成澳门科学发展基金项目4项，广州白云山和记黄埔现代中药研究院承担的项目“板蓝根抗流感病毒感染的有效成分（群）的研究”，也得到了澳门科学发展基金资助的“应用呼吸道细胞、免疫细胞膜上病毒受体固相化中药抗呼吸道感染效应成分（群）的研究”项目支撑，开创了粤澳两地联手研究岭南中药的重要典范。

粤闽合作　2013年，广东省海洋与渔业局与福建省海洋与渔业厅合作执行东山—南澳示范区生物多样性行动计划，不断完善福建—广东两省省际合作和协调保护与管理机制，提高两省以及漳州、汕头、东山、南澳等地方性海洋与渔业管理部门以及其他相关行政机构的海洋生物多样性管理保护意识，不断加强管理保护能力建设。在两省的共同努力下，该项目取得良好的效果，并通过项目终期评估，获得专家们的充分肯定。

粤桂合作　中山大学药学院杨得坡教授团队从2007年开始至今与南宁轻工食品研究所合作进行南药（桂药与广药）提取分离，尤其是广西大宗道地挥发油类药材的精细加工技术研究与开发，该项目已落户南宁高新技术产业开发区。同时协助南宁市轻工食品研究所建立了南宁市科技企业孵化基地，基地运作良好，是一个立足南宁市辐射全广西面向东南亚，从项目研发到中试生产的开放技术服务平台，并取得了国家级孵化器的认证。

粤贵合作　为促进渔业船舶检验事业科学发展，广东渔业船舶检验局与贵州渔业船舶检验局共同开展“结对发展”活动。2013年5月，广东渔业船舶检验局与贵州渔业船舶检验局签署了“结对发展”协议。双方将建立联络交流机制，开展渔业船舶检验业务互助协作，共同组织召开工作例会。

【科技资源共建与共享】

中国—东盟国家农业科技协作网建设　为促进中国—东盟双方农业科研单位合作交流，建立长效交流合作机制和平台，促进东盟国家农业科技创新，广东省农业科学院自2013年开始承担科技部中国—东盟国家农业科技协作网建设任务，组建了协作网工作领导小组和秘书组。该项目联合华南地区的海南、广东、广西、云南、福建、江西、湖南、贵州、四川、重庆等省份的主要农业科研机构和主要东盟农业国家科研机构和大学，建设中国—东盟农业科技协作网，有效促进我国先进农业技术向东盟国家转移，提升我国在东盟地区农业科技知名度与影响力，成为我国农业科技“走出去”重要平台。

农村信息化公共服务平台建设　为缩小城乡数字鸿沟，发展现代农业，建设新农村，以“信息惠农、科技强农和促进农村经济社会发展”为基本目标，推进泛珠三角区域农村科技信息发展，2013年，广东农村信息直通车工程实施办公室联合泛珠区域内省区开展合作，在泛珠三角各省区实施农村信息直通车工程的“农村信息化公共服务平台”，为泛珠三角区域加快农村信息化建设步伐，转变农业生产方式，推进现代农业发展和新农村建设，实现城乡经济社会一体化统筹发展做出贡献。

【重要交流活动】

第10届中国—东盟博览会先进技术展　2013年9月3—6日，第10届中国—东盟博览会先进技术展在广西南宁举办。本次先进技术展吸引了来自全国11个省、自治区、直辖市的150个单位共186个项目参展，参展实物达70%，其中，有来自泰国、马来西亚、越南等东盟国家的20多家企业和机构共40多个项目参展。前来观展的人数达4万人次，达成意向合作项目50个，意向合作金额达9 000万元。博览会期间，广东省科技厅共组织了省内有关地市科技局、高校、科研院所及企业共30多人参加了展览展示、论坛会议等相关活动。在先进技术展馆，广东省农科院集中展示了近年来与东盟国家开展合作的科技项目。华南农业大学、中国电器科学研究院有限公司等单位的一批优秀项目集中展示了本省在节能环保、电子信息及现代农业等领域取得的先进技术成果。

第14届中国西部国际博览会　2013年10月23—27日，第14届中国西部国际博览会（以下简称“西博会”）在成都举办。本次西博会由四川省科技厅牵头承办，西博会高新技术馆本着“立足西部、面向全国”的原则，以“创新驱动发展，加速成果转化”为主题，包括泛珠各省区成员单位等18个省（市、区）科技厅（委）在内的，共有378家创新型企业和科研机构、4个国家级和5个省级高新技术产业开发区的435项重大项目组团参展。整个展览期间，高新技术馆共签订合同及意向性协议100多项，签约金额达31.2亿元。其中广东科技展团紧紧围绕“构建区域合作新格局、激发西部发展新活力”这一主题，共组织了华南理工大学、华南农业大学、中国电器科学研究院有限公司以及广东巨轮模具股份有限公司等高新技术企业共19个单位近30个项目参展，重点展示本省在电子信息、精密装备制造、节能环保、生物医药等领域取得的重大科技成果、新技术和新产品。西博会已成为泛珠三角省市交流、合作的重要平台，扩大了区域合作发展的范围，给企业带来发展机遇和空间。

珠江流域大型河流生态系统健康评估、生态修复关键技术研究与示范专题研讨会　为响应国家提出的“9+2”泛珠三角区域合作战略，受“泛珠三角”区域科技合作联席会议办公室、贵州省科技厅委托，贵州师范大学于2013年6月14日在贵州省贵阳市组织举办了“珠江流域大型河流生态系统健康评估、生态修复关键技术研究与示范专题研讨会”。会议由“9+2”地区水资源专家及科技主管部门领导参会，对当前珠江水系生态系统保护中重大关键基础科学问题和应用技术需求进行研讨和交流，为今后持续开展珠江水系生态系统保护、恢复和管理提供思想、队伍和技术，建立区域合作与创新工作平台。

2013广东省口腔颌面外科学术年会及粤、桂、湘、琼口腔颌面外科学术研讨会　2013年11月14—15日，中山大学光华口腔医学院承办“2013广东省口腔颌面外科学术年会及粤、桂、湘、琼口腔颌面外科学术研讨会”，来自广东省15个市及广西、海南、湖南近200名口腔颌面外科专家学者汇聚一堂，对口腔颌面部肿瘤，创伤与修复重建，颞下颌关节疾病、唇腭裂、唾液腺疾病牙槽外科和正颌外科、口腔颌面外科麻醉、护理等口腔颌面外科各领域临床和基础研究的进展和研究成果进行了汇报，并展开了热烈的讨论。

【联席会议主要活动】

2013年泛珠联络员会议　2013年3月21—22日，泛珠三角区域科技合作联席会议办公室召集“9+2”各省区代表，在海南省海口市召开2013年泛珠联络员会议。会议达成以下一致意见：由主席单位贵州省科技厅牵头，进一步修改完善“国家科技支撑计划项目——珠江流域大型河流生态系统健康评估生态修复关键技术研究与示范”工作，各省区同意参与此工作。第11次泛珠三角联席会议将于2013年11月在海南省召开。由广东农村信息直通车工程实施办牵头，进一步推进“泛珠三角”区域农村科技信息合作工作，各省区推荐相关单位与实施办或泛珠办联系；各省区将尽力配合广东省对外科技交流中心开展“推进泛珠三角区域科技园区合作”的实地考察调研工作；将泛珠科技工作与大泛珠工作融合等。

第11次“泛珠三角”区域科技合作联席会议　2013年11月27—29日，第11次“泛珠三角”区域科技合作联席会议在海口召开。科技部领导及“9+2”省区代表等100多人参加了会议。

作为轮值主席单位，海南省科技厅作了第11次泛珠三角区域科技合作联席会议工作设想。围绕“促进区域科技合作、支撑绿色经济发展”的主题，开展了广泛的交流协商，就推进基础性科技资源共享，共建科技合作平台，建立区域科技合作信息交流机制、建立区域专家资源共享机制、联合举办中国创新创业大赛等事宜达成了共识。同时，会上组织了海南大学农学院、海南医学院、海南省农业科学院粮食作物研究所等单位分别与江西博大种业有限公司、香港中文大学、云南省农业科学院粮食作物研究所等单位签订10份区域科技合作协议，涉及水稻两系不育系基因遗传研究、搭建生殖医学与母胎医学临床检测与实验研究平台、制定南繁种业战略规划等课题。会上还发布了之前整理的区域内已开展科技合作项目473项、需要推广的科技成果277项、科技需求或拟开展联合科技攻关项目79项。会议前期经过联络员会议及“泛珠三角”区域科技合作项目调查统计等周密筹备，创新性地安排了科技项目需求对接、合作签约等内容，更加务实，交流主题更加清晰，获得了泛珠办、科技部领导的高度肯定。会议确定了第12次“泛珠三角”区域科技合作联席会议主席单位为澳门特别行政区政府科学技术委员会，第12次“泛珠三角”区域科技合作联席会议定于2014年在澳门召开。

（广东省科学技术厅规划财务处　石福华）

（泛珠三角区域科技合作联席会议办公室　钟　薇）

民间科技交流与合作

【国际科技合作与交流】　2013年，广东省对外科技交流中心坚持“走出去”与“引进来”相结合，积极开展多种形式的国际科技交流与合作，推进广东省国际科技合作，全年组织或承办各类涉外科技交流活动共计13场次（见表8-4-4-1）。

表8-4-4-1　交流中心组织或承办各类涉外科技交流活动（2013）

序号	活动名称	时间地点	参加人员	主要活动
1、2	广东省专业镇技术创新服务培训班	第1期：5月19—24日香港 第2期：6月2—7日香港	第1期共44人参加，第2期共39人参加；主要为省级专业镇管理人员与技术创新平台负责人	专业镇科技创新平台建设与运营培训课，并安排访问有关专业服务机构。
3	中欧信息通讯合作—智慧和可持续发展城市建设研讨会	5月31日 广州	来自英国、法国、德国和芬兰等国家专家学者20余人，参会企业代表近80人	加强中欧在信息、通信和技术（ICT）领域的交流与合作，集合中欧智慧和可持续发展城市研究领域的各界人士，推动合作项目的开展。
4	意大利国际科研产业转化展览洽谈会	6月3—13日 意大利	多家企业与机构	主办方为广东省代表团设立“特别广东”展示区域，通过与来自世界各地的高科技企业及孵化器开展圆桌会议及“一对一”会谈，部分单位达成了初步的合作意向。
5	赴以色列开展项目对接洽谈活动	6月9—13日 以色列	多家企业与机构	广东富阳生物医药有限公司与以色列Kamedis Ltd.和Agropeace Bio Ltd.等企业达成了初步合作协议。
6	澳门学生航海及航海通讯科普考察活动	7月17—19日 广东	澳门中学生代表团一行30人	参观了广州舰船科普基地、珠海优特电力公司等机构，推动双方的科普交流与合作。

（续上表）

序号	活动名称	时间地点	参加人员	主要活动
7	赴英国瑞典科技服务业考察活动	9月4—11日 英国、瑞典	省内科技主管单位、高新技术企业等7个单位	深入了解当地科技服务业的发展模式和运行机制，探讨务实合作的机会。
8	中英可持续先进制造技术创新研讨会	9月25日 广州	英方20余家企业、科研机构与中方来自47家机构的83位参会代表进行了合作洽谈	中英双方就可持续制造领域的技术合作进行“一对一”对接洽谈。省科技厅和英国官方代表举行了圆桌会议，探讨在政府层面建立务实合作机制。
9	以色列信息通讯技术洽谈会	11月4日 广州	以色列10家企业代表与中方58家企业86名代表参加	进行了112场次“一对一”现场洽谈交流，以方企业表示对其中50场的中方洽谈对象有进一步了解的意向。
10	广东经济发展国际咨询会科技论坛	11月22日 广州	来自省内的180余名代表参加了本次论坛，主讲嘉宾包括德国弗劳恩霍夫协会、大众汽车集团和广东工业大学专家	围绕“产业转型再造核心竞争力”主题，以增效技术和电动交通为切入点，探讨广东如何在发展工业和社会经济的同时兼顾资源效率和环境保护，实现经济可持续发展。
11	中以高科技投资峰会及科技园区考察活动	11月24日—12月1日 以色列、土耳其	省内高新区、孵化器、科研院所代表12人	与以色列高科技企业及孵化器开展圆桌会议及“一对一”会谈；参观以色列、土耳其高新技术园区、高科技企业和企业孵化器。
12	专业镇自主创新及创新体系建设培训班	12月5—25日 法国	专业镇理人员、专业镇创新平台管理人员等共20人	培训课程包括法国的产业集群的演变、与产业集群相关的法律法规等共计15个专题培训；安排参观实地调研有关产业集群。
13	创新科技亚洲会议@珠三角2013	12月6日 广州	来自美国、瑞士及中国香港、上海、广州等地的海内外嘉宾学者20余人，来自省内企业、科技园区、科研机构代表近200人	就绿色智慧城市的科技发展等方面分享经验，进一步推动粤港地区创新科技的交流与合作。

【国内重要科技会展的组织与参与】 2013年，交流中心承接省科技厅等政府部门下达的任务，组织参加各类重要科技展览会9场次（见表8-4-4-2），有力推动了广东省科技成果的推广与应用。

表8-4-4-2 交流中心组织参加的各类重要科技展览会（2013）

序号	活动名称	时间地点	参与单位及项目	活动效果
1	第9届中国（深圳）国际文化产业博览交易会	5月17—19日 广东	组织广州市盈商电子科技有限公司、YY影音等4个项目进行重点展示	广东团以“文化与科技的融合创新”为展示主题，精选了一批凸显广东科技优势与文化产业紧密结合的优秀项目参展，取得良好的展示效果。

（续上表）

序号	活动名称	时间地点	参与单位及项目	活动效果
2	第16届中国北京国际科技产业博览会	5月21—26日 北京	组织高校和科研院所的一批优秀科研成果，以及广州无线电集团等10多家企业的20多个项目参展	重点展示了广东省近年取得的高新技术成果、战略性新兴产业科技成果，以及惠及民生的新成果、新技术和新产品。
3	2013赤峰·中国北方农业科技成果博览会	8月6—8日 内蒙古	组织华南农业大学、广东省农科院、广东达华节水科技股份有限公司等高校、院所以及农业科技企业的14个优秀展示项目，主要涉及特色农副产品及其加工、现代农业装备等领域	落实广东省与内蒙古自治区两省区签订的全面科技合作框架协议。展会期间，华南农业大学展示的“水肥一体化技术”受到现场众多农户的普遍关注。
4	第10届中国—东盟博览会	9月3—6日 广西	共组织了省内产学研机构30余人参加展览及洽谈。一批优秀项目集中展示了广东省在节能环保、电子信息等领域取得的先进技术成果	通过项目展示和现场对接洽谈，借助东盟博览会这个平台推介广东省科技企业、技术、项目和成果，更好地推进广东省企业与东盟国家的科技经贸合作。
5	第9届泛珠三角区域合作与发展论坛暨经贸洽谈会	9月9—13日 贵州	广东科技分团共促成7个合作项目，总金额达873万元，涉及矿产采掘、轻工纺织、畜牧养殖等领域	广东科技分团与云南、湖南、贵州、广西、江西、四川、海南等泛珠省区在会上开展了深入交流与洽谈，为科技经贸合作奠定基础。
6	第14届中国西部博览会	10月23—27日 四川	精心组织了19家参展企业的近30个展示项目，主要汇集广东省电子信息、精密装备制造、节能环保、生物医药等优势行业	广东高新凯特精密机械股份有限公司等企业展示了大型的精密制造设备，效果良好。华南理工大学、康美（深圳）电子商务有限公司等参展项目也吸引展会参观者咨询洽谈。
7	第12届中国杨凌农业高新科技成果博览会	11月5—9日 陕西	华南农业大学、广东省农科院、广东亿龙新材科技有限公司等科研单位、企业的17个优秀涉农项目参展	充分展示广东农业科技的区域特色及近年来取得的新成就、新成果，切实推动东西部农业科技交流与合作，实现互利共赢。
8	2013国际绿色创新技术产品展览会	11月9—12日 广东	组织惠州亿纬锂能股份有限公司、东莞市运通环保科技有限公司等5家企业参展	广东省LED照明企业，节能环保、绿色能源类企业参展，取得良好的展示效果。
9	第15届深圳国际高新技术成果交易会	11月16—21日 广东	组织广东科学中心、江门市地尔汉宇电器股份有限公司、佛山安警技术开发有限公司、康美药业股份有限公司4家参展单位	展示项目在展会现场吸引了众多专业观众的驻足关注，宣传展览效果显著。

2013年，交流中心自办展览面积达16.2万平方米，同比增长近25%。吸引了来自全球25个国家2 000多家企业参展，接待观众93 000多人次；同期举办技术研讨会近230个专题场次，约有90多个国家和地区8 000多名专业人士与会（见表8-4-4-3）。“华南国际美容医学大会暨医疗美容设备器材展览会”首次成功举办。

表8-4-4-3 交流中心举办的国际性专业科技展览（2013）

展会名称	举办时间	展览面积（平方米）	展商数量（家）	参展国家数量	技术研讨会（场）	观众数量（人）
第18届华南国际口腔医疗器材展览会暨技术研讨会	2月27日—3月2日	4 100	725	来自德国、美国、意大利、日本等23个国家地区	126	37 610
第11届中国（广州）国际专业音响灯光展览会	3月9—12日	90 000	922	来自法国等4个国家地区	4	48 361
第10届中国（广州）国际乐器展览会		20 000	400	来自法国等3个国家地区	4	
广州国际分析测试及实验室设备展览会暨技术研讨会	3月13—15日	11 000	320	来自德国等4个国家地区	35	7 236
首届华南国际美容医学大会暨医疗美容设备器材展览会	10月10—12日	1 000	24	来自韩国等3个国家地区	60	500

【粤蒙科技合作活动】

内蒙古·广东区域合作展　由交流中心承办的内蒙古·广东区域合作展于5月25—26日在粤蒙科技合作周中进行，特装展区总面积达1 100平方米。作为“内蒙古·广东科技合作活动周”的主要内容之一，该展主要展示了广东省近年来科技工作情况及广东省高校、科研院所及高新技术企业与内蒙古自治区已开展的实质性合作项目和双方具有合作潜力、对接需求的项目，推动了内蒙古与广东的全面科技合作。包括中共中央政治局委员、广东省委书记胡春华在内的两省区主要领导参观了展会。

专题科技培训班　为落实广东省与内蒙古自治区人民政府全面加强科技合作框架协议的精神，在两省区科技厅的支持和指导下，4—8月，交流中心与内蒙古科技交流中心举办了粤蒙农村信息化管理培训班、内蒙古自治区科技创新助推县域经济发展领导干部专题培训班、内蒙古赴香港科技创新能力提升培训班。

【科技合作课题研究与资讯交流】 2013年，交流中心共完成了“广东—以色列国际科技合作网络的探索与构建”等5个项目结题验收工作，“高新区国际合作与科技成果产业化的实践研究”“广东省国际科技合作服务创新与能力建设”等课题获得立项，研究有序开展。科研工作以跨国技术转移和国际科技合作知识产权保护问题为重点，力求研究成果能够有效地指导国际科技合作工作的实践。以“广东科技创新国际资源平台”信息资源为依托，英文版《广东科技动态》保持每月定期编译，与国外合作渠道保持常规性联系与信息互通，为交流合作业务提供信息支撑。

（广东省对外科技交流中心　张　郁）

石龙镇

石龙镇是广东省电子信息专业镇，位于东莞市北部，东江下游北干流和南支流交汇处，北靠广州，南临深圳，毗邻香港，是承接东江上下游航运的水上交通枢纽，也是广深铁路上的客运大站，曾与广州、佛山、陈村并称为广东四大名镇。2013年，实现地区生产总值74.8亿元，同比增长9.3%；规模以上工业总产值207.6亿元，同比增长8.1%；各项税收总额14.7亿元，同比增长10.9%；每平方公里创造了过5亿元生产总值、过15亿元工业产值和过亿元税收的不俗效益。

石龙广安检测中心

改革开放以来，石龙镇积极实施“科技兴镇”发展战略，相继获认定为国家星火技术密集区、国家信息化试点镇、国家电子信息产业基地、广东省电子信息产业集群升级示范区、国家火炬计划数码办公设备特色产业基地、“数字广东”推进计划试点、国际宜居城镇、“智慧广东”试点城镇、广东省可持续发展实验区等。世界500强企业日本京瓷、柯尼卡美能达和电产三协在本地扎根经营，逐步形成以数码复印机、激光打印机、光学电子、电子元件等为主的电子信息特色产业集群。“石龙镇现代化建设科技创新示范工程”获得了广东省科学技术进步奖特等奖。在调结构、促转型中，石龙镇的现代服务产业发展取得了可喜成绩。石龙高中低压通断试验基地二期项目的投入使用，使东莞市广安电气检测中心有限公司成为东南亚地区高中低压电器检验中心，并且填补了广东省及华南地区高压电器检验的空白，打造华南地区的变压器、互感器、高压电器生产企业的产品检验基地。东莞中外运国际联运的开通，提升了石龙镇物流业在华南地区的地位，进一步密切俄罗斯与石龙、东莞乃至广东的交往，打造粤蒙（俄）欧路上的通道，成为新丝绸之路的重要枢纽，为广东产品输出到欧洲建立除海运、空运之外的又一选择，拉近石龙与世界的关系，为广东产品全面有效开拓俄罗斯欧洲市场提供物流支持。在首届海博会上中共中央政治局委员、广东省委书记胡春华对石龙为“海上丝绸之路”与“新丝绸之路”起到的枢纽作用表示了充分肯定。石龙现代信息服务园已成为本地及周边具有影响力的科技企业孵化器，进驻率达95%以上。而民间投资建设的石龙现代信息服务园四期“添百汇信息科技产业园”竣工，将成为石龙镇新兴产业企业载体的补充。

东莞火车站

展望未来，石龙镇将牢牢抓住东莞火车站落户石龙的机遇，依托中外运物流中心、广安电气检验中心和石龙现代信息服务园等平台，发挥产业基础扎实、经济结构合理、城市环境优美、文教医疗完善、社会管理先进等优势，紧紧围绕“打造国际宜居宜商名镇，建设幸福石龙，实现高水平崛起”的核心目标，努力实现“有限石龙”向“无限石龙”转变。

石博中心酒店

中国石材流通示范基地

云浮石材文化馆揭幕

云城区河口街

河口街地处云浮市区东部，是全国小城镇建设试点、广东省石材专业镇和云浮市中心镇，现已形成了以石料建材业为龙头，服装、机械等加速发展的工业经济格局，有石料建材企业(含个体)2000多家，形成了长达8公里的“石料建材走廊”，年销售石材荒料80万立方米，年产石料板材880多万平方米，各式石材工艺品140多万件（套），成为全市石料建材生产基地和专业市场，专业镇的石材特色产业正持续、蓬勃、创新发展。

位于云浮市云城区河口街324国道与河杨快速干线交汇处的云浮国际石材博览中心是集展示、贸易、物流、信息、金融、商务等功能于一体的一站式石材展贸平台，是全国规模最大、功能最齐全的石材交易博览中心，占地总面积为8.5万平方米，总建筑面积为21万平方米，总投资约6亿元，工程建成后，将成为亚洲规模最大、功能最为齐全的石材交易博览中心，对做大总量、做强产业、做精结构、做好品牌将起到重要促进作用。

中国石材基地中心

中国石材流通示范基地

江门市江海区外海街道

江门市江海区外海街道是江海区经济社会发展的核心区域，拥有便利的水、陆、铁立体交通网络，江门国家高新区坐落其中。全街有工业企业2200多家，其中规模以上工业企业126家。经济总量一直在江海区排名第一，形成了以精密制造业、精细化工、生物医药、绿色光源产业为核心的产业布局，物流产业也不断发展壮大。有国家级高新技术企业32家，省级企业技术中心和省级工程技术研究开发中心8家，市级工程技术研究开发中心27家，其他科技型企业超过120家，有省名牌产品9个，省著名商标8个。近10年专利申请总量3525件，其中发明专利申请量达658件。引进了艾默生能源、康宁电子、亚什兰、西铁城、信义玻璃等世界五百强企业5家。

德力光电厂区

近年来，通过政策倾斜、整合重组、自主创新和内引外联，外海街道LED绿色光源产业发展取得了很大的成效，以外海街道为核心的整个江海区已成为江门市新兴的制造业基地、国家电子信息产业基地、广东省电子信息材料专业区，2011年获得了广东省火炬计划半导体绿色照明产业基地称号，2013年获得“江门市LED绿色光源专业镇”的称号，2014年更是获得了“广东省半导体照明专业镇”的称号。目前全街道共有绿色光源产业企业230多家，规模以上企业达到52家。产品覆盖范围主要包括芯片、电路板、感光油墨、荧光粉、工程塑料、LED驱动器等元器件、LED显示屏、LED室外照明和大功率城市照明路灯、景观灯、家居照明等产品。

“光博汇”鸟瞰黄昏

为进一步做好绿色光源产业发展，外海街道引进了澳门财团投资成立中国（江门）国际绿色光源博览交易中心，斥资40亿元打造全国最大的LED产品交易市场，努力打造中国绿色照明之都。区内将重点规划发展绿色（半导体）光源上中游产品，发展LED外延、芯片、发光材料及背光、汽车电子和太阳能光伏电池等产品，引导国内外绿色光源企业逐步向该园区聚集。另外，奥伦德光电有限公司、德力光电等大型企业先后在我辖区投资上马，预计未来几年，我街道LED绿色照明产业将呈现腾飞局面。

外海街道通过绿色光源技术创新建设，整合辖区内公共服务资源，建成创新培育平台、技术研发平台和成果转化平台，对辖区内绿色光源中小企业和相关单位提供创新发展一条龙服务。项目预期完成：以政府政策为核心建立产业发展规划、以光电研究院的研发和检测设备作为技术研发的硬件体系、以LED行业协会的影响和渠道作为技术转化和推广为软件体系。通过“核心、硬件、软件”的组织架构形成技术创新服务平台，平台建设初期计划启动和实现以下三项基本任务，创新培育、技术研发及检测、成果转化。

（1）搭建企业与高校及研发机构的纽带，协助企业以技术为依托，组织专家为企业进行科技考察、论证诊断，为企业提供科技创新决策；同时提供科技、政策、人才等方面的咨询，将新技术、新工艺、新产品导入企业；

（2）通过引进和培训一批高水平的LED绿色光源技术人才，为全区LED绿色光源的开发和研究服务；

（3）构建统一的检测平台，做到江门地区的绿色光源检测认证资源共享；检测认证技术平台综合水平达到国内领先，国际同步水平；

（4）通过权威和标准化检测，建立材料质量监测数据库，构建绿色光源中小企业质量评价体系建设，为绿色光源中小企业质量评价体系建设提供数据参数；

（5）完善技术转移和创业孵化服务系统，加快技术交易市场发展，建立产学研结合的成果转化孵化模式，促进科技成果流动扩散和转化；

（6）技术成果的推广是推动LED绿色光源行业发展和产业化的必备的技术机构，将推动绿色光源的产业化发展，为绿色光源商品化奠定基础。

佛山高新技术产业开发区

力合（佛山）科技园

1992年，佛山高新区经国务院批准建设。2012年，佛山高新区核心园区移师南海狮山、三水乐平，佛山高新区统筹协调面积达到596平方公里。实行“一区五园、统一规划、分园管理、创新服务”的管理体制，同时确立打造“中国智造金谷”战略定位，开启“二次创业”新征程。在科技部火炬中心最新国家高新区创新能力评价排名中列第33位。园区现已形成光电显示、汽车制造及零部件、新光源、生物医药、新能源、新材料、现代服务业、高端装备制造、家电等多个产业集群，拥有一汽-大众、IBM、海尔电器、本田波箱、群创光电、旺旺集团、福田汽车、浦项制铁等一大批世界知名企业落户。

近两年来，在一汽-大众佛山工厂项目辐射带动下，佛山高新区汽车及零部件产业加速聚集，先进制造业水平迅猛提升，吸引数万高技能专业人才创业就业，带来100多家各类汽车配套企业。目前一汽-大众佛山工厂二期项目已于今年5月动工建设，将于2016年底建成投产。届时，一汽—大众佛山分公司将具备60万辆产能，并形成完整的汽车产业链条。

一汽—大众佛山分公司建成投产
全新高尔夫正式下线

2013年初，佛山高新区启动“雄狮计划”，致力打造成“产·城·人融合示范区”，建设城市与产业发展相融合的宜商宜居、创新型、国际化的高品质的中心城区。目前园区重点项目佛山西站、狮山博爱湖、南海高新区人民医院等重点城市配套项目经过一年多的建设，各项目已初显雏形，园区城市功能逐渐完善。

2014年1月，广东省政府正式批复南海创建全省首个“金融·科技·产业融合创新综合试验区”，进一步深入探索金融、科技、产业创新融合发展的新路径。佛山高新区以此为契机，依托佛山国家高新区核心园区和广东金融高新区，逐步实现金融、科技、产业三者融合“共振”，成为佛山践行创新驱动战略的先行之地。2014年1月佛山科技街正式启动建设，现已建成超20万平方米产业载体。佛山科技街位于产业智库科技服务中心内，周边聚集了5所大中专院校，拥有良好的教育、创新平台及载体等优势资源。科技创新带沿信息大道两侧发展形成集工业设计、产品研发、新兴产业企业孵化等产业服务功能带。根据佛山高新区核心区的产业布局、功能定位和产业发展趋势，充分利用核心区域的优势资源，以佛山高新区管委会为依托，以力合（佛山）科技园为主要载体，凸显高新区产业聚集效应、科技创新服务功能以及高新区国际化发展路线。目前佛山高新区已拥有各类科技企业孵化器12个，筹建孵化器5个，国家级重点实验室2个，省级以上工程技术研发中心42个，省级企业技术中心41个，博士后科研工作站10个。

佛山科技街重点项目签约揭牌仪式

未来，佛山高新区争取用三至五年的时间加快发展，全力建设一个具有强大自主创新能力、国际竞争力、可持续发展能力和区域辐射带动能力的国内一流创新型科技园区，跻身于全国高新区前20强。

潮州三环（集团）股份有限公司

潮州三环（集团）股份有限公司是国内最大的电子陶瓷元件、先进技术陶瓷产业化生产基地，有着40多年生产电子陶瓷产品的经验。公司现占地面积40多万平方米，属下有7家专业生产厂，在广州、深圳、四川南充、香港等地设立子公司。

三环集团以先进陶瓷技术为基础，产品覆盖光通信、电子、机械、电工、节能环保、新能源和时尚等应用领域，主要有光通信用陶瓷部件、晶振用陶瓷封装基座（PKG）、多层片式陶瓷电容器（MLCC）、固体燃料电池（SOFC）隔膜片、固定电阻器、电阻器用陶瓷基体、金属与玻璃封装连接端子等，公司主要产品均已得到全球知名厂家认定和使用。

三环集团先后被认定为“国家863成果产业基地”“国家高新技术产业化示范基地”“国家技术创新示范企业”“广东省创新型企业”“广东省战略性新兴产业骨干企业”“广东省百强民营企业”“广东省产学研基地”“广东省自主创新100强企业”，已连续26年进入中国电子元器件百强企业，2014年名列中国电子元件百强第10位。

广东省名牌产品证书
光纤连接器陶瓷插芯

广东省高新技术产品证书
片式元件用陶瓷封装基座

广东省高新技术产品证书
多层片式陶瓷电容器

广东省高新技术产品证书
光纤连接器陶瓷插芯

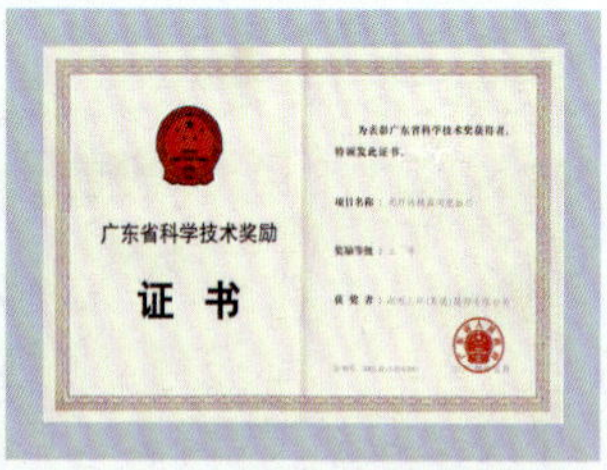

广东省科学技术奖励证书
光纤连接器陶瓷插芯

地址：广东省潮州市凤塘三环工业城　　传真：0768-6855928
电话：0768-6855170　　网址：www.cctc.cc

Mentech
铭普光磁

东莞铭普光磁股份有限公司成立于2008年6月，占地面积30000多平方米。公司是一家集研发、生产、服务于一体的高新科技企业，是国内领先的通信磁性元器件、通信光电部件、通信供电系统设备制造商。2012年公司在东莞市石排镇购买土地47157.6平方米，用于建设总部研发与生产基地，目前一期工程已竣工投产。

高新技术企业
证书
企业名称：东莞铭普光磁股份有限公司　证书编号：GR201144000176
发证时间：2011年11月17日　有效期：三年
批准机关：

高新技术企业证书

公司自成立以来，非常注重技术创新及新产品的研发。至2014年6月底，公司已申请专利129项，其中授权专利103项（发明专利2项、实用新型专利90项、外观设计专利11项），申请中的专利26项。公司参与起草的公司参与起草的《通信用240V直流供电系统配电设备》（YD/T2555-2013）标准于2013年4月25日发布，并于2013年6月1日实施。公司先后被认定为高新技术企业及省、市民营科技企业、广东省战略新兴培育企业、广东省高成性民营企业、2011-2012年度东莞市50强民营工业企业、东莞市先进企业科学技术协会、东莞市首批职业技能培训示范基地；被东莞市政府列为第五批上市后备企业；在大比特咨询机构主办的“2013第五届大中华区电子变压器、电感器及电源适配器行业评选活动”中，被评为“2012-2013年度大中华区电子变压器行业二十强优秀供应商”；在“工业和信息化部运行监测协调局及中国电子元件行业协会”主办的“2014年（第27届）中国电子元件百强企业”评选活动中，荣获百强企业53名。

广东省战略性新兴产业培育企业
证书
企业名称：东莞铭普光磁股份有限公司　证书编号：P2013132118
发证时间：2013年10月21日　有效期至：2015年10月20日
发证机关：广东省经济和信息化委员会

广东省战略性新兴产业培育企业证书

公司一直致力于数据通讯技术领域的研发，目前公司产品主要有磁性元器件、光通信元部件、新能源供电系统、塑胶成型及五金冲压件产品。产品广泛应用于接入网、主干网、城域网、光纤交换机、光纤收发器、数字电视光纤拉远系统、电脑主板、网络交换机、路由器、电视机顶盒、终端通讯设备等网络数据通讯行业。

公司与华为、中兴、普联科技、阿尔卡特、捷普电子、H3C、创维电子、富士康、三星等众多知名通讯企业建立了长期的合作关系，同时也与行业领导者美国普思结成紧密的生产联盟。始终坚持以客户为中心的经营理念，为客户提供全方位的优质服务。公司已在我国台湾、内地各省会城市及美国、德国、韩国、日本、新加坡等地区及国家建立了营销网络，其中在美国设立了两个办事处。

东莞市科维电子科技有限公司

东莞市科维电子科技有限公司成立于2010年，是从事车载影音导航系统、北斗/GPS双模车载导航系统、北斗车载3G网络应用（北斗车联网）、北斗车载智能信息终端（行业用车）等汽车电子及汽车多媒体娱乐信息系统等产品的集研发、生产和销售于一体的自主品牌企业，也是2014年广东省高新技术企业。公司推行现代化管理，先后通过ISO9001、ISO/TS16949、ISO14001等各项国际质量管理体系及环境管理体系的认证，并率先通过国家质量监督总局、省市质量监督局产品合格的检验，共获得了近60多项国家级科研技术专利及计算机软件著作权，2014年4月科维北斗/GPS双模车载导航产品获得广东省高新技术产品认证。

2010年在同行犹豫观望中，科维率先进行北斗车载导航终端的研究与开发，承担了大量的北斗车载导航应用测试，以及对技术规范与实验方法等标准的起草和制定。科维是国内首家北斗车载导航应用试产试销单位，通过国家北斗办制定的“十百千应用计划”，对北斗/GPS双模导航产品不断地测试、实验，以及大量的用户体验评价和反馈优化，于2013年6月向国内市场正式发售北斗双模导航产品。目前，科维自主研发的150多种车型，近200款北斗车载导航终端产品已在国内火热销售中。

自2013年7月始，科维在全国范围内召开了多场北斗导航产品发布会，通过北斗导航体验周活动与订货推介等形式的应用推广，在市场上产生了深远的影响，包括中央电视台、人民网、《中国汽车报》、汽车之家、太平洋汽车网等国内200多家主流媒体给予了大量的新闻报道。2013年5月，被授予“国家北斗卫星导航应用推进奖”；2014年9月，科维又荣获了“推动产业发展杰出贡献奖”；两项国家级大奖奠定了科维北斗在国内的领跑之路。

历年来，科维获得荣誉无数，先后获得了中国十大影音主机品牌、中国汽车电子业十大领导品牌、最受消费者喜爱的汽车影音品牌、年度十大民族品牌、中国车联网金口碑奖等众多荣誉称号。科维系中国北斗车载应用产业联盟常务副会长单位、中国北斗民用推广联盟副理事长单位。科维陆培仁董事长被聘请为北斗应用推广与产业化专家组专家。星耀北斗，科维先行，在民族北斗发展之路上，科维必将再接再厉、继往开来，为北斗的民用普及做出更大贡献。

Nanxing 南兴

东莞市南兴家具装备制造股份有限公司

重型自动封边机

荣获国家高新技术企业认定证书

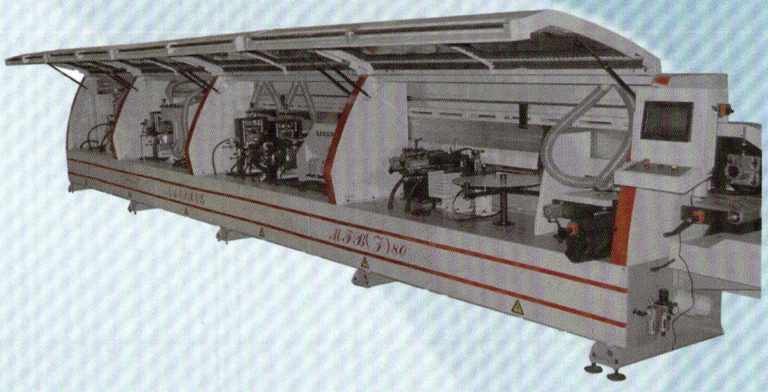

重型自动封边机

荣获广东省名牌产品

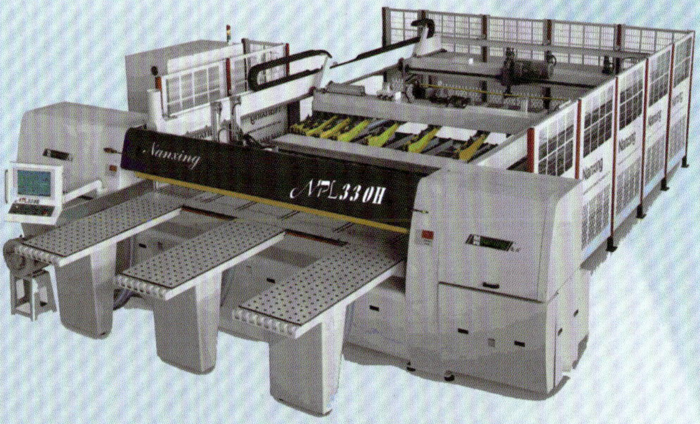

后上料高速电脑裁板锯

东莞市南兴家具装备制造股份有限公司是国家高新技术企业，是一家专业设计制造板式家具生产线设备的企业。目前产品有电脑裁板机系列、木材复合加工中心系列、数控精密推台锯系列、自动封边机系列、排钻系列等40多个品种。目前这些产品中有4项科技成果获得科技进步奖，有133项自有知识产权的专利技术分别用于这些产品中。南兴牌产品在技术上分别属于国内领先和国内先进水平，有些产品的内在结构达到国际同类产品的先进水平。本公司2007年荣获广东省名牌产品、广东省著名商标称号。

公司于2013年与暨南大学合作共同承担“广东省数控一代机械产品创新应用示范工程专项资金项目”的研发。

地址：东莞市厚街镇双岗村家具大道侧　　电话：0769-88803333

东莞市松山湖控股有限公司

一、东莞市松山湖控股有限公司简介

东莞市松山湖控股有限公司成立于2001年8月15日，注册资金18.27亿元，是东莞市国资委、松山湖管委会全资拥有的国有独资公司，肩负着“国有资产保值增值管理主体”和“园区开发建设排头兵”的双重使命。

经历十四年的风雨洗礼，松湖控股目前已发展成为具有一定规模和实力，经营范围涉及第一产业、第二产业、第三产业，业务跨及房地产开发、市政公用配套、科技服务及投资、信息网络、城市建设管理、汽车运输、旅游管理、物业后勤服务、能源等多个领域的市属国有大中型企业。截至2014年年底，松湖控股总资产69.84亿元，净资产45.76亿元，拥有全资、参股企业29家。

二、公司近年来技术创新的情况

近年来，松湖控股下属二级子公司信息网络公司和科技服务公司在科技服务、技术创新和信息网络等方面取得一定成效。

（一）松山湖信息网络有限公司科技创新情况

1、信息网络公司简介

东莞市松山湖信息网络有限公司成立于2012年6月6日，注册资本2000万元。现运营松山湖园区无线Wi-Fi覆盖建设项目、松山湖无线覆盖App应用项目、松山湖公交Wi-Fi建设项目、松山湖数字化城管项目等。

2、技术成果展示

信息网络公司在2013年投资开发了基于Android、IOS 系统的手机应用客户端“松湖无限”APP智慧生活应用。初期，APP应用将园区政务、民生、社交等需求统一到一个平台上；后期增加了支付结算功能，极大地方便了园区用户日常出行。同年底，启动松山湖园区Wi-Fi覆盖项目，在松山湖主要道路、办公区域、旅游景点等重点区域实现“无线松湖”（现名“无线东莞DG-WiFi”）网络覆盖，覆盖面积达到20平方公里。2014年启动园区公交Wi-Fi覆盖项目，用户在公车上可以享受无线网络服务，流畅、信号稳定。目前正在商业区推进无线Wi-Fi热点项目，2015年计划将一万个Wi-Fi设备免费租赁给商业区用户，可以为商户提供顾客消费大数据分析，为商户经营决策提供参考。

（二）松山湖科技服务公司科技创新情况

1、科技服务公司简介

东莞市松山湖高新区科技服务有限公司成立于2012年7月10日，注册资本1000万元。目前已开展的主要业务有：科技综合服务、征信评估服务、科技金融服务、成果转化服务和科技产业载体运营服务等。公司以“科技服务、科技金融和科技载体融合发展”为定位、以搭建“科技创新创业综合服务平台和科技产业金融合作平台”为重点，整合发展要素资源，建立产、学、研、金、政有效沟通途径，探索协同创新模式下的共赢发展途径，努力构建松山湖科技创新软环境体系。

2、科技科技成果展示

征信体系建设：2013至2014年期间，共完成381家征信评级报告，计划2015年建立以企业为对象的征信系统，建立健全信用奖惩联动机制，营造诚实、自律、守信、互信的信用环境。

科技载体创新运营：自2014年7月1日起，以创新科技园为试点，引进了150多家中小科技企业进行孵化，计划三年内申报国家级孵化器，建立中小科技企业加速器，培育一批上市企业，并将成功模式复制推广至其他科技载体。

科技成果转化服务平台建设：2014年，科技超市项目获得省级立项资助，正在计划建立东莞知识产权交易服务中心。

广东迪生力汽配股份有限公司
Guangdong Dcenti Auto-Parts Stock Limited Company

广东迪生力汽配股份有限公司成立于2001年，是一家由美商投资专门生产汽车配件的跨国高新技术企业。公司注册资金1.9亿元人民币，占地面积400多亩，集自主研发、自行制造、自有品牌、自建渠道为一体。公司采用国际先进的全套汽车轮毂生产设备，拥有熔炼、铸造、加工、涂装、电镀等多个大型厂房设施及全套先进设备。公司拥有专业的技术研发中心及中美合作的设计团队，每年自行开发新产品80款以上。公司具有从10寸到30寸铝合金轮毂全尺寸生产能力，是国内大尺寸轮毂及电镀轮毂生产专家；多项技术和工艺属行业首创，处于国内领先地位，产品远销20多个国家和地区。

参加国际汽配产品展览

现代化的轮毂生产设备

现代化的轮毂检测机台

地址：广东省台山市西湖外商投资示范区国际路1号　电话：86-750-5588101
传真：86-750-5588074　邮箱：thunder@stonewell.cn　网址：http//www.dcenti.cn

广东光阵光电科技有限公司

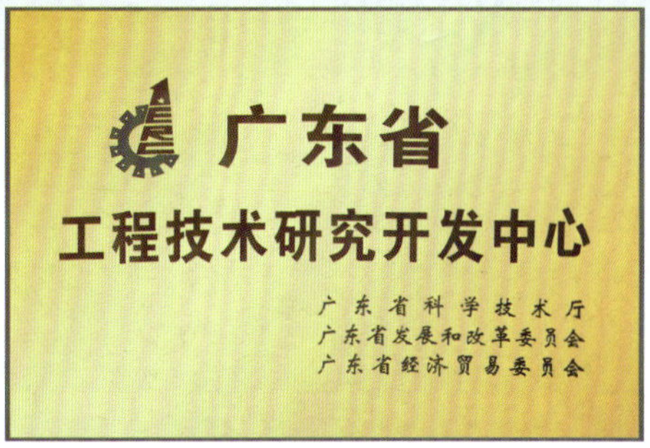

广东光阵光电科技有限公司/环球光显有限公司是永成国际有限公司投资的全资子公司。公司成立于2003年7月，注册资本11380万港币，经营范围包括鼠标扫描仪、视话通、文档拍摄仪、手机摄像模组以及多领域摄像功能组件等视频应用类产品。

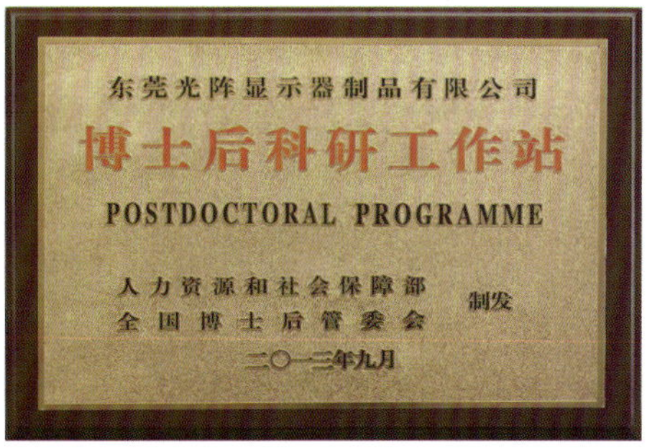

现有10级无尘生产车间1000平方米，1000级无尘生产车间6000平方米，10万级产品组装车间2000平方米，固定资产投资超过1.6亿人民币，员工总数1000余人。现有研发设施1500平方米，研发设备投入超过3000万人民币，研发管理人员200余人。

广东光阵重视产品研发和技术创新，致力于光电领域的应用研究。2009年，经广东省科技厅、广东省发改委和广东省经信委批准，光阵公司组建“广东省光电显示工程技术研究开发中心”；2012年被评为国家火炬计划重点高新技术企业、博士后创新实践基地；2013年被授予博士后科研工作站；2014年，被评为“广东省创新型企业”。

为适应我省光电影像技术的发展，推动我省光电影像技术产学研政结合工作，构建光电影像技术科研院所、大学、企业等机构之间的沟通桥梁，广东省光学学会经研究决定成立“广东省光电影像技术专业委员会”。由我国著名应用光学专家、中科院院士陈星旦先生担任荣誉顾问，秘书处设在广东光阵光电科技有限公司。欢迎广东省光电影像行业有关个人、企业、事业单位、科研机构和相关单位加入广东省光电影像技术专业委员会，共同促进光电影像行业健康快速发展。

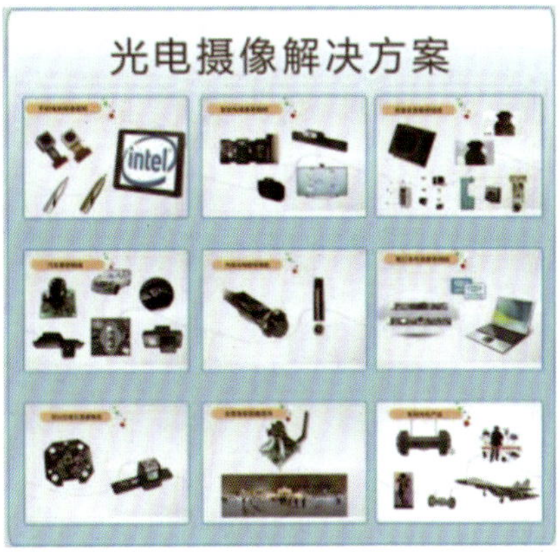

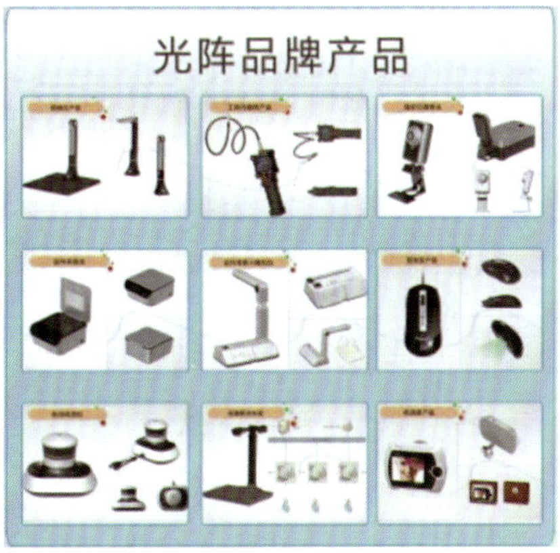

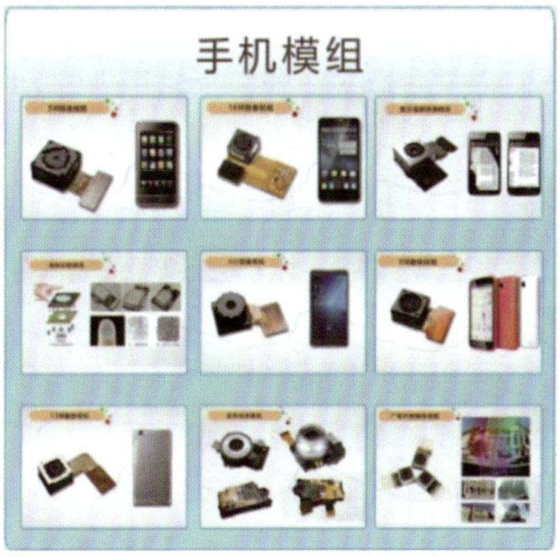

单位地址：广东省东莞市清溪镇银星工业区
市场及销售中心地址：深圳市罗湖区沿河北路1002号瑞思国际中心1803-1806
电话：(86) 755 8826 7650/8278 6120 传真：(86) 755 8826 7612
网址：http://www.globaloptics.cn/cn/

广东华鳌合金新材料有限公司

公司正门

广东华鳌合金新材料有限公司（以下简称“公司”）于2006年成立，注册资本1346万元，位于广东鹤山市鹤城工业二区，占地63亩，厂房面积6200平方米。另外，公司新的专家大楼将于明年落成。

公司实施现代企业管理制度，设股东大会、董事会、专家委会员、研发部、财务部、采购部、生产部、品质部、仓储物流部、行政人事部。公司分工明确，权责分明。目前公司拥有员工共160多人。

公司自2013年起获得高新企业认证，并连续两年通过SGS审核的ISO9001认证，2014年被江门市评为质量信用A级企业。

实验室

实验室

公司的主营业务包括双相钢、高温合金等合金母材的研发、生产、销售，是目前国内唯一的精密铸造主要原材料综合解决方案供应商。公司拥有自有经改造的特殊设备、生产工艺和生产线，并拥有多项专利，且目前有三项发明专利处于实质审查阶段，仍有十项专利在拟报阶段。

成品仓库

公司采用多品种小批量柔性生产模式，该生产模式具备产能大、响应速度快、灵活度高、协调性好的特点，大大降低设备的维护成本、减少损耗、提升产能效率。由专家委员会技术攻关，通过对不同材质的配比及生产工艺的改进，实现了产品质的飞跃，满足了客户对晶粒度和碳化物等质量指标的苛刻要求，使产品质量达到行业领先，成为高端装备制造企业的首选用材。公司目前每月再生、精炼3000吨优质精密铸造原材料，满足了国内高端精密铸造企业对品质的要求。目前公司产品应用范围覆盖了航空、航天、核电工业、石油、化工、医疗器械、船舶海洋、汽车等。

AOD除尘系统

公司的合金母材均属于国家“十二五”规划纲要“新材料产业”和“节能环保产业”战略性新兴产业范畴。此外，公司子公司佛山市硕辉金属回收有限公司拥有多年的废合金及其加工产成品的回收和销售网络，是绿色、低碳、环保经济的代表。目前，硕辉公司正积极向全国铸造标准化技术委员会提交标准化申请，创立打包料的行业新标准。

公司正不断引入战略投资者，目标是计划通过两至三年的努力登陆资本市场，通过资本市场融资进一步做大做强公司主营业务，朝着精铸业高端用材方向不懈努力。公司将继续专注于为精密铸造行业提供优质产品和满意服务，帮助其制造出国际一流的高科技新产品，成为中国精密行业，更具有价值的、更有影响力的战略合作伙伴。

生产

广东凯普生物科技股份有限公司

广东凯普生物科技股份有限公司成立于2003年，为专注于妇科肿瘤及其他肿瘤诊治产品研发、生产、销售的综合性高科技生化企业，是核酸分子基因诊断特别是HPV检测的中国领军企业。

公司2008年被评为高新技术企业，2012年评为广东省创新型企业，2012年组建的“广东省人乳头状瘤病毒（HPV）相关疾病分子诊断工程技术研究开发中心”成为省级研发工程技术中心。2013年，人力资源和社会保障部、全国博士后管理委员会批准公司设立博士后科研工作站，经广东省经信委认定为广东省战略新兴产业骨干企业。2014年经广东省经信委、省财政厅、省地税局、国地税局、海关总署广东分署认定为广东省第十四批省级企业技术中心。

公司科研实力雄厚，多位中科院院士及国内外著名科学家出任公司科技顾问，引领公司走在生化科技领域的前沿。公司与国内外众多高校及科研机构开展深度合作，联合开发创新项目。2012年，公司开始在广州中新知识城规划建设近4.5万平米的管理总部、研究开发中心、生产厂房等，未来发展规划已列入广东省生物医药发展“十二五”规划重点项目。

公司核心技术“医用核酸分子导流杂交平台”是国家科技部全国重点推广项目。公司已获授权专利20余项。2011年和2013年，凯普在中国、伊朗、马来西亚等地参加WHO“HPV”实验室网络检测鉴定，多项指标达到行业领先水平。国际HPV学会主席Tom•broker高度评价凯普HPV分型检测技术，称之为“中国宫颈癌防治的拐点和里程碑”。“HPV分型检测，世界看中国、中国看凯普”为医务界所认知。

在科研及市场推广取得重大成果的同时，凯普长期组织及参与宫颈癌筛查社会公益活动。在厦门、上海、西藏、青海、山东、哈尔滨等地积极参与各地政府的宫颈癌筛查工程。2011年，凯普与卫生部医药卫生科技发展研究中心共同建立中国（HPV）数据库，为宫颈癌防治、疫苗研发以及制定宫颈癌公关卫生政策提供理论依据，填补行业空白。

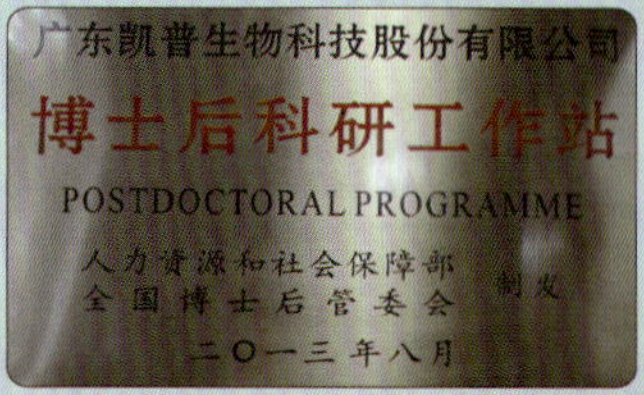

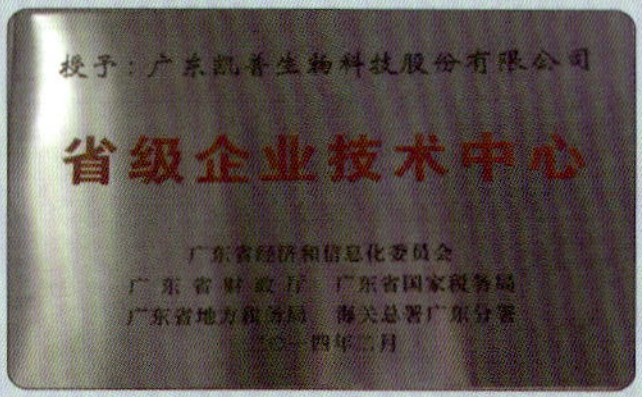

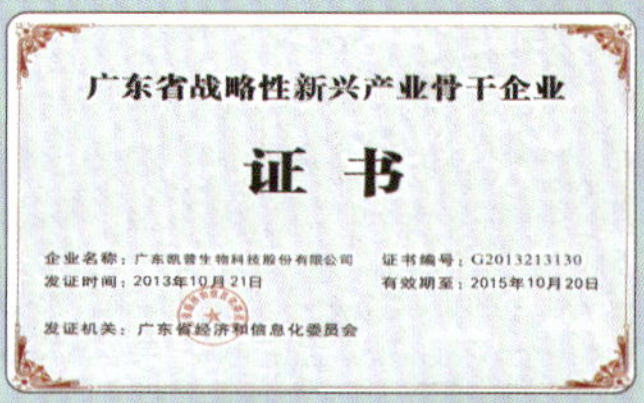

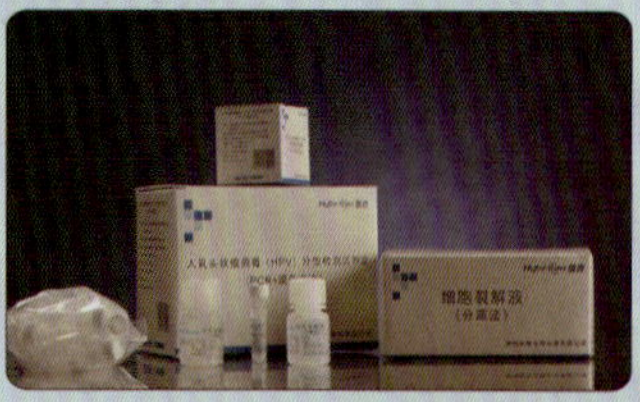

地址：广东省潮州市经济开发试验区北片高新区
电话：0768-2852923
传真：0768-2852925
网址：http://www.hybribio.cn

ChinaRS 中科遥感

“遥感集市”——遥感应用创新服务云平台

中科遥感由中国科学院遥感与数字地球研究所控股，是中国科学院与天津市政府在院市合作协议指导下，为加速推进中国科学院遥感与空间信息技术成果转化及产业化，促进我国空间信息产业发展而创立的高新技术企业。为了将科技创新成果扩展到广东，提供本地化优质服务，天津中科遥感在广东省东莞市成立控股子公司广东中科遥感技术有限公司（遥感云服务平台事业部），负责运营由中科院遥感所与东莞市政府在中科院云计算中心内共建的遥感云服务研究中心。

广东中科遥感自成立以来，参加了众多项目的研究和开发工作，取得了傲人的成绩，其中参与的科研项目和取得的成绩主要包括有：科技部“863项目”、国家GF卫星遥感产业化云服务平台项目、广东省土地利用数据库管理系统升级及应用研究项目、北京大学云存储项目的设计和部署、广东省国土资源厅基本农田变化遥感监测技术研究项目、广东省国土资源厅资源技术中心完成天地图广东云平台部署试验和小卫星飞行地面管理平台改造技术开发等等。

作为国内第一个专业的遥感云服务研究中心，广东中科遥感定位于整合中科院遥感所和中科院云计算中心的技术资源，研发遥感云服务平台技术和产业化创新服务模式，成为我国遥感云服务新型技术和新兴产业的领军者。2014年12月11日，“遥感集市”（www.rscloudmart.com）云服务平台由中科遥感集团联合中国资源卫星应用中心、中科院云计算中心、美国Planet Labs卫星公司、德国CloudEO公司在国家测绘地理信息局联合发布，由此迈开了引领全国遥感服务模式创新的第一步。遥感集市实现了传统遥感服务模式的颠覆，将遥感技术服务改革创新，以崭新的平台模式将遥感信息产品与技术服务直接推向大众，同时促进了全遥感产业的技术提升与应用挖掘。

目前，中科遥感已拥有ISO9001:2008质量管理体系认证、四项国家甲级测绘资质、软件企业认定证书、高新技术企业、AA信用等级证书等资质，是Esri全球战略合作伙伴、国家应急救援产业技术创新战略联盟理事单位、科技部“无人机遥感产业技术创新战略联盟”副理事长单位、中国遥感应用协会常务理事单位、住房和城乡建设部国家智慧城市产业技术创新战略联盟成员单位、中国地理信息产业协会常务理事单位、中国地理信息产业协会空间数据资源专业委员会主任单位,拥有80余项专利和软件著作权，已发展成为一家具有强大市场竞争力和品牌号召力的知名企业。

广州番禺运升电路版有限公司

广州番禺运升电路版有限公司致力于创新技术及新工艺的研发，是专业从事手机线路板制作和手机方案设计及加工的企业，公司坚持“以人为本、求真务实、创新发展、服务客户、成就员工、回报社会”的管理理念。

公司每一分每一秒都在做最有生产力的事，每一分每一秒都在节能降耗、减污增效。品质是企业的生命，是尊严，责任，更是诚信；零缺陷是企业永恒追求的目标。

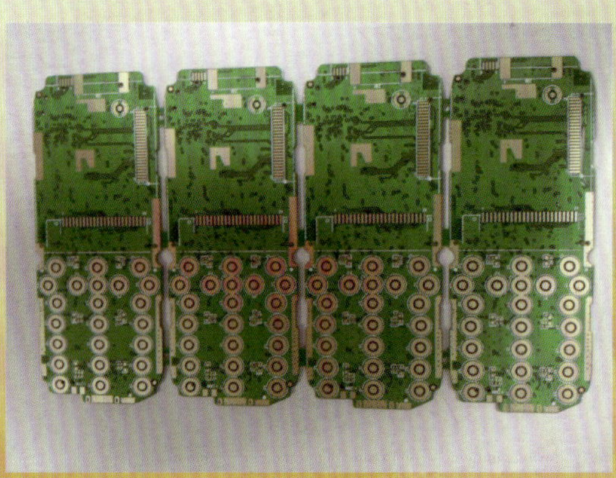

广州励丰文化科技股份有限公司

创立于1997年的广州励丰文化科技股份有限公司（以下简称“励丰文化），依托最先进的多媒体数字集成控制技术，通过科技与文化相融合的理念，在公共文化设施、数字文化体验、文化旅游展演三大领域为客户提供创新的全产业链解决方案与服务。

励丰文化先后承担了“十二五”国家科技支撑计划、2015年国家科技支撑计划、广东省文化发展专项等重大科技项目。2014年发起成立了首个国家级科技创新服务组织文化科技创新服务联盟，获得科技部等部委的认可与支持。

作为“文化与科技融合”的践行者，励丰文化在自主品牌研发、技术集成应用和文化消费新业态的研究上取得了创新性发展。目前累计申请专利近300项，拥有国内外注册商标50件、专利71项、计算机软件著作权19项。自主知识产权的拥有使得励丰文化具备了独特的竞争优势。

近年来，励丰文化更是聚焦文化创意产业，促进文化事业产业化。迄今为止不仅参与了全国83个剧院剧场的视听厅堂打造，采用展演融合的多媒体技术集成手段将博物馆、科技馆、美术馆等公共文化设施进行全面“活化”。此外，在“互联网+”的时代背景下，励丰文化以数字AVLC系统集成服务为星级酒店、商业综合体、公共文化空间等创造了全新的数字文化体验，提升人气与商业价值，推动传统商业模式的转型和新型商业综合体的发展。

在“科技创新是文化发展重要引擎”的国家战略指引下，励丰文化参与城市的老城改造、新区建设、旅游升级等建设，将城市文化内涵融入到百姓生活中，从而实现励丰文化“科技演绎文化内涵、文化创造美好生活”的品牌使命。

励丰文化创意芯会议室

励丰文化创意产业园

励丰文化多功能体验剧

励丰文化产业园

励丰文化创意产业园

东鹏饮料

东鹏饮料是一家民营股份制饮料企业，公司成立于1987年，是深圳市老字号的饮料生产企业。“东鹏”为广东省著名商标、是华南地区著名的饮料品牌，在消费者和食品经销、批发、零售商中享有较高信誉，产品市场覆盖广东、海南、福建、江西、广西、浙江等省，是一个在南方市场有影响力的饮料品牌。2013年东鹏饮料开始走出华南拓展全国市场，为将东鹏饮料打造成全国知名品牌而努力。

东鹏饮料集团（www.szeastroc.com）现有四家公司：深圳市东鹏饮料实业有限公司(营销计划中心)位于深圳市南山区西丽镇，办公面积约1200多平方，有市场部、销售部、销售管理部、人资部、行政公关部、市场督查及售后服务部及财务部等部门，是东鹏饮料集团公司的营销计划中心，也是承载着集团发展规划实施的龙头主体。

广州市东鹏食品饮料有限公司（广州生产基地）——位于广州增城三江，总投资3.5亿元，占地近3万平方米。公司于2006年开始立项、基建，于2007年6月投产，是东鹏饮料的重要生产基地，年产能约38万吨。广州东鹏拥有较完善的检测设备和严密的质量管理体系，通过国家QS认证及广东省食品药品管理局颁发的保健食品生产许可证、通过保健食品GMP认证审查、ISO22000安全食品管理体系认证。

广东东鹏维他命饮料有限公司（东莞生产基地）——位于东莞市道窖镇大罗沙工业区，占地4.6万多平方米，紧邻中国最大私家古典园林粤晖园，拥有广东省最先进的全自动饮料生产线，有五条36000瓶/小时的PET瓶装饮料生产线，主要生产东鹏特饮维生素功能饮料，是东鹏饮料第二个生产基地。2011年10月开始筹建，2012年5月建成投产，年产能约25万吨。

安徽东鹏食品饮料有限公司（安徽生产基地）——位于滁州经济技术开发区城北工业园杭州北路，公司占地面积20万平方米,总建筑面积18万平米，总投资12亿元。公司现有共五条利乐包生产线、十一条瓶装饮料生产线、二条纯净水生产线及一条二片罐饮料生产线，年生产能力达55万吨。

东鹏饮料集技术研发、生产、营销于一身，拥有先进的生产设备和雄厚的技术研发队伍及一套完整的饮料营销、推广管理体系。现有“东鹏”牌产品：维生素功能饮料东鹏特饮，广东岭南特色饮品九制陈皮、茶饮料、果蔬汁饮料、清凉饮料、植物浸提饮料、果味饮料（乳味饮料）、植物蛋白饮料、饮用纯净水等九大类。

利乐车间

质量技术中心检验区

广州东鹏

豆奶产品

特饮产品

广州市贺氏办公设备有限公司

本公司创立于2000年，经过几年的飞速发展及资源整合，现已发展成为一家集研发、生产、销售及售后服务于一体的民营高科技企业。在政府部门及同行的大力扶助和支持下，公司目前已成为国内市场最具竞争力的中小型办公设备供应商之一。产品包括考勤机、碎纸机、装订机、点钞机、收款机、打印机等十多个大类，上百个品种。公司各类产品均以优良的品质和完善的服务享誉中国大陆，并向我国香港、台湾乃至东南亚、欧美等市场拓展。

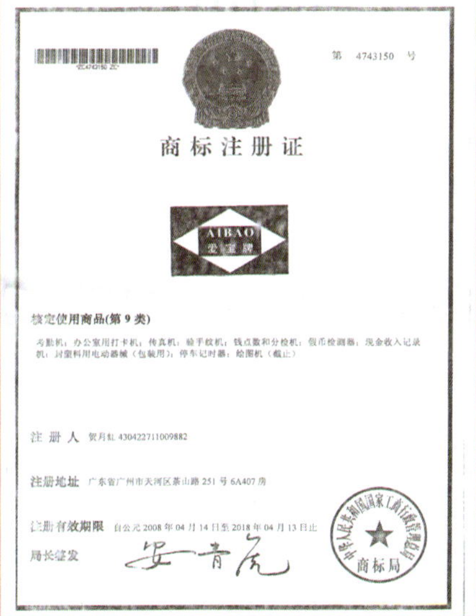

第 4743150 号

商标注册证

AIBAO 爱宝牌

核定使用商品(第9类)

考勤机；办公室用打卡机；传真机；验手纹机；钱点数和分检机；假币检测器；现金收入记录机；封塑料用电动器械（包装用）；停车记时器；绘图机（截止）

注册人 贺月虹 430422711009882

注册地址 广东省广州市天河区綦山路251号6A407房

注册有效期限 自公元2008年04月14日至2018年04月13日止

局长签发

中华人民共和国国家工商行政管理总局商标局

ISO 9001

质量管理体系认证证书

广州市贺氏办公设备有限公司

注册地址：广东省广州市天河区圣堂路圣堂工业区1号4楼
生产地址：广东省广州市天河区圣堂路圣堂工业区1号4楼/
广东省广州市天河区岑村圣堂工业区43号/邮编：510640
组织机构代码：74596440-2
证书编号：04914Q11656R0M

根据贵组织的申请，经本中心依据《质量管理体系 要求》（GB/T19001-2008/ISO9001：2008）规定实施认证审核，经评定符合要求，特此发证。

质量管理体系覆盖范围为：

办公设备（微电脑考勤钟、小票打印机、电子收款机、POS收款机、指纹考勤机和条码扫描器）的生产和服务

首次发证日期：2014年11月19日
证书有效日期：2014年11月19日至2017年11月18日

CNAS IAF

总经理

广东质检中诚认证有限公司

电话：020-89232333 传真：020-89232078

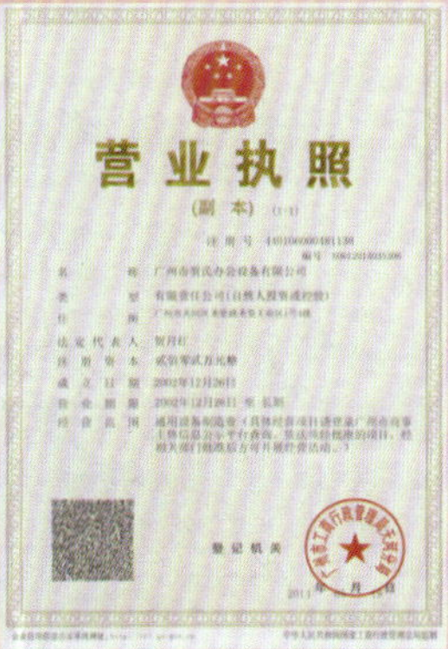

营业执照

（副本）

广州市中新塑料有限公司

NEW CENTER

广州市中新塑料有限公司建立于1981年，坐落广州东部增城中新镇，从事开发、制造、销售汽车零部件、车身件、内外饰件。

公司始终坚持“质量第一、顾客至上、科学管理、精益求精”为质量管理方针，公司服务配套客户有广汽本田、广汽丰田、东风本田、本田中国、广汽日野、东风日产、广汽菲亚特、广汽三菱、广汽乘用车、五羊-本田、北京汽车等世界品牌及国内品牌汽车厂家。

公司不断引进国内外先进技术与先进设备，不断改进生产条件，吸纳和培养高技术人才，培养从事产品设计、开发、制造、技术管理人才，形成了设计与制造相结合的服务模式，为客户提供安全、节能、环保、舒服性及个性化的用户需求。

中新公司将以“打造百年企业”为奋斗目标，努力促进中国汽车零部件产业的发展。

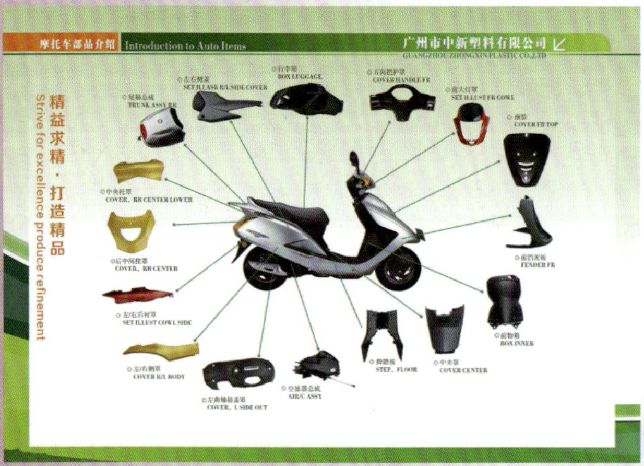

产品图片

产品图片

广州优蜜信息科技有限公司

广州优蜜信息科技有限公司成立于2010年4月，为客户提供专业的移动营销服务。公司对外品牌“有米”，旗下品牌之一“有米广告平台”是中国首家移动广告平台，为客户提供全球移动广告投放服务，有米广告拥有核心技术及完整知识产权，并获多项国家专利，在用户特征识别、精准投放、客户端防作弊、广告智能投放等关键领域遥遥领先。有米旗下品牌之二“有米游戏”，专注于做手机游戏的运营及发行，为玩家提供精品手机游戏和贴心服务，实现健康、快乐的游戏文化传播。内含子品牌“偶玩游戏中心”提供重度手游的联运服务，子品牌“闪电鱼”提供轻度手游发行服务。有米游戏先后已发行《刀塔来了》《猫咪冲冲冲》《神三国》《我去闯江湖》等数款优质手游。

公司总部和研发中心设在广州，在北京、江苏、上海、香港等地分设子公司及办事处。公司拥有国内最顶尖的移动互联网精英人才，员工数近350人，先后服务了包括中国移动、阿里巴巴、腾讯、百度、京东、昆仑游戏、银汉在内的6000家国内外知名企业，累计覆盖超过6亿独立手机用户，日广告展示超过5亿。

2013年10月有米荣获高新技术企业称号，在科技研发上进行了多项技术创新，以下以《有米基于云计算技术的移动广告信息服务平台研发》作为汇报内容。

本项目针对移动互联网环境下移动广告大数据处理的问题，基于优蜜科技的有米移动广告平台，利用云技术，研究面向移动广告的分布式大数据处理技术，实现移动广告的数据采集、数据整理、存储，研究移动广告大数据分析和数据挖掘技术，构建移动互联网广告智能信息服务平台，为移动商家、移动应用开发者提供精准广告投放分析和广告信息监控分析等移动广告的信息服务。

有米北京客户答谢会

有米办公室

基于云技术，构建更加智慧的移动互联网广告信息服务平台，有利于提升移动广告服务质量，吸引更多移动商家，推动我省移动互联网广告的发展，并极大地鼓舞和激励移动应用开发者，活跃移动互联网的应用，带动我省整个移动互联网生态系统的进一步完善。

项目特色之处：
1.建设基于云技术的移动广告信息服务平台，成为国内首个把云技术结合到移动广告平台的应用项目，创新性地为移动广告信息服务平台提供大数据分析处理能力，成为一个强计算能力、高稳定性、高可扩展性的平台。
2.项目提出基于云技术的移动广告大数据收集与预处理框架，针对移动互联网环境中异构的移动广告数据，在不改变现有业务的情况下，实现移动广告数据高效准确收集与预处理的基础方法。
3.项目提出面向移动广告的大数据挖掘与分析技术研究，利用云平台强大的运算能力，在关联分析、分类聚类等数学模型基础下，深入挖掘价值信息，建立不同的用户情景模型。
4.项目提出基于云技术的多尺度移动广告反作弊算法研究，从多个时空尺度，识别各类移动广告作弊手段，为广告主和广告平台提供商提供更加有效的精准广告投放和营销决策支持。

项目成果：
2014年全年营业收入增长预计是2013年的4—6倍。

路华电子科技（汕尾）有限公司

路华电子科技（汕尾）有限公司成立于2004年，是一家专业研发、生产制造、销售锂离子电芯的国家高新技术企业。

路华电子科技（汕尾）有限公司已通过ISO9001-2008质量管理体系认证、ISO14001-2004环境管理体系认证，产品通过美国UL认证。公司生产的“路华电芯”以其优异的品质、卓越的性能、适宜的价格赢得了广泛的赞誉，深受海内外客户的欢迎。在中国内地、香港和美国、阿联酋迪拜、印度等国家和地区“ROOFER”已成为知名的国际品牌。

公司地址：汕尾市陆丰河西镇路华工业园
公司电话：0660-8963088
公司传真：0660-8963008
公司网址：http://www.roofer.net.cn
http://www.roofer.com.cn

乳源东阳光精箔有限公司

乳源东阳光精箔有限公司是目前华南地区规模最大、科技含量最高的专业生产铝板、带、箔材的高新技术企业，年产铝板、带、箔15万吨，其中电解电容器用铝箔产品质量达到国内顶尖水平。公司拥有国内外最先进的技术装备和检测手段，在电解电容器用铝箔研发方面走在国内前列，授权6项专利。公司建立有完善的质量管理体系，通过了ISO9001：2000质量管理体系、OHSAS18000：2007职业健康安全管理体系和ISO14001：2004环境管理体系认证。在标准建设方面，公司积极参与有关行业标准的制定和修订工作，按国际标准组织生产，产品质量达到国际先进水平。公司生产的HFF牌电解电容器用铝箔产品采用产品执行标准：国际先进标准JIS H 4170:2006，并获得采标证书。公司建立有完善的售后服务体系，产品质量稳定。

东阳光公司精箔厂

精箔大门

汕头华兴冶金设备股份有限公司

汕头华兴冶金设备股份有限公司（以下简称华兴股份）是高新技术企业、同时也是广东省战略性新兴产业骨干企业（第一批）、广东省装备制造业100家重点培育企业、广东省知识产权优势企业、全国冶金设备标准化技术委员会炼铁冷却设备工作组秘书处承担单位，专业从事高效铜冷却设备和电机精密铜件的研发、制造与销售。总部位于汕头市金平区荣升科技园，职工人数284名，占地面积67亩，建筑面积2万多平方米。在广东省饶平县拥有三个全资子公司，占地面积约150亩，目前已形成汕头和饶平二大研发制造基地，形成年产超万吨高效铜冷却设备和高端精密铜件的生产规模。经过15年的艰苦创业，坚持科技创新，华兴股份的铜冷却壁和铜板风口已获得了广东省名牌产品称号，在国内外炼铁高炉界享有崇高的声誉，产品已在国内外70多家钢铁企业、180多座大中型高炉得到广泛应用，现已成为全球最大的高温炉铜冷却设备制造商和国内最大铜板风口供应商。电机精密铜件产品也已成为中国中车、湘潭电机指定的合格供应商。

汕头厂区

汕头厂区

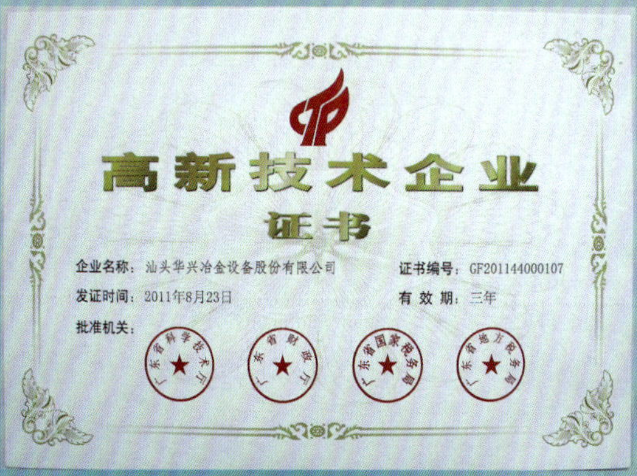

高新技术企业

证书

企业名称：汕头华兴冶金设备股份有限公司　证书编号：GF201144000107

发证时间：2011年8月23日　有效期：三年

批准机关：

高新技术企业证书

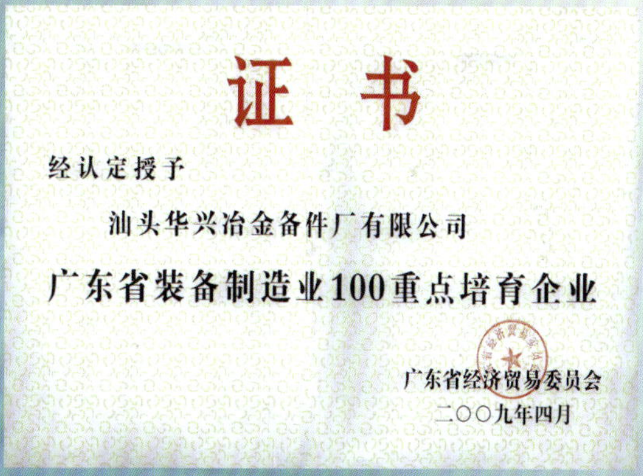

证　书

经认定授予

汕头华兴冶金备件厂有限公司

广东省装备制造业100重点培育企业

广东省经济贸易委员会

二〇〇九年四月

广东省装备制造业100重点培育企业

知识产权优势企业

广东省知识产权局

二〇〇七年

广东省知识产权优势企业

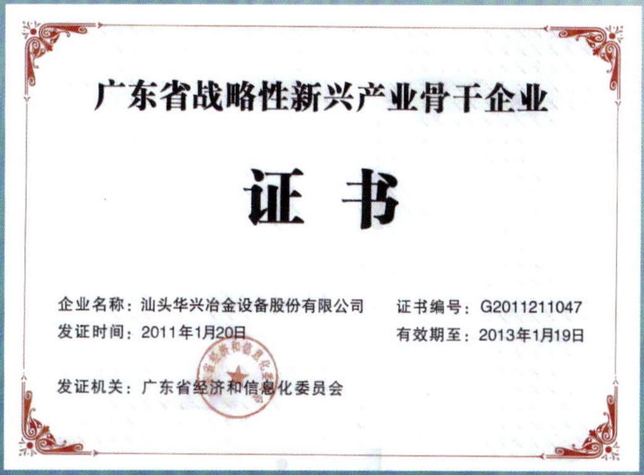

广东省战略性新兴产业骨干企业

证　书

企业名称：汕头华兴冶金设备股份有限公司　证书编号：G2011211047

发证时间：2011年1月20日　有效期至：2013年1月19日

发证机关：广东省经济和信息化委员会

广东战略性新兴产业骨干企业

韶关韶瑞铸钢有限公司
SHAOGUAN SHAORUI STEEL FOUNDRY CO.,LTD

韶关韶瑞铸钢有限公司是一家以铸钢（铸铁）件、耐磨件生产为主，集铸造、机加工为一体的综合性民营企业。其中一部分为美卓公司旗下的分公司韶瑞重工有限公司提供配套产品，供货率占其需求量的80%。公司于2011年1月注册成立，注册资金1380万元。

公司位于广东省乐昌市六公里工业园，总占地面积为9万平方米。目前厂房使用面积约4万平方米。投资建设分为两期：其中一期铸钢（铁）件建设生产项目累计投资为9300万元，目前已经投入生产阶段，二期耐磨件（高锰钢项目）、机加工项目于2014年8月1日已启动，投入资金6000万，并计划于2015年6月投资完成。项目竣工后公司将具备年产优质铸件4万余吨（其中铸钢（铸铁）件3万吨、耐磨件1万吨）的生产能力，产值约为3.5亿元人民币。

公司所在地位于广东省北大门，毗邻广乐、京珠高速公路、京广铁路，乐昌火车站和乐昌高铁站，以及广州、深圳各海运港口，交通条件便利，通过公路、铁路，海运、产品可迅速直达世界各地。

韶关韶瑞铸钢有限公司正门

韶关韶瑞铸钢有限公司厂房

韶关市信合置业

信合昌置业·三江紫园

三江紫园作为最极致的产品形态-纯板空中院墅，它有别于一般的高档住宅区，也不同于常规意义的混合型别墅社区，它居于城市中央，被赋予了更大的空间支撑居住文化理念、文化内涵和居住品质，让它成为特定的区域中具有相类似的文化、兴趣、爱好、习俗等生活方式的人群类聚的载体，它高独立性的生活空间与更纯粹的生活质量及其对细节的倾注无疑将成为院墅主人对自然与生活品质的关键所在，这也是纯板空中院墅超乎于一般高档住宅的客观原因，同时将为韶城带来一个东方人居的精品社区。

三江紫园实景—1

韶能集团韶关宏大齿轮有限公司

变速器

行星轮

本公司是由多家企业法人及自然人作为发起人和股东，在原韶关齿轮厂的基础上，经改制后成立的公司。目前是广东省最大的专业齿轮生产企业，注册资金约13623万元人民币，公司现有员工1060人，其中：工程技术人员170多人。厂房建筑面积12万平方米。拥有美国、瑞士、英国、德国等生产、检测设备1200多台（套）。主要生产、销售汽车变速器、各种机械传动齿轮等。年产量为变速器3万台，各种机械零件、齿轮500万件。国内主要客户有东风汽车、江淮汽车、三一重工、广汽日野等。产品主要出口美国、墨西哥、巴西等国家与地区。公司通过了ISO/TS16949质量管理体系、环境管理体系和职业健康安全管理体系认证。公司被认定为“国家汽车零部件出口基地企业”“省级企业技术中心”“博士后创新基地”等，同时也是广东省的高新技术企业。

证书号：2015Y12332

广东省著名商标证书

GUANGDONG FAMOUS TRADEMARK CERTIFICATE

韶能集团韶关宏大齿轮有限公司

S.G

韶 齿

商标注册证第 306166 号

认定商品：（汽车配件）变速器、齿轮、轴

有效期限自公元 2015 年 1 月 29 日至 2018 年 1 月 28 日止

（第一次认定时间： 2008 年 12 月 26 日）

广东省著名商标评审委员会

二〇一五年一月

广东省著名商标

科协、科技团体及科技普及、宣传

科协、科技社团

2013年，广东有全省性学会、协会、研究会153个，直属事业单位6个；地级以上市科协21个，市科协所属学会809个；县（市、区）科协121个，县（市、区）所属学会1 458个；乡镇、街道、企业、学校科协1 847个。

广东省科学技术协会

2013年，省科协新建“院士专家企业工作站”31家，对期满3年的22家“院士专家企业工作站”进行了评估。截至2013年年底，省、市两级学会在企业、农村、医院、专业镇、基层科协共建立127个学会科技服务站，这项广东首创的工作，在第15届中国科协年会上得到了中国科协主席领导的肯定。2013年，33个社区获全国科普示范社区称号，有13个专业技术协会、7个科普示范基地、16名带头人获全国科普惠农先进单位和先进个人称号，5个专业技术协会、7个科普示范基地、8名带头人获省级科普惠农兴村计划表彰。开展第5批广东省“科普惠农服务站”申报评选工作，建立科普惠农服务站21个。200多个学会、4 000多名科技人员到农村开展科技服务，推广先进实用技术500多项，培训农村劳动力40 000多人次。

【学术交流平台建设】

第11届海峡两岸工程师论坛　2013年11月1～2日，省科协与省土木建筑学会、台湾中华土木技师公会全联会、台湾营造工程协会、澳门工程师学会、福建省建筑业协会、福建省土木建筑学会、香港工程师学会等科技社团在澳门联合主办“都会建设，永续发展”为主题的第11届海峡两岸工程师（澳门）论坛，来自海峡两岸的工程师200多人出席论坛。

第9届泛珠三角区域科协与科技团体联席会议　2013年8月14～15日，第9届泛珠三角区域科协和科技团体合作联席会议在贵州省贵阳市举行。广东、贵州、湖南、广西、云南、福建、海南、江西等省区科协领导和香港京港学术交流中心、澳门工程师学会的负责人等20名代表出席了会议。会议就“科协、科技团体在新形势下如何发挥自身特色和优势开展人才工作，切实为当地人才引进和培养服务”主题进行了广泛的讨论、交流。

广东科协论坛　2013年，省科协在广东科学馆举办了5场广东科协论坛专题报告会，参会人员1 500多人。5月30日第53期报告会，我国著名农业专家、中国工程院院士、发展中国家科学院院士傅廷栋教授作“我国食用植物油生产、供应与品质改良”专题报告。7月15日第54期报告会，我国著名超材料领域专家、深圳光启高等理工研究院创始人、院长刘若鹏博士作“工业级超材料技术的创建与发展”的专题报告。7月30日第55期报告会，我国著名控制理论和控制工程专家、中国工程院院士柴天佑教授作题为“大数据及现代工业系统构建”的专题报告。9月23日第56期报告会，我国著名肿瘤病理生理学专家、中国科学院院士陆士新研究员作题为“干细胞，天使还是魔鬼？”的专题报告。11月4日第57期专题报告会，我国著名激光增材制造领域专家王华明教授作“增材制造/3D打印：对装备制造和材料技术的影响”专题报告。

广东院士讲坛　2013年，省科协高质量、高规格举办“广东院士论坛”5场，受众人数约5 000人，为提高公民科学素质、建设创新型广东做出了贡献。

第11届广东省科协学术活动周　2013年11月4日，第11届广东省科协学术活动周在广东科学馆科学会堂举行开幕式。本届学术活动周活动主题为“创新驱动与转型发展”，包含各类学术活动近400项，充分发挥了省科协学科齐全、人才荟萃的优势，为广大科技工作者提供了学术交流平台。省级学会和各地市科协积极参与，上下联动使活动产生规模效应，增强各级科协及所属团体的学术影响力和凝聚力，促进科技人才的成长和技术创新，促进科技传播、交流与应用，造成声势浩大的学术影响。不少项目围绕本省经济发展的重点、热点、难点问题，提出新理论、新观点和新对策，为广东转型升级与科技创新提供强有力的智力支撑和科技保障。

另外，省科协还编辑出版了《南粤新星——广东省丁颖科技奖获奖者事迹（二）》和《星光灿烂——广东科技人物（四）》。组织院士专家深入高等院校开展科学道德与学风建设巡讲活动，年内全省29个研究生培养单位开展宣讲教育活动664场，14万多人次参加了宣讲教育活动。

【科协重大活动】

广东省科学技术协会第8次全省代表大会　7月23日，广东省科学技术协会第8次全省代表大会在广州开幕。中共中央政治局委员、广东省委书记胡春华，中国科协领导，广东省委副书记、省长朱小丹，省人大常委会主任黄龙云，省委副书记、省政协主席朱明国，省委常委、统战部部长林雄，省委常委、秘书长林木声，副省长陈云贤等接见与会全体代表并出席会议。有关领导和大会代表共计800余人参加了开幕式。开幕式上，省委常委、统战部部长林雄同志代表省委、省政府致祝词，兄弟省市科协代表和省各人民团体代表向大会致贺词。大会听取和审议了卢钟鹤主席代表省科协第7届全省委员会所作的工作报告，还表彰了一批全省科协系统的先进集体和先进个人。

《落实全民科学素质行动计划纲要共建协议》签订　7月22日，中国科协与广东省政府在广州签订《落实全民科学素质行动计划纲要共建协议》。

根据协议，中国科协与广东省政府将通过开展公民科学素质建设共建工作，落实公民科学素质建设的目标责任，建立完善监测评估和支持制度，充分调动各地各部门实现公民科学素质建设目标的积极性、主动性和责任感，使广东省到2015年实现本辖区公民具备基本科学素质的比例超过5.05%，为实现国务院《关于深化科技体制改革加快国家创新体系建设的意见》所提出的有关目标任务提供有力支撑。

此次签约旨在贯彻落实党的十八大关于普及科学知识，弘扬科学精神，提高全民科学素养的精神，落实《中华人民共和国国民经济和社会发展第十二个五年规划纲要》关于深入实施全民科学素质行动计划，加强科普基础设施建设，强化面向公众的科学普及，以及全国科技创新大会和中共中央、国务院《关于深化科技体制改革加快国家创新体系建设的意见》提出的到2015年实现我国公民具备基本科学素质的比例超过5%的目标要求，进一步推动实施《全民科学素质行动计划纲要（2006—2010—2020年）》。

【“院士专家企业工作站”建设】　2013年，省科协在全省新建“院士专家企业工作站”31个，举办第2届广东省企业技术创新联盟理事大会暨2012年“院士专家企业工作站”授牌活动。按照《广东省院士专家企业工作站管理办法（试行）》的规定，对期满3年的22家“院士专家企业工作站”进行了评估，确保“院士专家企业工作站”的良性运作。东莞市科协争取市政府出台了《东莞市院士工作站建设管理暂行办法》，为全省科协系统进一步做好该项工作提供了示范。

【学会科技服务站制度化建设】　2013年，省科协正式印发《广东省科协关于学会建立科技服务站工作的意见》和《广东省科协学会科技服务站暂行管理办法》，进一步推动学会科技服务站的建设和发展。截至2013年年底，省、市两级学会在企业、农村、医院、专业镇、基层科协共建立了127个学会科技服务站。这项广东首创的工作，得到全国科协系统的广泛赞扬，全国政协副主席、中国科协主席韩启德同志在第十五届中国科协年会讲话中充分肯定了这个做法。中山市科协积极争取市委、市政府的支持，省、市两级学会共建科技服务站18个，驻站专家达100多名，各服务站均有专门的工作场所，配备2～3名专（兼）职工作人员，并对每个站点给予工作经费资助，走在了全省前列。

（广东省科学技术协会　刘泽周）

科 技 社 团

2013年，省科协在认真总结30个省级学会创新发展试点工作经验的基础上，推进学会改革工作向纵深发展。

【学会经费与实力】 2013年，省级学会经费收入总额1.9亿元，比2012年增加6 824万元，增幅53%；学会平均年收入131万元，同比增加45万元，增幅52%。省医学会、省消防协会等8个学会年收入超过500万元。省中医药学会、省生态学会、省园林学会等9个学会连续两年获全国省级“学会之星”称号。

【学会活动与成果】 2013年，省级学会举办国内学术会议1 000多次，参加人数18.3万人，学术会议总数及高端前沿、综合交叉学术会议、境内国际学术会议、港澳台地区学术会议的次数和参加人数均持续增长；主办科技期刊72种，发表论文6 000多篇，共印400多万册；全年学会开展科普活动1 600多次，受众人数100多万人次。

【学会团队建设】 2013年，省级学会个人会员超过45万人，同比增长57%；团体会员1.4万多个，同比增加1 093个；学会从业人员1 700多人，同比增长1.6倍。全省共有省级学会、协会、研究会153个，市科协所属学会809个，县（市、区）所属学会1 458个，乡镇、街道、企业、学校科协1 847个。

【承接政府职能转移和购买服务】 2013年，省级学会共承接政府转移职能10项，向政府购买服务事项36项。如省护理学会受省卫生厅委托，成立了广东省护理质量控制中心，同时承接了省卫生厅转移的护士执业注册工作；省空间结构学会和省土木建筑学会分别承担省住建厅委托的编撰《钢结构设计技术规程》《锤击式预应力混凝土管桩基础技术规程》和《静压预制混凝土桩基础技术规程》；省机械工程学会承担了省科技厅委托的“数控一代”机械创新应用示范工程有关项目。

（广东省科学技术协会　刘泽周）

科 技 普 及

科普主要活动

2013年，省科协组织开展“全国科技周、防灾减灾日和食品安全科普宣传周”“全省科技进步活动月”“全国科普日”等群众性社会公共科普服务活动。与省教育厅等部门联合举办第28届广东省青少年科技创新大赛，选拔选手参加第28届全国青少年科技创新大赛并取得优异成绩，获一等奖3项、二等奖7项、三等奖4项。举办第13届广东省青少年机器人竞赛，选拔选手参加全国青少年机器人竞赛，获一等奖11项、二等奖7项、三等奖4项，包括6项冠军、1项亚军，总成绩和金牌数居全国首位。

【广东青少年科技创新大赛】 2013年4月12—14日，第28届广东省青少年科技创新大赛在深圳第二外国语学校举行，来自全省的“小发明家”齐聚一堂，展示各自的创意发明。

此次大赛由省科协、省教育厅、省科技厅、省知识产权局和深圳市人民政府联合主办，广东省青少年科技中心、深圳市科学技术协会、深圳市教育局、深圳第二外国语学校等单位承办。大赛得到了广东省委、省政府的高度重视，广东省委常委林雄、广东省副省长陈云贤担任大赛荣誉顾问，刘人怀、谢先德等院士担任大赛荣誉科学顾问。大赛共收到由各市评选推荐的参赛作品1 378项，包括创新项目397项，科技实践活动73项，科幻绘画490幅，优秀组织奖26项，优秀组织工作者23名，科技辅导员创新项目369项。其中，参加终评展示的有来自全省23个代表队455名学生携带的322个创新成果项目，65项科技辅导员创新成果项目，73项优秀科技实践活动项目和91幅获奖优秀少年儿童科学幻想绘画。

大赛共评出青少年科技创新成果一等奖55项、二等奖112项、三等奖152项。部分优秀作品代表广东参加2013年7月在江苏省南京市举行的第28届全国青少年科技创新大赛，荣获一等奖3项、二等奖7项、三等奖4项。

【全国科普日】 2013年9月13日，由广东省全民科学素质纲要实施工作办公室、省科协、省委宣传部、省教育厅、省环保厅、省科技厅、省食品药品监督管理局、广州市越秀区人民政府等单位联合主办的2013年广东省“全国科普日”活动在广州市越秀区英雄广场拉开帷幕。广东省副省长陈云贤出席启动仪式并宣布2013年广东省“全国科普日”活动启动。

启动仪式上，领导嘉宾向获得中国科协、财政部表彰的全国“科普示范社区、科普惠农”先进单位——广州市海珠区沙园街广重社区、越秀区洪桥街三眼井社区、番禺区桥南街御院社区、从化市黄龙带杨梅协会的代表颁发了奖牌和奖补资金，并向社区居民赠送科普书籍。2013年，广东省有33个社区获得“全国科普示范社区”称号，有13个专业技术协会、7个科普示范基地、16名个人获得“全国科普惠农先进单位”或“全国科普惠农先进个人”称号，并获得奖补资金1 140万元。

2013年广东省“全国科普日”活动的主题是：“保护生态环境，建设美丽广东”。在活动启动之后的一周时间内，全省科协系统联合教育、环保等有关部门，组织动员广大科技工作者和科普志愿者走进群众之中，围绕公众关注的环境保护、健康生活、防灾减灾、食品安全、低碳经济和绿色发展等社会热点问题，组织开展一系列内容丰富、形式多样的科普宣传活动。活动受到中国科协、教育部、环保部表彰。

2013年广东省"全国科普日"活动特别依托互联网平台策划了一系列线上线下互动活动。在广东省科普资源共建共享平台上，组织科普文化产业单位100家，展示科普剧、科普微童话（画）作品，并开展推荐评选群众喜爱的科普作品活动。第2届"走进科普教育基地，体验科学魅力"微童话（画）创作大赛继续开展，活动以微信和微博互动的方式，旨在发动广大群众走进科普教育基地体验科学魅力，参与科普微童话（画）创作和随手拍活动。以"我的环保中国梦"为主题通过微博向社会有奖征集科普微童话（画）、微诗歌、微视频、微动漫、微脚本等形式的科普作品。

【全国防灾减灾日】 2013年5月10—16日，省科协组织开展2013年广东省"全国防灾减灾日"科普宣传周暨公益科普"两进"（进校园、进社区）活动。5月10日，省科协联合省地震局、省教育厅、省气象局、省公安消防总队、广州市海珠区人民政府等有关单位在广州市海珠区客村小学举办"防灾减灾日"活动启动仪式，社区居民、学校师生和学生家长4 000多人参加了主场活动。全省科协系统组织"防灾减灾"科普活动500多场，参与人数150多万人次，发放科普宣传资料10万多份。

【科技进步活动月】 2013年"科技进步活动月"期间，围绕"实施创新驱动发展战略，携手共建创新型广东"的活动主题，全省科协系统在共组织开展各类科技服务活动1 000多场次，参与群众500多万人次。

【全国食品安全宣传周】 2013年，省科协以"社会共治，同心携手维护食品安全"为主题，组织开展"全国食品安全宣传周"活动。动员各级科协、学会和科普示范县（市、区）及科普教育基地等，深入社区、学校、企业举办科普展览、科普讲座、科技咨询500多场次，开发制作"食品安全与饮食健康"科普挂图、科普展板和宣传手册等10多万份，向公众普及宣传食品安全政策和科普知识。

【"千会服务千村"行动】 2013年，省科协与省委宣传部、省科技厅、省农业厅、省卫生厅、团省委、省妇联、省地震局、省气象局等部门和单位联合，共同启动"千会服务千村"行动。

在韶关市乐昌举办的2013年广东省文化科技卫生"三下乡"活动暨"千会服务千村"行动启动现场，公众体验到了农科专家实用技术培训、农业科技成果展示等农村实用技术活动，大型科普专题展览、科普大篷车互动、青少年科技教育等科普宣教活动，食品安全、用药卫生和自然灾害自救应急预防等科普宣传活动，眼科、儿科、妇产科、中医科、消化科和内科等义诊活动。此外，全省各地各部门上下联动，通过"千会服务千村"行动，将温暖、欢乐、健康、科技知识送到群众身边。

全年开展"千会服务千村"行动农村科技服务重大项目528项。其中，省科协及直属单位、省级学会承办77项，各地市科协承办319项，全省各科普教育基地承办55项，科普惠农兴村计划表彰单位承办77项。举办地点有县城、乡镇、社区（街道）、学校、果园、农场、示范基地、自然保护区等，举办日期有全年、每月定期、固定日期等，内容既有实用农业技术培训、新技术新产品推广，又有科普知识展览、讲座，还有"预防疾病，科学生活"义诊、咨询。

【第11届广东省少年儿童发明奖优秀作品展暨第2届广东省创意机器人大赛】 该次活动于6月15—16日在广东科学中心举行，约有1 000多名师生参加，吸引了近万名观众观摩。此届少年儿童发明奖活动主题为"加强科技教育，培养创新人才"，活动接到全省及港澳地区共708项作品。最终评选出一等奖21项、二等奖79项、三等奖204项，获奖作品总数达304项。活动还颁发专利申请鼓励奖9项，特别奖12项，组织奖38项。获奖优秀作品将优先推荐参加"中国国际发明展览会"和"宋庆龄少年儿童发明奖"。

【首届"2013全国青年科普创新实验大赛"广州赛区复赛】 11月24日，"2013全国青年科普创新实验大赛"复赛第四站在广东科学中心举行，共有25支大学组队伍及11支高中组队伍参赛，分别来自河南、湖北、湖南、江西、广东、广西、海南、香港、澳门，决出的8支优秀队伍于12月7日赴北京参加全国总决赛。

【科普统计】 全省年度科普统计调查结果显示，2013年全省科普投入稳步提升，科普事业健康发展。全省科普人员7.81万人，增长5.8%。科普经费筹集额和使用额达到6.32亿元和6.29亿元，增长3.0%和1.3%。出版科普图书601种，总册数达480.6万册。共举办科普讲座3.33万次，举办参与人次在1 000人以上的重大科普活动1 111次。2013年省科普开发与推广项目主要设4个申报专题：青少年科技教育基地建设项目；青少年科技创新竞赛项目；科普作品创作项目；科普示范社区建设及科普推广与服务项目。经评审，本年度省科普开发与推广项目拟立项项目58项，总体立项率为41.73%。

（广东省科学技术协会　刘泽周）
（广东科学中心办公室　周　静）
（广东省科学技术厅政策法规处　王富贵）

科普教育基地

根据《广东省青少年科技教育基地申报和命名办法》（粤科政字［2002］213号）的有关规定，截至2013年12月，广东省科技厅、中共广东省委宣传部、广东省教育厅、广东省科学技术协会共同认定了198家省级青少年科技教育基地，其中157家基地通过考核，41家基地未通过考核，未通过审核的基地撤销其广东省青少年科技教育基地资格。

2013年4月3日，中国科协公布了全国科普教育基地2012年度工作考评结果。广东省有6家科普教育基地获评“2012年度优秀全国科普教育基地”，分别是由省科协推荐的中科院华南植物园、广州气象卫星地面站、东莞市科学技术博物馆、广东科学中心、广东省地震科普教育馆，以及中国农村专业技术协会推荐的广州市农业科学研究所。

2013年，省科协受中国科协委托，起草《全国科普教育基地考核标准指标》，开展了认真细致的调研工作，多次组织专家和有关的全国科普教育基地的相关人员，就考核标准进行研讨和修改，进一步完善和规范全国科普教育基地管理和年度考核，推动全国科普教育基地发展，提高科普教育基地考核标准的科学性、针对性和可操作性。

3月，省科协下发《广东省科协关于报送科普教育基地社会科普活动信息的通知》，组织动员本省国家级和省级科普教育基地开展经常性的社会科普活动、特色科普活动和重大科普活动。同时，建立广东省科普教育基地社会公共科普活动交流QQ群和广东省科普教育基地信息库，加强科普教育基地的交流合作及信息报送工作，发挥科普教育基地社会科普资源优势，扩大社会科普服务工作。

11月，省科协开展省级科普教育基地申报、评审工作，新评选出省级科普教育基地23家。11—12月，组织国家级科普教育基地参加2013年度全国科普教育基地考核工作，提高全国科普教育基地科普服务能力，促进全国科普教育基地持续健康发展。

（广东省科学技术协会　刘泽周）
（广东科学技术厅政策法规处　王富贵）

广东科学中心

2013年，广东科学中心（以下简称“科学中心”）保持良好的发展态势，荣获“全国优秀科普教育基地”称号。全年共接待公众150多万人次，圆满完成了各项工作任务。

【科普展览】 2013年，科学中心加速了临时展览项目的开发与引进，展教资源得到进一步丰富。外出巡展方面，由科学中心自主研发的“用眼看世界”“走近诺贝尔奖”“动漫的奥妙”“人与健康”“运动·科学”等展览项目，在全国20多个科技馆展出，参观人数达到100万人次。

深海探奇展　从加拿大安大略科学中心引进

了“深海探奇展”于7月31日正式免费面向公众开放。展览通过海洋生物模型、机械互动游戏、多媒体节目以及大型展板和地图等方式，让观众了解深海的环境以及在此栖息的独有物种，深受公众欢迎。

“穿越侏罗纪”恐龙展　与成都理工大学博物馆联合推出了“穿越侏罗纪”恐龙展，于9月26日开展。展览通过展出恐龙骨架以及与恐龙同时代的其他动植物化石，同时配合高科技互动体验，让观众穿越时空，与生活在侏罗纪时期的恐龙生物亲密接触，颇受观众喜爱。

【科普学术活动】　2013年，科学中心积极与社会各界合作，共同推进科普工作。加强广东省科技馆研究会平台建设，提升本省科技馆行业综合实力。成功举办了首届学术年会，组织了“2013年广东省科技进步活动月”“欢乐科学周末山区行”等活动。继续开展“科学探究营地”“科技体育基地”“科普三进”“创意机器人进校园”等品牌活动。推出了科学探究工作坊，深受公众欢迎，已接待公众2 000多人次。全年共举办25期科学探究营地活动，接待4 000多名学生。2013年共有80多所学校，累计4 000多名师生参与了“创意机器人进校园活动”。

广东省科技馆研究会首届学术年会　7月18日，广东省科技馆研究会首届学术年会在深圳举行。作为省内科技界一次重要的学术盛会，会议特地邀请了国内和港澳地区多位致力科普研究的专家学者，以“科普场馆的发展研究”为主题，分享理论成果和创新案例。与会代表围绕着场馆运行管理、展项设计与创新、展教活动实践、科学传播渠道等问题进行热烈探讨。中国科普研究所所长任福君、中国自然科学博物馆协会名誉理事长李象益、澳门科学馆名誉馆长叶赐权等业内专家参会并作主旨报告。

会议期间，与会代表还参观了重装改造后的深圳市科学馆，观看了深圳市科学馆科普团队带来的科学表演。科学中心“科学探究工作坊”科普项目也在会上进行了展示交流，受到各馆参会代表的关注。

广州科普基地联盟活动　发挥广州科普基地联盟引领作用，推动广州市科普事业集群发展。举办了首届“穗港澳台科普发展交流会”“广州科普基地联盟校园行”、第2届“广州市十佳科普讲解员大赛”等活动；联合羊城晚报社等举办了“珠江科学大讲堂”，邀请了何镜堂等6位院士专家作主题讲座。

科技电影节　9月15日—11月15日，科学中心举办科技电影节，展映19部从国外引进的IMAX 3D巨幕、4D动感、数字球幕影片1 500余场，包括《帝王蝶的迁徙》《极限飞跃》《哈勃3D》《地外生命畅想曲》，展映19部科普电影，接待观众25 000多人次。

【人才教育与培训】　不断深化“展翅计划”实施和“党校基地”建设。省委党校培训接待学员人数持续增加，全年共进行了16批次646人次的现场教学；展翅计划先后开展教育活动23次，超过3 000人次青少年参加了活动。

【国际科技交流与合作】　2013年5月6—10日，第13届ASPAC亚太科学中心大会在韩国大田市举行，科学中心自主开发的“创意机器人进校园”项目荣获ASPAC“创意科学传播奖”，这是国内唯一获奖的项目。全年，科学中心与韩国、日本、加拿大等多国同行签署了合作协议，进一步强化行业领先地位。

（广东科学中心办公室　周　静）

广东科学馆

2013年，广东科学馆全体人员团结协作、大胆创新、奋发进取、求真务实，按照年初制定的工作目标和任务，围绕建设学术交流中心、科普展览中心、科技文化开发中心、科技场馆建设与管理研究中心、科技培训中心、科技工作者活动中心“六个中心”的工作定位，扎实开展“三服务一加强”工作。2013年，广东科学馆共承办或承接学术交流、科技会议、科普讲座、科技培训等共2 600场次，受众达35.3万多人次；开展科普专题展览34个专题78场次，受众达33万多人次。

【为经济社会发展服务】 2013年，广东科学馆通过开展有影响力的培训项目共2 168场次，吸引了全社会28万人次前来广东科学馆参加培训，同比增长171%和86.7%，为经济社会平稳较快发展提供智力支撑和科技后勤保障做出贡献。

科技培训 广东科学馆以建设成为“培训集散地”“培训中心”为目标，积极引进优质办学机构，开展了上海财大MBA、中山大学MBA、北京大学EMBA等高端培训项目，为社会培养、输送了高层次人才。

科技展览 为贯彻落实广东省委、省政府促进科技文化融合的精神，广东科学馆联合相关单位精心策划，推出了首届广东省行业博物馆风采展。该展览展出了广东省内30多家行业博物馆的馆藏情况、展馆内容，内容丰富，涵盖面广，包括工业、医药、食品、工艺品和美容等行业，旨在让更多的人走近这些鲜为人知或不为人知的行业博物馆，了解科技文化结合的独特魅力。该展览于9—11月在广东科学馆展出，吸引了2 000多人前来参观。

另外，广东科学馆还推出《广东省科技文化摄影大赛优秀作品展》和《人类文明的源与流》科技文化全省巡展活动，先后在东莞、珠海、深圳等市展出，共吸引了6 500多人前来参观。

教育培训 广东科学馆积极引进由省直属机关工委党校主办的省直机关“2013年上半年入党积极分子培训班”和由省直工委宣传部主办的省直机关“党务干部大讲堂”活动，合计共有2 400多名学员参加了学习培训。

【为提高全民科学素质服务】 2013年，广东科学馆共举办科普专题展览37个专题80场次，受众达34万人次，科普报告会和科普讲座50场次，受众约8 300人次。

“科普大篷车山区行”巡展活动 广东科学馆积极开展“科普大篷车山区行”“科普大篷车进校园、进社区、进农村”巡展活动和全省科普主题活动，共展出科普展览34个专题78场次，科普讲座5场次，科普知识有奖问答7场次，参观人数33万多人次，赠送科普书籍24 000多册，赠送科普展板2套、展架65套、《科普大篷车栏目》科学技能培训方面的影视光盘共950张。全年共参加主题科普活动19场次，受众达6万人次。

展示科普资源完善 广东科学馆自主制作了《H7N9禽流感防控知识图展》等6套专题共460多块展板。还向公众免费派发了自主制作的《公众防护PM2.5》科普宣传小册子近2万册。新购置了科普大篷车车载展品25件、表演机器人4个、移动3D科普影片放映系统及移动球幕电影播放系统各1套。

科普资源共享 广东科学馆共有科普主题图片展板140多个专题。2013年，广东科学馆分别向乐昌市科协、肇庆市科技中心、广东省科技图书馆等科普资源共建共享基地或科普巡展活动合作单位提供科普图片展板，为其举办科普活动提供资源，实现科普资源的优化共享。

【为科技工作者服务】 2013年，广东科学馆共开展学术交流、承接科技会议，积极为科技工作者服务382场次，受众达6.5万人次。

学术交流活动 广东科学馆通过采取优惠措施，鼓励各省级学会前来广东科学馆开展学术交流活动，全年共承办或承接学术交流90场次，受众约1.3万人次，科技会议151场次，受众约1.2万人次。

广东科协论坛 广东科学馆积极配合省科协做好广东科协论坛的会场服务及相关工作，年内，广东科协论坛在广东科学馆举办共5场次，受众2 000多人次。

学术理论研究 2013年，广东科学馆牵头举办了广东省科技馆研究会首届学术年会，年会在深圳科学馆举行。广东科学馆负责首届学术年会的策划、论文征集、整理、校对、编印等工作，为首届学术年会的顺利举办夯实了基础，进一步活跃全省科技场馆学术理论研究。

科技文化会议 2013年，在广东科学馆召开的与科技文化相关的会议132场次，受众3.6万人次；共主办或承办了文艺演出和电影招待会3场次，受众1 800人次。

（广东科学馆 黄淑华）

科 技 宣 传

2013年，广东省紧紧围绕省委、省政府的中心工作，聚焦广东科技工作的重大事件，重点围绕广东省科技进步活动月、内蒙古—广东科技合作周、LED推广应用示范、科技金融结合、广东省科学技术奖励大会暨全省科技工作会议等专题，联合中央和省主流媒体开展了深入宣传报道，打造了一批精品力作，头版头条报道、系列深度报道明显增多，进一步弘扬主旋律，掀起了宣传广东科技工作的小高潮。中央和省内主要电视媒体通过专题片形式深入宣传广东科技工作的新做法、新成效，广泛宣传科技工作中的典型人物、典型事件，让科技工作深入民心。

全省科技进步活动月

2013年5月中旬—6月中旬，广东省举办了第22个“科技进步活动月”（以下简称“活动月”）全民科普教育和科技服务活动，部分活动延续开展。“活动月”由省科技厅、省委宣传部和省科协共同牵头举办，以“实施创新驱动发展战略，携手共建创新型广东”为主题，重点开展提升企业技术创新能力、推进产业转型升级、科技惠及民生以及提高公民科学素质等系列活动，在本省高新区、专业镇、高新技术企业、科研机构、高等院校、科普馆（堂）等组织一系列内容丰富、形式多样的群众性科技活动和普及活动，进一步发挥“活动月”在全省创新文化建设中的示范带动作用，不断优化创新环境，在全省掀起推进科技创新的新高潮。据不完全统计，“活动月”期间，全省组织开展各类社会公共科技服务活动800多场次，参与人员和受益群众400多万人次，使“活动月”的覆盖面更广、辐射力更强、影响力更大。

【科技服务企业】 为进一步提升企业作为技术创新的主体地位，2013年“活动月”更加突出以企业为服务重点，推动企业技术创新。

科技人员服务企业活动　“活动月”期间，广东省组织发动大批科技人员从高校、科研院所走进企业和工厂。其中，省科技厅继续深入开展企业科技特派员行动，全年新增企业科技特派员555名，累计达到7 290多名，形成科技特派团效应。继续推动企业建立研发机构，全年新建高水平产学研合作研究院11家，院士工作站34家，企业产学研合作创新平台52家，全省各类产学研合作技术创新平台总数超过1 600家。省科协举办“院士专家企业行”“知识产权巡讲”“厂会协作”等活动，把院士、专家等高端人才和技术团队引入企业，发挥高端人才在企业重大项目研发、高层次人才培养、科技合作与交流等方面的作用，帮助企业培育科技创新团队，集聚创新资源，突破关键技术制约，推动产学研紧密合作，提高企业技术创新能力和企业综合竞争能力。省科协举办“院士专家企业行”“知识产权巡讲”“厂会协作”等活动，把院士、专家等高端人才和技术团队引入企业，发挥高端人才在企业重大项目研发、高层次人才培养、科技合作与交流等方面的作用，帮助企业培育科技创新团队，集聚创新资源，突破关键技术制约，推动产学研紧密合作，提高企业技术创新能力和企业综合竞争能力。

创新创业活动　6月6日，第2届中国创新创业大赛（广东赛区）暨“粤穗天使行动”系列活动启动仪式在广东科学中心举行。（详见第23页）

企业对接活动　5月，省科技厅组织全省各

地市科技型企业管理人员赴北京开展产学研交流对接活动，重点与清华大学、北京理工大学、北京科技大学、北京化工大学等高校开展产学研合作。通过走访实验室、与高校专家座谈等方式，增进了企业对于高校科研情况的了解，推动了企业与高校开展具体项目的对接。

5月25—31日，广州举办“首届内蒙古·广东科技合作活动周”。（详见第15页）

【科技惠民】　“活动月”期间，全省各地同步举行了一系列科技惠民、服务“三农”活动。其中，以科技服务民生为重点，通过创新成果展、新技术推广、低成本医疗应用等方式让科技创新的成果走进千家万户；以大型科技下乡为重点，大力推进社会主义新农村建设，促进农民增产增收，提高农民科学素质。

科技服务民生活动　“活动月”期间，省科技厅联合省住建厅开展“广东省绿色低碳建筑技术与产品宣传展示”等活动，让广大公众亲身参与，感受低碳技术的魅力，拉近公众与科技之间的距离，培育公众的创新意识和节能减排意识。此外，相关部门举行了新能源科普原创作品大赛、“聚焦水资源”科普图片展、广东省医学学术直通车等与百姓生活息息相关的科普学术活动。

大型科技下乡活动　大型科技下乡活动是每年“活动月”的“传统项目”和重点工作之一。“活动月”期间，省科技厅联合省农科院、省科协、团省委等单位在粤东西北地区，开展送科技下乡、农业新品种新技术新产品推介会、“我的致富梦”——广东农村青年科技特派员创业行动等活动。动员组织全省3 000多个农村专业技术协会、农村科普示范基地和农村科普带头人与镇、村结对组织“千会服务千村”等行动，通过举办农科实用技术培训和科技指导服务活动，开展各种农科专业技能培训，不断推进社会主义新农村建设，促进农民增产增收，提高农民科学素质。

【公众科普教育】　科普活动是每年“活动周（月）”的重头戏之一。全省各单位重点聚焦青少年群体，通过开展科普进社区、进企业、进校园、创新竞赛等活动，进一步推动全省科技成果普及，促进科普事业发展。

主题科普展览　“活动月”期间，全省各地围绕“低碳环保、科技创新与实践、智慧生活”等主题，举办了一系列科普展览。例如：广东省科技图书馆举办“聚焦水资源”科普图片展，揭示水资源保护的重要意义，以期对提高公众的节水意识和环保意识给予帮助，对水资源的污染和浪费现象给予必要的警示；中国科学院南海海洋研究所举办“创新发展，智慧生活——海洋科普展”，免费开放海洋生物标本馆，展示特有的海洋生物标本；中科院广州能源研究所举办“新能源科普原创作品大赛及低碳节能流动展”，通过展板讲解、模型互动、实物体会等各种方式，主动向公众进行新能源知识的宣传，倡导低碳幸福生活。

青少年科普教育活动　“活动月”期间，各有关单位围绕青少年开展形式多样的科普教育活动。例如，团省委举办了“与梦想齐飞”青少年创新实践体验活动。活动包括青少年创新实践体验研究、青少年创新实践体验、青少年创新实践体验征集、青少年创新实践体验宣传等活动，主要根据青少年特点，联合专业力量，研发制作青少年创新实践体验活动的动漫、小游戏等，在电视、网站展播和发布。广东科学中心、省发明协会等单位举办第11届“广东省少年儿童发明奖”评选活动，吸引了来自全省及港澳14个地区200多所中小学校1 000多件发明作品参与评选，进一步提高青少年的创新意识。此外，全省科普教育基地和高校、科研院所实验室向公众开放，组织青少年“走进科普教育基地体验科学魅力”活动，为广大青少年提供参与科学实践的场所，亲身感受“体验科学”的快乐。各高校也举办了各类型的科技文化节、学术报告会、讲座等活动，为青少年提供展现自我创意的大舞台。

大型科技宣传活动

【创新政策专题宣传】

广东省自主创新政策法规巡回宣讲活动　2013年7月16—29日，省科技厅在全省范围内组织开

展自主创新政策法规巡回宣讲活动。

该宣讲培训活动由省科技厅主办，省软科学研究会和各地市（区）科技局具体协办，共组织举办了16场专题宣讲培训，4 000余人参加了巡回宣讲培训活动。其中，地市（县、区）科技行政部门管理人员400余人，企业管理和财务人员3 500多人，以及会计和法律中介服务机构100余人，共为参会人员免费发放相关政策培训资料5 000余份。各地市新闻媒体积极参与宣传，共有数家电视和平面媒体参与了报道，构造了强大的舆论宣传声势，扩大了自主创新政策法规的积极影响。此外，省软科学研究会结合该宣讲活动组织了问卷调查，发卷1 000份，收回739份，满意度达到99%。同时，受调查人员对活动提出了一些建设性的意见建议，希望能继续举办自主创新政策巡回宣讲培训活动，并且能覆盖到各县（市、区），充分发挥县（市、区）在自主创新中的作用。

“领航100”广东青年领军企业科技创新政策宣讲会活动　为深入实施“领航100”广东亿元级青年领军企业实力提升计划，破解企业政策信息不对称问题，提升企业政策把握能力，8月23日，“领航100”广东青年领军企业科技创新政策宣讲会活动在广州举行。省青年联合会、省青年企业家协会、省青年商会的优秀青年企业家及有关科技管理人员约200人参加了政策宣讲会。

该活动由团省委、省青联、省经济和信息化委、省科技厅、省外经贸厅等单位共同主办。宣讲会就企业科技创新政策进行了详细的解读，通过与青年企业家面对面交流、互动答疑，帮助青年领军企业更好地了解和掌握惠企、强企科技创新政策，不断提升企业创新力和市场竞争力。

【主要专题科技宣传】

“内蒙古—广东科技合作活动周”专题宣传　2013年5月25—31日，首届“内蒙古—广东科技合作活动周”（以下简称“活动周”）在广州举行。“活动周”围绕“创新、合作、共赢、发展”的主题，共举办了启动签约仪式、干部培训、部门对接、盟市活动、展览展示、参观考察等7项主题交流合作活动。为加强“活动周”的宣传力度，大会以“活动周”为平台，以促进两省区经济与社会全面合作为目的，以内蒙古自治区经济社会发展成就、资源优势、科技创新重点领域和主要需求以及广东科技发展成就为主要内容，组织两地媒体开展系列宣传报道，重点宣传两省区政府对口交流活动以及合作对接成果，广泛宣传两省区在经济、社会、科技、教育、文化、卫生、旅游、经贸、人才交流等领域的多层次、全方位合作。

“活动周”期间，省科技厅组织省内主要新闻媒体对新闻发布会、启动仪式、对口交流、主题推介、交流考察等活动进行常规性报道。组织部分媒体对重点企业、人物进行专访和专题报道。制作“活动周”专题宣传网站，开辟“活动周”主页，建立畅通、高效、有序的“合作周”综合信息服务平台，及时发布相关信息或报道。以科技合作展览会的内容和素材为基础，制作活动周专题宣传画册，作为对接交流和综合形象展示的宣传媒介。

全省科技奖励大会专题宣传　2013年2月25日，省委、省政府在广州召开广东省科学技术奖励大会暨全省科技工作会议。会议颁发2012年度广东省科学技术奖280项，其中特等奖2项、一等奖29项、二等奖80项、三等奖169项。特等奖由“佛山一环快速干线工程建设与管理创新实践”项目与中山市小榄镇“专业镇中小微企业科学技术服务体系的创新与实践”项目获得。会前，省科技厅组织省内主要媒体对获奖单位和个人开展专题采访活动，重点采访了突出贡献奖得主曾益新；会后，组织有关媒体对涉及社会民生的部分获奖项目进行深入的采访宣传，进一步提高公众对科技创新成果的关注度。

实施创新驱动发展战略专题宣传　2013年1月，中共广东省委十一届二次全会提出要“实施创新驱动发展战略，全面发展创新型经济”。5月，中共中央政治局委员、广东省委书记胡春华在深圳调研时强调，要把创新驱动作为转型升级和加快发展的重要抓手，大力发展创新型经济。6月6日，胡春华书记到省科技厅开展调研，强调要充分认识科技的重要性，提高科研水平推动创新发展。为深入剖析这一形势，引导舆论，省科技厅联合南方网策划专题宣传，从高层声音、要闻速递、学习贯彻、专家观点、着力提升广东原始创新能力、推动区域科技协调发展、推进重大科技项目建设、广东科技亮点等栏目，全面深入地剖析广东科技发展战略部署及发展成效，推动社会各界了解广东科技发展面临的问题及机遇，明确发展方向。专题报道获各界高度关注及热议，成为了解战略部署精神的重要窗口。省科技厅组织媒体就实施创新驱动发展战略作专题采访活动，省内和中央主流媒体纷纷作头版报道，其中《南方日报》《科技日报》作系列专题报道。

【“广东科技好新闻”评选】 2013年5月20日，由省科技厅支持，广东省新闻工作者协会和广东科技新闻工作者协会联合主办的第16届广东科技好新闻在广州颁出。《省财政6.5亿元扶持创新团队》等7件作品获一等奖，《“鬼粒子”第三种震荡现身记》等13件作品获得二等奖，《实施创新驱动战略，给力创新、幸福广东》等20件作品获得三等奖。《南方日报》的林亚茗和广东电视台的曾超荣获“2012年度广东科技宣传工作先进个人”称号。

该届广东科技好新闻评选共收到27家新闻单位的90件参评作品，获奖作品比例，占总数的44%。评选活动参选的新闻媒体范围广，有中央及港澳驻穗新闻单位，也有广东省主流媒体以及各地级市媒体；作品来源丰富，包括报纸、广播、电视、专业刊物、通讯社等，极具广泛代表性；获奖作品内容创新、鲜明生动，不乏一批标杆佳作。其中，《经济日报》率先发表的《我国首部自主创新地方性法规将实施》，以精炼的文字，把《广东省自主创新促进条例》的内容特色、支持数据和效能展望一一道明；《人民日报》的述评性消息《科技渐成广东发展“第一引擎”》，阐述科技进步推动广东向拼科技、拼知识、拼创新、拼人才的转型升级；《南方日报》的《省财政6.5亿元扶持创新团队》，深度报道，内容翔实，数据服人，由点及面，揭示了激励机制、扶持措施转化为科技事业发展动力的道理，是一篇实际上超越科技范畴的宏观科技新闻作品；《科技日报》的《新世纪一次伟大的“包围”》，全景式深度报道广东省专业镇的建设经验，深刻地解读了广东科技事业发展中这一创新模式和独特优势，充分肯定了专业镇建设对建设创新型广东、幸福广东的重大推动作用，把经验报道成功写成了述评性、指导性报道。

此外，该届得奖作品大多体现“走基层、转作风、改文风”的精神，文风新颖，创新求变，新闻素材来自科技工作第一线和基层第一线。其中，《中国科学报》的《院地合作助汕尾“蓝色崛起”》，《江门日报》的《6位普通市民研发出“CZY垃圾转化装置”把垃圾转化为能源》，《云浮日报》的《新兴农民实现“手机养鸡”》，广东电视台的《三访阿兰创高产》，《东江时报》的《老刘灭鼠有绝招》，《清远日报》的《“鑫源”成功研发新导线》等作品，都是“走转改”的精彩之作，是记者深入实际第一线、创新科技新闻采写（制作）的标杆之作。

（广东省科学技术厅办公室 陈锡强）

区域科技创新发展

技术创新专业镇

专业镇是广东省区域经济和社会发展的重要组成部分，是广东加快创新驱动发展的重要载体。2013年，省科技厅按照省委、省政府重点工作部署，坚持贯彻落实《中共广东省委、广东省人民政府关于依靠科技创新推进专业镇转型升级的决定》和《广东省人民政府关于加快专业镇中小微企业服务平台建设的意见》文件精神，通过创新服务体系建设、产学研合作、产业发展和城镇化建设加快推动广东专业镇的转型升级。2013年专业镇工作重点是实施“广东省专业镇中小微企业服务平台”建设项目，加快构建专业镇创新服务体系。在专业镇工作机制体制创新、专业镇产学研合作、专业镇转型升级的调研与政策制定、专业镇交流与研究等方面开展各项工作，稳步推动专业镇创新发展。

专业镇认定与培育

2013年，广东省技术创新专业镇建设和转型升级工作进展显著，全年共新增省级技术创新专业镇21家，总数达到363家，全省专业镇产业规模不断扩大，区域经济贡献度稳步提高，专业镇综合实力持续提升。2013年，全省专业镇实现地区生产总值（GDP）2.05万亿元，同比增长16.9%，占全省GDP的32.9%；工业总产值5.13万亿元，同比增长21.3%；镇均GDP为56.41亿元；工农业总产值超千亿元的专业镇达7个，超百亿元的专业镇达120个。7月15日，省科技厅发布专业镇认定职能转移实施方案的公告，并在10月组织4家承接职能申报单位参加答辩工作。

表10-1-1-1　新认定广东省技术创新专业镇（2013）

序号	专业镇名称	特色产业
1	东莞市大岭山镇	家具
2	东莞市虎门镇	信息传输线缆
3	东莞市望牛墩镇	印刷包装
4	阳江市阳西县程村镇	程村蚝
5	潮州市湘桥区凤新街道	陶瓷
6	潮州市饶平县钱东镇	盐焗食品
7	中山市火炬高技术产业开发区	健康医药
8	佛山市顺德区勒流街道	照明电器
9	佛山市顺德区陈村镇	机械装备
10	韶关市曲江区罗坑镇	罗坑茶
11	韶关市武江区西联镇	工程机械与装备制造
12	韶关市南雄市全安镇	精细化工
13	河源市连平县绣缎镇	高山茶油

（续上表）

序号	专业镇名称	特色产业
14	河源市和平县热水镇	旅游业
15	河源市和平县大坝镇	信息建材
16	肇庆市四会市龙甫镇	金属资源再生
17	惠州市惠城区小金口街道	物流
18	惠州市惠城区水口街道	电子产品
19	云浮市云城区腰古镇	岩沙文化石
20	云浮市罗定市太平镇	桑蚕
21	云浮市罗定市船步镇	化工

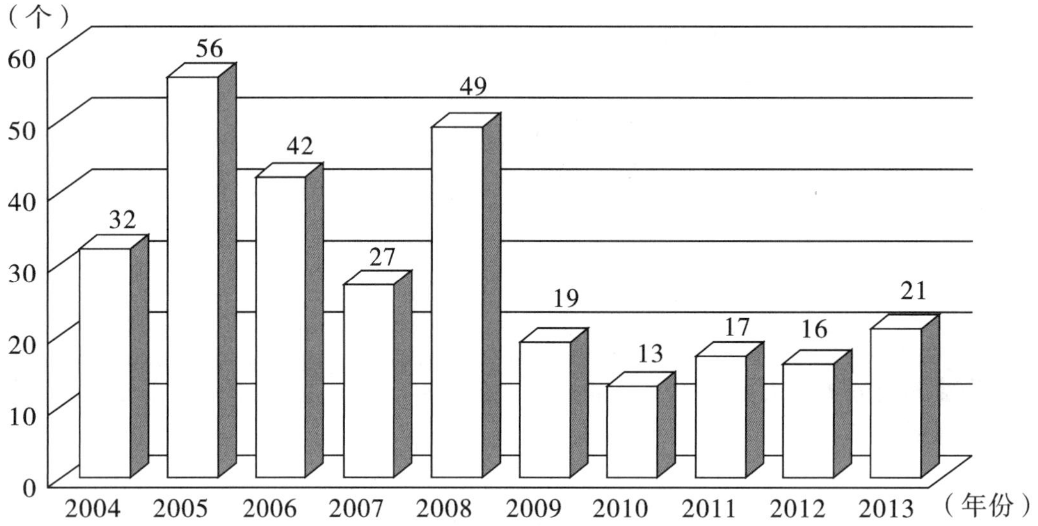

图10–1–1–1　广东省年度新增省级专业镇数量（2004—2013）

表10–1–1–2　广东省专业镇基本情况（2013）

地区	专业镇（个）	常住人口（人）	GDP（万元）	工业总产值（万元）	出口值（万元）	企业（家）	高新技术企业（家）	规模以上企业（家）
全省合计	363	39 290 433	204 756 314	512 944 458	121 070 119	509 174	1 940	27 437
广州	6	1 125 087	6 261 853	10 317 979	3 440 616	9 671	35	944
珠海	6	605 207	4 047 289	11 240 378	6 142 843	2 280	85	441
汕头	27	2 337 087	11 826 040	20 898 524	2 302 608	21 586	87	1 250
佛山	40	7 504 274	71 816 161	190 546 985	27 981 903	152 808	561	10 278
韶关	14	511 043	519 751	858 919	23 481	3 779	2	67
河源	17	570 063	1 740 710	1 257 185	18 936	1 923	6	109
梅州	35	1 926 245	3 892 179	3 763 594	570 103	16 053	25	692

（续上表）

地区	专业镇（个）	常住人口（人）	GDP（万元）	工业总产值（万元）	出口值（万元）	企业（家）	高新技术企业（家）	规模以上企业（家）
惠州	16	1 565 384	7 896 256	34 177 416	5 639 414	15 271	89	748
汕尾	6	668 684	2 631 644	2 964 861	285 696	4 113	0	118
东莞	25	7 310 599	31 492 513	98 226 562	49 821 241	95 379	476	4 971
中山	16	2 294 461	19 037 850	53 541 200	13 251 627	48 836	198	2 768
江门	20	2 064 472	11 042 351	21 586 833	4 730 964	28 422	185	1 188
阳江	12	817 331	3 175 586	5 996 688	700 522	5 236	9	321
湛江	17	1 120 289	3 011 769	4 761 447	376 229	11 102	27	318
茂名	16	1 547 711	4 005 739	3 558 496	240 149	39 221	13	238
肇庆	21	1 371 367	4 669 449	9 046 425	664 781	7 652	40	727
清远	9	723 565	1 837 808	6 194 782	520 401	1 901	18	177
潮州	19	1 542 395	5 043 013	9 732 607	1 642 183	18 326	49	671
揭阳	18	2 248 193	6 399 372	17 990 495	2 042 929	14 918	21	1 040
云浮	23	1 436 976	4 408 981	6 283 082	673 493	10 697	14	371

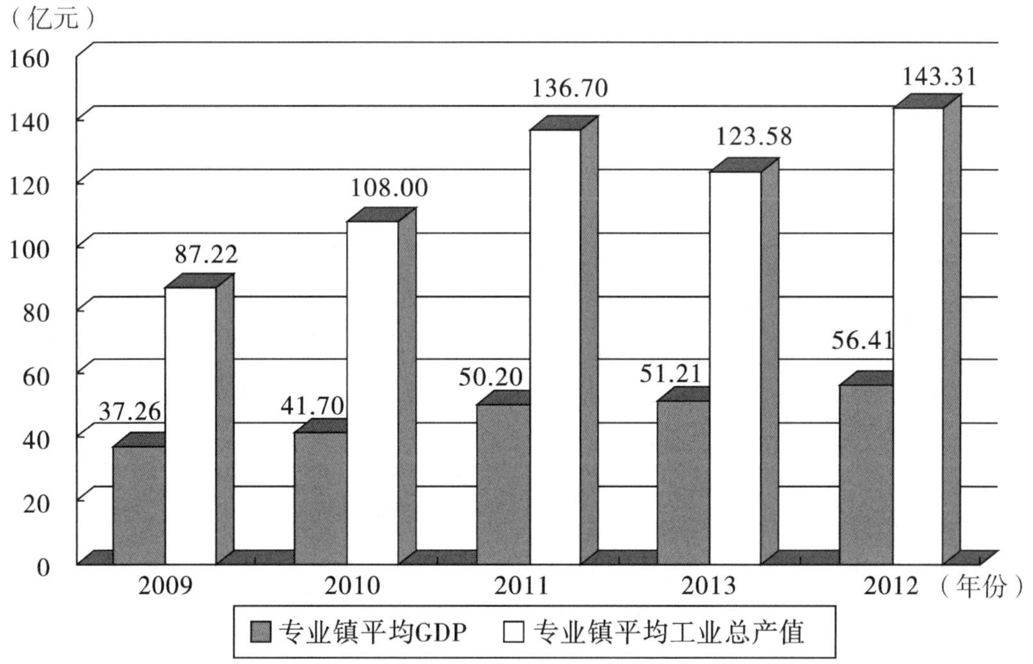

图10-1-1-2　广东省专业镇平均GDP和平均工业总产值（2009—2013）

（省部院产学研结合协调领导小组办公室
广东省专业镇发展促进会　苏　炜）

专业镇创新计划

2013年4月28日，省科技厅发布了《2013年广东省专业镇中小微企业服务平台建设专项资金项目申报指南》，指南分为6个专题。截至2013年5月21日，共收到专业镇申报项目221项。经过专家评审和立项公示，本次专项分为5个专题，安排相关项目62项，总金额5 840万元。

【专业镇生产力促进中心能力提升与功能完善建设】 2013年，广东省积极开展专业生产力促进中心能力提升与功能完善建设工作，鼓励生产力促进中心为专业镇内及周边中小微企业提供工业设计、知识产权、人才培训、创业孵化、项目咨询等科技服务，建立覆盖范围广、服务能力强、可持续发展的专业镇中小微企业公关服务体系，提升专业镇中小微企业科技创新能力。本专题安排项目23项，共计2 130万元，项目承担专业镇主要分布在珠三角和粤东地区，申报主体单位主要是专业镇政府、专业镇生产力促进中心、省内高校和科研院所。

专业镇加强生产力促进中心建设和能力提升，如云浮市河口镇在认定为省级专业镇后，成立了河口生产力促进中心，并依托生产力促进中心建立了河口石材专业信息平台，建成“河口石材专业镇”电子地图，将河口700多家石材企业的地理位置、经营项目、联系方式等通过电子地图展示，使采购商可以快速、直观地了解石材产品信息，推动了石材产业的信息化。2013年，河口镇实现工农业总产值43.2亿元，其中石材行业产值40.4亿元，占工农业总产值的93.5%。

【技术创新服务平台建设】 省科技厅按照《广东省人民政府关于加快专业镇中小微企业服务平台建设的意见》有关要求，开展2013年度专业镇中小微企业服务平台专项资金申报工作。本专题有来自省内外高校、科研院所、专业镇等单位申报，最终立项一般项目6项、重点项目2项，共计840万元，重点支持五金、装备制造等共生性技术创新平台建设。

专业镇创新服务平台建设持续推进，取得了良好的经济社会效益，发挥了创新辐射带动作用。2013年，全省专业镇共有创新服务机构2 603家，全省专业镇基本均已建有创新服务平台，专业镇创新服务平台共完成投资额36.38亿元，同比增长10.6%；实现总收入43.61亿元，同比增长10.2%；R&D经费支出达5.78亿元，同比增长87.3%；完成和参与的成果转化项目达583项，成果转化项目产值达66.99亿元，同比增长1.2%；服务企业达7.55万家，同比增长41.3%，其中对外服务专业镇企业达2.81万家，同比增长1.7%；培训人员达21.25万人次，同比增长6.9%。

2013年，专业镇中小微服务平台建设成果取得重大突破。在2013年2月25日举行的广东省科学技术奖励大会暨全省科技工作会议上，中山市小榄镇的“专业镇中小微企业科技服务体系的创新与实践”项目获得特等奖，“小榄经验”引起了省委、省政府的关注，并作为典型经验在全省推广。

【检验检测服务平台建设】 2013年，省科技厅支持专业镇为中小微企业建立检验检测服务平台，推动国家级、省级产业检验检测中心、第三方检验检测认证机构进驻专业镇，加强专业镇检测技术研发的基础能力建设，发展面向设计开发、生产制造、售后服务全过程的检验检测服务，支持专业镇检验检测机构提高服务辐射能力，推进检验检测机构跨区域提供服务。本专题安排一般项目14项、重点项目5项，共计2 060万元。截至2013年年底，全省专业镇共建有检验检测机构316个，同比分别增长3.6%。

【专业镇现代服务产品超市建设】 2013年，省科技厅鼓励专业镇建立现代服务产品超市，围绕专业镇中小微企业创新需求，整合省内外科技服务资源，为专业镇中小微企业提供“一站式”科技服务解决方案。本专题安排项目3项，共计300万元。

【专业镇服务平台创新研究】 2013年，省科技厅为加快专业镇转型升级，提供政策、规划与机制体系创新的研究与实践，为专业镇服务平台建设提供理论支撑，在专业镇专项下设立了“专业镇服务平台管理与创新研究”专题项目。本专题安排项目9项，共计510万元。省科技厅在2012年下半年组织相关单位分赴全省各地市调研，全面总结各地市专业镇服务平台现状和建设经验，并在2013年初形成调研报告，全面摸清了全省专业镇服务平台建设情况。

（省部院产学研结合协调领导小组办公室
广东省专业镇发展促进会　苏　炜）

专业镇交流与研究

【“创新驱动·优化发展”加快广东农业专业镇发展研讨会】 2013年5月28日，由广东省专业镇发展促进会与广东省基本建设优化研究会、广东省产学研促进会联合主办的“创新驱动·优化发展”加快广东农业专业镇发展研讨会在广州举行。全国政协副秘书长、民建中央副主席宋海，来自科技部、农业部、国务院发展研究中心及广东省各有关单位负责人、省级农业专业镇负责人等130余人参加了研讨会，探讨了以农业专业镇为抓手，突出创新驱动，促进“三农”优化发展、加快城镇化建设的方向和思路，为广东省工业化、城镇化、信息化、农业现代化同步发展寻找解决方向。

【“广东创造”转型升级论坛暨广东省专业镇镇长高峰会】 2013年7月5日，由省科技厅和南方报业传媒集团联合主办，广东省专业镇发展促进会、广东现代服务交易中心、《南都周刊》联合承办的2013“广东创造”转型升级论坛暨广东省专业镇镇长高峰会在广州市白云国际会议中心举行。论坛围绕“镇域经济，产业转型；现代服务，助力升级”和“联合品牌，协力发展；城镇化路，先行先试”话题，吸引了全国人大常委会机关党委郝维连常务副书记等领导及专家、广东21个地市科技局85位专业镇负责人、200多位企业家、50多所高校社团及100多位服务机构负责人参加，凤凰网、南方网、新浪网、《科技日报》等60多家媒体报道了此次活动，取得了良好的社会效益。

【专业镇跨区域交流活动】 2013年5月，省科技厅以首届“内蒙古·广东科技合作活动周”为契机，带领来自内蒙古各盟市及旗县的主要负责人，首批赴广东省挂职干部，内蒙古高新区及重点企业、高校科研院所负责同志等近200名领导干部实地考察珠三角专业镇的先进经验与成果，并与当地部门、企业、院所进行了深入交流学习。8月26—28日，山东省经济学会组织山东省各地产业强镇及企业代表30余人赴佛山、中山和东莞等地专业镇参观考察，学习广东省专业镇转型升级、创新发展的成功经验。

【专业镇转型升级调研】 2013年10—11月，为贯彻落实省委、省政府关于加快推进专业镇转型升级的相关文件精神，省科技厅联合省委政策研究室、广东省专业镇发展促进会、广东省科技情报研究所等有关单位，在全省开展“加快省级专业镇转型升级，加快推动专业镇发展进程”的调研。先后赴佛山、肇庆和梅州等地市实地调研，考察专业镇转型升级情况及专业镇城镇化建设进程，以全面摸清和掌握专业镇转型升级情况，为制定专业镇政策提供依据。

（省部院产学研结合协调领导小组办公室
广东省专业镇发展促进会　苏　炜）

地市科技概况

2013年，广东省各地市继续落实创新驱动发展战略，完善区域创新环境，取得了继2009年以来，连续4年在科技部全国县市科技进步考核中保持通过率在70%以上的成绩。全省各地市充分发挥科技在加快县市转变经济发展方式，促进工业化、信息化、城镇化、农业现代化同步发展中的作用，让科技进步的福祉惠及广大基层。

全国县（市）科技进步考核

在2013年全国县市科技进步考核中，广东省较好地继承和发扬了历次考核的优良传统。

一是继续保持100%的考核参加率。全省除深圳市及其所辖6个区按照规定直接报送科技部以外，其余20个地级及以上市、115个区县全部参加了考核。

二是充分保证报送材料的准确性和规范性。省考核工作小组共对报送的近1 000本考核材料、5万多个数据进行了全面审核和审查，反馈修改意见380余条，对各地报送材料进行了查漏补缺。

三是多单位专家参与现场评审会。7月24日，在广州市组织召开2013年广东省县（市）科技进步考核评审会，省委组织部、省财政厅、省统计局等单位的7位专家出席会议并对考核材料进行了评审。评审会后，按科技部要求，高质量地完成了有关材料报送工作，得到科技部的高度肯定。

科技部公布的2013年全国县市科技进步考核结果显示，广东省共有14个地市、82个县（市、区）通过本次考核，全省考核通过率达到71.3%；广州市等14个地市被评为全国“科技进步考核先进市”，萝岗区等29个县（市、区）被评为全国“科技进步考核先进县（市、区）”，王东等172位同志被评为全国“科技进步考核先进个人”，省科技厅荣获“全国科技进步考核优秀组织单位”荣誉称号。

（广东省科学技术厅政策法规处　王富贵）

广　州　市

2013年，广州市荣获全国科技进步考核先进城市和全国智慧城市示范领先奖；获2013年度国家科技奖励15项，占全省获奖总数的51.72%；工业高新技术产品产值达7 443.40亿元，同比增长14.6%，占规模以上工业总产值的43%；广州超级计算中心等重点工程建设顺利推进，天河二号超级计算机连续两次获世界500强第1名；建成全国最大的TD-LTE第4代移动通信网；番禺区、萝岗区成为首批国家智慧城市试点，南沙区入围中欧绿色智慧城市合作试点。

【科技政策环境】

推进政策与规划实施　抓好《广州市科技创新促进条例》实施，组织制定配套措施。推进落实科技创新工程、智慧广州建设两部新型城市化发展政策文件2013年工作要点。完成《广州市科学技术普及条例》修订起草工作，列入2014年度地方性法规正式立法项目。制定《广州市建设全省自主创新综合示范区方案》（征求意见稿）。完成智能化城市管理与运行体系顶层设计，编制《关于进一步完善市属科研机构体制改革配套政策措施的意见》《广州市社会治安与城市管理智能化视频系统建设规划（2013—2016年）》等。做好企业研发费税前加计扣除政策落实，经税务

部门实际办理且抵扣的应纳税所得额36.12亿元，比2012年增长38.9%。

以重大活动提升创新氛围 召开全市科技奖励大会，奖励78项科技成果。以“创新科技，智慧生活”为主题，成功举办2013年广州科技活动周、第3届中国（广州）国际创新博览会及论坛，开展了105项科技宣传活动。举办6期珠江科学大讲堂，开展科普基地校园行系列活动。成功举办第12届国际信息产业周。举办第2届广州国际智慧城市展览会、2013中国智慧城市创意大赛，推动成立广州智慧城市研究院。举办2013全球移动互联网博览会暨创新嘉年华活动，提升广州移动互联网发展氛围。举办第3届广州国际创新博览会，展出项目超过1 600项，参展企业300家，实物模型近500件，吸引1万多名高层次人才到会。

【民营科技】 2013年全市参加民营科技统计的民营科技企业共有2 278家，年末职工总数336 322人，其中从事科技活动人员113 402人；全年技工贸总收入2 875.9亿元；上缴税金总额136.2亿元；出口创汇75.4亿美元。全年投入研究开发经费270.3亿元，占全年技工贸总收入的9.3%。其中，技工贸总收入超过100万元的企业有1 918家，占所有统计企业的84.1%；超过1 000万元的企业有1 273家，占所有统计企业的55.9%；超亿元的企业有447家，占所有统计企业的19.6%。

2013年，全市新认定高新技术企业250家，其中民营高新技术企业241家，占96.4%；复审高新技术企业179家，其中民营高新技术企业163家，占91.1%。截至2013年年底，全市共拥有（含公示）高新技术企业1 564家，其中民营高新技术企业1 369家，占87.5%。2013年，广州市久邦数码科技有限公司、云游控股有限公司、广州康臣药业有限公司等3家民营科技企业成功上市。

民营科技园积极推进广州民营科技企业创新基地建设，加快核心区与附属园区转型升级，夯实建设基础，着力引进优质企业园区建设发展势头良好。2013年，“一核四园”营业总收入319.17亿元，同比增长26.2%；税收11.85亿元，同比增长32.5%；固定资产投资11.3亿元，同比增长37.8%。其中，规模以上企业67家，工业总产值307亿元，同比增长27.2%，约占全区工业总产值的40%。

【产学研合作】 2013年，广州市产学研结合专项共支持项目24个，市本级共投入1 950万元，带动社会资本投入1.1亿元，放大效应达5.6倍。其中，本地企业与外地高校开展合作项目共有5个，电子信息、生物技术、先进制造、新材料等领域均有覆盖，有效地推动了区域间的产学研合作。

2013年11月，广州市人民政府、广东省教育厅联合省内有关高等院校、科研机构、企业等30家单位，发起成立广州校地协同创新联盟（以下简称“联盟”），截至2013年12月底，联盟共有会员单位62家，联盟办公室设在广州市科技和信息化局。联盟的八大工作任务包括：开展协同创新中心专题研究、组建协同创新中心、建设协同创新项目库、搭建协同创新交流平台、开展协同创新人才培训、拓宽协同创新融资渠道、探索协同创新模式机制、开展协同创新后援服务。

2013年4月，联盟筹建工作小组面向高等院校、科研机构、企业、行政机构征集需求，共征集项目264个，其中重大科技成果209项，重大需求课题55项，编撰了《广州校地协同创新联盟项目招标白皮书（V2013.01）》。凝练出涵盖了生物健康、电子信息、先进制造、建筑安全等新兴领域的11个项目，并在2013年11月5日的联盟成立大会上进行了签约。

【技术创新工程】 2013年，广州市新增各级工程中心119家，其中新增华南理工大学组建的“国家移动超声探测工程技术研究中心”国家级工程中心1家；新增广州白云电器股份有限公司组建的“广东省电力装备系统智能化与节能化（白云电器）工程技术研究中心”等省级工程中心87家；新增广州普邦园林股份有限公司组建的“广州市风景园林重点工程技术研究开发中心”等市级工程中心31家，全市拥有各级工程中心477家，其中国家级工程中心18家，省级工程中心246家，市级工程中心213家。

2013年，广州市认定创新型企业20家，财政扶持创新型企业专项资金4 000万元。新增省创新型企业12家，省创新型试点企业17家。截至2013年年底，广州地区被认定为国家创新型企业8家，国家创新型试点企业6家；省级创新型企业59家，省级创新型试点企业37家；市级创新型企业120家，创新型试点企业117家。

【科技服务体系】

政策研究　广州市组织编撰《广州市科技服务业三年行动计划》（初稿）、《广州市技术经纪人政策研究报告》和《广州市技术经纪人管理办法》（初稿）。

共性技术服务平台　由广州科技服务业协会牵头搭建广州市科技服务业公共服务平台，该平台由科技服务资源信息子平台和科技创新服务网络构成，已初步运营。

科技服务机构及协会　由广州科技服务业协会组织第2批市科技服务业示范企业（机构）的认定，共认定33家企业为第2批市科技服务业示范企业（机构）。截至2013年年底，广州市共认定科技服务示范机构56家。全市有国家级技术转移机构9家，58家科技服务机构被评定为省科技服务业百强企业（机构），占全省百强企业的53.7%。

行业协会内设立研发服务业专委会、设计服务业专委会、知识产权服务业专委会、创业服务业专委会、科技金融服务业专委会、检验检测服务业专委会、科技中介服务业专委会等七大专委会开展专业服务。

12月19日，2013中国（广州）国际创新博览会创新服务发展论坛成功举办。论坛以“新机制、新模式、新业态”为主题，邀请了国内专家就国家和省市科技服务业发展的新趋势、新思路、新策略作演讲，同时邀请了科技服务龙头机构介绍其在创新服务过程中的服务经验以及对新机制、新模式的探索实践。全市120多家科技服务机构160多位代表参加了论坛。这是广州市创新驱动发展战略与产业转型升级的高端交流研讨会。

【科技计划项目】　2013年，市本级技术研究开发资金归口管理的经费6.73亿元，全年共立项支持创新平台及研发项目1 179项，重点扶持电子信息、生物技术、医疗卫生与健康、生物医药、农业、新能源、新材料、环保等技术领域。

【科技成果奖励与技术市场】　广州地区共有15个项目获得2013年度国家科学技术奖，其中获得国家科技进步奖特等奖1项，为广东省农业科学院水稻研究所和华南农业大学主要参与完成的“两系杂交水稻技术研究与应用”，国家科技进步奖一等奖1项，国家科技进步奖二等奖7项；国家自然科学奖二等奖4项；国家技术发明奖二等奖2项。共有187个项目获得2013年度广东省科学技术奖，占全省获奖项目261项的71.6%，其中获得突出贡献奖1人、特等奖1项、一等奖25项、二等奖66项、三等奖94项。

2013年，技术合同认定登记8 687份，合同总成交额222.84亿元，同比增长12.5%。技术交易额213.82亿元，同比增长39.9%。

【高新技术及战略性新兴产业】

高新技术产业　2013年，全市工业高新技术产品产值达7 443.40亿元，同比增长14.6%，占规模以上工业总产值的43%。认定的高新技术企业、软件企业和技术先进型服务企业分别达1 564家、773家和52家。

电子信息产品制造业　全市规模以上电子产品制造业产值达2 201.02亿元，同比增长16.6%。8.5代液晶面板、LED芯片及光组件模组等重大产业项目建设顺利，落实省财政扶持广州市液晶面板产业发展10亿元专项补助资金。自主创新产品产业化步伐加快，广州京信通信有限公司研制的“新一代移动通信无线覆盖与传输新型整体解决方案及配套产品”规模全国第1、全球前3；广州海格通信集团股份有限公司成功研发出小型化低功耗北斗/GPS卫星双模定位传感器；广州润芯信息技术有限公司研制出两款专用导航射频芯片新产品，在国内同行业市场中出货量排名第1。AMOLED（有源矩阵有机发光二极管）、计算通信芯片、移动通信芯片等核心技术研发取得重大进展。组织实施《广州市公共照明领域推广应用LED照明产品工作方案》，推广LED照明产品36.06万盏（套），超额完成省考核任务。推动轨道交通智能化产业基地建设，组建广东省城市轨道交通智能系统工程技术研究开发中心。推动重启“广州光谷”建设，召开全市工作会议，研究提出“光产业”行动计划。

软件和信息服务业　全市软件和信息服务业的业务收入2 277亿元，其中软件业务收入1 594亿元，同比增长17.56%，17家企业被认定为国家规划布局内重点软件企业，占全省22家的77%（不含深圳）。广州市互联网上市企业已达10家。广州移动互联网创新集群项目成功落地，组建中国移动互联应用产业联盟，建立广州市移动互联网产业园。基于HTML5的移动服务平台全球用户超4亿，移动互联网语音平台注册用户已达5亿，公共测试服务创新平台为本地企业提供测试服务1 800余次，聚集1 700余名移动互联网从业人员。组织71个项目申报省现代信息服务业专项资金，其中30个项目获得4 889.7万元资金支持，占全省的31%。

生物与健康产业　组织开展广州市生物与健康产业发展现状调研，初步形成产业统计体系。组织实施生物与健康产业重大专项，重点扶持了一批生物与健康骨干企业快速发展，累计培育9家上市企业，培育了百亿级生物医药企业1家、五百亿级企业1家，广州金域医学检验中心有限公司、广州万孚生物技术股份有限公司、广州维力医疗器械股份有限公司等一批骨干企业进入上市辅导阶段。完成军事医学科学院华南干细胞与再生医学研究中心机构组建，落实市、区扶持资金1.3亿元。基本完成广东华南新药创制中心疫苗研究及中试平台扩建前期设计规划，孵化的3个项目进入申报临床阶段，2个创新疫苗取得较大进展。中科院广州生物医药与健康研究院与本地企业签署成果转让协议金额1.7亿元。

新能源新材料产业　依托省级新能源汽车产业基地、三大汽车产业集聚区和发展战略性新兴产业的重大战略部署，包括新能源整车、动力电池及其管理系统、电控系统、电动空调等形成较完整产业链。截至2013年年底，新能源客车年产达到3 000辆，新能源轿车年产约3万辆，拥有2个自主品牌新能源轿车车型平台。通过新能源汽车试点纯电动公交车和双源无轨纯电动公交车每车每年减少约5万升LPG的消耗，混合动力公交车每车每年减少约0.67万升LPG的消耗。

【农业科技】　2013年，广州市民生科技重大专项和科技攻关专项中农业项目共立项38项，支持经费1 430万元。“特菜种质资源和食用研究及产业化”“无规定马属动物疫病区模式建立与应用研究”获2012年广州市科学技术奖一等奖，“肉与肉制品质量安全检测技术研究与标准化”项目获2012年广州市科学技术奖二等奖。广州市农业龙头企业已发展到90家。在认定国家、省、市级龙头企业中，承担国家、省、市各级科技计划项目的企业有40家，有20多家农业企业与大专院校、科研院所合作建立了科技创新中心、工程技术中心和科技成果转化基地，诞生了广州市从化华隆果菜保鲜有限公司、广州市从化顺昌源绿色食品有限公司、广州从玉菜业发展有限公司等一批有一定知名度的科技型龙头企业，研发出“青梅酒”“荔枝酒”“从玉菜心”等一大批名牌产品。

优势动植物新品种选育及产业化示范　采用现代生物技术和常规育种技术相结合的方法，利用特色动植物新种质资源挖掘及创新利用、高产优质高抗动物重要性状及遗传改良关键技术、优质新品种培育等新技术，研究优质、高效、抗病抗逆性强的动植物新品种，开展快速繁育技术和高效种养技术研究，制定规模化生产技术标准，开展动植物产业化技术示范并大规模应用。2013年，广州市农业科学研究院育成的益丰5号番茄、夏绿4号丝瓜、夏胜1号丝瓜等9个品种通过广东省品种审定委员会审定。冠华4号节瓜、油绿80天菜心、辣优15号辣椒等3个品种入选2013年度广东省农业主导品种名录。广丰香8号水稻、冠华3号节瓜、冠华4号节瓜等8个品种入选2013年度广州市农业主导品种名录。

农产品精深加工、储藏与物流技术研究　通过支持大米、蔬菜、水果、畜禽肉制品、水产品的精深加工技术研究，特色鲜活农产品贮运保鲜与现代物流技术与设备的研究，农产品全程质量控制技术研究，新型健康食品、功能食品与配料的研究与产业化，带动了农业产业链延伸和高附加值的农产品副产物综合利用及产业化。“增城丝苗米精加工品质控制关键技术与产业化研究”研究了大米加工过程危险分析及关键控制点（HACCP），加工过程中碎米产生的机理，开发了优异防虫效果的小包装大米防虫剂，改造了两条生产线，增加加工能力，大大提高企业的经济效益。

农用生物制品研究及产业化开发　支持新型高效、环保型生物制品生产关键技术研究，包括生物农药、生物肥料、动物疫苗、生物饲料及饲料添加剂等，并进行产业化开发。“复合型核多角体病毒悬浮剂产业化关键技术研究”筛选复合型核多角体病毒悬浮剂获得两种优化复合型核多角病毒悬浮剂产品配方。确立5亿PIB/克甜菜夜蛾核型多角体病毒，10%虫酰肼和10亿PIB/克斜纹夜蛾核型多角体病毒，15%虫酰肼两种悬浮剂的中试生产工艺。

食品安全检测技术及产业化研究　支持食品安全检测、预警、溯源、控制技术，农产品中重金属、农药和病源微生物等有害物质快速检测技术及设备，农产品生产加工过程中非法添加物的检测技术及其标准，农产品主要污染物的限量标准与安全评价分析技术。2013年，广州市农业科学研究院检测325个农产品样品；共检测无公害产地及产品239个，绿色食品产地42个，产品79个；共完成各种检测项目30 710项次。共向广州农产品质量安全信息网上报数据2 500多个。落实配送农产品农残速测备案制，推行农产品安全信息溯源二维码标识，确保配送农产品100%合格。

优质、高效、安全、生态种养技术研究与示范　支持水稻、蔬菜、水果、花卉、园林苗木规模化、标准化、工厂化生产技术、优质畜禽、水产标准化健康养殖和质量控制技术及设备。“广州蔬菜高效安全生产关键技术集成创新与示范”研究周年生产优质壮苗的蔬菜育苗技术，制定《Q/DSNC2—2010蔬菜工厂化育苗技术规程》企业标准，研究出一套适用于地表灌溉水水质净化技术方法，构建了蔬菜水肥一体化栽培技术体系，提出了菜地土壤养分诊断指标及其目标产量的施肥量，制定蔬菜氮肥施用技术规程，制定《Q/DSNC3—2010大田蔬菜水肥一体化技术操作》企业标准，该成果在蔬菜生产基地应用80公顷以上，增收节支66万元。“蔬菜水肥一体化应用技术示范推广”获2012年度广东省农业技术推广奖二等奖。

动植物重大疫病防控技术及配套产品研发　支持畜禽水产重大疾病新型高效安全疫苗、兽药生产技术及产品，快速诊断技术及配套产品，主要植物病虫害控制技术及产品。“新型高效基因工程狂犬病灭活疫苗的研制及产业化”成功制备出狂犬病病毒dG株病毒滴度在10.8.0FFU/ml以上的基础用种毒，并完成了5批狂犬病灭活疫苗中试产品的制备，疫苗效力的相对效价均在2.0IU以上，符合效力检验的要求，并高于国家标准。研究了狂犬病灭活疫苗（dG株）工厂化生产工艺，建立了3 000万～5 000万头份狂犬疫苗生产线，制定了狂犬灭活疫苗生产规程及检验标准。获得中华人民共和国农业转基因生物安全证书（生产应用）项目名称为：反向遗传构建的双G基因狂犬病病毒灭活疫苗dG-Hep-Flury的安全证书。产品达到申报国家新兽药证书要求，已申报国家新兽药证书，并获得受理，新兽药受理单号农业部编号：0705001389。

【科技人才队伍】　2013年，全市新增中国科学院、中国工程院院士3名，在穗工作院士数量达到40名。继续实施珠江新星计划，累计培养300名青年科技带头人。

【科技金融】　2013年，广州市将科技金融作为推动实施创新驱动发展战略，大力推进“一个中心、两大示范区、三大平台”的科技金融推进体系，促进资本要素向科技创新创业集聚。

创业投资引导基金　广州市创业投资引导基金重点引导社会资金投向初创期、成长期的科技企业，尤其是高端装备制造、文化传媒、新一代信息技术、新能源和生物医药等战略性新兴产业。几年来，通过承诺出资2亿元，与知名创投机构合作设立了红土科信基金等5只子基金，直接吸引了17.5亿规模的创业投资资金落户广州，取得超8倍的放大效应，5只合作子基金共投资21个项目，涉及投资金额1.02亿元，带动社会创业投资79.26亿元。与省科技厅联合举办第2届中国创新创业大赛（广东赛区）和粤穗天使投资系列活动，对具有创新高成长性科技项目提供天使投资，通过遴选，约30多个项目有股权融资意向，首批拟投资企业9家，投资金额4 000多万元。

改善科技企业融资条件　一是推进科技支行建设，提供专业融资服务。2012年8月—2013年12月底，广东省首家科技支行——中国银行番禺天安科技支行面向科技企业提供“减低贷款门槛、提高信用额度、简化贷款流程”的专业融资服务，为近200家企业提供银行授信60亿元，实际贷款15.75亿元。建立网上科技银行试点，加快推进科技信贷产品和服务模式创新。广州开发区招商银行科技专营机构（科技支行）已向36家科技企业贷款，金额4.2亿元。

二是设立专项资金扶持科技中小型企业发展。开展广州联合科技贷款风险准备金试点，广州亮维智能科技有限公司等40多家高科技企业获授信近6亿元，有30家企业提用近4.4亿元贷款，6家科技企业办理纯知识产权质押贷款，授信余额5 700万元；深化科技保险试点工作，首期300万元，试点区配套300万元，为5大类15种试点险种提供保费补贴，新增29家科技企业投保，科技保险在保金额达36.36亿元，保费金额64.46万元，科技保险赔付金额2.42万元。

三是积极开展企业融资对接会，拓宽科技企业发展融资渠道。市、区两级举办“政、投、保、银、企”各类对接活动约50多场，3 000多家企业、100多家创投、证券、保险和银行机构参加，协助近800多家科技企业获得贷款，实际贷款90多亿元。

完善科技金融服务平台　一是整合资源，培育一批科技企业上市。按照“培育一批、改制一批、辅导一批、上市一批”的思路，积极培育和引导服务科技企业在国内新三板、创业板、中小板、主板市场和境外资本市场上市，形成了科技企业上市梯队。2013年开展上市准备的企业25家，申报新三板企业64家，在广州股权交易中心挂牌交易科技企业300多家。番禺区、广州开发区两个示范区成效显著，成立“上市办”，开展“新三板”业务培训，搭建企业与境内外资本市场的沟通平台。

二是集聚发展，构建全方位、全过程的科技金融支撑体系。依托民间金融街、生产力促进中心等13个机构建立科技金融服务平台，直接面向科技企业提供科技金融服务。筹建广州市科技与金融结合促进会，搭建成为华南地区最有影响力的科技金融社会团体。建立科技企业（人才）信用数据库，实现科技管理、科技服务、科技金融各环节协同联动，形成科技研发—成果转化—创业孵化—企业成长等全方位、全过程的科技金融支撑体系，提升科技创新资源综合效益。

三是拓宽思路，加快推进科技与产业深度融合。深化科技体制改革，完善科技金融顶层设计，研究出台关于广州市促进科技与金融结合的工作意见，积极探索政府财政资金和社会创新资金共同投资企业的新机制，发挥市场对技术研发方向、路线选择、要素价格、各类创新要素配置的导向作用，强化“一个中心、两大示范区、三大平台”的科技金融推进体系，形成全国创建国家科技和金融结合试点城市示范亮点。

【科技基础条件】　2013年，广州市科研条件建设经费共4 340万元。支持重点实验室建设项目27项，经费支出2 700万元；省配套重点实验室项目2项，经费支出200万元；市科研基地1项，经费支出100万元；自然科技资源共享平台建设项目11项，经费支出600万元；市属科研机构中试及产业化项目14项，经费支出740万元。

国家超级计算广州中心　2013年6月，天河二号超级计算机系统以峰值计算速度每秒5.49亿亿次双精度浮点运算的优异性能位居第41届世界超级计算机500强排名榜首。这是继2010年天河一号首次夺得Top 500榜首后，时隔3年中国再次夺得世界第1的荣誉。中共中央总书记、国家主席、中央军委主席习近平为此作批示，热烈祝贺取得该成绩并提出了勉励。11月20日，天河二号又再登第42届世界超级计算机500强榜首，是中国超级计算机首次蝉联世界第1。天河二号主机系统已于2013年10月运抵广州超级计算中心，并完成了设备硬件安装，计划于2014年初投入试运行。

2013年11月1日，在由科技部高新司主办，市科信局、中山大学承办的国家超级计算广州中心建设方案专家论证会上，以北京航空航天大学钱德沛教授为组长的8名国内知名专家一致通过国家超级计算广州中心建设方案。11月18日，科技部正式批复同意组建“国家超级计算广州中心”（以下简称“超算中心”）。超算中心坐落在广州大学城中山大学校区，总建筑面积42 332平方米，由广东省人民政府、广州市人民政府、国防科技大学、中山大学共同建设，是广州市重点建设的科技一号工程，是助推战略性新兴产业发展、支撑国家创新型城市和智慧广州建设的重大战略性基础设施，是融高性能计算、海量数据处理、信息管理服务于一体的世界一流超算中心。

超算中心一期建设工作已基本完成。经市政府审议通过，广州超级计算中心作为市政府下属事业单位，实行理事会领导下的主任负责制。制定了广州超级计算中心的资产归属方案及运营方案，明确了资产归属，为探索创新管理模式奠定基础。成功适配了50多项应用，其中，气象预测、CAE设计、生物医药、动漫多媒体等重点应用领域均已在先导系统上部署软件并成功运行。于2013年下达年度专项扶持资金1 000万元，组织引导社会力量开展高性能计算和海量数据处理应用研发。充分发挥超算应用联盟的作用，做好高性能计算的宣传和推广工作。

重点实验室　截至2013年年底，全市共有国家重点实验室17家，省级重点实验室196家，市属培育重点实验室78家，其中企业重点实验室22家。广州市重点实验室基本覆盖了信息与通信，先进制造，新能源与节能，生物、医药与健康，新材料，资源与环境，现代农业等广州市战略性主导产业领域，实现了地方重点实验室与国家、省重点实验室的有机衔接，实现从基础研究、应用基础研究到应用开发研究的全覆盖。培养了一支较强实力的研究队伍，引进或培养高级职称（或博士以上学历）89名，其中中央“千人计划”3人，省部级各类人才计划12人，市“创新创业领军人才百人计划”3人、中级职称（或硕士学历）236名。主持或参与制定国际、国家以及行业标准共计28项。

【技术创新专业镇】　2013年，市科信局进一步组织实施了广州市专业镇建设专项，市本级财政共投入500万元，带动各街镇及社会投入更多资金建设专业镇，共支持5个镇（街）开展技术创新公共服务能力建设。

通过支持省级专业镇搭建具有产业特色的技术创新公共服务平台以及信息共享平台，有效提升平台的研发设计、检测检验、信息共享、品牌提升、电子商务等方面的服务水平，强化各创新服务平台对专业镇的服务延伸，形成资源共享、协同服务的专业镇创新公共服务体系。省级专业镇——同和专业街以广州白云山和记黄埔中药有限公司为主体，以制药产业市场需求为导向，以现代医药、传统中药二次开发药品为重点，建设现代医药创新公共服务平台，加快周边区域医药产业链的完善，加速现代医药产业的集群化和规模化。

鼓励已形成特色产业集聚效应的街镇开展技术创新公共服务平台建设。对尚未获得省级专业镇，但已形成特色产业集聚效应的街镇，支持其依托第三方机构开展公共创新服务平台建设，为街镇内的企业提供各类创新服务，提升企业的竞争力，促进产业的转型升级，为街镇申报省级技术创新专业镇打下良好基础。海珠区人民政府和广州金域医学检验中心有限公司联合建设生物技术检验检测公共服务平台，充分发挥区内生物科技资源优势，促进产业的规模化、集群化发展。赤岗街道依托TIT创意产业园，通过创业培训、技术产权交易、创业投融资以及专业技术手段支持、技术设施供给和专业人才培养等服务，满足创意企业成长的共性和个性需求，吸引省内和国内外各类创意企业的入驻，以进一步促进赤岗文化创意产业的全面发展。从化城郊街从特色农业切入，瞄准花卉产业，依托省级现代农业产业园万花园，建立面向园区花卉生产、科研企业、种植花农和产业链相关的企业和个人的花卉生产科技服务平台，使区域特色更加鲜明、从化花卉品牌更加强劲。

【特色产业基地】

广州国际生物岛　2013年，广州国际生物岛进一步加强配套服务体系建设。积极引进广东吉美博抗体药业有限公司、广州同佳医疗科技有限公司、军事医学科学院华南干细胞与再生医学研究中心、美国华人生物医药科技协会等一批重大项目，推进落实广药研究总院等一批重大项目入岛。截至2013年年底，已有75家企业获得广州开

发区管委会批准入驻生物岛。组织第3届中英生物科技之桥系列活动、中以生物科技之桥系列活动并与古巴签订《项目合作意向书》。

国家数字家庭应用示范产业基地　2013年，国家数字家庭应用示范产业基地以试点应用为主导，通过10万用户级数字家庭应用示范工程项目的推广，以整机产品的试点应用带动国产数字终端主芯片及基础软件的产业化，形成包括芯片研发、系统集成、整机制造、软件开发、服务运营等完整的产业链。截至2013年12月，基于科技部科技支撑项目“数字家庭文化公益服务应用示范”的实施，数字家庭基地新增标准5项，新增专利216件，专利池专利总数已达1 900多项。国家数字家庭产业基地已建成孵化器总面积约4万平方米，引进并孵化企业超200家，其中2013年新孵化企业41家，完成产值20亿元。在番禺区探索“机顶盒+迷你电脑+金卡”的“三网融合在电视”的整转模式，推动基于机顶盒推送单向高清直播节目，基于迷你电脑推送双向互动增值业务和数字电视金卡实现认证与支付一体化的技术方案的实现，推动家庭网关中试及十百千万户级试点应用。

花都光电科技产业基地　2013年，花都光电科技产业基地作为广州市首批战略性新兴产业基地，重点发展半导体发光器件、LED照明产品、电子音响等产业，规划总面积15平方公里，已开发面积3平方公里，累计完成投资金额超过6亿元。基地在光电科技产业发展上不断深化、细分，逐步形成较完整的光电科技产业链，提升了广州地区光电科技产业的整体水平，致力打造成为全国LED照明产业基地和集光电产业链相关的技术、资金、人才、服务等多功能于一体的产业中心。截至2013年年底，已有鸿利光电股份有限公司、亮美集灯饰有限公司等多家知名光电企业陆续落户基地。

【知识产权工作】

制度建设　广州市印发了《广州市知识产权工作领导小组工作规则》，明确工作职责和分工；印发了《广州市知识产权人才集聚工程工作方案》，对广州市“十二五”期间知识产权人才队伍建设提出了全面规划。制定了《2013年促进区（县级市）专利创造发展工作指导意见》，组织召开座谈会、专利代理工作会议、培训班等，通过科学安排指标、分解任务、培训引导、政策支持等一系列措施，实现专利申请量、授权量稳步增长。制订出台了《广州市举报假冒专利行为奖励办法》，给予举报人500～50 000元的奖励。

专利创造　全年专利申请39 751件，同比增长18.9%，其中发明专利申请12 156件，同比增长23.8%；专利授权26 156件，同比增长18.6%，其中发明专利授权4 055件，同比增长0.5%；PCT国际专利申请463件，同比增长43.3%。截至2013年年底，广州市有效发明专利15 554件，专利密度1 211件/百万人，高于全国的402件和全省的901件，实现了专利创造数量和质量的“双提升”。

专利奖励　全市组织开展了第2届“广州市保护知识产权市长奖”和第2届“广州市专利奖”评选活动，奖励总额达968万元；组织广州市企事业单位参评第15届中国专利奖，共获得20项优秀奖，获奖数量再创新高；组织参评2013年广东专利奖，广州市获得7项金奖和16项优秀奖，金奖数量和获奖数量位居全省首位。

专利信息平台建设　建设了全市汽车新能源电池产业专利数据库，开发了广州市进出口专利预警平台，全年网上审核通过专利转让信息30项，已建立荔湾区、番禺区、白云区、黄埔区、增城市5个区县平台和华南理工大学专利技术展示交易平台等区域二级展示交易平台。

试点示范培育工程　积极组织区县、企业申报各级试点示范培育工程，开发区创建国家知识产权示范园区。花都区被认定为国家首批知识产权强县工程示范区，越秀区、萝岗区成为国家第2批知识产权强县工程试点区，广东威创视讯科技股份有限公司、京信通信系统有限公司被认定为国家级知识产权示范企业，广州中一药业公司等6家企业被认定为国家级知识产权优势企业。

质押融资和专利保险试点工作　制定了《广州市专利权质押融资操作指引》，规范了质押、担保、评估、资助等工作程序。2013年，全市参与质押融资企业14家，融资额度5亿元；探索利用保险的形式为专利权维权提供资金支持，与中国人保广州分公司签署了《广州市专利保险试点框架合作协议》，并举办了“保险护航知识产权·专利保险试点推进会”，引导21家企事业单位的28件优秀专利参与投保“专利执行险”，总保额62.4万元。

专利执法　全市12个区县全部建立起打击侵权假冒工作协调机制，加强与刑事司法部门衔接；加大涉及民生领域、重点项目、优势企业的专利行政执法力度，确定了37个重点市场。据统计，全年共开展市场专项检查26次，出动执法人员1 194人次，专利侵权假冒案件立案242件，结案241件，继续保持稳定增长，其中专利侵权纠纷立案133件，同比增长137.5%，结案125件，同比增长54.3%，查处无资质从事专利代理行为案件3件。继续加强展会执法保护，全年市区两级知识产权局共在27个展会查处案件441件，其中广交会343件。在2012年度全国专利行政执法绩效考核中，广州市名列第1，广州市知识产权局调处的一宗摩托车专利侵权纠纷案入选全国知识产权保护十大案例。“市区联动、重心下移”战略突显成效。借助广佛同城、穗莞、广清合作、泛珠三角区域、粤闽沿海城市等专利行政执法协作机制，广泛开展跨区域专利行政执法。

大力加强对基层执法队伍建设的指导，全年共培训区县执法人员58人次，指导区县查处案件255人次，区县知识产权局共立案167件，办结152件，所办案件占全市专利执法案件69%。

【科技交流与合作】　2013年，广州市组织的对外科技合作项目（包括创新平台对外合作平台项目）8项，支持资金435万元；国际会议项目4项，支持资金35万元；企业攻关难题招贤项目10项，支持资金500万元。参与合作项目中的留学人员有7名来自美国，2名来自加拿大，1名来自英国；与伯明翰大学、乌克兰国家科学院及香港科技大学等国际科技合作项目14项，安排支持资金1 430万元；滚动支持2012年与伯明翰大学合作项目1项，支持资金100万元。

2013年，市科信局支持的国际技术合作平台类项目总数增长到31个，较2011年增幅达287.5%，项目建设总投入达1 857万元，其中包括17个国际合作平台，穗港澳合作平台14个。据统计，各类国际科技合作平台累计获发明专利53件、软件知识产权1项、著作权2项。在国内外学术期刊发表论文172篇、各类报告汇编5篇。组织或参加各类国内外学术交流、研讨会议、讲座51次，签署国际协议、备忘录4份。培养和引进高端人才97人，项目领导人、参与人在项目期间荣获各类殊荣2人，惠及产业30余个，企业近百家。

积极开展对外交流工作，组织赴德国莱比锡和美国参加2013年国际超级计算大会，赴葡萄牙与科英布拉市缔结友好合作城市关系等活动，全年共接待来访外宾136人次。

与乌克兰国家科学院合作　2013年10月，在乌克兰基辅市召开了中国广州市人民政府与乌克兰国家科学院科技合作联合委员会第2次会议，总结和部署了年度工作。联委会成立以来，双方推介项目达90多个，达成合作意向近50个。据统计，广州市共有几十家高新技术企业和研究机构参与了中乌的国际科技合作，实现技术对接42项，达成正式合作签约25项，其中17项获得政府立项，市政府资助经费达1 330万元，已建立3家国际科技合作基地、2家联合研发中心。广州市与广东省支持乌克兰国家科学院巴顿焊接研究所和广东省工业技术研究院联合共建了中国—乌克兰巴顿焊接研究院。

与英国伯明翰大学合作　2013年10月，在英国伯明翰市召开了中国广州市人民政府与英国伯明翰大学合作指导委员会第3次会议，总结和部署年度工作，双方签署了《深化和扩大合作备忘录》。2013年通过评审立项的第3批科技合作项目5个，市财政共资助600万元。

国际科技孵化基地建设　2013年，作为广州国际科技孵化基地（试点）培育期的第1年，11家基地共引进外籍创新人才102人，国际创新、创业团队39个，引进国际研发机构、建立联合研发中心、重点实验室等机构平台12个，引进或研发、转化先进科技成果28项，建设国际科技孵化基地面积18万平方米，投入孵化资金（含风投资金）2.58亿元，创造就业岗位3 057个。总体建设目标完成率达到98%。认定广东大华仁盛科技集团有限公司、广州市光机电技术研究院为第2批广州国际科技孵化基地（试点）。

【科普工作】　2013年，广州市科普工作按照市委、市政府工作部署，大力加强科技创新和智慧城市建设宣传，着力推动科普法规和政策建设，举办系列科普活动，加快科普基地建设，取得显著成效。

科普法规和政策建设 完成《广州市科学技术普及条例》修订起草工作，该条例被市人大列为2014年正式立法项目。正式印发《广州市科学技术普及行动计划（2013—2015年）》，该文作为广州市科普工作的总指引，有目标、有任务、有措施，对全市科普工作重点作总体部署。起草落实市人大常委会关于检查科普法和科普条例实施情况的报告的审议意见的整改措施及研究处理情况，经市政府审定后报市人大常委会。围绕市人大科普法和科普条例执法检查中存在的问题，市科信局组织专题调研小组赴上海和北京两地进行科普工作专题调研，学习外地先进城市科普工作经验，形成调研报告报市领导。

主要科普活动 2013年，广州科技活动周以“创新科技，智慧生活”为主题，市、区（县级市）两级联动，科普基地、高校、科研院所共同参与，在环保、健康、防震减灾、智慧城市建设等组织开展了105项贴近实际、贴近生活、贴近群众的科技宣传活动，活动形式涵盖了展览、讲座、论坛、竞赛、咨询、义诊、互动体验等。

全年共举办珠江科学大讲堂6期，分别邀请了国内知名院士专家周克崧院士、国防科技大学计算机学院李楠副院长、刘颂豪院士、刘焕彬院士、何镜堂院士、叶培建院士等作专题报告，向公众普及广州市重点发展领域和最新科技前沿相关知识。与《南方都市报》合作，开设“感知科学”科普宣传专题。举办海洋六号“太平洋——广州”海洋科普讲堂、“两米阳台，栽种未来”盆栽蔬菜进家庭活动等系列科普活动。

继续组织广州地区高校、科研院所和企业编写创作高新技术科普丛书（第2辑）共8本，举办高新技术科普丛书第2辑首发式暨科普报告会，丛书领域包括智慧城市、生物健康、海洋与开发、纳米技术等广州市重点发展的产业。

科普基地建设 对第1、第4和第5批市科普基地共29家单位进行3年一次的考核。保留广州气象卫星地面站等27家单位市科普基地称号，取消广州天河航天奇观、广州南沙科学展览馆等2家单位的市科普基地称号。开展新一批市科普基地认定，共有31家单位申报。为广州地区各科普基地近200名科普讲解员举办了《比赛要素分析及比赛要则》讲座，有效提升讲解员的综合业务素质和展教水平。依托广州科普基地联盟，继续组织开展“广州科普基地联盟校园行”系列活动，华南植物园、广州气象卫星地面站、广东中医药博物馆等11家科普基地将展品等科普互动设施搬到增城市实验中学、大鹏中学，为农村的学生送去科普大餐。

【防震减灾】 2013年度广州市防震减灾工作在广东省市县防震减灾工作年度考核中，以全省评分第1名的成绩获评为“先进单位”；在中国地震局的年度考核中，获评为“综合考核先进单位”。白云区地震局在中国地震局、省地震局的年度考核中，均获评为县级防震减灾工作“先进单位”。该市快速、准确、高效应对2月22日河源4.8级地震、4月20日四川雅安7.0级地震等震情。

地震安全示范工程 “荔湾区地震安全示范区”项目建成并通过验收，正办理申报“全国地震安全示范区”工作，力争成为广东省首个地震安全示范区。全年建成地震安全示范社区5个并全部获评为省级示范社区，其中2个更获评为国家级示范社区。截至2013年年底，已建成示范社区11个。民生科技重大专项“地震小区划项目”进展顺利，已累计完成地震小区划面积216平方公里，创造性地实现小区划成果数字化工作。

地震应急和防震减灾宣传 全市开展多层次的地震应急演练活动超过20场，其中，结合“5·12”防灾减灾日以及纪念汶川地震5周年，市地震局联合市民政局、天河区科信局在华南农业大学举办了一场规模超万人的地震应急演练及科普宣传活动。进一步健全广州市地震应急预案体系，修订《广州市地震应急预案》并由市政府印发。积极筹备并申报项目，计划利用市地震局一楼已有场地建设具有创新科技手段、突显广州特色的防震减灾科普馆。

（广州市科技和信息化局 刘时良）

深 圳 市

2013年，深圳市科技创新工作紧紧围绕主题主线，以“深圳质量”为标杆，大力实施创新驱动发展战略，发挥创新在稳增长、调结构、转方式、促转型、惠民生中的支撑引领作用，推动经济发展从要素驱动向创新驱动转变，国家创新型城市建设取得了明显成效。全年，深圳全社会研究与开发经费研发投入占GDP比重达到4%，提前达到“十二五”规划目标；高新技术产品产值1.4万亿元，同比增长9.5%；PCT国际专利申请量占全国的49%，连续10年居全国首位，每万人拥有发明专利数量58.61件，继续保持全国第1。

【科技政策环境】 2013年，深圳市深入贯彻落实《关于努力建设国家自主创新示范区 实现创新驱动发展的决定》《关于深化科技体制改革 提升科技创新能力的若干措施》等“1+10”政策文件，出台了《深圳市科技研发资金投入方式改革方案》《深圳市科技类民办非企业单位免税资格确认服务实施办法》《深圳市3D显示技术研发应用及产业化实施方案》等政策规定，从科技金融创新、税收减免、重点产业布局等方面，大力加强了对自主创新工作的支持，进一步夯实了自主创新体系的政策基础，完善了创新政策法规体系。

【民营科技】 深圳拥有3万多家科技创新企业，确立了企业在技术创新中的主体地位，呈现出“6个90%”的鲜明特征，即90%的创新型企业为本土企业、90%的研发人员在企业、90%的研发投入源自企业、90%的专利产生于企业、90%的研发机构建在企业、90%以上的重大科技项目由龙头企业承担。以需求为导向，以应用促发展，发挥企业在技术创新决策、研发投入、科研组织和成果转化中的主体作用。全市有1 332家企业享受到了2012年度企业研发费用税前加计扣除优惠政策，加计扣除额191.6亿元，减免所得税约52亿元。

【产学研合作】 2013年，深圳市新增科技特派员251个，组织申报省部、省院产学研结合项目386项，项目涵盖了新能源、电子信息、软件、新材料、生物医药、先进制造以及环保等领域，涉及全市近400家企业以及163所高等院校和科研院所。围绕该市产业需求和战略布局，新组建了3D显示产业联盟、新一代信息技术产业创新联盟以及生物医药产业技术创新联盟等3个产业技术创新联盟，基本完成了在各战略性新兴产业的联盟布局。

【创新能力建设】 2013年，深圳市核心技术攻关能力显著增强，4G技术、基因测序分析、超材料、新能源汽车、3D显示等领域核心技术自主创新能力位居世界前列。创世纪种业有限公司和冯树英团队F型杂交小麦技术突破世界难题，每亩可增产15%，成为近期我国农业领域最大的科技创新之一。深圳市光峰光电技术有限公司开发出创新性的激光电源，激光显示技术领跑世界。深圳市洲明科技股份有限公司研制出全球首台裸眼3D LED超级电视，显示了裸眼3D技术的重大革新。腾讯、比亚迪等公司的4件发明专利获“中国专利金奖”，占全国的20%。

2013年，该市新增重点实验室、工程中心、公共技术平台等创新载体176家，累计达955家。大力支持先进技术研究院、光启理工研究院、华大基因研究院等新型科研机构发展，截至2013年年底，先进技术研究院专利申请量累计达2 143件，其中发明专利占90%，2013年专利新申请量居中科院第1位。光启理工研究院在世界范围内累计申请了2 443件超材料领域核心技术专利，占该领域专利申请总量的86%。华大基因研究院已在《自然》《科学》等世界顶尖学术期刊上发表250余篇论文，在自然出版集团发布的《2013年亚太地区自然出版指数》（NPI 2013 Asia-Pacific）中名列全球科研机构第87名，中国科研机构第5名。

【科技服务体系】 2013年，深圳继续完善科技服务体系建设，发布实施了《深圳经济特区技术转移条例》。截至2013年年底，全市已登记备案的技术转移机构共42家，其中国家级技术转移示范机构8家；共25家科技服务企业（机构）被认定为“广东省科技服务业百强企业（机构）”。2013年，根据技术合同登记统计，深圳市技术交易规模275.9亿元，同比增长86.2%，占广东省的40%以上，连续多年居计划单列市第1位。2013年，深圳市引进国际技术438项，技术交易金额156.7亿元；技术输出200项，技术交易金额9.6亿元，共流向了20多个国家和地区，其中规模相对较大的有美国、日本、新加坡和中国香港等国家和地区。

【科技计划项目】 2013年，深圳市深化科技管理体制改革，所有科技计划项目实现网上征集、申报、受理、评审、评估、考察、合同签订以及资金拨付程序的“一站式”办理，促进了科技管理与决策的规范化、法治化、科学化和民主化。

发布实施《深圳市科技投入方式改革方案》，创新科技投入方式，从单一无偿投入向“无偿+有偿”多元组合方式转变，充分利用财政资金引导、放大和激励的作用，全面撬动银行、保险、证券、股权基金等资本市场各种要素资源投向科技创新，发挥市场配置科技资源的决定性作用，提高财政资金使用效益。健全听证公示、社会咨询、专家论证和效果评估制度，提高决策的科学化、民主化水平。取消政府对科技成果的评价制度，鼓励第三方机构组织实施科技成果评价。

全年共受理深圳市科技计划项目（不含孔雀计划）7 112个，从该市科技研发资金、战略新兴产业资金合计支出约17.9亿元；共获广东省科技计划立项项目3个，资助金额78万元。

【科技成果与奖励】 深圳市共获2013年度国家科学技术奖9项，在国内各大城市中位居前列。其中，北京大学深圳研究生院参与完成的“有机分子和金属不对称催化体系及其协同效应研究”项目获国家自然科学奖二等奖；华为技术有限公司参与完成的“异构多域无线网络协同安全关键技术及应用”、中兴通讯股份有限公司参与完成的“信息密度非均匀下的异构无线组网新技术”等4个项目获得国家技术发明奖二等奖；国家超级计算深圳中心参与完成的“曙光高效能计算机系统关键技术及应用”、深圳微芯生物科技有限公司参与完成的“中药安全性关键技术研究与应用”等4个项目获得国家科技进步奖二等奖。

获奖项目呈现以下特点：一是同一年度获奖项目首次涵盖自然科学、技术发明、科技进步三大奖项；二是获奖项目含金量提高，技术发明奖4项，占获奖项目的45%；三是该市优势通信产业项目继续保持优势；四是除优势项目外，化学、农业、生物医药、生态环保项目开花结果；五是华为连续7年每年获得国家科技奖，彰显其持续创新活力。

在2013年度广东省科学技术奖获奖项目中，深圳市共有39个获奖项目，占全省奖项的15%。其中，深圳市南山区人民政府的“深圳市南山区科技服务体系建设及运行模式的创新与实践”获特等奖；中兴通讯股份有限公司的“高性能LTE基站商用系统”、深圳大学的“云数据交换和服务调度平台及应用”、宇龙计算机通信科技（深圳）有限公司的“面向3G/4G无线通讯增值服务的酷云系统”等7个项目获一等奖；飞亚达（集团）“高精度多功能机械手表机心制造技术及应用”等11个项目获二等奖；深圳雷曼光电科技股份有限公司“高防护等级贴片式LED”等20个项目获三等奖。

【高新技术及战略性新兴产业】

高新技术产品产值 2013年，全市实现高新技术产品产值14 159.45亿元，同比增长9.5%。其中：电子信息高新技术产品产值12 442.42亿元，同比增长9.5%；新材料及新能源高新技术产品产值789.66亿元，同比增长9.3%；光机电一体化高新技术产品产值682.88亿元，同比增长9.1%；生物技术高新技术产品产值147.78亿元，同比增长10.2%；环保高新技术产品产值96.71亿元，同比增长8.5%。

高新技术企业 截至2013年年底，深圳市从事高新技术产品研发和生产的企业3万多家，经认定在有效期内的国家级高新技术企业3 836家，同比增长33.8%，市级高新技术企业1 833家，同比增长37%。

深圳高新区 2013年，深圳高新区高新技术产业实现工业总产值5 208.19亿元，同比增长10.79%；每平方公里规划面积实现工业总产值约452.9亿元，继续居全国高新区首位；专利申请量、发明专利申请量继续居国家级高新区第2位，国际专利（PCT）申请量连续多年居国家级高新区首位。在科技部组织的全国国家级高新区综合评定中，深圳高新区排名第2，在广东省组织的高新区考核中综合排名第1，荣获国家首批“创新型产业集群试点”单位。

战略性新兴产业　为抢占经济科技制高点，深圳率先制定了生物、互联网、新能源、新材料、文化创意和新一代信息技术六大战略性新兴产业振兴发展规划与政策，全力推进经济结构战略性调整，打造具有国际竞争力的战略性新兴产业集群。该市设立专项资金，规划建设12个产业基地和11个产业集聚区，组建生物、超材料等产学研资联盟，围绕产业需求部署创新链，集中力量突破关键共性技术，积极开展重大产业共性技术和关键技术的研究开发与应用示范，推动六大战略性新兴产业规模实现年均增速24.1%，是同期GDP增速的2倍以上，成为转型升级中加快发展的重要力量。2013年，全市战略性新兴产业产值1.63万亿元，增长19.8%，对经济增长贡献率超过50%。

【农业科技】　根据《深圳市科学技术发展“十二五”规划》，“十二五”期间，深圳生命科学与生物技术将重点和优先发展具有自主知识产权的创新药物以及基因测序、生物治疗、生物育种等生物技术，大力发展生物制造、生物农业、生物环保、海洋生物技术，着力打造现代农业生物育种创新示范区。该市创世纪种业有限公司和冯树英团队F型杂交小麦技术突破世界难题，每亩可增产15%，成为近期我国农业领域最大的科技创新之一。

【科技人才队伍】　2013年，深圳市拥有各类专业技术人员108万人，其中科技研发人员31万人，仅次于北京（32.2万人），位列全国大中城市第2位，占广东省的34.7%。全市共认定高层次专业人才2 762名，其中：杰出人才8名，国家级领军人才174名，地方级领军人才1 297名，后备级人才1 283名。在深全职工作的两院院士10人，“973计划”首席科学家7人，国家杰出青年基金获得者10人，长江学者6人，国家“千人计划”85人，广东省领军人才6人，鹏城学者58人。

【科技金融】　2013年，深圳市充分利用金融业发展优势，推动科技和金融紧密结合，加大资本市场对科技型企业的支持力度，形成了包括银行信贷、证券市场、创业投资、担保资金和政府创投引导基金等覆盖创新全链条的金融服务体系。截至2013年年底，深圳金融总资产超过5万亿元，VC/PE企业数量约占全国的1/3，营造了科技、金融、产业相互融合相互促进的良好环境。为解决中小企业特别是科技型小微企业融资难、融资贵问题，深圳主要采取以下举措：一是加大对小微企业的信贷倾斜力度，放宽小微企业不良约束，改进信贷考核体系，贷款容忍度提高至5%；二是规范银行服务收费；三是加强科技型小微企业专营服务机构建设；四是大力推动实施中小企业信用增信计划；五是落实中小微企业信用保险相关政策。

【科技基础条件】　2013年，深圳市加强城市重大科技基础设施建设。国家超级计算深圳中心曙光6000超级计算系统运行稳定，累计发展企业用户1 500多家，个人用户约100万个；科技管理云服务系统在国家省市区的多个单位得到应用，承担17个国家地方课题项目，参与编写2个云计算相关国家标准。

探索建立科研仪器和设备制定资源共享机制，降低科技创新成本。坚持“统筹规划、弥补短板、控制增量”原则，围绕重大民生需求，集中在医疗卫生与食品安全、资源环境与生态、城市建设与公共安全等民生领域布局建设新的创新载体。全市各级重点实验室承担国家级项目1 372项，累计经费15.5亿元；各级工程中心累计申请专利1 806件，其中发明专利1 110件，承担国家级项目59项，获得国家级大奖28项。

【知识产权工作】　2013年，深圳市专利申请量与授权量继续保持快速增长，国内专利申请量超过8万件，同比增长10.3%，其中发明专利申请量32 208件，发明专利授权量10 987件，居全国大中城市的前列；PCT国际专利申请量超过1万件，同比增长25.2%，连续10年居全国第1位。截至

2013年年底，全市累计有效发明专利超过6.2万件，居全国大中城市第2位，发明专利密度（每万人拥有的有效发明专利数量）58.61件，高居全国大中城市榜首，是全国平均水平（4.02件）的14.6倍。在2013年我国副省级城市（不含港澳台）发明专利拥有量和发明专利授权量榜单上，深圳市均蝉联第1。2013年，全国发明专利授权量排名前十强企业中，深圳的华为技术有限公司、中兴通讯股份有限公司、深圳海洋王照明科技股份有限公司、比亚迪股份有限公司、华为终端有限公司5家企业入选。

2013年，深圳市知识产权保护水平不断提高，执法协作机制逐步完善。市政府专门成立打击侵犯知识产权和制售假冒伪劣商品工作领导小组，领导小组办公室设在深圳市市场监督管理局（知识产权局），各区也相应成立了打击侵权假冒工作领导小组，全市打击侵权假冒工作协调机制正式确立。深圳市打击侵权假冒工作领导小组和知识产权联席会议充分发挥沟通协调平台作用，不断完善行政部门之间以及地区间知识产权行政执法协作机制，畅通知识产权执法部门之间的信息共享和协作机制。深圳市市场监督管理局（知识产权局）开展了网络侵权盗版专项治理"剑网行动"，知识产权执法维权"护航"行动、全省专利执法统一行动、打击黑代理等专项治理行动，全年共办理商标案件1 120宗，罚款629.06万元，移送司法机关51宗；办理专利案件212宗；办理版权案件86宗，罚款4.05万元，移送公安机关15宗。

【科技交流与合作】 2013年，深圳市深化与以色列、比利时、匈牙利、加拿大等国的科技交流合作，推动英国、美国、澳大利亚等国家在深圳设立研发机构或技术转移机构。深圳国际科技商务平台累计引进34个国家和地区的56家境外科技机构入驻，与国外104家技术转移机构建立联系，签署合作协议2家，共引进技术253项。

推进深港创新圈建设，加强深港两地在科技、民生、教育、文化等领域合作。截至2013年年底，深港创新圈联合资助计划（2007—2013年）共资助深港联合研发项目57个，深圳单方资助项目227个，深港两地共投入资金约3.5亿元；香港在深设立各类科研机构43家，累计研发项目超过400个，注册企业16家；在南山云谷建成首个深港青年创新创业基地，为深港两地青年搭建科技交流合作平台。

【科普工作】 2013年，深圳市科协以科技活动周、科普活动日、青少年科技竞赛、自主创新大讲堂、全国大学生数学建模夏令营等科普活动为抓手推动全市科普工作。全年共举办"自主创新大讲堂"130场，与市委组织部联合主办"干部学习专场"12场，"创新型城市管理"20场，系列科普讲座78场，共邀请演讲嘉宾170人次，参与听众25 000人次以上。2013年4月，承办了第28届广东省青少年科技创新大赛，近500人观摩了比赛。大赛以"创新·体验·快乐·成长"为主题，共收到参赛作品1 378项。深圳市在本次大赛上共获得青少年科技创新成果竞赛一等奖6项、二等奖9项、三等奖13项。

（深圳市科技创新委员会　李奇松）

珠 海 市

2013年，珠海市连续12年第7次被评为"全国科技进步先进市"，创新能力居于全国前列。全社会研究开发（R&D）经费投入超过40亿元，4年间增长超过1倍，占GDP比重达2.55%。三一海洋重工OTL团队入选广东省第4批创新创业团队。

【科技政策环境】 2013年，珠海市全面落实《珠海经济特区科技创新促进条例》，全市本级科学技术支出12.13亿元，占全市本级财政一般预算支出比例的4.8%，同比增长37.36%，高于本级财政经常性收入增长率18个百分点。出台实施《珠海市科工贸信类产业扶持资金管理改革方案》《珠海市公共技术服务平台资金管理暂行办法》《珠海市创新科研团队配套专项资金管理暂行办法》及《珠海市企业研究开发费补助资金管理暂行办法》等政策措施，进一步完善科技政策环境。

【民营科技】 2013年，珠海市新认定广东宝莱特医用科技股份有限公司等10家市级民营科技企业，全市市级民营科技企业累计达到57家。积极推动民营企业不断完善科技创新体系，全市民营企业中拥有国家级和省级工程中心、企业技术中心59个，省级民营企业创新产业化示范基地10个。鼓励引导民营企业自主创新，全市经认定的高新技术企业60%属于民营企业。

【产学研合作】 2013年，珠海市与中国科学院广州分院签署《珠海市人民政府 中国科学院广州分院科技合作协议》，继续拓展与科研院所的产学研合作空间。实施科技特派员计划，引进企业科技特派员23名。根据《珠中江区域产学研合作框架协议》，在珠海市组织召开珠中江产学研合作联席会议及产学研对接活动，促进珠中江三地产学研合作和交流，推动产业共性技术与服务平台实现开发和共享。组织软件、电子信息、生物医药等企业赴北京、成都、上海等地高校进行产学研合作交流，促成企业与相关高校的产学研合作开发；结合珠海企业技术需求和各高校的学科优势，多次组织开展电子信息、生物医药等领域的产学研合作及成果转化对接活动，为高校和企业搭建了一个良好的沟通交流平台。在第7届中国产学研合作创新大会暨第2届全国会员代表大会上，珠海罗西尼表业有限公司获得中国产学研合作创新奖（单位），珠海市科技工贸和信息化局获得中国产学研促进奖。

【技术创新工程】 2013年，全市新增各级工程中心55家，企业技术中心11家，其中新增省级工程中心45家，依托广东宝莱特医用科技股份有限公司组建的广东省医用电生理检测仪器工程技术研究中心等12家工程中心入选2013年第1批省级工程中心立项名单。截至2013年年底，全市共有工程中心122家，其中国家级4家，省级69家，市级49家；共有企业技术中心165家，其中国家级2家，省级33家，市级130家。

2013年，广东龙丰精密铜管有限公司、珠海安联锐视科技股份有限公司和珠海越亚封装基板技术股份有限公司3家企业被认定为广东省创新型试点企业。珠海天威飞马打印耗材有限公司、广东江龙船舶制造有限公司和广东佳和通信技术有限公司等3家企业被认定为广东省创新型企业，全市经认定的广东省创新型（试点）企业总数累计达27家。

【科技服务体系】 截至2013年年底，全市拥有高新区创业服务中心（民营科技园）、清华科技园等5家科技企业孵化基地，其中国家级孵化器1家，省级孵化器4家，孵化总面积22.26万平方米，在孵企业数达267家，毕业企业12家，累计毕业企业181家，有效促进了技术创新成果的转化和初创型企业的培育发展。2013年，5家科技企业孵化器实现总收入11 135万元，同比增长2.83%，对孵化器内的公共技术服务平台投资额达306.12万元，同比下降11.09%，孵化基金总额10 972万元，同比下降74.91%。珠海市先后建立了南方软件产品检测中心、南方集成电路设计服务中心、南方网络检测中心、南方数字娱乐公共服务中心、珠海市国际信息检索中心等一系列公共技术服务平台，为高端新型电子信息产业的发展提供了良好的技术支撑。

【科技计划项目】 2013年，珠海市对科工贸信类专项资金进行了改革，出台企业研究开发费（R&D）补贴政策，替代一般科技类项目资助，全年共安排5 000万元，对218家企业研发活动给予资助。出台“扶优扶强”贴息政策，撬动金融资本加大投入，全年共安排5 000万元，对57家企业给予贴息支持。出台重点产业公共技术服务平台扶持政策，全年共安排1 616万元，对22个项目给予支持。

2013年，珠海许继电气有限公司的“配电网智能控制与管理系统”等4个项目获得国家火炬计划项目立项，珠海新华通软件有限公司的“基于RFID芯片植入混凝土质量联网监管系统”等22个项目获国家创新基金立项支持，获得资助经费1 380万元；广东佳和通信技术有限公司的“基于统一通信技术的企业微信系统的研发及产业化”等17个项目获广东省创新资金立项，获资助经费490万元。珠海市市级创新资金立项32项，资助经费900万元。

【科技成果奖励与技术市场】 2013年，珠海市登记科技成果73项。获得国家级科技奖励1项，中国铁建港航局集团有限公司参与完成的“长期循环动载下饱和软弱土地基灾变控制技术及应用”项目获2013年度国家科技进步奖二等奖。获得2013年度广东省科技奖项目11项，其中一等奖1项、二等奖5项、三等奖5项，丽珠医药集团股份有限公司、珠海保税区丽珠合成制药有限公司、丽珠集团丽珠制药厂和丽珠集团丽珠医药研究所合作完成的“原创新药艾普拉唑的研发与产业化”项目获一等奖。

珠海市颁发2012年度市科技奖励项目36个，其中市科技突出贡献奖2个，分别是珠海格力电器股份有限公司和珠海格力节能环保制冷技术研究中心有限公司合作完成的“新型高效无稀土磁阻电机的研发及其在变频压缩机和空调中的应用”项目和珠海全志科技股份有限公司的“移动智能终端应用处理器芯片”项目。珠海许继电气有限公司的“永磁操作机构开关控制器”等25个项目获得市科学技术进步奖，其中一等奖3个、二等奖9个、三等奖13个。珠海市鸿瑞软件技术有限公司的“网络通信记录分析系统”等9个项目获得自主创新促进奖。

2013年，全市技术合同核准登记555件，合同成交金额16.12亿元，同比增长69%。其中技术交易额15.5亿元，同比增长67%。

【高新技术与战略性新兴产业】

高新技术产业　2013年，全市新增国家高新技术企业63家，30家企业通过高企复审，高新技术企业总数累计达到335家，高企数量占规模以上工业企业数比重的36%，其中21家高新技术企业在海内外上市。高新技术产品产值达1811.74亿元，增长13.41%，占全市规模以上工业企业工业总产值比重达到53.65%。先进制造业、高技术制造业增加值占规模以上工业增加值比重分别提升至45.3%和24.2%，顺利完成实施《珠江三角洲地区改革发展规划纲要（2008—2020年）》“九年大跨越”的年度目标。

高新技术产业发展对工业增长的引领和支撑能力进一步增强，规模以上高新技术工业企业增加值同比增长14.2%，高于工业增速3个百分点。高新技术产业发展特色鲜明，细分行业竞争力逐步增强。以软件和集成电路设计为代表的高端电子信息产业快速发展，2013年软件企业主营业务收入320亿元，产业规模居全省第3位，6家企业被纳入国家规划布局内重点软件企业，4家入围中国软件业务收入百强企业。生物医药产业同比增长12%，连续7年保持两位数的增长，拥有丽珠集团等7家上市公司，是广东省重要的生物医药产业基地。

战略性新兴产业　2013年，珠海市许继电气被认定为省战略性新兴产业骨干企业；珠海赛纳打印科技股份有限公司、珠海越亚封装基板技术有限公司、珠海健帆生物科技股份有限公司、珠海润都制药股份有限公司、长园共创电力安全技术股份有限公司、广东龙丰精密铜管有限公司、珠海拾比佰彩图板股份有限公司7家企业被认定为省战略性新兴产业培育企业。根据省有关实施方案，获认定企业将在财政扶持、融资服务等方面享受相应的支持。

安排市财政资金7 227.86万元用于支持战略性新兴产业发展，以研发费用补助、贴息等方式对战略性新兴产业项目进行扶持培育，推进航空、软件与集成电路设计、新能源客车等省级战略性新兴产业基地建设。首批西锐SR20/22轻型飞机实现首飞，三一海洋重工、玉柴船用发动机、中国北车等项目相继投产，先进制造业增加值占规模以上工业增加值比重保持在45.2%。

【农业科技】 2013年，珠海市斗门生态农业园区获科技部批准成为第5批国家农业科技园区，为本市发展现代农业和将斗门建成国内一流的现代农业和生态旅游园区注入新动力。为了打造科技园区核心产业，园区积极申报中国河口渔业示范区，2013年11月，经中国渔业协会专家组评审通过，该园区荣获全国首个“河口渔业示范区”称号。

【科技金融】 2013年，珠海市继续发挥“四位一体”平台作用，为中小企业和科技企业融资提供服务。截至2013年年底，累计发放1 462笔贷款，贷款金额94.5亿元。其中，2013年共有289家企业获得21.9亿元的银行贷款，财政资金以超过

1：20的比例撬动银行资金支持中小企业发展，在发挥政府职能、共同分担贷款风险和减低中小企业融资成本方面取得明显成效。设立高新区企业融资增信平台，通过信息共享实现银企资金供需对接、企业融资增信功能，引导金融机构为该区企业、特别是科技企业提供融资服务。

【科技基础条件】 2013年，珠海市进一步完善科技文献资源、科学仪器设备、科技成果、产学研合作、专利信息服务等科技基础条件平台，对平台进行管理和维护，提高科技资源的利用效率，推动社会整体自主创新能力提升。截至2013年年底，珠海市共拥有国家重点实验室在珠海设立分支机构5家，广东省企业重点实验室1家，市级公共实验室13家。

【技术创新专业镇】 经广东省认定，珠海市共有技术创新专业镇6个，包括：以优质水产养殖为特色产业的白蕉镇、以电子信息为特色产业的井岸镇、以生物医药为特色产业的三灶镇、以游艇制造为特色产业的平沙镇、以打印设备及耗材为特色产业的南屏镇以水产养殖为特色产业的莲州镇。

2013年，全市6个专业镇工农业总产值达到1 167.62亿元，规模以上企业441个，名牌产品68个，驰名商标51个。6个技术创新专业镇共有创新服务机构33个，全镇与大学、科研院所共建科技机构21个，专业镇特色产业网站13个，特色产业依托的专业市场6个，特色产业相关的会展机构4个，服务于特色产业的金融担保机构13个。另外，参与产学研合作的企业57个，承担产学研合作合同项目260个。公共创新服务平台已完成投资8 655万元，创新平台主持和参与的研究项目8个。专业镇政府科技投入7 732万元。位于专业镇内高新技术企业有85家，科技人员有25 219人。当年专利申请量756件，其中发明专利157件，占20.77%；专利授权473件，其中发明专利89件，占18.82%。累计专利授权量2 081件，增长29.42%。

【知识产权工作】 2013年，全市专利申请量8 017件，同比增长12.96%，授权量4 805件。其中，发明专利申请量2 729件，同比增长19.33%，每百万人发明专利申请量1 724件，排名连续3年保持全省第2位。发明专利与实用新型专利申请的比重达到82.62%，比全省平均比重高21个百分点，全年企业申请专利7 037件，占全市专利申请总量的87.78%，比全省比重高33个百分点。全市新申请商标注册3 503件，新核准注册商标2 564件，全市累计注册商标25 718件。全市拥有中国驰名商标9件，广东省著名商标86件。全市共有4家企业获得“广东省版权兴业示范基地”称号，2家企业产品获得“广东省最具价值版权产品”称号。全年共受理作品登记91件。

珠海市2012年度专利奖评出13项获奖项目，其中专利金奖5项，专利优秀奖8项。2013年新认定的市知识产权优势企业8家，省知识产权优势企业3家。珠海格力电器股份有限公司“电机转子位置估算方法及电机驱动控制方法”等4个项目获得第15届中国专利优秀奖，珠海罗西尼表业有限公司的“手表（5459-01）”还获得第15届中国外观设计优秀奖。

【科普工作】

科技进步活动月 2013年，珠海市市组织开展“科技进步活动月”系列科普活动。活动以“保护生态环境、保障安全健康、促进创新创造、携手建设幸福珠海”为主题，内容主要包括珠海陨石科普文化展、科普电影公益放映月、科普大讲堂、H7N9禽流感防治巡展、珠海绿道植物科普园一期建设等活动。并通过市电视台、广播电台和特区报社等媒体对科技进步活动月的各项活动进行专门报道，大力宣传“科教兴市”战略，在全社会形成“信科学、爱科学、用科学”的良好社会氛围。

科普场馆建设 2013年，珠海市启动综合性科普场馆改建工程项目。综合性科普场馆改建工程项目总投资1 891万元，已于8月正式施工。科普馆建设内容包括声学、光学、力学、数学、电磁学、生命科学6个主题展区和1个学生操作区。科普馆以基础科学激发广大青少年对科学的热爱，并通过实际操作让青少年体验科学的快乐，培养创新思维。该馆建成后将改变珠海市无综合性科普场馆的现状。

【防震减灾】 珠海市颁布实施《珠海市创建广东省防震减灾示范城市工作方案》。开展“十二五”规划重点项目“珠江三角洲地震预警台网”建设。积极推进中国地震局与广东省人民政府合作项目《珠海市（香洲主城区）震害预测与防御对策系统建设》和《珠海市西江断裂与吉大断裂探测》的落实。将建设工程抗震设防要求审核监督纳入市第5轮行政审批事项调整目录，同时纳入网上办事大厅行政许可事项。

开展地震安全示范社区创建工作，香洲区拱北街道办港昌社区、吉大街道办海大社区被评为国家级地震安全示范社区，上述两社区与斗门区白藤街道办群兴社区被评为省级地震安全示范社区。

举办第4期“珠海市地震应急救援志愿者培训班”，培训来自全市各行各业的志愿者120人。编辑印刷《防震减灾基本知识手册》3万册、《面对灾害，科学避震》宣传海报3000份，制作移动宣传板报5套（一套15块）分发到全市各区及大、中、小学和社区。举办了14场地震、避震、自救与互救基本知识专场讲座，近千人接受了教育培训。在香洲区吉大街道办园林社区和湾仔街道办作物社区举办了“防震知识进万家，平安相伴你我他”为主题的防震减灾宣传活动，并开展应急避震疏散演练；与电视台、广播电台、联合制作防震减灾宣传节目，对广大民众进行防震减灾知识普及。河源发生4.8级地震后，通过珠海电视台、珠海特区报和珠江晚报等发布正确的震情信息，及时处理市民来电查询震情信息，消除市民的恐慌与疑虑。

（珠海市科技和工业信息化局）

汕头市

2013年，汕头市组织实施各类科技发展计划项目206项，其中国家级13项，省级7项，市级190项。科技部和省科技厅拨款1 360万元，市财政拨款2 950万元，作为科技经费支持项目的研究和开发。全市获得省科学技术奖励项目4项，获市科学技术奖30项。全市新增专利申请11 000件，专利授权6 833件，有效注册商标12 270件，作品版权登记190件。

【科技政策环境】

科技政策宣传　经市政府批准同意，全市广泛深入开展了科技政策宣传年活动。制定印发全市科技政策宣传年活动方案，组建了市科技政策宣讲团，先后在全市开展了广东省科技计划项目申报与管理、国家科技型中小企业创新基金申报、科技金融政策、高新技术企业认定与税收优惠、企业研究开发费税前加计扣除等5场科技政策宣讲咨询活动。2013年，全市大部分高新技术企业享受了所得税减按15%税率征收的优惠政策；一批科技型企业享受了研发费税前加计扣除的优惠政策。

企业研发机构　制定并出台了《汕头市推进企业研发机构建设实施意见》，大力引导和扶持汕头市企业建立研发机构，全面提升企业研发机构建设发展水平和自主创新能力。启动“汕头市工程技术研究开发中心能力提升计划”，拟投入30万元科技经费，引导和扶持3家工程技术研究开发中心加强创新发展战略顶层设计与规划，开展创新平台、能力、队伍、机制、文化建设，提升企业的创新软实力和自主创新能力。深入开展市级工程技术研究开发中心建设的调研活动，启动了《汕头市工程技术研究开发中心建设管理办法》的修订工作，进一步规范和加快市级工程技术研究开发中心的建设。

科技企业孵化器　组织开展了创新创业载体建设调研活动，尤其是对科技企业孵化器、加速器建设进行了深入调研，调研报告获得市领导的充分肯定。积极将调研成果转化为实际行动，进一步加大汕头市科技企业孵化器建设，引导科技企业孵化器提升管理水平和创业孵化能力。10月，汕头高新区创业服务中心被省科技厅认定为国家级科技企业孵化器培育单位，成为粤东首家省级科技企业孵化器，将为市科技型创业企业成长营造良好环境，培育更多的科技型企业，促进高新技术产业发展。

【民营科技】 认真贯彻落实全省民营科技园“三资融合”建设模式现场会精神，根据广东省政府办公厅《关于推广三资融合建设模式促进我省民营科技园发展的意见》的精神，制定并出台了《关于运用三资融合建设模式促进民营科技园发展的实施意见》，进一步明确了民营科技园建设的目标任务和扶持措施。组织专门力量，深入调研了汕头市产业园区建设和发展情况，启动了市级民营科技园认定管理办法的制订工作。进一步完善民科园创新服务体系建设，推动汕头金融超市在金平民营科技园筹建并开始运营，重点推荐“金平民营科技园知识产权综合服务平台”“龙湖民营科技园创新创业人才平台”2个项目申报省民科园建设专项资金，较好地改善了园区的创新创业环境。

【产学研合作】 2013年，汕头市产学研结合工作取得明显成效，全市共组织申报省部产学研结合项目40项，省产学研结合计划重大专项1项，省院全面战略合作项目7项，产学研科技创新平台项目3项，产学研合作院士工作站3项，产学研合作科技特派员工作站2项。

推进行业协会与高校开展产学研合作 3月22日，在市科技局的主导和推动下，汕头市化妆品行业协会与汕头大学签订合作框架协议，将在共建技术创新平台、培育创新人才、开展技术攻关和科技成果产业化等方面深入开展紧密合作，共同推动市化妆品行业创新发展。

组建LED照明产业技术创新联盟 3月25日，在市科技局的推动和组织下，由LED照明产业骨干企业、大专院校、科研院所等23个单位组成的汕头LED照明产业技术创新联盟正式组建。联盟的组建，将进一步加深全市LED照明企业与相关高校的产学研合作，助推LED产业的加速发展。

拓展产学研合作渠道 市科技局先后邀请长沙理工大学、吉林大学珠海学院等高校的领导和专家来汕考察，与中山大学、华南理工大学、华南师范大学、广东药学院、广东自动化研究所等高校、科研机构进行了沟通交流；组织相关企业先后赴四川大学、电子科技大学开展产学研对接活动，促进高校和企业的产学研合作。

【技术创新工程】

工程中心 积极引导科技型企业加强研发机构建设，全年共组建市级工程技术研究开发中心22家，截至2013年年底，全市市级工程技术研究开发中心达到142家。大力引导和支持企业研发机构进一步加大投入，完善功能，提升水平，升级创建为省级以上企业研发机构。全年共有25家企业获批组建省级工程技术研究开发中心，截至2013年年底，全市的省级工程技术研究开发中心达到75家，增幅达50%。

创新型企业 2013年，有3家企业被确定为广东省创新型试点企业，4家企业被命名为广东省创新型企业。截至2013年年底，全市拥有省级以上创新型企业18家，省级创新型试点企业8家。

【科技服务体系】

科技咨询研究 2013年的科技情报咨询研究工作通过广泛的情报信息网络，综合丰富的信息资源，依托自身的研究力量，按汕头的支柱产业，从装备、技术、设备、工艺以及营销等各个角度出发编辑《科技信息汇编》，共出版48期，为领导决策、经济发展和重大的科技活动提供信息咨询服务；全年共编辑、出版、发行《汕头科技》4期。

培训工作 2013年，市生产力促进中心协助省科技厅主办“第2届中国创新创业大赛（广东赛区）暨首届‘珠江天使杯’科技创新创业大赛汕头市推介会”，协助市科技局完成省科技厅主办的“省科技项目经费管理培训会”。市生产力促进中心主办了“创新设计企业研发信息化研讨交流会”“申报国家、省创新基金项目答疑会”。

【科技计划项目】 2013年，全市列入国家、省科技计划项目共20项，共获得上级扶持资金1 360万元。分别为：列入国家科技计划项目13项，获得扶持资金1 120万元，其中科技型中小企业技术创新基金10项、资金620万元，国际合作项目1项、资金500万元，火炬计划2项；列入省科技计划项目7项，获得扶持资金240万元，其中广东省科技型中小企业技术创新专项资金（一般创新项目）5项、资金150万元，广东省科技型中小企业技术创新专项资金（公共技术服务机构补助项目）2项、资金90万元。

本年度市级科技计划项目重点支持高新技术企业上市培育、工业与高新技术、产学研合作、科技型中小企业技术创新、农业、社会发展、民生科技、医疗卫生科研、平台建设、软科学等项目，共安排项目190项，下达科技三项经费2 950万元。

【科技成果奖励与技术市场】

科学技术奖 全市获2013年度汕头市科学技术奖项目30项，其中一等奖10项、二等奖11项、三等奖9项。其中达到国际领先水平1项，国际先进水平6项，国内领先水平14项，国内先进水平8项，本地区先进水平1项。

获2013年度广东省科学技术奖项目4项，其中汕头市超声仪器研究所有限公司和汕头大学共同完成的“彩色多普勒超声诊断系统核心关键技术研究和产业化”项目获二等奖；广东汕樟轻工机械有限公司和华中科技大学共同完成的“一体化控制无轴传动高速凹版彩印机”、广东达诚机械有限公司和四川大学共同完成的“高性能数字化五层共挤片材机组”、广东光华科技股份有限公司和华南理工大学共同完成的“镍盐废弃物资源化高值利用的关键技术集成与示范”等3个项目获三等奖。

技术市场 2013年共受理、登记技术合同67项，技术交易额8 461.882万元。

【高新技术及战略性新兴产业】

高新技术产业 2013年，汕头市推荐17家企业申报高新技术企业认定，有12家企业被认定为高新技术企业，全市高新技术企业增至135家。

战略性新兴产业 2013年，汕头软件园认真落实《关于贯彻落实市委十届三次全会精神，积极推进与中国航空航天集团的合作，建设北斗导航、卫星遥感产业基地的工作方案》，组织相关企业召开北斗导航和卫星遥感产业发展座谈会，做好汕头北斗导航和卫星遥感产业关联企业的摸查工作。协调落实市领导带队赴京拜会总装备部电子信息基础部北斗办公室和测控与通信研究所等相关部门，汇报汕头市推动建设北斗导航和遥感应用产业基地的情况，寻求国家有关部门对汕头市北斗导航和遥感应用产业发展的政策和技术支持。积极做好南澳北斗论坛的相关准备工作，会同广东航宇卫星公司制订《南澳北斗论坛工作组织与媒体宣传策划方案》。积极做好“应用于地面高速运动物体与卫星之间通信的相控阵系统关键技术研究和产业化”项目的跟踪协调工作。全力推进航天产业基地建设，会同广东航宇卫星科技有限公司做好《汕头北斗导航与卫星遥感孵化基地建设规划》，加快推进航天应用技术产业中心建设，为航天技术在汕头市的应用和产业化提供支撑载体。全力推进航天技术应用推广，在市政府的大力支持下，利用中国卫星现有成熟的卫星遥感技术、卫星通信技术、北斗导航定位技术、数字化仿真技术等辅助技术在城市公共安全管理和防灾减灾工作方面，取得了新进展。协调中国联通汕头公司和广东航宇卫星科技有限公司联合申报2013年省信息产业发展专项资金现代信息服务业专项——“汕头软件园北斗导航与卫星遥感应用开发及推广示范项目”，获得扶持资金500万元，有力促进北斗导航和遥感应用产业在汕头加快发展。

【农业科技】 2013年，市级农业项目重点扶持以海藻产业、花卉产业、水产加工业等为主的地方优势特色产业。

防治柑橘缺素症之微补新型肥料的推广与应用 该项目获国家农业科技成果转化资金项目立项，下达科技经费60万元。

粤闽台乌龙茶星火技术产业带建设 该项目为广东省重点农业科技项目，2013年通过验收鉴定。项目由汕头科技局组织，汕头、福建和台湾有关研究机构和企业共同实施。自2009年项目实施以来，企业技术投入达到预定目标，年均增长率21.93%，项目完结整体较实施前增长80.56%；推广优质、高产茶树品种5个，推广先进技术10多项，累计申请专利3项，授权2项；产业带内成员生产出一系列100多种包装和风格产品，研发新产品或样品8款，企业产品年销售额年均增长21.37%，整体较项目实施前增长77%，经济效益整体年均增长18.95%，较项目实施前增长68%。示范单位标准化生产基地超2 066.7公顷，推广无性系繁育优质品种技术2 000公顷以上，机械化修剪、采摘1 440公顷，累计惠及企业及基地所在周

边农户1 874户、农民10 026人。

“一园两区七点”建设　该项目为广东农业科技园区重点项目。项目以汕头市白沙蔬菜原种研究所、白沙禽畜原种研究所作为建设核心区，以澄海区莲上农业技术综合示范园、汕头市恒茂农业科技有限公司等7个单位作为园区种养示范区，构成“一园两区七点”，依靠蔬菜、禽畜产业集聚和技术密集优势，带动粤东蔬菜、禽畜产业发展。项目建设以来，科技园区核心科技区共创造社会经济效益31.7亿元，新增社会产值5.3亿元，园区的核心区和示范区内企业产值、利税年递增10%以上。同时，培训农村骨干技术人员及农民3 300多人（次），辐射带动以蔬菜、畜禽为主导产业的规范化生产基地7个，带动周边各区（县）近万户种养户使用新品种或选用先进适用种养新技术，每户年均增收20%以上。

龙须菜新品系选育技术研究　该项目由汕头大学与中国海洋大学合作进行。项目以目前栽培用的耐高温品种“981”龙须菜为出发藻种，通过亚硝基胍诱变和耐羟脯氨酸筛选结合及射线和高温胁迫筛选结合的方法，筛选新品系“07-Ⅱ龙须菜”，在相同栽培条件下，平均亩产量和琼胶含量比野生龙须菜和“981”龙须菜均有大幅提高。通过对苗种筛选、栽培技术优化和异地度夏保种等方式扩增“07-Ⅱ龙须菜”苗种。“07-Ⅱ龙须菜”于2013年12月通过第5届全国水产原种和良种审定委员会的水产良种审定。

坛紫菜自由丝状体移植贝壳的育苗新技术的研究和示范　1月，市水产所《坛紫菜人工育苗技术规程》通过省级地方标准审定，《坛紫菜海区栽培技术规程》省级地方标准已完成送审稿。汕头大学组织开展野生紫菜资源收集及种质保存、栽培技术研究工作。截至2013年年底，在南澳岛栽培长紫菜0.27公顷，栽培皱紫菜0.13公顷，进行栽培示范工作。

科技救灾复产　2013年，汕头先后遭受“8·17”水灾和“天兔”台风袭击，为此市科技局专门设立了科技减灾专项，共设立20项目，投入专项资金268万元，并赴潮阳潮南受灾企业考察，组织市果树研究中心专家到扶贫挂钩点潮阳区金灶镇涂寨村指导救灾，发动了市科研院所加强对受灾农业科技企业的技术指导，发挥科技在减灾复产中的积极作用。

【科技人才队伍】　深入宣传和贯彻落实《广东省关于加快吸引培养高层次人才的意见》，积极引导市科技型企业和高校引进国内外创新科研团队，争取获得省高层次人才引进政策的扶持。2013年，汕头市广东益德环保科技有限公司、广东光华科技股份有限公司引进的创新科研团队成功入选省第4批引进创新科研团队专项，获得3 000万元的资金支持，成为粤东西北12个市中首次列入省引进创新科研团队专项计划的2家企业，实现了粤东西北地区创新创业团队引进“零的突破”。汕头市广东益德环保科技有限公司、广东光华科技股份有限公司、汕头华兴冶金设备股份有限公司、广东固升医药科技有限公司等4家企业引进的创新科研团队入选省“扬帆计划”引进创新创业团队专项，争取到2200万元的资金支持，占“扬帆计划”入选14个创新创业团队的28.57%。

【科技金融】　积极调动社会资本和民间资本参与科技创新，加快形成以政府投入为引导、以企业投入为主体、社会资本以及风险资本积极参与的多元化的科技投入体系，确保了汕头市全社会研发投入占GDP比重的稳定增长。6月18日，市科技局与中国银行汕头分行在金海湾大酒店举行“科技金融战略合作”签约仪式，并促成20家科技型企业与中国银行汕头分行签订了授信合作协议。此外，还推动汕头LED产业技术创新联盟分别与汕头市光大银行、汕头市玖玖基金签订了战略性合作协议。

【科技基础条件】

重点实验室建设　汕头大学医学院申报的广东省乳腺癌诊治研究重点实验室获批组建，截至2013年年底，全市共有广东省重点实验室5家，广东省企业重点实验室1家。

金科网建设　2013年，汕头生产力促进中心除管理维护运转好汕头科技信息网、汕头民营科技企业网、高校科技成果汕头推广转化中心、汕头网上技术交易网、软件园网、汕头市村村通信息网等10多个网站外，主导开发汕头科技信息公共服务平台；完成政府在线局域网建设调研，协调设计施工，设备管理维护，IP地址管理分配、登记，系统维护；完成服务器补丁安装、杀毒、路由器维护，防入侵检测、邮件服务器断电故障恢复工作；完成网络宽带升级工作，由原来的10M升为20M；并部署搞电信、联通双路由，以确保网络畅通无阻；承担科技项目网上评审系统修改完善工作以及2013年度科技项目申报、评审等相关运维工作。

【汕头软件园】 2013年，汕头软件园制定了《关于加快汕头软件园产业发展的工作意见》，进一步优化汕头软件园产业发展环境，提高产业发展质量和水平。

企业认定及产业构成 2013年，园区认定3批共8家软件企业为入园企业，使软件园入园企业总数达到84家，其中省级软件企业16家，高新技术企业12家，省级民营科技企业14家，通过系统集成资质认证的企业8家。园区产业结构逐步优化，医疗信息化、航天信息化特色凸显；产业规模持续扩大，据初步统计，全年总收入约10亿元，软件产品收入超4亿元。

科技计划申报与立项 2013年，汕头软件园积极组织园区企业申报省市科技计划项目，共组织申报省级科技项目5项，市级科技项目20项，获得科技立项项目12项，获得科技扶持资金近200万元。

分园建设 2013年，汕头软件园认真组织调查研究，并报请市政府批准设立汕头软件园汇盈分园和柏亚分园，建立具有地方产业特色的电子商务创业孵化机制和基地，形成产业集群，进一步加快汕头市创建国家电子商务示范城市步伐，助推市电子商务产业园区发展。汇盈分园由汕头高新区汇盈电子商务服务有限公司管理和运营，以打造国家级电子商务产业示范基地为目标，积极构建互联网信息服务的电子商务产业体系，大力推进汕头传统制造业与信息产业的融合发展。柏亚分园由广东柏亚物流有限公司管理和运营，着力打造良好的电子商务氛围，使传统市场向线上市场转化，推动和催化汕头传统产业的转型升级。汕头软件园会同广东柏亚物流有限公司和汕头市海西信息科技有限公司编制《汕头软件园柏亚分园发展规划》，推动园区发展。

【知识产权工作】 2013年，汕头市新增专利申请11 000件，专利授权6 833件，有效注册商标12 270件，作品版权登记190件；新增市知识产权优势培育企业10家，市专利技术实施计划项目11个，省知识产权示范企业1家，省知识产权优势企业4家，省专利技术实施计划项目1个。

2013年，汕头市政府组织开展第5届汕头市专利奖评选活动，评出市专利金奖4项，优秀奖7项；外观设计金奖2项，优秀奖4项；优秀发明人10名。

知识产权政策体系建设 6月20日，中共汕头市委办公室、汕头市政府办公室联合印发《关于贯彻落实省委省政府建设知识产权强省决定的实施意见》，提出汕头市到2015年在知识产权创造、运用、保护和服务方面的发展目标，对突出企业知识产权主体地位、发展重点产业自主知识产权等5个方面27项具体工作任务进行部署。8月16日，汕头市政府办公室印发《汕头市2013—2014年贯彻实施国家和省知识产权战略纲要工作意见》，对近两年全市实施知识产权战略工作进行具体部署。是年，汕头市质量技术监督局印发《汕头市地方技术规范管理办法》《汕头市企业标准联盟管理办法》；汕头市知识产权局印发《汕头市知识产权局行政处罚裁量权基准》，与汕头市中级人民法院签署《关于建立知识产权民事纠纷诉调对接机制的意见》。

知识产权创造 2013年，汕头市专利申请11 000件，同比增长5.89%；发明专利申请1 692件，同比增长3.3%；专利授权6 833件，同比增长3.80%；专利申请总量、发明专利申请量和专利授权总量分别居全省第7、第8和第6位；新增有效注册商标12 674件，同比增长3.3%；市版权局办理作品版权登记189件。截至2013年年底，汕头市累计专利申请量80 311件，专利授权量47 709件，有效注册商标101 709件，中国驰名商标19件，广东省著名商标243件。

专利奖励 2013年，在第15届中国专利奖评选中，汕头市获中国专利优秀奖4项，中国外观设计优秀奖2项；在2013年广东专利奖评选中，汕头市获广东专利金奖1项，广东专利优秀奖4

项。截至2013年年底，汕头市企事业单位共获得中国专利金奖1项，中国专利优秀奖18项，中国外观设计优秀奖4项，广东专利金奖4项，广东专利优秀奖17项，汕头市专利金奖25项，汕头市外观设计专利金奖3项，汕头市专利优秀奖48项，汕头市外观设计专利优秀奖8项。

专利技术实施　2013年，汕头市甜甜乐糖果食品有限公司的“巧克力饼干及其制造方法”等11个项目被汕头市知识产权局确定为市专利技术实施孵化项目。汕头市超声仪器研究所有限公司的“实时三维医学超声图像的重建方法”被广东省知识产权局确定为省专利技术实施计划重大项目。

知识产权优势企业培育　2013年，广东美联新材料股份有限公司等11家企业被汕头市知识产权局确定为市知识产权优势培育企业；广东益德环保科技有限公司等4家企业被广东省知识产权局确定为省知识产权优势企业，拉芳家化股份有限公司被广东省知识产权局确定为省知识产权示范企业。

知识产权行政保护　2013年，汕头市知识产权局立案处理专利侵权纠纷案件22宗，结案19宗，中止2宗；出动执法人员200多人次，查处假冒专利案件80宗，结案80宗。汕头市工商行政管理系统出动执法人员21 068人次，查结各类商标违法案件190宗，罚款金额224.59万元，捣毁制售假窝点1个。汕头市文化市场执法队伍出动共出动执法人员12 365人次，检查文化经营单位2 638家次，立案查处侵权盗版案件51宗，其中书报刊4宗，印刷33宗，音像1宗，网站13宗；向公安机关移交涉嫌犯罪案件1宗，收缴非法出版物57 968张（本）。汕头海关采取知识产权海关保护措施28次，查获侵权案件8宗，案值38万元。

知识产权司法保护　2012年12月26日—2013年12月25日，汕头市检察机关共批准逮捕各类侵犯知识产权的刑事犯罪案件37件67人，其中，假冒注册商标案件13件27人，销售假冒注册商标的商品案件2件2人，非法制造、销售非法制造的注册商标标识案件16件31人，侵犯商业秘密案件2件2人，侵犯著作权案件4件5人；全市两级公诉部门共起诉36件62人。2013年7月1日起，汕头中院、龙湖区法院和金平区法院开始开展知识产权审判“三合一”试点工作。全年，汕头市两级法院审结侵犯知识产权刑事案件54件，依法追究96名犯罪分子刑事责任；受理知识产权民事一、二审案件151件，审结133件，结案率88.08%；受理知识产权行政案件1件（集中管辖案件），审结1件。

知识产权维权援助服务　2013年7月11日，中国（汕头）知识产权维权援助中心印发《关于对举报假冒专利行为进行奖励的通知》，决定对7月15日—10月15日期间向中心提供假冒专利线索的举报人进行奖励。全年，中心共接受举报投诉85宗，核实转办85宗，维权援助18宗，协助异地维权4宗，对27名提供假冒专利线索的举报人实施了奖励。

打击侵权假冒工作　2013年，汕头市打击侵权假冒工作领导小组结合汕头实际，组织各职能部门紧扣药品、食品、农资产品、卷烟、通讯产品、汽车配件、日化用品等关系民生领域商品的侵权假冒违法行为，制售假冒国际、国内知名品牌商品的违法行为开展专项整治行动，汕头市知识产权、工商、文广新（版权）、质监、药监、经信、农业、物价局和汕头海关、汕头出入境检验检疫局等10个主要行政执法部门共立案查处侵权假冒案件465件，涉案金额179.19万元（其中重大案件3件，涉案金额35.4万元）；移送司法机关侵权假冒案件11件，捣毁侵权制假窝点39个；办结案件558件，涉案金额208.80万元（其中重大案件1件，涉案金额33.2万元）。汕头市公安机关发起各类涉侵权假冒集群战役55起、收网55起，共破侵权假冒案件178宗（其中公安部督办案件7宗），抓获犯罪嫌疑人323人，刑拘280人，逮捕105人，打掉涉假犯罪团伙27个，捣毁窝点139个。

知识产权宣传　2013年4月21日，中国（汕头）知识产权维权援助中心携手汕头大学团委、科研处及汕头市专利保护协会联合组建了汕头首支保护知识产权志愿服务队“汕头大学保护知识产权志愿服务队”，旨在深入社会基层传播知识产权文化和普及知识产权知识，提高社会公众的知识产权意识，首批队员由30名汕头大学在读大学生组成。25日，汕头市人民政府在政府大楼会议厅举办“2012年度知识产权保护状况通报暨典型案件例发布会”，向社会各界通报2012年全市知识产权保护状况和知识产权典型案例，这是汕头市首次集中发布年度知识产权典型案例。5月开始，汕头市知识产权局在《汕头日报》开设为期半年的专利保护宣传专栏，每周选刊一例近年发生在本市的专利保护典型案件。

知识产权培训与教育　2013年，汕头市知识产权局先后在汕头市玩具、电子、印刷、包装机械等传统优势行业和战略性新兴产业企业中举办各类专题培训班20场，培训企业负责人、管理人员和科研人员400多人次。10月21—23日，与广东省知识产权研究与发展中心、国家知识产权培训（广东）基地在汕头科技馆联合承办了广东省知识产权局主办的“粤东地区企业知识产权管理规范培训班”，来自粤东五市的企事业单位及服务机构代表、汕头市各区县知识产权局的工作人员150余人参加培训，其中汕头市有110名参训人员顺利通过结业考试，获得结业证书。经汕头市知识产权局、教育局、团市委、少工委联合推荐申请，汕头市第1批市级中小学知识产权教育试点学校汕头市金涛小学被省知识产权局、教育厅、团省委、少工委确定为2013年省中小学知识产权教育示范学校。

【科技交流与合作】　11月，市科技局和市委政研室密切配合，顺利地完成了国际潮籍博士科技成果推介咨询会的组织工作。会议主要议程包括国际潮籍博士推介科技成果、粤东企业展示推介、潮籍博士和粤东企业负责人对接交流等。本次科技成果推介咨询会的成功举办促进了国内外潮籍博士与家乡建立起更加紧密的联系，为粤东四市食品、药品、药械企业和国际潮籍博士搭建起一个国际科技成果对接交流洽谈平台，推动了国内外潮籍博士与粤东企业开展技术合作、转化科技成果。

【科普工作】

科技进步活动月　根据科技部和省科技厅的统一部署，从5月15日—6月15日，在全市广泛开展了以“实施创新驱动发展战略，携手共建创新型汕头”为主题的“科技进步活动月”活动，先后开展了“防震减灾宣传”“中国科技直通车进村”“H7N9防控科普宣传”等20多项大型科技活动，较好地传播了科学知识，受到社会各界的好评。

科普场馆及教育基地建设　2013年开始，市科技局联合市科协，面向企事业单位启动“汕头市科技教育体验馆”建设工作。截至2013年年底，已依托汕头市品冠光电科技有限公司、广东邦宝益智玩具股份有限公司、广东奥飞动漫文化股份有限公司、广东远东国兰有限公司、广东绍河珍珠有限公司、汕头市快畅计算机有限公司等科技企业建成首批6家汕头市科技教育体验馆，面向公众开展科技教育活动。

2013年，汕头科技馆新增建设“机器人创新实践室”“航天技术展示室”“镜子迷宫”“积木益智体验园”和“检测检验科学仪器开放展厅”5个常设科普展（室）厅。全年汕头科技馆接待各方来宾参观“城乡规划展示厅”88批次，共1758人次。汕头科技馆坚持对公众免费开放，全年参观受众人数约23.8万人次。圆满完成各类大型展会4场次；各类科技竞赛、科普活动11场次；举办承办各种讲座、报告会、培训会359场次。

12月28日，汕头市科普教育联盟正式成立。来自全市34家科普教育（示范）基地、科技特色学校和科技教育体验馆等单位代表出席成立大会。会议审议通过了《汕头市科普教育联盟章程（草案）》及理事会选举办法。大会选举产生了第1届理事会理事长、副理事长、秘书长、执行秘书长。联盟秘书处设在汕头科技馆。

科普活动　12月，市科技局联合市教育局、市知识产权局开展了“科学家走进汕头校园讲科学”的活动，邀请中国科学院老专家技术中心的老科学家们，到汕头市中小学校举办15场巡回科普讲座，受到广大青少年的欢迎。

4月17日—7月16日，由中国科技馆主办、中国科协科普部支持、汕头科技馆承办的“科学养生科普全国巡展”在科技馆举行。本次展览由21件展品、36块展板组成，通过形象生动的展现方式，使原本晦涩难懂的医学知识变得浅显易懂，进一步帮助公众掌握科学应对慢性病的防治方法等健康生活知识。

4月21日，由市教育局、市科协共同主办，汕头科技馆协办的“2013年汕头市智能机器人竞赛”在科技馆举行，来自全市17个中小学校代表队42个项目组71名选手参加了本次竞赛。

7月13日—9月25日，由中国科技馆主办、中国科协科普部支持、汕头科技馆承办的“新能源主题科普展览全国巡展”在科技馆举办。本次展览以图文并茂的展板、互动展品及多媒体展品相结合，包括有能源与危机、垃圾分类游戏、地热能原理演示系统、风力发电机组演示模型、太阳能光伏板小屋、漫游新能源工厂、虚拟电动汽车驾驶等19件互动展品，使公众在亲身参与、动手实践的过程中了解新能源的科学知识，了解新能源危机的恶劣影响，以及开发、利用新能源的现实意义。

9月14日，以“保护生态环境，建设美丽汕头”为主题的2013年汕头市“全国科普日”活动启动仪式在科技馆隆重举行。仪式后，中国广州分析测试中心专家作“地沟油最新检测技术”科普讲座。

12月21日，由市科协、市教育局主办，市青少年科技教育协会承办，汕头科技馆协办的“第29届汕头市青少年科技创新大赛”在科技馆举行。本次大赛以“创新·体验·成长”为主题，共有180项创新项目、280多幅科幻画参加角逐。本次大赛共评出优秀作品147件。

【科技进步考核】 根据科技部和省科技厅的要求，汕头市严密组织了2013年度区县科技进步考核工作，汕头市金平区、龙湖区、澄海区和南澳县通过2013年全国区县科技进步考核，其中金平区、龙湖区和澄海区被评为“全国科技进步考核先进区”，12位同志被评为“全国科技进步考核先进个人”。

（汕头市科学技术局 汤智勇 梁海军）

佛 山 市

【科技政策环境】 2013年初，佛山市人民政府印发了《佛山市建设国家创新型城市总体规划（2013—2020年）》及《佛山市建设国家创新型城市实施方案》，为建设国家创新型城市提供了行动纲领和政策依据；出台了科技创新团队、重大科技项目、科技创新平台和知识产权等配套政策，修订了科学技术奖励办法。各区也出台了相关实施方案和行动计划，为创新型城市建设搭建了全方位的政策支撑体系。

【民营科技】 佛山民营科技大力发展以低碳、节能、环保为主题的都市型产业园区，促进产业转型、城市升级。南海区的瀚天科技城已基本形成了集战略性新兴产业、创新设计产业和现代服务业于一体的产业培育格局，于2013年被认定为国家级科技企业孵化器，实现了该市国家级孵化器零的突破。禅城区新媒体产业园被认定为省级科技企业孵化器。

【产学研合作】

2013年，全市企业共申报省级产学研项目283项，尚未立项。全市企业申报佛山市院市合作项目153项，共立项支持58项，支持经费达3 420万元；其中院市合作载体建设项目10个，支持经费达1 500万元。院市合作立项项目涉及电子信息、先进制造、新能源与节能环保、新材料等领域，对全市企业积极开展与中国科学院的科技合作起到了很好的引导作用。

科技特派员 深入实施企业科技特派员行动计划，鼓励企业根据自身技术需求，在网络平台上与相关科研院校的科研人员进行对接，由科研人员定期或不定期上门为企业提供技术支持、解决技术难题，企业给予科研人员一定的服务费用。2013年全市引进省企业科技特派员67人次，历年累计引进省企业科技特派员达767人次，涉及科研院所116家，惠及企业400多家。上述科技特派员扎根企业后，共为企业培养各类工程技术人才近3 000人，一批专业基础好、研发能力强、业务素质高的科技人才在合作中迅速成长，为众多企业打造出高水平的本土科技创新队伍。

创新联盟 截至2013年年底，全市共建设省级产业技术创新联盟12家，涉及机械装备、家用电器、新材料、节能环保等行业，把行业内龙头企业、国内相关大学和研究院所组织起来，建立以市场为导向的技术开发体系，研发对行业发展有重要作用及具有市场潜力的、拥有自主知识产权的新产品、新工艺、新装备。在联盟框架内建设公共创新平台和中试基地，提高企业的核心竞争力。

院市合作 2013年7月，市政府与中科院签订了《合作共建佛山中国科学院产业技术研究院协议》。截至2013年年底，院市双方共建有1个育成中心，1个产业技术研究院，7个专业中心，37个公共技术研发与服务平台和6个产业园区，构建了集行业共性技术创新、现代科技创新服务、创新成果集中展示、技术交流培训和产业培植于一体的产业服务体系，基本完成了院市合作初期提出的战略合作布局目标。

大型综合性创新平台建设 2013年，佛山市在建的大型综合性创新平台主要包括佛山市南海区广工大数控装备协同创新研究院和广东顺德西安交通大学研究院等，其中广工数控研究院计划3年投入1.2亿元，围绕超精密加工、数字与运动控制系统、数控装备、工业机器人、3D打印技术和智能制造技术等领域建设创新服务中心，计划建成集技术研发与服务、成果转化、项目孵化及产业化、人才引进与培养等功能于一体的具有国际先进水平的创新科研实体和开放式公共服务平台，成为佛山市装备产业优化升级的重要推动力。西安交通大学研究院分别与顺德区容桂街道、顺德区大良街道共建“广东容桂传热传质院士工作站”和“顺德区数控技术与装备专业化服务平台”。“广东容桂传热传质院士工作站”推动解决家电行业在热传导方面面临的共性技术难题，被省科技厅认定为省级院士工作站。

【**技术创新工程**】 2013年，佛山市共有54家企业工程中心获省科技厅批准组建，是2012年的10倍，全市省级工程中心增至159家，总数位居全省第2位。全市全年申报市级企业工程中心63家，立项28家，同比分别增长了110%、75%，市级工程中心增至285家。截至2013年年底，佛山市新增省创新型企业6家，省创新型企业试点8家，累计拥有国家创新型企业试点2家，省创新型企业24家，省创新型企业试点22家。

【**科技服务体系**】 佛山市在物流、电商、信息服务、检测认证等生产性服务业取得了新的进展，对佛山市实体产业起支撑助推作用。顺德区引入了中国慧聪（天津）投资有限公司，在北滘镇建设慧聪中国家电电子商务产业基地，将制造主业与物流、设计、营销、研发等分离出来，实现新型产业与传统制造业对接，进一步带动传统制造业的转型和升级。

【**科技计划项目**】 2013年度，全市获省级立项项目11项，获市级立项337项、资助金额为1.75亿元。佛山市科技局从科技经费监管的顶层设计入手，全力推进行政管理体制改革，试行大科室制，对科技项目立项、实施、验收、考核等环节实行分开管理，互相监督，促进各项行政权力的规范运行，提高工作效能和管理服务能力。同时，在资金分配方式上进行探索和改革，从过去“撒芝麻”式单个项目的分散支持，逐步向打造科技创新服务平台、开展重大项目攻关的集聚使用转变，发挥财政资金引导、带动的作用，实现撬动社会投入的目的。

【**科技成果奖励与技术市场**】 2013年，佛山市共主持省级科技成果鉴定22项，市级科技成果鉴定72项；完成成果登记109项，其中省级成果登记15项，市级成果登记94项。根据《佛山市科学技术奖励办法》及其实施细则，共受理157项符合要求的项目参与2012年度佛山市科学技术奖申报，最终评选出106项获奖项目，其中一等奖14项，二等奖36项，三等奖56项。积极组织企业申报2013年度广东省科学技术奖，共推荐了21个项目，最终有16项获奖，其中一等奖2项，二等奖4项，三等奖10项。

佛山市全年的合同登记数量较上年同期大幅增长，共受理技术合同登记221份，同比增长72.6%，合同成交总额28 024.4万元，其中技术交易额27 429.8万元。

【**高新技术产业**】 2013年，佛山市新增高新技术企业95家，总数达614家，总数量位于广东省第3位，仅次于深圳和广州。全市高新技术企业实现工业总产值2 884.17亿元，总收入3 020.58亿元，其中高新技术产品销售收入2 329.31亿元，出口总额123亿美元，净利润188.57亿元，实际上缴税费总额114.48亿元。为做好重点高新技术企业的专家核查工作，佛山市科技局举办了佛山市2013年高新技术企业专家核查答辩会，邀请财务专家对抽取选定的企业进行审核，主要核查研发费用归集、高新技术产品（服务）收入核算以及科技人员比例和研发人员比例，全面准确掌握企业的实际情况，对存在不足的地方，要求企业及时整改。

【农业科技】 为推进农业科技进步作为创新型城市建设的重要内容，市财政资助农业科技项目12项，资助金额590万元。其中：围绕动物生物医药、水产、食品饮料公共技术研发支持农业科技创新平台3项，每项资助80万元；围绕草鱼良种繁育、土壤重金属微生物修复研发支持农业龙头企业工程技术研究中心2项，每项资助20万元；围绕农药毒性测试标准化、荔枝冻藏关键技术、草鱼出血病防治、植物染料染色面料攻关支持院市合作5项，共资助250万元；围绕叶面肥、水产养殖水质控制技术研发支持中小企业创新资金项目2项，每项资助30万元。佛山市将农业科技下乡活动与科普教育、农业科技推广工作结合起来，扎实开展农业科技下乡活动，推广农业良种良法，接受农户咨询，派发宣传资料。高明利用“6·25全国土地日”宣传活动，组织开展大型街头宣传咨询活动，印发宣传资料，广泛宣传耕地保护相关知识，预防和治理耕地环境污染。

【科技人才队伍】 2013年，佛山市出台《佛山市科技创新团队资助办法》，吸引海内外105个人才团队申报佛山市创新科研团队资助项目。经形式审查、书面评审、现场答辩、现场走访等环节，佛山市首批引进资助11个科技创新团队，资助金额4 100万元（首批按60%下拨2 460万元），带动上述11个团队本年度投入资金7 400万元。佛山市科技局积极引进中科院创新团队项目，与T细胞及免疫细胞治疗中心等6个计划落户的团队进行了接洽；“结核病诊疗药物产业化”和“医学诊断产业基地”中科院创新团队在12月已完成落户手续。

【科技金融】 佛山市科技局为解决佛山市科技型中小企业融资难的问题，制定了《佛山市科技型中小企业信贷风险补偿基金方案》。与南海农商银行、佛山农商银行、兴业银行签订科技金融合作协议，加强科技项目评审、监理方面的金融评估合作。通过向银行推荐需要融资支持的重点企业名单，给予获得科技立项的重点企业优先的金融服务，包括增加授信额度以及给予优惠利率和放贷政策等。

全市推广政府中小企业信用担保基金。各区担保基金规模达到3.5亿元，累计为1 029家本地中小企业提供超过74亿元的贷款资金，其中，仅南海区和顺德区企业就通过担保基金累计融资72亿元，占比96%，与此同时两区累计补贴利息给企业及担保公司共计5 170万元。鼓励发展股权投资行业，致力于建设股权投资集聚发展区域中心。2013年，佛山市股权投资基金数量约125支，注册资本超过180亿元，已投入200多个项目，重点扶持科技型中小企业。广东金融高新区现有私募创投、股权投资基金等项目72个，注册及募集资金额达135亿元，已投资项目超过300个，投资金额超过50亿元。加快粤港金融科技园建设，总投资逾21亿元。

【科技基础条件】 2013年，佛山水泵厂、广东锻压机床厂有限公司、广东科达机电股份有限公司、广东伊之密精密机械股份有限公司4家企业成功组建省级企业重点实验室。截至2013年年底，佛山市共有省级企业重点实验室9家。佛山市积极组建面向中小企业提供科研及相关服务的公共创新平台。南海区与中国检验认证（集团）有限公司合作共建的佛山中检南方检测平台于2013年6月正式开业，按照国家和国际标准提供检验、测试、研发验证等服务。佛山新城的云制造公共创新服务平台服务范围不仅覆盖了佛山地区龙头企业，更辐射到国内各省乃至东南亚、欧洲部分国家。

【技术创新专业镇】 2013年，全市新认定省级专业镇2个，累计共有省级专业镇40个。专业镇基本覆盖全市所有行政镇（街道），成为本市产业转型升级的主战场。佛山市继续探索加快专业镇转型升级的新路子，逐步建立起专业镇可持续发展的新机制和新办法，对促进产业转型起到了很好的推动作用。

2013年，佛山市科技局设立了专业镇平台建设专项，加大对专业镇公共创新服务平台的支持力度。共受理申报项目18个，立项扶持项目8个，资助经费640万元。

佛山市科技局大力推进专业镇电子商务平台建设，已成功促成南庄、西樵、九江等7个专业镇与广东现代服务交易中心签订共建电子商务服务平台战略合作框架协议；争取纳入到“广东创造”电子商务网站群体系，不断提升专业镇平台的专业化服务水平。

佛山市科技局参与组建广东省金属材料与加工专业镇联合创新公共平台，成功促成了杨和、九江和勒流3家在金属材料加工具有较大规模的专业镇与广东省工业技术研究院开展全方位技术合作。

【知识产权工作】 2013年，佛山市发明专利资助共498.65万元，办理专利申请费用减缓证明1 167项。全年专利申请27 194件，发明专利申请4 674件，专利授权17 839件，发明专利授权1 012件。12个专利项目获2013年广东专利奖，比上届翻一番，11个项目获第15届中国专利奖，其中金奖1个，实现历史突破。新增国家知识产权示范企业1家，国家知识产权优势企业3家，广东省知识产权示范企业3个，广东省知识产权优势企业4个，全市累计广东省知识产权示范企业19家，广东省知识产权优势企业69家。

2013年，佛山市全面实施知识产权战略推进工程，加强知识产权保护，开展“正版正货”承诺活动，贯彻落实打击侵权假冒工作，市、区、镇街联动，积极开展专利行政执法。全年开展了较大规模的联合专利行政执法28次，参与执法人员221人次，涉嫌专利侵权和假冒专利立案43件，涉案金额21.5万元。佛山市知识产权局通过引入高端专利信息服务平台，举办专利技术展示交易活动，培育专利服务机构，增强知识产权运用和管理能力。

【科技交流与合作】 佛山市借力佛港澳科技合作，着力优化区域创新环境，围绕落实粤港粤澳合作框架协议，大力推进香港科技园与南海区合作，加强科研设施和服务资源的共享，支持广东高新园区、专业镇与香港研发中心及其他科研机构合作。

一是加强了与香港生产力促进局、贸易发展局、科学园等香港科技服务机构的合作。二是加强创新团队项目引进，完善“创享蓝海”粤港联合孵化器进驻手续。2013年9月，有5个项目获得推荐进驻。三是佛港两地联合开展赴德国科技招商推介活动。5月14日，南海区政府和香港科技园在德国慕尼黑会议中心联合举办海外招商推介会议。四是立足香港面向海外大力开拓海外引才资源。2013年，香港引才联络处共带4批次企业到南海参观考察，推荐16个团队、项目到南海各镇街、园区，其中10个团队申报蓝海人才计划；有7家香港企业成功申请进驻瀚天科技城，3家国内企业分别进驻生物医药基地、鸿晖产业园和广佛智城。

【科普工作】

科普活动 佛山市印发了《2013年佛山市“科技进步活动月”工作安排的意见》，围绕“实施创新驱动发展战略，加快建设国家创新型城市”主题，重点展示科技创新的重大成果，宣传创新驱动经济社会发展，科技创造美好生活，营造良好的创新环境，面向基层开展组织了各种科普活动近400项。在张槎文化广场举办“2013年禅城区‘科技进步活动月’启动仪式暨大型广场科普活动”，展出思维益智游戏、三维科普展板以及3D立体科普片。在9月15日“全国科普日”当天，佛山科学馆在科普广场举办以保护生态环境、食品安全为主要内容科学知识图片展、玩转思维益智游戏展品等活动。现场气氛热烈，吸引了大批社区居民、青少年踊跃参与。除此以外，“科普知识进校园”活动，先后在九江儒林中学、清远市禾云镇沙河中心小学开展科普宣传教育活动，包括现场科普小实验、科普大篷车展品展览、玩转思维益智展品游戏等活动，学生通过现场操作、演示、观看，切身感受到科学的魅力，进一步激发广大学生学习科学知识，探求科学奥秘的热情。

科普场馆　为做好佛山新科学馆建设工作，佛山市科技局组织人员赴广东科学中心、上海科技馆和东莞科学馆进行专项考察，学习科技馆建设的先进理念和经验，重点就聘请专业技术顾问、科技馆建设流程、展区规划、展品设计、国内外公司合作筛选机制、组织机构与人才队伍建设等问题与相关负责人深入探讨和交流。佛山新科学馆土建工程基本完毕，布展工作陆续展开。通过方案征集、方案评审会、方案咨询会、方案第二次咨询会、方案专家论证会等环节，确定布展方案。9月27日，召开了《方案》专家论证会，邀请了中国工程院院士林浩然、中国科学院院士刘颂豪、俄罗斯工程院外籍院士刘焕彬以及相关领域13位专家参加，经专家组研究讨论，一致同意《方案》（论证稿）通过。

（佛山市科学技术局　蒋碧婵）

韶　关　市

【科技政策环境】　2013年，韶关市出台《韶关市贯彻落实〈广东省改善创新环境五年行动计划〉实施方案》。明确下一步的主要目标为：通过五年努力，基本形成有利于自主创新的体制机制和文化氛围，建立起适应社会主义市场经济发展要求、遵循科技创新规律与产业发展规律的创新环境体系；明确主要任务：分优化研发环境、优化创新市场环境、优化产业创新环境、优化创新人才环境等4个板块，重点开展21个主要任务。颁布实施《韶关市科学技术进步奖励办法实施细则》等政策性文件。

韶关市连续6年通过国家科技进步考核，连续2年荣获“全国科技进步考核先进市”称号。

【民营科技】　民营科技企业经济一直保持稳步增长，截至2013年年底，韶关市共有省级民营科技企业81家，全年总产值48.13亿元，科技活动经费达1.44亿元。

【产学研合作】　2013年，市科技局组织高校、科研院所专家教授到韶关开展产学研对接，邀请太原科技大学机械工程学院、广东工业大学信息工程学院、华南理工大学、韶关学院英东食品学院等专家到企业进行技术指导，组织本地企业赴北京科技大学、北京理工大学、清华大学、华南农业大学、广东省农业科学院等座谈、对接，为校企合作牵线搭桥。推进实施“省部企业科技特派员行动计划”，2013年第1批新增省部企业科技特派员4名入驻该市企业。广东东阳光铝业股份有限公司被评为“2013年度中国产学研合作创新示范基地”，广东金友集团有限公司获“2013年度中国产学研合作创新奖”。“湖北省研究生工作站”落户广东韶关。11月1日，由武汉科技大学和韶关液压件厂有限公司联合共建的研究生工作站正式挂牌。

12月12日，市科技局在组织韶关学院等专家联合对全市工程机械、矿山机械发展现状及技术需求等进行调研的基础上，召集全市20多家工程、矿山机械企业举行韶关市工程、矿山机械产业产学研创新联盟筹备会。

【技术创新工程】　2013年，韶关市依托仁化县奥达胶合板公司组建“竹纤维胶合板工程技术研究开发中心”，依托乐昌市安捷铁路轨枕公司组建“广东省轨道交通混凝土枕工程技术研究中心”，依托韶关市金苹果饲料公司组建“猪饲料工程技术研究开发中心”。截至2013年年底，全市共有工程技术研究开发中心38家，其中省级12家，涉及光机电一体化、新材料、生物技术、医药等行业。

【科技服务体系】　截至2013年年底，全市共建有生产力促进中心7家，其中市级1家，县（市、区）6家。新型科技服务载体建设加快，2013年，中科院广州化学所韶关育成中心实施“高保塑性低水解度醚键接枝梳形聚羧酸减水剂”项目，韶关市华工高新技术产业研究院启动建设高端液压装备技术创新服务公共平台，暨南大学韶关研究院创建韶关装备制造产业链公共服务平台。韶关市科技企业创业园（孵化器）软硬件设施日臻完善，韶关市广化科技有限公司准毕业到浈江区产业园扩厂提质，2013年该园区所有企业产品销售额5 500多万元。

【科技计划项目】 2013年，乳源东阳光磁性材料公司的“宽温低损耗锰锌铁氧体”、韶关东南轴承公司的“新型高性能轿车轮毂轴承单元”、韶关核力重工公司的“新型节能数控反击式制砂机的研发及产业化”项目、韶关市广化科技公司的“自防腐水基全合成金属加工液”以及韶关市可利鲜生物科技公司的“生物修复与水产养殖废水处理技术的研发与推广”等59个项目获得国家级和省级科技计划立项，35个项目获得2013年市级科技计划立项。乳源东阳光精箔有限公司实施的“高性能节能环保型铝电解电容器用中高压阳极铝箔及其生产技术”项目，年销售收入5亿多元，新增利税1亿多元。广东金友集团有限公司、韶关学院等单位完成的“稻米高值化生产与加工关键技术研究及应用”项目，在韶关推广有机水稻种植约333.3公顷，绿色水稻种植约666.7公顷，新建日产60吨有机大米生产线1条，直接经济效益达2亿元。

【科技成果奖励与技术市场】 韶关液压件厂有限公司与武汉科技大学的产学研合作项目——“冶金高频液压控制伺服元件关键技术及应用”，荣获2013年度国家技术发明奖二等奖，项目完成后直接经济效益达7.6亿元。全市获得2013年度广东省科学技术奖4项，分别是广州有色金属研究院新丰耐磨合金材料有限公司参与完成的“节材耐磨损钢铁材料关键技术研发与集成示范”项目获得一等奖，乳源东阳光精箔有限公司承担完成的“高性能节能环保型铝电解电容器用中高压阳极铝箔及其生产技术”项目获得二等奖，韶关学院承担完成的“猪呼吸道疫病重要病原快速诊断技术建立与推广”项目、韶关学院参与完成的“广东科技期刊载文变化分析与优化发展研究”项目获得三等奖。2013年，经韶关市科学技术进步奖评审委员会评审、市政府批准，共76项科技成果获颁2013年度韶关市科学技术进步奖，其中一等奖10项、二等奖24项、三等奖42项。获奖工农业项目新增产值15亿多元，新增税利3亿多元，节支2亿元。其中：23个工业项目，2013年度新增产值8亿多元，新增税利2亿多元，增收节支7 000万元；农业21个项目，2013年度新增产值6亿元，新增税利1亿多元，增收节支1亿多元。

【高新技术及战略性新兴产业】

高新技术产业 2013年，全市新增省级高新技术产品25个，累计达207个，涵盖电子信息、中药制剂、液压油缸、装备制造、工程机械、有色金属、汽配零件、环境保护、轨道交通、生物医药、化工涂料等多个行业和技术领域，带动全市工业总产值达到上百亿元；全年高新技术产品产值达222亿元。南雄阳普医疗科技有限公司等4家企业通过2013年高新技术企业认定，广东韶配动力机械有限公司等5家高新技术企业通过2013年高新技术企业复审。截至2013年年底，全市共有高新技术企业32家。

截至2013年年底，韶关高新区共有规模以上企业99家，其中17家为高新技术企业，占全市高新技术企业的53%；依托高新区企业组建省、市工程研发中心19家，占全市工程研发中心的50%。2013年，韶关高新区工业总产值为161.52亿元，同比增长19.85%。高新区已初步形成以“比亚迪、宏大齿轮、东南轴承”等企业为龙头的汽车零部件产业，以“韶瑞重工”为龙头的工程机械产业，以“韶关液压、伟光液压”等企业为龙头的液压缸产业，以“中机重工”为龙头的高端锻造产业，以“丹霞制药”为龙头的生物制药产业，以“欧莱、西格玛”等为龙头的新材料产业。

战略性新兴产业 依托重点产业和骨干企业开展“瓶装输液车间智能监控管理系统关键技术”“CS系列高效圆锥破碎机参数化设计与研发”“新型植物纤维功能装饰材料的关键制造技术”“铁皮石斛树表附生技术”“汽车轮毂轴承精密成形技术”等多项关键共性技术的攻关、示范和应用，进一步提升了企业创新能力和产业技术水平，其中丽珠集团利民制药厂在产业发展的关键领域实现重大突破，被列入广东省战略性新兴产业培育企业目录；LED推广应用工作稳步推进，截至2013年年底，全市已完成约9 000盏LED路灯的试验、示范性安装或改造，50 000多盏LED室内照明灯具的安装改造。

【农业科技发展】 2013年，韶关市共组织申请认定57个省级农村科技特派员工作站和66个农村科技特派员，为现代农业生产提供科技支撑。依托“广东农业科技园”，加快完善配套设施建设，建成集“农业科技创新、科技成果孵化、现代农业示范、科技培训、科普教育”于一体的科技创新服务平台，推动全市农业生产走上规模化和产业化发展之路。

表10-2-7-1　韶关市科技计划涉农项目立项情况（2013）

序号	立项项目	承担单位
1	张溪香芋保鲜与全粉深加工的关键技术研究	韶关市华工高新技术产业研究院 乐昌市粤宝农副产品流通专业合作社农产品加工厂
2	猪地方品种资源的保种选育	韶关市畜牧研究所
3	血灵芝设施栽培技术研究	韶关市农业科学研究所
4	缩骨鲫的人工驯养与繁育	韶关市水产研究所
5	重瓣一品红新品种锦上花的组培技术开发与应用	韶关市林业科学研究所
6	油茶优良品种栽培关键技术研究与推广示范	韶关市友丰生态园林开发有限公司
7	始兴县蔬菜产业技术创新和技术推广示范基地建设项目	始兴县天玉农业开发有限公司
8	花生机械化腹膜栽培高产技术示范	仁化县生产力促进中心
9	珍稀药用植物新品种神农香菊引种栽培与示范	韶关市创丰生物科技有限公司
10	钙—硅基重金属钝化剂对韶关地区土壤重金属的钝化效果研究	韶关市科韶开发中心 韶关市华工高新技术产业研究院

【科技人才队伍】　2013年，全市高层次科技人才队伍建设力度加大，东阳光精箔有限公司引进的“日系整车配套工程的高端钎焊铝箔技术”开发团队入选2013年省“扬帆计划”引进创新创业团队项目。截至2013年年底，全市拥有企业博士后科研工作站2家。2013年，全市全社会R&D人员5 559人，折合全时人员3 528.8人年，比2008年增长93.4%，年平均增长14.1%，总量在汕头、茂名、湛江之后，位于粤东西北地市第4位。

【科技金融】　2013年，韶关市高度重视科技金融工作，引入风投公司投资高新技术企业，研究搭建科技金融服务平台，推进知识产权质押贷款贴息，积极探索科技金融结合的新路子，引导企业加大自主创新，加快科技成果转化，促进本市科技型中小企业茁壮成长。2月，邀请省粤科金融集团到韶关市牧科实业有限公司、韶关市雪印实业有限公司、韶关学院进行考察，培育新的投资项目；6月29日，韶关市举办科技创新与资本市场对接交流会，邀请省粤科金融集团和招商证券广东分公司相关负责人与全市20多家科技型中小企业进行交流对接，为企业科技创新的融资问题支招献策，争取在创新创业上获得政策、资金、技术和人才支持。截至2013年年底，乳源东阳光化成箔公司、韶配动力机械公司、东南轴承公司获得风险投资。

【技术创新专业镇】　2013年，南雄精细化工产业、西联机械制造业成为省级工业类专业镇，实现韶关市工业专业镇零的突破。截至2013年年底，全市共有14个省级专业镇。韶关引导专业镇开展农业科技成果示范推广和实用技术、新技术培训，在烟草、水稻、果蔬等领域以及农业生产技术、信息技术运用等方面取得一批自主创新成果，在良种培育、节本降耗、节水灌溉、疫病防控、加工贮运、农村民生等方面着力突破农业技术瓶颈，获得一批省市科技进步奖。

完成《中共韶关市委、韶关市人民政府关于

贯彻落实〈中共广东省委、广东省人民政府关于依靠科技创新推进专业镇转型升级的决定〉的实施意见》出台前的报批准备工作，组织省专业镇技术创新示范工程建设专项和“社会主义新农村建设”专项的绩效评价工作，促使韶关市省级专业镇与广东村村通科技有限公司达成合作意向，共同建设专业镇服务平台，推广特色产品网络订销渠道。

【特色产业基地】 2013年，韶关市液压油缸、铝箔、有色金属材料3个广东省韶关火炬计划特色产业基地建设加快，完善液压机械装备产学研创新联盟，组织企业攻关快速镗缸、高速旋转接头、新型表面处理、智能化油缸等引领行业发展的关键技术，初步形成了液压油缸、铝箔、有色金属材料等三大特色产业集群，2013年三大特色产业总产值达到111.82亿元，同比增长22.24%。

【知识产权工作】 2013年，全市专利申请为2 266件，同比增长24.92%；授权量为1 438件，同比增长0.49%。曲江区被国家知识产权局确定为2013年国家知识产权强县工程试点县（区），是广东省7个试点县（区）之一。韶关市力冉农业科技有限公司被授予“广东省知识产权优势企业”称号。8月9日，市政协副主席刘大济率市政协教科卫体委部分委员就“韶关知识产权保护情况”开展专题视察。政协委员先后参观了韶关烟草机械配件厂有限公司和广州新诺专利商标事务所有限公司韶关分公司，并在市科技局召开座谈会，就韶关知识产权保护情况进行了深入交流。

知识产权宣传培训　2013年，共举办了3期知识产权管理及实务等培训班，为全市企事业单位、各县（市、区）知识产权管理部门等培训560多人。培训班邀请省有关知识产权专家授课，结合生动的案例为大家讲解了专利申请、企业专利运用、企业应对知识产权纠纷等方面的知识，深受学员欢迎。4月20日，市知识产权局与文广新局联合在市区中山公园、大润发商业广场、风度路步行街开展“4.26”知识产权周宣传活动。活动中，免费向市民派发了知识产权宣传单近3 000份。4月22日，市知识产权局联合市文广新局在市区共同举办知识产权法律法规培训班，全市印刷企业、出版物发行企业以及网吧等负责人共200多人参加了培训。

知识产权执法　2013年知识产权执法主要围绕“双打”和知识产权系统“两建”展开。4月26日，开展“4·26”知识产权联合执法行动，市知识产权局联合工商局、文广新局、公安局、质监局、药监局等部门组成10多人的联合执法组对市区商场、书店多家经营单位进行了执法检查，现场查处了专利标识不规范、假冒商标等知识产权违法行为，并对经营者进行了知识产权法律法规宣传教育。同日，在市体育馆召开集中销毁非法音像制品现场会，近3万多张非法音像制品被销毁，在校学生、各新闻媒体及音像发行单位等有关行业的负责人共400多人参加了现场会。现场会还举行了“保护知识产权，打击侵权盗版，从我做起”签名活动。8月28日，市知识产权局联合市公安局组成联合执法组开展了查处“肤立修凝胶”假冒专利的执法行动。

专利技术商品化和产业化　韶关市力冉农业科技有限公司的“高密度水产养殖方法”项目获得省专利技术实施计划重点项目。韶关金苹果饲料有限公司的“具有抗腹泻的中草药添加剂在乳猪料中的应用”项目、丽珠集团利民制药厂的“药液软包装及其包装方法应用与产业化”项目、广东富然农科有限公司的“浓香山茶籽油的制作方法专利实施”项目获得韶关市专利技术实施计划重点项目。

【防震减灾】 截至2013年年底，韶关地区共建有韶关地震台（综合台）、乐昌地震台、南雄地震台、曲江地震台、韶关强震台等多个地震台和一个地下流体观测站（仁化）以及西河全民健身广场、启明路全民健身广场等地震应急避难场所。10月15—20日，全市各地震台（站）地震监测仪进行更新升级改造工作。5月9日，市科技局（地震局）联合市民政局、市科协、市文广新局、市红十字会、浈江区人民政府等在中山公园文化广场举行以“识别灾害风险，掌握减灾技能”为主题的“5·12”防灾减灾日地震应急疏散演练及防灾减灾知识大型宣传活动；12月11—12日，举办全市防震减灾系统干部业务培训班，培训人员80多人次。

【科普工作】 2013年，韶关市积极开展科普活动。在2013年基层科普行动计划评比中，乐昌市梅花镇蔬菜专业技术协会被评为全国专业技术协会，武江区龙归镇后坪村宋道玉、仁化县大桥镇长坝廖子坑村王慧香被评为全国致富带头人，南雄市果业协会被评为2013年广东省专业技术协会；在创建科普示范社区方面，新华街惠民西社区和乐昌乐城街道城北社区被评为全国科普示范社区，曲江区马坝镇城东社区居委会、武江区新华街惠民西社区居民委员会、仁化县丹霞街道新城社区居民委员会、乐昌市廊田镇廊田街社区居民委员会、始兴县太平镇城郊社区居民委员会、南雄市雄州街道八一社区居民委员会、仁化县丹霞街道水南社区居民委员会、浈江区车站街南韶村社区居民委员会、乳源县乳城镇云峰社区居民委员会被命名为2013年第4批广东省科普示范社区。仁化县金果农业生态园有限公司科普示范基地被广东省科协命名为第5批广东省“科普惠农服务站”。

5月28日，2013年广东省科技进步活动月暨韶关市欢乐科学山区惠民行动启动仪式在乳源县乳城镇侯公渡中心小学举行。活动内容丰富，既有极具观赏性和趣味性的科普剧、科普秀，又有能让青少年亲自体验、参与的趣味科技课、益智玩具，还有情节精彩的青春励志电影。活动还为该小学赠送了2 000册科普图书，在小学内成立了“科普书屋”。

（韶关市科学技术局　刘锡禧）

河　源　市

【科技政策环境】 2013年，河源市召开了全市科技奖励大会暨全市科技创新大会，制定颁布了《河源市人民政府关于促进自主创新的实施意见》，出台了《中共河源市委、河源市人民政府关于依靠科技创新推进专业镇转型升级实施意见》，为该市的科技进步、经济社会发展营造了良好的政策环境。

【民营科技】 截至2013年年底，河源市共有民营科技企业75家。据不完全统计，民营科技企业产值达92.97亿元，在带动经济增长、扩大就业、优化产业结构和增加税收方面发挥了重要的作用。

【产学研合作】 2013年，河源市认定产学研结合示范基地（企业）10家，产学研创新联盟1个。与广东工业大学签订了全面合作协议，共建“河源广工大协同创新研究院”，提升该市产业自主创新能力与产业核心竞争力。2013年，共有8家企业与13所国内知名高校和科研院所开展了合作，5家企业与北京科技大学、广东工业大学、惠州学院等6所高校建立了入驻专家教授机制，多名博士或教授成为科技特派员入驻该市企业。进一步加大对农村科技特派员认定工作的力度，积极开展在农民专业合作社认定广东省农村科技特派员及其工作站工作，形成了科技特派员工作的长效机制。

【技术创新工程】 2013年，河源市新组建了省级工程技术研究开发中心3家，市级工程技术研究开发中心11家。截至2013年年底，全市已有省级以上企业工程中心15家，市级工程中心总数51家。

通过切实提高认识，强化扶持意识；规范金融秩序，改进金融服务；增加资金补助，提升企业活力；减轻企业负担，缓解企业压力；提高服务水平，优化发展环境等做法，河源市不断加快创新型企业发展步伐。截至2013年年底，全市共有河源富马硬质合金股份有限公司、广东和平君乐药业有限公司、广东立国制药有限公司3家省级创新型企业，有力促进了该市自主创新能力的提升和发展方式的转变。

【科技服务体系】 截至2013年年底，河源市形成了以河源生产力促进中心、河源市科技信息中心、高新区科技企业孵化器为龙头，集五县一区生产力促进中心、技术培训中心等16家科技中介服务机构为一体的科技中介服务体系。

【科技计划项目】 2013年，河源市出台《河源市工程技术研究开发中心专项扶持资金管理暂行办法》《河源市科技成果转化专项资金管理暂行办法》等8个项目资金专项管理办法。全年共组织申报国家级、省级和市级各类科技项目469项，其中国家级19项，立项5项；省级217项，立项49项；市级233项，立项117项。

【科技成果奖励与技术市场】 2013年，河源市共组织11项科技项目进行市级科技成果鉴定。组织34个科技项目进行市级科技进步奖评审，评出2013年度市科学技术进步奖项目18项，其中一等奖2项、二等奖4项、三等奖12项。

【高新技术及战略性新兴产业】 2013年，河源市共有4家企业获得国家级高新技术企业认定。截至2013年年底，全市高新技术企业总数达到24家。

河源市积极引进和培育新电子、新材料、新能源、新医药等战略性新兴产业，推动产业结构转型升级。一是成功打造手机产业“全链条”，夯实电子信息产业。2013年，河源市与广东工业大学签订了全面合作协议，在河源市高新区共建“河源广工大协同创新研究院”，为河源经济社会发展“招商引智”。截至2013年年底，河源高新区已经形成了集新产品研发、模具开发、注塑、喷油、SMT（表面组装）、整机组装、检测、物流、销售为一体的手机产业“全链条”。2013年高新区电子信息产业产值累计275.6亿元，同比增长30.3%；手机整机产量累计6 665万台（套），同比增长14.1%。作为河源手机电子信息产业的主要载体，河源市高新区获广东省人民政府授予了“广东省手机生产基地”称号，是广东省唯一的“广东省手机产业集群升级示范区”，也是全国主要手机出口基地，被认定为“首批广东省外贸转型升级专业型示范基地”，手机产品销往世界各地，影响遍及欧美、东南亚、非洲等地区，打造了闪亮的“做手机，到河源”的区域名片。

二是大力发展太阳能光伏产业，打造亚洲最大光伏产业基地。作为华南地区的“石英宝库”，河源具有得天独厚的资源禀赋，其石英储量占全世界探明储量的1/4，纯度高达99%。河源市采取积极举措，用活用好太阳能光伏产业发展的优质资源，有力推动太阳能光伏产业的蓬勃发展。广东汉能光伏有限公司投资200多亿元于2011年投产建设的太阳能薄膜电池生产基地，带动了一批相关配套企业的集聚落户，形成了产品门类齐全，技术水平高端，产业环节完整、相互配套，各环节均有重大项目的产业链条。

【农业科技】 2013年，河源市申报了国家级农业项目4项，立项3项。组织申报省级农业类科技计划项目42项，立项28项；新增农村科技特派员（个人及法人）63个，工作站6个，截至2013年年底，全市农村科技特派员数量达到384个，工作站33个。认定了广东融和生态农业发展有限公司等公司等5家企业为河源市农业技术创新中心组建单位。截至2013年年底，全市共有省级农业科技创新中心3家，市级农业科技创新中心19家。

建设覆盖河源市五县一区的科技网络，建设覆盖河源市1 300多个行政村的农村科技信息网络，初步建立针对河源市产品（主要农产品）销售的农产品电子商务平台。

【科技人才队伍】 2013年，河源市制订了《河源市中长期人才发展规划纲要（2012—2020年）》《河源市引进创新科研团队和领军人才的实施意见》。围绕河源市“四新”产业，举办科技沙龙系列活动，每期邀请国内著名专家或教授对相应产业或行业的前沿技术进行主题宣讲，为河源市科技人才队伍建设打下坚实基础。

与广东工业大学、广东技术师范学院等高等院校签订了全面合作协议，引进高校科研人才为河源市经济社会发展服务。组织实施“扬帆计划”，着力引进创新团队。紧紧围绕省委、省政府《关于进一步促进粤东西北地区振兴发展的决定》，结合河源市产业发展需要，依托西可通信技术设备（河源）有限公司和广东富阳生物科技有限公司引进了具有国内先进水平的创新团队，获得了省扶持资金800万元，以人才结构的转型升级推动河源市产业结构提档升级，助力加快发展、振兴发展。

截至2013年年底，河源市共有初级技术人员5万多人，中级技术人员4万多人，高级技术人员近5 000人。

【科技金融】 2013年，河源市与中国银行河源分行、中国农业银行河源分行签订了扶持该市科技型中小微企业发展合作框架协议，在资金额度、贷款利率等各方面对河源市科技型中小微企业给予扶持。推动出台促进科技金融结合的相关政策，引导金融资本进入科技创新和高科技产业领域，积极探索知识产权质押、投贷联合等科技金融新路子，为该市科技型中小企业发展架好桥、铺好路。在河源市高新区开展科技金融试点工作。

【专业镇及特色产业基地】 2013年，河源市出台了《中共河源市委、河源市人民政府关于依靠科技创新推进专业镇转型升级的实施意见》，安排专项资金支持专业镇转型升级技术创新体系和产业服务体系建设。全年建设专业镇转型升级试点5个，专业镇转型升级服务平台2个。截至2013年年底，全市共有省级专业镇17个，市级专业镇37个。

2013年，河源市大力建设新能源特色产业基地和新材料特色产业基地。通过广东汉能光伏有限公司的非微晶叠层薄膜太阳能电池项目建设，带动了全市太阳能光伏产业的发展，初步形成从石英砂开采加工到太阳能电池生产、太阳能发电为一体的光伏产业链。通过硬质合金项目建设，带动形成了以富马硬质合金为龙头，普益合金、正信合金、永兴合金等一批硬质合金型材生产项目的加快实施，建成广东乃至全国微晶硬质合金生产基地，并形成以中高档特色制品为主，涵盖多品种、多系列的特色制品国家级产业基地。

【知识产权工作】

专利申请与授权 2013年，河源市专利申请总量为1 098件，同比增长了92.63%，其中发明专利194件，同比增长了55.20%，实用新型专利545件，外观设计专利359件。

知识产权宣传培训 深入紫金、连平、和平3个县区开展宣传培训，举办专利保护培训班；开展“4・26”知识产权宣传周系列活动；联合市高新区管委会共同举办知识产权维权援助公益活动。进一步提升知识产权创造、运用、保护以及管理的能力，强化学校知识产权教育。认定河源市第一中学为2013年河源市中小学知识产权教育示范学校，源城区雅居乐小学等6所学校为2013年河源市中小学知识产权试点学校。

企业知识产权 鼓励和支持有条件的企业建立知识产权制度，研究和实施知识产权战略，促进企业知识产权发展。认定广东汉能光伏有限公司等5家企业为河源市首批知识产权优势企业。组织申报省级专利技术实施计划项目3项、省级知识产权优势企业1家，河源市粤兴实业有限公司被国家知识产权局认定为国家级首批知识产权优势企业。

知识产权行政执法 联合省知识产权局维权中心，深入市高新区开展知识产权维权活动，开展宣传、培训工作，深入企业走访企业知识产权现状；扎实开展打击侵犯知识产权和制售假冒伪劣商品行动，根据省知识产权局统一部署，成功查处了“肤立修凝胶”假冒专利案件，为该市企业发展营造了良好的环境。

【科普工作】 2013年6月，河源市在东源县灯塔镇举行了一场以“实施创新驱动发展战略，携手共建创新型河源”为主题的科技下乡活动，活动中组织开展了科技集市活动，农业技术咨询，农业实用技术、新品种推介，发放了科技书刊和其他农业科技资料。

【防震减灾】 2013年，河源市共创建省级地震安全示范社区5个，国家级地震安全示范社区2个；对《河源市地震应急预案》进行修订，使其更加完善、可操作性更强；及时、妥善处置了2013年2月22日东源县锡场镇4.8级地震，地震应急能力得到了检验和提升；积极开展“5・12”防灾减灾日防震减灾宣传系列活动，切实提高广大群众应对地震灾害的能力。

（河源市科学技术局　黄　强）

梅　州　市

【民营科技】 2013年，梅州市组织开展2008年以前（含2008年度）认定的广东省民营科技企业集中复核工作，全部通过审核。截至2013年年底，全市共有民营科技企业78家。据统计，全市民营科技企业年末资产总额90亿元，技工贸总收入47.1亿元，净利润总额2.81亿元，上缴税金2.66亿元，创汇总额2.42亿美元。

【产学研合作】 2013年，梅州市共推荐省部产学研结合项目59项，产学研科技创新平台10项，省院合作项目8项，特派员工作站1项，院士工作站2项，产学研重大专项1项。省部产学研结合项目立项18项，产学研科技创新平台项目立项5项，省院合作项目立项2项，特派员工作站立项1项，产学研重大专项立项1项。截至2013年年底，梅州市有180家企业与高校建立了产学研合作关系，设立省部产学研示范基地16个，产学研创新联盟5个，科技特派员工作站5个，223名科技特派员与该市企业签订了合作协议。

大埔的陶瓷产业技术创新联盟主要骨干企业与中山大学、华南理工大学联合申报产学研重大专项“资源节约型自强化青花瓷关键技术研发与产业化”获得立项，获立项经费300万元。世联泵业（平远）科技有限公司、广东昌隆陶瓷股份有限公司联合有关院校申报的2013年度产学研结合重大成果转化及技术前沿合作重点专项均获得立项，各获立项经费100万元。

【技术创新工程】 2013年，梅州市科技部门积极拟定和实施《广州梅州工程技术研发中心“一对一”技术帮扶工作方案》，对梅州31家省级工程中心和36家市级工程中心开展深入调研，收集信息，了解企业需求，全力备建创新平台。通过工程中心对口帮扶，借助广州经济发达地区产业、人才优势，促进企业自主创新能力的提高，加速科技成果转化，提高行业和区域性产业技术水平，加速高新技术对传统产业的改造，推进梅州市经济快速健康发展。

【科技服务体系】 2013年，梅州市科技部门借助广东省专业镇中小微企业公共服务平台建设专项，联合广东村村通科技有限公司，建设面向全市专业镇最具活力的农业特色产品电子商务平台，2013年共有11家省级农业专业镇加盟申报电子商务与信息网络服务平台建设。同时，通过组织市生产力促进中心及相关电子商务企业，与广东村村通科技有限公司共同签订了“联合推进梅州科技信息服务平台建设”框架协议，集中省市科技资源，共同打造一个专门展示销售梅州特色农产品的“客都汇”电商信息网络平台。截至2013年年底，全市35个省级专业镇已建有专业镇中小微企业服务平台27个，拥有科技服务机构316个，承担省级以上研究项目70项，科技投入总额达3.72亿元，研发经费投入1 067万元。

【科技计划项目】 2013年，全市共推荐申报国家星火计划重点项目4项，立项3项；推荐申报国家中小企业创新基金9项，立项1项，立项经费60万元；联合财政部门向省科技厅推荐5批次项目共269项，获得立项86项，立项资金3 121万元。

2013年度梅州市科技研究与开发资金项目共立项37项，下达经费250万元。完成医疗卫生科研类、科教类自然科学等特定领域的市级科研项目申报工作，通过筛选、评审，首批116项被批准列入本年度市级科技计划项目。

【科技成果与奖励】 2013年，全市共组织市级科技成果鉴定29项，同比增加3项。梅州市评出2013年度市科学技术奖项目共44项，其中一等奖3项，比2012年增加了1项，二等奖7项，三等奖34项；按行业分：工业16项，农业18项，医疗卫生10项。奖励项目中，可直接产生经济效益的项目累计新增产值14.82亿元，年新增利税7 933万元。

【高新技术及战略性新兴产业】 2013年，广东正源华茶生物工程有限公司等8家企业申报高新技术企业，均已通过了公示，广东先达电业股份有限公司等6家公司通过复审。截至2013年年底，全市共有高新技术企业54家，比2012年增加了6家。截至2013年年底，梅州市拥有收入上亿元的高新技术企业20家，高新技术企业总收入超过80亿元，同比增长5%；工业总产值86.73亿元，同比增长17.8%；出口创汇3.52亿元，略有下降；净利润5.39亿元，同比增长20.3%。

【农业科技】 2013年，全市组织申报农业类省级科技项目43项。其中农业领域引导项目17项，立项8项；省级星火计划项目立项15项，其中“生态绿壳蛋鸡标准化生产”及“名优红茶新品种引进与清洁化生产”2项产业关键技术集成应用示范重点专项获得立项，获得各30万元的经费支持。

【科技人才队伍】 梅州市科技部门与中共梅州市委组织部联合向省科技厅推荐“扬帆计划”引进创新团队项目5项。经过审查、答辩筛选后，广东昌隆陶瓷股份有限公司的“高品质日用陶瓷技术创新团队”、广东华清园生物科技股份有限公司的“天然右旋龙脑创新开发团队”及广东振声科技股份有限公司的“山地果园机械研发创新团队”3个创新团队项目获得立项，各获得300万元的资金扶持。

【科技基础条件】 梅州市科技局门户网站网络及设备不断更新发展，网络应用不断开发，在推动梅州市信息化建设和科技业务综合管理方面发挥了重要作用。为梅州市的科技管理、农村信息化建设、知识产权服务、防震抗震宣传、文化旅游产业宣传等业务提供电子政务支持，提高了它们的执行效率，对梅州市的社会、经济发展起到良好的促进作用。

【技术创新专业镇】 截至2013年年底，梅州市共有省级专业镇35个，市级专业镇35个。搭建了技术创新服务平台27个，70%以上的省级专业镇建立了特色产业公共创新服务平台。

2013年，该市共向省科技厅申报专业镇中小微企业服务平台建设专项38项，其中专业镇生产力促进中心建设项目10项，立项5项；专业镇中小微平台建设项目28项，立项6项。

【知识产权工作】 2013年，梅州市专利申请量1 686件，同比增长47.64%，其中发明专利122件，实用新型专利795件，外观设计专利769件；专利授权量1 257件，同比增长38.28%，其中发明专利41件，实用新型专利619件，外观设计专利597件。

全年出动执法人员25人次，检查生产经营场所16家，立案4宗，其中假冒专利案件3宗，专利侵权纠纷案件1宗，涉案金额30多万元，已结案3宗。9月6日，梅州市举行了首批“正版正货”承诺单位的授牌仪式。广东嘉和微特电机股份有限公司获2013年广东省知识产权优势企业。广东富远稀土新材料股份有限公司的“一种从稀土样液中除铝的方法”发明专利获得2013年广东专利优秀奖。

【科普工作】 梅州市“科技进步活动月”于5月中旬至6月中旬开展，紧紧围绕“实施创新驱动发展战略，携手共建创新型广东”这一主题，突出“调动全社会的积极性，把全社会智慧和力量凝聚到创新发展上”的要求，重点开展提升自主创新能力，转变经济发展方式，加快发展创新型经济，提高全民科学素养以及科技惠及民生等系列活动。

据统计，“科技进步活动月”期间，全市共组织60多个相关部门，举办科普宣传、培训、教育活动100多项；全市累计举办各类培训班50多场，培训人员10 000多人次；送科技下乡开展科技咨询活动550场次，参加人数5万多人；科普图展进校园20场次，参加活动师生6万多人；张贴标语200多条，悬挂横幅100条；制作宣传专栏和科普长廊150个，发送各种科技资料3.5万份；在电视、电台播出的科普节目，《梅州日报》刊登的科普稿件达100多条。

6月上旬，梅州市分别在平远仁居镇和东石镇等开展“送科技下乡、地中海贫血防控宣传和义诊”活动。活动发放农作物种植和病虫害防治、水产养殖实用技术、预防禽流感H7N9、地中海贫血防控、游泳安全知识、常见病防治和防震减灾、健康安全生活、节能减排、环境保护等15类的宣传资料10 000多份，接受群众咨询700多人次，义诊人数超过300多人次。

【防震减灾】 按照珠江三角洲地震预警台网项目建设安排，拟在梅州市新建15个地震台站。选点工作经广东省地震局专家验收合格，已钻探完成了8个地震台站基建工作，其余台站正在钻探中，等待下一步仪器安装使用。

对《梅州市地震应急预案》进行重新修订，在征求相关单位及专家意见和建议的基础上，认真制订，结合实际，制定出符合梅州实际、可操作性强、内容详尽的新预案，于12月13日由梅州市人民政府印发实行。12月30日，“梅州市地震应急救援队”正式成立。

5月7日，梅州市地震局、梅县教育局、梅县地震局联合在梅县扶大中心小学举行防震减灾应急避险、自救互救技能演练。全校1 800多名师生参与了此次演练活动。5月13日，丰顺县科技局在汤西颖川中学举行全校师生防震紧急疏散演练活动，发放了防震减灾知识小册子900多份。

（梅州市科学技术局　黎巧君）

惠州市

2013年，惠州市全社会研发经费约59亿元，占GDP比重达2.2%，比上年提高0.3个百分点。在2011—2012年度全国科技进步考核工作中，惠州市被科技部评为“科技进步考核工作先进市”。2013年，惠州市被列入科技部和标准委批准的首批20家智慧城市试点单位，“惠州云计算智能终端创新型产业集群”成功获批为科技部首批10家试点之一。

【科技政策环境】 2013年，惠州市不断完善科技创新政策体系，进一步优化科技发展环境，提高企业开展创新活动的积极性。3月，惠州市出台了《惠州市改善创新环境五年行动计划》，提出通过5年努力，力争形成有利于自主创新的体制机制和文化氛围，建立起适应社会主义市场经济发展要求、遵循科技创新规律与产业发展规律的创新环境体系，主要创新环境指数居全省前列。该文件集中体现了当前建设创新型城市的现实需求，成为该市今后支撑建设“以企业为主体、以市场为导向、以法治为保障”科技创新体系的一份重要纲领性文件，同时为企业创新创业营造优质的科技发展环境。惠州市积极贯彻国家和省市相关政策，落实企业研发费用税前加计扣除、高新技术企业税收优惠政策，2013年共有146项研发费用税前加计扣除项目通过初审，项目研发经费达7.79亿元。

【产学研合作】 2013年，惠州市组织该市企业申报省市两级产学研合作与专业镇建设项目149项，下达市级产学研专项资金1 200万元，组织实施29个产学研结合项目。

2013年，中山大学惠州研究院建成，中海炼化惠州分公司与石油化工科学研究院、清华大学等院校联合广东省中海炼化石油化工院士工作站挂牌成立，武汉大学深化合作并建立技术转移中心，北京化工大学组建惠州研究院，暨南大学共建协同创新中心达成初步协议。截至2013年年底，全市共建有院士工作站2个，特派员工作站7个，牵头组建省部产学研创新联盟4个。

【科技创新平台】 2013年，惠州市新增广东省创新型企业4家，广东省创新型试点企业5家，另外有2家企业通过广东省创新型企业复审。截至2013年年底，惠州市有省级创新型企业24家，省级创新型试点企业7家，国家创新型企业1家，国家创新型试点企业1家，省“百强创新型企业培育工程”示范企业8家，省自主创新100强企业5家。全市新认定省级工程技术研发中心15家，市级工程技术研发中心16家，截至2013年年底，惠州市企业技术创新平台达189家，其中国家级5家，省级57家。仲恺高新区在美国波士顿率先建立海外孵化器，启动了陈江LED、惠环移动互联网专业孵化器建设。

2013年，惠州市通过深化省部院产学研合作，推动石油化工、电子信息研究院等公共技术平台建设，中山大学惠州研究院全面运行；北京化工大学惠州研究院于3月签订协议，启动建设；与武汉大学签订深化合作协议，联合建立技术转移中心。大力推动企业设立技术创新平台，支持外资企业在惠设立研发机构，积极推动惠州科锐光电有限公司、TCL—罗格朗国际电工（惠州）有限公司、惠州宝柏包装有限公司等外资企业在惠设立研发机构，促进惠州市提升重点产业的技术研发水平。

【科技计划项目】 2013年，惠州市共推荐申报国家级科技项目76项，其中国家“863计划”6项，国家科技型中小企业技术创新基金项目70项；推荐申报省级科技项目共233项，其中战略性新兴产业核心技术攻关项目28项，LED产业项目11项，省部院产学研结合项目73项，高新技术产业化项目30项，星火计划项目14项，省数控一代机械产品创新应用示范工程专项资金项目9项。下达2013年度惠州市技术研究与开发资金计划项目90项，三大集团科技专项17项，涉及项目经费共3 900万元。截至2013年年底，惠州市有24项国家科技型中小企业技术创新基金项目立项，共获得1 405万元资金扶持。

制订了《惠州市科技计划项目管理规程》，从指南发布、项目申报、审核推荐、项目评审、项目立项、跟踪管理等方面，规范了市科技计划项目的管理。组织编写2013年科技计划项目申报指南，开展项目申报工作。经过网上申报、审核推荐等程序，最后进入网上评审的262项。组织专家网上评审，会同市财政局组织对TCL、德赛、华阳三大集团发展资金项目、重点项目、产学研结合与专业镇平台建设等项目评审答辩会，邀请专家评审，同时邀请市财政局、新闻媒体有关人员到场监督答辩会。最终获得经费资助的共125项，其中三大集团专项立项17项，产业技术研究与开发资金立项90项，市级工程中心条件建设项目18项。

【科技成果与奖励】 评选出2013年度惠州市科学技术奖42项，其中突出贡献类1项；科技进步类一等奖2项、二等奖7项、三等奖17项；专利类金奖3项、优秀奖12项。2013年度惠州市获得2013年中国专利优秀奖1项；获2013年度广东省科学技术奖二等奖1项、三等奖4项，其中大亚湾管委会与中山大学、中海炼油等单位合作申报“大亚湾石油化工园区建设和管理创新实践”项目获得二等奖。

【高新技术及战略性新兴产业】 2013年，惠州市高新技术产品产值达3 200亿元，同比增长15.1%，占规模以上工业总产值比重为49%，连续多年位居广东省第2位。2013年，惠州市新增30家高新技术企业，累计有高新技术企业162家。全市有3家企业被认定为2013年国家火炬计划重点高新技术企业，截至2013年年底，国家火炬计划重点高新技术企业已达18家。

2013年，惠州市通过实施重大科技专项，在显示面板、车载电子、LED封装、动力电池、精密制造等领域突破了一批关键共性技术。加快推进LED产业公共技术服务平台及技术创新联盟建设，加强研发能力建设和核心技术攻关，LED产业集群态势日益呈现。2013年全市LED总产值达380亿元，仅次于深圳位列全省第2。推广LED照明产品应用走在全省前列，超额完成省下达的路灯改造任务，2013年度惠州LED路灯及隧道灯招标数11.27万盏，占全省招标总量的14.84%，位居全省第2。积极推进智能终端与云计算相关应用紧密结合的创新型产业集群建设，2013年，惠州市被列入科技部和标准委批准的首批20家智慧城市试点单位，“惠州云计算智能终端创新型产业集群”成功获批为科技部首批10家试点之一。

【技术创新专业镇】 2013年，惠州新增小金口镇、水口镇2家省级专业镇，截至2013年年底，省级专业镇累计19家，专业镇中小微企业服务平台14个。建设专业镇服务平台，围绕专业镇特色产业发展，构建了电子、服装、鞋业等领域共11家科技服务平台。

【知识产权工作】 2013年，惠州市专利申请量和授权量继续保持良好较快增长势头。全市共申请专利15 168件，同比增长53.32%，其中发明专利2 467件，实用新型专利3 830件；获专利授权5 918件，同比增长44.59%，其中发明专利468件，实用新型专利2 577件。有效发明专利达1 100件，PCT国际专利申请达152件。TCL集团的2个专利技术项目获2013年广东专利优秀奖。

2013年，惠州市加快知识产权人才培养。惠州学院与市知识产权局联合培养法学·专利代理方向双学位辅修专业正式开班，通过专利代理人授课、专利代理机构为学生提供实践平台等举措，为专利代理行业的持续发展吸引人才、积蓄力量。省知识产权局向全省各地级知识产权局全文转发了惠州市出台的《贯彻落实〈关于加快建设知识产权强省的决定〉的实施意见》，推广该市的经验。

2013年，惠州市启动专利资助网上申报管理系统，以惠州为申请人地址的专利申请人均可以通过该系统在线进行专利资助申报，市与各县区知识产权管理部门网上审核，实现用户注册、资助申请与查询，市、县区知识管理部门联网审核、查询统计、监察督办等功能，增强了专利资助政策透明度。

知识产权行政执法 2013年，惠州市知识产权局加强与市级有关知识产权部门横向联合，以及与县（区）知识产权局纵向联合，开展知识产权执法维权“护航”专项行动，抽调市局及县区局专门力量组成了联合执法组，在全市范围内开展了打击假冒专利行动，共开展专利专项执法活动40多次，检查各类商场、企业200家次，出动执法人员90人次、立案89件，其中专利纠纷案件6件、查处假冒专利案件83件，涉案金额5.5万元，查处黑代理机构2家。

专利奖励 惠州市2013年度科学技术奖专利类项目申报和评选中，共评选出市科学技术奖专利类奖15项，其中专利金奖3项、专利优秀奖12项。在第15届中国专利奖和2013年广东专利奖的评审中，惠州市亿能电子有限公司“动力电池组充放电均衡控制方法”项目获得第15届中国专利优秀奖，TCL集团股份有限公司技术中心的“液晶电视机（V7300）”和惠州TCL移动通信有限公司的“一种电子墨水显示设备及其照明方法”的2项专利技术获得2013年广东专利优秀奖。

知识产权宣传 2013年，惠州市知识产权相关部门借助“3·15”消费者权益保护日、“4·26”世界知识产权日和中国专利周等重要节日，联合开展现场咨询、集中销毁非法出版物、知识产权联合执法、“扫黄打非”专项行动和现场咨询等系列活动；惠州市知识产权局举办了“深圳知识产权之旅”活动，向市四套班子领导，知识产权办公会议成员、县（区）、镇办知识产权部门及知识产权优势企业、高新技术企业等免费赠阅全年《中国知识产权报》400份。惠州市工商行政管理就以《中华人民共和国商标法》和《商标法实施条例》为宣传重点，充分发挥广播、电视、报纸、杂志、网络等媒体作用，普及在社会“面”的宣传；利用开展商标培训班、商标巡展、企业座谈会、专题讲座，扩大在行业“线”的宣传；通过建立商标指导点、企业回访、年检等形式，送法上门，强化在企业“点”的宣传。通过“面”“线”“点”多方位结合的立体宣传，增强全社会的商标注册和保护意识，提高商标的知名度和美誉度。

【科技交流与合作】 2013年，惠州市大力引进国际高端创新资源，加强与独联体国家、以色列等科技强国的合作，在电子信息、石油化工、新能源汽车、新材料、现代农业等领域，联合建立高水平的科技研发中心。市政府分别与乌克兰国家科学院、乌克兰国立技术大学签订了系列合作协议和科学技术与教育领域合作框架协议，拟联合组建技术转移中心和科技成果转化中心，推动乌克兰国立技术大学分校和中乌科技园建设，促进乌克兰和世界先进的技术项目、人才团队落户园区。规划建设“潼湖智慧城”，形成技术创新与高端人才集聚区，重点加强与城南市协调沟通，力争建立“中韩科技园”；与以色列、独联体国家联合建立国际科技合作园；与著名高校和科研院所联合建立大学创新园。

探索组建外地孵化器和专业孵化器新模式。仲恺高新区在美国波士顿率先建立海外孵化器，启动了陈江LED、惠环移动互联网专业孵化器建设；东江科技产业园科创大厦、惠南科技产业园科创中心加快建设，加速形成“孵化器+加速器+服务中心”孵化体系，促进“外地研发惠州应用”。

【防震减灾】 2013年，惠州市积极推进防震减灾示范城市的创建工作，投入试运行抗震设防管理在社会投资项目网上并联审批和网上办事大厅有关事项建设，在全省名列前茅。不断扩大惠州市群测群防的覆盖面，新建2处地震群测群防地震宏观观测点。积极宣传防震减灾科普知识，开展科普知识进企业、进机关、进乡村活动，在多所学校开展避震逃生演练活动。2013年2月，河源市发生4.8级地震，惠州市按照应急规程立即展开应对工作，确保了社会安全稳定。

（惠州市科学技术局　刘传和）

汕 尾 市

【科技政策环境】 2013年，汕尾市制订《汕尾市技术创新专业镇管理办法》，努力推动专业镇转型升级。推动出台《中共汕尾市委、汕尾市人民政府关于贯彻落实〈中共广东省委广东省人民政府加快建设知识产权强省决定〉的意见》，以完善制度推进知识产权的保护、培育和运用。

汕尾市级及市城区等4个建制县顺利通过了2013年度全国县（市）科技进步考核，汕尾市获得了全国“科技进步考核先进市”的殊荣，4位同志荣获全国县（市）“科技进步考核先进个人”。

【产学研合作】 汕尾市与中国科学院广州分院建立了“院地合作”联盟，成立了“中科院广州技术转移中心汕尾分中心”。1月，深圳大学、汕尾市科技局、忠建集团（国际）有限公司签署共建深圳大学汕尾光电科技产业孵化园协议。汕尾先后引导多家企业与华南理工大学、深圳大学、广西医科大学等12所高校及中科院南海海洋研究所等5家科研院所建立“产学研战略合作”联盟，引进科技特派员31人，通过“引进、消化、吸收、再创新”不断提高自主创新能力。

【技术创新工程】 2013年，全市新认定市级企业研究开发中心7家，截至2013年年底，全市已认定市级企业研发中心27家，共有技术人才达530多人（其中博士18人，高级职称47人，中级职称112人），企业研发经费投入1 600多万元，申请专利70多件。推进信利半导体有限公司建设国家级工程技术中心，推进汕尾市快捷通导设备有限公司和广东大哥大集团公司建设省级工程技术中心，进一步提升企业的自主创新能力。对原有的省级创新型企业试点信利半导体有限公司开展创新型企业认定。

【科技服务体系】 2013年，汕尾市新成立、组建了创新工业设计院、广东华南科技资本研究院汕尾分院、农业科技研究院、快捷通导超宽带电磁学联合实验室、海洋产业研究院等5个科技创新服务平台，不断提高科技创新水平。开展动植物医院汕尾市植物分院、汕尾市综合型现代科技服务产品超市平台、汕尾检验检疫公共技术服务平台等产业服务平台建设。

3月，汕尾市科技局、汕尾出入境检验检疫局签署共建汕尾市检验检疫公共技术服务平台战略合作协议。10月，汕尾市创新工业设计研究院成立，为汕尾市专业镇以及中小微企业提供工业与创意设计、信息化建设、项目研究、技术研发、技术咨询、现代科技服务产品超市等全方位服务。10月，汕尾市快捷通导设备有限公司与电子科技大学合作，成立了“电子科技大学—汕尾快捷通导超宽带电磁学联合实验室”，以超宽带电磁学的应用为基础，在基础技术、高新技术应用、人才培养3个层面进行广泛合作。11月，广东华南科技资本研究院汕尾研究中心成立，搭建科技金融服务平台。筹建汕尾市海洋产业研究院，依托中国科学院南海海洋研究所的智力和技术等创新要素，开展苗种培育、水产养殖技术研究与推广、产品精深加工技术研发、海产品质量技术检测和人才培养等工作。

【科技计划项目】 2013年，全市共组织申报国家级科技计划项目3个、省级科技计划项目80个，获国家科技型中小企业技术创新基金项目立项1个，获国家农业科技转化资金项目立项1个，获省级结转立项1个。受省科技厅委托，完成2013年省级部门科技项目评审7个。

围绕产业服务平台建设、企业创新平台建设、军民两用技术研发、数控一代机械产品创新应用示范工程4个专项，共下达市级科技专项资金项目7个，下拨科研经费110万元，组织下达市级医药科技计划项目45个。

受省科技厅委托，组织验收省级科技计划项目49个，其中47个项目通过验收。组织验收市级科技计划项目14个、市级医疗卫生项目24个。完成对汕尾快捷通导设备有限公司的创新基金项目进行中期监理工作，配合省科技厅完成省产学研重大专项（汕尾市国泰食品有限公司）中期检查工作，配合财政部门开展2012—2013年度省级科技计划项目专项经费使用情况检查工作。

【科技成果】 1月11日，由广东烟草汕尾市有限公司、深圳海联讯科技股份有限公司等联合完成的“汕尾烟草企业文化提升的信息化研究”项目顺利通过汕尾市科技局组织的科技成果鉴定。经鉴定，该成果具有很好的实用性，在本地区企业中具有先进性。

4月16日，由广东红海湾发电有限公司等联合研制的“大型机组基于环保经济的全供应链主动配煤掺烧动态优化技术”项目顺利通过省科技厅组织的科技成果鉴定。经鉴定，该项成果总体技术达到国际先进水平。

【高新技术及战略新兴产业】 2013年，全市高新技术产品出口总额92 405万美元，同比增长31.8%，约占汕头关区5市高新技术产品出口总量的61.4%，成为粤东地区最大的高新技术产品出口基地。

全市LED照明改造工作稳步落实，获省专项资金支持1 000万元。截至2013年年底，全市公共照明管理部门已投入资金2 300.5万元，改造、新建LED路灯54.23千米，安装LED路灯及景观灯5 685盏。

【农业科技】 汕尾市农科园核心区企业建设扎实推进。汕尾市利群生态农业有限公司科研综合管理中心建成，完成科研创新中心建设13.3公顷，引进21类农作物80多个新品种。汕尾市陆港生态种养实业有限公司完成46.7公顷果蔬、花卉示范区建设，建成了库容1 000立方米的大型田间冷库。广东省生宝种养有限公司育苗25万株，已基本完成333.3公顷有机木瓜标准化示范种植基地建设，农产品检验检测室正配套设备，木瓜种植、加工3项发明专利获得国家专利局授权。陆丰市跨越种养专业合作社投入资金达596.80万元，基本上完成了年产优质大米2万吨加工基地建设。红海湾广泰公司投入160多万元，基本完成工厂化养殖维生系统工程建设。

围绕园区统一品牌，申请了“绿美汕”商标。生宝公司的“陆河木瓜”获得“地理标志产品保护产品”。汕尾市农科园与市农业局联合组建了汕尾市农业科技研究院，积极推进农业科技公共服务。对园区示范区入园企业申报单位进行实地考察，认定12家企业作为园区示范区入园企业，总面积达1 733.3公顷。

【技术创新专业镇】 截至2013年年底，全市6个省级专业镇及12个市级专业镇产业特色突出，但产业层次不高，发展粗放。为此，汕尾市各专业镇在产品销售端注入电商营销和产品包装设计等科技创新因素，在生产端引进数控一代改造生产线，为专业镇转型升级奠定基础。

全市推进科技创新服务平台建设。一是成立汕尾市创新工业设计研究院，为汕尾市专业镇以及中小微企业提供工业与创意设计、信息化建设、项目研究、技术研发、技术咨询、现代科技服务产品超市等服务。二是成立广东华南科技资本研究院汕尾研究中心，搭建科技金融服务平台。三是筹建汕尾市海洋产业研究院，依托中国科学院南海海洋研究所的智力和技术等创新要素，开展苗种培育、水产养殖技术研究与推广、产品精深加工技术研发、海产品质量技术检测和人才培养等工作。四是引导汕尾市快捷通导设备有限公司与电子科技大学合作，成立了“电子科技大学—汕尾快捷通导超宽带电磁学联合实验室”，以超宽带电磁学的应用为基础，在基础技术、高新技术应用、人才培养3个层面进行广泛合作。引导企事业单位积极申报省级平台项目，开展动植物医院汕尾市植物分院、汕尾市综合型现代科技服务产品超市平台、汕尾检验检疫公共技术服务平台等产业服务平台建设，创新科技服务研究。新成立、组建了创新工业设计院、广东华南科技资本研究院汕尾分院、农业科技研究院、快捷通导超宽带电磁学联合实验室、海洋产业研究院等5个科技创新服务平台，不断提高科技创新水平。

【知识产权工作】 2013年，汕尾市专利申请量1 176件，其中发明专利87件、实用新型专利520件、外观设计专利569件，比2012年同期增长55%。专利授权量818件，其中发明专利24件、实用新型专利364件，外观设计专利430件，比2012年同期增长69%，增幅居全省第1位。汕尾市信利半导体有限公司的发明专利“液晶显示装置及其制作方法”获2013年广东专利优秀奖。

2013年，汕尾市推进“汕尾市专利产品生产销售诚信单位”建设。积极开展世界“知识产权日”活动，市知识产权局牵头，联合市工商局、市文广新局在市区主要地段设立知识产权咨询台，发放宣传资料2 000多册，接受群众咨询120多人次。联合工商等有关职能部门，深入开展“双打”专项执法行动，开展执法活动12次，出动执法车辆20多车次，执法人员100多人次，抽查相关产品5 500件，共立案处理侵权纠纷案件3宗，涉嫌假冒专利案件5宗。

【科普工作】 2013年，以“实施创新驱动发展战略，携手共建创新型汕尾”为主题，汕尾市深入开展“科技进步活动月”宣传活动。全市开展科技、文化、卫生下乡等活动20场，举办技术培训班15场，种养技术咨询1 000多人次，赠送化肥6吨，送科普书籍约50 000册（份），出版科技专栏8期，挂出科普挂图26 450多幅，近3 000名科技工作者参加，参与群众达70 000多人。

【防震减灾】 汕尾市“十大民生实事工程”之一“珠江三角洲地震预警台网建设项目”快速落实，汕尾市在广东省地级市中首个提前完成19个地震预警台址勘选任务，全省首个地震预警台在该市开工建设，获得省地震局的表扬和奖励。加强地震观测设备的维护和运用，根据地震观测原始数据，提出地震区域趋势判定意见，积极参与全省和粤东闽南地区年度地震趋势会商活动。强化地震应急救援，举办了2场防震减灾讲座、2场地震应急避险模拟演练，组建了防震减灾应急青年志愿者队伍，不断提高公众防震减灾意识和复产自救能力。

（汕尾市科学技术局 林植峰）

东 莞 市

2013年，东莞市以全国地级市评分第1的成绩被评为国家知识产权示范城市，并被评为2013年全国县（市）科技进步考核科技进步先进县（市），4人被评为2013年全国县（市）科技进步考核先进个人。东莞市知识产权局被评为全国知识产权系统人才工作先进集体。

【科技政策环境】

科技政策制定　2013年，《东莞市科技计划项目资助管理办法》等7个政策相继颁布实施，加上2012年颁布实施的《东莞市科技创新平台建设资助办法》，新一轮“科技东莞”工程（“1+5+8”）政策体系已经形成。市政府颁布了《东莞市区域创新体系规划（2013—2018年）》，明确了激发和保持东莞持续创新活力的发动机、加快产业转型升级的推进器、国内区域创新体系建设的排头兵三大战略定位，突出了建设和完善技术创新体系等六大核心体系和创新型企业“育龙”工程等八大重点工程，强化市科技发展规划工作。

为切实提高全社会R&D占GDP比重，市镇联动推进R&D统计工作顺利开展，尤其是突出重点，加强对重点规模以上工业企业的督导，引导其切实加大研发投入并如实填报，市科技局研究制定了《关于加强我市R&D统计的工作方案》。先后组织举办了全市基层R&D统计工作人员培训会和全市科研机构统计人员R&D统计业务培训会，召开6场全市重点规模以上工业企业统计人员培训会。制定《东莞企业（单位）R&D投入奖励实施方案》；根据《关于加强我市R&D统计的工作方案》，积极开展宣传、数据监测、重点督导等工作，为顺利完成年度R&D投入目标打下基础。

全市科技工作会议　2013年3月8日，为总结经验、部署2013年全市科技工作，助推东莞实现高水平崛起，东莞市召开了全市科技工作会议。会议传达了广东省科学技术奖励大会暨全省科技工作会议、2012年度广东省科技形势分析会、全省知识产权局局长会议精神，对2012年科技工作情况作了总结，并部署了2013年的工作任务，要求重点抓好八方面工作：一是加快培育创新型企业；二是积极发展战略性新兴产业；三是强化平台辐射带动作用；四是加快建设重大科技载体；五是推动开展协同创新；六是培育引进创新科研团队人才；七是促进科技金融产业深度融合；八是加强科技科普宣传工作。

2013中国（东莞）国际科技合作周暨电子信息产品博览会　见第17页。

第2届中国创新创业大赛（广东·东莞赛区）暨首届赢在东莞科技创新创业大赛　该活动以原东莞市科技型中小企业技术创新资金专项为基础，改革其评审和资助方式，借鉴中国创新创业大赛的组织模式而举行。大赛由市科技局主办，市科学技术协会、东莞日报社和东莞广播电视台协办，分为初赛书面评审、复赛集中答辩、半决赛现场考察和总决赛电视录播4个环节，其中大赛总决赛录播于2013年12月28日在市电视台演播厅举行，圆满完成了大赛所有赛事。最终广东国方医药科技有限公司和广东博迈医疗器械有限公司分别获得大赛成长组和初创组特等奖，另外共有64家企业获得2013年市创新项目立项资助2 444万元。

【产学研合作】　2013年，东莞市推动与国内高校院所开展产学研结合，开展“走出去”的科技考察专线活动。5月，组织了30家科技企业赴南京大学、东南大学和南京理工大学开展产学研考察对接活动，达成了产学研合作意向项目17项；6月，在寮步镇组织高校院所与企业的产学研对接活动，达成合作意向15项；7月，由各镇街组织了先进制造和电子信息2个领域的76家企业与东莞华中科技大学制造工程研究院等创新平台对接交流，达成初步合作意向20项；9月，组织了91家毛织、服装、造纸、家具等传统优势产业的企业与市公共科技创新平台对接，取得了良好的效果。

全市申报省部（省院）产学研项目217项，立项47项，组织产学研项目验收23项。2013年，继续鼓励引导企业加强产学研合作，争取更多企业科技特派员入驻该市企业，新增入驻21人次，累计达587人次。

【技术创新工程】　2013年，东莞市积极筹建大学创新城，成功引进清华大学、广东工业大学、暨南大学、同济大学分别与东莞市共建清华东莞创新中心、东莞华南设计创新院、东莞暨南大学研究院和东莞同济大学研究院，使全市公共创新平台总数达到16家。洽谈筹建东莞上海高校协同创新研究总院、东莞武汉大学研究院、东莞四川大学生物医药研究院等公共科技创新平台。

探索新型科研机构体制机制改革工作，成立了市校地研究院深化改革领导小组，共同探索公共科技创新平台体制改革、机制创新，为平台下一步产业孵化等发展壮大提供政策支持和保障措施。5月23日，全国政协教科文卫体委员会副主任，科技部党组成员、副部长陈小娅率全国政协“深化科技体制改革，促进新型研发组织发展”调研组到东莞市调研，调研组对该市公共科技创新平台建设工作表示了充分肯定。

【科技服务体系】　2013年，东莞市出台了《东莞市科技计划项目资助管理办法》，针对科技服务业的发展需求，在机构建设、服务对接等方面设立了科技服务业发展项目。组织18家科技服务机构申报省服务业发展专项项目，推荐5家企业申报专业镇中小微科技服务平台，分别有1项、2项立项。

全市科技服务业机构纳入统计范围的法人单位共154家，比2012年的143家增加了11家。从业人员11 765人，比2012年的6 520人增加了5 245人，增幅高至80.4%。全市科技服务机构中从事科技活动人员共7 334人，比2012年的3 304人增长121.97%，创历史新高。

【科技计划项目】　2013年，全市科技企业和科研单位累计申报国家和省各类科技计划项目近700项，比上年同期增长约20%，其中获国家科技型中小企业技术创新基金立项43项、资助经费2 725万元，为历年之最。

加强政策引导企业加大研发投入，出台《东莞市R&D投入奖励实施方案》，推动全社会加大R&D投入强度；组织专家对申报2012年度东莞市企业研究开发费税前扣除的840个项目进行鉴定评审，共有150家企业享受税前扣除优惠政策，加计扣除经费9.8亿元，同比增长46.58%。

【科技成果奖励与技术市场】　全市有9个项目获得2013年度广东省科学技术奖三等奖，97项科研成果获得2013年东莞市科学技术奖，其中“基于物联网的生猪质量安全追溯关键技术集成研究与示范”荣获东莞市科学技术奖技术成果类市长奖，黄晖等3人荣获东莞市科学技术奖荣誉类市长奖，“基孔肯雅热防治策略及措施研究”等26项科技成果荣获东莞市科学技术进步奖一等奖，“自体焦痂作烧伤创面覆盖物治疗重度烧伤的研究与应用”等33项科技成果荣获东莞市科学技术进步奖二等奖，“高速精密立式加工中心快速换刀装置研究”等34项科技成果荣获东莞市科学技术进步奖三等奖。

2013年，全市共组织市级科技成果鉴定98项，推荐科技成果登记81项，成功登记67项；组织省级科技成果鉴定7项；完成技术合同认定175份，合同总交易额约2.59亿元，技术交易额2.46亿元，企业获免税1 200多万元。

【高新技术及战略新兴产业】 2013年，全市共受理申报认定国家高新技术企业269家，其中193家通过认定，数量位居全省第2位，仅次于广州市，全市有效国家高新技术企业数量已达675家。

组织实施LED培增计划，颁布出台了《东莞市促进LED产业发展实施办法》，为“十二五”全面推进LED产业发展提供了强大的政策支持。截至2013年年底，全市共有LED企业218家。2013年全市LED产值约236亿元，同比增长50%以上。加强LED推广工作的检查督导，市政府督查室每月对各单位落实LED照明推广应用工作情况进行专项督办，市科技局对每月各单位上报的推广情况进行抽查核实，确保完成2013年LED推广任务。截至2013年年底，全市39个镇街（园区）、部门累计完成LED路灯改造180 114盏，占计划完成总数的96.9%；LED室内灯改造方面，全市38个镇街（园区）、部门累计完成LED室内灯改造213 475盏，占计划完成总数的84%。

【科技人才队伍】 为加大力度引进创新科研团队，推动更多优质科技创新资源落户东莞市，市科技局研究起草了《广东省引进创新科研团队东莞市财政配套经费管理办法》《东莞市引进创新科研团队项目实施管理暂行办法》，并报市政府审定。

2013年，启动市引进创新科研团队项目的评审立项工作，有20个团队通过形式审查进入专家评审阶段；组织推荐市22个团队申报广东省第4批创新科研团队项目，有7个团队入围答辩，且全部通过答辩进入现场考察环节，数量约占全省的1/4。

为切实加强对纳入“三重”建设的广东省第3批创新科研团队5个项目跟踪管理，市科技局组织召开了项目管理和专项资金使用专题座谈会，建立了团队项目信息半年呈报制度，并及时向三重办报送上半年项目实施进程。截至2013年年底，5个团队的成员已全部到岗，共申请专利39件，获授权专利20件，发表论文21篇，其中SCI/EI收录5篇；部分团队项目已进入产业化阶段，开始形成销售。如华中研究院团队的RFID制造设备已形成销售，福地新视野团队已有1项产品获得医疗器械SFDA认证，准备进入市场。5个团队共为东莞引进培养了100多名科研人员，其中博士后1名、博士6名、科研骨干40名。

【科技金融】 2013年，通过征集质押融资项目，促进银企对接，全市已有40家企业与金融机构签署了专利权质押融资意向，20家企业完成了专利资产价值评估，专利质押融资受益企业数量14家，19个纯专利质押融资项目贷款额累计9 683万元，到期还贷率100%。积极推进专利保险试点工作，市科技局牵头举办了东莞市专利保险试点工作启动仪式和专利保险业务研讨会，与人保财险东莞分公司、市知识产权服务中心签订了《专利保险战略合作协议》，制定和颁布了《东莞市专利保险试点工作实施意见》和《东莞市专利保险补贴资金管理暂行办法》等文件。

【技术创新专业镇】 2013年，东莞市推动专业镇发展，新增望牛墩、大岭山、虎门3个省技术创新专业镇，全市专业镇总数达到25家；常平、长安、石龙等15个专业镇被广东省现代服务交易中心和《南都周刊》认定为“广东省魅力专业镇”。推动“一镇一校”建设工作，开展专业镇、企业与市公共科技创新平台、高校院所产学研对接活动，组织了一系列的产学研对接活动，达成产学研合作意向75项，有效推动了平台与专业镇的对接。组织推荐各镇街企业申报省专业镇中小微企业服务平台建设项目共13项，桥头镇和寮步镇获省专业镇创新示范工程立项资助。

【知识产权】

专利申请与授权 2013年，市知识产权局审核了两批专利申请资助项目共20 959项，全年资助资金3 719.83万元，资助项目和下达资金分别比上年增长48%和56.98%，均为历年最高；全年平均专利电子申请率达到93.91%，位居全省第2位。2013年，全市专利申请量和授权量分别为29 012件和22 595件，均居全省第3位，分别同比增长-0.64%和8.11%；其中发明专利申请量6 454件，发明专利授权量1 495件，发明专利大幅增长，专利质量明显提高。

专利奖励 2013年4月25日，全市知识产权工作会议暨专利奖励大会召开，对获得2012年东莞市专利奖的30项进行了表彰。2013年11月27日，东莞市召开了高标准建设国家知识产权示范城市动员暨全市科学技术奖励大会。会上，国家知识产权局授予东莞一张国家级“城市名片”——国家知识产权示范城。市长袁宝成作建设国家知识产权示范城市工作报告。2013年，东莞市有1个专利项目获得第15届中国外观设计优秀奖，3个市专利奖项目获得2013年广东省专利优秀奖。

知识产权示范 2013年，东莞市启动申报国家知识产权示范城市工作，以全国地级市评分第1的成绩被评为国家知识产权示范城市。强化企业知识产权管理能力，推动企业积极参加知识产权管理规范贯标工作，共有近50家企业参加贯标，其中13家企业当年被认定为广东省创新知识企业管理规范达标单位；组织推荐市优秀知识产权企业和项目申报国家和省级项目，获认定省知识产权优势企业6家、省知识产权示范企业2家，获批省专利实施计划项目3项、省重点出口产品专利预警分析计划项目2项。

专利行政执法 2013年，全市共受理专利侵权纠纷案件28宗，结案27宗，均以撤销方式结案，调解结案率达100%；共查处假冒专利案件10宗，没收违法所得74 039.50元；查处违法从事专利服务行为案件5宗，没收违法所得46 654元。切实优化维权援助服务，共进驻5家展会开展展会专利工作；推进专利侵权判定咨询机制的有关建设工作，已组建专利侵权判定咨询委员会，为全国家具行业领域的专利行政执法案件提供专利侵权判定咨询公共服务。12月4日，中国东莞（家具）知识产权快速维权中心获批成立。

【科技交流与合作】 2013年，东莞市积极推进中以国际科技合作产业园建设，成立了中以国际科技合作产业园联合工作小组，组织松山湖管委会、市环保局、市水务局、市城管局及相关企业赴以色列开展水处理及环保项目招商活动，达成若干项目合作意向。

3次组团赴以色列、俄罗斯、芬兰、乌克兰等国家开展国际科技交流合作活动，推介2013中国（东莞）国际科技合作周，市有关单位与国外有关机构和企业对接，达成合作意向8项。成功邀请了白俄罗斯国家科学与技术委员会主席舒米林·亚历山大·根纳季维奇、乌克兰国家科学院第一副院长安东·那伍莫维茨院士、芬兰工艺与设计国家委员会主席汉诺·凯霍宁先生等近200名外宾及其组织协调的企业、机构、科技成果、技术项目参加合作周有关活动。

（东莞市科学技术局 王少波）

中 山 市

2013年，中山市研发经费占地区生产总值的2.3%，居全省第5位，实现省科学技术奖特等奖、省发明专利金奖“零”的突破，城市综合创新能力跻身全国地级市第5位，连续6次荣膺“全国科技进步考核先进市”称号。

【科技政策环境】 2013年，市科技局加强科技管理顶层设计，研究制定《中山市科技计划改革实施方案》和《中山市科技项目验收管理办法（暂行）》，加强业务衔接，完善了科技综合业务服务平台的建设，避免项目多头管理和交叉重叠，加强项目立项、监督管理与考核评价、结题验收等工作规范，强化了科技项目从申报、立项、中期检查到验收全过程的痕迹管理，努力建立系统优化、分工协作、相互制约的科技项目管理体制。

2013年，市科技局开展企业研发项目专家审查工作，规范研发费税前扣除政策的办理流程。全市有273个研发费加计扣除项目通过审查，经税收部门核定，全年研发费加计扣除额3.3亿元，企业享受税收优惠额4 765万元。落实高新技术企业扶持政策，全市高新技术企业享受减征的企业所得税超5.2亿元。

【产学研结合】 2013年，全市新增产学研合作项目117项，其中产业关键技术攻关及产业化项目70项，推动新能源、新材料、光电、电子信息等重点优势产业创新发展。新增企业科技特派员25名，累计达390名，新组建产学研创新联盟2家。

积极实施“请进来”“走出去”战略，平均每月组织一次“企业院校行”“专家企业行”等产学研对接活动，编制2期《高校科技成果汇编》，加快国家重点建设高校科研成果在中山转移转化。加强与港澳台以及国际科技交流合作，全年共开展省级对外科技合作项目6项。小榄镇生产力促进中心与香港生产力促进局合作开展“创新公共服务平台专业能力建设”和“热处理中心诊断”顾问项目，推动产业创新平台服务多元化和专业化。组织参与珠中江三地校企产学研对接活动，推动三地公共技术平台资源共享，特别是中山市游戏游艺产学研创新联盟与珠海软件产业资源的互动交流。

【技术创新工程】 2013年，全市新增省创新型试点企业6家，省创新型企业3家，通过省创新型企业复审4家，全市创新型企业累计达26家，其中国家级创新型试点企业1家，省级创新型企业14家，省级创新型试点企业11家。

广新海事重工股份有限公司等38家单位获批组建广东省工程技术研究中心，全年组建市级工程技术研究中心28家。截至2013年年底，全市各级技术研究中心累计达384家，其中省级72家，市级312家，企业研发机构建设进一步完善。实施“1+4”市校共建科技创新平台服务提升工程，中山北京理工大学研究院、中山市武汉大学技术转移中心、中山市武汉理工大学现代工程技术研究院和中山市华南理工大学现代产业技术研究院等四校研究院各取所长、协同互动、错位发展。2013年，四校研究院在公共创新平台建设、成果转化和组织科技项目均取得新进展，全年累计服务企业135家，创建各类平台13个，孵化企业7家，组织实施科研项目69项。

【科技服务体系】 2013年，市科技局开展“中山市鼓励科技服务业发展政策研究”“中山市科技平台资源摸底及共享方式研究”等课题研究，科技服务业发展思路和政策方向进一步明确。培育科技企业孵化器、科技金融机构、产学研合作机构等新兴科技服务业业态，全市科技服务网络逐步完善。

市生产力促进中心加强科技窗口服务、科技培训和专利信息运用推广，全年受理科技项目申报608项，办理科技查新118项，举办技术创新、组织创新、管理创新等各类培训26场，培训人员3 200人次，利用汤姆森知识产权平台（Thomson Innovation）为中山市战略性新兴产业提供专利信息的深度服务，编制行业专利简报14期，编写行业专利分析报告1期。组织科技成果会议鉴定22项，其中国际先进3项，国内领先11项，国内先进8项。

【科技计划项目】 2013年，受省科技厅部分科技计划业务暂停的影响，中山市获国家、省科技立项和经费支持大幅减少，立项91项，经费1 627万元，其中中山市金点原子制锁有限公司“一种叶片弹子空转锁”等12个项目获国家科技型中小企业技术创新基金735万元支持，获省财政下达2013年专利申请专项资金（申请类资助资金）228万元。市科技局全年使用科技发展专项资金5 808.20万元，支持项目3 471个。

2013年，市科技局统一发布申报科技计划项目申报指南，严格落实申报项目形式和内容双层审查制度，杜绝重复申报、多头申报。重建科技项目评审专家库，编制《中山市科技局项目评审专家抽取管理办法》，开发专家抽取系统，严格落实管用分离、机会均等、随机抽取等原则，推动评审工作的公平公正。全年进行42批次的专家抽取，基本实现年度所有科技资金项目评审工作的全覆盖。推进项目验收管理规范化，全面清理历年逾期未验收项目，建立按月发布到期项目信息制度，引入第三方财务验收审计，实行验收方式和验收结论分类管理，严控验收工作质量，全年共组织8批次154个市级科技计划项目验收，145个项目通过验收，1个项目作结题处理，8个项目暂缓通过验收。重整历年科技档案，制定新的科技项目入档规范，做到管理各个环节所产生的文件资料一一入档。开展专项资金绩效审计、科技计划项目监督检查、整治违规使用专项资金等工作，强化对科技计划项目实施及经费管理使用情况的跟踪问效力度。聘请3位社会代表担任科技管理特约监督员，制定监督员工作办法，推动科技管理廉洁透明。

【科技成果奖励与技术市场】 2013年，全市有11个项目获得国家专利奖、省科学技术奖和专利奖，获奖项目水平不断提高。获第15届国家专利优秀奖1项；2013年度省科学技术奖7项，其中一等奖1项，三等奖6项；2013年广东省专利奖2项，其中金奖1项，优秀奖1项。棕榈园林股份有限公司参与完成的项目“乡土植物在生态园林中应用的关键技术研究与产业化”获2013年度广东省科学技术奖一等奖；中山大洋电机股份有限公司完成的“一种直流无刷电机系统”项目获省专利金奖，是中山市首次发明技术成果获省专利金奖。

市科技局评出2012年度中山市科学技术奖90项，其中产学研合作奖3项，科技进步奖一等奖17项、二等奖30项、三等奖40项，奖金共500万元（含省科技奖配套）；授予市专利奖44项，其中专利金奖10项、专利优秀奖31项、优秀专利发明人奖3人，奖金140万元（含国家、省专利奖配套）。

市科技奖获奖成果涵盖电子信息、高端装备、新材料、生物医药、节能环保等战略性新兴产业技术领域，取得显著的经济、社会和生态效益。2012年度获奖项目共取得专利授权272项、发表SCI收录论文32篇，其中可统计产值、利税的项目3年来实现新增产值240亿元、利税40亿元。

2013年，全市技术合同登记69项，成交金额5 302.62万元，排名全省第6。输出技术69项，合同成交金额5 303万元；吸纳技术162项，合同成交金额7 265万元。

【高新技术及战略性新兴产业】 2013年，全市新认定高新技术企业28家，复审通过18家，全市高新技术企业共263家，比上年增加22家。新增国家火炬计划重点高新技术企业5家，累计达23家。2013年，中山市高新技术产品产值突破2 553.39亿元，占规模以上工业总产值的45%。先进制造业、高技术制造业增加值分别占规模以上工业增加值的35.4%和15.7%。加快推进创新型产业集群建设，联合火炬区启动数字医疗、光成像及新一代电子等国家级创新型产业集群建设。海洋工程装备产业基地成功申报省市共建战略性新兴产业基地，生物医药产业基地成为国家新型工业化产业示范基地。

2013年，市科技局启动全市LED产业规划编制工作，摸清技术路线图和产业发展路径，组织实施重大科技专项和核心技术攻关，在衬底材料、驱动电源、LED散热、封装材料、光学设计等关键技术领域取得突破，产业链向散热材料、荧光粉、设备制造等中高端延伸。加快LED照明产品的推广应用，分解落实任务目标，建立进度情况通报、补贴申领等工作制度，并联合市政府督查室开展专项督查，督促各镇区、各部门创先争优，加快工作进度。截至2013年年底，全市累计完成安装和改造LED路灯12.14万盏。

【农业科技】 2013年，中山市加快位于民众镇新建村的市农科中心试验、示范、试种基地建设，开展4.13公顷共49个品种试验。发展农业机械化，全市农机装备总量持续增长，农机总动力达到73.45万千瓦；水稻机耕、机插、机收水平分别达到99%、52%和97%，粮食生产综合机械化率达到84.3%。开展“中山市五桂山昆虫多样性调查”“木兰科含笑属植物引种栽培技术研究”“适宜城镇绿化的乡土树种资源评价及育苗、种植关键技术研究”“中山市生态风景林景观评价研究”“土沉香（白木香）通体结香技术熟化与推广研究”等科研项目。其中，“中山市五桂山昆虫多样性调查”项目获得2012年度中山市科技进步奖三等奖，根据调查成果编撰并由中山大学出版社出版《中山市五桂山昆虫彩色图谱》。

【科技人才队伍】 2013年，全市新批准引进生物大分子新药研发创新团队、高端光纤激光创新科研团队和精密光学成像系统创新科研团队等3个市级创新科研团队，全市累计引进省级创新科研团队2个，市级创新科研团队5个，集聚国内外博士、硕士以上学历高端科研人才100多名，推进中山市海上风电、高端光电装备、生物医药领域等战略性新兴产业发展。其中明阳集团海上风电创新团队成功攻克海上支撑安装技术难题，仅珠海桂山海上风场项目（200兆瓦）即节约工程造价3.3亿元。

【科技金融】 2013年，全市建立七大科技金融服务平台，其中省市联合科技贷款平台为63家企业发放贷款147笔，总额超4亿元。推进火炬区科技金融结合试点建设，成功推动8家企业成为前海股权交易中心首批挂牌企业，16家企业纳入“新三板”后备企业。选择火炬开发区、古镇镇作为专利保险试点，在古镇灯饰行业率先启动，市镇两级财政对企业投保给予补贴。专业镇金融服务中心在小榄、古镇投入运营。

【科技基础条件】 2013年，中山市新引进建设微生物技术国家重点实验室美味鲜中山联合实验室、中山市半导体照明稀土新材料院士工作站和广东省中山大桥化工集团有限公司天然高分子材料院士工作站，全市国家重点实验室分支机构增至5家，院士工作站增至3家。

【专业镇及特色产业基地】

技术创新专业镇 2013年，中山火炬高技术产业开发区被省科技厅批准为广东省技术创新专业镇，特色产业是健康医药，全市专业镇增至16个。全市16个专业镇实现生产总值1 903.8亿元，规模以上工业增加值1 003.9亿元，分别占全市总量的72.1%和79.9%。

深入实施“一镇一策”行动计划，通过项目扶持、校镇合作等多种形式着力推进各镇区高质量建设公共服务平台，各镇区现已建有各类服务平台170家。结合“中山美居”产业战略策划，加强技术研发、创意设计和产学研帮扶，提升灯饰、家电、五金、家具等传统优势产业发展内动力，大涌镇成为全市产业转型升级试点。

火炬计划特色产业基地 2013年，全市共有火炬计划特色产业基地国家级6家，省级5家。其中6家国家级火炬计划特色产业基地拥有企业近2万家，实现工业总产值近1 700亿元，总收入1 659多亿元，上交税额69亿元，净利润58亿元，出口创汇55亿美元，企业从业人员总数37多万人，其中大专以上5.5多万人，博士257人，硕士1 374人，骨干企业人员近6.8万人。

【知识产权工作】

专利申请及授权 2013年，全市安排市级资金565万元资助专利申请项目2 907项，向各镇区转移省级资金387万元用于专利申请资助。完善中国中山（灯饰）知识产权快速维权中心的专利智能检索和快速审查通道，全年新选拔54家企业进入快速通道，有768件专利申请10个工作日内获得专利。2013年，中山市专利产出量质齐升，专利申请21 815件，比上年增长18.57%；专利授权14 218件，增长30.44%。其中发明专利申请2 432件，增长33.99%；发明专利授权464件，下降1.28%。全市拥有有效发明专利1 559件，企业申请专利合作协定（PCT）99项。

专利服务 继续开展“百所千企知识产权对接工程”“百千万知识产权人才培育工程”，举办世界知识产权组织有效利用工业产权注册体系巡回研讨会，专利电子申请和网上缴费等多场培训活动。成立中山知识产权维权援助志愿者队伍。新开办中山市捷凯专利商标代理事务所1家专利代理机构，引进深圳市兴科达知识产权代理有限公司中山分公司、北京科亿知识产权代理事务所中山分所2家分支机构。查处无资质专利代理业务案件6宗，有效规范专利中介市场秩序。

专利行政执法 2013年，全市专利侵权纠纷案件行政立案371件，比上年增长12.8%。市知识产权局创新保护工作机制，以灯饰产业为试点，牵头中山、佛山、江门、顺德等三市一区在全省率先建立起跨区域专利行政执法协作机制；建立国家、省、市三级知识产权保护联动平台，打造全国灯饰行业专利侵权判定中心；联合古镇镇出台《灯饰知识产权信用体系建设工作方案》，将知识产权案件纳入企业信用体系建设；推动专利行政执法与司法保护有机衔接，建立司法确认机制和诉调对接机制，充分保护专利权人的合法权益。

【科普工作】 2013年，全市拥有市级或以上科普教育基地31个，其中全国科普教育基地2个，省级科普教育基地10个；市级青少年科普教育示范学校57所，其中省级青少年科学教育特色学校8所；国家级科普示范社区2个，省级科普示范社区13个。多渠道开展经常性科普宣传活动，全年开展130场科普“三下乡”活动。联合相关部门开展“科普教育进社区、进学校、进农村、进企业”、科普进“修身学堂”和“珍爱生命，拒绝毒品”等特色科普进基层宣传活动。编印15个类别50多项主题的科普讲座提纲，组织100名专家组成科普讲师团，由基层单位和群众按需点单，实行“菜单式”科普服务。以图片展览、专家授课、咨询解答等形式在火炬开发区、石岐区、东区、小榄镇、东升镇等20个镇区开展86场主题科普教育活动。联合市旅游局举办首次中山市科普旅游月活动，整合全市20家科普教育基地资源，推出9条“中山科普一日游”精品路线。举办2013年中山市青少年科普活动周，以第11届中山市青少年科技创新大赛为龙头，同时开展科普剧创作大赛、科普影视作品创作大赛、学校科技教育成果展、动漫文化展、航空航海模型竞赛、大型机器人展览、科普摄影作品大赛、“光华科普大讲堂走进中山”系列公益讲座等活动，推动各镇区、科普教育基地和市各直属学校等举办80项科普活动，吸引全市100所学校共5万名青少年学生踊跃参加，带动家长等不同人群广泛参与，形成“小手拉大手”、人人齐参与的科普热潮。举办第10届中山市青少年机器人竞赛和第9届中山市少年儿童发明奖评审活动，承办第13届广东省青少年机器人竞赛。联合市农业局、市财政局实施中山市科普惠农兴村计划，对申报2013年中山市科普惠农兴村计划项目的农村专业技术协会、农村科普示范基地及农村科普带头人进行评审，评审出市级科普惠农兴村计划先进单位4个，先进个人2名。

（中山市科学技术局　黄奋敏）

江　门　市

【民营科技】 截至2013年年底，江门市拥有省级民营科技园2个，分别是新会今古洲民营科技园和台山市新宁民营科技园。

新会今古洲民营科技园总规划面积为15.21平方千米。为推动科技企业快速发展，园区成立了科技企业工作领导小组和民营科技园科技创业服务中心，发挥科技企业“孵化器”作用。在一系列优惠政策和日臻完善的配套设施吸引下，高科技含量的民营企业呈较快增长的趋势，对科技项目投入不断增多。

新宁民营科技园以“创新、创业、创税、环保”为导向，坚持走新型工业化道路。园区在汽车配件制造、铝型材加工制造、光电子器件制造、金属制品制造、生物制药等产业体系基础上，根据台山经济发展现状以及国内外汽车发展的趋势，把发展重点放在汽车配件制造和核电装备产业方面上，积极争取各级科技部门对科技园以及园区企业的支持，争取享受国家、省的各项科技优惠政策，促进园区和园内企业的同步壮大发展。园区的科技创新服务中心、生产力促进中心、科技培训体系、知识产权体系、信息网络平台系统等技术创新体系和服务体系的基本架构初步形成。

【产学研合作】 2013年，江门市投入资金1 300多万元开展产学研工作，共组织实施产学研项目200多项，推广科技成果660多项。截至2013年年底，江门市已经与清华大学、北京中关村、中国技术交易所、北京理工大学、华南理工大学等高校及科研院所签订或建立了产学研全面合作关系，推动了国内100多所高校院所参与到江门市的产学研合作，组织实施产学研项目600多项，全年推广科技成果500多项，年新增产值超20亿元，利税超1亿元。

产学研交流活动　7月，江门市人民政府与中关村管委会举办一场两地科技交流对接活动，双方在产业孵化、技术交易、科技服务等方面开展全面交流与对接，有20多家企业代表参加了此次交流活动。在对接会上，江门市政府与中关村签订了战略合作框架协议，江门市科技局与中国技术交易所签署了意向合作协议书。活动期间，组织企业代表分赴北京航空航天大学、北京化工大学、中国农业大学3所国内重点高校开展科技交流。

11月，近10家企业赴上海参加由省产学研促进会组织的科技交流活动，分别与上海交通大学、同济大学、江南大学等开展产学研交流对接。

科技计划项目组织与实施　全市组织申报2013年省市产学研项目200多项，其中省级重大或重点项目通过答辩数14项。经组织申报、认真评审等流程，市科技局分别对12项市级产学研科技项目进行立项。

组织申报了1项省部院产学研结合重大专项“典型电子废弃物循环利用与先进材料制备关键技术及产业化”。该项目突破电子废弃物精细分离等一系列关键问题，实现电子废弃物无害化处理及资源化高效利用，实现典型电子废弃物中主要金属高效提取及其他部分有效回收，镍、钴、铜、锡回收率大于98%，稀贵金属回收率大于99%，项目完成后新增产值1.5亿元以上。项目的实施对提升广东省资源循环产业水平，促进新能源、新材料及环保产业等战略性新型产业发展具有重要意义。

科技特派员工作　积极实施企业科技特派员计划，截至2013年年底，共引进100多所高校的156名省部科技特派员入驻企业，其中博导约30名，60%是正教授，全部具有副教授级以上职称。经统计，全市科技特派员直接参与约400个项目的研发工作，这些项目的实施年新增产值超15亿元。创建了省产学研合作特派员工作站——广东省新的生物工程研究所有限公司鹤山资源与环保院士工作站。

【技术创新工程】　2013年，全市新增20家企业创建市级工程中心，34家企业通过省级工程技术中心认定，4家依托高校组建的省级工程中心。全市工程中心达230家（省级54家，市级176家），比2009年的总数110家（省级17家，市级93家），增长翻倍。截至2013年年底，全市有省级创新型企业9家，省级创新型试点企业16家，省级工业研究院2家。

江门市重点推动蓬江区火炬高新技术创业园、江门市高新区科技孵化器、江门市科技创业服务中心的建设。2013年度实施“江门市科技创新平台建设项目”，加大对科技孵化器建设的扶持力度。

【科技计划项目】　2013年年初，江门市科技局组织了7个调研组，到全市7个市区的60多家骨干企业进行了调研，面对面地了解企业的创新情况和服务需求。第1季度，面向全市企事业单位征集了256项在研科技计划项目并实施了分类入库管理。5月21日，联合市财政局组织来自高等院校、政府政策研究部门、人大监督机关和市委干部培训机构的专家，审议确定了2013年项目的申报指南编制方向，重点集中在绿色照明、高端电子信息、生物医药、精细化工、装备制造、节能环保、新能源和新材料等八大领域，适当兼顾工业设计和集成技术。

2013年，全市对科技计划项目总体管理实施分三大重点：一是围绕国家和省市级科技计划重点，积极组织、广泛发动全市重点企业申报省战略新兴产业、社会发展、重大科技专项等项目。对江门市社会发展领域重大基础科学和支柱产业重大关键技术认真研究，征集了2013年江门市市级科技计划入库项目，还组织实施了2013年度医疗卫生项目、基础研究和重大科技专项项目的评审工作。二是规范各级科技计划项目的监督和管理工作，及时掌握各个项目的实施成效，督促企业开展省市项目中期执行报告的提交工作，指导企业开展到期项目结题验收工作，重点加强指导2008—2010年省重大科技专项项目承担单位的结题验收工作。配合江门市审计局开展2010—2011年度江门市本级产业技术研究与开发资金项目审计工作，共审计项目335项。三是完善创新服务平台建设，构建以企业为主体的应用技术创新体系，打造公共技术服务体系，重点扶持绿色光源（LED）国家重点实验室建设、广天机电研究院、华南精细化工研究院、地方高校产业公共技术服务平台的建设等。

为提高科技财政资金的使用效率，对历年来有偿使用科技资金（借款）情况进行了初步清理。截至2013年6月底，账面反映有偿科技资金项目共101项，金额3 500多万元。为了有效开展科技有偿资金清查回收工作，制订了《2013年有偿科技资金清查回收工作实施方案》并成立了领导小组。从8月开始，对纳入本次清查回收范围的科技资金项目进行全面梳理，通过发函并电话等形式通知有关单位及时办理还款手续。截至11月底，已基本完成该项工作。按照省、市《科技计划项目合同书》的项目进度，对2009年以来获得立项，2013年12月31日前已完成的省、市级科技计划项目进行集中验收。

完善"一站式"的网络化科技计划项目管理系统，进一步引入第三方力量，开展"网上评审""网上监理"和"网上审计"等工作，提高科技项目的规范化管理和风险控制能力，逐步建立一个公正高效的科技计划管理体系。

结合江门市产业特点，重点在省工业攻关、数控一代和新兴产业、省部产学研合作等领域组织实施了200多项省市级科技计划项目。其中10项创新基金项目通过国家创新基金项目立项，获国家资金610万元。

【科技成果奖励与技术市场】 全市获得2013年度广东省科学技术奖二等奖1项，三等奖1项。2013年度江门市科学技术奖受理申报项目132项，形式审查通过125项。通过学科（专业）评审组初评和江门市科学技术奖评审委员会综合评审，拟奖项目62项，其中一等奖6项、二等奖17项、三等奖39项，奖励200多名科技人员。

完成了包括函审形式的成果鉴定38项，其中省级鉴定4项。技术合同登记18项，合同交易额5 600万元，减免额280万元。

【高新技术及战略性新兴产业】

高新技术产业 2013年，全市组织培育18家高新技术企业申报认定，其中12家通过认定；组织11家江门市高新技术企业申报复审，其中7家通过复审。2013年，新培育并通过认定的国家级高新技术企业40家，市级12家。截至2013年年底，全市累计有国家高新技术企业达175家，市级高新技术企业107家。据统计，2013年，江门市国家级高新技术企业全年工业总产值约800亿元，净利润76亿元，缴税税收54亿元，出口创汇57亿美元，净利润、缴纳税款和出口创汇与上年相比，同比增长分别为25%、17%和81%左右。

产业支撑载体建设 截至2013年年底，江门市专业镇建立了科技服务机构52个，33个创新平台，基本覆盖了全市主要优势产业和特色产业。全市建成科技产业园区9个，其中国家级高新技术产业开发区1个，国家级"火炬计划"特色产业基地3个，省级"火炬计划"特色产业基地4个，省级民营科技园2个，建成省级工业研究院2个，省级专业镇20个，省市级工程技术研究开发中心172家，农业科技创新中心7家，专利代理机构3家。

截至2013年年底，全市的6家科技企业孵化器已建成投入使用，孵化面积超13万平方米，在孵企业达200多家，在建或扩建孵化器4家，在建孵化面积达4万多平方米。其中广东火炬高新技术创业园被评为"国家级科技企业孵化器""广东高校毕业生科技创业孵化基地"，江门市科技创业服务中心被评为"广东省科技人才江门基地"。据统计，2013年全市实现在孵企业总收入接近3亿元，连同已毕业企业技工贸总收入超10亿元，累计毕业企业达90家。

截至2013年年底，江门市有3个国家基地，分别是国家火炬计划江门半导体照明特色产业基地、国家火炬计划江门新材料产业基地、国家火炬计划江门纺织化纤产业基地；3个省级基地，分别是广东省火炬计划纺织新材料特色产业基地、广东省火炬计划麦克风特色产业基地（江门市）、广东省火炬计划光机电特色产业基地（江门）。据统计，全年火炬计划特色产业基地工业总产值达800多亿元。

江门市起草《江门市贯彻〈关于推广三资融合建设模式促进我省民营科技园发展的意见〉工作方案》和《关于扶持江门国家高新区总部科技园加快开发建设实施意见（试行）》，组织高新区实施"一区多园"管理模式和以"三资融合"

模式建设总部科技园调研工作，做好省对高新区考核的各项工作。高新区自建孵化大楼，租赁高新区港澳码头作为孵化器扩展区，与江门市创业中心、宝源工业园等联合共建孵化基地，其中自建孵化器面积达到1.2万平方米，孵化器总面积达7.1万平方米，在孵企业79家，累积毕业企业23家。

战略性新兴产业　推进中国（江门）绿色光源博览交易中心、国家半导体光电产品检测重点实验室等公共服务平台建设，加快建设江门高新区绿色光源（LED）产业基地核心园区，实现绿色照明产业集群横向一体化和产业聚集。加速发展高端装备制造业，以广东富华重工制造有限公司为依托，打造台山市汽车零部件生产基地。大力发展轨道交通装备制造业，深化与中国南车集团公司合作，打造城轨车辆修造基地和城轨车辆制造基地，以南车集团为依托，培育了轨道交通装备工程技术研究开发中心。全面推进新能源产业建设，积极推动电动汽车电池产业化发展，大力发展清洁能源（核电）装备制造业，致力打造台山清洁能源（核电）装备产业园。

【农业科技】　截至2013年年底，江门市拥有农业高新技术企业6家，高新技术产品产值72.7亿元，农业科技创新中心19家，工程中心7家，2条省级农业星火技术产业带。全市农业企业拥有中国名牌产品2个，广东省名牌产品8个，博士后工作站1个，农业专业镇技术创新试点11个，有农业类有效发明专利38件。2013年，江门市浩伦生态农业有限公司申报的“新会柑橘无病毒苗木繁育与高效栽培关键技术的应用示范与推广”获省扶持资金8万元，全面带动了企业的创新积极性。

粮食生产　全市将依靠科技创新保障农业安全放在首位，打造国家农业富民强县和省级粮食生产科技示范县。紧抓农业安全保障，将有限的农业科技资源投向粮食生产等安全保障领域。2009—2013年，主要在粮食等方向组织实施国家、省、市级农业科技攻关项目100多项，获国家及省级科技经费支持2 000多万元。通过这些科技项目的实施及示范带动，推动了现代农业的发展，为实施国家农业富民强县及省农业科技示范县专项夯实了良好的基础。2013年，开平市获国家农业科技富民强县专项行动计划项目立项，资助经费140万元。

农业科技创新平台　重点抓好农业科技创新平台建设，制订并出台了《江门市农业科技创新中心管理办法》。截至2013年年底，全市已经培育现代农业综合示范基地、新会银湖湾农业科技创新基地、江门市浩伦生态农业科普示范基地3个省级农业科技园区，创建了19个省市级农业科技创新中心，其中省级9个，市级10个。

农业产学研合作　加强与华南农业大学、华南理工大学食品加工学院、广东海洋大学、仲凯农学院、省农科院、省农业机械研究所等高校及农业科研院所的合作。截至2013年年底，全市引进了高校、农科院所的130名农业科技特派员到基层开展科研服务工作。

农村信息直通车工程　利用省原有的农村信息直通车网络平台，组织实施了江门市农业电子商务平台，举办了专业镇电子商务平台建设宣讲会。

【科技人才队伍】　2013年，全市高新技术企业中研究生约680人，博士生约60人，具高级职称的约500人，每万劳动力中研发人员估计达到43人年左右。通过高新技术企业和工程中心建立，为高层次人才提供载体。

为了营造江门市创新创业氛围，倡导创新创业文化，激发科技人员创新创业的热情，2013年举办了首届“江门市科技创新创业大赛”，有52个项目进入初赛，经复赛、决赛，25家科技型中小企业的团队分享了市的100万元扶持资金。其中6支企业团队进入全省决赛，1支创业团队成功入围全国赛。

【科技金融】　江门市科技风险投资基金（第1期）正常运作。截至2013年年底，该基金纳入重点开发项目有11项。其中，江门浩远电子有限公司、广东博牛文化传播有限公司等4个项目，已经通过粤科润华公司投资决策委员会的审议，完成第1期资金6 000万元的投资。同时，积极争取科技部创新型中小企业引导基金5 000万元参股投资该基金，规模达2.5亿元。

根据《广东省人民政府办公厅关于促进科

技和金融结合的实施意见》等文件精神，编制了《江门市战略性新兴产业创业投资基金设立实施方案》《江门市科学技术局 江门市财政局 江门市人民政府金融工作局关于江门市级科技金融扶持资金操作细则（试行）》等。市科技局联合市金融局一同推进“建立商业银行科技支行”工作的开展，建设银行、融合农商行已在江门高新区成立“科技支行”。

【技术创新专业镇】 截至2013年年底，江门市共培育创建了20个省级专业镇，14个市级专业镇，数量在全省20个地市中排第4位。全市专业镇产业总产值占全市总产值的比重超过一半。培育省级及以上工程中心15家，创新服务机构52个，其他服务机构38个；拥有科技人员5万人；创新平台承担研究项目284项；省级及以上名牌产品74个，著名商标51个，驰名商标12个，专利申请量达4 943件。

机制建设　江门科技局联合江门市委办、省生产力促进中心、五邑大学组成了专题调研组，对全市专业镇进行了全面深入的实地调研，形成了关于推进江门市专业镇转型升级的调研报告，为江门市专业镇转型发展提供了重要依据。同时，还成立了江门市专业镇专家顾问团，每个专业镇配一个专家顾问团小组，为专业镇产业转型升级提供产业发展规划及技术创新支撑。广东省专业镇技术创新支援中心江门分中心也正式挂牌运作。

平台建设　夯实专业镇转型升级基础。截至2013年年底，全市专业镇共拥有科技服务机构52个，建立了30多个创新平台，基本覆盖了全市主要优势产业和特色产业。组建了广东LED（江门）产业技术创新联盟及江门汽车摩托车零部件产业技术创新战略联盟，攻克了多项产业关键共性技术，提升了产业竞争能力。支持组建了国家半导体产品检测重点实验室、广东华南半导体光电研究院有限公司。

科技投入　2012—2013年，市级科技计划有所侧重地组织实施了20多个市级专业镇重点计划项目，扶持资金达210多万元。组织专业镇企业申报省级以上科技计划项目200多项。

产学研合作　2012—2013年，全市专业镇开展产学研合作项目300多项。针对新会司前不锈钢专业镇，引进中科院金属研究所的“抗菌不锈钢”“冷精锻铸”等多项技术成果，双方合作已经启动，将为司前不锈钢的产业转型注入新兴产业元素。由江门市科技局牵头，联合五邑大学、江门职业技术学院、专家顾问团，组建了“专业镇联盟”，支持和引导专业镇技术创新体系建设和创新能力建设，引进与培养技术创新人才，建立技术预警机制、风投与融资机制等，加快专业镇的转型升级进程。

【知识产权工作】 2013年8月，江门市被国家知识产权局批准为国家知识产权试点城市（地级），下辖江海区和台山市也分别被批准为国家知识产权强县工程试点县（区）和国家知识产权试点城市（县级）。

企业知识产权工作　一是开展“百所千企对接”暨“发明专利灭零倍增”工作，推动专利代理机构与企业实现服务对接，实现发明专利灭零66件、倍增41件。二是推进专利技术产业化工作。积极组织发动重点骨干企业申报广东省知识产权局的各类项目，广东海鸿变压器有限公司的“SCB13-RL立体卷铁心树脂绝缘干式变压器研发及产业化”项目获得广东省专利技术实施计划立项和经费扶持。三是推动各类试点、示范工作，参加广东省专利奖评选活动。全市获认定广东省知识产权优势企业3家、广东省知识产权示范学校1家，培育认定13家江门市知识产权示范企业，江门天钇金属工业有限公司发明专利“一种摩托车发动机ZL200820201950.0”获2013年广东省专利优秀奖。四是创新专利运用模式，推动专利联盟建设。恩平市电声行业专利联盟于2013年1月10日正式成立。

知识产权调研　一是联合广东省LED专利信息应用工程专家团队，对江门市LED产业重大专利问题做出预警分析，提出江门市LED产业切实可行的突围和提升方向，形成《江门市LED行业专利调研报告》。二是开展江门市专利事业发展现状调研，形成《江门市专利发展现状及对策建议调研报告》，为江门市政府领导科学决策提供参考依据。

探索创新服务机制　一是推动台山、开平、

恩平三市成立科技知识产权服务站。通过强化对企业的贴身服务，大幅提升了专利申请量和拥有量，为江门产业转移工业园在全省产业转移目标责任考核评价中取得示范产业园第1名的好成绩并获得了66.67公顷的省专项用地指标和2 000万元扶持资金的奖励做出了贡献。二是完善专利专题信息数据库建设。建立了江门市摩托车专利信息服务平台，同时链接省LED专利数据库，促进了企业专利创造和运用。

【科技交流与合作】 2013年5月15—16日，在省科技厅的支持下，江门高新区借助“粤港江合作推进江门高新区二次创业示范园区项目建设”的契机，联合香港生产力促进局在香港开展第2场光机电产业研发资源及服务机构专题对接活动。本次活动由高新区管委会副主任黄伟权带队，组织10家重点光机电企业，共22人参加，重点了解和学习光机电产业领域的最新科研成果和运作模式，尤其是如何提升企业的科技创新水平，增强转化为生产力和市场竞争优势的能力。

【科普工作】 截至2013年年底，江门市有广东省青少年科技教育基地8家，分别是：江门市新会区圭峰山国家森林公园、江门市开平立园科普基地、江门市新会小鸟天堂、江门市科学馆、新会区青少年宫、广东恩平金山温泉地热省级青少年科技教育基地、广东新会银湖湾浩伦生态农业园省级青少年科技教育基地、江门市现代农业综合示范省级青少年科技教育基地。江门市科技局联合江门市委宣传部、江门市科学技术协会制订了《2013年江门市“科技进步活动月”工作方案》，开展了科技交流、科技奖励、科技惠民等一系列活动，营造了有利于创新的社会氛围。据统计，“活动月”期间共举办大型活动10多场次，科技合作交流活动20多场次，科技下乡培训50多场次。

【防震减灾】 2013年，江门市“三网一员”网络已延伸至行政村，人数已超2 100人。成立了江门市科技局防震抗震救灾工作领导小组，组建了地震应急救援队伍。

江门市地震监测中心及其监测系统基本建成，机房的监测设施已投入使用。江门市地震局购置了一批地震应急物资，提高了应急救援能力。确定了3个地震安居示范工程试点村和5个地震安全示范社区。江门市江海区外海街道银泉社区被授予“国家地震安全示范社区”称号。

开展和参加新会地震台公众开放日和“平安中国”等一系列宣传活动。1月15日，江门市快速、有序、妥善应对处置了台山市冲蒌镇2.5级地震事件。9月23日，市地震局组织了全市地震应急通讯演练。

（江门市科学技术局 吴知豪）

阳 江 市

【民营科技】 2013年，省级民营科技园——阳东县民营科技园工业总产值达157.7亿元，同比增长19.6%。

【产学研合作】 2013年，阳江市共向省科技厅推荐产学研结合项目17项，省产学研合作科技创新平台项目2项，院士工作站项目1项，特派员工作站项目1项。共有3个项目获得省部产学研合作专项资金项目立项，包括产学研合作科技创新平台项目“国际CSA燃气烤炉企业重点实验室”、院士工作站项目、特派员工作站项目各1项。

截至2013年年底，共有25家高校向阳江市49家企业派驻了71名科技特派员。阳江市与广东省工业技术研究院共同合作完成编制了《阳江市五金刀剪产业技术路线图》，并于2013年10月18日在中国刀剪行业发展高峰论坛上发布。

【技术创新工程】 2013年，阳江市新增省级工程技术研究开发中心4家，市级工程技术研究开发中心3家，截至2013年年底，全市省级工程技术研究开发中心达到14家，市级工程技术研究开发中心达到57家。

【科技服务体系】 2013年，阳江市拥有科技服务业机构35家，其中市直2家，江城区5家，阳春市15家，阳西县13家。全市从事科技服务活动人员共475名，为全市农业、科技等行业提供了科技咨询、技术推广等专业技术服务。2013年，阳江市各科技服务业机构承担各级政府项目23项，获得6项科技成果奖，全年科技服务业收入6 100万元，其中科技中介服务收入221.4万元，同比增长22.65%。

【科技计划项目】 2013年，阳江市获得国家、省立项支持的科技项目24项，其中1项获得国家科技型中小企业技术创新基金立项。获得市级立项支持的科技项目27项，其中科技型中小企业技术创新基金项目15项。

【科技成果】 2013年，阳江市共登记科技成果23项，其中由企业完成的6项，科研机构完成的3项，医疗及其他机构完成的14项。另外，对28个项目进行市级科技成果鉴定。

2013年，阳江市加大力度做好省级科学技术奖的推荐工作，共向省科技厅推荐5项优秀科技成果申报省级科学技术奖，其中阳江市康威水产有限公司完成的“冷冻对虾无磷保水技术”项目获得2013年度广东省科学技术奖三等奖。

【高新技术及战略性新兴产业】 2013年，全市有8项产品获省科技厅认定为“广东省高新技术产品”。广东立乔交通工程有限公司、阳江喜之郎果冻制造有限公司、广东永力泵业有限公司、阳江市联邦金属化工有限公司、阳江市飞轮金属制品有限公司5家企业被认定为高新技术企业；广东银鹰实业集团有限公司通过高新技术企业复审高。全市19家高新技术企业工业总产值达50.72亿元，同比增加43.91%。

推进先进制造和战略新兴产业发展，发挥海洋港口优势，以有色金属、清洁能源为重点，大力引进和培育大型骨干企业，培育广青金属科技有限公司成为主营业务收入超百亿的企业。阳江核电1号机组并网试发电，5、6号机组正式动工，阳西电厂1—4号机组已投产装机容量达252万千瓦。抓好特色产业基地建设，发挥国家五金刀剪特色产业基地作用，促进高新技术产业集聚。国家五金刀剪特色产业基地年产值达390亿元，同比增加17.4%。

【农业科技】 2013年，阳江市农村科技工作以《广东省农村科技“十二五”发展规划》为指导，坚持自主创新、加速转化、提升产业、引领跨越和共同发展的工作原则，多层次推进农村科技工作，取得较好的成效。

农业领域科技计划管理与实施 2013年，阳江市组织申报科技富民强县项目1项并获省科技厅批准立项，获省财政扶持资金145万元。组织企业申报2013年广东省科技计划项目，全市共申报省农业科技项目10项。同时，筛选一些科技含量高且具有符合申报项目条件的企业，作为省级科技项目的预备项目。

农业科技创新载体 为充分发挥阳江发展海洋与渔业的优势，以产学研合作构建现代渔业科技创新体系，加快海洋经济的发展方式转变。阳江市积极组建阳江市广东农业科技园区，圆满完成园区的申报和答辩工作。

农村科技服务 组建了农村科技特派员工作站和派驻农村科技特派员，进一步优化了农业和农村科技发展与服务环境，壮大了农村科技人员队伍。截至2013年年底，阳江市共有省农村科技特派员工作站44个，农村科技特派员团队3个，农村科技特派员法人团队2个，农村科技特派员101名。信息兴农项目建设取得新的成效，分别在阳西县、江城区、海陵区、高新区建设农村信息服务中心6个，农村信息培训中心5个，信息化体验站点240个，有力推进了农村信息化基础设施的建设。农业新品种、新技术的开发、推广、应用也取得较好成效。

【科技人才队伍】 2013年，阳江职业技术学院引进海水鱼类种业与健康养殖创新科研团队，广东羽威农业集团有限公司引进生物饲料工程创新团队，两团队通过省“扬帆计划”立项，各获省资助资金300万元。阳江市建立并完善了科技项目评审、咨询等各类科技人才专家库，积极发挥科技人才在科研立项、技术咨询、政府决策中的作用，组织专家积极参与咨询论证，为五金刀剪产业转型升级提供了智库支持。截至2013年年底，在库专家300多人。

【科技金融】 2013年，阳江市出台了《关于进一步支持小型微型企业健康发展的实施办法》，并与广州股权交易中心签署战略合作框架协议，邀请广州股权交易中心在阳江市举行“股权交易与企业成长发展”辅导会，进一步提高企业对上市工作的认识。

【技术创新专业镇】 2013年，阳江市新增阳西县程村镇为省级程村蚝特色产业专业镇。截至2013年年底，阳江市有省级专业镇12个、市级专业镇14个，覆盖了五金刀剪、金属制品、海洋养殖与捕捞、农业种养、旅游等五大领域。2013年，阳江市专业镇工业总产值约650亿元，同比增长38.5%；特色产业产值约370亿元，同比增长17.4%，有效促进了阳江市城镇区域经济发展。

2013年8月，阳江市印发了《中共阳江市委办公室、阳江市人民政府办公室印发<关于依靠科技创新推进我市专业镇转型升级实施方案>的通知》，对阳江市专业镇提供资金、优惠政策支持，为推动专业镇走上转型升级之路护航。

【知识产权工作】 2013年，阳江市专利申请量达1 499件，同比增长19.25%。其中发明专利41件，实用新型专利381件，外观设计专利1 077件；专利授权量1 180件，同比增长29.39%。

知识产权宣传培训 举办两期专利实务和知识产权维权培训班，先后组织开展了“双打”“4·26”世界知识产权日宣传纪念活动、阳江刀博会知识产权保护、专利执法专项行动、专利纠纷调解、专利打假等专项活动。

专利行政执法 2013年，阳江市受理专利侵权纠纷案14宗，处理假冒专利案件3宗，合计17宗，涉案金额200万元。其中涉外案件3宗，结案14宗。

知识产权试点 2013年，阳东县获国家知识产权国认定为“国家知识产权强县工程试点县”。2013年，阳江市新力工业有限公司获批准为“国家知识产权优势企业”，这是阳江市首家获此殊荣的企业；新增阳江市汉能工业有限公司为“广东省知识产权优势企业”，阳江十八子集团有限公司为“广东省知识产权示范企业”。

【科普工作】 2013年，阳江市以“科技进步活动月”“科普活动周”为契机，以“科普大篷车”电视栏目、《科普之窗》专刊、科普画廊为载体，组织举办科普影视、科普知识介绍、科普展览等一系列科普活动。

科普主题活动 2013年，阳江市围绕“实施创新驱动发展战略，携手共建创新型阳江”“社会共治，同心携手维护食品安全”主题，精心策划组织开展“科技进步活动月”“科普活动周”、科普影视、科普知识介绍、科普展览等活动。组织专家技术人员在社区、乡镇举办科技咨询服务，组织专家教授送科技下乡，向农民传授先进适用的农科知识。举办系列科普挂图展览以及开展科普大篷车、科普影视进校园活动。“科技进步活动月”期间，全市组织专家136人参加活动，举办各类科普讲座、技术培训班、科技知识咨询活动12场（次），发放宣传资料12 000份，展贴科普挂图6套。2013年，《科普大篷车》电视节目播出52集；《科普之窗》专刊栏目刊登出版12期；在社区举办科普展览12期。2013年，阳江市阳春市合南社区获“全国科普示范”称号，并获得中国科协的基层科普行动计划项目的资助。

青少年科普工作 2013年，阳江市举办了阳江市第5届青少年科技创新大赛。组织参加第28届省青少年科技创新大赛，推荐获得省一等奖的科幻绘画作品参加第28届全国青少年科技创新大赛。2013年，阳江市共开展科普大篷车进校园活动12次，参加活动的学生达11 000多人次，发放各种科普宣传资料3 500多份。

【防震减灾】 2013年，阳江市地震部门进一步加强地震监测预测日常工作，全面开展群测群防工作，依法加强地震观测环境保护工作。

地震基础设施建设 2013年，阳江地震海啸基准监测站和监测台阵10个子台建设完成；阳江市地磁场深孔观测系统的研制与应用项目通过验收；完成中国地震背景场探测项目南鹏岛地震台用地和基建工作并完成仪器安装和调试，进入试运行阶段。开展阳江市GPS地壳运动观测基准站建设工作；开展卫星对地震观测站项目建设；开展市地震灾害评估和应急辅助决策系统项目建设的数据整理工作。完成阳江市地震前兆数据实时

显示系统安装；完成阳江地震监测台阵进行井下与地面地震计对比监测试验。

灾害与应急　2013年，阳江市创建22个省级地震安全示范社区、20个国家级地震安全示范社区，并初步通过验收。阳江市地震局联合团市委、市应急办共同开展“5·12”防震减灾宣传周系列活动，联合市教育局抓好防震减灾教育“四个一”进校园年度工作，即：每个学生每年接受一次地震科普知识教育；每所学校建立一个地震科普兴趣小组；每所学校制定一个地震应急预案和应急演练方案；每所学校每年开展一次地震应急演练。完善地震信息发布绿色通道，制定《气象信息发布平台发布防震减灾信息工作方案》，确保相关信息能够快速、准确、权威发布，满足公众知情权，维护社会稳定。

2013年5月5日在阳江市海陵区发生M2.5级地震，9月18日在阳江市阳西县发生M2.8地震。这两次有感地震，阳江市迅速应对，群众没有出现恐慌情绪，社会稳定。

（阳江市科技工业和信息化局　黄　君）

湛　江　市

【科技政策环境】　2013年，湛江市修订《湛江市科学技术奖励办法》，提高奖金额度，增设专利金奖和专利优秀奖，获奖项目奖金与产业化挂钩，对新增税收明显的科技成果给予额外奖励，修订《湛江市专利申请与奖励暂行办法》《湛江市促进专利申请工作的激励措施》，鼓励发明创造者，奖励基层知识产权行政和服务机构。出台《湛江市知识产权保护综合监管分体系建设“两法衔接”工作制度》。编制《湛江市科技与创业孵化基地建设实施方案》，重点支持省级湛江高新区、奋勇高新区、赤坎海田及湛江农海产业等科技园区和科技企业孵化器建设。

3月29日，市科技局举行《科技政策面对面》首发式。会议邀请了市作风办、市政府研究室相关领导参加，部分市直单位、各县（市、区）科技局代表、驻湛科研机构和3所高校科研处负责人，科技型企业及市科技局全体干部共60余人参加了会议。湛江市政协副主席、市科技局局长欧先伟为参会的单位代表发书。

5月30日，湛江市科技政策知识竞赛在市科技局举行。本次比赛有20支代表队参加，包括县（市、区）科技局、驻湛高校、科研院所、科技企业。

7月26日，省科技厅组织开展的“2013年度广东省自主创新政策法规巡回宣讲培训”（湛江市分分场）开讲，湛江市各县（市、区）科技行政管理人员，国税、地税相关管理人员，高新技术企业和民营科技企业分管财务、研发的领导等约180多人参加了培训。

【民营科技】　2013年3月，湛江市以“一园三区”（坡头区官渡工业园、赤坎区大埠工业园、麻章经济开发试验区、延伸东海岛部分区域）的模式向省科技厅申报建立民营科技园；7月，经省科技厅批复同意湛江民营科技园为广东省民营科技园。

湛江民营科技园占地面积36.4平方千米，已建成面积22.83平方千米，开发面积1 966.67公顷。据统计，2013年度园区已有民营企业478家，职工25 368多人，其中科技人员7 685人；高新技术企业33家，占全市的69%。2013年，园区企业实现工业总产值68.3亿元，占全市民科企业的47.84%，技工贸总收入59.88亿元，利税20.88亿元，集聚效应显著，示范效果明显。

湛江民营科技园重点发展海洋水产、木浆造纸和高效节能机电产品制造三大产业。围绕民营科技园的创新、信息、服务体系三大建设，园区获得省科技厅支持“水产品加工技术创新服务中心”“信息平台建设”“服务体系建设”和“民科园建设规划”等7个项目建设，2009—2013年，共获得项目建设资金170万元，基本完成服务体系建设，为园区提供技术服务和技术支撑。

【产学研合作】　2013年，湛江市根据大工业发展需要，引进北京科技大学入湛建设北科大湛江工业技术研究院，开展钢铁新材料、工艺、下游产业和高科技配套产业的研究开发；引进中科院广州化学研究所入湛建设湛江公共安全及化学化工检测中心，为石化产业服务，培育高附加值的石化高技术产业；引进中山大学入湛建设广东海洋研究院，开展海水养殖和加工、海洋生物、海洋药物、海洋装备技术的研究开发；引进华南理工大学并整合湛江创新资源建设家电产业创新中心，为推进湛江家电企业转型升级提供有力支撑。

根据小家电、农海产品深加工等产业需求，依托骨干企业，联合重点高校，引进民营资本创办一批高水平的技术创新平台，引进中国电器科学研究院、北京科技大学、华南理工大学、广东海洋大学和岭南师范学院等科研院校在这里设立中国电器科学研究院湛江中心、威凯检测技术有限公司湛江代表处、中国电器科学研究院湛江家电实验室、北京科技大学3D打印技术研究中心、广东海洋大学工业设计中心和服务平台、岭南师范学院工业设计联合研究所等机构。依托国家食品药品监督管理局广州医疗器械质量监督检验中心和湛江市食品药品检验所在奋勇经济区建设广州医疗器械质量监督检验中心分支机构。

10月，举办校（院）地协同创新对接会，全国有10多所高校和科研院所参加。北京科技大学湛江工业技术研究院举行揭牌仪式，与中科院广州化学研究所签约建设公共安全及化学化工检测平台，继续深化产学研合作模式。加强政产学研协同创新，协助开展校（院）地协同创新对接会，与驻湛3所高校签署《共同选派科技特派员协议书》，驻湛高校及科研院所与一批企业签署项目合作协议。

鼓励驻湛高校围绕本校资源与企业建立技术创新联盟，湛江市建有创新联盟5家，围绕海洋、家电及医药产业，依托广东海洋大学、湛江师范学院和广东医学院分别组建湛江海洋产业技术创新联盟、家电产业技术创新联盟、医药产业技术创新联盟。2013年，新增省部企业科技特派员3人。

【技术创新工程】 2013年，湛江市抓好企业创新平台建设，新增省级工程中心8家，市级工程中心1家。截至2013年年底，全市省级工程中心22家、市级工程中心29家、企业技术开发机构56家。2013年新增省级创新型企业2家，总数达10家。

【科技计划项目】 2013年，湛江市共组织实施各类科技项目532项，其中星火计划25项，火炬计划和国家创新基金各1项，市级立项实施505项，共获支持经费1 581万元。组织实施社会民生科技创新项目86项，其中新增市级立项27项，取得具有国内先进水平的医疗成果22项。全年实施各类高新技术项目46项，重点推动农海产品精深加工、机械、小家电、海洋生物、农业与海洋装备、新材料等领域的技术攻关和产业化，推动传统产业转型升级。2013年，全市立项高新技术产业化重点项目7项，扶持经费210万元；工业攻关项目8项，扶持经费80万元；高新区孵化器建设项目3项，扶持经费150万元。组织实施各类农业科技项目132项，其中国家级29项，省级35项，市级68项；新增市级农业项目22项；完成省、市农业科技计划结题验收项目27项。全年获批省级科技型中小企业技术创新专项2项，完成国家级创新基金项目1项，省级科技计划项目验收工作6项。受理上报省级科技计划项目141项。

市财政科技专项竞争性分配资金提高到1 470万元，比上年增加8%。2013年，湛江市R&D经费投入比例加大，全市R&D经费支出7.97亿元，占GDP比重0.39%，分别比上年增长19.5%和提高0.03个百分点。市级科技计划项目共受理项目377项，立项348项。完成8项市级工业类项目验收工作。

【科技成果与奖励】

科技成果奖励 获得2013年度广东省科学技术奖7项。全市经评审产生2013年度市科学技术奖拟奖项目78项，实现总产值126亿元，其中科学技术进步奖55项，包括一等奖11项、二等奖20项、三等奖24项。获奖项目呈现了产学研创新成果和应用技术成果增多、工业比例增加、获奖人员年轻化、申报单位全市各个县（市、区）全覆盖等特征。

2013年度湛江市科学技术进步奖55项获奖项目中，工业类获奖23项，比上年度增加21%。工、农、医项目所占的比例为3：2：2。11项一等奖获奖项目中，工业成果5项、农业成果3项、医药卫生成果3项，工业类的研究水平比上年度大幅提高，客观地反映了湛江市工业化进程不断加快的发展趋势。获奖项目中涉及生态环境保护、民生工程类的共32项，占40%。55项获科技进步奖的成果中，由企业独立承担或参与完成的项目有47项，占获奖项目总数达84%，为历年最多。这些项目涵盖了新能源、机械装备、生物医药、家用电器、海洋石油勘探等领域，累计产生经济效益达65亿元，获奖企业中获得发明专利25项、实用新型专利32项。获奖项目的科技成果转化率就达91.3%，获奖科技成果绝大部分已在工农业生产和医药卫生各个领域应用和推广，属企业和科研院校合作完成的达10项，累计新增利润6 300万元，新增税收3 896万元，节支总额1 896万元，取得了显著的经济效益和社会效益。

全市申报2013年度市科学技术进步奖的66项成果中，属于原始创新的有33项，国际领先水平2项，国际先进水平6项，国内领先水平25项。66项报奖成果共取得自主知识产权117项，其中通过国际专利合作条例（PCT）申请1项，发明专利38项，软件著作权3项，均比上年增长。

科技成果管理　湛江市科技局设立科技服务与管理科，负责全市的科技成果推广应用。2013年，组织各成果完成单位利用“科技面对面——湛江市科技资源共享平台”进行科技成果发布74项，成功举办校地协同创新对接会，共征集科技成果300多项，科技人才251人，51家企业人才、技术需求汇编成册，精心挑选了120项优秀科技成果制作展板进行展览。

【高新技术及战略性新兴产业】

高新技术产业　2013年，湛江市受理推荐新认定高新技术企业5家，获批3家，分别是湛江合力塑胶有限公司、湛江恒兴珊瑚饲料有限公司、广南（湛江）家丰饲料有限公司；到期复审高新技术企业12家，提交复审申请高新技术企业9家，其中7家通过复审。截至2013年年底，全市高新技术企业达48家。

推荐省级高新技术产品48个，获批复产品30个，全市省级高新技术产品总数83个；推荐《广东省绿色低碳建筑技术与产品目录》产品6个，其中吴川威立电力器材有限公司的“蒸压加气混凝土砌块”获批，全市省级绿色低碳建筑技术与产品共2个。2013年，全市高新技术产业总产值达330亿元，比上年增长10%。

2013年，湛江高新区孵化器2 000平方米场地装修完成，开始招商引资。湛江高新区奋勇新区孵化器计划投资4 000万元，建筑面积3.2万平方米。湛江市科技局与市人社局、市发改局、市教育局、市财政局、市规划局等部门，联合广东海洋大学、广东医学院、湛江师范学院3所驻湛高校完成《湛江市科技与创业孵化基地建设实施方案》编写工作，获市政府批准。规划建设科技创新大楼，起草《湛江市孵化器认定管理办法》。全年，在财政资金科技专项竞争性分配工作中，安排孵化器建设项目3个，财政资金投入150万元，鼓励新建及在建的孵化器整合资源，增加大学生创业孵化功能，发挥集聚高科技项目、高素质人才重要载体作用。

战略性新兴产业　2013年，湛江市战略性新兴产业招商分局到北京、上海、广州、深圳等地开展招商活动，围绕“招大”“选优”“引强”招商目标，加强与钢铁、石化、浆纸等大项目相配套大企业联系，强化大产业招商。发挥校友会、商会作用，强化以商引商，吸引更多龙头企业来湛投资发展，共洽谈项目31个，总投资额78.46亿元。其中，签约项目6个，签约金额20.63亿元。南国药业、能生生物科技、绿百多生物科技、美瑞科海洋生物科技、博康海洋生物、鸿威科技6个新兴产业项目动工建设，投资总额10.98亿元；深圳华思科技、广东湛龙实业等2个项目投产，投资总额7.8亿元。

2013年，湛江市科技局加强与有关部门协调和合作，促进市区主要街道、海湾大桥、东海岛大桥等建设LED亮化工程，推动市区公共场所和星级酒店推广LED照明灯具。截至2013年年底，全市累计推广使用LED路灯7万多盏，室内灯5万多盏，总体节能率53%。

【农业科技】　2013年，湛江特色水海产业国家农业科技园区获得科技部批准；组织实施海蜇保健食品、罗非鱼下脚料制备饲料蛋白、对虾下脚料深加工、高值珍珠贝工艺品加工、菠萝纤维高值利用等技术开发，推动传统产业的技术升级；实施农村科技特派员计划，经省科技厅和省农业厅联合认定省农民专业合作社农村科技特派员

（个人）14人，工作站5个。

新增企业、合作社、种养大户的直通车工程信息服务站100个。建成省级健康农业科技示范基地9个、省级绿色食品生产示范基地6个、特色农业产业带5条。湛江市32个产品（初选名单8个，复审名单24个）被认定为2013年广东省名牌产品，占总数的11.8%，农业品牌数量居全省地级市之首。初选名单中有湛江东腾饲料有限公司、湛江新昶食品有限公司、湛江市东海岛东方实业有限公司、湛江海丰水产有限公司等科技型农业龙头企业。截至2013年年底，湛江市获批农业龙头企业76家，其中国家级6家、省级24家、市级46家。

【科技人才队伍】 2013年，湛江市贯彻实施省"扬帆计划"及湛江市委、市政府《关于加快引进培养高层次产业人才的实施意见》，实施科技人才激励工程，与组织、人事部门合作评审并重奖有突出贡献的科技人才9人，每人发放奖金10万元；鼓励企业申请科技特派员，创办各种研发机构和创新基地，形成"基地+项目+人才"三位一体的人才培养模式；重新组建湛江市专家咨询委员会和科技兴湛高级顾问团，凝聚各类高层次人才124人。9人被评为2012年湛江市优秀拔尖人才，并一次性发放奖金10万元/人。

【科技基础条件】 2013年，湛江市新增省级重点实验室1家——广东省近海海洋变化与灾害预警重点实验室，市级重点实验室3家——湛江市海洋能利用及海水淡化重点实验室、湛江市肝胆相关疾病重点实验室、湛江市骨科微创与数字化技术重点实验室。截至2013年年底，全市省级重点实验室达到7家，市级重点实验室6家。

【专业镇及特色产业基地】

技术创新专业镇　2013年，湛江市实施专业镇培育工程，推动"一镇一品"优势特色产业发展。截至2013年年底，全市共有省级专业镇18个，市级专业镇26个，专业镇总数占乡镇总数的35%。

特色产业基地　湛江有各级特色产业基地4个，其中国家级1个，省级3个。国家火炬计划湛江海洋产业基地积极推进海洋技术的研究开发和成果转化，促进全市海洋产业的加速发展，形成了海水养殖、海洋捕捞、海产品深加工、水产饲料、海洋工业等特色产业。2013年，该基地内企业总数205家，高新技术企业28家，基地内企业从业人员总数28 165人，工业总产值210亿元，出口总额4亿美元。广东省火炬计划智能化节能电饭煲特色产业基地、小家电特色产业基地和羽绒特色产业基地等3家省级特色产业基地，重点加强小家电和羽绒产业技术的研究开发和成果转化，推进全市小家电和羽绒产业的规模发展，2013年，基地内企业总数660家，高新技术企业6家，基地内企业从业人员总数55 406人，工业总产值80.6亿元，出口总额8 903万美元。

【知识产权工作】 2013年，湛江市建立全市知识产权联席会议制度，指导全市知识产权管理相关部门统一有效开展工作。市政府常务会议通过湛江市专利奖设置，制定建设国家知识产权试点城市方案。12月，国家知识产权局确定湛江市为国家知识产权试点城市。湛江市印发《湛江市专利申请资助和奖励暂行办法》《湛江市促进专利申请工作的激励措施》。

知识产权管理　2013年，湛江市各县（市、区）科技局挂知识产权局牌子，实行"一套人马，两块牌子"管理机制。湛江市辖的廉江市、吴川市、雷州市、遂溪县及赤坎区、霞山区、麻章区、坡头区、湛江经济技术开发区等县（市、区）科技局均设立知识产权局，徐闻县科技局设知识产权办公室。

专利奖励　在申报2013年度市专利奖的88个项目中，获奖的23个项目都是发明专利或实用新型专利，其中5个项目获专利金奖，18个项目为专利优秀奖。23个获奖项目涵盖了家电、水产、医药、机械、造纸等多个行业，其中工业类项目有15个，占全部获奖项目的65%。获奖项目中，专利产品产值基本都超过1 000万元，共新增销售总额61亿元，新增税收总额10亿元。

知识产权宣传培训　2013年，市科技局利用"3·15"保护消费者权益日、"4·26"世界知识产权日、"5·15"全国打击和防范经济犯罪宣传日、"12·4"全国法制宣传日，联合宣传、工商、版权、公安、技监、海关等部门，通过悬挂横额、出版墙报、组织知识产权活动一条街、派发知识产权宣传资料、开展行政执法等活动广泛宣传。在《湛江日报》《湛江晚报》《湛江科技报》、碧海银沙网站开辟专版专栏宣传。

1月14日，市知识产权局与湛江海关联合在廉江市召开知识产权培训会。“4・26”期间，霞山区中小学校举办知识产权讲座3场，与湛江师范学院、广东海洋大学举办知识产权宣传、维权讲座等活动。8月21日，遂溪县举办知识产权培训班。全年各类活动共培训企业负责人、科研人员、管理人员、老师学生等3 500多人。

4月，湛江师范学院举办的“2013年大学生‘未来煮义’电饭煲外观设计大赛”评选出获奖作品100多件；12月，广东海洋大学举办的大学生外观专利设计大赛初评获奖作品100多件。

2013年，增加知识产权示范企业、中小学知识产权教育示范学校建设、区域知识产权发展计划专题3个，经费增至200多万元。

知识产权行政执法　湛江市出台《湛江市知识产权保护综合监管分体系建设“两法衔接”工作制度》，做好打击侵权假冒行为统筹协调，加强与公安、工商、版权、质监、食药监、农业、林业、湛江海关、检验检疫等相关部门协作，共同推进打击侵权假冒工作。4月26日，市知识产权局与市公安局、市工商局、市中级法院、市检察院、市文广新局、市农业局和湛江海关等10多个单位，共同巡查世贸大厦内的国美电器、沃尔玛超市等商店，检查食品、药品、农资产品、卷烟、酒类、通讯产品、日化用品等商品2万多件。该局全年出动联合执法车辆50多台次，出动执法人员150多人次，对海田市场、世贸、国贸等各大超市进行巡查，检查商铺20多家，立案4件，结案1件。

知识产权交流与合作　2013年11月7—8日，第6届粤西四市（湛江、云浮、茂名、阳江）专利合作联席会议在云浮召开。11月7日，闽粤沿海12城市保护知识产权工作第10次联席会议在佛山召开。闽粤12城市签署“共同查处假冒专利行为协作备忘录”，在此合作备忘录框架下，12城市相互支持，协同办案，必要时可同时开展异地共同查处行动，从根源上消除假冒专利行为。

专利申请授权　2013年，湛江市办结专利资助781项，资助专利费73.26万元；组织实施专利产业化专项25项，促进一批专利技术产业化。

2013年，湛江市专利申请量1 488件，授权量1 088件，分别增长29.2%和20.8%。2013年度全市申报科学技术奖励66项成果中，共取得自主知识产权117项，其中PCT申请1项，发明专利38项，实用新型专利47项，外观设计专利6项，软件著作权3项。

【科普工作】　据不完全统计，2013年，全市举办科普集市等各种科普宣传活动60场次，送科技下乡活动51次；举办科普惠农各类实用科技培训班、科普讲座、科技报告会等活动90多期；组织开展科技专家进农村、进企业开展科技服务112场次；组织科技专家进社区、进校园开展科普活动103场次；开展科普巡回展示宣传、科普图片展览126场次；累计组织科技专家、科普志愿者开展科普服务共3 000多人次，派发各种科普书籍、科普资料10.3万（册）份，全市参加科普活动、接受科普教育的干部群众、社区居民、农民和青少年学生超过60万人次。培训轮训干部共计11 501人次，共选送366名学员到高校进行培训。上网学习学员总数已达25 000人。全市共有1 000名青少年参加了各类的培训活动。

大型活动　按照中国科协、省科协的统一部署，先后开展了“科技进步活动月”“食品安全宣传周”“全国科普日”“安全用药宣传月”专题科普活动共4次。其中“全国科普日”活动被评为广东省优秀组织单位。市科协与中国农科院湛江南亚热带作物研究所联合开展主题为“环保安全、美丽生活”科普活动，被评为广东省优秀特色科普活动。

青少年科普　2013年，市科协积极实施“青少年科学素质提升工程”。1月，举办了第28届湛江市青少年科技创新大赛。大赛共收到作品282项，评选出优秀科技创新奖63项，优秀科技实践活动奖33项，优秀少年儿童科学幻想绘画奖105项，优秀科技组织奖4个，优秀科技辅导员奖7人。全市共有56所中小学校参加，涵盖学生1万多名。4月，全市组团参加了第28届广东省青少年科技创新大赛，有24项获奖。11月，组团参加

了首届广东省青少年科技创新实践能力挑战赛，共6项获奖，奖金2 000元，其中一等奖1项、二等奖2项、三等奖3项，市科协还获颁大赛优秀组织奖。11月起，市科协、市教育局、市科技局联合组织开展第28届省创新大赛优秀作品巡回展，共安排在市区34所中、小学巡展，每所学校展出2天，教育学生达7万多人。

科普示范社区　5月，为推进科普示范社区培育工作，市科协在霞山区海滨街道办召开了全市科普示范社区工作经验交流现场会，总结推广霞山科协开展科普示范社区创建工作经验，进一步推动全市科普示范社区创建活动深入开展。11月，中国科协授予霞山区海滨街道海昌社区为“全国科普示范社区”，获奖金20万元。截至2013年年底，全市共有3个社区创建成为“全国科普示范社区”。

科普教育基地　2013年，全市新增培育了1个省级科普教育基地，2个市级科普教育基地。配合湛江电厂筹建以节能降耗为主题的工业科普教育基地，这是该市首个工业类科普教育基地。截至2013年年底，全市已培育17个市级以上科普教育基地，其中全国科普教育基地1个，省级科普教育基地7个。科普教育基地年接待游客达100万人次以上。市科协共投入13万元，扶持县（市、区）建科普长廊252米。

【防震减灾】　2013年，市抗震设防管理等审批事项已经纳入湛江市政府网上审批电子监察系统，实行网上办理审批。截至2013年11月，行政服务窗口一共受理地震咨询业务100多宗，建筑工程项目波速测试业务70多项，地震安全性评价业务19项。

震情监测和台网维护　地震台网升级改造后，实现与省地震台网的互联互通，截至2013年年底，该市参与定位的测震台站达到15个，地震监测范围和定位精度进一步提高，测震观测资料获得全省资料评比优秀奖。积极推进地震前兆观测站的数字化建设和改造工作，雷州唐家深井阶梯地温前兆数字观测站已全部建设完成并投入运行；吴川吉兆地震台、遂溪罗屋地下流体观测站完成观测环境改造，已进入设备采购和安装阶段；完成徐闻西连2 800米深井土地租用手续，进一步着手规划开展深井地震综合监测和研究；积极做好全市3个骨干前兆测报点和18个地震宏观观测点前兆资料收集和上报工作，确保前兆观测数据连续可靠。

2013年，《创建防震减灾示范城市实施方案》获市政府通过，获市财政安排防震减灾示范城市创建专项经费100万元，力争用3年左右时间完成创建工作。继续加大对全市农村民居地震安全示范村普及推广宣传力度，分别到廉江市、雷州市、徐闻县乡镇和农村播放市科技局组织编辑的《湛江市农村防震减灾科普知识》专题片，组织村民开展应急避震疏散演练，介绍地震基本知识，传授农村民居建筑抗震技术和应急避震逃生技能。市地震局与市民政部门协同配合，共完成了43个减灾示范社区的创建工作，其中赤坎区民主街道金城社区等3个单位获评“全国综合减灾示范社区”，2013年湛江市已在金沙湾小区着手开展创建“国家级地震安全示范社区”工作。

地震应急工作　9月26日，湛江市首次举行粤桂琼联合地震应急演练。主要模拟地震发生后三省地震部门开展快速响应联动、地震现场指挥、通信保障、架设临时监测点等，为今后应对地震应急工作提供了宝贵的经验。9月，湛江市着手对市地震应急预案进行修订，严格按照广东省突发事件应急预案管理办法要求，编制湛江市地震应急预案工作，于11月底完成初稿，报送市政府审批。为加强应急避难场所的规划和建设，提高综合防灾能力，完成了霞湖公园应急避难场所规划和建设方案。

防震减灾宣传教育　市地震局会同市教育部门，重点对中小学生开展防震减灾科普宣传，到湛江市实验中学、雷州市附城中学、廉江市第一中学、湛江市第十中学、湛江市第二十二中学、遂溪县第一小学等市区和县城的中小学校举办了11场防震减灾科普讲座，指导学校师生开展地震应急疏散演练。与教育、应急、消防、团市委、宣传等部门通力合作，通过联合举办湛江市青少年地震知识普及和“小红帽”广东省红领巾应急避险教育活动等，使防震减灾教育常态化。

（湛江市科学技术局　陈纯晓　莫　怡）

茂 名 市

【科技政策环境】 2013年，茂名市出台了《中共茂名市委、茂名市人民政府关于深化科技体制改革加快区域创新体系建设的实施意见》《中共茂名市委、茂名市人民政府贯彻〈中共广东省委、广东省人民政府关于加快建设知识产权强省的决定〉的实施意见》，提出茂名市切实可行的实施意见，把深化科技体制改革、加快创新体系建设作为科技工作的突破口，把推动自主创新，促进科技与经济的紧密结合摆在科技工作的首位，把深化产学研合作和提高区域创新能力作为茂名市提高自主创新能力的重点，树立人才资源是第一资源的观念，对自主创新加大政府扶持力度，有较强的操作性。

【产学研结合】 2013年，茂名市组织45家企业与省内外高校、科研院所联合申报省各类产学研项目44项，其中围绕茂名市罗非鱼产业链发展需求组织申报了产学研结合重大专项项目——“茂名罗非鱼产业链提升关键技术研发及产业化”，获得省科技厅立项，获得300万元资金支持。

2013年，茂名市组织茂名市茂南三高渔业发展有限公司、广东百维生物科技有限公司等企业与中国科水产科学院淡水渔业研究中心、广东海洋大学等单位合作申报了4个省部产学研结合创新平台项目，茂名市茂南三高渔业发展有限公司、广东百维生物科技有限公司获得立项，分别获得80万元和50万元的资金支持。积极推进与华南理工大学等高校合作在高新区共建石化研究院。2013年7月，广东工业大学与茂名市生产力促进中心共建的“广东工业大学茂名科技信息服务平台”揭牌成立。

【技术创新工程】 2013年，茂名市获批创建省级工程技术研究中心5个，分别是广东省特种石油树脂工程技术研究中心、广东省石化装备（重力石化）工程技术研究中心、广东省热带海洋生物种苗（金阳）工程技术研究中心、广东省石化精细化工（实华）工程技术研究中心、广东省石油化工产品检测工程技术研究中心。截至2013年年底，茂名市省级认定的创新型企业1家，为茂名重力石化机械制造有限公司，获认定创新型试点企业1家，为茂名高岭科技有限公司。

【科技计划项目】 2013年，茂名市申报国家和省级科技项目160多项，获得省级立项21项，其中2013年产业技术研究与开发12项，产学研创新平台2项，产学研合作专项资金6项，产学研合作重大专项2项。

2013年，茂名市市级科技计划立项项目479项，其中医学类立项项目402项，工农业类立项项目77项。

【科技成果与奖励】 茂名市推荐申报2013年度广东省科学技术奖项目17项，获得二等奖1项，三等奖3项。完成科技成果鉴定项目49项。受理科技成果登记项目46项。

【高新技术产业】 2013年，茂名市有4家企业被认定为高新技术企业，分别是广东高山动物药业有限公司、广东奥克化学有限公司、茂名阪田油墨有限公司、广东化州中药厂制药有限公司。截至2013年年底，茂名市有高新技术企业21家，其中年产值在亿元以上的有13家。2013年新认定广东省高新技术产品18个；申报科技部科技型中小企业技术创新基金项目19项，获立项3项；申报高新技术产业化项目—工业攻关项目7项，获立项1项。

【农业科技】 2013年，化州市“优质罗非鱼产业化技术集成示范与推广”项目和信宜市“怀乡鸡健康养殖示范与产业化”2个富民强县项目获科技部立项，分别下达资金160万元和55万元；茂名市金阳热带海珍养殖有限公司申报的农业科技成果转化项目“南美白对虾高效环保育苗模式创新示范与推广”获得科技部立项，下达资金100万元。2013年，茂名市组织了823名农村科技特派员，成立了农村科技特派员协会。

【专业镇及特色产业基地】 截至2013年年底，茂名市获批准的省级专业镇有16个，市级专业镇

11个。全年，茂名市组织对2003年以来获省立项并已到期的19个专业镇项目进行验收，完成项目结题验收工作。

建立特色产业基地6个，分别为广东省火炬计划茂名石化特色产业基地、茂南高岭土特色产业基地、电白水产品加工特色产业基地、信宜温控产品特色产业基地、茂名香精香料特色产业基地和热带水果深加工特色产业基地。

表10–2–17–1　茂名市获批省级专业镇一览表（2013）

序号	专业镇名称	特色产业	序号	专业镇名称	特色产业
1	电城镇	养殖业	9	石鼓镇	渔网
2	那务镇	种植业	10	山阁镇	高岭土
3	公馆镇	罗非鱼产业	11	怀乡镇	竹编工艺品
4	博贺镇	海洋渔业	12	羊角镇	石化产品后续加工
5	泗水镇	蔬菜种植（北运菜）	13	东镇街道办事处	温控产品
6	谢鸡镇	香蕉	14	麻岗镇	香精香料、化肥、石油后加工
7	根子镇	荔枝	15	新坡镇	石油化工产品
8	林头镇	经济作物种植（花生、水果）	16	南海街道	鞋业加工

【知识产权工作】　2013年，茂名市专利申请量、专利授权量等均取得较大突破，创历史新高。专利申请量达2 530件，同比增长58.52%，增幅列全省第2位，其中发明专利申请392件，同比增长127.91%，增幅列全省首位。专版授权量1 089件，同比增长56.92%，增幅列全省第3位。茂名市专利申请总量、申请量增长率以及授权量的增长率均列粤西四市首位。茂名市伟业罗非鱼良种场的“一种杂交鱼—吉奥罗非鱼的制种技术”获2013年“广东省优秀专利奖”。

2013年，茂名设立了广东省知识产权维权援助中心茂名分中心，举办了“茂名市企事业单位知识产权维权援助培训班”，来自市内企事业单位高级管理人员、知识产权部门负责人及业务骨干100多人参加了培训。

茂名市依法查处各类知识产权案件，加大对知识产权案件打击力度，查处假冒专利案件5件，无资质专利代理案件1件。

高州第一职业学校被省认定为中小学知识产权教育示范学校。截至2013年年底，茂名市共有省级知识产权教育试点学校9家，示范学校2家。开展市级中小学知识产权教育试点工作，培育了市级中小学知识产权教育试点学校5家。

【科普工作】　2013年，茂名市组织申报了省科普项目3项，截至2013年年底，茂名市共有广东省青少年科技教育基地5家。

3月29日，茂名市与省科技厅在信宜朱砂镇联合举办了“加快农业转型升级，推动农村生态文明建设”大型科技下乡活动，省农业科学院、华南农业大学、广东海洋大学和茂名市专家共100多人出席了活动，有4 000多名群众参加了活动。在活动中，开展了科技培训、农业技术咨询、知识产权咨询、赠送科技图书和报刊、科普展览、农用物资推广、种子赠送和专家义诊等10多个专题板块。

全年，茂名市举办各类农村实用技术培训班16期，受训农民达1 200人次。

【防震减灾】　2013年，茂名市地震监测台网全年正常运行，确保了地震观测数据传输记录的连续性、可靠性和准确性。继续开展地震安全农居示范工程建设，建成化州市新时代农场金龙泉小区和高州市南塘镇彭村2个地震安全农居示范工程，在建信宜市水口镇岭上村石板自然村建设农村民居地震安全示范村。

5月12日，茂名市地震局和茂南区地震局联合上街开展防震减灾宣传活动，向市民派发防震减灾宣传资料6 000多份。5月9日，茂名市第16中学组织开展防震应急疏散演练活动，该校2 000多名师生参加了演练。2013年，高州市第一中学建成为防震减灾科普示范学校。

（茂名市科学技术局 文 妙）

肇 庆 市

【科技政策环境】 2013年1月，肇庆市印发了《肇庆市改善创新环境五年行动计划实施方案》，由市分管领导牵头，市科技局为组织单位，肇庆高新区为示范单位，明确通过5年努力，全市自主创新环境建设实现新跨越。

【民营科技】 2013年，肇庆市共有民营科技企业102家，其中省级75家、市级27家，实现总产值94.99亿元；截至2013年年底，全市民营科技企业的从业人员1.7万人。

2013年，肇庆（四会）民营科技园克服宏观经济环境的影响，狠抓产业培育和企业集聚，加大载体建设投入，抢占科技人才工作高地，推动了园区经济科技工作平稳发展。全年规模以上企业完成工业总产值446.1亿元，同比增长5.9%；规模以上民营企业完成工业总产值149.8亿元，同比增长0.7%；高新技术产品产值99.2亿元，同比增长0.4%；引导、扶持11家企业进行增资扩产，增资额达到3.4亿元，其中8个项目已完成投入使用，余下3个项目处于设备安装阶段。开展招商引资工作，意向落户园区项目6个，总投资金额约40亿元，建成投产后年创税收超亿元。

【产学研合作】 2013年，肇庆市共组织了42家企业与高校开展省部产学研合作申报工作，组织了32家企业申报市级产学研结合技术创新项目和专业镇特色产业创新项目，其中拟立项21项，立项资金260万元。肇庆市傲翔科技信息有限公司与广东风华科技股份有限公司、广东工业大学、包头稀土研究院、成都电子科技大学、肇庆电子信息行业协会联合申报产学研重大专项并获立项支持；积极推进与广东工业大学、肇庆学院的产学研合作工作，支持端州区、广东华南智慧城发展有限公司（以下简称“华南智慧城”）与广东工业大学共同组建肇庆市高端电子信息产业协同创新研究院，为广大电子信息企业提供关键共性技术研究、科技咨询和科技成果转化服务。12月15日，肇庆市获得“中国产学研合作创新示范基地”称号。

科技特派员　2013年，肇庆市科技特派员工作形成常规化。全市共接纳科技特派员15名，分别来自广东工业大学、华南理工大学等10所高校科研院，分别进驻四会市达博文实业有限公司、广东鸿图科技股份有限公司等近10家企业。科技特派员参与企业的技术研发工作，提高了企业自主创新能力，培育了企业技术人才。

产学研创新联盟　2013年，肇庆市完成“省部产学研示范市”结题准备工作。截至2013年年底，全市有3个企业加入国家级产学研创新联盟，牵头组建的省级产学研创新联盟3个，加入省级产学研创新联盟4个，培育中的产学研创新联盟2个，组建院士工作站2个，建立省级产学研示范基地6个、市级产学研示范基地9个。

【技术创新工程】 2013年，肇庆中乔电气实业有限公司、广东华江粉末科技有限公司和肇庆市金三江化工有限公司等10家企业组建市级工程技术研究开发中心；肇庆华锋电子铝箔有限公司、肇庆市风华锂电池有限公司和肇庆中导光电设备有限公司等9家企业组建省级工程技术研究开发中心。截至2013年年底，肇庆市建有省级工程技术研究开发中心26家，市级工程技术研究开发中心48家。2013年，肇庆华锋电子铝箔股份有限公司及广东同步化工股份有限公司被认定为广东省第7批创新型企业试点。

【科技服务体系】 2013年，肇庆市全力推进园区综合服务平台建设，努力打造全市科技服务支撑体系。华南智慧城与广东工业大学通过开展产学研合作，联合共建“肇庆市协同创新研究院”；华南智慧城结合园区产业特色、创业环境、公共服务平台、科技金融、扶持政策等打造“华南智慧城创新创业孵化器”；肇庆学院发挥学科和区位优势，建设以大学科技园为孵化载体的科技创新创业聚集平台；肇庆高新区进一步完善“肇庆高新区科技服务业发展示范基地”建设，构建公共技术服务平台和科技成果转化平台、知识产权与技术标准服务平台和科技公共资源信息网络等综合服务的高新区技术转移平台和科技投融资服务平台。

【科技计划项目】 2013年，肇庆市实施省级以上科技计划项目56项，其中国家级2项、省级54项，获得项目资金3 266万元，带动项目总投资超过9.4亿元。市级科技计划项目133项，支持项目资金1 795万元。实施高新技术产业和战略性新兴产业专项11项，安排专项资金1 000万元。

【科技成果与技术市场】 2013年，肇庆市共有71项科研成果通过省、市科技成果鉴定，其中省级成果鉴定5项。办理科技成果登记98项，其中省级科技成果登记9项。肇庆市获得2013年度广东省科学技术奖三等奖5项；评出2013年度肇庆市科学技术奖获奖项目51项，其中一等奖7项、二等奖14项、三等奖30项。2013年，肇庆登记点认定登记技术合同2宗，涉及技术交易额237万元。

【高新技术与战略新兴产业】 2013年，广东肇庆星湖生物科技股份有限公司和广东鸿图科技股份有限公司被认定为国家火炬计划重点高新技术企业，全市有26家企业被新认定为高新技术企业，另有9家高新技术企业通过复审。截至2013年年底，全市共拥有高新技术企业108家，总产值约349.22亿元，总收入约420.89亿元，缴税总额约12.76亿元，净利润约11.38亿元，出口创汇约6.89亿美元，从业人员约3.79万人。全年高新技术产品产值预计可达875.3亿元，占规模以上工业总产值的25.6%，同比增长25.8%。

制定实施《肇庆高新区推进“一区多园”工作方案》，开展“一区多园”工作调研，加强对接交流，落实与各分园区的对口联系部门，初步建立了沟通联系渠道和机制，加强部门对接、产业对接，优势互补，实现信息、资源共享。截至2013年年底，四会、高要、德庆、怀集、广宁、封开已与肇庆高新区管委会签订分园区框架协议，其中肇庆高新区四会分园已挂牌运作，肇庆高新区端州产业园也获市政府批准设立。2013年12月11日，肇庆高新技术产业开发区管理委员会、长春理工大学、肇庆工商学院三方共建国家大学科技园肇庆分园合作项目签约仪式暨揭幕仪式在肇庆高新区隆重举行。

2013年，肇庆市按照《肇庆市推广使用LED照明产品实施方案》的要求，采取有力措施，创新方式方法，抓好工作落实，取得了很大的成效。端州区探索虚拟业主加卖方信贷模式，解决业主分散问题；四会市和高新区采用招标“EMC公司+厂家”联合体，对本地的路灯进行全面改造，高要市采用卖方信贷模式，改造城区所有的路灯；德庆县利用卖方信贷模式，已经完成了全县县城及12个镇主要街道路灯LED照明产品改造。截至2013年年底，全市已完成近8万盏LED路灯的政府招标采购，顺利完成了全市LED照明产品推广使用任务。

【农业科技】 2013年，肇庆市重点抓好农业技术攻关、农业良种良法推广等方面工作。支持肇庆学院、市农科所、市林科所、市水科所等农业研究机构加强农业科技攻关，开展了柑橘黄龙病生理生化、水稻机械化生产关键共性技术、卷口鱼人工繁殖关键技术、金花茶林下种植技术等研究；支持一批农业企业围绕粮食、生猪、柑橘、蔬菜、家禽等产业，在育种、生产、加工等环节开展农业良种良法的研究和示范推广，逐步形成以企业为核心的农业科技创新体系。支持肇庆高新区华南润泽鑫业生物工程技术有限责任公司对柑橘黄化防控技术进行攻关，获得的技术成果经省科技厅组织专家鉴定为国内先进。支持肇庆市金葡萄现代农业发展有限公司开展葡萄“一年两熟”技术的引进、研究，填补了肇庆市葡萄栽培技术的空白。

2013年，肇庆市组织实施科技部富民强县“无公害生猪养殖技术集成与应用示范”项目（四会市人民政府承担），取得显著成效：新建设标准化示范场3个，全市通过无公害农产品产地认证和产品认证22个、标准化养殖场36个。推广高床养殖技术637家、沼气发电技术22家、供暖技术400多家，实现科学技术转化为生产力；推广优良杂交种系如长白、大白、杜洛克、斯格、皮特兰种猪，已培育第一代母系近2 000头，培育二代近10 000头以上原种猪母系。据统计，全市全年能繁育的母猪存栏量为16 959头；能出栏仔猪251万头，全市养殖的良种率达97.8%以上，自供率达到100%。建立了以四会市生产力促进中心“直通车”工程（省级示范工程）和畜牧防疫站为主体的市、镇、村三级信息服务平台与技术推广体系，利用四会市科技频道、四会市直通车网站及中国移动、中国联通等平台，宣传无公害养殖关键技术和重大疫病防疫。举办无公害养殖关键技术、集约化养猪场建设、母猪产业化发展的关键技术和管理、疾病防控等培训7场次，参与人员2 360人。培育四会市下布联营畜牧场、四会市欣利猪苗繁育有限公司和四会市欣宝养猪专业合作社等60多家年出栏在1万头以上的专业化、集约化、现代化的生猪龙头企业。全年四会市出栏生猪超170万头，无公害生猪出栏率在95.6%以上。

2013年，肇庆市启动实施科技部富民强县“珠江三角洲生猪生产基地产业化技术集成与应用示范”项目（怀集县人民政府承担），取得阶段性成效：推广优良的杂交种系如长白、大白、杜洛克、斯格、皮特兰等品种，使全县养殖的良种率达95%以上；应用现代信息技术建设生猪安全管理体系，建设生猪疫病远程诊疗平台，在全县龙头企业和专业合作社建设20个诊疗站。建设畜产品RFID质量追溯体系，在全县3个养殖场分期分批建立RFID质量追溯体系，为畜产品建立质量跟踪档案；推进沼气等清洁生产技术和“猪—沼—果”“猪—沼—菜”“猪—沼—鱼”等生态养殖模式，构建“畜禽资源—产品—废弃物—再利用—土壤改良—果蔬粮林生产—产品”的循环农业体系；培育怀集温氏、骏彬畜牧发展有限公司、银盏种猪繁育场、汶塘清水塘养猪场等龙头企业。

【科技人才队伍】 2013年，怀集登云汽配股份有限公司引进高效零件先进成形创新团队，开展“发动机气门先进成形技术研究与开发”项目，获得2013年扬帆计划引进创新创业团队专项经费500万元。

【科技金融】 2013年，肇庆市深化与建设银行的科技金融战略合作，建设银行对科技型企业全年投放金额约2.3亿元。华南智慧城与清华大学深圳研究生院共建“清华大学产业与金融研究中心”，整合国内外企业、政府部门及专业机构等资源，构建科技与金融协同创新的技术服务平台。

【技术创新专业镇】 2013年，四会龙甫镇被认定为省级金属资源再生产业技术创新专业镇。截至2013年年底，全市拥有省级专业镇21个，市级专业镇31个。

2013年，肇庆市落实《中共广东省委、广东省人民政府关于依靠科技创新推进专业镇转型升级的决定》和《广东省人民政府关于加快专业镇中小微企业服务平台建设的意见》文件精神，组织德庆县官圩镇、封开县杏花镇、广宁县南街镇、端州区睦岗街道和黄岗街道、封开县河儿口镇、高要市蚬岗镇等专业镇（街道）申报“专业镇中小微企业服务平台建设专项资金”23项，打造服务当地主导产业的中小微企业公共服务平台。

【知识产权工作】 2013年，肇庆市扎实推进知识产权战略纲要的实施和国家知识产权试点城市建设，知识产权创造、运用、保护和管理能力得到进一步提升。全年实施专利技术项目6项、评出“肇庆专利奖”15个、资助专利申请674项。肇庆市、四会市、高要市先后被国家知识产权局批准成为知识产权试点城市。

专利产出 2013年，肇庆市专利申请量1 777件，同比增长14.57%。其中，发明专利申请量为295件；专利授权量1 288件，同比增长9.8%。其中，发明专利授权量为116件；PCT国际专利申请14件。

试点示范 2013年，肇庆市成立了“肇庆市创建国家知识产权试点城市工作领导小组”，以“知识产权运用能力提高”为主题，全面推进知识产权试点城市的创建工作；积极培育知识产权服务机构，引入省知识产权文化研究院与该市

华南智慧城共同组建了“华南知识产权服务中心”。

队伍建设　2013年4月23日，肇庆市在端州区主办了“2013年肇庆市百所千企知识产权服务对接活动”，来自广州、深圳、汕头等25家知识产权代理机构的专利代理人、律师和肇庆市58家企业技术负责人实现了对接。5月16日，在四会市地豆镇举办了“肇庆市2013年‘科技进步活动月’启动仪式暨大型科普集市活动”，现场派发知识产权宣传资料，开展知识产权知识有奖竞答活动；5月28日，在广宁中学举办专利发明创造培训班，250多名中学生参加。6月5日，举办了主题为“政银企共牵手，谋合作促发展”“2013年肇庆市第二次银担企融资洽谈会暨政企互动活动”，为企业融资难和政银企沟通合作牵线搭桥。全年，分别在风华高科、市委党校、端州区、四会市、高要市、广宁县、封开县、怀集县举办了8期知识产权培训班，培训人员超过2 000人次。

知识产权保护　2013年，肇庆市先后4次派人参加由省知识产权局组织的各类专利培训班。9月26—30日，组织各县（市、区）专利行政执法人员共14人，到华南理工大学知识产权学院参加“2013年专利行政执法上岗培训班”，有效提高了各县（市、区）的专利行政执法能力。全年全市开展知识产权执法行动3次，参与第114届广交会知识产权执法维权2期，成功处理专利侵权案件1宗，查处专利纠纷或假冒专利案件16起，保障了专利权人的合法权益。

【科普工作】　2013年，肇庆市科技中心共接待学校、团体34批次及社会公众共6 014人次，全年接待总人数8 956人次。1—2月，举办“动漫缤纷嘉年华”大型科普活动；5月，在四会地豆镇举办2013年肇庆市“科技进步活动月”启动仪式暨大型科普集市活动；6月，举办科普知识图片展；7—10月，承办中国科学馆“眼睛的故事”主题展，吸引社会公众及青少年4 000多人入场。

2013年，肇庆市在“科技进步活动月”期间，先后举办大型科普集市、送科技下乡、开展科普宣传、举办科技报告会等活动100多场次；举办各类实用技术培训班、科普讲座40多期；组织科技专家进社区、进农村、进企业开展科技服务50多次；组织科普进校园活动、科技活动竞赛20多场（次）；科普大篷车展示宣传、科普图片展览60多场次；累计组织科技专家、科普志愿者服务3 500多人次；派发各种科技资料约10万份；全市通过电台、电视台收听收看科普节目、参加活动、接受科普教育的干部群众、青少年学生超过100多万人次。

【防震减灾】　2013年，肇庆市创建防震减灾示范城市，推进监测预报、灾害预防和应急救援等防震减灾工作，制定了《肇庆市地震应急指挥中心视频会议系统建设方案》。在德庆县德城中学、市第一人民医院等地举办了8场应急避震演练活动，参与演习的人员达13 163人。在肇庆电台科普专栏《生活小锦囊》节目中播出了一期防震减灾知识专栏。全年共举办各类防震减灾专题讲座12次，参与人数超过8 000人。认定肇庆市第一中学等15所学校为市首批“防震减灾科普示范学校”。肇庆市地震局被评为“2013年度全省市县防震减灾工作年度考核优秀单位”“防震减灾法制工作先进单位”。

（肇庆市科学技术局　麦伟男）

清　远　市

【科技政策环境】　清远市获“2013年度全国县（市）科技进步考核科技进步先进市”称号，圆满完成了“双到”驻村任务，被评为先进单位。

经市委常务会议通过并印发《清远市改善创新环境五年行动计划（2013—2017年）》（以下简称《行动计划》）。《行动计划》对未来5年发展的总体目标进行了较为全面的设计，主要包括科技投入、专业技术人才、科技创新公共服务机构、高技术制造业增加值以及专利申请量和授权量等5个方面，还针对各项重点工作实事求是地提出了具体指标。

完成了首份《清远市科技形势分析报告》，研究报告科学研判2012年清远市自主创新和科技发展的基本形势，包括高新技术产业、战略性新兴产业、专业镇转型升级、产学研合作、区域创新能力等发展情况，寻找当前制约清远科技发展的症结，分析清远产业发展的科技需求，预测科技发展重要趋势，提出下一步清远科技发展思路及有针对性的对策建议。

根据清远市与科技部、财政部监督检查组座谈会纪要要求，由清远市科技局牵头，做好申报国家可持续发展实验区的前期工作。清远市人民政府成立清远市创建省、国家可持续发展实验区领导小组，委托广东省科学技术情报研究所组成相关专家研究团队，共同研究制定《清远市可持续发展实验区建设规划》，该规划已经由清远市人民政府审议通过并报省科技厅。

5月27—30日，由清远市科技局牵头，市委市政府办公室、市委政策研究室及市财政局组成的调研组，赴江苏省徐州、宿迁两市就其科技创新体系建设等方面进行了考察学习，重点学习了宿迁科技创新的经验。研究制定《清远市创新券实施管理办法》并报清远市政府审议，12月，市长批示同意提交市政府常务会议讨论。

【民营科技】 华南863科技创新园是由浩宇科技旗下的广东华澜浩宇科技创新有限公司投资兴建，按照《广东省人民政府办公厅关于推广三资融合建设模式促进我省民营科技园发展的意见》“三资融合”模式建设和运营的科技创新园，市科技局选定华南863科技创新园为目标，按照省民营科技园的条件对华南863科技创新园的规划、建设和科技配套服务等工作提供了建设性的意见，积极推进园区建设和运营，争取建成清远市首个民营科技园。截至2013年年底，全市累计通过复核认定的民营科技企业共35家。

【产学研合作】 7月24日，清远市与中科院签订了《中国科学院科技促进发展局 中国科学院广州分院 清远市人民政府战略合作框架协议》，分别与清华大学材料学院、中科院开展了产学研全面战略合作，成立了中科院清远市战略合作工作领导小组。此外，组建了中南大学技术转移（清远）中心，深化了与独联体联盟、中山大学、华南理工大学、暨南大学等合作。

2013年，全市新增企业科技特派员26名，先后有来自华南理工大学等42所高校、科研院所的128名科技特派员进驻74家企业。

【技术创新工程】 2013年，广东先导稀材股份有限公司获科技部批准组建“国家稀散金属工程技术研究中心”，成为清远市首家获批组建的国家级工程中心，也是国内稀散金属行业唯一获此殊荣的企业。新增省级工程中心7家，累计达13家。新批准组建市级工程中心8家，市级农创中心3家。截至2013年年底，全市累计共有国家级工程中心1家，省级工程中心13家，市级工程中心20家，市级农业科技创新中心5家。

2013年，清远市新增省级创新型企业3家，省级创新型试点企业1家，认定市级创新型试点企业1家。截至2013年年底，清远市共有省创新型企业8家，省创新型试点企业6家。

【科技成果奖励及技术市场】

科技奖励 2013年，全市共组织鉴定科技成果61项。申报2013年度广东省科学技术奖7项，其中2项获三等奖，全市科技成果的数量和质量都有了大幅提高。

“酷清远”活动 为了更好地向社会推介清远市优秀的科技创新成果，提高清远市科技创新产品的知名度，市科技局于2013年年初开始筹备策划开展“酷清远”活动，向全市各行业的龙头重点企业征集清远市名优新特产品、名优传统工艺品信息，旨在通过建立“酷清远”品牌数据库，建立宣传网页，借助举办“广东（清远）国际旅游文化节”的契机，评选“酷清远”科技品牌，更好地向国内外宣传、推介清远最优秀、最酷的产品。2013年8月29日，由清远市委宣传部、清远市科技局和清远日报社联合举办的“2013广东（清远）旅游文化节暨‘酷清远’科技创新产品评选活动启动仪式”在丁香码头举行。

【科技人才队伍】 成立了清远市博士沙龙。4月11日，由市科技局主办、市生产力促进中心承办的“博士·市长面对面”暨清远市博士沙龙首次活动在狮子湖茶岛举办。市委副书记、市长，市政府10个相关部门的负责人及来自市党政机关、企事业单位的博士48人参加活动。各位博士针对如何留住博士，培养人才，如何发挥博士的作用，如何营造良好的氛围，如何做好城市规划等积极建言献策。据不完全统计，截至2013年年底，清远共有来自各专业的博士91人，其中党政机关博士13名，事业单位博士33人，企业单位博士11人，产学研合作引进博士34人，博士专业主要以医学、生物、化学等方面为主。

【科技服务体系】 启动了清远“科技超市”建设，拟建设融合科技产品服务、科技中介服务、科技金融服务、技术支撑服务、科技人才服务的服务平台。8月，广东现代服务交易中心清远分中心获省科技厅授牌，是全省第1批4家之一。清远市生产力促进中心与广东村村通科技有限公司合作，已初步形成了农产品B2C电子商务平台、农产品B2B电子商务平台、清远旅游电子商务三大平台。

【科技计划项目】 2013年，组织企业申报国家科技计划项目26项，共获立项4项，扶持金额210万元；申报省级项目数量达到155项，与2012年相比增长了25%；组织申报市级科技项目共164项，拟批准立项项目74项，立项金额1 497万元。

【高新技术产业】 2013年，市科技局组织了15家企业申报认定高新技术企业，其中12家企业通过公示；组织7家企业参加复审，全部通过公示。清远先导稀有材料有限公司期满后重新申报认定国家火炬计划重点高新技术企业，并顺利通过。截至2013年年底，清远市经认定的国家高新技术企业62家，涉及电子信息、新材料、生物医药、高新技术改造传统产业、新能源及节能等技术领域。

5月29日，清远市高新技术企业协会成立以来的第1次会员代表大会召开。会上，会员表决了《清远市高新技术企业协会章程》，选举了第1届会员代表大会理事会理事长、副理事长、秘书长。首批会员企业达36家。该协会是由广东豪美铝业股份有限公司等5家高新技术企业自愿发起成立。

【农业科技】 2013年，清远市加强农业科技创新体系建设，组建了清远市国通牧业肉鸽健康养殖农业科技创新中心、清远市宇顺农牧渔业生态养殖农业科技创新中心、清远市广东德高信茶叶种植与加工农业科技创新中心3家市级农业科技创新中心，组织英德德丰农牧有限公司等企业创建省级农业科技园。

【科技人才队伍】 2013年，市科技局会同市委组织部、市人社局组成工作调研小组先后赴清远先导稀有材料有限公司、广东聚石化学股份有限公司、清远容大生物工程有限公司、清远市美乐仕油墨有限公司等多家企业实地调研并宣传“扬帆计划”的申报工作。组织引导了清远先导稀有材料有限公司、清远市美乐仕油墨有限公司等企业引进的“功能高分子材料创新团队”等5个团队申报创新创业团队项目。

【科技金融】 2013年，市科技局会同清远市金融局在深入调研的基础上，结合清远市实际，起草了《清远市促进科技和金融结合的实施意见》。该意见主要从积极培育和发展创业投资、引导发展科技信贷、大力发展多层次资本市场、完善科技金融服务体系和机制体制4个方面促进清远市科技和金融结合。

【技术创新专业镇】 2013年，为进一步推动清远市专业镇产业转型升级，促进镇城经济持续健康发展，市科技局分别于5月和8月组织召开了2次座谈会。通过座谈，促进了连州市西江镇与广东现代服务交易中心、清城区飞来峡镇与广东村村通科技有限公司共同申报2013年专业镇公共服务平台项目2项。

截至2013年年底，清远市已有9个省级专业镇，18家市级专业镇，涵盖五金加工制造业、陶瓷工业、再生铜/再生资源回收利用、电瓷制造业、抛光研磨材料、碳酸钙粉体材料、旅游、农业等产业，为发展清远市特色产业和镇域经济做出了积极贡献。

【知识产权工作】 2013年，清远市获省知识产权局各类计划立项11项，新认定市知识产权优势企业2家，新批准市专利技术实施计划项目3个，新批准市中小学知识产权教育试点2所。全年资助专利申请389件，资助资金36.916万元。2013年专利申请量达838件，同比增长11.73%，其中发明专利申请量达187件，同比增长47.24%。

制定颁布了《清远市贯彻落实〈中共广东省委、广东省人民政府关于加快建设知识产权强省的决定〉的实施意见》和《清远市贯彻〈中共广东省委、广东省人民政府关于加快建设知识产权强省的决定〉重点任务分工方案》。开展了百所千企知识产权服务对接工作。推动了与北京国之专利预警咨询中心为清远市企业开展知识产权服务合作。启动了实施专利倍增计划，与市委政策研究室开展了系列调研。

开展了"打击侵权假冒"专项行动，以打击重复、群体、恶意专利侵权和严重的假冒专利行为为重点内容，以流通环节的大型商场和商品集散地为重点目标，对清远市重要商场、药店、通讯电器商城进行了专利执法检查工作，共出动执法人员54人次，检查涉及专利的商品2 180件，立案查处涉嫌假冒专利案件8宗。加强知识产权宣传和培训，开展了"4·26"知识产权周系列宣传活动，举办了6期知识产权培训班。

6月5日，广东省知识产权局、清远市人民政府、香港特别行政区政府知识产权署、香港贸易发展局联合主办，在清远市举办了"2013粤港知识产权与中小企业发展（清远）研讨会"。粤港两地政府知识产权管理部门代表、两地知识产权专家、清远市企事业单位代表以及香港有关单位代表共200余人会聚一堂，共同研讨如何提升企业知识产权能力。

【科技交流与合作】 2013年，清远市组织广东豪美铝业股份有限公司、清远市浩宇化工科技有限公司等8家企业到广州与广东—独联体国际科技合作联盟开展国际科技合作座谈会，全面了解广东与独联体国家的国际科技合作情况，分析全国及广东省的国际科技合作形势，商讨清远市的国际科技合作对策与方法。清远市浩宇化工科技有限公司、清远市美乐仕油墨有限公司、广东豪美铝业股份有限公司等7家企业与独联体国家签订了相关意向合作协议、技术合作协议。

7月，市科技局与广州市科信局签订了《广州市 清远市科技创新协作框架协议》及《广州·清远两市知识产权合作协议》。

【科普工作】 2013年，市科技局利用"科技进步活动月""知识产权宣传周""防震减灾宣传日"，开展了大型科技培训、科技队伍下乡、知识产权咨询、防震减灾宣传等一系列活动。

在《清远日报》《广东科技报》开设科技、知识产权、地震宣传周专栏10多期，大力宣传"十一五"以来清远市科技、知识产权、地震工作取得的成效以及科技政策、科技创新活动和科普知识；联合中国移动公司清远分公司、中国电信公司清远分公司、中国联通公司清远分公司向手机用户发送200多万条科普知识信息。

在乡镇、企业、学校、村委等地举办科技知识培训、防震减灾业务知识培训、知识产权培训班20多期，开展科技成果图片展、节能减排等大型图片巡展，并在学校、社区、安居工程示范村设置了宣传栏；组织省、市专家教授送科技下乡，开展农村实用人才培训、农业专业技术人员培训30多期。

截至2013年年底，清远市建有省级青少年科技教育基地6个，总面积达3.9平方千米，其中科普场馆面积7 086平方米，包括科技活动室、科普展厅、科普（观赏）园、科普长廊、作品收藏室、科学试验（培育）室等。

【防震减灾】 2013年，清远市进一步完善防震减灾三大体系建设，新建了佛冈县地震应急避难场所，组织佛冈县卫生学校、清城区大观小学开展地震应急演练。开展了"5·12"防震减灾日系列宣传活动，利用各种平台宣传地震工作，在机关办公楼悬挂横幅标语，利用清远移动公司信息平台发送防震减灾公益短信，利用局政务微博、局网络平台宣传防震减灾法规和应急常识，在《清远日报》连续刊登3期的防震减灾知识；加强学校学生的防震减灾知识教育，发放宣传手册、挂图2 000多份。清远市重大建设工程抗震设防要求审核监督纳入市网上办事大厅，实现网上办理，2013年完成2项重大建设工程场地地震安全性评价。

（清远市科学技术局　李晓声）

潮　州　市

【产学研合作】　2013年，潮州市人民政府与汕头大学、中国科学院上海硅酸盐研究所建立产学研战略合作关系，有效推动双方在人才资源、科学研究、技术服务和生产实践等方面实现优势互补、互利共赢、共同发展。潮州市科技局组织部分骨干企业到复旦大学、中国科学院上海硅酸盐研究所、江苏大学等高等院校和科研院所进行交流，举行产学研合作签约仪式，进一步深化市院（校）、企校合作对接，不断提升产学研合作水平，对增强该市产业发展后劲、促进经济快速发展，有着十分重要的意义。2013年，潮州市新增广东省企业科技特派员4名。

【技术创新工程】　2013年，市科技局组织相关单位申报并通过认定省级工程中心8家，组织认定市级工程中心6家。全年，广东长城集团股份有限公司通过省级创新型企业复审，潮州市三元陶瓷（集团）有限公司、广东博宇集团有限公司等2家企业被认定为省级创新型企业。

【科技计划项目】　2013年，潮州市共申报国家级项目23项，其中科技型中小企业技术创新基金项目立项3项，火炬计划项目立项3项，星火计划项目立项10项，国家级科技特派员创业基地项目立项1项；组织实施市级科技引导项目72项，市级产业发展引导和科技创新专项19项。

【科技成果与奖励】　潮州市评选2013年度市科技进步奖项目34项，其中一等奖2项、二等奖15项、三等奖17项；潮州市科技局组织推荐省级科技成果评价2项，市级科技成果评价10项；推荐广东省科学技术奖励6项、广东省优秀专业镇中小微企业服务平台1家，其中获得2013年度省科学技术奖三等奖1项。

【高新技术及战略性新兴产业】　2013年，潮州市组织申报高新技术企业6家，通过认定企业2家；组织申报复审到期的高新技术企业3家，通过复审企业2家。认定广东省绿色低碳建筑技术与产品目录1项。

全年，潮州市在市区、潮安区、饶平县和枫溪区各主要干道完成了LED照明产品推广使用示范试点55.17公里工程，合计共安装LED路灯6 053盏。同时，加快城乡统筹LED照明示范，在饶平县汤溪镇围罗村建设了农村LED照明试点示范。

【农业科技】　2013年，市科技局通过科技引导项目支持，推动农业科技发展，申报省级农业领域科技项目28项，已立项16项。通过立项省农业科技园区建设项目1项；组织实施市级农业攻关计划项目11项。

【专业镇及特色产业基地】　2013年，全市新增省级和市级专业镇各2个，饶平县钱东镇、湘桥区凤新街道被认定为省级专业镇，潮安区文祠镇、饶平县樟溪镇被认定为市级专业镇，截至2013年年底，潮州市共有市级以上专业镇25个，其中省级19个。

截至2013年年底，潮州市有5个经认定的省级以上火炬计划特色产业基地，其中国家级1个，省级4个。“潮州国家日用陶瓷高新技术产业化基地”拥有各类服务机构39家，其中生产力促进中心5家。

【知识产权工作】　2013年，潮州市被国家知识产权局确定为“国家知识产权试点城市”；全年获得中国外观设计优秀奖2项，省专利优秀奖1项，通过立项的省知识产权优势企业、示范企业、省专利技术实施计划项目、软科学研究计划项目、省重点出口产品专利预警分析计划项目各1项。

2013年，全市专利申请量为4 564项，同比增长29.37%，增幅居全省第7位，专利授权量为2 957项，同比增长23.11%，增幅居全省第7位。

潮州市知识产权局加强规范潮州市专利申请费用资助工作，鼓励专利申请的积极性，制定《潮州市专利申请费用资助管理办法》；开展

“双打”工作专项行动，依法严厉打击专利侵权和假冒专利行为，全年开展执法200多人次；新增专利纠纷案件26宗，共审结案件24宗，依法查处假冒专利案件23宗。

潮州市举办了以“建设知识产权强市，支撑创新驱动发展”为主题的“4·26”知识产权日宣传咨询活动。活动展示知识产权宣传挂图，发放各种知识产权宣传资料，并就知识产权保护的相关问题接受咨询，进一步提高保护知识产权的意识，增强市民和企业运用知识产权维护自身权益的能力。各县区也举办多种形式的宣传咨询活动，营造了良好的知识产权氛围。

【科普工作】 市科技局通过政策引导，典型示范，开展形式多样、内容丰富的科普宣传活动。组织了以“实施创新驱动发展战略、携手共建创新型潮州”为主题的“科技进步活动月”活动。活动通过充分运用新闻媒体平台，大力宣传科技进步对推动该市产业结构调整和培植新的经济增长点的重要作用；充分展示了依靠科技创新促进企业技术创新，推动经济发展的典型；推介了在科技创新成果和高新技术产业发展方面的重大突破和显著成效，加快推进科技兴市战略的实施和创新型潮州建设。

“科技进步活动月”期间，潮州市委、市政府在市党政机关会堂召开全市科技奖励大会，表彰一批在科技领域和自主创新工作中作出突出贡献的单位，并为市知识产权优势企业授牌，表彰获得国家发明专利的单位和个人。坚持“科技三下乡”活动，充分调动科技工作者的积极性，认真组织各类科技人员深入生产第一线，进村入户到田头。通过举办实用技术培训、专题技术讲座、技术咨询、现场指导，发放农科技术资料、召开座谈会和运用农村文化阵地及广播电视等，开展了灵活多样的科技服务工作，及时解决农民的科技需要和农业生产中存在的技术问题。如潮州市科协邀请茶叶专家到凤凰镇、浮滨镇等茶叶主产区举办单枞茶种植、加工技术培训活动；组织地震、气象、卫生健康专家到社区、学校开展科普讲座。潮安县科技局联合教育局等单位举办全县青少年学生科技制作和科幻画竞赛活动，选送优秀作品参加市赛和省赛。饶平县联合华南师范大学生命科学学院，饶平县科技局、海洋与渔业局等单位开展对虾养殖技术讲座等活动，受到了广大农民群众的热烈欢迎。

（潮州市科学技术局　吴家德）

揭　阳　市

【科技政策环境】 2013年，揭阳市先后出台《揭阳市自主创新规划》《关于依靠科技创新推动专业镇转型升级的意见》和《揭阳市专利申请资助资金管理办法》等一系列文件，全面落实高新技术企业所得税减免、企业研发经费加计扣除等支持鼓励企业创新的政策措施，为实施“创新驱动”战略，加快科技创新提供了有利的政策环境。

为积极响应揭阳市政府提出的“八大暖企行动”计划，科技队伍深入开展科技暖企“一周一调研、一月一对接、一季一培训”三个一活动，积极走进企业，服务企业，帮助企业解决自主创新中遇到的困难和问题，鼓励和支持企业加大科技研发投入，增强自主创新能力，提高产品科技含量和市场竞争力，助推企业跨越发展。

【产学研合作】 2月，揭阳市人民政府分别与中科院、省科技厅在广州签署共建科技创新试验区框架协议；7月，与中科院科技促进发展局、中科院广州分院在广州三方签署战略合作框架协议。广东康美药业股份有限公司与广东药学院联合创立康美研究院，广东环西生物科技股份有限公司与中科院生物物理研究所合作建设生物技术孵化器，广东泰宝医疗科技股份有限公司分别与中山大学、广东药学院等高校院所联合创立3个研发机构，建成广东省首家由高校、企业联合共建的医药健康产业研究机构。截至2013年年底，与揭阳市签订战略合作协议的国内外高校、科研院所累计近20家，实施产学研合作项目60多项，一批重大科技成果率先在揭阳转化和产业化。如广东中科高新科技股份有限公司与中科院过程工程研究所联合研发的“可控氧化生物双降解母粒”制备技术研发成功，未来可实现农用薄膜、塑料袋等可降解，解决“白色污染”问题，并可应用于电线电缆、阻燃等广阔领域。

2013年，全市新增特派员工作站1个，科技特派员13名。创立巨轮股份化学材料与技术院士工作站和瑞源纺织染整院士工作站，实现揭阳市院士工作站零的突破。

围绕揭阳市加快六大传统产业转型升级目标，通过实施“揭阳市纺织服装产业提升工程”“揭阳市五金不锈钢产业链提升工程”，推动制定揭阳产业技术路线图，深化产学研合作，组建全产业链技术创新联盟。

【技术创新工程】 2013年，揭阳市共组织申报国家工程技术研发中心1个，省级工程技术研发中心11个；全市新增特种耐火材料、中药提取及制剂、生物健康产品等6家省级工程技术研究开发中心，新增纺织服装（T恤、衬衫）、工业制冷空调等8家市级工程技术研究开发中心。

组织实施“纺织服装产业提升工程”和“五金不锈钢产业链提升工程”，聚集高端人才，攻克产业关键技术，提升纺织服装产业和五金不锈钢产业的核心竞争力，推动产业链向高附加值的两端延伸。成立揭阳市中科金属科技研究院、中德金属科技研究院、中德金属工艺设计院、中德金属产业创新基地、服装科技研究院等公共创新服务平台，促进纺织服装和金属行业产业链延伸和产业集聚度提升。

【科技服务体系】 该市设立广东现代服务交易中心揭阳市分中心，启动南方（揭阳）科技成果交易平台，打造人才交流和科技成果转化的高端平台，通过建设科技成果交易平台，打造人才交流和科技成果转化的高端平台，引进高端人才和科技成果，促进科技和人才供需信息对接，推动科技成果转化和产业化，促进技术成果落户揭阳。引进广州粤高专利商标代理有限公司在普宁设立分支机构，完善了揭阳市知识产权服务体系，提高企业保护和运用知识产权能力。成立揭阳市中科金属科技研究院、中德金属科技研究院、中德金属工艺设计院、中德金属产业创新基地、服装科技研究院等公共创新服务平台，促进纺织服装和金属行业产业链延伸和产业集聚度提升。

【科技计划项目】 该市大力扶持一批产业关联度大、带动作用强的重大关键技术和产品攻关项目，加强科技攻关，促进产业发展。2013年，揭阳市实施国家、省、市级各类科技计划260多项，其中申报省级以上科技计划项目139项、市级科技计划项目128项，市级科技计划项目立项87项，引导企业开展技术创新，推动全市科技进步。

【科技成果与奖励】 组织评定2013年度揭阳市级科技进步奖获奖项目33项，其中一等奖11项、二等奖12项、三等奖10项；获2013年度广东省科学技术奖2项，其中一等奖和三等奖各1项。全年组织科技成果鉴定33项，其中省（部）级鉴定7项，市级鉴定26项。其中20项达到国内领先水平，11项达到国内先进水平，2项达到省内领先水平。

2013年12月20日，广东现代服务交易中心揭阳市分中心暨南方（揭阳）科技成果交易平台挂牌运作，标志着揭阳市在推动现代服务业发展及科技成果交易这两方面实现了重要突破。通过建设科技成果交易平台，打造人才交流和科技成果转化的高端平台，引进高端人才和科技成果，促进科技和人才供需信息对接，推动科技成果转化和产业化，促进技术成果落户揭阳。

【高新技术及战略性新兴产业】 截至2013年年底，高新区拥有高新技术企业15家，拥有国家级研发机构2个，省级研发机构14个，科技孵化器2个。

全年申报高新技术产品41个，新增高新技术企业5家，分别是揭阳汉邦生物股份有限公司、广东名鳄服饰实业有限公司、广东华能达电器有限公司、广东国兴乳胶丝有限公司、揭阳市润鑫实业投资有限公司，通过复审7家，累计达51家。

全市生物医药、新能源、装备制造等战略性新兴产业进一步发展壮大，特别是生物医药产业继续保持快速发展。截至2013年年底，全市共有生物医药企业100多家，其中高新技术企业10家，生物医药产业产值超过150亿元，形成了以广东康美药业股份有限公司、广东世信药业有限公司为龙头的医药制造企业集群和以广东泰宝医疗科技股份有限公司为龙头的医疗器械制造企业集群。广东环宇绿奥科技有限公司研发的高性能超能量新型锂电池，突破了新能源汽车制造发展的技术瓶颈，其32项技术指标均大幅度超过了国家标准。

【农业科技】

科技扶贫 揭阳市科技部门立足帮扶村——梅林镇军田村、南溪镇陈畔村的实际，充分发挥科技优势，积极扶持贫困户发展青榄、青梅、乌榄、花卉苗木种植等特色农业，走农业产业化、产业科技化的脱贫致富道路。2013年，通过安排科技项目扶持发展特色农业、走访慰问贫困户、实施村庄环境整治等措施，使贫困户真正得到实惠、增强脱贫信心，扶贫开发取得了阶段成效。同时，还积极开展以“机关联系基层、促进科学发展，党员联系群众、促进改善民生”为主要内容的“双联双促”活动，与榕城区西门街道西门社区结对帮扶，扎实开展“四个一”和“七个一”，积极帮助该社区改善民生，发展经济。

抗灾复产 8月29—31日和9月5—6日，揭阳市科技部门分别组织东华大学、中国科学院深圳先进院、中山大学、广东纺织学院等省内外高校、科研院所10名科技专家先后奔赴普宁、揭西10多家受灾企业和3个专业镇指导科技抗灾复产，现场指导企业抢修设备20多台套，提炼6个科研攻关项目，向省科技厅申请补助资金近400万元支持揭阳市科技企业和专业镇抗灾复产，努力做到“受灾不减产，灾后大发展”。

【技术创新专业镇】 加快建设面向中小微企业的公共创新服务平台，提升产业创新服务质量。2013年，新增市级专业镇2个，分别是普宁市广太镇、揭东区云路镇。截至2013年年底，全市18个专业镇共建设公共服务平台48个，专业镇现代科技服务产品超市2个，检验检测机构9个，金融担保机构10个。

【知识产权工作】

机构与制度建设 揭阳市制定出台了《关于实施专利申请鼓励措施的通知》《揭阳市专利申请资助资金管理办法》等一系列政策措施，完善知识产权保护的政策体系。推进揭阳市人民政府与省知识产权局建立知识产权合作会商制度建设，11月，揭阳市与省知识产权局签署了《关于建立知识产权合作会商制度的协议》。推进县级知识产权管理机构建设取得突破性进展，在揭阳市科技局和有关部门的推动下，榕城区、揭西县、惠来县、蓝城区等先后成立了知识产权局。

专利行政执法 加大专利执法维权工作，组织开展一系列知识产权执法专项行动，全年共受理各类专利案件7宗，其中侵权纠纷案件6宗，假冒案件1宗，完成结案4宗。

专利申请与授权 实施规模以上企业专利清零计划，专利申请和授权在连年取得好成绩的基础上再上新台阶。2013年，揭阳全市专利申请量达到3 578件，同比增长41.48%，授权量达到2 397件，同比增长25.3%。

知识产权服务 引进省内享有盛名的专利代理机构——广州粤高专利商标代理有限公司在普宁设立分支机构，成为普宁首家专利代理机构，有力完善了揭阳市知识产权服务体系，提高企业保护和运用知识产权能力。

【科普工作】 2013年，揭阳市围绕“实施创新驱动发展战略，携手共建创新型揭阳”这一主题，扎实开展“科技进步活动月”活动。先后联合媒体举办“科技计划项目申报及过程管理专题培训班”“揭阳市知识产权管理工作培训班”“揭阳市专利实务培训班”“揭阳市专利申请与保护培训班”等培训，结合“4·26”世界知识产权宣传日开展主题活动，邀请揭阳市政府经济顾问、美国国际华人科技工商协会主席李大西先生作题为《创新与合作——世界前沿科技发展情况及揭阳科技发展的一点想法》专题演讲。2013年，全市共培训2 800多人次，进一步激发全社会的创新热情和行动。

（揭阳市科学技术局 李桂瀚）

云 浮 市

【科技政策环境】 2013年，云浮市科技局会同市国税局、市地税局加强对“企业研究开发费用税前扣除政策和高新技术企业税收减免政策”的宣传落实，邀请有资质的专家对企业研发抵扣项目进行认定，按政策优惠规范备案。市国税局、市地税局进行跟踪、走访、调研，不定期筛选企业所得税季度申报和年度申报的数据，并与大集中征管系统的优惠备案情况进行对照，对未经备案享受税收优惠政策的企业督促其办理备案，确保税收优惠政策落到实处。2010—2013年，全市共有8家企业享受此政策优惠，减免税款共237.42万元。

全市5个县（市、区）全部通过2013年度全国县（市）科技进步考核。云浮市被评为2013年全国科技进步考核先进市，罗定市、新兴县被评为2013年全国科技进步考核科技进步先进县；12人被评为全国科技进步考核先进个人。

【民营科技】

民营科技企业 截至2013年年底，全市培育并经复核的省级民营科技企业有43家，包括云浮市绿兴复合肥（西江）有限公司、罗定市永安化工有限责任公司、罗定市迅速有机化工有限公司、广东省天宝生物制药有限公司等，全市民营科技企业呈现良好发展态势。

初城民营科技园 广东初城民营科技园为省级民营科技园，依托初城工业区，分第一工业区和第二工业区。截至2013年年底，园区内企业已发展至1 024家，就业人数超2.7万人，产品有13大系列23大门类1 000多个品种，产品销往欧美、日本、俄罗斯、澳大利亚、东南亚及我国港澳、内地大中城市等地。园区工业生产总值45.23亿元，出口创汇8 995万美元。园区先后建设了“民科园技术创新中心”“石材机械研发中心”“人造石研究开发中心中试基地”等一系列技术创新平台。一批有实力的企业自行设计、生产出超大型板材、高档工艺品、超薄型产品及人造岗石，有一批石板企业已使用电脑水刀导形割机、大型电脑自动磨光机、电脑仿型机、绳锯、钞锯等先进设备，其技术水平、产品质量达到国际水平。

科技信息服务平台已建成并投入使用，园区内83%的企业实现了信息交流，科技创新综合服务体系不断完善。会展经济服务和对外吸引力不断增强。2013年10月18日，第10届中国（云浮）国际石材科技展览会暨第4届中国（云浮）石文化节在云浮国际石材博览中心开幕，当天贸易成交额达22.5亿元。吸引了13个国家和地区知名企业的嘉宾、海内外参展商及采购商等303家参展，当天石展会和石文化节共签约投资项目25个，投资金额19.6亿元，同比增长9.7%；贸易成交额22.5亿元，同比增长22.5%，其中石材工艺制品成交4.5亿元，大大促进企业的交流与合作，提高了园区企业的知名度。

【产学研合作】 全市共组织企业申报2013年广东省产学研省部合作专项基金项目39项，立项5项，包括省产学研重大专项2项，获得省产学研专项资金770万元。由云浮市创东化工有限公司牵头，云浮广业硫铁矿集团有限公司、中南大学和华南理工大学等单位参与的“硫化工水污染控制及资源化关键技术研究与应用”项目，获省科技厅300万元经费支持。2012年立项滚动支持的重大专项“石材废弃物资源化利用”项目，2013年继续获得第2期300万元的经费支持。

2013年11月，云浮市科技部门带领广东大华农动物保健品股份有限公司和广东十二岭酒业有限公司等企业和高新区有关同志参加了由省科技厅组织到江苏、上海等地高校开展的产学研交流对接活动，先后参观了江南大学、上海交通大学、同济大学相关实验室、校办企业，并与学校专家教授进行了座谈。另外，广东大华农动物保健品股份有限公司和华中理工大学开展交流，就海洋渔产品养殖进行了探讨。2013年，市科技局与肇庆学院、中国人民解放军工程兵学院和暨南大学进行磋商，三方同意支持云浮市的科技发展，开展产学研合作，并就建设研究院达成初步意向。

截至2013年年底，全市有109名企业科技特派员。2013年，全市对23名企业科技特派员给予补助。

【技术创新工程】 2013年4月，由云浮市广东温氏食品集团股份有限公司与华南农业大学联合组建的“国家生猪种业工程技术研究中心”获得批准。自此，云浮市国家级工程技术研究中心实现了零的突破，这也是粤西地区首个国家级工程技术研究中心。截至2013年年底，全市共有国家工程技术研究中心1个，省级工程技术研究中心15个，市级工程技术研究中心21个，其中既属省级又属市级的工程技术研究中心9个。

截至2013年年底，全市已建设省级及以上创新型（试点）企业、创新型企业5家。其中，广东温氏食品集团股份有限公司已列入国家级创新型企业，广东凌丰集团股份有限公司、广东大华农动物保健品股份有限公司、广东中兴液力传动有限公司已列入省级创新型企业，云安县晟达松脂化工有限公司已列入省级创新型（试点）企业。为了进一步提高企业自主创新能力，该市实施创新型企业院线提升计划，组织了“广东凌丰集团股份有限公司”等企业技术人才参加华南理工大学举办第3期广东省创新型企业院线提升计划宣讲培训会。以示范企业为切入点，引导广东中兴液力传动有限公司组建“创新型企业研究开发院（试点）”，帮助该企业组织申报省级试点项目，争取财政经费支持，推动企业对建立“研究开发院（试点）”在组织架构、主要任务、运动机制和发展模式等进行可行性研究。重点对人才引进、成果转化、创新激励、产学研合作等涉及企业发展的软件建设进行研究，项目完成后，为全市其他企业发挥示范与带动作用。

【科技服务体系】 针对高新区孵化器建设、专业镇发展、石材电商服务等发展规划，该市以科技金融服务及创业孵化服务等公共服务平台建设为着重点，加强科技服务机构培育。据统计，2013年该市共有科技服务机构82家，科技服务机构主要以政府主导为主，政府机构、事业单位占73%，民营占27%。科技服务业从业人员3 035人，从事科技活动人员1 394人，科技服务收入628.7万元；年科技服务项目2 356个，年科技项目服务金额为2 392万元，承担各级政府项目72项，发表科技论文136篇。这些科技服务机构主要面向企业开展科技成果示范推广和实用技术、新技术培训，提供科技、人才、政策等方面的信息，协助企业建立技术依托等，对促进科技成果转化，推动科技进步及经济社会发展起了积极作用。

【科技计划项目】 2013年，全市向科技部和省科技厅申报省级以上科技计划项目140项，其中国家级12项、省级128项，计划争取省级以上资金支持1.9亿元；安排市级项目25项，市本级科技三项经费共200万元。

【科技成果与技术市场】 2013年，云浮市有3项科技成果通过了省级科技成果鉴定，均达到国内领先水平。市级成果鉴定29项，同比增长10%；市级科技成果登记55项，同比增长25%；省级登记2项，同比增长200%。这些成果的实施，较好地推动了云浮市电力、畜牧、生物制药等方面的快速发展，项目成果累计新增产值27.25亿元，创利税5亿元。

成果奖励 云浮市有4项科技成果获2013年度广东省科学技术奖，其中一等奖1项、三等奖3项。由广东温氏食品集团有限公司参与完成的“黄羽肉鸡营养需要与肉质改良营养技术研究”获一等奖，由云浮市科特机械有限公司完成的“任意角转台及水冷电机主轴一体桥式切割机研发与产业化”、广东粤电云河发电有限公司完成的“300兆瓦循环流化床锅炉燃烧优化关键技术研究及工程应用”和云安县南盛镇农业发展有限公司参与完成的“无籽沙糖橘低成本高效益新技术研究、集成与示范推广”等项目获三等奖。

全市评选2013年度云浮市科学技术奖获奖项目32项，其中一等奖4项、二等奖9项、三等奖19项；获奖科技工作者185人，奖励单位54个。获奖项目中可直接统计经济效益的项目为该市新增产值13.03亿元，新增税收2 687.2万元，创汇705.44万美元。

技术市场 2013年，云浮市技术合同登记点进行了2项技术合同认定登记，合同成交金额为363万元，技术交易额为363万元。其中，广东罗定制药有限公司的“安胎丸”等48个品种药品生产技术转让，合同成交金额为300万元，技术交易额为300万元；高新区云浮南风数字科技有限

公司研究开发的“基于多标准、多协议融合的智能终端中间件研发”的委托开发合同，成交金额为63万元，技术交易额为63万元。

【高新技术及战略新兴产业】

项目管理　2013，云浮市组织申报省级以上工业、社会发展类科技计划项目36项，共有2个项目获得立项，其中新兴县恒丰肥业有限公司申报的2013年科技型中小企业技术创新基金项目同时获得国家和省立项，共获得90万元资金支持。

2013年，全市共组织验收工业、社会发展类科技计划项目26项，项目监理12个。由云浮新飞龙机械有限公司承担的广东省高新区发展引导专项计划项目“石材全自动桥式研磨抛光成套设备研究与产业化”、广东凌丰集团股份有限公司承担的广东省重大科技专项科技计划项目“高效节能双层不锈钢压力锅的研发”通过了验收。

高新技术企业　2013年，云浮市共组织5家企业参加高新技术企业认定和复审，其中新兴县粤兴华不锈钢制品有限公司、云浮市银利化工有限公司成功通过了认定，广东嘉维化工实业有限公司、罗定星光化工有限公司通过了复审。

LED推广　由市科技局牵头，联合市财政局、市城市管理局等有关单位组成市推广LED照明产品工作检查组，对各县（市、区）推广LED照明产品进行了督查。察看了各县（市、区）LED照明改造示范点，听取了有关的情况汇报，检查了相关资料，并将情况向各县（市、区）进行了通报。截至2013年年底，全市投入LED照明产品推广应用共计8 435.2万元，改造路灯28 002盏，新建LED路灯5 779盏，超额完成年度任务，走在全省前列。

【农业科技】

项目管理　2013年，全市申报省级以上各类农业科技计划项目共35项，其中国家级2项、省级33项。项目建设内容涵盖农业生物、动植物新品种选育、安全高效种养、病虫防治、农产品加工等技术开发与应用，以及现代农业适用关键技术应用示范和农业科技成果示范与转化等，覆盖了畜牧、水产、水稻、水果、农业机械、花卉苗木等产业。先后对“奥比沙星（Orbifloxacin）的研究开发”等9个项目进行了结题验收。

先进适用技术推广　2013年，全市重点抓“罗非鱼安全体系建设及新型加工技术集成与示范”“粤西山地观花灌木生产关键技术集成与示范”“优良乡土阔叶树大苗控根育苗技术引进与应用示范”“广薯‘87’甘薯高产优质栽培技术应用示范”“无公害蔬菜高产栽培技术示范与推广”以及“无核砂糖橘水溶性肥料高效使用技术集成和示范”等先进适用技术的推广工作。

农业科技园区　2013年，云浮市继续加强以禽畜养殖为主导产业的云浮市广东省农业科技园区建设，该园区获得了省科技厅的立项和100万元经费的支持。园区建设按照规划和实施方案顺利进行，园区内优质肉鸡、肉猪产业科技研发能力、转化能力、应用示范推广能力明显提高，产品质量和安全得到有效保障，充分发挥了区域农业科技创新和优势特色农业产业化示范带动作用。

救灾复产　受2013年第11号台风“尤特”和第12号台风“潭美”影响，云浮市部分正在实施的农业科技项目遭受不同程度的损失。市科技局积极协助受灾较重的“湿加松良种产业化生产与高效栽培关键技术集成与示范”“广东省翔顺生态名优茶健康农业科技示范基地”以及“远销型砂糖橘生产规范化栽培技术集成研究和示范”等3个项目申请受灾专项补助资金，帮助受灾企业开展灾后复产，确保受灾的项目继续顺利实施。

农村科技特派员　按照《关于深入开展科技特派员农村科技创业行动的意见》要求，全市已建立农村特派员科技服务工作站36个，共选派农村科技特派员180人，团队特派员4个，法人特派员12个。全市科技特派员共引进推广新技术82项，新品种225个，示范面积6 400公顷，示范数量1.2万头，产生社会效益8.3亿元。以广东温氏食品集团股份有限公司为产业技术联合体牵头单位，建设广东省优质鸡安全生产国家科技特派员创业链，并获得批准。

【科技人才队伍】　2013年，为贯彻落实省委、省政府进一步加快粤东西北地区振兴发展的战略部署，大力实施“粤东西北地区人才发展帮扶计划”（简称“扬帆计划”），市科技局迅速开展对该类计划项目的申报工作。经市科技局及各县（市、区）科技部门组织发动，并经审核筛选，向省申报引进创新团队共4个，申报范围涵盖工业、农业及信息服务业，分别是：新兴县的广东温氏食品集团股份有限公司引进的“健康养殖科技创新团队”，广东大华农动物保健品股份有限公司引进的“禽病基因工程疫苗研发团队”，罗定市中顺洁柔（云浮）纸业有限公司申报引进的“功能性环保生活用纸产品及装备研发团队”，云浮市信息科技发展有限公司引进的“三网融合创新应用开发团队”。

【科技与金融】 2012年开始连续两年，市科技局牵头会同市中小企业局、市金融局、市工商联和中国邮政储蓄银行云浮市分行联合开展“幸福创富路、邮储伴你行”为主题的创富大赛活动。以邮政储蓄银行的小额贷款、小企业贷款、个人商务贷款等8个主要金融产品为依托，引导全市中小型企业参加创富活动，营造了科技、金融、产业融合的良好氛围。2013年，市科技局积极与省粤科风险投资集团加强沟通，了解粤科集团作为国内首家国有科技金融集团的发展定位和思路，探索在云浮市高新区、产业园区、专业镇等建立科技金融服务平台。

【技术创新专业镇】 2013年，全市新增加3个省级专业镇，分别是云城区的腰古砂岩马赛克专业镇、罗定市的船步化工专业镇和太平桑蚕专业镇。截至2013年年底，全市共有专业镇30个，占全市63个建制镇的47.6%，其中省级专业镇23个，占全省363个专业镇的6.3%。按领域分类：工业类14个，农业类14个，旅游类2个。

【知识产权工作】 2013年，新兴县广东凌丰集团股份有限公司被认定为《创新知识企业知识产权管理通用规范》达标企业，成为广东省首批10家达标企业之一。新兴县德纳斯金属制品有限公司被认定为“2013年广东省知识产权优势企业”；广东凌丰集团股份有限公司“新型高档节能不锈钢压力锅”获得省重点出口产品专利预警分析计划项目立项；广东大华农动物保健品股份有限公司的“猪瘟细胞品质的提升和产业化推广”获得省专利技术实施计划项目立项；新兴县实验中学被评定为2013年广东省中小学知识产权教育示范学校。

专利申请与授权　2013年，全市专利申请569件，同比增长12.5%。其中，发明专利79件，同比增长46.3%；实用新型专利175件，同比增长4.8%；外观设计专利315件，同比增长10.9%。专利授权461件，同比增长24.9%。其中，发明专利28件，同比增长46.3%；实用新型专利178件，同比增长42.4%；外观设计专利255件，同比增长13.3%。截至2013年年底，全市专利申请共3 003件，专利授权2 150件，实现专利申请由量的提升转变为质的飞跃。

知识产权培训　2013年4月，市科技局组织了20多家专利代理机构与全市70多家企业进行知识产权服务对接活动。开设“企业专利的利用与保护”和“企业专利信息利用技能”专题讲座，组织服务机构代表走访企业，了解企业专利申请、专利运用、管理以及代理服务等情况，指导企业及时把创新技术成果申请专利加以保护。

知识产权行政执法　2013年10月，召开了全市打击侵权假冒工作会议，会议进一步落实加强组织领导、大力开展专项整治、狠抓大案要案、扎实推进两法衔接、继续推进软件正版化建设、深化宣传报道、加强信息报送和简报编辑等7项工作。据统计，通过专项整治，全市行政执法部门共出动行政执法人员32 301人次，查处案件1 008件，涉案金额5 576.2万元，捣毁侵权制假窝点74个，移交司法机关案件5件。加强对《云浮市知识产权保护综合监管分体系》建设工作，完善知识产权行政执法监管体系，建立健全行政执法和刑事司法相衔接工作机制。

专利合作交流　根据《粤西四市专利合作协定》，经湛江、茂名、阳江、云浮四市知识产权部门商定，2013年10月，在云浮市举办了第6届粤西四市专利合作联席会议。会议总结了当地知识产权工作情况，并就当前知识产权工作面临的形势开展讨论交流。

【防震减灾】 2013年1月、11月，市地震局参加广东省市县防震减灾工作年度考核，分别荣获2012、2013年度“优秀单位”称号。

根据地震应急要求，该市启动云浮市地震应急预案修编工作，进一步确保破坏性地震发生后应急处置工作迅速、高效、有序进行。

重大建设项目的抗震设防　市地震局积极推进建设工程抗震设防，严格执行地震行政许可审批，加强地震安全性评价和抗震设防要求管理。与建设部门协商，通过施工图设计文件审查中心对重要工程建设项目地震安全性工作审查，加强高层建筑地震安全性工作。协助做好云浮市行政区划调整、云浮供电局110KV变电站工程、华润西江发电厂2×600MW超超临界燃煤发电机组工程、云浮西江新城总体规划、都杨至云安公路新建工程、西江新城杨古公路、广云高速思劳出口东移、324国道改建等工程的地震相关服务工作，并要求恒大房地产项目、宝能房地产项目等高层建筑开展建筑场地地震安全性评价工作。

防震减灾宣传　结合防震减灾宣传活动周、科技进步活动月、“7·28”地震纪念日、防灾减灾日和国际减灾日等特定时段，充分利用各种资源如云浮电台、电视台、报刊等媒体做好防震减灾的宣传工作；利用科技“三下乡”开展地震知识“进校园、进乡村、进机关、进社区、进企业”等活动，组织群众收看防震减灾系列影视作品及派送宣传资料等形式，提高群众的防震减灾意识。指导全市各中小学校举行应急疏散演练活动。2013年5月23日，德庆县和郁南县交界发生有感地震，市地震局迅速启动地震应急预案，做好防谣辟谣工作。

网上办事大厅建设　根据省、市网上办事大厅的建设要求，做好行政审批事项梳理、行政审批改革事项，优化办事流程，市管权限内企业投资项目实行并联审批和登记备案，实现重要工程建设项目网上申报、办理。

【科普工作】　2013年，云浮市申报省级以上科普教育基地功能建设项目有：广东新兴中药学校的“南药博览馆”和广东省南山森林公园管理处的“南山森林公园2013年森林生态文化展览及相关科普活动”。郁南县都城镇城北社区居民委员会和罗定市罗城街西区社区居民委员会申报广东科普示范社区建设项目；罗定市罗定中学申报的“罗定中学科技创新”项目等14个科普活动或项目全部通过验收。

（云浮市科学技术局　陈嘉丽）

附录

科技政策措施及规范性文件

广东省人民政府办公厅关于促进科技和金融结合的实施意见

粤府办〔2013〕33号

各地级以上市人民政府，各县（市、区）人民政府，省政府各部门、各直属机构：

为深入贯彻落实党的十八大以及省委十一届二次全会精神，大力实施创新驱动发展战略和推进金融强省建设，积极引导金融资源向科技领域配置，促进科技和金融结合，加快科技成果转化和培育战略性新兴产业，根据《广东省自主创新条例》、科技部等部委《关于促进科技和金融结合加快实施自主创新战略的若干意见》（国科发财〔2011〕540号）等规定，经省人民政府同意，现就促进科技和金融结合提出以下实施意见：

一、指导思想与目标要求

（一）指导思想。坚持以邓小平理论、“三个代表”重要思想、科学发展观为指导，围绕“三个定位，两个率先”总目标，以转变发展方式、加快转型升级为主线，创新科技和金融结合体制机制，构建多层次、多渠道、多元化科技投融资体系，形成科技与金融创新协同效应，促进技术、资本、人才等要素向科技型企业集聚，发展高新技术产业和培育战略性新兴产业，为实施创新驱动发展战略、建设创新型广东提供有力支撑。

（二）目标要求。按照省委、省政府建设创新型广东和金融强省的总体部署，遵循科技创新和金融创新客观规律，建立健全以市场为导向、产业为支撑、政产学研金紧密合作的科技金融服务体系，走出一条具有广东特色的科技和金融结合道路。到2015年，确保科技贷款余额、科技型企业境内外上市数和融资额、创业投资管理资金规模等在“十一五”基础上翻一番，争取全省科技金融创新水平和服务能力跻身全国前列。通过开展试点示范工作，全省逐步建立促进科技和金融结合工作机制，科技投融资环境不断优化，科技型企业尤其是民营科技型中小企业融资难问题得以解决，科技金融服务业规模不断发展壮大，形成一支高素质科技金融人才队伍，科技金融产品创新取得显著进展。

二、积极培育和发展创业投资

（一）加快设立发展种子基金和科技孵化基金。省粤科金融集团设立省级种子基金，支持初创期科技型企业发展，并逐年增加种子基金规模，争取到2015年达到5亿元。鼓励各地参照省的做法，大力发展政策性种子基金。积极引导社会资本设立科技孵化基金，加强科技企业孵化器的金融支持，支持前孵化器、孵化器、加速器等公共服务平台建设，建设综合性大型孵化器。开展大中型仪器设备融资租赁等业务，投资扶持科技型企业，促进科技成果转化。鼓励各地、各有关单位采取参股、设立专项资金和科技计划项目支持等方式，引导高等院校、科研院所、科技园区以及社会资本加大对孵化体系投入。

（二）充分发挥省战略性新兴产业创业投资引导基金带动作用。建立和完善创业投资引导机制，加强省级创业投资引导基金使用和管理，优化投入结构，增强引导放大能力。鼓励各地级以上市设立创业投资引导基金，逐步形成省、市联动的创业投资引导基金体系。创业投资引导基金参股设立的创业投资基金，投资于初创期和早中期科技型企业的比例不低于基金注册资本或承诺出资额的60%。

（三）引导创业投资机构投资科技型企业。探索建立政府科技、产业财政资金、财政经营性资金股权投资和创业投资资金共同投入科技型企业的新机制，利用财政资金引导更多的创业投资资本进入广东。探索建立创业投资机构集聚区，吸引境内外创业投资机构入驻。加强与国内外知名创业投资机构及行业组织合作，建立健全长效合作机制，积极举办创业投资机构和省内科技型企业对接合作活动。鼓励各地、各有关部门根据创业投资发展需求，研究制订财政投入、风险补偿、人才引进等政策措施。建立完善适合国有创业投资机构发展的考核评价和激励约束制度，进一步发挥国有创业投资机构政策性引导作用。

（四）探索开展科技产品金融化试点。积极开展科技型企业的专项或定向资产管理、资产证券化试点工作。鼓励采用合同能源管理、供应链融资、融资租赁等模式，帮助科技型企业筹集资金进行新技术、新设备和新产品大规模市场推广等活动，促进战略性新兴产业加快发展。

三、引导发展科技信贷

（一）鼓励金融机构创新科技型企业贷款模式、产品和服务。引导政策性银行、商业银行和非银行金融机构创新信贷工具，开展股权、专利权、商标权和版权等担保贷款业务。鼓励金融机构发展应收账款、保理等供应链融资和票据贴现业务，积极创新科技型企业流动资金贷款还款方式。支持省、市、县（区）联动设立政府科技贷款风险补偿金和科技贷款贴息资金，形成政府引导、多方参与的科技型企业贷款风险补偿机制。

（二）促进新型科技金融机构发展。鼓励社会资本借鉴国内外经验，探索创办具有独立法人资格的科技银行；支持商业银行在高新技术产业开发区、专业镇和孵化器等建立科技支行，实行专门的客户准入标准、信贷审批、风险控制、业务协同和专项拨备等政策机制。在省级以上高新技术产业开发区、经济技术开发区、大学科技园、民营科技园、农业科技园、海洋与渔业科技园以及专业镇，开展科技小额贷款试点工作。规范租赁物权属登记公示和权证办理，加大对租赁和融资租赁业务发展的财税支持，促进科技融资租赁机构发展。鼓励设立科技担保公司，为科技型企业提供担保、再担保及反担保等业务。鼓励按规定设立风险准备金、风险池资金或专项补贴资金，主要用于科技银行（支行）、科技小额贷款公司、科技融资租赁机构及科技担保公司的风险分担或补贴。

（三）推动科技保险产品创新和科技担保业务发展。不断丰富科技保险产品，通过保费补贴、专项奖励等方式，鼓励保险机构开发自主创新首台（套）产品（设备）推广应用、融资以及人员保障类等适合科技型企业的保险产品。支持广州、深圳、佛山、东莞等市开展科技保险试点和“国家专利保险试点”工作，鼓励有条件的地区和高新技术产业开发区、专业镇设立科技保险补贴、担保补偿专项资金，并适当提高补贴比例。建立完善担保、再担保、反担保机制，支持科技融资担保机构进一步开发适合科技型企业的担保新品种。通过共享项目资源、探索使用认股权证等方式建立担保与创投业务协同机制，促进科技融资性担保机构与创投机构合作。

（四）积极开展知识产权投融资服务。逐步完善知识产权质押融资贷款贴息扶持政策，对符合条件的知识产权质押融资科技型企业适当提供贷款贴息。支持知识产权质押融资中介服务机构规范行业管理，加强行业自律和合作，提高品牌影响力和信誉度。支持金融机构扩大质押物范畴，开发知识产权质押融资新品种，开展以知识产权组合为基础的资产管理、信托等业务。依托高新技术产业开发区、专业镇和行业协会，引导科技型企业建立知识产权质押融资综合授信模式，扩大质押融资规模，降低融资成本和风险。加大体制机制创新，及时总结推广成功经验，支持佛山市南海区建设“国家知识产权投融资综合试验区”、顺德区开展“国家知识产权投融资服务试点”。

四、大力发展多层次资本市场

（一）积极推动科技型企业上市。推动各地建立科技型企业上市后备资源库，稳步有序扶持企业上市。大力发展科技中介服务机构，加强对科技型中小企业上市的预辅导。引导民营科技型中小企业进行股份制改造，建立现代企业制度。各地、各有关单位共同加大扶持力度，在权益明确、发展用地保障、申报科技和产业化项目等方面，对后备上市科技型企业给予优先支持，推动符合条件的企业在主板、中小板及创业板上市。鼓励已上市的科技企业通过增发股份、兼并重组做大做强。

（二）加快发展场外交易（OTC）市场发展。支持广州、深圳、佛山等市规范发展区域场外交易市场，重点引导和支持民营科技型中小企业挂牌交易。完善非上市公司股份公开转让的标准流程，加强场内科技型企业分类指导和分层管理，鼓励区域场外交易市场结合科技型企业融资需求，不断创新交易产品和服务模式。全面推动国家级高新区进入“新三板”扩容试点。鼓励科技型企业到“新三板”挂牌融资，推动高新技术产业开发区加强与金融机构合作，为园区企业改制、“新三板”挂牌及上市提供支持和服务。

（三）鼓励科技型企业发行区域集优融资模式下的中小企业集合票据。开展战略性新兴产业区域集优集合票据试点工作，鼓励各地按规定设立区域集优集合票据政府偿债基金，扩大区域集优融资工作试点规模和范围。创新债券发行主体、发行机制和交易模式，鼓励政策性银行、商业银行、证券公司等大力发展科技型企业债券承销业务。积极支持创新能力强、经济效益好的科技型企业在银行间债券市场发行短期融资券、中期票据等债务融资工具。鼓励科技型上市企业发行公司债券和可转换债券，加大债券市场产品创新力度。进一步推进科技型企业资产证券化产品创新，多渠道扩大债务融资规模。

（四）建立健全技术产权交易市场。依托中国（华南）国际技术产权交易中心和南方联合产权交易中心等平台，创新产权评估机制，开展专利技术评估、交易和管理保护等业务。鼓励各地建立健全技术产权交易信息平台等服务体系，落实合同登记、技术装备进出口、企业研究开发经费税前加计扣除等税收优惠政策，对符合条件的技术产权交易项目予以重点扶持。

五、完善科技金融服务体系和机制体制

（一）做大做强省粤科金融集团。充分发挥省粤科金融集团作为促进科技和金融结合的主渠道、主平台和主力军作用，提升科技金融业务核心竞争力和影响力。支持省粤科金融集团完善管理经营机制，拓宽科技金融服务领域，在原有创业投资业务基础上，积极拓展科技小额贷款、科技融资担保、科技融资租赁、科技资产评估与交易、科技产业基金、科技金融产业园区等业务，在全省国家级高新技术产业开发区设立科技金融服务机构，并逐步推广至各省级高新技术产业开发区、专业镇，形成科技金融产业发展新格局。

（二）积极推广“三资融合”模式。在民营科技园中大力推行土地资本、金融资本和产业资本相融合的建设模式。探索民营科技园创新体制机制的做法，引导产业资本向民营科技园集聚，壮大民营科技经济发展规模。增强土地资本产出效益，提升民营科技园土地集约化水平。鼓励和支持民

间及社会资本投资建设民营科技园，扶持民营科技企业发展壮大，实现土地资本、金融资本和产业资本深度融合。

（三）深入开展科技金融试点示范工作。发挥广州、深圳的金融辐射带动作用，加大政策创新和专项资金支持力度，重点建设好“广佛莞”和深圳两个国家级促进科技和金融结合试点，创新促进科技与金融结合模式。以广东金融高新技术服务区和东莞松山湖高新技术产业开发区等为载体，集成土地、资金、政策、服务等优势资源，打造科技金融创新发展示范区，构建科技金融服务体系。支持有条件的专业镇、民营科技园、高新技术产业园区等产业集聚区结合自身实际，积极开展促进科技和金融结合试点示范工作。

（四）加强科技金融信用体系建设。各地、各有关单位要加强合作，促进信息资源互通共享，对科技型企业、科技金融中介服务机构和创业投资机构的社会信用进行规范管理。鼓励有关单位组建科技金融行业协会，加强行业自律管理。鼓励高新技术产业开发区、民营科技园和专业镇等建设科技金融信用体系建设示范区。鼓励有条件的单位设立科技信用评级机构，依托人民银行企业征信系统加强科技型企业信用管理工作。

（五）建立和完善科技金融服务平台。充分发挥生产力促进中心、科技园区、孵化器、产业技术联盟和行业协会的作用，建立服务功能较完善、服务水平较高的全省性科技金融服务体系。依托中国（广州）国际金融交易博览会、中国国际高新技术成果交易会等大型会展平台，强化科技金融交易和服务功能。

（六）加强农业等领域的科技和金融结合。加大金融支持力度，鼓励高科技人才创业和提供科技服务，推动农业、林业、海洋与渔业等领域的科技成果转化推广与应用，加大相关产品研发力度，提升产品质量，延长产业链，提高产品附加值。支持文化科技核心技术研发和推广应用，培育新型文化业态，推动文化科技创新和文化产业优化升级。引导金融机构、民间资本投入农业、文化等产业，鼓励设立产业化基金，支持农业龙头企业和骨干文化科技企业做大做强，促进科技和金融与农业、文化等领域的深度融合。

六、保障措施

（一）加强组织领导，形成工作合力。建立省政府促进科技金融结合工作协调机制，明确目标任务，完善政策保障体系和监管机制，统筹各地、各有关部门资源，形成上下联动、协同推进的工作格局。省科技、金融部门要会同发展改革、经济和信息化、财政、工商、税务、人行、银监、证监、保监以及知识产权等部门，充分发挥各自优势，加快形成具有广东特色的科技和金融结合发展模式。各地要建立相应的工作机制，明确责任部门，制订工作方案，突出重点，抓好落实。各试点、示范地区要先行先试，积极创新工作思路，切实发挥示范引领作用。

（二）加大资金投入，完善人才机制。充分利用好现有的科技、金融、贷款贴息等相关专项资金，支持国家和省级科技金融工作试点、示范区建设科技金融公共服务平台，促进科技金融人才队伍建设。鼓励各地以及各高新技术产业开发区、专业镇结合实际加大对科技和金融结合的投入力度。探索与发达国家及港澳台地区建立科技金融人才交流培养机制，加大科技金融人才培养和引进力度。鼓励高等院校建立科技金融教育、培训和研究基地，加强科技金融相关学科建设，提高科技金融人才培养水平。落实和完善扶持政策，进一步完善对科技金融人才激励机制。

（三）完善科技计划管理体制，拓宽科技项目融资渠道。完善科技项目评审和经费投入机制。探索建立财政科技计划经费与创业投资协同支持科技项目的机制，进一步降低科技型企业融资成本和创业投资机构经营风险。收集科技项目投融资需求信息，加强与创业投资、银行等机构联系沟通，建立产学研金合作信息共享机制。发挥省科技咨询专家库作用，增加金融、投资、财税类入库专家数量，鼓励其参与具有明确产业化目标的科技项目评审、咨询和验收工作，增进科技界和金融界交流合作。

（四）建立评估监测机制，营造良好发展环境。开展科技金融理论和应用研究，建立完善统计指标体系，加强动态监测评估，编制发布科技金融发展规划和年度报告等。抓好促进科技和金融结合宣传工作，举办各类培训交流活动，促进有关扶持政策落实，总结推广先进经验，形成有利于创新创业的良好氛围。

广东省人民政府办公厅

2013年8月14日

广东省科学技术厅关于省工程技术研究中心建设的管理办法

粤科函政字〔2013〕1513号

第一章 总 则

第一条 为加快推进企业研发机构建设，建立健全以企业为主体、市场为导向、产学研相结合的技术创新体系，充分发挥省工程技术研究中心（以下简称“工程中心”）在促进技术创新、推动科技成果转化及产业化的示范和带动作用，根据国家有关规定，结合广东实际，制定本办法。

第二条 组建工程中心应符合广东省国民经济与社会发展总体规划以及科技发展规划，涉及的产业领域应符合国家产业政策。

第三条 工程中心主要依托省内创新型企业、高新技术企业等综合实力和创新能力较强的科技型企业建设，对我省部分重点发展产业和特色优势产业，可少量依托高校和科研院所组建。

第四条 工程中心可分为两种类型：一是企业类，主要依托企业组建，以本企业为服务对象，提供技术发展战略制定、技术研发支撑、技术交流与合作、技术人才培养等服务；二是公益类，主要依托高校和科研机构组建，为相关行业提供产业共性技术攻关、核心装备研制、标准制订、工程技术人才培训等公共服务。

第五条 根据功能定位的不同，工程中心主要任务可以分为：

（一）企业类：

1．参与制定和执行本单位技术发展战略和技术创新、技术引进、技术开发规划和计划，建立完善研究开发和知识产权制度。

2．对具有广阔应用前景的科研成果进行系统化、配套化和工程化研究开发，为适合企业规模生产提供成熟配套的技术工艺、技术装备和技术标准，不断地推出技术含量高、经济效益好的系列新产品，为企业发展提供技术支撑。

3．综合运用国内外创新资源，开展多层次、多形式、多领域的技术交流与合作。注重产学研相结合，与高校和科研机构建立长期、稳定的合作关系，提高承接国家及省市重大科技项目的能力。

4．组织工程技术人才培训，创造良好的工作条件，建立有效的人才激励机制和分配机制，吸引人才以各种形式为本单位服务。

（二）公益类：

1．根据我省经济建设和市场需要，针对行业或区域发展的重大技术问题进行攻关，持续不断地创造新成果，开发新技术，并进行系统化、配套化和工程化研究，提供成熟配套的工艺、技术、装备，推动相关行业、领域的科技进步和新兴产业的发展。

2．实行开放服务，承担国家和地方有关部门、企业、高等院校和科研机构委托的工程技术研究、试验项目和科技服务项目，参与技术和重大装备的引进、消化、吸收和再创新，并为重大科技成果转化和产业化提供技术咨询服务。

3．为本行业相关企业、科研单位提供技术咨询、产品检测、质量监督及技术信息等服务，参与国家和行业技术标准的研究制订，提升行业、领域的科技竞争力。

4．培养、聚集相关专业的高层次工程技术人才和管理人才，为相关行业、企业提供工程技术人才培训。

第六条 省科技厅负责推进工程中心的建设、验收、考核等管理工作。

第二章 申报与组建

第七条 申请建立工程中心的依托单位应具备下列条件：

（一）基本条件：

1．在广东省内注册登记的具有独立法人资格的科技型企业、科研院所和高等院校。

2．原则上已建有市级工程中心并正常运行，且组织机构较完善，管理运行机制合理。

3．申请组建的工程中心应配备管理负责人和技术带头人，其中专职研发人员不少于20人，拥有硕士学位或中级职称的人员不低于30%。

4．有良好的产学研合作基础，重视科技人员和高技能人才的培养、引进和使用。

5．组建工程中心目标明确，研究开发任务具体，方案可行，措施得力。

6．具备工程技术试验条件和基础设施，有必要的检测、分析、测试手段和工艺设备（不包括生产用设备），且设备原值应当不低于300万元。

（二）分类条件：

——企业类：

1．企业经营和运行状况良好，具有较强的盈利能力和较高的管理水平，上一年度销售额原则上不低于5000万元，能够提供组建工程中心需要的主要资金，软件、创意设计及研发服务类企业可适当降低。

2．企业建有专门的研发机构，有持续的研发投入，上年研究开发经费占年销售收入的比例不低于3%，或不少于300万元。组建后每年研究开发经费占销售收入的比例不低于5%，或不少于500万元。

3．企业拥有专利、软件著作权、集成电路布图设计专有权、植物新品种等自主知识产权。

4．优先支持产品、技术水平和综合实力在同行业中名列前茅的大中型企业建立省级工程中心。

——公益类：

1．必须能保证落实工程中心的建设资金和日常研究开发经费。每年承担所申报行业（领域）的科研项目不少于5项且此类项目的经费总额不低于300万元，同技术领域至少已推广转化3项重大技术成果。依托高校、科研机构组建的，应拥有5项以上专利、软件著作权、集成电路布图设计专有权、植物新品种等自主知识产权。

2．具有为同行业（领域）企业服务的经验，有较好的服务企业或行业的业绩，具有一批可转化的科技成果。具备良性循环的自我发展能力。

第八条 凡符合申报条件的单位均可申请组建工程中心，鼓励依托单位针对行业细分领域进行申报，同一行业或领域可设立多个工程中心。

第九条 组建工程中心的程序如下：

（一）申请单位填写《广东省工程技术研究中心组建申报书》，并附《广东省工程技术研究中心组建方案》，通过各地级以上市科技主管部门审核后报送省科技厅，省科技厅组织专家对新组建的工程中心进行评审。

（二）通过专家评审的，根据专家评审意见修改《广东省工程技术研究中心组建方案》，报省科技厅备案，作为工程中心验收的依据。

（三）省科技厅根据专家评审意见发文批复是否同意组建。

（四）获批准的工程中心列入当年广东省工程技术研究中心建设项目计划。获省财政安排工程中心建设经费的，工程中心依托单位应签订《广东省科技计划项目合同书》。

第三章　运行管理

第十条　工程中心实行属地管理，地级以上市科技管理部门负责工程中心的日常管理。

第十一条　工程中心分立、合并、更名、撤销等重大事项须报请省科技厅批准。

第十二条　工程中心实行管委会或董事会领导下的主任负责制。工程中心需设立由本领域专家、依托单位技术骨干组成的工程技术委员会或专家咨询委员会。

第十三条　工程中心的建设，原则上要充分利用依托单位现有的基础和条件。凡列入组建计划的工程中心，依托单位应当落实申报时所承诺的建设经费投入，确保组建工作顺利进行。获得省财政经费支持的，该经费应当主要用于项目规划调研、考察、专家咨询、人员培训、人才引进、制度建设、知识产权申请维护等专用业务费，不作为具体技术研究课题经费，不得用于技术研发的仪器设备、材料等硬件设施购置。

第十四条　鼓励工程中心建立健全创新激励机制和分配机制，采用科技成果入股、科技成果收益分成、科技成果折股等激励方式，对做出突出贡献的科技人员和主要经营管理人员进行奖励。

第十五条　工程中心应加强知识产权管理，建立和完善知识产权保护制度，合法使用知识产权。

第四章　验收与考评

第十六条　工程中心建设期一般为2年，工程中心完成建设任务后，应及时提出验收申请。省科技厅按《广东省工程技术研究中心组建方案》进行检查评议和验收。提前完成组建任务的工程中心可提前申请验收。

第十七条　对不能按期完成建设任务的工程中心，经申请同意，可给予不超过1年的建设延长期，期满后仍不能完成建设任务的，取消其工程中心资格。

第十八条　工程中心每年须按要求履行有关统计义务，每年1月底前向省科技厅提交上一年度工作总结，作为工程中心年度考核的主要依据。

第十九条　工程中心实施动态管理。对已组建完成的工程中心的运行情况和建设绩效，省科技厅每3年进行一次考核评估，重点评价其知识产权创造、研发投入、研发队伍建设、研发条件保障、研发项目、研发管理制度以及经济社会效益等内容。

第二十条　考核结果分为优秀、良好、合格、不合格等4个等级。对考核为不合格的工程中心，限期1年进行整改，对整改后仍不符合要求的，取消其工程中心资格。

第五章　扶持政策

第二十一条　对考核为优秀或具备创建国家工程中心基础的工程中心，可优先纳入省工程中心建设专项，并优先推荐申报国家工程中心。

第二十二条　作为独立法人的省级工程中心，可视同省级科研机构直接向省科技厅申请科技计划项目，省科技厅在年度科技计划立项时，优先支持工程中心申报的科技计划项目。对产业化导向明确的省级重点以上科研项目，申报单位原则上应当建有省级以上工程中心。

第二十三条　鼓励工程中心将可开放共享的仪器、设备及成套试验装备加入广东省科技基础条件平台建设，工程中心优先、优惠使用全省科技基础条件平台入网仪器设备。

第六章　附　则

第二十四条　本办法由省科技厅负责解释。

第二十五条　本办法自2014年1月1日起执行，原《广东省工程技术研究开发中心管理办法》（粤科计字〔2007〕96号）同时废止。

广东省科学技术厅　广东省住房和城乡建设厅
关于省级民营科技园认定的管理办法

（广东省科学技术厅　广东省住房和城乡建设厅2013年9月12日以粤科政字〔2013〕105号发布自2013年11月1日起施行）

第一章　总　则

第一条　为贯彻落实《广东省人民政府办公厅关于推广三资融合建设模式促进我省民营科技园发展的意见》（粤府办〔2012〕100号），加快培育科技型企业和壮大民营经济，规范全省民营科技园的认定和管理，推动民营科技园又好又快发展，根据国家、省有关法律、法规和政策，制定本办法。

第二条　本办法所称省级民营科技园是指经省科技行政主管部门会同省住房城乡建设部门联合认定，民间或社会等投资主体按照地区科技发展规划和城乡规划，投资建设技术、人才、资金、信息等配套服务和管理服务设施齐全，引导民营科技企业在本区域集聚，形成统一管理、协作配套、用地效益良好、专业和区域特色明显的产业集群区域。

第三条　省级民营科技园应充分发挥体制创新和科技创新相结合的优势，坚持突出特色、强化服务、促进高新技术产业发展，努力把民营科技园建设成为高端产业集群、创新要素集聚、用地节约集约、转型升级示范的新平台。

第四条　省级民营科技园认定管理工作遵循以下原则：

（一）分类指导原则。根据不同类型园区建设发展实际，分类明确申报条件，指导其按照各自特点开展申报认定工作。

（二）择优认定原则。坚持按照“成熟一家、申报一家、认定一家”的原则进行择优认定，进行重点引导和支持。

（三）动态调整原则。对已认定的省级民营科技园实行年度考核，实现省级民营科技园的动态调整。

第五条　省科技行政主管部门、省住房城乡建设部门负责对省级民营科技园的认定管理工作，并对省级民营科技园进行宏观管理和业务指导。

各地级以上市科技行政主管部门、规划部门以及住房城乡建设部门负责对本地区省级民营科技园进行组织申报和工作指导。

第二章　申报与认定

第六条　具有独立法人资质的园区投资运营主体或组织管理机构自愿提出认定申请，经所在地的地级以上市科技行政主管部门、规划部门以及住房城乡建设部门审核同意后，由所在地的地级以上市人民政府向省科技行政主管部门提出申报。已经建成并正常运营的园区或在建的园区，均可按本办法规定进行申报。

第七条　已经建成并正常运营的园区进行申报，应具备下列条件：

（一）园区必须已纳入地级以上市的重点建设项目，有明确的发展方向、规划和计划；

（二）园区选址合理，四至范围明确，符合土地利用总体规划、城乡规划，已通过规划环境影响评价审查；

（三）园区实际占地面积不少于100亩，用地手续合法齐备，园区基础设施以及公共服务设施配套相对完善；

（四）园区是由民间或社会等投资主体按照地区科技发展规划和城乡规划投资建设，民间资本占园区投资建设总经费的50%以上；

（五）园区内的现有民营企业不少于50家，其中规模以上工业企业不少于5家，园区民营科技型企业不少于入园企业的80%，高新技术企业不少于入园企业的10%；

（六）园区企业具有大学专科以上学历的科技人员占企业当年职工总数的15%以上，其中研发人员占企业当年职工总数的5%以上；

（七）园区应具备完善的科技金融服务体系，已建成1个以上科技服务平台，并具有专业化的科技服务能力和管理团队；

（八）园区研究开发总经费占园区技工贸总收入的2.3%以上，拥有较多的科技成果、知识产权成果；

（九）园区产业特色鲜明，产业总产值达到较大规模，主导产业产值占园区总产值的比重不得低于50%，珠江三角洲地区民营科技园单位面积固定资产投资额原则上不低于每公顷2 006万元，非珠三角地区民营科技园原则上不低于每公顷1 005万元；

（十）已建立健全的园区组织管理机构和成熟的园区运营机制。

第八条　在建的园区进行申报，应具备下列条件：

（一）园区必须已纳入地级以上市的重点建设项目，有明确的发展方向、规划和计划；

（二）园区选址合理，四至范围明确，符合土地利用总体规划、城乡规划，已通过规划环境影响评价审查；

（三）园区规划占地面积不少于100亩，用地手续合法齐备；

（四）园区规划发展的产业方向定位准确，特色鲜明，符合国家产业政策，符合区域发展实情，符合市场需求方向；

（五）园区建设总体目标、阶段目标以及进度安排明确合理，建设规划依据充分、切实可行；

（六）园区是由民间或社会等投资主体按照地区科技发展规划和城乡规划投资建设，民间资本占园区投资建设总经费的50%以上；园区投资建设经费具有充分保障，有明确合理的建设资金筹集方案；

（七）园区已编制完成总体规划和近期开发建设地区控制性详细规划；

（八）园区基础设施工程建设规模已经完成计划进度的50%以上；

（九）园区建成完工建筑面积已经完成申报园区区域范围内规划建筑面积的30%以上；

（十）园区已有一定数量的入驻意向民营科技型企业；

（十一）已建立园区组织管理机构，已对园区运营机制有明确规划。

第九条　省级民营科技园按如下流程认定：

（一）具有独立法人资质的园区投资运营主体或组织管理机构按照省科技行政主管部门申报要求填写申报书，向所在地的地级以上市科技行政主管部门提交一式8份纸质申报材料；

（二）各地级以上市科技行政主管部门牵头会同规划部门以及住房城乡建设部门在收到申报材料15个工作日内对其进行审核，科技行政主管部门主要对园区申报资格和申报材料进行总体审核，规划部门以及住房城乡建设部门重点对园区总体规划、建设用地合规性进行审核，之后由地级以上市科技行政主管部门向地级以上市人民政府提交审核合格的申报材料；

（三）各地级以上市人民政府应在收到申报材料20个工作日内对其进行审核，审核合格后，向省科技行政主管部门提出申报；

（四）省科技行政主管部门收到申报材料后，会同省住房城乡建设部门成立专家工作组，对申报省级民营科技园的申报材料和基本条件进行论证、评审和考核，并组织专家进行实地考察，提出论证意见；

（五）省科技行政主管部门、省住房城乡建设部门结合专家论证意见进行审查，对通过审查的申报园区下文批复认定为“省级民营科技园”。

第十条 已经建成并正常运营的园区申报省级民营科技园应提交下列材料：

（一）广东省省级民营科技园申报书；

（二）园区已纳入地级以上市重点建设项目的有效证明材料（由地级以上市人民政府或投资主管部门出具相关文件）；

（三）园区产业发展规划、园区建设情况总结及近年工作总结；

（四）园区总体规划和近期开发建设地区的控制性详细规划；

（五）经依法批准的所在城市（县、区）土地利用总体规划和城市（镇）总体规划图纸，在图纸上需标出园区现在位置，明确边界（加盖国土部门及规划部门公章）；

（六）园区依法用地是否符合土地利用总体规划的证明文件，取得合法用地手续的证明材料、土地集约利用评价报告；

（七）园区用地范围、用地性质、重大基础设施布局是否符合城乡规划的要求以及是否依法实施城乡规划管理的证明文件（由园区所在地的地级以上市规划部门出具）；

（八）有关部门出具的规划环境影响报告书及审查意见；

（九）园区建设资金来源的有效证明材料；

（十）已入驻的民营科技型企业名录；

（十一）证明园区产业发展、科技创新、知识产权等相关材料；

（十二）证明园区科技服务平台建设的相关材料；

（十三）其他有关证明材料、辅助材料。

第十一条 在建的园区申报省级民营科技园应提交下列材料：

（一）广东省省级民营科技园申报书；

（二）园区已纳入地级以上市重点建设项目的有效证明材料（由地级以上市人民政府或投资主管部门出具相关文件）；

（三）园区产业发展规划、园区建设情况总结及近年工作总结；

（四）园区总体规划和近期开发建设地区的控制性详细规划；

（五）经依法批准的所在城市（县、区）土地利用总体规划和城市（镇）总体规划图纸，在图纸上需标出园区现在位置，明确边界（加盖国土部门及规划部门公章）；

（六）园区依法用地是否符合土地利用总体规划的证明文件，取得合法用地手续的证明材料、土地集约利用评价报告；

（七）园区用地范围、用地性质、重大基础设施布局是否符合城乡规划的要求以及是否依法实施城乡规划管理的证明文件（由园区所在地的地级以上市规划部门出具）；

（八）有关部门出具的规划环境影响报告书及审查意见；

（九）园区建设资金筹集方案及来源的有效证明材料；

（十）园区基础设施工程建设、建成完工建筑面积等情况的说明材料；

（十一）已入驻或入驻意向民营企业名录；

（十二）证明园区产业发展、科技创新、知识产权等相关材料；

（十三）证明园区科技服务平台建设的相关材料；

（十四）其他有关证明材料、辅助材料。

第三章　组织管理

第十二条　在省级民营科技园认定管理工作中，省科技行政主管部门、省住房城乡建设部门主要承担以下职责：

（一）负责对省级民营科技园的受理申报工作；

（二）成立专家工作组，对申报园区进行论证、评审和考核；

（三）结合专家论证意见对申报园区进行审查；

（四）对省级民营科技园进行年度考核和统计工作；

（五）制定完善省级民营科技园认定管理工作的政策措施；

（六）研究解决省级民营科技园认定管理工作中的其他重大问题。

第十三条　在省级民营科技园认定管理中，地级以上市科技行政部门、规划部门以及住房城乡建设部门主要承担以下职责：

（一）负责对本地区省级民营科技园进行组织申报工作；

（二）对本地区园区的申报资格和申报材料进行合规性审核；

（三）协助省专家工作组对申报园区进行论证、评审和考核；

（四）指导督促省级民营科技园完成年度考核和统计工作；

（五）提供完善省级民营科技园认定管理工作的政策建议；

（六）协助解决省级民营科技园认定管理工作中的其他重大问题。

第四章　考核评估

第十四条　省科技行政主管部门、省住房城乡建设部门对已认定的省级民营科技园实行动态管理，每年考核一次。考核条件根据已认定园区建设情况，执行本办法规定的相应认定条件。

第十五条　待考核的省级民营科技园应如实填写提供《广东省省级民营科技园年度考核申请书》以及本办法第十条所列的证明材料，并将考核材料报送省科技行政主管部门。《广东省省级民营科技园年度考核申请书》由省科技行政主管部门会同省住房城乡建设部门统一制定。

第十六条　省科技行政主管部门会同省住房城乡建设部门对报送的考核材料进行审核，提出考核意见和考核结果。考核结果分为合格、限期整改和取消称号3种。限期整改的园区在整改期满仍未合格的，撤销其“省级民营科技园”称号；取消称号的园区3年内不得再申报“省级民营科技园”称号。

第十七条　省级民营科技园应建立统计年报制度。已认定的省级民营科技园应在每年2月底将上年度园区发展情况和统计年报报送省科技行政主管部门、省住房城乡建设部门，并抄报所在设区地级以上市科技行政部门、规划部门以及住房城乡建设部门。

第五章　附　则

第十八条　已认定的省级民营科技园在申报材料中弄虚作假或拒报考核和统计等材料的，撤销其“省级民营科技园”称号。

第十九条 已认定的省级民营科技园若发生投资运营主体或组织管理机构变更、扩园扩区、分立、迁移等重大变更事项的，应另行申报。

第二十条 本办法由省科技行政主管部门和省住房城乡建设部门负责解释。

第二十一条 本办法自2013年11月1日起施行。原《广东省民营科技园管理办法》（粤科政字〔2002〕114号）同时废止。

广东省科学技术厅关于科技成果登记与信息公开的实施办法

粤科管字〔2013〕127号

第一条　为贯彻落实《广东省自主创新促进条例》，规范广东省科技成果登记与信息公开工作，有效地利用科技成果信息资源，及时、准确和完整地统计科技成果信息，加速科技成果技术转移和产业化，为我省科技成果转化和宏观科技决策服务，提升政府财政资金使用的有效性，结合本省实际，制定本办法。

第二条　科技成果是指公民、法人和其他组织，在一定时期内组织实施科学研究、技术开发、成果转化及相关科技活动所取得的具有学术意义或实用价值的重要进展和重要结果。科技成果一般分为基础理论成果、应用技术成果和软科学研究成果。

基础理论成果是指发现并阐明自然现象、特征、规律及其内在联系的自然科学基础理论和应用基础理论研究的科技成果，成果形式主要包括科学论文和专著。

应用技术成果是指可用于生产或指导生产的科技成果，包括可以独立应用的阶段性研究成果和引进技术、设备的消化、吸收再创新成果，主要表现为新技术、新产品、新工艺、新材料、新品种、新设计、新方法、新装置、新装备、新资源及其他应用技术。

软科学研究成果是指为决策科学化和管理现代化而进行的有关发展战略、政策、规划、评价、预测、科技立法以及管理科学与政策科学的研究成果，成果形式主要包括软科学研究报告和著作等。

第三条　省科学技术行政部门负责组织管理全省的科技成果登记和信息公开工作，开展指定信息公开平台的日常建设和维护。省直各有关部门、地级以上市科学技术行政部门负责监督管理本部门、本地区的科技成果登记与信息公开工作。

第四条　本省行政区域内各有关单位研究开发，或属我省为第一完成单位与省外合作研究开发，通过鉴定、验收、评估等方式进行评价，不存在成果权属、完成单位和完成人等方面争议的科技成果，均按照本办法规定进行登记。

凡执行国家、省（部）、市、厅（局）各类科技计划（含基金、专项）产生的科技成果必须登记。计划外非财政投入产生的科技成果自愿登记，具体规定参照本办法执行。

凡违反国家法律、法规规定，对社会公共利益或环境、生态、资源造成危害的科技成果，侵犯他人知识产权的科技成果，不得组织成果评价和登记；涉及国家秘密的科技成果，按照国家科技保密有关规定进行管理，不按照本办法进行登记。

第五条　科技成果登记应当以客观、准确、及时为原则，充分利用现代信息技术，促进全省科技成果的信息交流和技术转移。科技成果登记应加强知识产权保护。

第六条　科技成果登记机构（以下简称“登记机构”）是指具备承接科技成果登记业务能力，独立接受科技成果登记申请，提供科技成果登记服务的科技中介服务机构或社会组织。

登记机构由省科学技术行政部门按照公平、公正、公开的原则，通过公开招标等方式予以确定，并进行公布。

登记机构可承接全省范围内科技成果登记申报业务，负责登记成果的材料审核、登记证书发放等工作。

第七条 科技成果完成单位负责向登记机构办理登记手续，不得重复登记。两个或两个以上完成单位共同完成的科技成果，由第一完成单位办理登记手续。

第八条 完成评价的科技成果应及时办理登记手续。有财政投入的各级、各类科技计划所产生的科技成果，成果完成单位应当在成果评价之后3个月内向登记机构办理登记手续。

第九条 科技成果登记应当同时满足下列条件：

（一）登记材料规范、完整；

（二）已有的评价结论持肯定性意见；

（三）不存在成果权属、完成单位和完成人等方面争议；

（四）不涉及国家秘密；

（五）不违背国家的法律、法规和政策的有关规定。

第十条 科技成果报送程序如下：

（一）成果完成单位在线填写。成果完成单位应当在省科学技术行政部门统一指定的网络平台在线完成账户注册后，选择登记机构，按要求填报完成《科技成果登记表》，并在线提交以下材料：

1. 技术研究报告和工作总结报告。

2. 评价证明。

（1）基础理论成果：科技计划项目验收书或本单位学术部门的评价意见、学术论文、学术专著和论文发表后被引用的证明；

（2）应用技术成果：鉴定证书、科技计划项目验收书或行业主管部门出具的评价证明；

（3）软科学研究成果：软科学成果评价证书或科技计划项目验收书；

3. 有关知识产权证明（专利证书、动植物新品种权证书、软件登记证书等）、质量标准及相应检测、验证材料。

4. 第三方应用证明及经济、社会效益证明材料。

5. 对成果按贡献大小排序的加盖公章的完成单位名单及其本人签名的完成人员名单。

所提交的技术文件资料应符合技术档案管理和相关行业规范的要求，第三方应用证明、效益证明以及评价证明等材料必须真实可靠。

（二）登记机构网上审核。登记机构在收到成果登记申请之日起10个工作日内进行审核，如发现有不符合要求的填报信息，应退回申请登记单位修改。

（三）成果完成单位书面材料提交。成果登记申请被网上审核通过后，成果完成单位应将审核确认的《科技成果登记表》和相关材料打印成册，书面材料一式1份，提交登记机构进行书面审查。

（四）登记机构书面材料审查。登记机构在收到书面材料之日起10个工作日内，对受理登记的科技成果进行审查，审查不合格的退回申请单位修改或不予登记。

第十一条 登记机构对审查通过的科技成果进行公示，公示发布之日起30日内为科技成果登记异议期。同时成果完成单位应在本单位公示7个工作日。

第十二条 成果公示期间，有异议的单位和个人，应以书面方式提出，并提供有效的证明材料，注明联系电话和通讯地址。提出异议的单位、个人应当表明真实身份。个人提出异议的，应当在异议材料上签署真实姓名；单位提出异议的，应当在异议材料上加盖本单位公章。异议的调查处理由登记机构与成果评价（含验收）部门进行。

凡存在异议的科技成果，在异议未解决之前，不予登记；经调查核实，发现弄虚作假，剽窃、篡改或者其他方式侵犯他人知识产权的，不予登记。

匿名提出异议、未签署真实姓名、未加盖单位公章、异议期满后提出异议的异议材料不予受理。

第十三条 公示期满无异议或有异议但经调查核实后无争议的科技成果，由登记机构发放“广东省科技成果登记证书”。

第十四条 省科学技术行政部门应依法制定全省科技成果信息公开规范制度，建设指定的信息公开平台。登记机构应在证书发放之日起30个工作日内，向省科学技术行政部门报送成果登记信息。

省科学技术行政部门应根据科技成果的信息登记情况，开展成果信息分类管理。

第十五条 省科学技术行政部门应在指定的信息公开平台上建立登记成果的信息查询系统，按照登记成果的名称、完成单位、应用情况、研究起始时间、研究终止时间、成果转移联系方式等信息设置查询内容。

第十六条 省科学技术行政部门归口管理并负责开展登记科技成果的统计工作，具体实施科技成果的统计、分析等工作，应重点关注成果知识产权、转化情况、社会经济效益，为科技管理决策提供有效支撑。

第十七条 鼓励、支持企业进行科技成果登记。科技成果登记数据可作为认定高新技术企业、创新型企业以及各类企业研发机构的参考依据。

对企业自筹经费取得的科技成果，经登记上报后，可作为抵扣研发经费的依据。

第十八条 加强重大科技成果的宣传报道。对国家安全和社会公共利益有重大影响，技术上有重大创新、突破，或有重大推广应用价值、经济效益显著的科技成果，由省科学技术行政部门定期统一发布，宣扬科技成就，进一步激发全社会自主创新动力。

第十九条 没有进行成果登记的科技成果，不具备被推荐参加省级有关科技成果奖励的评审资格。

第二十条 地级市以上人民政府有关部门应当完善促进科技成果登记与信息公开的科学技术人员考核评价制度，将项目承担单位和人员执行本办法规定的情况列入科技计划信用记录。

对于执行本办法规定信用记录良好的单位和个人，在科技计划立项时，同等条件下可予以优先考虑。对于不按要求在成果评价后进行成果登记而影响科技成果信息统计和信息公开的单位和个人，各级科技计划管理机构应责令改正；拒不改正的，给予通报批评，1～2年不受理其申报或参与市级以上科技计划项目。

第二十一条 登记机构应加强自身管理制度建设，明确成果登记工作的流程、要求等事项，并及时报省科学技术行政部门备案。登记机构对外公开科技成果的相关信息应征得省科学技术行政部门同意。

省科学技术行政部门应对登记机构进行跟踪监督，每年组织考核评估，定期公布新增的登记机构名单，同时公布因未通过考核评估、未年检、年检不合格或有违法违规行为等情况而不再承接科技成果登记业务的登记机构名单。

第二十二条 对于已登记的科技成果，经成果评价机构确认，发现弄虚作假，剽窃、篡改或者以其他方式侵犯他人知识产权的，由登记机构注销登记、收回登记证书，并向省科学技术行政部门报告情况。

第二十三条 利用成果登记异议侵犯他人权益的，依法追究法律责任。

利用公开的科技成果信息，侵犯他人知识产权的，依法追究法律责任。

第二十四条 科技成果登记机构以及负责信息公开机构的工作人员擅自使用、披露、转让所登记成果的技术秘密，侵犯他人知识产权的，依法追究相应的法律责任。

第二十五条 本办法由省科学技术行政部门负责解释。

第二十六条 本办法自2014年1月1日起施行。

专题调研报告

广东科技服务超市研究报告

（2013年4月）

科技服务业是现代服务业的重要内容和高端环节，是解决科技与经济“两张皮”问题、促进创新成果更好地转化为现实生产力的重要抓手，也是现代服务业的重要组成部分。省委、省政府历来高度重视发展科技服务业，省领导曾多次就此作重要指示，要求加快发展科技服务业，促进科技与经济紧密结合。2012年11月20日，广东省人民政府办公厅印发了《广东省人民政府办公厅关于促进科技服务业发展的若干意见》（粤府办〔2012〕120号），该文件作为我国第1个省级层面出台的促进科技服务业发展的指导性意见，提出了促进科技服务业发展的一系列重大思路和创新举措，为我省科技服务业的长远发展指明了方向。为贯彻落实省委、省政府对科技服务业的有关决策部署尤其是粤府办〔2012〕120号文的有关精神，2013年2月以来，科管处分别到深圳、广州等地市对我省科技服务超市建设情况开展了专题调研，并多次组织有关专家、科技服务机构召开座谈会，在此基础上，结合对国内外推动科技服务超市建设经验做法的研究，形成本研究报告。

一、科技服务超市概念、分类及重要意义

（一）科技服务超市概念

科技服务超市是指为促进科学技术的产生、传播和应用，借鉴现代超市经营理念，以一定组织形式整合技术、信息、人才、资金等科技服务要素，把科技服务作为商品，运用科学知识和现代技术手段，实现顾客按需自选，经营模式标准化、专业化、连锁化的服务组织或机构；是科技服务组织或机构通过借鉴、吸收现代成熟商业模式进行科技服务模式创新而形成的一种新型经营业态；具有高端、高效、高附加值和专业、便利、交易成本低等特征。

（二）科技服务超市分类

1．按服务范围划分，可分为国际性科技服务超市、全国性科技服务超市、地区性科技服务超市以及地方性科技服务超市。

2．按实体形态划分，可分为实体科技服务超市、网络科技服务超市和实体—网络一体化科技服务超市。

3．按服务内容划分，可分为综合性科技服务超市和专业性科技服务超市；专业性科技服务超市按服务领域又可分为研发设计服务超市、检验检测服务超市、科技金融服务超市、科技咨询服务超市、知识产权服务超市等；专业性科技服务超市按服务行业可分为生物医药科技服务超市、环境保护科技服务超市、农业科技服务超市等。

（三）建设科技服务超市重要意义

1. 科技服务超市是建设区域创新体系的重要举措。当前广东正处在加快转变经济发展方式、提升产业竞争力和自主创新能力的关键时期，经济社会发展对科技要素的需求巨大，并且这种需求日益趋向个性化、层次化、专业化和效率化。科技服务超市作为一种新的科技服务模式，具有典型的现代超市的特征，能够根据市场需求将独立的个体和分散的资源有机地整合，形成更有竞争力的产品或服务。同时通过内部实行专业化分工和标准化管理提高服务效率和经营效率，保证服务品质的稳定，满足企业多样化需求。与传统科技服务平台相比，科技服务超市具有竞争力强、产品丰富、服务专业、方便快捷等优势，通过科技服务超市各种科技资源能够在供需双方间快速、高效地扩散和转移，企业能够便捷地以更低的成本获取技术、信息、人才、资金等创新要素。因此建设科技服务超市对于促进企业技术创新，加快提升企业自主创新能力，促进区域创新体系建设具有重要推动作用。

2. 科技服务超市是加快科技成果转化的重要载体。科技成果转化是企业实现技术创新、增强核心竞争力的关键环节，是创新成果转化为生产力的重要途径，而高效率的科技成果转化体系是经济社会发展和核心竞争力形成的重要保障。近年来，我国科技投入和科技成果数量持续快速增长，但科技成果转化率和产业化率仍然严重偏低。目前，我国的科技成果转化率约为25%，真正实现产业化的不足5%，与发达国家80%转化率的差距巨大，说明现有科技成果转化体系还不能较好地适应经济社会发展的需要。因此，以企业创新需求为导向，建立适应实施自主创新战略要求的科技成果转化新模式、新机制是完善科技成果转化体系的迫切任务，科技服务超市是当前形势下探索科技成果转化新路径、新机制的新载体。科技服务超市的产品供应商主要是以大学、科研院所为主的科研机构，面向的客户是企业，其运营宗旨是促进科学技术的产生、传播和应用，而核心竞争力是高质量、高水平、高效率的专业化服务，因此，科技服务超市是科技成果供需主体间天然的桥梁和纽带。在运营宗旨和市场的双重驱动下，科技服务超市必然会围绕企业的需求整合优质科技资源，丰富服务产品，提升服务质量，为企业的技术创新活动提供服务，低成本、高效率地将科技成果转化为生产力，促进新技术、新成果、新产品的转移转化。

3. 科技服务超市是推动科技服务业深入发展的重要抓手。加快构建与国际接轨的功能综合化、结构网络化、手段现代化、服务专业化和社会化的科技服务体系，促进科技服务业成为我省重要的支柱产业是“十二五”时期全省科技服务业发展的一项主要目标，建设科技服务超市是实现这一目标的创新实践和重要抓手。建设科技服务超市有利于优化全省科技服务业空间布局，缩小珠三角地区与粤东西北地区的发展不平衡；有利于加快科技服务资源整合，改变全省科技服务机构“散、弱、小”的现状；有利于促进科技服务创新，推动全省科技服务机构多样化发展；有利于培育骨干科技服务机构，打造科技服务业高端品牌；有利于完善科技服务体系，推动科技服务业向专业化、连锁化、网络化和集聚化发展。

二、科技服务超市发展主要模式

根据目前国内科技服务超市的发展现状，可以总结归纳出以下几种主要发展模式：

1. 以政府为投资主体的非盈利性运营模式。即由政府投资建设，建成后由科技主管部门或下属事业单位进行管理，主要提供资源公共利用、科技成果公共享用、公共研发创新服务等服务产品，发挥公益示范和政策示范作用。深圳市南山区科技创业服务中心早期就是采用这种模式，定位为非盈利、公益性，实行“半事业型+半企业化”管理，在运营过程中由政府补贴一部分房租等费用。

2. 以企业为投资主体的市场化运营模式。即企业是投资建设主体和运营主体，以盈利为目标，采取市场化运作模式。政府发挥监督和指导作用，不参与超市的具体运营和管理。多数发展成熟，功能完善的科技服务超市都采取这种模式，如安徽人众金融服务超市。

3．以科研机构为投资主体的混合运营模式。即由实力雄厚、研发能力强的科研机构出资组建的，通过科研资源共享，开展质量检测、技术创新和成果转化等服务，既可以按照市场化模式运作，又可以按照非营利社会组织运作，如重庆科技检测超市。

4．多元化投资主体的混合运营模式。即由政府、企业、高校和科研院所、协会等多种主体共同投资组建，实现在一定范围内共用资源，按一定规则共享成果。可以按非营利社会组织模式运作，也可以按市场规范运作、政府补助的模式。

三、科技服务超市的典型做法

1．以政府为引导，按市场化机制运作。政府在政策和资金方面予以一定支持，龙头企业机构作为科技服务超市的运营主体，按市场化运作方式形成自我造血能力。典型案例：深圳市南山区科技创业服务中心是南山区委、区政府在实施“大孵化器”战略、构建区域科技服务体系的过程中，以科创中心的服务实践为基础，以下属孵化基地和产业园区为依托，以投融资服务、创业服务、平台服务、理论研究和综合服务为产品，不断探索和总结，建成服务机构准入制、服务对象开放制、连锁服务网络化、专业服务系列化、特色服务品牌化的“两制三化”模式的南山科技服务超市。自1999年成立以来，南山区科技创业服务中心已累计服务企业千余家，成功引进86个项目落户南山，总融资近6亿元。

2．引进专业科技服务机构，提供多元化服务产品。科技服务超市通过搭建公共服务平台，吸引优质科技服务机构入驻，为科技园区、专业镇和科技型企业等目标客户提供专业技术服务、技术推广、科技信息交流、科技培训、技术咨询、技术孵化、技术市场、知识产权服务、科技评估和科技金融等服务。典型案例：武汉中小企业服务超市是各种优质专业服务资源的整合体，根据中小企业的实际需求，吸纳武汉各类专业服务领域具有较强实力和影响力的服务机构入驻，涵盖银行、担保、小额贷款、券商、信用评级、财税代理、法律顾问、管理咨询、培训、节能技术服务等，共同为中小企业提供深层次的“超市化”专业服务。服务产品包括金融产品、培训课程、管理咨询诊断方案、节能减排技术改进、财税代理、法律顾问等。

3．依托连锁经营商业模式，扩大服务规模。连锁经营是一种商业组织形式和经营制度，是指经营同类商品或服务的若干个企业，以一定的形式组成一个联合体，在整体规划下进行专业化分工，并在分工基础上实施集中化管理，把独立的经营活动组合成整体的规模经营，从而实现规模效益。科技服务超市可以借鉴连锁经营模式，依托龙头科技服务企业在科技服务聚集区建立总店，逐步将分支机构延伸到高新区、科技园区、专业镇。典型案例：江苏农村科技服务超市借鉴现代商品超市理念，采用连锁经营模式，集成各类科技资源于一体，农民走进一家超市就能够一次性获得生产所需的成果、技术、信息、产品和服务。目前，全省初步建成超市总店、分店和便利店三级网络体系，共有店面215家，驻店科技特派员2 000多名，已转化应用成果593项，组织咨询培训活动3 300多场次，服务农民200多万人，受到了涉农企业、种养大户和广大科技人员的好评。

4．导入电子商务模式，实现服务科技化。电子商务已经成为了实体商品交易的重要手段，涌现出了“淘宝”“阿里巴巴”等成功的网络交易平台。科技服务超市可以依托现有的信息网络平台，导入电子商务模式，实现科技服务网上交易，降低交易成本，提高服务效率。典型案例：广东汇富集团基于电子商务模式打造一流的商务流程外包（BPO）和供应链金融服务（SCF）超市，不断为东莞中小微企业进出口业务提供物流运输、快捷通关、银行结算、财税管理、退税融资、贸易融资、贸易培训与国际采购、IT服务等一站式服务，中小微企业可以自选商务流程外包服务的任何一个或多个产品，极大地降低了中小微制造企业整体外贸供应链成本。2012年，该平台服务的东莞企业已达1 300多家，为东莞1 000多家中小微企业融资超过8亿元，实现一般贸易出口5.8亿美元，同比增长152%，成为2012年海关总署全国一般贸易出口50强和黄埔海关一般贸易出口企业第1名。

5. 立足重点产业领域，开展专业化服务。针对重点领域和重点产业组建专业化科技服务超市，可以有效解决产业共性技术和关键技术问题，促进战略性新兴产业发展和传统产业转型升级。典型案例：中关村软件园科技金融服务超市是中关村软件园为帮助园区企业融资，保证其快速发展而打造的快捷、方便、安全的金融平台。科技金融服务超市聚集了近百家金融机构，实现从金融产品到功能服务升级的全面对接，提供包括政策性融资、债券融资、股权融资、特色融资、融资中介等金融服务产品。中关村软件园科技金融服务超市的服务模式涵盖线上线下，呈现出立体化态势。超市网店被分成五大区域：政策区、股权融资产品专区、债券融资产品专区、附属产品区及企业需求发布区。超市的实体店为驻场金融机构提供宣传展示、融资路演、会议洽谈、集中办公等一站式服务。

6. 发展会员制，探索新的盈利模式。会员制是吸引客户自愿加入，定期与会员保持紧密联系，为客户提供优惠价格和差异化服务的一种商业营销手段。科技服务超市在市场化运作中可以借鉴会员制营销模式，通过为会员提供特定的服务产品，与客户建立长期稳定的关系，形成一种新的盈利模式。典型案例：千人计划南方创业服务中心为优化整合各项服务，解决高层次人才后顾之忧，推出了“创业全程通会员卡”。这是为“千人计划”专家和高层次人才精心打造的专属卡，将为高层次人才入驻、创业、发展提供全流程、保姆式、一站式、专业化的生活保障及创新创业服务，实现“一卡在手，生活保障，创业无忧”。

四、广东科技服务超市建设思路、模式

（一）建设思路

1. 统筹规划，合理布局。科技服务超市是省委、省政府推动我省产业转型升级的一项重点创新工程，也是一项系统工程。建议结合我省实际，开展顶层设计、制定发展规划，做到科学统筹、合理布局、以点带面、分步推进。初期重点培育一批立足科技服务聚集区和优势特色产业领域的示范性龙头超市，如广东现代服务产品超市，待条件成熟时逐步完成全省区域布局和产业领域的全覆盖。

2. 建立管理规范，强化政策引导。一是研究制定科技服务超市管理办法，明确科技服务超市认定条件和运作规范；建立科技服务超市资质认定制度，对科技服务超市运营商、进入超市的服务提供商的资质进行评估和认定。二是设立科技项目引导资金，支持建设科技服务示范超市，发挥示范带动效应，推动科技服务超市规范化、标准化发展。

3. 鼓励多元化主体参与，创新发展模式。借鉴“南山模式”，采取以政府为引导，企业为主体，市场化运作的运行机制。在超市建设初期，突出政府的规划指导和资金扶持作用；进入成熟期，要逐步形成以企业为主导，高校和科研院所、金融保险机构、民间资本共同参与的投资运作模式。借鉴现代商品超市模式，支持龙头科技服务机构采取连锁经营的商业模式，在服务商聚集规模大、需求旺盛的地区建设形象统一、运行模式统一、服务标准统一、服务质量统一的连锁品牌超市；积极探索会员制和电子商务模式在科技服务超市中的应用。

4. 整合科技服务资源，加快超市建设。科技服务超市要结合科技园区、专业镇和科技型企业发展需求，以引进服务提供商和开发自有产品的方式，有效集成各类技术创新资源和创业投融资资源，建设集技术创新服务、科技创业投融资服务、技术交易服务等功能于一体的公共服务平台。鼓励科技企业孵化器、创业服务中心、生产力促进中心和技术转移机构等科技服务载体以现有服务产品为基础，通过扩展服务功能建立科技服务超市；鼓励龙头科技型企业、科技园区、科研院所和民间组织机构通过搭建公共服务平台，引进专业服务机构建立科技服务超市。

5. 提高从业人员素质，壮大科技服务人才队伍。加强科技服务人才尤其是既精通现代商业模式又具有丰富科技服务经验的人才的培养和引进，通过人才招聘、采取柔性流动等方式广揽国内外综合素质高、业务能力强、富有创新意识的科技服务管理和经营人才；建立高校教育和社会培养相结合的多层次、多渠道的专业人才培养机制；着力组建和培养一批结构合理、素质优良、既有技术水平又有实践经验的科技服务专家团队。

（二）建设模式

1. 区域科技服务超市。定位为全省性的支撑平台，以建总店和服务站点为主要方式，采取线上服务为主，配合线下服务，重点建设内容包括服务网络和服务产品。其中：服务网络：总店门户网站、地市县服务站点；服务产品：总店服务商征集和筛选、服务产品开发及标准化。目前已建设的广东省专业镇技术创新支援中心就属于这一类。

2. 园区（专业镇）科技服务超市。一是依托产业园创新中心建设面向园区企业的园区科技服务超市，重点建设内容是根据企业需求开发和配置服务产品，完善服务网络。可重点考虑在全省21个高新区及14个省级民科园分步组织实施。二是依托专业镇生产力促进中心建设面向专业镇企业的专业镇科技服务超市，重点建设内容是根据企业需求开发和配置服务产品，完善服务网络。可重点在全省342个专业镇选点分步组织实施。

3. 连锁科技服务超市。以省级或以上龙头骨干科技服务机构为依托，在产业集群比较发达地市县建设面向企业的专业科技服务超市，重点建设内容是服务产品的标准化和品牌化，服务手段的信息化和网络化。

五、广东科技服务超市建设的基本原则、发展目标及区域布局

（一）基本原则

1. 政府引导，市场运作。科技服务超市按照以政府为引导，市场机制为主体的建设理念，在规划、发展模式、规范标准等方面强化政府的指导作用，在科技服务超市店面、基地建设和经营管理方面要引导社会广泛参与，按照市场机制运作。科技服务超市要通过合法经营和提高科技服务规模与水平，得到生存与发展。政府实行考核奖励与后补助等方式支持科技服务超市的建设与发展。

2. 引导增量，优化存量。在充分调研、试点积累经验的基础上，依托深圳市南山区科技创业服务中心等龙头科技服务机构，在优势特色产业领域和具备条件的地区先行试点建设科技服务示范超市，逐步完成产业领域和区域布局的全覆盖。同时，分步推广广深科技服务超市示范机构建设的可行经验与成功模式，在珠三角地市、粤东西北地区的重点科技园区和典型专业镇等产业集群建设科技服务超市总部或者分支机构。

3. 服务企业，注重实效。要立足本地，突出重点，紧紧围绕我省主导产业、优势产业的科技服务需求，在科技型中小企业集聚的区域建立、充实和完善一批运作规范、支撑力强、业绩突出、信誉良好、公信度高的科技服务超市示范平台，满足企业发展需求，提高企业科技创新能力。

4. 开放合作，协同创新。坚持“大科技、大开放、大合作”的发展思路，积极加强区域间、部门间的合作与协调，形成跨区域、跨部门协同推进全省科技服务超市工作的新格局，切实将全省各类优秀科技服务资源优化整合到科技服务超市的大平台上。

（二）发展目标

1. 近期目标

争取到2014年，以广州、深圳为龙头，围绕各类科技园区和专业镇等产业集群，建设8～10家特

色鲜明、示范显著、全省一流、全国知名的科技服务示范超市，建设基于全产业链和创新链的科技服务创新平台和与国际接轨的科技服务服务体系。

争取到2017年，推广广深科技服务超市示范机构建设的可行经验与成功模式，在佛山、东莞、珠海、中山等珠三角地市的重点科技园区和典型专业镇等产业集群，力争在珠三角每个城市建设2～3家科技服务超市总部或者分支机构，在粤东西北每个地市建设1家科技服务超市总部或者分支机构，力争在全省建设形成20家以上的科技服务骨干示范超市。

2. 远期目标

通过努力，到2020年，力争全省科技服务超市网店达到100家，超市成交额占全省科技服务交易额的比重保持在20%以上，规划建设20个特色鲜明、结构合理、配套完善的科技服务超市示范区，培育50家服务种类齐全、方便快捷、诚信敬业、高效增值、示范显著的科技服务骨干超市，形成以珠江三角洲地区为核心区的国内领先、国际先进的科技服务超市集聚基地。

（三）区域总体布局

根据广东科技服务业布局现状及未来发展趋势，结合区域产业发展阶段特征，广东科技服务超市规划建设出广深核心轴、珠三角主体区、粤东西北特色区，即“一轴两区”的空间发展布局：

——依托广州和深圳两个国家创新型城市、科技服务业集聚地来构建我省科技服务超市发展的两个核心；

——以佛山、东莞、珠海、中山等珠三角地市为主要节点，整合国内外科技服务资源，依托各类科技园区和专业镇等产业集群，将科技服务超市建设成为辐射带动珠三角地区科技创新和促进产业转型升级的“创新源”和“动力源”；

——围绕粤东西北特色产业发展需求，依托珠三角地区尤其是广深两地已建成熟的科技服务超市，建设分支机构或特色连锁机构，促进全省科技服务超市协调发展。

六、广东科技服务超市建设的保障措施

（一）加强组织领导

由省科技厅作为科技服务超市建设的组织部门，统筹科技服务超市建设与发展工作，积极会同有关部门研究制定与我省产业发展规划相衔接的科技服务超市建设规划，要合理布局，突出重点，明确目标和任务，在政策允许范围内给予适当倾斜。要积极争取地方党委、政府的支持，积极调动有关部门与单位共同实施，加强配合，完善管理，形成合力，共同推动科技服务超市的建设和发展。

（二）加大投入力度

建立政府资金为引导，企业资金为主体的多元化投入机制。发挥省专业镇中小微企业服务平台建设专项、省级科技计划等公共财政资金的引导作用，加大对科技服务超市建设和运营的支持，吸引和带动社会投资，加快推动科技服务超市建设。各市县（区）科技局也要根据实际安排专门经费，引导支持科技服务超市建设与发展。

（三）加快品牌建设

研究制定科技服务示范超市评价标准，对信誉好、服务优、效果显著的科技服务示范超市，实行服务补助和奖励表彰等扶持措施，引导科技服务超市规范运营，不断增强服务功能，提高服务质量。以创建国内一流的科技服务品牌为目标，探索建立完善总店、分店、便利店三级一体化的建设

与运行模式，重点建设科技服务示范超市，并积极开展店面设计、店牌标记、店员服饰、服务规范的“四统一”，提升店面的形象，不断扩大科技服务超市的品牌影响力。

（四）开展运行体制机制的研究探索

重点开展科技服务超市市场化运行机制，科技服务机构引入机制，科技服务创新模式，新成果转化与新技术、新产品应用机制，总店、分店和便利店协调与沟通机制，非赢利组织运行机制等研究，为我省科技服务超市的健康可持续发展提供科学的依据。

（五）强化指导宣传力度

各级主管部门及有关部门要加大科技服务超市的指导和服务力度，及时调查了解服务超市建设和运营情况，发现和协调解决出现的问题；充分发挥网络、报刊等媒体的作用，加大科技服务超市建设新进展、新成绩、新典型的舆论宣传，推广有效做法，培育示范和服务品牌，打造全国有一定影响力的科技服务超市知名品牌。

科技服务超市案例汇编

一、基于孵化器的科技创业服务超市——深圳市南山区科技创业服务中心

作为深圳市首批国家级孵化器之一的深圳市南山区科技创业服务中心（以下简称“创业中心”），以下属孵化基地和产业园区为依托，以投融资服务、创业服务、平台服务、理论研究和综合服务为产品，建成了“有产品、有门面、有网络、有团队”的科技服务超市。创业中心借力大孵化器联盟，在南山区各孵化器和科技产业园区建立了15个科技服务站，形成了“中心+服务站”的二级服务网络体系。自1999年成立以来，累计服务企业千余家，成功引进86个项目落户南山，总融资近6亿元。主要产品有：

创业服务：为了倡导积极的创业文化，创业中心在服务创业方面打造了一个知名品牌——深圳“接触”创业沙龙，并由此延伸出“创业之星”大赛、创业导师/企业导师工作室、企业核心价值培育工程等若干个子品牌。这种“1+N”的服务模式，即“1个沙龙主品牌+N个科技服务机构运作的子品牌”，取得了丰硕成果。截至2012年年初，沙龙共举办各类公益活动800余场，参加人员超过7万人次，网上沙龙点击率逾40万次，促成较有影响的合作项目百余项，投资金额约5亿元。

投融资服务：创业中心在服务企业投融资上，根据企业发展的实际需要，创造出多元化的融资体系，提供各类资金服务。其中，专项投资资金、产业化资金、融资贷款计划、融资服务等类型的服务工作为初创型企业、中小企业解决了投融资、无息借款、贷款、咨询等各类问题。

平台服务：企业创新、创业离不开创新资源，创业中心在此方面也是不遗余力，为了建设好线上线下创新资源共享服务平台，他们主动联系协调区内外的高校、研究机构、创新企业、实验室、工程中心、技术中心和检测平台等，共同构造创新资源库，通过开展企业与技术平台的系列活动，从信息对接到开展合作、联合攻关，逐步形成深入、持续、紧密的合作关系。目前，该平台充分利用信息、网络等现代技术与科研成果，建立起两个中心和17个服务平台，其中包含9个专业公共技术平台。平台的建设大大降低了企业的科技创新成本，提高了他们创业的成功率，为创新广东发挥出重要的“托举”作用。

理论研究：2008年，创业中心专门成立理论研究部，致力于孵化器理论、创新与创业理论、服务管理理论等方面内容的研究，聚焦新兴产业成长路线图以及“大孵化器”战略研究等，不断拓展和丰富了国内孵化器理论体系的相关内容。

二、以推动高端人才创新创业为特色的综合科技服务超市——千人计划南方创业服务中心

2012年10月20日，千人计划南方创业服务中心正式挂牌成立。中心按照“企业主办、市场运作、国际接轨、政府扶持”的原则，致力于建设成为具有“交流、服务、创业”三大功能的国际化人才聚集发展平台，为“千人计划”专家和高层次人才开展项目研发、成果转化和创业发展提供全链条、专业化、个性化的综合服务，努力建设国内示范、国际知名的高端人才创新创业服务平台，打造人才蓄水池、创新孵化器、创业加速器、发展新引擎，为广东乃至华南地区加快产业转型升级、提升产业竞争力提供强有力的人才保障和智力支撑。

“三全”特色：中心运营是以人才引进、培育、科技成果转化、创新创业、企业发展等为主要服务产品。具有“三全”特色，即全景展现、全程服务、全链供应。全景展现：以科技服务产品菜单及逻辑图等方式呈现各类企业在不同发展阶段的各种科技服务需求。丰富的科技服务产品有助于开阔客户的视野，一方面有利于将客户之前未想到或尚处于模糊状态的需求直接显性化、形象化、标准化呈现，另一方面有利于客户俯瞰产业链的全貌，明晰自身短板，积极吸取竞争对手所赖以制胜的特色服务，激发其科技服务购买欲望。全程服务：针对客户采购的全流程，包括售前选择、售中交易、售后维护，进行全程跟踪服务，对每个环节均有标准化的接入口，使其在运转中可以稳定高效。在各个环节，中心均以专业化的服务，保障客户全方位的利益。全链供应：中心针对科技服务业从业机构相对分散且多数机构规模偏小，客户很难获得完整的上中下游服务的现状提出了全链供应的特色服务，按照人才和企业发展的客观规律，分成长阶段以整体服务包的形式免除客户四处奔波挑选零散服务之苦。

核心运营服务模式：外显的“三全特色”依托了强大的内部运营管理机制和理念基础，中心加强了基本功的修炼，努力打造王牌服务，在实践中逐渐形成了“七式招法”（品类丰富、产品更新具有高时效性、质量保证、价格优惠、服务水准高、管理规范、市场营销手法多样化），“六大王牌”（超市综合运营供应链体系、群体品牌、异业联盟、特色技术经纪、知识交易平台、标准化知识数据库）的特色服务，开创了“天罗地网，纵横结合，有无相生，创新孵化”的发展模式，以及“整合吸纳，专注需求，多元合作，运营注入，资源协同，跨区调配，增量存量，品牌塑造”的八大合作模式，共同铸成了中心的运营服务特色。

三、以“六有”服务模式为主的综合性农业科技服务超市——江苏科技服务超市

江苏科技服务超市以有店面、队伍、网络、基地、成果、品牌等“六有”为主要模式，构建政府引导与市场机制相结合、信息流与技术流相结合、网络服务与专家服务相结合、日常服务与专题服务相结合的科技超市，建成了“总店—分店—便利店”215家科技服务超市组成的三级网络体系，科技服务超市进入大发展时期。

江苏科技服务超市之所以能够不断发展壮大，一是充分利用市场机制，调动农业企业从事农技服务的积极性和创造性；二是紧紧围绕区域特色产业，将技术服务、农资供应、技术示范、产品销售有机结合，既解决了“买技术难”，也解决了“卖产品难”；三是借鉴现代商品超市理念，统一标识、统一采购、统一配送、统一服务，以品牌效应和规范服务获取农民认同。

江苏科技服务超市可以大致分为上游：涉农高校院所，中游：农业龙头企业与农业合作社，下游：广大农民。这既是一个产业链，也是一个价值链，每个环节都在农技服务中获得了属于自己的价值利益。从赚农民钱到与农民共同赚钱，商业模式的创新成为江苏科技服务超市越开越多、越做越大的内生动力。

江苏科技服务超市推行政府引导、市场运作、产技结合、上下联动的新型农技服务机制。在规

划、发展模式、规范标准等方面强化政府引导作用；在店面、基地建设和经营管理上，按市场机制运作，打破传统农技推广体系“财政投入、定员定岗”的模式，除总店外，政府不对建设投入，也不占用编制，科技部门只通过考核奖励与后补助等方式支持企业开展农技服务。

江苏建设科技服务超市不求大而全，而是有的放矢，必须为当地特色农业、支柱产业提供全方位的科技服务。如灌南分店依托农业科技型企业连云港南方木业有限公司而建，重点为灌南县意杨种植及板材加工产业的发展提供科技支撑；江都被称为“中国花木之乡”，全市花木面积达1.4万公顷，年产值21.1亿元，贡献率达15%以上，围绕这一致富农民的支柱产业建设了苗木花卉产业分店；盱眙龙虾家喻户晓，龙虾养殖是当地很多农民的致富之路，特种产业水产分店则基于盱眙满江红龙虾产业园建设而成。

截至目前，江苏已建科技服务超市215家，遍及全省13个省辖市，涉及家禽、果蔬、水产、花卉、蚕桑等农副产品的种养、生产和加工，形成了一支2 000多人的驻店科技特派员队伍，已转化应用新成果593项，组织咨询培训活动3 300多场次，服务农民200多万人，成为我国新型农业社会化科技服务体系的重大探索之一。

四、政府引导与市场化结合的中小企业服务超市——武汉中小企业服务超市

武汉中小企业服务超市经营的产品是与企业发展息息相关的各类专业服务，比如金融产品、培训课程、管理咨询诊断方案、节能减排技术改进、财税代理、法律顾问等。

从服务内容上看，“服务超市”是各种优质专业服务资源的整合体，吸纳武汉各类专业服务领域具有较强实力和影响力的服务机构入驻，涵盖银行、担保、小额贷款、券商、信用评级、财税代理、法律顾问、管理咨询、培训、节能技术服务等，共同为中小企业提供深层次的“超市化”专业服务。“服务超市”的服务内容以及选择哪些服务机构来提供这些服务是根据中小企业的实际需求制定的，会随着需求的变化不断调整。

从运作模式上看，“服务超市”的运作模式更为灵活，体现了政府引导与市场化的充分结合。武汉市经信委作为服务超市的主管部门，主要是监督和指导，不参与超市的具体运营和管理；服务超市的具体运营工作由武汉市中小企业服务中心负责，充分运用市场化手段进行统一管理，有一套独立、完整的制度。服务超市内部按照“优势互补、求同存异、公平公正”的原则引入良性竞争机制，并采取绩效考核、末位淘汰等办法规范和约束服务行为。

五、导入电子商务的现代科技服务超市——广东汇富集团

广东汇富集团致力打造立足东莞、服务全省的商务流程外包（BPO）和供应链金融服务（SCF）超市，近三年广东汇富集团一般贸易出口连年翻番，2010年实现一般贸易出口1.2亿美元，2011年实现一般贸易出口2.3亿美元，2012年该平台服务的东莞企业已达1 300多家，为东莞1 000多家中小微企业融资超过8亿元，实现一般贸易出口5.8亿美元，同比增长152%，成为2012年海关总署全国一般贸易出口50强和黄埔海关一般贸易出口企业第1名。

广东汇富集团打造第一流的商务流程外包服务超市，不断推进为专业镇中小微制造企业提供商务流程外包服务的科技化和信息化水平，通过构建以电子商务创新为支撑的超市模式，为东莞中小微企业进出口业务提供物流运输、快捷通关、银行结算、财税管理、退税融资、贸易融资、贸易培训与国际采购、IT服务等一站式商务流程外包服务。中小微企业可以自选商务流程外包服务的任何一个或多个产品，极大地降低了中小微制造企业整体外贸供应链成本。

广东汇富集团致力打造一流的供应链金融服务产品体系，通过掌握生产企业真实的经营状况，

利用信息技术手段，建立企业客户档案，采集融资信息，评估融资需求，建立融资标准，实现融资标准化申办流程。一方面扩大国际贸易项下融资规模，增加融资产品种类，向国内生产企业提供贸易融资服务和境外买家赊销服务；另一方面深化与金融机构合作，利用真实的系统数据为依据，积极探索和开展“小微贷”流动资金担保业务，破解中小微企业流动资金融资难题。广东汇富集团与汇丰银行等多家境内外银行联合研发出9种中小微企业供应链融资服务产品，通过超市服务提高了企业对外竞争能力。

六、基于高校和科研院所资源整合的科技检测超市——重庆科技检测中心

重庆科技检测中心是重庆市“三大科技平台”中最重要的“资源共享平台”，隶属于重庆市科学技术研究院，是重庆市科学技术研究院七大中心之一，因为整合了全市23家科研院所及高等院校的科技检测资源，集分析、测试、校准、技术诊断服务、研发于一体，而被重庆人叫做“科技检测超市”。

长期以来，国内的科技检测各自为阵，很少对社会开放。重庆也不例外，大量设备闲置，使用率不高。但同时，很多单位和企业在研发新产品时，又受到检测检验手段缺乏的困扰，这些都直接影响到新产品的研制与生产，并制约了自主创新的开展。重庆市科委经过详细调研，整合资源，建一个超市一样的检测中心，对15个检测大类40个检测实验室，拥有64项国家和市级检测资质、1 000余台（套）检测科研设备和100余名专业检测人员，统一管理、统一品牌、统一宣传，让闲置的设备转起来，为中小企业的技术创新服务。

检测中心最大的亮点就是体制上的突破。20多家检验检测机构在不改变原有隶属关系的情况下，在中心里形成一个整体，以统一的名义对外开展服务，形成了一个具有影响力的新品牌。这就像一个大型超市，客户们按需所取，方便、高效、快捷，发挥出原来没有的效应。在这里，各加盟机构原隶属关系、资产关系、人事关系都不改变，但统一的规划、管理改变了原来检测机构规模小、检测项目单一、布点分散、检测技术应用开发能力弱的状况。创新的机制为重庆市科技资源的开放共享打开了大门，全市检测服务总体水平明显提升。

如今，检测机构从提供单一的分析测试服务向提供全方位技术解决方案转变已成为国际检测行业的发展趋势。重庆科技检测中心采取了不同于国内其他分析测试机构的发展战略，即不单纯是从事分析测试业务，而是依托加盟单位的技术支撑，坚持“分析测试业务”和“技术诊断服务”并重。通过开放服务和现场服务方式，为中小企业提供可靠的分析测试服务和系统完整的技术解决方案。

同时，他们还建立起开放灵活的对外合作与交流机制，先后与重庆市质量计量检测研究院、国家建材中心、广州分析测试中心、香港生产力促进中心等机构缔结紧密战略合作关系，共同推进检测技术的开发和检测市场的拓展，并与国际知名检测机构SGS达成合作协议，SGS将在重庆检测中心设立实验室。2010年，重庆科技检测中心实现检测服务收入达13 278万元，进驻单位效益平均增长率在30%以上，呈现出良好的发展势头。

（广东省科学技术厅科技服务与管理处
广东省技术经济研究发展中心）

广东省专业镇中小微企业服务平台调研报告

（2013年3月）

一、调研活动的基本情况

此次调研活动由产学研结合处牵头，组织省生产力促进中心、省科技情报所、省技术经济研究发展中心和省计算中心等单位分4个片区开展调研工作。第一片区包括汕头市、汕尾市、潮州市、揭阳市、江门市和惠州市等6个地市；第二片区包括广州市、珠海市、佛山市、东莞市和中山市等5个地市；第三片区包括湛江市、茂名市、阳江市和云浮市等4个地市；第四片区包括肇庆市、韶关市、河源市、梅州市和清远市等5个地市。

调研范围涵盖了截至2011年年底全省所有已认定的省级专业镇共326个，先后在各地市组织召开座谈会30场，到38家专业镇中小微企业公共服务平台进行现场考察和交流，发放调查问卷331份（共收回322份），全面了解我省专业镇公共服务平台发展现状、存在问题和发展需求。

二、我省专业镇发展概况

（一）我省专业镇发展成效

近年来，我省专业镇经济规模和效益保持快速增长，已成为全省产业转型升级的主力军。根据调研统计，截至2011年年底，我省已在326个镇开展省级专业镇技术创新试点，占全省建制镇的1/5，数量比2007年增长43%。326个专业镇拥有企业数达43.36万家，2011年地区生产总值突破总额达16 393.46亿元，比2007年增长114%。从产业类型看，326个专业镇中工业类专业镇192个，农业类专业镇113个，其他类专业镇21个。我省专业镇共涵盖30多类特色产业，既有机械、五金、纺织服装、家电、家具、建材和陶瓷等传统产业，也有生物医药、新材料、新光源和智能家电等战略性新兴产业，截至2011年年底，326个专业镇拥有特色产业企业共计10.27万家，特色产业产值达17 251.5亿元。依托特色产业发展，我省专业镇对区域经济的贡献不断增加，“十一五”期间，专业镇经济规模在全省的比重增长了7.9个百分点，目前，326个专业镇GDP总量已占全省GDP总量的30.81%。

表11-2-2-1　广东专业镇主要指标情况表（2003—2011）

指标＼年份	2003	2004	2005	2006	2007	2008	2009	2010	2011
专业镇数（个）	71	103	159	201	228	277	296	309	326
GDP总额（亿元）	1 467.12	2 280.15	4 658.32	6 091.15	7 650.49	10 526.1	11 027.48	12 877.57	16 393.46
占全省GDP的比重（%）	9.26	12.09	20.83	23.24	24.94	29.49	27.93	33.77	30.93
人口总数（万人）	549.90	850.30	1 358.10	1 708.63	2 037.24	2 644.74	2 791.5	2 907.80	3 291.44

（续上表）

指标＼年份	2003	2004	2005	2006	2007	2008	2009	2010	2011
企业数（万家）	13.47	16.40	23.94	36.66	41.39	42.86	35.53	37.17	43.36
特色产业企业数（万家）	4.30	4.80	10.07	12.2	10.33	12.27	8.5	9.47	10.27
特色产业产值（亿元）	1 780.27	2 693.65	4 683.13	5 607.37	9 731.36	9 777.68	10 548.95	13 248.7	17 251.50

通过转型升级，我省专业镇逐步走向以技术创新为核心驱动力的发展路径。近年来，专业镇技术创新投入快速增长，截至2011年年底，326个专业镇研发人员合计达20.2万人，占全省的53.2%；镇级政府科技投入达到148亿元，比2007年增长22倍。专业镇企业创新能力明显增强，截至2011年年底，专业镇高新技术企业累计达1 231家，约占全省总数的1/3，成为专业镇自主创新和产业转型升级的龙头。专业镇创新产出大幅增长，2011年累计专利授权达6.2万件，产品技术水平和竞争力显著增强。专业镇拥有名牌产品超过1 500个，比2007年增长50.2%；著名驰名商标超过1 000个，比2007年增长63.9%。

表11-2-2-2　广东专业镇科技发展情况表（2003—2011）

指标＼年份	2003	2004	2005	2006	2007	2008	2009	2010	2011
科技人员数（万人）	26.01	48.16	42.24	45.24	61.36	76.90	60.54	84.53	20.2
高新技术企业数（家）	336	513	688	971	1 222	1 517	1 608	905	1 231
镇政府科技投入（万元）	41 132	60 004	61 283	46 738	65 544	98 606	101 863	1 466 551	1 485 627
累计专利授权（件）	23 006	46 101	49 285	68 964	108 416	111 642	153 857	44 895	62 180

注：2011年科技人员数一栏为2011年研发人员数。

（二）我省专业镇发展存在的问题

从调研情况看，我省专业镇近年来发展迅速并取得了良好的成效，但与此同时也存在一些问题，例如专业镇镇内企业自主创新能力较弱，专业镇人才层次不高，人才结构不合理。如调研的珠三角5市中，珠海市专业镇科技活动人员占专业镇常住人口比约为6%，其余佛山、东莞等4市均在4%以下，其余片区各市则更低；部分专业镇发展方式仍较为粗放，节能减排和资源环境压力日益增大；部分专业镇，特别是东西两翼和粤北山区的专业镇产业规模较小，未能形成相互衔接的产业链，如粤东地区74个工业类专业镇中特色产业产值在50亿以下的有56个，这类专业镇的特色产业多数仍处于培育状态，尚未形成规模效应。另外，部分专业镇公共服务平台辐射带动、支撑服务作用不明显，未能有效地向镇内企业，特别是中小微企业提供全面、良好的服务，影响和制约了我省专业镇的进一步发展和转型升级。因此，加快我省专业镇中小微企业服务平台的建设步伐成为当务之急。

三、我省专业镇中小微企业公共服务平台建设现状

我省专业镇中，中小微企业数量占95%以上，中小微企业在专业镇乃至全省的经济发展中占有

重要地位。在省委、省政府的领导下，省科技厅坚持“转变职能、科学规划、示范带动、项目集成、全面提升”的工作原则，历经10多年坚持不懈地引导和推进专业镇面向中小微企业的公共创新服务平台建设，目前全省大部分专业镇都逐步建立起适合本镇产业需求、服务企业创新发展的公共创新服务平台。

（一）公共服务平台建设的基本情况

1．数量和类别

截至2011年年底，我省专业镇共建有各类服务平台276家。从区域看，珠三角地区建有平台67家，粤东地区93家，粤西地区60家，粤北山区56家，其中建有平台数量较多的地市分别是佛山市（27家）、汕头市（24家）和云浮市（20家）。

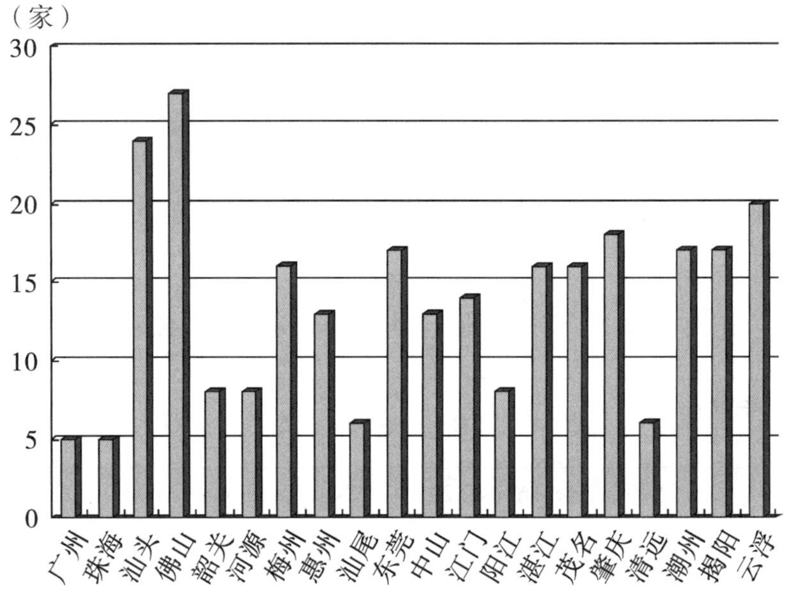

图11-2-2-1 广东各地市专业镇服务平台数量图

从类别看，已建平台多为技术创新平台、信息网络平台和质量检测平台，分别有91家、54家和25家，分别占平台总数的32.97%、19.56%和9.06%，而工业设计、人才培养、创业孵化、电子商务、融资服务等平台则较少。此外，有47家平台以综合性服务为主。

表11-2-2-3 各类型平台数量统计表（2011）

单位：家

地区	技术创新	工业设计	质量检测	知识产权	信息网络	电子商务	创业孵化	企业融资	人才培训	综合	其他
珠三角	33	3	6	0	10	1	2	1	1	4	6
粤东	25	2	9	1	22	2	3	1	5	23	0
粤西	21	0	8	0	10	0	2	1	4	10	4
粤北	12	0	2	1	12	2	1	0	8	10	8
合计	91	5	25	2	54	5	8	3	18	47	18

2．性质和建设主体

在276家平台中，独立法人的共有203家，占73.55%，其中企业单位的52家，事业单位的48家，非营利机构的103家；非独立法人的共有73家。总体来看，平台运营机构性质以非营利机构法人为主

（103家，占37.32%），而珠三角地区则以企业法人为主（24家，占35.82%）。

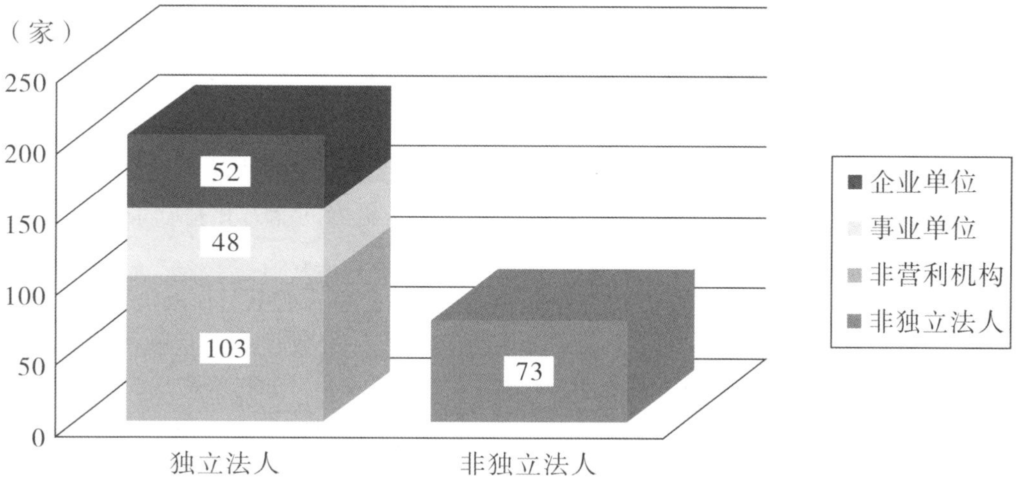

图11–2–2–2　不同性质平台数量图

各专业镇根据经济发展水平、产业结构特点和技术需求，充分整合利用国家、省、市、镇和社会资源，灵活地采取多种形式进行平台建设。有的是政府筑巢引凤，吸引专业机构进驻，有的是政府联合行业龙头、骨干企业组建，有的是政府依托高校或科研机构组建，有的是由政府出资建立镇

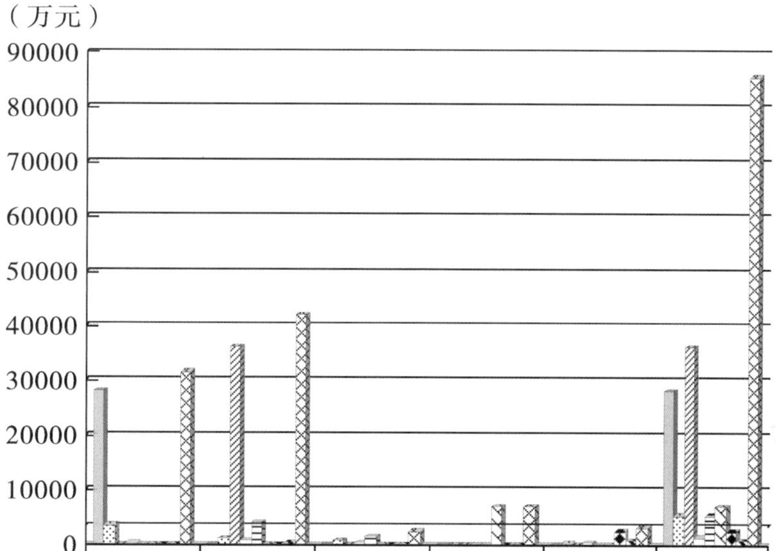

	政府	企业	科研院所	平台自筹	中介机构	合计
政府独资	28 087	0	0	0	0	28 087
政府牵头参与	3 338	1 044	700	0	90	5 172
企业独资	0	36 090	0	0	0	36 090
企业牵头参与	100	700	202.5	0	185	1 187.5
科研院所牵头参与	0	3 859	1 363	0	0	5 222
平台自筹独资	0	0	0	6 820	0	6 820
中介机构独资	0	0	0	0	2 213	2 213
中介机构牵头参与	0	150	0	0	560	710
合计	31 525	41 843	2 265.5	6 820	3 048	85 501.5

图11–2–2–3　珠三角地区平台建设主体数量、分布及投资情况图

一级生产力促进中心，有的是由当地行业协会或商会组建，有的是依托国家相关部门组建。但从调研情况看，平台建设资金投入仍以地方政府投入与企业投入为主，如珠三角地区此两项投入分别为31 525万元和41 823万元，各占36.9%和48.9%。从投入力度上看，珠三角地区各类建设主体在独资建设平台上相比其牵头参与建设的平台投入资金更多，如企业独资建设平台共投入了36 090万元，而其牵头建设平台仅投入了700万元，说明各类建设主体以合作方式建设平台的意识还不算很强烈，主要从自身服务的角度出发建设为主。粤东地区超过一半的平台投资主体为地方政府，企业作为平台投资主体的约占1/4，以上数据也可以说明珠三角地区企业具备更强的能力和基础来承担平台建设。

3．平台人员情况

根据调研统计，截至2011年年底，我省专业镇276家平台总人数共计6 360人，平均每家平台人数约23人。从区域看，珠三角地区平均每家平台人数为48人，人数较多的是顺德北滘专业镇优势产业共性技术创新平台719人和中山市小榄镇生产力促进中心612人，如按照[719，100]，（99，50]，（49，10]，（9，1]4个区间统计，规模在10～49人区间的平台数量最多（34家、占50%），规模在1～9人的平台数量次之（21家、占30.88%）。总体而言，珠三角地区平台规模普遍较小，而粤东西北地区平台规模更是如此，平均每家平台人数只有15人。

专业镇平台6 360人中，拥有中级及以上职称1 054人，占16.57%；拥有本科及以上学历2 743人，占43.13%；从事R&D活动人员1 432人，占22.52%。可见，我省专业镇平台人员中拥有中级及以上职称和拥有本科及以上学历的比例较低，特别是粤东西北地区拥有本科及以上学历的比例仅为1/3左右。总体而言，我省专业镇中小微企业服务平台人员结构有待提升。

4．平台知识产权

根据调研统计，我省专业镇中小微企业服务平台拥有各项授权专利10 826件，平均每家平台（主要指技术创新平台和综合性平台等具备技术创新服务内容的平台）64.8件，拥有授权发明专利764件，平均每家平台4.5件。这说明我省专业镇中小微企业服务平台在获取知识产权，特别是发明专利上的能力还不强，特别是粤东西北地区仍有近1/3具备技术创新服务内容的平台没有获得过任何知识产权，说明粤东西北地区平台的自主创新能力较为薄弱。从区域看，珠三角地区各平台拥有授权专利7 148件，占总量的66.03%，拥有授权发明专利600件，占总量的78.53%。从单个专业镇情况看，知识产权授权总量和发明专利授权量最多的平台为珠三角地区的佛山市勒流镇知识产权服务平台和西樵纺织专业镇公共服务平台，两者知识产权授权总量分别为4 395件和1 136件，发明专利授权量分别为198件和270件。可见我省专业镇中小微企业服务平台的主要创新力量集中在珠三角地区。

5．平台服务能力和收益

由于部分平台数据填报不完整，未能获得全省平台总收入的统计数据，但从现有资料和调研情况来看，截至2011年年底，各专业镇已基本建立起覆盖专业镇的重点产业和特色产业的服务平台，这些服务平台为推动专业镇产业集群发展和提升发挥了重要作用。

其中珠三角地区的平台具备较强的服务能力，现有67家平台，提供服务254种，并且大多数平台能提供不同类别的服务；67家平台服务企业数达150 526家，其中较多的为佛山市的西樵纺织专业镇公共服务平台（110 674家）和花卉世界网（21 719家）；67家专业镇服务平台中，有26家平台的服务范围辐射到镇以外其他地区，各专业镇服务平台还积极承担国家、省级项目，制定相关行业标准。如西樵纺织专业镇公共服务平台共制定了相关行业标准7项，东莞市中冠科技发展有限公司等长安镇内4家企业起草东莞市模具行业技术联盟标准8项。

在总收入方面，珠三角地区平台总收入达1 000万元以上的有4家，100万元以上的有18家，但与此同时也有至少10家平台年收入不到50万元。各平台中总收入最高的为中山市小榄镇生产力促进中心，该中心2011年总收入为5 766万元，其中咨询服务收入3 750万元，信息网络收入1 466万元，产品收入367万元。

粤东西北地区平台也具备一定的服务能力。以粤东地区为例，93家平台共服务企业累计近4万家，平均服务企业数为280家，其中中小微企业占了78%，服务企业数量过千家的有潮州市开天计算机工程有限公司、汕头陈店镇信息平台等8家平台。但与此同时，93家平台有12家年服务中小微企业数未达到50家。从2011年总收入看，粤东地区93家平台总收入为5 473万元，平均收入仅为58.8万元，其中揭阳市五金集群技术服务平台总收入为1 900万元，占粤东地区93家平台总收入的34.71%。从收入的结构上看，有超过一半以上的收入来源于协会或商会的会员费、企业赞助费或活动冠名费以及个人捐助等，从而也反映出大多数平台还没有形成自我造血功能。

（二）平台建设的产学研基础

我省专业镇中的企业多数以中小微企业为主，缺乏研发实力，技术创新能力很弱，在资源环境压力和市场竞争倒逼下，企业想提高产品市场竞争力，最主要的途径就是依靠地方政府提供的公共品服务来提升自主创新能力。为此，我省各级科技管理部门引导和支持专业镇根据当地产业和中小微企业发展需求，依托省内外优势高校或科研院所，组建行业技术创新平台等各类公共服务平台。尤其在省科技厅推动开展企业科技特派员行动、“一校（院、所）一镇”全面合作计划等工作以来，我省大部分专业镇中小微服务平台树立了良好的产学研合作意识，与各高校或科研院所建立了长期、稳定的合作关系。

珠三角地区67家专业镇中小微服务平台中，至少与1家或以上高校或科研院所合作的有55家，其中各平台与华南理工大学结合得最为紧密，依托其建立的合作点共有14个。在调研过程中发现，当地的院校对专业镇的支撑作用甚至高于在其他地区的著名高校，特别是对当地的人才培养起到相当大的促进作用。

表11-2-2-4　珠三角地区平台产学研合作情况表（2011）

单位：家

合作情况	佛山	东莞	中山	广州	珠海	合计
与1家或以上高校或科研院所合作	25	15	10	4	1	55
与3家或以上高校或科研院所合作	12	10	5	1	0	28
合作较为紧密的高校或科研院所	华南理工大学（3）	华南理工大学（6）	华南理工大学（4）	—	—	—

注：括号中的数字表示与该合作单位合作的平台数

粤东地区93个平台中，42个平台与36所省内外高校或科研院所开展了产学研合作，其中与3所以上高校或科研院所合作的平台有9个，36所高校或科研院所中省外的15所，省内的21所，属地方院校或科研院所的24所。其中合作最为紧密的高校为华南理工大学，与其合作的平台有9个；其次为广东工业大学，有7个。粤西地区专业镇服务平台也与广东石油化工学院、广东海洋大学等本地高校建立了合作关系。

表11-2-2-5　粤东地区平台产学研合作情况表（2011）

单位：家

合作情况	江门	惠州	揭阳	潮州	汕头	汕尾	合计
与1家或以上高校或科研院所合作	10	4	12	7	7	2	42
与3家或以上高校或科研院所合作	7	1	—	—	1	—	9
合作较为紧密的高校或科研院所	五邑大学（5）	—	广东工业大学（2）	韩山师范学院（3）	汕头大学（3）	—	—

注：括号中的数字表示与该合作单位合作的平台数

调研发现，通过产学研合作建立的服务平台具有以下特点和优势：一是既可以满足产业生产链条的各种需求，又可以满足产业服务链条的各种需求；二是可以为我省重点产业和领域前沿基础研究、高技术研发以及相关战略性新兴产业的培育和发展，提供研究工具和强有力的支撑；三是通过产学研合作建立的研究院和各类服务平台，随着合作规模和层次不断扩大和提高，更有利于建立长效合作和发展机制；四是借助高校和科研院所强大的人才和技术优势，有利于保持平台旺盛的生命力和持久的创新活力。

另外，在调研中发现，高校给予平台人员以学校的编制，对于稳定和激励平台人员起到了积极的作用，如佛山的华夏陶瓷研究院、中山的沙溪休闲服装工程研发中心分别得到了景德镇陶瓷学院事业编制10个、沙溪理工学校事业编制38个。

（三）平台建设的问题与困难

通过调研情况来看，我省专业镇中小微企业服务平台建设取得了一定成效，但也还存在一些问题，特别是粤东西北地区表现更为明显。一是相当部分专业镇领导对专业镇转型升级的政策和措施不够了解，对平台建设的重要性认识不足，缺乏长远规划；二是平台建设资金投入不足，资金投向缺乏针对性、系统性，平台建设以政府部门投入为主，社会资金投入少，特别是龙头企业建设服务平台的意愿不强；三是平台普遍缺乏高素质专业人才，整体服务能力不强，服务质量不高，服务覆盖面不广；四是部分专业镇还未形成完善的市场运行机制，平台的可持续发展能力不足；五是各类平台数量比例和提供服务的种类发展不均衡，以珠三角地区为例，平台数量和服务种类都极少；六是我省专业镇生产力机构数量偏少，未能充分发挥其在平台建设和服务中的引领作用，如粤东6市建有专业镇生产力机构的只有6家，6家生产力机构2011年共服务企业64家，平均服务总收入仅为16万元。

表11-2-2-6　珠三角地区各类平台数量和服务种类数量统计表（2011）

单位：家

平台类别	平台数量	平台服务总数
综合类	4	17
技术创新	33	132
信息网络	10	31
质量检测	6	26

（续上表）

平台类别	平台数量	平台服务总数
人才培养	1	2
创业孵化	2	10
电子商务	1	2
工业设计	3	10
知识产权	0	0
融资服务	1	2
其他	6	22

表11-2-2-7　粤东地区专业镇生产力机构情况表（2011）

地市	名称	成立时间	单位性质	服务企业数（家）	服务总收入（万元）
江门	蓬江区生产力促进中心	2002年	事业法人	88	12
	江海区生产力促进中心	2003年	事业法人	200	—
揭阳	锡场生产力促进中心	2004年	事业法人	15	13
	东山区生产力促进中心	2004年	事业法人	—	—
潮州	枫溪陶瓷生产力促进中心	2002年	事业法人	17	—
	庵埠生产力促进中心	2002年	事业法人	—	55

四、加快我省专业镇中小微企业服务平台建设的建议

（一）提高平台建设工作的认识

为切实加强领导，形成合力，建议由省科技厅牵头成立平台建设领导小组，加强对平台建设的统筹、协调和指导。各专业镇党委、政府要把中小微企业服务平台建设列入重要议事日程，形成省、市、县、镇多级联动的工作机制。同时加强对《关于依靠科技创新推进专业镇转型升级的决定》和《关于加快专业镇中小微企业服务平台建设的意见》等政策文件的宣传力度，提高相关部门对专业镇中小微服务平台建设重要性的认识，充分调动镇级政府建设服务平台的积极性。

（二）分类指导，全省统筹推进

我省各专业镇经济发展水平参差不齐，产业集群发展模式及服务需求也存在差异，在推进全省专业镇中小微企业服务平台建设过程中，要根据各专业镇实际情况及资源禀赋，分类指导、统筹推进，同时加强规划布局。建议由省科技厅牵头，组织编制全省专业镇中小微企业服务平台建设的规划或实施方案，对全省中小微企业服务平台的布局和建设进行科学统筹，保障平台建设的有序推进。

根据区域发展水平的不同，平台建设的推进思路应各有侧重。对珠三角发达地区的专业镇，要突出亮点，强化示范带动作用，重点支持一批建设成效明显的服务平台，鼓励其探索平台运营和服务产业发展的新模式和新机制，为全省平台建设提供经验和示范效应；对欠发达地区的专业镇，要

充分考虑“多镇共建”和“精专特”的建设思路，集中力量、重点突破，通过加强产学研合作及共建的方式，整合各方资源建设专业性的服务平台，在短期内形成服务能力和规模。在省级财政资金上的投入上也要突出重点，适当向欠发达地区倾斜。

（三）强化平台建设的产学研合作模式

加强产学研合作是提高专业镇技术创新能力和产业竞争力的有效途径，也是专业镇中小微平台建设和发展的必由之路。平台建设和发展过程中要充分利用“三部两院一省”产学研合作机制，针对专业镇特色产业和企业的需求，实施高校、科研院所与专业镇服务平台对接计划和企业科技特派员计划，一是要加强服务平台与本地高校或科研院所的全面合作关系，通过创办经济实体、共建研发机构或实验室、联合培养人才等产学研合作模式，打造多服务功能的一体化综合平台；二是要巩固服务平台与华南理工大学、中山大学等本省高校或科研院所产学研合作基础，进一步创新合作方式，扩展合作领域；三是要针对各专业镇产业的共性技术难题，主动联合省外及国际高校或科研院所，建立跨省（国）产学研合作；四是要积极推进利益分配机制和激励机制，形成平台产学研合作的长效机制。

（四）加快推进专业镇生产力促进中心服务体系建设

生产力促进机构是为企业提供服务的重要平台，要将其作为推进我省专业镇中小微企业服务平台建设的重要抓手和主要载体。一是要大力推进专业镇生产力促进中心服务体系建设，优化专业镇平台布局，逐步形成省、市、县、镇多级联动的平台服务体系；二是已建有生产力促进中心的专业镇，要加强资源整合、产学研联动，充分利用各类资源提升自身服务功能和质量；三是还未建有生产力机构的专业镇，要发挥当地政府作用，由镇政府牵头，联合行业协会、商会、联盟或科技服务企业等机构，组建镇级生产力促进中心；四是发挥国家级示范生产力促进中心和省级生产力促进中心的龙头带动作用，指导县级、镇级生产力促进中心建设，突出服务体系联动效应，提升平台建设质量，完善平台服务功能。

（五）注重平台建设方式和财政支持的针对性

各类专业镇服务平台的特点和需求不同，财政支持方式和平台建设方式也应有所不同。其中技术创新服务平台具有较强的公共性，对于中小微企业发展和产业升级意义重大，因此在平台建设初期应以政府专项资金形式投入共性技术研发活动，进入稳定期后逐步推动中小微企业以会员制形式加入平台建设。

信息网络服务平台、创业孵化服务平台和企业金融服务平台，对区域产业升级、企业技术能力提升具有潜在推动作用，财政资金应以奖励和补贴方式进行支持。信息网络服务平台建设要积极引导各地商会、行业协会发挥重要作用；创业孵化服务平台建议应由行业密集、专业化水平高、技术创新能力较强的专业镇承担；企业融资服务平台应鼓励有资质的担保机构与地方商业银行共建，财政资金可作为平台启动资金。

工业设计服务平台和人才培训服务平台的建设，财政资金应有重点地给予资助。工业设计服务平台应当承担起设计人才培训的职能，由专项财政资金进行资助，并根据平台运行效果设立后评估与补偿机制；人才培训服务平台提供的各类培训、测评考核和职业技能鉴定服务均可市场化运作，财政资金可通过考核方式给予补贴或者奖励。

质量检测服务平台、知识产权服务平台和电子商务服务平台的需求旺盛、市场化潜力较大，政府的作用主要表现在相关政策支持和优惠补贴以及后期奖励等。质量检测服务平台主要以通过优惠政策吸引具有资质的相关单位进驻的方式进行建设；知识产权服务平台初期财政资金给予部分资助，之后通过市场化运作自负盈亏；电子商务服务平台建设应鼓励依托重点产业集群、重点行业和省市县区专业镇联合共建。

（六）鼓励和促进服务平台建设主体的多元化

服务平台建设的主体涵盖政府、企业、投融资机构、生产力促进中心、行业协会、高校或科研院所等，要充分发挥各主体的资源优势，把政府引导与社会广泛参与紧密结合。一是引导行业协会参与服务平台运营，政府可以通过购买服务或资金补助等形式授权、委托行业协会建设服务平台；二是鼓励行业内骨干企业设立服务平台，充分发挥龙头企业研究和检测机构的技术和人才优势开展公共服务工作；三是建立一体化的农业类综合服务平台，利用现有农业推广体系或依托省农科院和相关高校建立综合性服务平台，为企业、农户提供相关服务；四是支持和鼓励省级以上专业服务机构在专业镇建设服务网点，为专业镇服务中小微企业提供高水平专业服务。

（七）加强平台建设的跟踪管理和考核奖励

我省专业镇中小微服务平台建设是一项长期、系统的工程。为提高财政资金的绩效，提高平台建设的力度，要加强平台建设的动态管理和跟踪监测，实行财政资金使用定期报告和检查制度，保证财政资金使用的合规性和合理性。同时由省科技厅制定平台管理和考核办法，完善评价指标，定期对平台实施绩效评价和考核，并将平台建设成效和评价考核结果作为各专业镇申报科技计划项目的重要依据。制定专业镇中小微企业服务平台的奖励实施办法，对信誉好、服务优、效果突出的中小微企业服务平台给予奖励。

（广东省科学技术厅产学研结合处
广东省科学技术厅科技服务与管理处）

科技统计表

表1　全部县以上部门属科技机构概况（2013）

表1-1　主要指标

指标	单位	政府部门属科技机构					非政府部门属研究与开发机构和综合技术服务业有R&D活动的事业单位	转制机构
		县以上部门属研究与开发机构合计	自然科学和技术领域	社会与人文科学领域	科技信息和文献机构	县属研究与开发机构		
机构数	个	181	156	9	16	131	172	62
职工总数	人	21 181	19 671	620	890	2 362	34 720	12 954
单位在职从事科技活动人员	人	16 886	15 647	555	684	1 270	20 922	7 011
大学本科及以上学历	人	13 118	12 125	466	527	249	17 137	5 303
R&D人员折合全时工作量	人年	10 413	9 969	391	53	211	14 025	2 909
科技活动收入	千元	7 242 654	6 781 850	184 132	276 672	115 243	9 290 152	1 998 566
政府拨款	千元	5 502 381	5 138 893	182 004	181 484	94 675	1 792 630	370 519
科技经费内部支出	千元	7 115 722	6 700 222	182 497	233 003	118 199	4 840 818	2 110 135
资产购建支出	千元	2 087 993	2 054 767	26 694	6 532	14 420	1 196 987	332 171
R&D经费内部支出	千元	3 979 908	3 850 888	118 694	10 326	15 560	3 940 692	996 821
固定资产	千元	9 772 220	9 291 435	152 802	327 983	213 782	7 566 357	3 617 973
课题数	个	6 630	6 225	209	196	217	1 835	856
课题经费支出	千元	2 451 629	2 346 502	71 450	33 677	39 901	3 360 845	650 713
R&D课题经费支出	千元	1 822 542	1 748 619	68 889	5 034	11 219	2 960 977	564 492
课题投入人员	人年	12 133	11 405	403	326	553	14 298	2 927
R&D课题投入人员	人年	8 892	8 467	385	41	195	13 001	2 484
专利申请受理	项	2 143	2 143	0	0	3	2 045	885
专利授权	项	869	867	0	2	1	1 102	454
科技论文	篇	7 447	6 941	397	109	85	3 067	1 387
科技专著	种	167	101	66	0	11	45	32

注：1．各表中数据由于统计小数四舍五入而产生的误差均未作配平处理；

2．以后各表的范围为县以上政府部门属研究与开发机构，即自然、社人、信息文献3个领域中的机构。

表2　全部县以上部门属科技机构机构、人员和经费概况（2013）

表2-1　按地域分布

地域	机构数（个）	从业人员总数（人）	单位在职科技活动人员	大学本科及以上学历	经费收入总额（千元）	政府资金	科技活动贷款（千元）	经费支出总额（千元）	科技经费支出（千元）
总　计	**181**	**21 181**	**16 886**	**13 118**	**11 627 362**	**6 056 764**	**5 000**	**11 513 557**	**7 115 722**
广州市	89	16 620	13 284	10 784	10 584 899	5 204 714	5 000	10 480 998	6 273 363
韶关市	10	256	189	87	80 563	52 869	0	79 785	61 331
深圳市	1	1 035	1 035	1 000	322 444	298 784	0	316 868	316 393
珠海市	4	209	162	69	27 758	21 197	0	27 638	18 086
汕头市	9	438	284	122	68 309	44 666	0	64 749	46 211
佛山市	4	129	101	61	53 372	52 185	0	55 322	45 846
江门市	4	75	49	40	15 224	10 507	0	16 432	11 755
湛江市	10	772	560	312	170 422	135 693	0	168 807	125 370
茂名市	8	151	114	55	19 901	18 804	0	19 306	17 879
肇庆市	5	122	103	45	22 070	18 744	0	22 800	16 874
惠州市	7	341	215	99	62 722	53 501	0	58 668	39 933
梅州市	5	183	157	79	29 890	28 469	0	36 432	29 259
汕尾市	3	15	13	3	1 639	1 639	0	1 628	1 330
河源市	2	19	14	7	4 236	1 768	0	3 374	2 129
阳江市	1	58	44	17	8 968	7 851	0	6 911	5 652
清远市	1	2	0	0	7	0	0	483	483
东莞市	8	448	346	243	93 901	63 432	0	93 510	75 688
中山市	3	109	77	62	38 128	22 559	0	38 206	11 706
潮州市	2	80	74	13	9 450	8 625	0	9 535	6 853
揭阳市	3	86	47	14	8 807	8 353	0	7 843	6 483
云浮市	2	33	18	6	4 652	2 404	0	4 262	3 098

表2–2 按隶属关系分布

隶属关系	机构数（个）	从业人员总数（人）	单位在职科技活动人员		经费收入总额（千元）		科技活动贷款（千元）	经费支出总额（千元）	
				大学本科及以上学历		政府资金			科技经费支出
总 计	**181**	**21 181**	**16 886**	**13 118**	**11 627 362**	**6 056 764**	**5 000**	**11 513 557**	**7 115 722**
地方部门属	160	12 863	9 633	7 055	7 777 755	3 537 710	0	7 537 798	3 926 479
省级部门属	52	7 614	5 878	4 658	6 127 827	2 391 812	0	5 962 299	2 778 149
副省级城市属	21	2 134	1 500	1 254	1 040 556	668 967	0	964 117	700 898
地市级部门属	87	3 115	2 255	1 143	609 372	476 931	0	611 382	447 432
中央部门属	21	8 318	7 253	6 063	3 849 607	2 519 054	5 000	3 975 759	3 189 243
中国科学院	6	3 246	3 130	2 752	1 628 769	1 412 353	0	1 586 560	1 393 731

表2–3 按服务的国民经济行业分布

行业	机构数（个）	从业人员总数（人）	单位在职科技活动人员		经费收入总额（千元）		科技活动贷款（千元）	经费支出总额（千元）	
				大学本科及以上学历		政府资金			科技经费支出
总 计	**181**	**21 181**	**16 886**	**13 118**	**11 627 362**	**6 056 764**	**5 000**	**11 513 557**	**7 115 722**
农、林、牧、渔业	77	5 269	3 541	2 189	1 600 788	1 197 397	0	1 519 115	1 078 932
农业	33	2 425	1 591	887	593 799	447 947	0	576 631	433 964
林业	15	852	587	383	280 488	209 734	0	249 633	194 868
畜牧业	8	552	305	199	152 840	83 840	0	147 378	97 481
渔业	6	666	501	394	320 825	234 756	0	323 366	216 571
农、林、牧、渔服务业	15	774	557	326	252 836	221 120	0	222 107	136 048
采矿业	1	1 359	1 089	998	494 575	193 317	5 000	490 420	206 285
煤炭开采和洗选业	0	0	0	0	0	0	0	0	0
石油和天然气开采业	0	0	0	0	0	0	0	0	0
黑色金属矿采选业	0	0	0	0	0	0	0	0	0
有色金属矿采选业	1	1 359	1 089	998	494 575	193 317	5 000	490 420	206 285
非金属矿采选业	0	0	0	0	0	0	0	0	0

（续上表）

行业	机构数（个）	从业人员总数（人）	单位在职科技活动人员	大学本科及以上学历	经费收入总额（千元）	政府资金	科技活动贷款（千元）	经费支出总额（千元）	科技经费支出
开采辅助活动	0	0	0	0	0	0	0	0	0
其他采矿业	0	0	0	0	0	0	0	0	0
制造业	17	1 717	1 435	1 066	734 046	442 636	0	756 661	558 416
农副食品加工业	2	582	445	290	206 727	111 651	0	197 586	116 591
食品制造业	1	194	166	156	83 461	50 200	0	65 240	51 023
酒、饮料和精制茶制造业	0	0	0	0	0	0	0	0	0
烟草制品业	0	0	0	0	0	0	0	0	0
纺织业	0	0	0	0	0	0	0	0	0
纺织服装、服饰业	0	0	0	0	0	0	0	0	0
皮革、毛皮、羽毛及其制品和制鞋业	0	0	0	0	0	0	0	0	0
木材加工和木、竹、藤、棕、草制品业	0	0	0	0	0	0	0	0	0
家具制造业	0	0	0	0	0	0	0	0	0
造纸和纸制品业	0	0	0	0	0	0	0	0	0
印刷和记录媒介复制业	0	0	0	0	0	0	0	0	0
文教、工美、体育和娱乐用品制造业	0	0	0	0	0	0	0	0	0
石油加工、炼焦和核燃料加工业	1	17	7	3	2 923	2 739	0	2 939	2 660
化学原料和化学制品制造业	0	0	0	0	0	0	0	0	0
医药制造业	5	559	535	446	209 849	192 430	0	263 540	243 359
化学纤维制造业	1	25	17	7	10 093	9 025	0	8 670	1 659
橡胶和塑料制品业	0	0	0	0	0	0	0	0	0
非金属矿物制品业	0	0	0	0	0	0	0	0	0
黑色金属冶炼和压延加工业	1	56	24	10	43 853	12 112	0	43 553	3 929
有色金属冶炼和压延加工业	0	0	0	0	0	0	0	0	0
金属制品业	0	0	0	0	0	0	0	0	0
通用设备制造业	0	0	0	0	0	0	0	0	0
专用设备制造业	4	229	200	151	173 847	63 797	0	171 706	137 282

（续上表）

行业	机构数（个）	从业人员总数（人）	单位在职科技活动人员	大学本科及以上学历	经费收入总额（千元）	政府资金	科技活动贷款（千元）	经费支出总额（千元）	科技经费支出
汽车制造业	0	0	0	0	0	0	0	0	0
铁路、船舶、航空航天和其他运输设备制造业	0	0	0	0	0	0	0	0	0
电气机械和器材制造业	0	0	0	0	0	0	0	0	0
计算机、通信和其他电子设备制造业	1	32	18	3	2 171	0	0	2 305	938
仪器仪表制造业	1	23	23	0	1 122	682	0	1 122	975
其他制造业	0	0	0	0	0	0	0	0	0
废弃资源综合利用业	0	0	0	0	0	0	0	0	0
金属制品、机械和设备修理业	0	0	0	0	0	0	0	0	0
电力、热力、燃气及水生产和供应业	0	0	0	0	0	0	0	0	0
电力、热力生产和供应业	0	0	0	0	0	0	0	0	0
燃气生产和供应业	0	0	0	0	0	0	0	0	0
水的生产和供应业	0	0	0	0	0	0	0	0	0
建筑业	0	0	0	0	0	0	0	0	0
房屋建筑业	0	0	0	0	0	0	0	0	0
土木工程建筑业	0	0	0	0	0	0	0	0	0
建筑安装业	0	0	0	0	0	0	0	0	0
建筑装饰和其他建筑业	0	0	0	0	0	0	0	0	0
批发和零售业	0	0	0	0	0	0	0	0	0
批发业	0	0	0	0	0	0	0	0	0
零售业	0	0	0	0	0	0	0	0	0
交通运输、仓储和邮政业	3	83	76	70	65 208	42 489	0	33 193	29 681
铁路运输业	0	0	0	0	0	0	0	0	0
道路运输业	2	62	57	57	55 909	35 818	0	23 793	23 368
水上运输业	1	21	19	13	9 299	6 671	0	9 400	6 313
航空运输业	0	0	0	0	0	0	0	0	0

（续上表）

行业	机构数（个）	从业人员总数（人）	单位在职科技活动人员	大学本科及以上学历	经费收入总额（千元）	政府资金	科技活动贷款（千元）	经费支出总额（千元）	科技经费支出
管道运输业	0	0	0	0	0	0	0	0	0
装卸搬运和运输代理业	0	0	0	0	0	0	0	0	0
仓储业	0	0	0	0	0	0	0	0	0
邮政业	0	0	0	0	0	0	0	0	0
住宿和餐饮业	0	0	0	0	0	0	0	0	0
住宿业	0	0	0	0	0	0	0	0	0
餐饮业	0	0	0	0	0	0	0	0	0
信息传输、软件和信息技术服务业	4	307	275	224	116 374	57 854	0	98 368	47 584
电信、广播电视和卫星传输服务	1	113	90	72	40 949	17 756	0	36 687	22 081
互联网和相关服务	0	0	0	0	0	0	0	0	0
软件和信息技术服务业	3	194	185	152	75 425	40 098	0	61 681	25 503
金融业	0	0	0	0	0	0	0	0	0
货币金融服务	0	0	0	0	0	0	0	0	0
资本市场服务	0	0	0	0	0	0	0	0	0
保险业	0	0	0	0	0	0	0	0	0
其他金融业	0	0	0	0	0	0	0	0	0
房地产业	0	0	0	0	0	0	0	0	0
房地产业	0	0	0	0	0	0	0	0	0
租赁和商务服务业	0	0	0	0	0	0	0	0	0
租赁业	0	0	0	0	0	0	0	0	0
商务服务业	0	0	0	0	0	0	0	0	0
科学研究和技术服务业	48	8 578	7 416	6 211	4 321 942	2 821 496	0	4 354 820	3 597 107
研究和试验发展	19	4 523	4 178	3 579	1 873 545	1 360 609	0	2 043 230	1 809 849
专业技术服务业	26	4 006	3 196	2 608	2 440 945	1 453 924	0	2 304 107	1 780 817
科技推广和应用服务业	3	49	42	24	7 452	6 963	0	7 483	6 441
水利、环境和公共设施管理业	15	1 850	1 425	1 124	759 701	218 245	0	739 173	507 508

（续上表）

行业	机构数（个）	从业人员总数（人）	单位在职科技活动人员		经费收入总额（千元）		科技活动贷款（千元）	经费支出总额（千元）	
				大学本科及以上学历		政府资金			科技经费支出
水利管理业	5	1 088	879	651	410 964	111 227	0	407 361	351 879
生态保护和环境治理业	10	762	546	473	348 737	107 018	0	331 812	155 629
公共设施管理业	0	0	0	0	0	0	0	0	0
居民服务、修理和其他服务业	0	0	0	0	0	0	0	0	0
居民服务业	0	0	0	0	0	0	0	0	0
机动车、电子产品和日用产品修理业	0	0	0	0	0	0	0	0	0
其他服务业	0	0	0	0	0	0	0	0	0
教育	1	53	43	43	28 045	14 253	0	28 045	11 705
教育	1	53	43	43	28 045	14 253	0	28 045	11 705
卫生和社会工作	8	1 609	1 278	926	3 325 443	922 652	0	3 328 400	936 771
卫生	8	1 609	1 278	926	3 325 443	922 652	0	3 328 400	936 771
社会工作	0	0	0	0	0	0	0	0	0
文化、体育和娱乐业	5	246	205	164	115 502	80 687	0	99 224	75 657
新闻和出版业	0	0	0	0	0	0	0	0	0
广播、电视、电影和影视录音制作业	0	0	0	0	0	0	0	0	0
文化艺术业	3	153	120	86	78 770	44 536	0	62 492	44 765
体育	2	93	85	78	36 732	36 151	0	36 732	30 892
娱乐业	0	0	0	0	0	0	0	0	0
公共管理、社会保障和社会组织	2	110	103	103	65 738	65 738	0	66 138	66 076
中国共产党机关	0	0	0	0	0	0	0	0	0
国家机构	2	110	103	103	65 738	65 738	0	66 138	66 076
人民政协、民主党派	0	0	0	0	0	0	0	0	0
社会保障	0	0	0	0	0	0	0	0	0
群众团体、社会团体和其他成员组织	0	0	0	0	0	0	0	0	0
基层群众自治组织	0	0	0	0	0	0	0	0	0
国际组织	0	0	0	0	0	0	0	0	0
国际组织	0	0	0	0	0	0	0	0	0

表2-4　按机构所属学科领域分布

学科领域	机构数（个）	从业人员总数（人）	单位在职科技活动人员	大学本科及以上学历	经费收入总额（千元）	政府资金	科技活动贷款（千元）	经费支出总额（千元）	科技经费支出
总　计	**181**	**21 181**	**16 886**	**13 118**	**11 627 362**	**6 056 764**	**5 000**	**11 513 557**	**7 115 722**
自然科学领域	15	2 553	2 309	1 892	1 424 294	1 111 825	0	1 270 650	1 046 169
农业科学领域	87	6 228	4 321	2 742	2 063 782	1 378 442	0	1 986 230	1 390 218
医学科学领域	11	2 144	1 792	1 354	3 530 805	1 112 572	0	3 584 531	1 174 337
工程科学与技术领域	43	8 863	7 288	6 191	4 044 788	2 031 297	5 000	4 171 596	3 109 375
社会、人文科学领域	25	1 393	1 176	939	563 693	422 628	0	500 550	395 623

表2-5　按机构中从事科技活动人员规模分布

人员规模	机构数（个）	从业人员总数（人）	单位在职科技活动人员	大学本科及以上学历	经费收入总额（千元）	政府资金	科技活动贷款（千元）	经费支出总额（千元）	科技经费支出
总　计	**181**	**21 181**	**16 886**	**13 118**	**11 627 362**	**6 056 764**	**5 000**	**11 513 557**	**7 115 722**
≥1000人	2	2 394	2 124	1 998	817 019	492 101	5 000	807 288	522 678
500～999人	2	1 706	1 568	1 188	1 074 405	6 982 39	0	1 161 567	1 056 696
300～499人	7	3 450	2 781	2 219	2 530 560	931 070	0	2 693 695	1 228 018
200～299人	10	3 290	2 724	2 198	3 463 246	1 555 624	0	3 405 572	1 878 651
100～199人	26	4 166	3 447	2 717	1 660 006	1 059 621	0	1 545 823	1 159 424
50～99人	27	2 725	1 989	1 345	1 132 019	737 189	0	1 034 391	684 686
30～49人	29	1 775	1 127	780	480 538	280 547	0	456 005	332 617
20～29人	20	746	495	286	269 928	160 296	0	226 612	150 018
10～19人	36	692	501	314	144 886	96 911	0	136 489	81 032
0～9人	22	237	130	73	54 755	45 166	0	46 115	21 902

表3　全部县以上部门属科技机构人员概况（2013）

表3–1　按地域分布

单位：人

地域	从业人员总数	单位在职科技活动人员		外来流动科技活动人员		离退休人员
			女性	外聘的流动学者	非本单位在读研究生	
总　计	**21 181**	**16 886**	**6 088**	**491**	**2 799**	**11 010**
广州市	16 620	13 284	4 857	405	2 266	8 177
韶关市	256	189	65	0	0	276
深圳市	1 035	1 035	372	58	482	0
珠海市	209	162	51	0	0	131
汕头市	438	284	118	0	0	352
佛山市	129	101	34	1	0	204
江门市	75	49	12	0	0	19
湛江市	772	560	194	15	24	762
茂名市	151	114	32	4	0	130
肇庆市	122	103	31	6	0	201
惠州市	341	215	54	2	1	121
梅州市	183	157	73	0	0	118
汕尾市	15	13	3	0	0	7
河源市	19	14	6	0	0	2
阳江市	58	44	12	0	0	31
清远市	2	0	0	0	0	5
东莞市	448	346	83	0	26	109
中山市	109	77	41	0	0	179
潮州市	80	74	30	0	0	51
揭阳市	86	47	12	0	0	61
云浮市	33	18	8	0	0	74

表3–2　按隶属关系分布

单位：人

隶属关系	从业人员总数	单位在职科技活动人员		外来流动科技活动人员		离退休人员
			女性	外聘的流动学者	非本单位在读研究生	
总　计	**21 181**	**16 886**	**6 088**	**491**	**2 799**	**11 010**
地方部门属	12 863	9 633	3 650	104	364	7 001
省级部门属	7 614	5 878	2 322	65	305	3 507
副省级城市属	2 134	1 500	566	14	30	1 114
地市级部门属	3 115	2 255	762	25	29	2 380
中央部门属	8 318	7 253	2 438	387	2 435	4 009
中国科学院	3 246	3 130	1 126	305	2 032	1 209

表4　全部县以上部门属科技机构人员按工作性质分类（2013）

表4–1　按地域分布

单位：人

地域	单位在职科技活动人员				生产经营活动人员	其他人员
		科技管理	课题活动	科技服务		
总　计	**16 886**	**2 439**	**11 103**	**3 344**	**1 893**	**2 402**
广州市	13 284	1 750	8 957	2 577	1 435	1 901
韶关市	189	29	105	55	35	32
深圳市	1 035	172	806	57	0	0
珠海市	162	16	87	59	17	30
汕头市	284	65	143	76	46	108
佛山市	101	30	47	24	13	15
江门市	49	10	34	5	13	13
湛江市	560	84	292	184	95	117
茂名市	114	31	62	21	16	21
肇庆市	103	17	73	13	2	17

（续上表）

地域	单位在职科技活动人员				生产经营活动人员	其他人员
		科技管理	课题活动	科技服务		
惠州市	215	54	94	67	69	57
梅州市	157	43	101	13	26	0
汕尾市	13	4	0	9	2	0
河源市	14	6	0	8	2	3
阳江市	44	6	30	8	9	5
清远市	0	0	0	0	2	0
东莞市	346	88	150	108	55	47
中山市	77	16	53	8	8	24
潮州市	74	9	50	15	0	6
揭阳市	47	8	15	24	33	6
云浮市	18	1	4	13	15	0

表4–2　按隶属关系分布

单位：人

隶属关系	单位在职科技活动人员				生产经营活动人员	其他人员
		科技管理	课题活动	科技服务		
总　计	**16 886**	**2 439**	**11 103**	**3 344**	**1 893**	**2 402**
地方部门属	9 633	1 574	5 860	2 199	1 498	1 732
省级部门属	5 878	893	3 772	1 213	778	958
副省级城市属	1 500	210	906	384	309	325
地市级部门属	2 255	471	1 182	602	411	449
中央部门属	7 253	865	5 243	1 145	395	670
中国科学院	3 130	413	2 259	458	7	109

表4–3 按机构所属学科领域分布

单位：人

学科领域	单位在职科技活动人员	科技管理	课题活动	科技服务	生产经营活动人员	其他人员
总　计	**16 886**	**2 439**	**11 103**	**3 344**	**1 893**	**2 402**
自然科学领域	2 309	319	1 578	412	90	154
农业科学领域	4 321	747	2 601	973	1 032	875
医学科学领域	1 792	208	1 160	424	16	336
工程科学与技术领域	7 288	897	5 055	1 336	676	899
社会、人文科学领域	1 176	268	709	199	79	138

表5 全部县以上部门属科技机构科技活动人员的资历和文化程度（2013）

表5–1 按地域分布

单位：人

地域	单位在职科技活动人员	学历					职称		
		博士毕业	硕士毕业	本科毕业	大专毕业	其他	高级	中级	其他
总　计	**16 886**	**2 469**	**4 803**	**5 846**	**2 188**	**1 580**	**4 565**	**5 007**	**7 314**
广州市	13 284	2 055	3 878	4 851	1 504	996	3 957	4 111	5 216
韶关市	189	0	12	75	49	53	22	51	116
深圳市	1 035	318	540	142	35	0	182	236	617
珠海市	162	6	15	48	29	64	27	38	97
汕头市	284	0	9	113	76	86	55	48	181
佛山市	101	0	33	28	18	22	28	34	39
江门市	49	0	6	34	5	4	10	21	18
湛江市	560	44	132	136	127	121	109	174	277
茂名市	114	1	6	48	45	14	21	39	54
肇庆市	103	0	8	37	29	29	7	35	61
惠州市	215	5	25	69	62	54	18	43	154

（续上表）

地域	单位在职科技活动人员	学历					职称		
		博士毕业	硕士毕业	本科毕业	大专毕业	其他	高级	中级	其他
梅州市	157	0	16	63	61	17	38	46	73
汕尾市	13	0	0	3	9	1	0	2	11
河源市	14	0	0	7	7	0	2	1	11
阳江市	44	0	2	15	18	9	6	16	22
清远市	0	0	0	0	0	0	0	0	0
东莞市	346	38	110	95	50	53	53	51	242
中山市	77	2	10	50	8	7	13	31	33
潮州市	74	0	0	13	23	38	11	11	52
揭阳市	47	0	0	14	24	9	4	15	28
云浮市	18	0	1	5	9	3	2	4	12

表5–2　按隶属关系分布

单位：人

隶属关系	单位在职科技活动人员	学历					职称		
		博士毕业	硕士毕业	本科毕业	大专毕业	其他	高级	中级	其他
总　计	**16 886**	**2 469**	**4 803**	**5 846**	**2 188**	**1 580**	**4 565**	**5 007**	**7 314**
地方部门属	9 633	775	2 394	3 886	1 587	991	2 425	2 736	4 472
省级部门属	5 878	628	1 618	2 412	852	368	1 649	1 781	2 448
副省级城市属	1 500	86	450	718	159	87	417	414	669
地市级部门属	2 255	61	326	756	576	536	359	541	1 355
中央部门属	7 253	1 694	2 409	1 960	601	589	2 140	2 271	2 842
中国科学院	3 130	1 210	987	555	180	198	966	979	1 185

表5–3 按机构服务的国民经济行业分布

单位：人

行业	单位在职科技活动人员	学历					职称		
		博士毕业	硕士毕业	本科毕业	大专毕业	其他	高级	中级	其他
总　计	**16 886**	**2 469**	**4 803**	**5 846**	**2 188**	**1 580**	**4 565**	**5 007**	**7 314**
农、林、牧、渔业	3 541	383	718	1 088	664	688	899	1 021	1 621
农业	1 591	137	286	464	326	378	415	390	786
林业	587	69	86	228	138	66	150	170	267
畜牧业	305	50	69	80	51	55	86	110	109
渔业	501	81	156	157	57	50	152	178	171
农、林、牧、渔服务业	557	46	121	159	92	139	96	173	288
采矿业	1 089	108	392	498	91	0	415	335	339
煤炭开采和洗选业	0	0	0	0	0	0	0	0	0
石油和天然气开采业	0	0	0	0	0	0	0	0	0
黑色金属矿采选业	0	0	0	0	0	0	0	0	0
有色金属矿采选业	1 089	108	392	498	91	0	415	335	339
非金属矿采选业	0	0	0	0	0	0	0	0	0
开采辅助活动	0	0	0	0	0	0	0	0	0
其他采矿业	0	0	0	0	0	0	0	0	0
制造业	1 435	167	395	504	182	187	327	430	678
农副食品加工业	445	33	109	148	80	75	107	126	212
食品制造业	166	27	60	69	10	0	41	44	81
酒、饮料和精制茶制造业	0	0	0	0	0	0	0	0	0
烟草制品业	0	0	0	0	0	0	0	0	0
纺织业	0	0	0	0	0	0	0	0	0
纺织服装、服饰业	0	0	0	0	0	0	0	0	0
皮革、毛皮、羽毛及其制品和制鞋业	0	0	0	0	0	0	0	0	0
木材加工和木、竹、藤、棕、草制品业	0	0	0	0	0	0	0	0	0
家具制造业	0	0	0	0	0	0	0	0	0

（续上表）

行业	单位在职科技活动人员	学历					职称		
		博士毕业	硕士毕业	本科毕业	大专毕业	其他	高级	中级	其他
造纸和纸制品业	0	0	0	0	0	0	0	0	0
印刷和记录媒介复制业	0	0	0	0	0	0	0	0	0
文教、工美、体育和娱乐用品制造业	0	0	0	0	0	0	0	0	0
石油加工、炼焦和核燃料加工业	7	0	0	3	4	0	0	6	1
化学原料和化学制品制造业	0	0	0	0	0	0	0	0	0
医药制造业	535	106	185	155	47	42	96	182	257
化学纤维制造业	17	0	1	6	1	9	4	2	11
橡胶和塑料制品业	0	0	0	0	0	0	0	0	0
非金属矿物制品业	0	0	0	0	0	0	0	0	0
黑色金属冶炼和压延加工业	24	0	1	9	2	12	2	8	14
有色金属冶炼和压延加工业	0	0	0	0	0	0	0	0	0
金属制品业	0	0	0	0	0	0	0	0	0
通用设备制造业	0	0	0	0	0	0	0	0	0
专用设备制造业	200	1	39	111	29	20	76	55	69
汽车制造业	0	0	0	0	0	0	0	0	0
铁路、船舶、航空航天和其他运输设备制造业	0	0	0	0	0	0	0	0	0
电气机械和器材制造业	0	0	0	0	0	0	0	0	0
计算机、通信和其他电子设备制造业	18	0	0	3	9	6	1	3	14
仪器仪表制造业	23	0	0	0	0	23	0	4	19
其他制造业	0	0	0	0	0	0	0	0	0
废弃资源综合利用业	0	0	0	0	0	0	0	0	0
金属制品、机械和设备修理业	0	0	0	0	0	0	0	0	0
电力、热力、燃气及水生产和供应业	0	0	0	0	0	0	0	0	0
电力、热力生产和供应业	0	0	0	0	0	0	0	0	0
燃气生产和供应业	0	0	0	0	0	0	0	0	0
水的生产和供应业	0	0	0	0	0	0	0	0	0

（续上表）

行业	单位在职科技活动人员	学历					职称		
		博士毕业	硕士毕业	本科毕业	大专毕业	其他	高级	中级	其他
建筑业	0	0	0	0	0	0	0	0	0
房屋建筑业	0	0	0	0	0	0	0	0	0
土木工程建筑业	0	0	0	0	0	0	0	0	0
建筑安装业	0	0	0	0	0	0	0	0	0
建筑装饰和其他建筑业	0	0	0	0	0	0	0	0	0
批发和零售业	0	0	0	0	0	0	0	0	0
批发业	0	0	0	0	0	0	0	0	0
零售业	0	0	0	0	0	0	0	0	0
交通运输、仓储和邮政业	76	2	45	23	4	2	37	21	18
铁路运输业	0	0	0	0	0	0	0	0	0
道路运输业	57	2	43	12	0	0	29	16	12
水上运输业	19	0	2	11	4	2	8	5	6
航空运输业	0	0	0	0	0	0	0	0	0
管道运输业	0	0	0	0	0	0	0	0	0
装卸搬运和运输代理业	0	0	0	0	0	0	0	0	0
仓储业	0	0	0	0	0	0	0	0	0
邮政业	0	0	0	0	0	0	0	0	0
住宿和餐饮业	0	0	0	0	0	0	0	0	0
住宿业	0	0	0	0	0	0	0	0	0
餐饮业	0	0	0	0	0	0	0	0	0
信息传输、软件和信息技术服务业	275	12	52	160	38	13	75	97	103
电信、广播电视和卫星传输服务	90	8	20	44	16	2	21	23	46
互联网和相关服务	0	0	0	0	0	0	0	0	0
软件和信息技术服务业	185	4	32	116	22	11	54	74	57
金融业	0	0	0	0	0	0	0	0	0
货币金融服务	0	0	0	0	0	0	0	0	0

（续上表）

行业	单位在职科技活动人员	学历					职称		
		博士毕业	硕士毕业	本科毕业	大专毕业	其他	高级	中级	其他
资本市场服务	0	0	0	0	0	0	0	0	0
保险业	0	0	0	0	0	0	0	0	0
其他金融业	0	0	0	0	0	0	0	0	0
房地产业	0	0	0	0	0	0	0	0	0
房地产业	0	0	0	0	0	0	0	0	0
租赁和商务服务业	0	0	0	0	0	0	0	0	0
租赁业	0	0	0	0	0	0	0	0	0
商务服务业	0	0	0	0	0	0	0	0	0
科学研究和技术服务业	7 416	1 487	2 290	2 434	736	469	1 945	2 204	3 267
研究和试验发展	4 178	1 006	1 494	1 079	365	234	1 076	1 234	1 868
专业技术服务业	3 196	481	792	1 335	360	228	857	957	1 382
科技推广和应用服务业	42	0	4	20	11	7	12	13	17
水利、环境和公共设施管理业	1 425	180	509	435	167	134	419	412	594
水利管理业	879	77	328	246	102	126	219	236	424
生态保护和环境治理业	546	103	181	189	65	8	200	176	170
公共设施管理业	0	0	0	0	0	0	0	0	0
居民服务、修理和其他服务业	0	0	0	0	0	0	0	0	0
居民服务业	0	0	0	0	0	0	0	0	0
机动车、电子产品和日用产品修理业	0	0	0	0	0	0	0	0	0
其他服务业	0	0	0	0	0	0	0	0	0
教育	43	3	22	18	0	0	18	19	6
教育	43	3	22	18	0	0	18	19	6
卫生和社会工作	1 278	115	285	526	270	82	365	388	525
卫生	1 278	115	285	526	270	82	365	388	525
社会工作	0	0	0	0	0	0	0	0	0
文化、体育和娱乐业	205	11	66	87	36	5	57	63	85

（续上表）

行业	单位在职科技活动人员	学历					职称		
		博士毕业	硕士毕业	本科毕业	大专毕业	其他	高级	中级	其他
新闻和出版业	0	0	0	0	0	0	0	0	0
广播、电视、电影和影视录音制作业	0	0	0	0	0	0	0	0	0
文化艺术业	120	4	23	59	29	5	39	34	47
体育	85	7	43	28	7	0	18	29	38
娱乐业	0	0	0	0	0	0	0	0	0
公共管理、社会保障和社会组织	103	1	29	73	0	0	8	17	78
中国共产党机关	0	0	0	0	0	0	0	0	0
国家机构	103	1	29	73	0	0	8	17	78
人民政协、民主党派	0	0	0	0	0	0	0	0	0
社会保障	0	0	0	0	0	0	0	0	0
群众团体、社会团体和其他成员组织	0	0	0	0	0	0	0	0	0
基层群众自治组织	0	0	0	0	0	0	0	0	0
国际组织	0	0	0	0	0	0	0	0	0
国际组织	0	0	0	0	0	0	0	0	0

表6　全部县以上部门属科技机构经费收入（2013）

表6–1　按地域分布

单位：千元

地域	科技活动收入	政府资金				非政府资金			生产经营活动收入	其他收入
			财政拨款	承担政府科研项目收入	其他		技术性收入	国外资金		
总　计	**7 242 654**	**5 502 381**	**2 988 165**	**1 443 117**	**107 085**	**1 740 273**	**1 611 864**	**4 035**	**2 087 512**	**2 297 196**
广州市	6 368 634	4 696 930	2 479 211	1 184 337	98 740	1 671 704	1 552 342	4 035	2 016 186	2 200 079
韶关市	58 557	44 105	29 195	10 297	513	14 452	14 452	0	8 441	13 565

（续上表）

地域	科技活动收入	政府资金				非政府资金			生产经营活动收入	其他收入
			财政拨款	承担政府科研项目收入	其他		技术性收入	国外资金		
深圳市	322 444	298 784	163 716	135 068	0	23 660	23 660	0	0	0
珠海市	18 036	18 036	10 692	5 544	0	0	0	0	4 646	5 076
汕头市	45 642	39 609	34 947	4 282	380	6 033	6 033	0	15 954	6 713
佛山市	51 627	50 440	40 592	5 949	0	1 187	1 187	0	0	1 745
江门市	10 781	9 553	4 554	3 748	145	1 228	614	0	3 013	1 430
湛江市	138 054	129 467	84 471	33 051	165	8 587	6 623	0	14 291	18 077
茂名市	16 675	16 675	9 475	7 200	0	0	0	0	1 093	2 133
肇庆市	17 395	16 134	10 399	3 421	0	1 261	0	0	704	3 971
惠州市	53 861	53 076	35 679	10 916	3 686	785	785	0	2 460	6 401
梅州市	24 199	23 335	19 314	3 080	941	864	864	0	422	5 269
汕尾市	1 639	1 639	1 579	0	60	0	0	0	0	0
河源市	4 236	1 768	1 428	0	340	2 468	0	0	0	0
阳江市	8 707	7 851	4 941	2 595	195	856	856	0	178	83
清远市	0	0	0	0	0	0	0	0	7	0
东莞市	65 143	58 475	32 732	24 188	97	6 668	3 928	0	17 338	11 420
中山市	17 491	17 491	8 950	8 541	0	0	0	0	597	20 040
潮州市	8 625	8 625	8 625	0	0	0	0	0	0	825
揭阳市	8 353	8 353	6 458	350	1 545	0	0	0	454	0
云浮市	2 555	2 035	1 207	550	278	520	520	0	1 728	369

表6-2 按隶属关系分布

单位：千元

学科领域	科技活动收入	政府资金				非政府资金			生产经营活动收入	其他收入
			财政拨款	承担政府科研项目收入	其他		技术性收入	国外资金		
总　计	**7 242 654**	**5 502 381**	**2 988 165**	**1 443 117**	**107 085**	**1 740 273**	**1 611 864**	**4 035**	**2 087 512**	**2 297 196**
地方部门属	4 096 645	3 224 791	1 791 348	619 832	34 684	871 854	797 005	1 946	1 736 196	1 944 914
省级部门属	2 865 756	2 196 469	1 155 114	412 220	11 776	669 287	601 521	1 946	1 564 281	1 697 790
副省级城市属	774 650	601 308	360 964	98 700	14 728	173 342	173 342	0	112 484	153 422
地市级部门属	456 239	427 014	275 270	108 912	8 180	29 225	22 142	0	59 431	93 702
中央部门属	3 146 009	2 277 590	1 196 817	823 285	72 401	868 419	814 859	2 089	351 316	352 282
中国科学院	1 480 337	1 288 501	771 133	444 305	59 363	191 836	167 028	1 889	15 453	132 979

表6-3 按服务的国民经济行业分布

单位：千元

行业	科技活动收入	政府资金				非政府资金			生产经营活动收入	其他收入
			财政拨款	承担政府科研项目收入	其他		技术性收入	国外资金		
总　计	**7 242 654**	**5 502 381**	**2 988 165**	**1 443 117**	**107 085**	**1 740 273**	**1 611 864**	**4 035**	**2 087 512**	**2 297 196**
农、林、牧、渔业	1 203 702	1 069 002	590 731	329 768	11 682	134 700	91 137	487	166 920	230 166
农业	450 355	398 026	271 627	90 049	2 222	52 329	32 097	287	68 641	74 803
林业	220 689	194 488	72 284	96 961	4 105	26 201	13 543	200	19 069	40 730
畜牧业	93 133	82 958	43 757	35 105	610	10 175	3 702	0	48 827	10 880
渔业	260 332	218 549	104 917	52 094	4 551	41 783	41 651	0	15 314	45 179
农、林、牧、渔服务业	179 193	174 981	98 146	55 559	194	4 212	144	0	15 069	58 574
采矿业	198 844	146 699	57 059	89 241	399	52 145	52 145	0	243 967	51 764
煤炭开采和洗选业	0	0	0	0	0	0	0	0	0	0
石油和天然气开采业	0	0	0	0	0	0	0	0	0	0

（续上表）

行业	科技活动收入	政府资金				非政府资金			生产经营活动收入	其他收入
		政府资金	财政拨款	承担政府科研项目收入	其他	非政府资金	技术性收入	国外资金		
黑色金属矿采选业	0	0	0	0	0	0	0	0	0	0
有色金属矿采选业	198 844	146 699	57 059	89 241	399	52 145	52 145	0	243 967	51 764
非金属矿采选业	0	0	0	0	0	0	0	0	0	0
开采辅助活动	0	0	0	0	0	0	0	0	0	0
其他采矿业	0	0	0	0	0	0	0	0	0	0
制造业	554 491	380 179	250 691	108 461	16 549	174 312	158 265	0	102 151	77 404
农副食品加工业	135 203	90 689	55 060	32 252	3 377	44 514	29 179	0	45 264	26 260
食品制造业	64 142	41 828	31 921	9 907	0	22 314	22 314	0	4 843	14 476
酒、饮料和精制茶制造业	0	0	0	0	0	0	0	0	0	0
烟草制品业	0	0	0	0	0	0	0	0	0	0
纺织业	0	0	0	0	0	0	0	0	0	0
纺织服装、服饰业	0	0	0	0	0	0	0	0	0	0
皮革、毛皮、羽毛及其制品和制鞋业	0	0	0	0	0	0	0	0	0	0
木材加工和木、竹、藤、棕、草制品业	0	0	0	0	0	0	0	0	0	0
家具制造业	0	0	0	0	0	0	0	0	0	0
造纸和纸制品业	0	0	0	0	0	0	0	0	0	0
印刷和记录媒介复制业	0	0	0	0	0	0	0	0	0	0
文教、工美、体育和娱乐用品制造业	0	0	0	0	0	0	0	0	0	0
石油加工、炼焦和核燃料加工业	1 243	1 243	1 243	0	0	0	0	0	184	1 496
化学原料和化学制品制造业	0	0	0	0	0	0	0	0	0	0
医药制造业	203 269	188 974	143 972	32 296	12 706	14 295	13 583	0	876	5 704
化学纤维制造业	3 044	3 044	2 277	767	0	0	0	0	1 068	5 981
橡胶和塑料制品业	0	0	0	0	0	0	0	0	0	0
非金属矿物制品业	0	0	0	0	0	0	0	0	0	0
黑色金属冶炼和压延加工业	1 100	1 100	0	600	0	0	0	0	31 741	11 012

（续上表）

行业	科技活动收入	政府资金	财政拨款	承担政府科研项目收入	其他	非政府资金	技术性收入	国外资金	生产经营活动收入	其他收入
有色金属冶炼和压延加工业	0	0	0	0	0	0	0	0	0	0
金属制品业	0	0	0	0	0	0	0	0	0	0
通用设备制造业	0	0	0	0	0	0	0	0	0	0
专用设备制造业	145 515	52 766	15 783	32 539	466	92 749	92 749	0	16 910	11 422
汽车制造业	0	0	0	0	0	0	0	0	0	0
铁路、船舶、航空航天和其他运输设备制造业	0	0	0	0	0	0	0	0	0	0
电气机械和器材制造业	0	0	0	0	0	0	0	0	0	0
计算机、通信和其他电子设备制造业	0	0	0	0	0	0	0	0	1 265	906
仪器仪表制造业	975	535	435	100	0	440	440	0	0	147
其他制造业	0	0	0	0	0	0	0	0	0	0
废弃资源综合利用业	0	0	0	0	0	0	0	0	0	0
金属制品、机械和设备修理业	0	0	0	0	0	0	0	0	0	0
电力、热力、燃气及水生产和供应业	0	0	0	0	0	0	0	0	0	0
电力、热力生产和供应业	0	0	0	0	0	0	0	0	0	0
燃气生产和供应业	0	0	0	0	0	0	0	0	0	0
水的生产和供应业	0	0	0	0	0	0	0	0	0	0
建筑业	0	0	0	0	0	0	0	0	0	0
房屋建筑业	0	0	0	0	0	0	0	0	0	0
土木工程建筑业	0	0	0	0	0	0	0	0	0	0
建筑安装业	0	0	0	0	0	0	0	0	0	0
建筑装饰和其他建筑业	0	0	0	0	0	0	0	0	0	0
批发和零售业	0	0	0	0	0	0	0	0	0	0
批发业	0	0	0	0	0	0	0	0	0	0
零售业	0	0	0	0	0	0	0	0	0	0
交通运输、仓储和邮政业	60 549	39 196	11 584	27 612	0	21 353	21 353	0	0	4 659

（续上表）

行业	科技活动收入	政府资金				非政府资金			生产经营活动收入	其他收入
			财政拨款	承担政府科研项目收入	其他		技术性收入	国外资金		
铁路运输业	0	0	0	0	0	0	0	0	0	0
道路运输业	55 698	35 607	9 220	26 387	0	20 091	20 091	0	0	211
水上运输业	4 851	3 589	2 364	1 225	0	1 262	1 262	0	0	4 448
航空运输业	0	0	0	0	0	0	0	0	0	0
管道运输业	0	0	0	0	0	0	0	0	0	0
装卸搬运和运输代理业	0	0	0	0	0	0	0	0	0	0
仓储业	0	0	0	0	0	0	0	0	0	0
邮政业	0	0	0	0	0	0	0	0	0	0
住宿和餐饮业	0	0	0	0	0	0	0	0	0	0
住宿业	0	0	0	0	0	0	0	0	0	0
餐饮业	0	0	0	0	0	0	0	0	0	0
信息传输、软件和信息技术服务业	65 495	50 001	24 543	25 458	0	15 494	15 494	0	41 421	9 458
电信、广播电视和卫星传输服务	26 200	11 692	5 330	6 362	0	14 508	14 508	0	8 409	6 340
互联网和相关服务	0	0	0	0	0	0	0	0	0	0
软件和信息技术服务业	39 295	38 309	19 213	19 096	0	986	986	0	33 012	3 118
金融业	0	0	0	0	0	0	0	0	0	0
货币金融服务	0	0	0	0	0	0	0	0	0	0
资本市场服务	0	0	0	0	0	0	0	0	0	0
保险业	0	0	0	0	0	0	0	0	0	0
其他金融业	0	0	0	0	0	0	0	0	0	0
房地产业	0	0	0	0	0	0	0	0	0	0
房地产业	0	0	0	0	0	0	0	0	0	0
租赁和商务服务业	0	0	0	0	0	0	0	0	0	0
租赁业	0	0	0	0	0	0	0	0	0	0
商务服务业	0	0	0	0	0	0	0	0	0	0

（续上表）

行业	科技活动收入	政府资金				非政府资金			生产经营活动收入	其他收入
		政府资金	财政拨款	承担政府科研项目收入	其他	非政府资金	技术性收入	国外资金		
科学研究和技术服务业	3 496 665	2 573 221	1 326 406	783 128	60 970	923 444	892 953	1 889	413 533	411 744
研究和试验发展	1 665 951	1 224 588	621 409	476 158	13 473	441 363	415 304	1 750	49 740	157 854
专业技术服务业	1 824 304	1 342 712	699 541	306 505	47 497	481 592	477 160	139	363 793	252 848
科技推广和应用服务业	6 410	5 921	5 456	465	0	489	489	0	0	1 042
水利、环境和公共设施管理业	565 399	195 944	144 428	36 662	0	369 455	359 188	1 386	77 250	117 052
水利管理业	370 395	110 269	89 369	10 350	0	260 126	260 126	0	0	40 569
生态保护和环境治理业	195 004	85 675	55 059	26 312	0	109 329	99 062	1 386	77 250	76 483
公共设施管理业	0	0	0	0	0	0	0	0	0	0
居民服务、修理和其他服务业	0	0	0	0	0	0	0	0	0	0
居民服务业	0	0	0	0	0	0	0	0	0	0
机动车、电子产品和日用产品修理业	0	0	0	0	0	0	0	0	0	0
其他服务业	0	0	0	0	0	0	0	0	0	0
教育	11 705	11 705	11 705	0	0	0	0	0	0	16 340
教育	11 705	11 705	11 705	0	0	0	0	0	0	16 340
卫生和社会工作	944 752	896 181	474 384	20 489	2 711	48 571	20 705	273	1 008 915	1 371 776
卫生	944 752	896 181	474 384	20 489	2 711	48 571	20 705	273	1 008 915	1 371 776
社会工作	0	0	0	0	0	0	0	0	0	0
文化、体育和娱乐业	75 376	74 577	46 442	21 198	390	799	624	0	33 355	6 771
新闻和出版业	0	0	0	0	0	0	0	0	0	0
广播、电视、电影和影视录音制作业	0	0	0	0	0	0	0	0	0	0
文化艺术业	39 802	39 003	33 295	5 318	390	799	624	0	33 355	5 613
体育	35 574	35 574	13 147	15 880	0	0	0	0	0	1 158
娱乐业	0	0	0	0	0	0	0	0	0	0
公共管理、社会保障和社会组织	65 676	65 676	50 192	1 100	14 384	0	0	0	0	62
中国共产党机关	0	0	0	0	0	0	0	0	0	0

（续上表）

行业	科技活动收入	政府资金				非政府资金			生产经营活动收入	其他收入
			财政拨款	承担政府科研项目收入	其他		技术性收入	国外资金		
国家机构	65 676	65 676	50 192	1 100	14 384	0	0	0	0	62
人民政协、民主党派	0	0	0	0	0	0	0	0	0	0
社会保障	0	0	0	0	0	0	0	0	0	0
群众团体、社会团体和其他成员组织	0	0	0	0	0	0	0	0	0	0
基层群众自治组织	0	0	0	0	0	0	0	0	0	0
国际组织	0	0	0	0	0	0	0	0	0	0
国际组织	0	0	0	0	0	0	0	0	0	0

表6-4　按机构所属学科领域分布

单位：千元

学科领域	科技活动收入	政府资金				非政府资金			生产经营活动收入	其他收入
			财政拨款	承担政府科研项目收入	其他		技术性收入	国外资金		
总　计	**7 242 654**	**5 502 381**	**2 988 165**	**1 443 117**	**107 085**	**1 740 273**	**1 611 864**	**4 035**	**2 087 512**	**2 297 196**
自然科学领域	1 230 279	970 116	592 085	305 876	67 944	260 163	228 268	3 275	40 972	153 043
农业科学领域	1 536 144	1 232 656	673 163	397 418	12 148	303 488	258 588	487	209 200	318 438
医学科学领域	1 145 865	1 083 176	618 356	50 863	15 360	62 689	34 111	273	1 008 915	1 376 025
工程科学与技术领域	2 906 075	1 838 791	838 684	609 648	9 884	1 067 284	1 048 193	0	756 241	382 472
社会、人文科学领域	424 291	377 642	265 877	79 312	1 749	46 649	42 704	0	72 184	67 218

表7　全部县以上部门属科技机构经费支出（2013）

表7–1　按地域分布

单位：千元

地域	科技经费内部支出	科技经费日常支出				科研基建	生产经营支出	其他支出
			人员劳务费	设备购置费	其他日常支出			
总　计	**7 115 722**	**5 579 063**	**2 135 014**	**551 334**	**2 892 715**	**1 536 659**	**1 957 778**	**2 410 900**
广州市	6 273 363	4 768 719	1 762 352	446 063	2 560 304	1 504 644	1 902 787	2 281 888
韶关市	61 331	56 377	17 601	4 462	34 314	4 954	5 888	10 616
深圳市	316 393	316 393	149 330	60 097	106 966	0	0	0
珠海市	18 086	16 286	8 790	827	6 669	1 800	4 049	5 503
汕头市	46 211	46 211	29 306	1 092	15 813	0	12 679	5 859
佛山市	45 846	41 947	14 041	6 595	21 311	3 899	0	9 476
江门市	11 755	10 649	3 837	0	6 812	1 106	683	3 994
湛江市	125 370	113 590	43 337	19 884	50 369	11 780	12 205	31 232
茂名市	17 879	17 879	9 278	965	7 636	0	0	1 427
肇庆市	16 874	14 560	6 316	2 273	5 971	2 314	663	5 263
惠州市	39 933	35 939	18 864	2 672	14 403	3 994	5 414	10 557
梅州市	29 259	29 259	16 960	373	11 926	0	820	6 353
汕尾市	1 330	1 330	700	0	630	0	0	298
河源市	2 129	2 129	1 596	41	492	0	288	957
阳江市	5 652	5 532	4 120	40	1 372	120	780	479
清远市	483	483	466	0	17	0	0	0
东莞市	75 688	73 640	33 262	5 938	34 440	2 048	9 951	7 871
中山市	11 706	11 706	5 626	0	6 080	0	597	24 895
潮州市	6 853	6 853	4 056	8	2 789	0	0	2 682
揭阳市	6 483	6 483	3 186	0	3 297	0	715	645
云浮市	3 098	3 098	1 990	4	1 104	0	259	905

表7–2　按隶属关系分布

单位：千元

隶属关系	科技经费内部支出	科技经费日常支出				科研基建	生产经营支出	其他支出
			人员劳务费	设备购置费	其他日常支出			
总　计	**7 115 722**	**5 579 063**	**2 135 014**	**551 334**	**2 892 715**	**1 536 659**	**1 957 778**	**2 410 900**
地方部门属	3 926 479	2 877 540	1 083 782	224 129	1 569 629	1 048 939	1 618 436	1 964 201
省级部门属	2 778 149	1 901 050	719 485	142 736	1 038 829	877 099	1 481 027	1 701 148
副省级城市属	700 898	565 905	171 285	52 719	341 901	134 993	92 686	149 548
地市级部门属	447 432	410 585	193 012	28 674	188 899	36 847	44 723	113 505
中央部门属	3 189 243	2 701 523	1 051 232	327 205	1 323 086	487 720	339 342	446 699
中国科学院	1 393 731	1 340 450	494 600	199 696	646 154	53 281	15 571	176 783

表7–3　按机构所属学科领域分布

单位：千元

学科领域	科技经费内部支出	科技经费日常支出				科研基建	生产经营支出	其他支出
			人员劳务费	设备购置费	其他日常支出			
总　计	**7 115 722**	**5 579 063**	**2 135 014**	**551 334**	**2 892 715**	**1 536 659**	**1 957 778**	**2 410 900**
自然科学领域	1 046 169	1 030 993	364 454	83 647	582 892	15 176	26 183	198 298
农业科学领域	1 390 218	1 230 571	438 810	120 727	671 034	159 647	188 442	378 888
医学科学领域	1 174 337	668 914	188 500	59 832	420 582	505 423	1 000 520	1 409 674
工程科学与技术领域	3 109 375	2 283 666	989 398	269 782	1 024 486	825 709	730 562	331 184
社会、人文科学领域	395 623	364 919	153 852	17 346	193 721	30 704	12 071	92 856

表7–4 按服务的国民经济行业分布

单位：千元

行业	科技经费内部支出	科技经费日常支出				科研基建	生产经营支出	其他支出
		科技经费日常支出	人员劳务费	设备购置费	其他日常支出			
总　计	**7 115 722**	**5 579 063**	**2 135 014**	**551 334**	**2 892 715**	**1 536 659**	**1 957 778**	**2 410 900**
农、林、牧、渔业	1 078 932	938 452	340 607	82 285	515 560	140 480	145 276	287 843
农业	433 964	398 897	168 175	29 075	201 647	35 067	62 207	79 118
林业	194 868	171 808	58 158	15 847	97 803	23 060	16 868	37 897
畜牧业	97 481	93 197	35 251	5 273	52 673	4 284	35 585	9 598
渔业	216 571	159 584	26 589	17 797	115 198	56 987	15 795	91 000
农、林、牧、渔服务业	136 048	114 966	52 434	14 293	48 239	21 082	14 821	70 230
采矿业	206 285	195 484	109 191	36 923	49 370	10 801	235 467	48 668
煤炭开采和洗选业	0	0	0	0	0	0	0	0
石油和天然气开采业	0	0	0	0	0	0	0	0
黑色金属矿采选业	0	0	0	0	0	0	0	0
有色金属矿采选业	206 285	195 484	109 191	36 923	49 370	10 801	235 467	48 668
非金属矿采选业	0	0	0	0	0	0	0	0
开采辅助活动	0	0	0	0	0	0	0	0
其他采矿业	0	0	0	0	0	0	0	0
制造业	558 416	529 790	177 889	62 466	289 435	28 626	96 488	101 757
农副食品加工业	116 591	116 591	41 659	12 403	62 529	0	45 264	35 731
食品制造业	51 023	51 023	20 605	3 645	26 773	0	4 639	9 578
酒、饮料和精制茶制造业	0	0	0	0	0	0	0	0
烟草制品业	0	0	0	0	0	0	0	0
纺织业	0	0	0	0	0	0	0	0
纺织服装、服饰业	0	0	0	0	0	0	0	0
皮革、毛皮、羽毛及其制品和制鞋业	0	0	0	0	0	0	0	0
木材加工和木、竹、藤、棕、草制品业	0	0	0	0	0	0	0	0
家具制造业	0	0	0	0	0	0	0	0

（续上表）

行业	科技经费内部支出	科技经费日常支出	人员劳务费	设备购置费	其他日常支出	科研基建	生产经营支出	其他支出
造纸和纸制品业	0	0	0	0	0	0	0	0
印刷和记录媒介复制业	0	0	0	0	0	0	0	0
文教、工美、体育和娱乐用品制造业	0	0	0	0	0	0	0	0
石油加工、炼焦和核燃料加工业	2 660	2 660	1 360	685	615	0	0	279
化学原料和化学制品制造业	0	0	0	0	0	0	0	0
医药制造业	243 359	219 461	76 009	31 230	112 222	23 898	605	19 576
化学纤维制造业	1 659	1 659	1 257	2	400	0	1 030	5 981
橡胶和塑料制品业	0	0	0	0	0	0	0	0
非金属矿物制品业	0	0	0	0	0	0	0	0
黑色金属冶炼和压延加工业	3 929	3 179	463	475	2 241	750	28 612	11 012
有色金属冶炼和压延加工业	0	0	0	0	0	0	0	0
金属制品业	0	0	0	0	0	0	0	0
通用设备制造业	0	0	0	0	0	0	0	0
专用设备制造业	137 282	133 304	34 985	14 026	84 293	3 978	15 428	18 996
汽车制造业	0	0	0	0	0	0	0	0
铁路、船舶、航空航天和其他运输设备制造业	0	0	0	0	0	0	0	0
电气机械和器材制造业	0	0	0	0	0	0	0	0
计算机、通信和其他电子设备制造业	938	938	756	0	182	0	910	457
仪器仪表制造业	975	975	795	0	180	0	0	147
其他制造业	0	0	0	0	0	0	0	0
废弃资源综合利用业	0	0	0	0	0	0	0	0
金属制品、机械和设备修理业	0	0	0	0	0	0	0	0
电力、热力、燃气及水生产和供应业	0	0	0	0	0	0	0	0
电力、热力生产和供应业	0	0	0	0	0	0	0	0
燃气生产和供应业	0	0	0	0	0	0	0	0
水的生产和供应业	0	0	0	0	0	0	0	0

（续上表）

行业	科技经费内部支出	科技经费日常支出				科研基建	生产经营支出	其他支出
		科技经费日常支出	人员劳务费	设备购置费	其他日常支出			
建筑业	0	0	0	0	0	0	0	0
房屋建筑业	0	0	0	0	0	0	0	0
土木工程建筑业	0	0	0	0	0	0	0	0
建筑安装业	0	0	0	0	0	0	0	0
建筑装饰和其他建筑业	0	0	0	0	0	0	0	0
批发和零售业	0	0	0	0	0	0	0	0
批发业	0	0	0	0	0	0	0	0
零售业	0	0	0	0	0	0	0	0
交通运输、仓储和邮政业	29 681	29 681	17 305	406	11 970	0	214	3 298
铁路运输业	0	0	0	0	0	0	0	0
道路运输业	23 368	23 368	13 777	319	9 272	0	214	211
水上运输业	6 313	6 313	3 528	87	2 698	0	0	3 087
航空运输业	0	0	0	0	0	0	0	0
管道运输业	0	0	0	0	0	0	0	0
装卸搬运和运输代理业	0	0	0	0	0	0	0	0
仓储业	0	0	0	0	0	0	0	0
邮政业	0	0	0	0	0	0	0	0
住宿和餐饮业	0	0	0	0	0	0	0	0
住宿业	0	0	0	0	0	0	0	0
餐饮业	0	0	0	0	0	0	0	0
信息传输、软件和信息技术服务业	47 584	47 584	17 677	4 134	25 773	0	38 464	12 320
电信、广播电视和卫星传输服务	22 081	22 081	6 960	1 616	13 505	0	8 492	6 114
互联网和相关服务	0	0	0	0	0	0	0	0
软件和信息技术服务业	25 503	25 503	10 717	2 518	12 268	0	29 972	6 206
金融业	0	0	0	0	0	0	0	0
货币金融服务	0	0	0	0	0	0	0	0

（续上表）

行业	科技经费内部支出	科技经费日常支出				科研基建	生产经营支出	其他支出
			人员劳务费	设备购置费	其他日常支出			
资本市场服务	0	0	0	0	0	0	0	0
保险业	0	0	0	0	0	0	0	0
其他金融业	0	0	0	0	0	0	0	0
房地产业	0	0	0	0	0	0	0	0
房地产业	0	0	0	0	0	0	0	0
租赁和商务服务业	0	0	0	0	0	0	0	0
租赁业	0	0	0	0	0	0	0	0
商务服务业	0	0	0	0	0	0	0	0
科学研究和技术服务业	3 597 107	2 795 948	1 121 106	301 884	1 372 958	801 159	314 193	443 045
研究和试验发展	1 809 849	1 492 197	621 844	162 936	707 417	317 652	39 111	193 795
专业技术服务业	1 780 817	1 297 310	494 581	138 840	663 889	483 507	275 082	248 208
科技推广和应用服务业	6 441	6 441	4 681	108	1 652	0	0	1 042
水利、环境和公共设施管理业	507 508	439 987	198 063	22 412	219 512	67 521	124 892	85 155
水利管理业	351 879	294 529	137 407	9 099	148 023	57 350	48 489	6 993
生态保护和环境治理业	155 629	145 458	60 656	13 313	71 489	10 171	76 403	78 162
公共设施管理业	0	0	0	0	0	0	0	0
居民服务、修理和其他服务业	0	0	0	0	0	0	0	0
居民服务业	0	0	0	0	0	0	0	0
机动车、电子产品和日用产品修理业	0	0	0	0	0	0	0	0
其他服务业	0	0	0	0	0	0	0	0
教育	11 705	11 705	6 855	321	4 529	0	0	16 340
教育	11 705	11 705	6 855	321	4 529	0	0	16 340
卫生和社会工作	936 771	455 246	115 215	28 738	311 293	481 525	1 000 520	1 391 109
卫生	936 771	455 246	115 215	28 738	311 293	481 525	1 000 520	1 391 109
社会工作	0	0	0	0	0	0	0	0
文化、体育和娱乐业	75 657	69 110	23 029	11 233	34 848	6 547	2 264	21 303

（续上表）

行业	科技经费内部支出	科技经费日常支出	人员劳务费	设备购置费	其他日常支出	科研基建	生产经营支出	其他支出
新闻和出版业	0	0	0	0	0	0	0	0
广播、电视、电影和影视录音制作业	0	0	0	0	0	0	0	0
文化艺术业	44 765	44 765	15 908	2 423	26 434	0	2 264	15 463
体育	30 892	24 345	7 121	8 810	8 414	6 547	0	5 840
娱乐业	0	0	0	0	0	0	0	0
公共管理、社会保障和社会组织	66 076	66 076	8 077	532	57 467	0	0	62
中国共产党机关	0	0	0	0	0	0	0	0
国家机构	66 076	66 076	8 077	532	57 467	0	0	62
人民政协、民主党派	0	0	0	0	0	0	0	0
社会保障	0	0	0	0	0	0	0	0
群众团体、社会团体和其他成员组织	0	0	0	0	0	0	0	0
基层群众自治组织	0	0	0	0	0	0	0	0
国际组织	0	0	0	0	0	0	0	0
国际组织	0	0	0	0	0	0	0	0

表8　全部县以上部门属科技机构基本建设与固定资产（2013）

表8-1　按地域分布

单位：千元

地域	基本建设投资实际完成额	科研仪器设备	科研土建工程	科研基建	政府资金	企业资金	事业单位资金	其他资金	年末固定资产原价	科研房屋建筑物	科研仪器设备	进口
总　计	**1 565 816**	**478 611**	**1 058 048**	**1 536 659**	**964 014**	**773**	**442 466**	**129 406**	**9 772 220**	**3 103 312**	**4 270 501**	**1 408 056**
广州市	1 527 604	466 976	1 037 668	1 504 644	934 642	250	440 346	129 406	8 560 181	2 825 327	3 665 357	1 200 254
韶关市	6 904	848	4 106	4 954	4 100	0	854	0	46 959	26 512	12 997	943
深圳市	475	0	0	0	0	0	0	0	328 402	0	328 402	149 452

（续上表）

地域	基本建设投资实际完成额	科研仪器设备	科研土建工程	科研基建	政府资金	企业资金	事业单位资金	其他资金	年末固定资产原价	科研房屋建筑物	科研仪器设备	进口
珠海市	1 800	1 800	0	1 800	1 800	0	0	0	51 125	29 267	8 467	2 580
汕头市	0	0	0	0	0	0	0	0	75 074	27 408	8 794	382
佛山市	3 899	0	3 899	3 899	3 899	0	0	0	79 953	7 312	64 803	27 622
江门市	1 106	232	874	1 106	1 106	0	0	0	18 726	1 493	1 868	0
湛江市	11 780	5 546	6 234	11 780	11 780	0	0	0	281 970	64 317	125 216	25 594
茂名市	0	0	0	0	0	0	0	0	13 851	9 031	3 969	0
肇庆市	2 314	541	1 773	2 314	2 314	0	0	0	22 542	10 110	2 596	0
惠州市	6 758	1 215	2 779	3 994	2 795	523	676	0	43 333	8 279	7 455	460
梅州市	0	0	0	0	0	0	0	0	40 961	11 537	1 353	0
汕尾市	0	0	0	0	0	0	0	0	766	155	0	0
河源市	0	0	0	0	0	0	0	0	869	0	0	0
阳江市	120	0	120	120	120	0	0	0	21 068	5 835	1 020	0
清远市	0	0	0	0	0	0	0	0	84	0	0	0
东莞市	2 048	1 453	595	2 048	1 458	0	590	0	160 503	70 570	34 013	301
中山市	1 008	0	0	0	0	0	0	0	11 777	0	3 123	468
潮州市	0	0	0	0	0	0	0	0	8 129	3 624	540	0
揭阳市	0	0	0	0	0	0	0	0	3 519	900	486	0
云浮市	0	0	0	0	0	0	0	0	2 428	1 635	42	0

表8–2　按隶属关系分布

单位：千元

隶属关系	基本建设投资实际完成额	科研仪器设备	科研土建工程	科研基建	政府资金	企业资金	事业单位资金	其他资金	年末固定资产原价	科研房屋建筑物	科研仪器设备	进口
总　计	1 565 816	478 611	1 058 048	1 536 659	964 014	773	442 466	129 406	9 772 220	3 103 312	4 270 501	1 408 056
地方部门属	1 077 621	392 828	656 111	1 048 939	778 927	773	139 833	129 406	5 604 969	2 005 574	1 995 489	486 432

（续上表）

隶属关系	基本建设投资实际完成额	科研仪器设备	科研土建工程	科研基建	政府资金	企业资金	事业单位资金	其他资金	年末固定资产原价	科研房屋建筑物	科研仪器设备	进口
省级部门属	879 074	344 224	532 875	877 099	617 359	0	130 334	129 406	3 603 168	1 266 825	1 425 361	333 035
副省级城市属	155 978	42 845	92 148	134 993	126 916	250	7 827	0	1 312 436	505 121	386 326	121 584
地市级部门属	42 569	5 759	31 088	36 847	34 652	523	1 672	0	689 365	233 628	183 802	31 813
中央部门属	488 195	85 783	401 937	487 720	185 087	0	302 633	0	4 167 251	1 097 738	2 275 012	921 624
中国科学院	53 756	20 585	32 696	53 281	13 700	0	39 581	0	2 106 785	349 725	1 173 027	702 362

表9　全部县以上部门属科技机构课题概况（2013）

表9–1　按地域分布

地域	课题数合计（个）	R&D课题	课题经费内部支出（千元）	政府资金	R&D课题经费	课题投入人员（人年）	其中：R&D人员	其中：外聘流动学者	其中：在读研究生
总　计	**6 630**	**4 855**	**2 451 629**	**1 711 739**	**1 822 542**	**12 133**	**8 892**	**285**	**1 301**
广州市	5 702	4 307	2 175 893	1 474 534	1 646 806	9 637	7 529	256	1 140
韶关市	36	2	8 462	7 812	410	72	6	0	0
深圳市	371	329	109 900	109 900	97 579	777	719	28	148
珠海市	21	10	6 050	6 050	2 931	116	53	0	0
汕头市	60	7	13 044	10 126	1 926	178	32	0	0
佛山市	16	9	11 442	11 442	7 682	74	33	0	0
江门市	16	3	3 972	3 502	750	33	8	0	0
湛江市	118	37	23 645	23 211	2 532	384	77	2	14
茂名市	22	9	8 506	8 189	3 713	49	23	0	0
肇庆市	30	7	4 526	3 741	885	78	22	0	0
惠州市	54	23	16 014	15 637	3 383	190	71	0	0
梅州市	41	12	5 439	4 374	1 457	146	32	0	0
阳江市	14	5	2 390	2 390	890	34	16	0	0

（续上表）

地域	课题数合计（个）	R&D课题	课题经费内部支出（千元）	政府资金	R&D课题经费	课题投入人员（人年）	其中：R&D人员	其中：外聘流动学者	其中：在读研究生
东莞市	100	81	58 193	27 009	48 995	280	230	0	0
中山市	11	6	2 189	2 189	1 523	32	18	0	0
潮州市	7	1	638	638	50	24	3	0	0
揭阳市	7	7	1 031	700	1 031	23	23	0	0
云浮市	4	0	295	295	0	8	0	0	0

表9–2　按隶属关系分布

隶属关系	课题数合计（个）	R&D课题	课题经费内部支出（千元）	政府资金	R&D课题经费	课题投入人员（人年）	其中：R&D人员	其中：外聘流动学者	其中：在读研究生
总　计	**6 630**	**4 855**	**2 451 629**	**1 711 739**	**1 822 542**	**12 133**	**8 892**	**285**	**1 301**
地方部门属	3 051	1 985	1 055 688	675 357	708 024	6 067	3 967	31	1 83
省级部门属	2 181	1 556	779 874	480 964	551 082	3 783	2 788	23	165
副省级城市属	366	227	108 627	73 043	67 901	744	525	2	16
地市级部门属	504	202	167 187	121 351	89 040	1 540	654	5	2
中央部门属	3 579	2 870	1 395 941	1 036 382	1 114 518	6 066	4 926	255	1 118
中国科学院	2 223	2 044	792 751	724 008	689 246	3 042	2 751	248	893

表9–3　按课题活动类型分布

课题活动类型	课题数合计（个）	R&D课题	课题经费内部支出（千元）	政府资金	R&D课题经费	课题投入人员（人年）	其中：R&D人员	其中：外聘流动学者	其中：在读研究生
总　计	**6 630**	**4 855**	**2 451 629**	**1 711 739**	**1 822 542**	**12 133**	**8 892**	**285**	**1 301**
基础研究	1 478	1 478	446 177	427 524	446 177	2 196	2 196	121	578
应用研究	1 673	1 673	496 744	428 278	496 744	2 570	2 570	69	339

（续上表）

课题活动类型	课题数合计（个）	R&D课题	课题经费内部支出（千元）	政府资金	R&D课题经费	课题投入人员（人年）	其中：R&D人员	其中：外聘流动学者	其中：在读研究生
试验发展	1 704	1 704	879 621	549 229	879 621	4 126	4 126	50	222
R&D成果应用	615	0	246 270	141 453	0	1 322	0	9	77
科技服务	1 160	0	382 817	165 255	0	1 919	0	36	86

表9–4　按服务的国民经济行业分布

行业	课题数合计（个）	R&D课题	课题经费内部支出（千元）	政府资金	R&D课题经费	课题投入人员（人年）	其中：R&D人员	其中：外聘流动学者	其中：在读研究生
总　计	**6 630**	**4 855**	**2 451 629**	**1 711 739**	**1 822 542**	**12 133**	**8 892**	**285**	**1 301**
农、林、牧、渔业	1 508	902	389 236	364 753	232 500	2 933	1 652	9	221
农业	638	370	195 869	185 743	116 141	1 203	643	0	11
林业	318	200	63 499	57 531	44 749	496	294	9	47
畜牧业	128	86	34 028	29 965	23 755	259	154	0	36
渔业	238	134	58 363	58 363	27 545	602	363	0	120
农、林、牧、渔服务业	186	112	37 478	33 152	20 311	373	198	0	7
采矿业	265	256	190 423	69 669	188 688	789	784	0	0
煤炭开采和洗选业	0	0	0	0	0	0	0	0	0
石油和天然气开采业	0	0	0	0	0	0	0	0	0
黑色金属矿采选业	0	0	0	0	0	0	0	0	0
有色金属矿采选业	265	256	190 423	69 669	188 688	789	784	0	0
非金属矿采选业	0	0	0	0	0	0	0	0	0
开采辅助活动	0	0	0	0	0	0	0	0	0
其他采矿业	0	0	0	0	0	0	0	0	0
制造业	440	374	290 039	189 430	209 177	1 018	772	18	114
农副食品加工业	77	55	40 012	25 645	32 089	250	120	2	7
食品制造业	107	94	33 482	18 331	29 819	114	101	1	16

（续上表）

行业	课题数合计（个）	R&D课题	课题经费内部支出（千元）	政府资金	R&D课题经费	课题投入人员（人年）	其中：R&D人员	其中：外聘流动学者	其中：在读研究生
酒、饮料和精制茶制造业	0	0	0	0	0	0	0	0	0
烟草制品业	0	0	0	0	0	0	0	0	0
纺织业	0	0	0	0	0	0	0	0	0
纺织服装、服饰业	0	0	0	0	0	0	0	0	0
皮革、毛皮、羽毛及其制品和制鞋业	0	0	0	0	0	0	0	0	0
木材加工和木、竹、藤、棕、草制品业	0	0	0	0	0	0	0	0	0
家具制造业	0	0	0	0	0	0	0	0	0
造纸和纸制品业	0	0	0	0	0	0	0	0	0
印刷和记录媒介复制业	0	0	0	0	0	0	0	0	0
文教、工美、体育和娱乐用品制造业	0	0	0	0	0	0	0	0	0
石油加工、炼焦和核燃料加工业	5	3	800	800	600	7	5	0	0
化学原料和化学制品制造业	0	0	0	0	0	0	0	0	0
医药制造业	202	192	135 355	132 217	134 193	485	473	15	86
化学纤维制造业	2	1	416	263	305	7	5	0	0
橡胶和塑料制品业	0	0	0	0	0	0	0	0	0
非金属矿物制品业	0	0	0	0	0	0	0	0	0
黑色金属冶炼和压延加工业	2	1	900	340	150	5	3	0	0
有色金属冶炼和压延加工业	0	0	0	0	0	0	0	0	0
金属制品业	0	0	0	0	0	0	0	0	0
通用设备制造业	0	0	0	0	0	0	0	0	0
专用设备制造业	43	28	78 970	11 734	12 021	142	65	0	5
汽车制造业	0	0	0	0	0	0	0	0	0
铁路、船舶、航空航天和其他运输设备制造业	0	0	0	0	0	0	0	0	0
电气机械和器材制造业	0	0	0	0	0	0	0	0	0
计算机、通信和其他电子设备制造业	1	0	4	0	0	4	0	0	0

（续上表）

行业	课题数合计（个）	R&D课题	课题经费内部支出（千元）	政府资金	R&D课题经费	课题投入人员（人年）	其中：R&D人员	其中：外聘流动学者	其中：在读研究生
仪器仪表制造业	1	0	100	100	0	5	0	0	0
其他制造业	0	0	0	0	0	0	0	0	0
废弃资源综合利用业	0	0	0	0	0	0	0	0	0
金属制品、机械和设备修理业	0	0	0	0	0	0	0	0	0
电力、热力、燃气及水生产和供应业	0	0	0	0	0	0	0	0	0
电力、热力生产和供应业	0	0	0	0	0	0	0	0	0
燃气生产和供应业	0	0	0	0	0	0	0	0	0
水的生产和供应业	0	0	0	0	0	0	0	0	0
建筑业	0	0	0	0	0	0	0	0	0
房屋建筑业	0	0	0	0	0	0	0	0	0
土木工程建筑业	0	0	0	0	0	0	0	0	0
建筑安装业	0	0	0	0	0	0	0	0	0
建筑装饰和其他建筑业	0	0	0	0	0	0	0	0	0
批发和零售业	0	0	0	0	0	0	0	0	0
批发业	0	0	0	0	0	0	0	0	0
零售业	0	0	0	0	0	0	0	0	0
交通运输、仓储和邮政业	74	6	27 076	18 188	4 823	70	15	1	0
铁路运输业	0	0	0	0	0	0	0	0	0
道路运输业	66	0	20 953	16 963	0	50	0	0	0
水上运输业	8	6	6 123	1 225	4 823	19	15	1	0
航空运输业	0	0	0	0	0	0	0	0	0
管道运输业	0	0	0	0	0	0	0	0	0
装卸搬运和运输代理业	0	0	0	0	0	0	0	0	0
仓储业	0	0	0	0	0	0	0	0	0
邮政业	0	0	0	0	0	0	0	0	0
住宿和餐饮业	0	0	0	0	0	0	0	0	0

（续上表）

行业	课题数合计（个）	R&D课题	课题经费内部支出（千元）	政府资金	R&D课题经费	课题投入人员（人年）	其中：R&D人员	其中：外聘流动学者	其中：在读研究生
住宿业	0	0	0	0	0	0	0	0	0
餐饮业	0	0	0	0	0	0	0	0	0
信息传输、软件和信息技术服务业	75	41	15 282	10 851	7 606	140	57	3	4
电信、广播电视和卫星传输服务	51	35	4 610	2 284	3 102	51	31	3	4
互联网和相关服务	0	0	0	0	0	0	0	0	0
软件和信息技术服务业	24	6	10 672	8 567	4 504	89	26	0	0
金融业	0	0	0	0	0	0	0	0	0
货币金融服务	0	0	0	0	0	0	0	0	0
资本市场服务	0	0	0	0	0	0	0	0	0
保险业	0	0	0	0	0	0	0	0	0
其他金融业	0	0	0	0	0	0	0	0	0
房地产业	0	0	0	0	0	0	0	0	0
房地产业	0	0	0	0	0	0	0	0	0
租赁和商务服务业	0	0	0	0	0	0	0	0	0
租赁业	0	0	0	0	0	0	0	0	0
商务服务业	0	0	0	0	0	0	0	0	0
科学研究和技术服务业	3 119	2 629	1 097 998	901 669	907 412	5 136	4 221	252	875
研究和试验发展	1 955	1 678	617 840	551 337	543 844	3 184	2 745	169	636
专业技术服务业	1 158	951	479 363	349 537	363 567	1 932	1 476	83	239
科技推广和应用服务业	6	0	795	795	0	20	0	0	0
水利、环境和公共设施管理业	746	315	332 493	85 743	172 474	1 153	587	0	40
水利管理业	425	82	247 441	15 805	113 009	652	256	0	0
生态保护和环境治理业	321	233	85 052	69 938	59 465	501	331	0	40
公共设施管理业	0	0	0	0	0	0	0	0	0
居民服务、修理和其他服务业	0	0	0	0	0	0	0	0	0
居民服务业	0	0	0	0	0	0	0	0	0

（续上表）

行业	课题数合计（个）	R&D课题	课题经费内部支出（千元）	政府资金	R&D课题经费	课题投入人员（人年）	其中：R&D人员	其中：外聘流动学者	其中：在读研究生
机动车、电子产品和日用产品修理业	0	0	0	0	0	0	0	0	0
其他服务业	0	0	0	0	0	0	0	0	0
教育	7	0	664	664	0	5	0	0	0
教育	7	0	664	664	0	5	0	0	0
卫生和社会工作	345	325	75 151	37 682	72 233	774	737	2	48
卫生	345	325	75 151	37 682	72 233	774	737	2	48
社会工作	0	0	0	0	0	0	0	0	0
文化、体育和娱乐业	47	3	32 282	32 104	26 642	82	35	0	0
新闻和出版业	0	0	0	0	0	0	0	0	0
广播、电视、电影和影视录音制作业	0	0	0	0	0	0	0	0	0
文化艺术业	43	1	22 626	22 448	18 642	62	26	0	0
体育	4	2	9 656	9 656	8 000	20	9	0	0
娱乐业	0	0	0	0	0	0	0	0	0
公共管理、社会保障和社会组织	4	4	986	986	986	34	34	0	0
中国共产党机关	0	0	0	0	0	0	0	0	0
国家机构	4	4	986	986	986	34	34	0	0
人民政协、民主党派	0	0	0	0	0	0	0	0	0
社会保障	0	0	0	0	0	0	0	0	0
群众团体、社会团体和其他成员组织	0	0	0	0	0	0	0	0	0
基层群众自治组织	0	0	0	0	0	0	0	0	0
国际组织	0	0	0	0	0	0	0	0	0
国际组织	0	0	0	0	0	0	0	0	0

表9–5　按课题所属学科分布

课题所属学科	课题数合计（个）	R&D课题	课题经费内部支出（千元）	政府资金	R&D课题经费	课题投入人员（人年）	其中：R&D人员	其中：外聘流动学者	其中：在读研究生
总　计	**6 630**	**4 855**	**2 451 629**	**1 711 739**	**1 822 542**	**12 133**	**8 892**	**285**	**1 301**
自然科学领域	1 707	1 568	603 941	533 438	516 062	2 367	2 124	161	601
数学	8	7	1 596	1 596	1 446	20	17	1	1
信息科学与系统科学	48	42	11 363	10 463	10 728	97	90	2	13
力学	3	3	807	807	807	7	7	1	1
物理学	25	24	11 762	11 722	11 549	54	53	4	11
化学	61	56	17 320	12 097	15 676	123	111	1	16
地球科学	1 008	920	370 097	322 162	300 372	1 172	1 003	124	380
生物学	553	515	190 714	174 309	175 202	893	842	28	179
心理学	1	1	282	282	282	1	1	0	0
农业科学领域	1 807	1 101	465 300	430 594	285 061	3 419	1 890	30	293
农学	1 033	631	302 994	277 979	185 785	1 958	1 029	10	96
林学	367	233	69 330	62 056	48 857	576	346	13	57
畜牧、兽医科学	120	69	23 441	21 135	11 675	217	102	5	10
水产学	287	168	69 535	69 425	38 745	668	414	2	131
医学科学领域	473	455	147 711	108 921	144 874	1 069	1 039	19	88
基础医学	53	52	31 724	28 203	31 724	128	127	3	17
临床医学	212	202	37 488	14 850	35 933	460	444	5	52
预防医学与公共卫生学	147	142	46 550	34 133	45 406	357	346	7	9
药学	40	40	12 741	12 741	12 741	69	69	1	10
中医学与中药学	21	19	19 207	18 994	19 070	55	53	3	0
工程科学与技术领域	2 390	1 547	1 152 998	559 756	804 856	4 805	3 458	76	318
工程与技术科学基础学科	94	65	25 514	9 761	12 872	226	135	0	1
信息与系统科学相关工程与技术	33	16	11 920	4 872	8 009	82	32	2	1
自然科学相关工程与技术	69	54	93 139	21 766	22 773	247	137	3	25
测绘科学技术	20	16	4 346	3 619	2 923	27	22	0	1

（续上表）

课题所属学科	课题数合计（个）	R&D课题	课题经费内部支出（千元）	政府资金	R&D课题经费	课题投入人员（人年）	其中：R&D人员	其中：外聘流动学者	其中：在读研究生
材料科学	130	115	82 189	38 915	76 973	436	411	4	9
矿山工程技术	93	88	43 009	11 347	42 438	121	108	0	0
冶金工程技术	52	51	39 370	9 315	39 181	197	195	0	0
机械工程	109	96	89 767	49 600	85 310	377	347	3	6
动力与电气工程	37	34	15 060	14 444	14 362	53	48	1	15
能源科学技术	348	259	153 245	97 023	120 720	399	252	38	92
电子与通信技术	161	137	91 273	74 064	81 676	501	427	5	15
计算机科学技术	127	86	32 559	25 818	20 853	277	197	6	28
化学工程	26	22	17 206	14 657	16 497	58	53	2	7
产品应用相关工程技术	16	16	4 666	3 260	4 666	30	30	1	3
纺织科学技术	12	7	1 525	880	689	25	16	0	0
食品科学技术	53	39	18 250	9 223	15 898	87	60	1	9
土木建筑工程	6	4	4 268	174	2 074	23	15	0	0
水利工程	393	61	230 088	5 675	101 379	580	203	0	0
交通运输工程	74	7	27 081	18 193	4 888	72	17	1	1
环境科学技术及资源科学技术	382	315	136 289	122 905	114 063	775	629	11	101
安全科学技术	20	10	12 346	6 580	8 802	77	62	1	3
管理学	135	49	19 887	17 664	7 811	137	61	1	1
社会、人文科学领域	253	184	81 680	79 029	71 688	473	381	0	1
哲学	4	4	1 107	1 107	1 107	5	5	0	0
宗教学	14	14	3 666	3 666	3 666	15	15	0	0
历史学	10	10	1 620	1 620	1 620	12	12	0	0
考古学	1	1	18 642	18 642	18 642	26	26	0	0
经济学	100	93	31 441	29 313	30 941	221	214	0	0
法学	5	5	519	519	519	4	4	0	0
社会学	32	27	8 917	8 917	6 867	68	61	0	1

（续上表）

课题所属学科	课题数合计（个）	R&D课题	课题经费内部支出（千元）	政府资金	R&D课题经费	课题投入人员（人年）	其中：R&D人员	其中：外聘流动学者	其中：在读研究生
民族学与文化学	27	26	4 402	4 402	4 322	32	31	0	0
图书馆、情报与文献学	42	1	5 303	4 780	498	60	3	0	0
教育学	12	0	836	836	0	8	0	0	0
体育科学	4	2	4 812	4 812	3 156	18	7	0	1
统计学	2	1	415	415	351	4	2	0	0

表9–6　按课题技术领域分布

课题技术领域	课题数合计（个）	R&D课题	课题经费内部支出（千元）	政府资金	R&D课题经费	课题投入人员（人年）	其中：R&D人员	其中：外聘流动学者	其中：在读研究生
总　计	**6 630**	**4 855**	**2 451 629**	**1 711 739**	**1 822 542**	**12 133**	**8 892**	**285**	**1 301**
非技术领域	278	173	91 465	87 441	77 368	527	339	4	22
信息技术	329	252	114 206	87 261	92 355	834	643	13	85
生物和现代农业技术	2 295	1 642	649 750	598 832	479 148	3 990	2 729	58	481
新材料技术	189	170	137 313	55 963	130 836	735	702	4	10
能源技术	406	316	177 425	120 006	144 812	491	343	40	110
激光技术	12	11	9 696	4 715	9 196	63	59	1	1
先进制造与自动化技术	188	153	101 023	62 711	88 002	427	352	8	16
航天技术	1	1	166	166	166	4	4	0	1
资源与环境技术	1 708	1 275	668 335	430 067	461 202	2 393	1 765	135	470
其他技术领域	1 224	862	502 251	264 576	339 457	2 671	1 957	23	106

表9–7 按课题来源分布

课题来源	课题数合计（个）	R&D课题	课题经费内部支出（千元）	政府资金	R&D课题经费	课题投入人员（人年）	其中：R&D人员	其中：外聘流动学者	其中：在读研究生
总　计	**6 630**	**4 855**	**2 451 629**	**1 711 739**	**1 822 542**	**12 133**	**8 892**	**285**	**1 301**
中央政府部门下达课题	2 112	1 846	872 041	803 635	785 396	4 140	3 496	149	780
国家重大科技专项	26	21	39 615	35 567	34 376	157	135	0	9
国家自然科学基金课题	880	880	201 039	193 741	201 039	1 338	1 338	80	366
“863计划”课题	47	43	28 761	25 026	26 878	124	100	2	19
国家科技支撑（攻关）计划课题	83	68	59 325	49 718	55 936	238	199	4	33
火炬/星火计划国家级课题	24	2	3 456	2 083	350	33	3	1	2
国家发改委产业化示范工程	14	7	15 090	14 415	14 123	66	59	0	0
国家“973计划”课题	124	124	90 166	85 503	90 166	220	220	12	73
公益性行业科研专项	163	124	72 565	70 588	48 831	390	260	5	45
国家社会科学基金课题	22	22	5 726	4 826	5 726	26	26	0	1
其他课题	729	555	356 299	322 168	307 971	1 549	1 157	44	231
地方政府部门下达课题	2 866	2 038	855 470	612 716	639 333	5 620	4 001	52	293
地方自然科学基金课题	206	199	22 210	15 525	20 630	278	265	7	37
地方科技攻关计划课题	718	556	270 285	174 644	211 278	1 413	1 062	13	62
地方星火计划课题	15	3	1 704	1 610	236	26	6	0	0
地方社会科学基金课题	38	27	6 378	5 605	4 691	66	44	1	1
其他课题	1 889	1 253	554 894	415 332	402 497	3 836	2 624	31	193
企业委托课题	783	269	386 931	50 348	98 823	1 025	284	49	84
自选课题	389	372	117 745	106 563	115 760	535	493	15	47
国际合作课题	47	43	24 638	23 000	23 891	71	66	5	6
其他课题	433	287	194 804	115 477	159 338	743	554	15	92

表9–8　按课题合作形式分布

课题合作形式	课题数合计（个）	R&D课题	课题经费内部支出（千元）	政府资金	R&D课题经费	课题投入人员（人年）	其中：R&D人员	其中：外聘流动学者	其中：在读研究生
总　计	**6 630**	**4 855**	**2 451 629**	**1 711 739**	**1 822 542**	**12 133**	**8 892**	**285**	**1 301**
与境外机构合作	104	96	84 580	68 531	82 981	264	253	8	19
与国内高校合作	259	212	147 853	100 114	127 838	545	458	13	56
与国内独立研究机构合作	495	399	284 720	238 638	244 695	1 362	1 113	28	164
与境内注册的外商独资企业合作	13	6	1 778	1 191	1 091	19	10	1	2
与境内注册的其他企业合作	430	259	186 954	104 973	119 981	838	510	30	101
独立研究	5 223	3 834	1 699 553	1 156 465	1 216 500	8 809	6 421	206	943
其他	106	49	46 191	41 827	29 456	298	127	1	18

表9–9　按课题的社会经济目标分布

社会经济目标	课题数合计（个）	R&D课题	课题经费内部支出（千元）	政府资金	R&D课题经费	课题投入人员（人年）	其中：R&D人员	其中：外聘流动学者	其中：在读研究生
总　计	6 630	4 855	2 451 629	1 711 739	1 822 542	12 133	8 892	285	1 301
环境保护、生态建设及污染防治	771	443	323 928	144 437	154 924	1 333	840	34	146
环境与资源评估	771	443	323 928	144 437	154 924	1 333	840	34	146
能源生产、分配和合理利用	485	359	176 775	134 845	131 627	596	390	41	119
可再生能源	485	359	176 775	134 845	131 627	596	390	41	119
卫生事业的发展	566	531	177 660	136 908	170 809	1 324	1 269	23	148
社会医疗	566	531	177 660	136 908	170 809	1 324	1 269	23	148
教育事业发展	31	9	4 324	4 204	1 152	50	6	0	2
教育一般问题	31	9	4 324	4 204	1 152	50	6	0	2
基础设施以及城市和农村规划	241	74	76 832	44 612	29 382	330	137	2	13
通信	241	74	76 832	44 612	29 382	330	137	2	13
社会发展和社会服务	424	255	152 165	126 945	120 558	902	652	4	12

（续上表）

社会经济目标	课题数合计（个）		课题经费内部支出（千元）			课题投入人员（人年）			
		R&D课题		政府资金	R&D课题经费		其中：R&D人员	其中：外聘流动学者	其中：在读研究生
社会保障	424	255	152 165	126 945	120 558	902	652	4	12
地球和大气层的探索与利用	799	774	295 129	282 249	281 400	906	859	91	339
地球探测和开发其他研究	799	774	295 129	282 249	281 400	906	859	91	339
民用空间的探测及开发	4	3	2 513	233	2 233	8	8	0	0
卫星服务	4	3	2 513	233	2 233	8	8	0	0
促进农林牧渔业发展	1 912	1 223	556 955	453 476	318 846	3 521	2 008	28	252
农作物种植及培育	1 912	1 223	556 955	453 476	318 846	3 521	2 008	28	252
工商业发展	829	619	423 412	176 174	356 615	2 021	1 614	16	73
信息与通信技术（ICT）服务业	829	619	423 412	176 174	356 615	2 021	1 614	16	73
非定向研究	551	551	207 400	206 001	207 400	1 004	1 004	46	198
工程与技术科学领域的非定向研究	551	551	207 400	206 001	207 400	1 004	1 004	46	198
其他民用目标	17	14	54 535	1 655	47 595	137	106	0	0

表10　全部县以上部门属科技机构课题经费内部支出按活动类型分类（2013）

表10-1　按地域分布

单位：千元

地域分布	课题经费内部支出	基础研究	应用研究	试验发展	R&D成果应用	科技服务
总　计	**2 451 629**	**446 177**	**496 744**	**879 621**	**246 270**	**382 817**
广州市	2 175 893	425 973	441 049	779 784	198 683	330 404
韶关市	8 462	0	0	410	3 672	4 380
深圳市	109 900	19 580	46 647	31 352	7 975	4 346
珠海市	6 050	0	56	2 875	388	2 731
汕头市	13 044	0	0	1 926	6 289	4 829
佛山市	11 442	0	3 275	4 407	360	3 400

（续上表）

地域分布	课题经费内部支出					
		基础研究	应用研究	试验发展	R&D成果应用	科技服务
江门市	3 972	0	0	750	1 172	2 050
湛江市	23 645	625	701	1 207	11 663	9 450
茂名市	8 506	0	0	3 713	2 152	2 641
肇庆市	4 526	0	150	735	2 081	1 560
惠州市	16 014	0	241	3 142	2 497	10 134
梅州市	5 439	0	0	1 457	3 011	971
汕尾市	0	0	0	0	0	0
河源市	0	0	0	0	0	0
阳江市	2 390	0	0	890	300	1 200
清远市	0	0	0	0	0	0
东莞市	58 193	0	3 102	45 893	5 568	3 630
中山市	2 189	0	1 523	0	120	546
潮州市	638	0	0	50	338	250
揭阳市	1 031	0	0	1 031	0	0
云浮市	295	0	0	0	0	295

表10–2　按隶属关系分布

单位：千元

隶属关系	课题经费内部支出					
		基础研究	应用研究	试验发展	R&D成果应用	科技服务
总　计	**2 451 629**	**446 177**	**496 744**	**879 621**	**246 270**	**382 817**
地方部门属	1 055 688	83 746	192 294	431 984	195 544	152 120
省级部门属	779 874	82 386	160 760	307 936	149 876	78 915
副省级城市属	108 627	360	22 140	45 402	17 110	23 615
地市级部门属	167 187	1 000	9 394	78 646	28 557	49 590
中央部门属	1 395 941	362 431	304 450	447 637	50 726	230 697
中国科学院	792 751	334 257	231 684	123 305	23 906	79 599

表11 全部县以上部门属科技机构课题投入人员按活动类型分类（2013）

表11-1 按地域分布

单位：人年

地域	课题投入人员	基础研究	应用研究	试验发展	R&D成果应用	科技服务
总　计	**12 133**	**2 196**	**2 570**	**4 126**	**1 322**	**1 919**
广州市	9 637	1 957	2 143	3 429	705	1 404
韶关市	72	0	0	6	45	21
深圳市	777	215	361	143	38	20
珠海市	116	0	4	49	21	42
汕头市	178	0	0	32	86	60
佛山市	74	0	4	29	4	37
江门市	33	0	0	8	12	14
湛江市	384	24	22	31	195	111
茂名市	49	0	0	23	12	14
肇庆市	78	0	3	19	35	21
惠州市	190	0	4	67	32	88
梅州市	146	0	0	32	77	37
汕尾市	0	0	0	0	0	0
河源市	0	0	0	0	0	0
阳江市	34	0	0	16	6	13
清远市	0	0	0	0	0	0
东莞市	280	0	11	218	30	20
中山市	32	0	18	0	7	7
潮州市	24	0	0	3	18	3
揭阳市	23	0	0	23	0	0
云浮市	8	0	0	0	0	8

表11-2　按隶属关系分布

单位：人年

隶属关系	课题投入人员	基础研究	应用研究	试验发展	R&D成果应用	科技服务
总　计	**12 133**	**2 196**	**2 570**	**4 126**	**1 322**	**1 919**
地方部门属	6 067	612	1 255	2 100	971	1 130
省级部门属	3 783	598	979	1 211	469	527
副省级城市属	744	5	226	295	68	151
地市级部门属	1 540	9	51	594	434	452
中央部门属	6 066	1 584	1 315	2 026	352	789
中国科学院	3 042	1 432	898	421	96	195

表12　全部县以上部门属科技机构专利（2013）

表12-1　按地域分布

地域	专利申请受理数（件）	发明专利	专利授权数（件）	其中：发明专利	其中：国外授权	有效发明专利数（件）	专利所有权转让及许可数（件）	专利所有权转让与许可收入（千元）
总　计	**2 143**	**1 718**	**869**	**489**	**5**	**2 156**	**23**	**11 167**
广州市	892	667	567	381	5	1 743	19	3 887
韶关市	0	0	0	0	0	2	0	0
深圳市	1 123	996	178	83	0	240	4	7 280
珠海市	1	1	1	0	0	5	0	0
汕头市	0	0	0	0	0	0	0	0
佛山市	0	0	0	0	0	0	0	0
江门市	0	0	0	0	0	0	0	0
湛江市	68	24	85	23	0	86	0	0
茂名市	0	0	0	0	0	0	0	0
肇庆市	0	0	0	0	0	0	0	0
惠州市	0	0	0	0	0	0	0	0

（续上表）

地域	专利申请受理数（件）		专利授权数（件）			有效发明专利数（件）	专利所有权转让及许可数（件）	专利所有权转让与许可收入（千元）
		发明专利		其中：发明专利	其中：国外授权			
梅州市	3	3	1	1	0	3	0	0
汕尾市	0	0	0	0	0	0	0	0
河源市	0	0	0	0	0	0	0	0
阳江市	0	0	0	0	0	0	0	0
清远市	0	0	0	0	0	0	0	0
东莞市	56	27	37	1	0	77	0	0
中山市	0	0	0	0	0	0	0	0
潮州市	0	0	0	0	0	0	0	0
揭阳市	0	0	0	0	0	0	0	0
云浮市	0	0	0	0	0	0	0	0

表12–2　按隶属关系分布

隶属关系	专利申请受理数（件）		专利授权数（件）			有效发明专利数（件）	专利所有权转让及许可数（件）	专利所有权转让与许可收入（千元）
		发明专利		其中：发明专利	其中：国外授权			
总　计	**2 143**	**1 718**	**869**	**489**	**5**	**2 156**	**23**	**11 167**
地方部门属	329	236	220	130	1	932	4	1 713
省级部门属	232	189	161	116	1	807	3	1 703
副省级城市属	18	5	12	6	0	22	0	0
地市级部门属	79	42	47	8	0	103	1	10
中央部门属	1 814	1 482	649	359	4	1 224	19	9 454
中国科学院	1 442	1 246	410	263	4	852	19	9 454

表12–3　按国民经济行业分布

行业	专利申请受理数（件）	发明专利	专利授权数（件）	其中：发明专利	其中：国外授权	有效发明专利数（件）	专利所有权转让及许可数（件）	专利所有权转让与许可收入（千元）
总　计	**2 143**	**1 718**	**869**	**489**	**5**	**2 156**	**23**	**11 167**
农、林、牧、渔业	255	162	181	83	0	436	0	0
采矿业	77	65	32	21	0	100	0	0
制造业	166	121	135	89	0	403	5	1 804
电力、热力、燃气及水生产和供应业	0	0	0	0	0	0	0	0
建筑业	0	0	0	0	0	0	0	0
批发和零售业	0	0	0	0	0	0	0	0
交通运输、仓储和邮政业	0	0	0	0	0	0	0	0
住宿和餐饮业	0	0	0	0	0	0	0	0
信息传输、软件和信息技术服务业	13	8	3	1	0	4	0	0
金融业	0	0	0	0	0	0	0	0
房地产业	0	0	0	0	0	0	0	0
租赁和商务服务业	0	0	0	0	0	0	0	0
科学研究和技术服务业	1 567	1 314	474	268	4	1 003	17	9 350
水利、环境和公共设施管理业	61	45	39	23	1	163	1	13
居民服务、修理和其他服务业	0	0	0	0	0	0	0	0
教育	0	0	0	0	0	0	0	0
卫生和社会工作	3	3	5	4	0	47	0	0
文化、体育和娱乐业	1	0	0	0	0	0	0	0
公共管理、社会保障和社会组织	0	0	0	0	0	0	0	0
国际组织	0	0	0	0	0	0	0	0

表12-4　按机构所属学科领域分布

学科领域	专利申请受理数（件）	发明专利	专利授权数（件）	其中：发明专利	其中：国外授权	有效发明专利数（件）	专利所有权转让及许可数（件）	专利所有权转让与许可收入（千元）
总　计	**2 143**	**1 718**	**869**	**489**	**5**	**2 156**	**23**	**11 167**
自然科学领域	205	166	154	129	4	627	5	1 710
农业科学领域	324	203	266	121	1	583	1	13
医学科学领域	61	49	45	35	0	129	3	114
工程科学与技术领域	1 552	1 300	404	204	0	816	14	9 330
社会、人文科学领域	1	0	0	0	0	1	0	0

表13　全部县以上部门属科技机构论文、著作及其他科技产出（2013）

表13-1　按地域分布

地域	科技论文（篇）	国外发表	科技著作（种）	形成国家或行业标准数（项）	集成电路布图设计登记数（件）	植物新品种权授予数（项）	软件著作权数（件）	新药证书数（件）
总　计	**7 447**	**2 421**	**167**	**140**	**6**	**15**	**147**	**0**
广州市	5 932	1 556	154	124	0	10	114	0
韶关市	19	0	1	0	0	0	0	0
深圳市	944	793	7	6	6	0	28	0
珠海市	22	0	1	0	0	0	0	0
汕头市	13	0	0	0	0	0	0	0
佛山市	15	0	0	0	0	2	0	0
江门市	13	0	0	0	0	0	0	0
湛江市	278	59	2	10	0	2	0	0
茂名市	19	2	0	0	0	0	0	0
肇庆市	5	0	0	0	0	0	0	0
惠州市	52	0	0	0	0	0	0	0
梅州市	42	3	0	0	0	0	0	0
汕尾市	0	0	0	0	0	0	0	0

（续上表）

地域	科技论文（篇）	国外发表	科技著作（种）	形成国家或行业标准数（项）	集成电路布图设计登记数（件）	植物新品种权授予数（项）	软件著作权数（件）	新药证书数（件）
河源市	0	0	0	0	0	0	0	0
阳江市	1	0	0	0	0	0	0	0
清远市	0	0	0	0	0	0	0	0
东莞市	68	7	2	0	0	1	5	0
中山市	16	1	0	0	0	0	0	0
潮州市	4	0	0	0	0	0	0	0
揭阳市	4	0	0	0	0	0	0	0
云浮市	0	0	0	0	0	0	0	0

表13–2　按隶属关系分布

隶属关系	科技论文（篇）	国外发表	科技著作（种）	形成国家或行业标准数（项）	集成电路布图设计登记数（件）	植物新品种权授予数（项）	软件著作权数（件）	新药证书数（件）
总　计	**7 447**	**2 421**	**167**	**140**	**6**	**15**	**147**	**0**
地方部门属	3 189	369	105	48	0	13	58	0
省级部门属	2 545	347	66	40	0	10	51	0
副省级城市属	328	8	35	8	0	0	1	0
地市级部门属	316	14	4	0	0	3	6	0
中央部门属	4 258	2 052	62	92	6	2	89	0
中国科学院	2 481	1 701	27	6	6	0	43	0

表13–3　按国民经济行业分布

行业	科技论文（篇）	国外发表	科技著作（种）	形成国家或行业标准数（项）	集成电路布图设计登记数（件）	植物新品种权授予数（项）	软件著作权数（件）	新药证书数（件）
总　计	**7 447**	**2 421**	**167**	**140**	**6**	**15**	**147**	**0**
农、林、牧、渔业	1 482	229	36	39	0	13	3	0
采矿业	278	19	0	52	0	0	2	0
制造业	530	201	2	19	0	0	5	0

（续上表）

行业	科技论文（篇）	国外发表	科技著作（种）	形成国家或行业标准数（项）	集成电路布图设计登记数（件）	植物新品种权授予数（项）	软件著作权数（件）	新药证书数（件）
电力、热力、燃气及水生产和供应业	0	0	0	0	0	0	0	0
建筑业	0	0	0	0	0	0	0	0
批发和零售业	0	0	0	0	0	0	0	0
交通运输、仓储和邮政业	15	0	0	0	0	0	0	0
住宿和餐饮业	0	0	0	0	0	0	0	0
信息传输、软件和信息技术服务业	38	6	1	0	0	0	17	0
金融业	0	0	0	0	0	0	0	0
房地产业	0	0	0	0	0	0	0	0
租赁和商务服务业	0	0	0	0	0	0	0	0
科学研究和技术服务业	3 776	1 783	106	22	6	2	98	0
水利、环境和公共设施管理业	650	112	13	1	0	0	21	0
居民服务、修理和其他服务业	0	0	0	0	0	0	0	0
教育	7	0	4	0	0	0	0	0
卫生和社会工作	628	70	4	7	0	0	1	0
文化、体育和娱乐业	41	1	1	0	0	0	0	0
公共管理、社会保障和社会组织	2	0	0	0	0	0	0	0
国际组织	0	0	0	0	0	0	0	0

表13–4　按机构所属学科领域分布

学科领域	科技论文（篇）	国外发表	科技著作（种）	形成国家或行业标准数（项）	集成电路布图设计登记数（件）	植物新品种权授予数（项）	软件著作权数（件）	新药证书数（件）
总　计	**7 447**	**2 421**	**167**	**140**	**6**	**15**	**147**	**0**
自然科学领域	1 383	734	21	2	0	0	17	0
农业科学领域	1 858	332	36	45	0	15	14	0
医学科学领域	759	176	5	7	0	0	1	0
工程科学与技术领域	2 966	1 176	38	85	6	0	112	0
社会、人文科学领域	481	3	67	1	0	0	3	0

表14　全部县以上部门属科技机构R&D人员（2013）

表14–1　按地域分布

单位：人

地域	R&D人员	女性	按工作量分		按学历分			
			R&D全时人员	R&D非全时人员	博士毕业	硕士毕业	本科毕业	其他
总　计	**13 738**	**5 118**	**7 958**	**5 780**	**2 678**	**4 814**	**4 342**	**1 904**
广州市	11 789	4 342	6 491	5 298	2 236	4 071	3 872	1 610
韶关市	10	2	4	6	0	1	4	5
深圳市	1 093	525	739	354	373	536	164	20
珠海市	53	28	53	0	5	8	19	21
汕头市	39	9	28	11	0	3	26	10
佛山市	54	18	27	27	0	20	15	19
江门市	17	5	10	7	0	3	10	4
湛江市	119	41	90	29	20	33	49	17
茂名市	29	9	23	6	0	3	17	9
肇庆市	25	8	22	3	0	3	8	14
惠州市	115	23	106	9	4	16	31	64
梅州市	48	19	48	0	0	5	25	18
汕尾市	0	0	0	0	0	0	0	0
河源市	0	0	0	0	0	0	0	0
阳江市	18	5	4	14	0	1	6	11
清远市	0	0	0	0	0	0	0	0
东莞市	268	59	253	15	38	106	72	52
中山市	18	12	18	0	2	5	9	2
潮州市	3	1	2	1	0	0	1	2
揭阳市	40	12	40	0	0	0	14	26
云浮市	0	0	0	0	0	0	0	0

表14–2　按隶属关系分布

单位：人

隶属关系	R&D人员	女性	按工作量分		按学历分			
			R&D全时人员	R&D非全时人员	博士毕业	硕士毕业	本科毕业	其他
总　计	**13 738**	**5 118**	**7 958**	**5 780**	**2 678**	**4 814**	**4 342**	**1 904**
地方部门属	5 766	2 175	3 514	2 252	723	1 734	2 093	1 216
省级部门属	4 164	1 611	2 335	1 829	587	1 245	1 485	847
副省级城市属	747	314	431	316	78	253	313	103
地市级部门属	855	250	748	107	58	236	295	266
中央部门属	7 972	2 943	4 444	3 528	1 955	3 080	2 249	688
中国科学院	4 728	1 921	2 908	1 820	1 538	1 806	982	402

表14–3　按机构所属学科领域分布

单位：人

学科领域	R&D人员	女性	按工作量分		按学历分			
			R&D全时人员	R&D非全时人员	博士毕业	硕士毕业	本科毕业	其他
总　计	**13 738**	**5 118**	**7 958**	**5 780**	**2 678**	**4 814**	**4 342**	**1 904**
自然科学领域	3 087	1 161	1 767	1 320	941	1 024	772	350
农业科学领域	2 733	908	2 034	699	427	738	900	668
医学科学领域	2 031	895	874	1 157	293	609	703	426
工程科学与技术领域	5 340	1 925	2 914	2 426	915	2 252	1 812	361
社会、人文科学领域	547	229	369	178	102	191	155	99

表15 全部县以上部门属科技机构R&D人员折合全时工作量（2013）

表15-1 按地域分布

单位：人年

地域	R&D折合全时工作量	按活动类型分			按工作岗位性质分		
		基础研究人员	应用研究人员	试验发展人员	研究人员	技术人员	其他辅助人员
总　计	**10 413**	**2 641**	**3 029**	**4 743**	**6 320**	**2 857**	**1 236**
广州市	8 718	2 348	2 505	3 865	5 318	2 319	1 081
韶关市	6	0	0	6	3	2	1
深圳市	898	269	451	178	625	238	35
珠海市	53	0	4	49	23	29	1
汕头市	37	0	0	37	15	14	8
佛山市	40	0	6	34	22	12	6
江门市	15	0	0	15	9	5	1
湛江市	104	24	23	57	57	36	11
茂名市	29	0	0	29	18	10	1
肇庆市	22	0	3	19	8	9	5
惠州市	109	0	7	102	44	45	20
梅州市	48	0	0	48	26	22	0
汕尾市	0	0	0	0	0	0	0
河源市	0	0	0	0	0	0	0
阳江市	16	0	0	16	3	7	6
清远市	0	0	0	0	0	0	0
东莞市	257	0	12	245	131	84	42
中山市	18	0	18	0	10	6	2
潮州市	3	0	0	3	1	1	1
揭阳市	40	0	0	40	7	18	15
云浮市	0	0	0	0	0	0	0

表15–2　按隶属关系分布

单位：人年

隶属关系	R&D折合全时工作量	按活动类型分			按工作岗位性质分		
		基础研究人员	应用研究人员	试验发展人员	研究人员	技术人员	其他辅助人员
总　计	**10 413**	**2 641**	**3 029**	**4 743**	**6 320**	**2 857**	**1 236**
地方部门属	4 510	663	1 385	2 462	2 654	1 268	588
省级部门属	3 122	649	1 084	1 389	1 945	744	433
副省级城市属	584	5	242	337	345	203	36
地市级部门属	804	9	59	736	364	321	119
中央部门属	5 903	1 978	1 644	2 281	3 666	1 589	648
中国科学院	3 500	1 810	1 150	540	2 375	886	239

表15–3　按机构所属学科领域分布

单位：人年

学科领域	R&D折合全时工作量	按活动类型分			按工作岗位性质分		
		基础研究人员	应用研究人员	试验发展人员	研究人员	技术人员	其他辅助人员
总　计	**10 413**	**2 641**	**3 029**	**4 743**	**6 320**	**2 857**	**1 236**
自然科学领域	2 247	1 369	485	393	1 474	566	207
农业科学领域	2 364	264	598	1 502	1 329	615	420
医学科学领域	1 316	520	586	210	916	280	120
工程科学与技术领域	4 031	423	1 029	2 579	2 229	1 341	461
社会、人文科学领域	455	65	331	59	372	55	28

表15–4 按服务的国民经济行业分布

单位：人年

行业	R&D折合全时工作量	按活动类型分			按工作岗位性质分		
		基础研究人员	应用研究人员	试验发展人员	研究人员	技术人员	其他辅助人员
总 计	**10 413**	**2 641**	**3 029**	**4 743**	**6 320**	**2 857**	**1 236**
农、林、牧、渔业	2 025	175	566	1 284	1 170	509	346
农业	741	71	135	535	405	192	144
林业	418	70	105	243	246	98	74
畜牧业	169	12	39	118	75	40	54
渔业	454	10	237	207	326	82	46
农、林、牧、渔服务业	243	12	50	181	118	97	28
采矿业	786	22	15	749	332	345	109
煤炭开采和洗选业	0	0	0	0	0	0	0
石油和天然气开采业	0	0	0	0	0	0	0
黑色金属矿采选业	0	0	0	0	0	0	0
有色金属矿采选业	786	22	15	749	332	345	109
非金属矿采选业	0	0	0	0	0	0	0
开采辅助活动	0	0	0	0	0	0	0
其他采矿业	0	0	0	0	0	0	0
制造业	956	302	262	392	626	214	116
农副食品加工业	200	7	46	147	38	95	67
食品制造业	125	57	29	39	83	24	18
酒、饮料和精制茶制造业	0	0	0	0	0	0	0
烟草制品业	0	0	0	0	0	0	0
纺织业	0	0	0	0	0	0	0
纺织服装、服饰业	0	0	0	0	0	0	0
皮革、毛皮、羽毛及其制品和制鞋业	0	0	0	0	0	0	0
木材加工和木、竹、藤、棕、草制品业	0	0	0	0	0	0	0
家具制造业	0	0	0	0	0	0	0

（续上表）

行业	R&D折合全时工作量	按活动类型分			按工作岗位性质分		
		基础研究人员	应用研究人员	试验发展人员	研究人员	技术人员	其他辅助人员
造纸和纸制品业	0	0	0	0	0	0	0
印刷和记录媒介复制业	0	0	0	0	0	0	0
文教、工美、体育和娱乐用品制造业	0	0	0	0	0	0	0
石油加工、炼焦和核燃料加工业	7	0	0	7	4	2	1
化学原料和化学制品制造业	0	0	0	0	0	0	0
医药制造业	538	232	177	129	450	70	18
化学纤维制造业	5	0	0	5	2	2	1
橡胶和塑料制品业	0	0	0	0	0	0	0
非金属矿物制品业	0	0	0	0	0	0	0
黑色金属冶炼和压延加工业	4	0	0	4	2	1	1
有色金属冶炼和压延加工业	0	0	0	0	0	0	0
金属制品业	0	0	0	0	0	0	0
通用设备制造业	0	0	0	0	0	0	0
专用设备制造业	77	6	10	61	47	20	10
汽车制造业	0	0	0	0	0	0	0
铁路、船舶、航空航天和其他运输设备制造业	0	0	0	0	0	0	0
电气机械和器材制造业	0	0	0	0	0	0	0
计算机、通信和其他电子设备制造业	0	0	0	0	0	0	0
仪器仪表制造业	0	0	0	0	0	0	0
其他制造业	0	0	0	0	0	0	0
废弃资源综合利用业	0	0	0	0	0	0	0
金属制品、机械和设备修理业	0	0	0	0	0	0	0
电力、热力、燃气及水生产和供应业	0	0	0	0	0	0	0
电力、热力生产和供应业	0	0	0	0	0	0	0
燃气生产和供应业	0	0	0	0	0	0	0
水的生产和供应业	0	0	0	0	0	0	0

（续上表）

行业	R&D折合全时工作量	按活动类型分			按工作岗位性质分		
		基础研究人员	应用研究人员	试验发展人员	研究人员	技术人员	其他辅助人员
建筑业	0	0	0	0	0	0	0
房屋建筑业	0	0	0	0	0	0	0
土木工程建筑业	0	0	0	0	0	0	0
建筑安装业	0	0	0	0	0	0	0
建筑装饰和其他建筑业	0	0	0	0	0	0	0
批发和零售业	0	0	0	0	0	0	0
批发业	0	0	0	0	0	0	0
零售业	0	0	0	0	0	0	0
交通运输、仓储和邮政业	15	0	9	6	10	3	2
铁路运输业	0	0	0	0	0	0	0
道路运输业	0	0	0	0	0	0	0
水上运输业	15	0	9	6	10	3	2
航空运输业	0	0	0	0	0	0	0
管道运输业	0	0	0	0	0	0	0
装卸搬运和运输代理业	0	0	0	0	0	0	0
仓储业	0	0	0	0	0	0	0
邮政业	0	0	0	0	0	0	0
住宿和餐饮业	0	0	0	0	0	0	0
住宿业	0	0	0	0	0	0	0
餐饮业	0	0	0	0	0	0	0
信息传输、软件和信息技术服务业	78	0	22	56	24	42	12
电信、广播电视和卫星传输服务	48	0	13	35	19	22	7
互联网和相关服务	0	0	0	0	0	0	0
软件和信息技术服务业	30	0	9	21	5	20	5
金融业	0	0	0	0	0	0	0
货币金融服务	0	0	0	0	0	0	0

（续上表）

行业	R&D折合全时工作量	按活动类型分			按工作岗位性质分		
		基础研究人员	应用研究人员	试验发展人员	研究人员	技术人员	其他辅助人员
资本市场服务	0	0	0	0	0	0	0
保险业	0	0	0	0	0	0	0
其他金融业	0	0	0	0	0	0	0
房地产业	0	0	0	0	0	0	0
房地产业	0	0	0	0	0	0	0
租赁和商务服务业	0	0	0	0	0	0	0
租赁业	0	0	0	0	0	0	0
商务服务业	0	0	0	0	0	0	0
科学研究和技术服务业	5 030	1 724	1 591	1 715	3 210	1 349	471
研究和试验发展	3 434	1 311	1 174	949	2 376	796	262
专业技术服务业	1 596	413	417	766	834	553	209
科技推广和应用服务业	0	0	0	0	0	0	0
水利、环境和公共设施管理业	666	104	149	413	443	153	70
水利管理业	296	6	62	228	223	50	23
生态保护和环境治理业	370	98	87	185	220	103	47
公共设施管理业	0	0	0	0	0	0	0
居民服务、修理和其他服务业	0	0	0	0	0	0	0
居民服务业	0	0	0	0	0	0	0
机动车、电子产品和日用产品修理业	0	0	0	0	0	0	0
其他服务业	0	0	0	0	0	0	0
教育	0	0	0	0	0	0	0
教育	0	0	0	0	0	0	0
卫生和社会工作	786	288	409	89	470	214	102
卫生	786	288	409	89	470	214	102
社会工作	0	0	0	0	0	0	0
文化、体育和娱乐业	37	26	6	5	17	12	8

（续上表）

行业	R&D折合全时工作量	按活动类型分			按工作岗位性质分		
		基础研究人员	应用研究人员	试验发展人员	研究人员	技术人员	其他辅助人员
新闻和出版业	0	0	0	0	0	0	0
广播、电视、电影和影视录音制作业	0	0	0	0	0	0	0
文化艺术业	26	26	0	0	12	8	6
体育	11	0	6	5	5	4	2
娱乐业	0	0	0	0	0	0	0
公共管理、社会保障和社会组织	34	0	0	34	18	16	0
中国共产党机关	0	0	0	0	0	0	0
国家机构	34	0	0	34	18	16	0
人民政协、民主党派	0	0	0	0	0	0	0
社会保障	0	0	0	0	0	0	0
群众团体、社会团体和其他成员组织	0	0	0	0	0	0	0
基层群众自治组织	0	0	0	0	0	0	0
国际组织	0	0	0	0	0	0	0
国际组织	0	0	0	0	0	0	0

表16　全部县以上部门属科技机构R&D经费支出（2013）

表16-1　按地域分布

单位：千元

地域	R&D经费内部支出	按活动类型分			按来源分					R&D经费外部支出
		基础研究	应用研究	试验发展	政府资金	企业资金	事业单位资金	国外资金	其他资金	
总　计	**3 979 908**	**865 502**	**1 270 927**	**1 843 479**	**2 837 371**	**249 807**	**679 981**	**93 163**	**119 586**	**47 947**
广州市	3 543 594	801 193	1 106 049	1 636 352	2 449 888	225 303	657 441	93 163	117 799	46 501
韶关市	410	0	0	410	410	0	0	0	0	0
深圳市	316 392	63 487	151 249	101 656	292 732	23 660	0	0	0	0

（续上表）

地域	R&D经费内部支出	按活动类型分			按来源分					R&D经费外部支出
		基础研究	应用研究	试验发展	政府资金	企业资金	事业单位资金	国外资金	其他资金	
珠海市	2 931	0	56	2 875	2 931	0	0	0	0	0
汕头市	2 770	0	0	2 770	1 926	844	0	0	0	0
佛山市	13 238	0	3 415	9 823	13 238	0	0	0	0	0
江门市	921	0	0	921	921	0	0	0	0	0
湛江市	6 838	822	2 458	3 558	6 692	0	146	0	0	0
茂名市	6 743	0	0	6 743	6 117	0	0	0	626	0
肇庆市	885	0	150	735	100	0	785	0	0	0
惠州市	13 920	0	1 056	12 864	12 179	0	641	0	1 100	0
梅州市	1 547	0	0	1 547	1 547	0	0	0	0	0
汕尾市	0	0	0	0	0	0	0	0	0	0
河源市	0	0	0	0	0	0	0	0	0	0
阳江市	2 760	0	0	2 760	2 510	0	250	0	0	450
清远市	0	0	0	0	0	0	0	0	0	0
东莞市	59 590	0	4 971	54 619	39 426	0	20 164	0	0	996
中山市	1 523	0	1 523	0	1 523	0	0	0	0	0
潮州市	50	0	0	50	50	0	0	0	0	0
揭阳市	5 796	0	0	5 796	5 181	0	554	0	61	0
云浮市	0	0	0	0	0	0	0	0	0	0

表16-2　按隶属关系分布

单位：千元

隶属关系	R&D经费内部支出	按活动类型分			按来源分					R&D经费外部支出
		基础研究	应用研究	试验发展	政府资金	企业资金	事业单位资金	国外资金	其他资金	
总　计	**3 979 908**	**865 502**	**1 270 927**	**1 843 479**	**2 837 371**	**249 807**	**679 981**	**93 163**	**119 586**	**47 947**
地方部门属	1 661 412	232 798	525 024	903 590	1 149 325	26 559	280 875	85 067	119 586	12 355

（续上表）

隶属关系	R&D经费内部支出	按活动类型分			按来源分					R&D经费外部支出
		基础研究	应用研究	试验发展	政府资金	企业资金	事业单位资金	国外资金	其他资金	
省级部门属	1 331 689	230 438	437 252	663 999	927 082	19 903	194 776	85 067	104 861	8 440
副省级城市属	175 576	1 360	72 412	101 804	105 701	1 050	55 887	0	12 938	2 868
地市级部门属	154 147	1 000	15 360	137 787	116 542	5 606	30 212	0	1 787	1 047
中央部门属	2 318 496	632 704	745 903	939 889	1 688 046	223 248	399 106	8 096	0	35 592
中国科学院	1 272 479	578 147	460 660	233 672	1 140 746	62 486	61 351	7 896	0	19 309

表16–3　按机构所属学科领域分布

单位：千元

学科领域	R&D经费内部支出	按活动类型分			按来源分					R&D经费外部支出
		基础研究	应用研究	试验发展	政府资金	企业资金	事业单位资金	国外资金	其他资金	
总　计	**3 979 908**	**865 502**	**1 270 927**	**1 843 479**	**2 837 371**	**249 807**	**679 981**	**93 163**	**119 586**	**47 947**
自然科学领域	760 086	424 129	193 735	142 222	678 974	20 203	50 877	3 433	6 599	23 657
农业科学领域	737 800	66 432	187 611	483 757	636 925	33 618	48 337	1 272	17 648	2 404
医学科学领域	701 321	247 977	320 335	133 009	518 165	7 706	79 296	87 040	9 114	0
工程科学与技术领域	1 642 069	93 301	479 861	1 068 907	867 843	187 240	501 471	1 418	84 097	21 886
社会、人文科学领域	138 632	33 663	89 385	15 584	135 464	1 040	0	0	2 128	0

表17　全部县以上部门属科技机构R&D经费内部支出（2013）

表17–1　按地域分布

单位：千元

地域	R&D经费内部支出	经常费支出				基本建设费		
			人员费用	设备购置费	其他		仪器设备费	土建费
总　计	**3 979 908**	**3 153 395**	**1 305 028**	**374 037**	**1 474 330**	**826 513**	**295 849**	**530 664**

（续上表）

地域	R&D经费内部支出	经常费支出				基本建设费		
			人员费用	设备购置费	其他		仪器设备费	土建费
广州市	3 543 594	2 724 352	1 092 233	303 853	1 328 266	819 242	294 409	524 833
韶关市	410	410	110	0	300	0	0	0
深圳市	316 392	316 392	149 330	60 097	106 965	0	0	0
珠海市	2 931	2 931	2 509	377	45	0	0	0
汕头市	2 770	2 770	2 667	0	103	0	0	0
佛山市	13 238	9 339	7 375	1 964	0	3 899	0	3 899
江门市	921	921	773	0	148	0	0	0
湛江市	6 838	6 785	5 611	627	547	53	53	0
茂名市	6 743	6 743	4 464	0	2 279	0	0	0
肇庆市	885	885	765	0	120	0	0	0
惠州市	13 920	12 234	6 211	1 620	4 403	1 686	84	1 602
梅州市	1 547	1 547	1 446	7	94	0	0	0
汕尾市	0	0	0	0	0	0	0	0
河源市	0	0	0	0	0	0	0	0
阳江市	2 760	2 670	1 740	40	890	90	0	90
清远市	0	0	0	0	0	0	0	0
东莞市	59 590	58 047	26 778	5 452	25 817	1 543	1 303	240
中山市	1 523	1 523	450	0	1 073	0	0	0
潮州市	50	50	30	0	20	0	0	0
揭阳市	5 796	5 796	2 536	0	3 260	0	0	0
云浮市	0	0	0	0	0	0	0	0

表17–2　按隶属关系分布

单位：千元

隶属关系	R&D经费内部支出	经常费支出				基本建设费		
			人员费用	设备购置费	其他		仪器设备费	土建费
总　计	**3 979 908**	**3 153 395**	**1 305 028**	**374 037**	**1 474 330**	**826 513**	**295 849**	**530 664**
地方部门属	1 661 412	1 177 197	544 959	105 769	526 469	484 215	241 453	242 762
省级部门属	1 331 689	895 091	412 549	80 363	402 179	436 598	233 004	203 594
副省级城市属	175 576	149 120	63 327	12 169	73 624	26 456	7 062	19 394
地市级部门属	154 147	132 986	69 083	13 237	50 666	21 161	1 387	19 774
中央部门属	2 318 496	1 976 198	760 069	268 268	947 861	342 298	54 396	287 902
中国科学院	1 272 479	1 224 045	455 325	183 417	585 303	48 434	20 585	27 849

表17–3　按机构所属学科领域分布

单位：千元

学科领域	R&D经费内部支出	经常费支出				基本建设费		
			人员费用	设备购置费	其他		仪器设备费	土建费
总　计	**3 979 908**	**3 153 395**	**1 305 028**	**374 037**	**1 474 330**	**826 513**	**295 849**	**530 664**
自然科学领域	760 086	746 743	263 913	69 011	413 819	13 343	148	13 195
农业科学领域	737 800	612 197	237 976	48 123	326 098	125 603	34 232	91 371
医学科学领域	701 321	385 540	160 129	51 186	174 225	315 781	196 405	119 376
工程科学与技术领域	1 642 069	1 289 464	591 164	200 912	497 388	352 605	63 452	289 153
社会、人文科学领域	138 632	119 451	51 846	4 805	62 800	19 181	1 612	17 569

表17-4 按机构服务的国民经济行业分布

单位：千元

行业	R&D经费内部支出	经常费支出				基本建设费		
			人员费用	设备购置费	其他		仪器设备费	土建费
总 计	**3 979 908**	**3 153 395**	**1 305 028**	**374 037**	**1 474 330**	**826 513**	**295 849**	**530 664**
农、林、牧、渔业	623 938	512 811	191 570	39 200	282 041	111 127	30 402	80 725
农业	214 139	200 980	92 620	11 822	96 538	13 159	4 435	8 724
林业	95 552	72 898	39 000	1 765	32 133	22 654	7 195	15 459
畜牧业	60 210	57 059	17 104	1 479	38 476	3 151	2 814	337
渔业	172 830	119 311	12 667	11 779	94 865	53 519	2 206	51 313
农、林、牧、渔服务业	81 207	62 563	30 179	12 355	20 029	18 644	13 752	4 892
采矿业	199 700	188 899	103 731	36 923	48 245	10 801	0	10 801
煤炭开采和洗选业	0	0	0	0	0	0	0	0
石油和天然气开采业	0	0	0	0	0	0	0	0
黑色金属矿采选业	0	0	0	0	0	0	0	0
有色金属矿采选业	199 700	188 899	103 731	36 923	48 245	10 801	0	10 801
非金属矿采选业	0	0	0	0	0	0	0	0
开采辅助活动	0	0	0	0	0	0	0	0
其他采矿业	0	0	0	0	0	0	0	0
制造业	382 424	358 406	124 109	38 069	196 228	24 018	20 595	3 423
农副食品加工业	71 324	71 324	20 930	3 629	46 765	0	0	0
食品制造业	35 716	35 716	15 454	2 734	17 528	0	0	0
酒、饮料和精制茶制造业	0	0	0	0	0	0	0	0
烟草制品业	0	0	0	0	0	0	0	0
纺织业	0	0	0	0	0	0	0	0
纺织服装、服饰业	0	0	0	0	0	0	0	0
皮革、毛皮、羽毛及其制品和制鞋业	0	0	0	0	0	0	0	0
木材加工和木、竹、藤、棕、草制品业	0	0	0	0	0	0	0	0
家具制造业	0	0	0	0	0	0	0	0

（续上表）

行业	R&D经费内部支出	经常费支出				基本建设费		
			人员费用	设备购置费	其他		仪器设备费	土建费
造纸和纸制品业	0	0	0	0	0	0	0	0
印刷和记录媒介复制业	0	0	0	0	0	0	0	0
文教、工美、体育和娱乐用品制造业	0	0	0	0	0	0	0	0
石油加工、炼焦和核燃料加工业	1 427	1 427	1 284	0	143	0	0	0
化学原料和化学制品制造业	0	0	0	0	0	0	0	0
医药制造业	235 122	211 224	69 996	31 024	110 204	23 898	20 585	3 313
化学纤维制造业	416	416	120	2	294	0	0	0
橡胶和塑料制品业	0	0	0	0	0	0	0	0
非金属矿物制品业	0	0	0	0	0	0	0	0
黑色金属冶炼和压延加工业	1 140	1 020	266	380	374	120	10	110
有色金属冶炼和压延加工业	0	0	0	0	0	0	0	0
金属制品业	0	0	0	0	0	0	0	0
通用设备制造业	0	0	0	0	0	0	0	0
专用设备制造业	37 279	37 279	16 059	300	20 920	0	0	0
汽车制造业	0	0	0	0	0	0	0	0
铁路、船舶、航空航天和其他运输设备制造业	0	0	0	0	0	0	0	0
电气机械和器材制造业	0	0	0	0	0	0	0	0
计算机、通信和其他电子设备制造业	0	0	0	0	0	0	0	0
仪器仪表制造业	0	0	0	0	0	0	0	0
其他制造业	0	0	0	0	0	0	0	0
废弃资源综合利用业	0	0	0	0	0	0	0	0
金属制品、机械和设备修理业	0	0	0	0	0	0	0	0
电力、热力、燃气及水生产和供应业	0	0	0	0	0	0	0	0
电力、热力生产和供应业	0	0	0	0	0	0	0	0
燃气生产和供应业	0	0	0	0	0	0	0	0
水的生产和供应业	0	0	0	0	0	0	0	0

（续上表）

行业	R&D经费内部支出	经常费支出				基本建设费		
			人员费用	设备购置费	其他		仪器设备费	土建费
建筑业	0	0	0	0	0	0	0	0
房屋建筑业	0	0	0	0	0	0	0	0
土木工程建筑业	0	0	0	0	0	0	0	0
建筑安装业	0	0	0	0	0	0	0	0
建筑装饰和其他建筑业	0	0	0	0	0	0	0	0
批发和零售业	0	0	0	0	0	0	0	0
批发业	0	0	0	0	0	0	0	0
零售业	0	0	0	0	0	0	0	0
交通运输、仓储和邮政业	4 823	4 823	2 601	64	2 158	0	0	0
铁路运输业	0	0	0	0	0	0	0	0
道路运输业	0	0	0	0	0	0	0	0
水上运输业	4 823	4 823	2 601	64	2 158	0	0	0
航空运输业	0	0	0	0	0	0	0	0
管道运输业	0	0	0	0	0	0	0	0
装卸搬运和运输代理业	0	0	0	0	0	0	0	0
仓储业	0	0	0	0	0	0	0	0
邮政业	0	0	0	0	0	0	0	0
住宿和餐饮业	0	0	0	0	0	0	0	0
住宿业	0	0	0	0	0	0	0	0
餐饮业	0	0	0	0	0	0	0	0
信息传输、软件和信息技术服务业	13 592	13 592	8 364	1 747	3 481	0	0	0
电信、广播电视和卫星传输服务	9 088	9 088	5 602	1 216	2 270	0	0	0
互联网和相关服务	0	0	0	0	0	0	0	0
软件和信息技术服务业	4 504	4 504	2 762	531	1 211	0	0	0
金融业	0	0	0	0	0	0	0	0
货币金融服务	0	0	0	0	0	0	0	0

（续上表）

行业	R&D经费内部支出	经常费支出				基本建设费		
			人员费用	设备购置费	其他		仪器设备费	土建费
资本市场服务	0	0	0	0	0	0	0	0
保险业	0	0	0	0	0	0	0	0
其他金融业	0	0	0	0	0	0	0	0
房地产业	0	0	0	0	0	0	0	0
房地产业	0	0	0	0	0	0	0	0
租赁和商务服务业	0	0	0	0	0	0	0	0
租赁业	0	0	0	0	0	0	0	0
商务服务业	0	0	0	0	0	0	0	0
科学研究和技术服务业	1 995 373	1 650 289	680 945	221 118	748 226	345 084	61 771	283 313
研究和试验发展	1 201 257	1 020 826	426 821	149 266	444 739	180 431	25 354	155 077
专业技术服务业	794 116	629 463	254 124	71 852	303 487	164 653	36 417	128 236
科技推广和应用服务业	0	0	0	0	0	0	0	0
水利、环境和公共设施管理业	262 495	220 507	94 570	15 088	110 849	41 988	5 649	36 339
水利管理业	133 147	100 893	43 791	4 387	52 715	32 254	2 300	29 954
生态保护和环境治理业	129 348	119 614	50 779	10 701	58 134	9 734	3 349	6 385
公共设施管理业	0	0	0	0	0	0	0	0
居民服务、修理和其他服务业	0	0	0	0	0	0	0	0
居民服务业	0	0	0	0	0	0	0	0
机动车、电子产品和日用产品修理业	0	0	0	0	0	0	0	0
其他服务业	0	0	0	0	0	0	0	0
教育	0	0	0	0	0	0	0	0
教育	0	0	0	0	0	0	0	0
卫生和社会工作	468 322	176 439	91 036	20 216	65 187	291 883	175 820	116 063
卫生	468 322	176 439	91 036	20 216	65 187	291 883	175 820	116 063
社会工作	0	0	0	0	0	0	0	0
文化、体育和娱乐业	28 254	26 642	7 314	1 612	17 716	1 612	1 612	0

（续上表）

行业	R&D经费内部支出	经常费支出				基本建设费		
			人员费用	设备购置费	其他		仪器设备费	土建费
新闻和出版业	0	0	0	0	0	0	0	0
广播、电视、电影和影视录音制作业	0	0	0	0	0	0	0	0
文化艺术业	18 642	18 642	4 127	0	14 515	0	0	0
体育	9 612	8 000	3 187	1 612	3 201	1 612	1 612	0
娱乐业	0	0	0	0	0	0	0	0
公共管理、社会保障和社会组织	987	987	788	0	199	0	0	0
中国共产党机关	0	0	0	0	0	0	0	0
国家机构	987	987	788	0	199	0	0	0
人民政协、民主党派	0	0	0	0	0	0	0	0
社会保障	0	0	0	0	0	0	0	0
群众团体、社会团体和其他成员组织	0	0	0	0	0	0	0	0
基层群众自治组织	0	0	0	0	0	0	0	0
国际组织	0	0	0	0	0	0	0	0
国际组织	0	0	0	0	0	0	0	0

2013年广东科技记事

1月4日

副省长陈云贤一行到省科技厅调研科技工作，听取关于2012年全省科技工作情况以及2013年科技工作思路的汇报，就科技发展相关问题进行了交流研讨。

1月4—6日

省科技厅、粤科风险投资集团、华南资本研究院一行赴江苏省调研，重点对江苏省科技金融工作、江苏高科技投资集团、苏州高新创业投资集团进行调研。

1月8—10日

副省长陈云贤率省政府办公厅、省科技厅等有关人员到广州、深圳和东莞进行调研，深入10余家科研院所、高新技术企业调查了解科技创新工作情况，并分别在三市召开科技工作座谈会，对加快推进自主创新和成果产业化工作作研究部署。

1月10日

珠海银通新能源有限公司举行国家国际科技合作基地揭牌仪式。

1月15—17日

“十二五”科技支撑计划“循环农业科技工程”项目检查交流会在广州召开。

1月17日

科技部农村司在广州召开涉农企业自主创新座谈会。

1月18日

·国家科学技术奖励大会在北京召开。广东省共有26个项目获得2012年度国家科技奖，其中，国家自然科学奖3项，国家技术发明奖5项，国家科技进步奖18项。

·广东广商高新科技股份有限公司2013年第1次股东大会在省科技厅召开。会议就广东广商高新科技股份有限公司的注册资本上缴、投资项目方向、总经理聘任等建设细节进行探讨。

1月21日

内蒙古自治区与广东省科技合作工作座谈会在广州召开。会上，两地分别介绍了科技工作情况，就如何深化两省科技教育合作等内容进行交流。省科技厅、省教育厅、省卫生厅及相关高校、科研院所等有关人员，内蒙古自治区政府、科技厅、教育厅，呼和浩特市政府及相关高校、科研院所等有关人员参加了座谈。调研组随后参观了省工研院、省农科院、广州市高新区以及有关高新技术企业。

1月22日

·中国—乌克兰巴顿焊接研究院第1届理事会第2次会议在广州召开。会上通过了中乌院提出的2013年工作目标、工作部署和各项措施，审议并通过了《中乌院组织架构调整方案》等6个提案。

·广东省科技服务业研究院筹建办揭牌仪式暨研究院建设工作座谈会在广东国际科技中心举行。省科技厅有关处室负责同志，省测试分析研究所、省科技情报研究所、省计算中心、省对外科技交流中心、省科技信息中心5个筹建单位的领导班子及中层干部，省科服院筹建办全体工作人员参加了会议。

1月23日

省科技厅、省统计局印发《广东省高新技术产业开发区考核办法》。

1月24日

省科技厅与广州高新区在广州召开共同创建国家自主创新示范区座谈会并签署框架协议。

1月25日

全国社会发展（地方）科技工作会议视频会暨广东省社会发展科技工作会议在省科技厅召开。省科技厅在科技部主会场作“创新医疗器械应用模式，惠及广大基层群众”的报告，介绍了省科技厅和省财政厅会同省卫生厅、省食品药品监管局共同组织的科技惠民计划项目《广东省创新医疗服务体系建设及器械示范与推广》的项目背景和主要做法。广东省各地级以上市及佛山市顺德区科技局（委）的分管领导和业务部门负责人约50人在广州的广东分会场参加会议。

1月31日

·广东省大型科学仪器设施共享座谈会在省科技厅召开。与会人员就如何完善《广东省大型科学仪器设施共享办法》，切实推进广东大型科学仪器设施共享共用展开座谈，对2013年广东大型科学仪器设施共享工作进行了部署。省财政厅、省教育厅、省发展改革委、省科学院、广州市科信局、省测试分析研究所等单位相关负责同志参加了会议。

·广东省“前孵化器”建设推进工作座谈会在广州召开。会上，华南理工大学生物医药前孵化器介绍了“前孵化器”的组建过程和运作模式，与会代表就“前孵化器”建设问题展开座谈，省科技厅负责人，广州市委组织部、广东省粤科风险投资集团有限公司、中山大学、广州高新区等单位共60多名代表参加了会议。

2月1日

省科技厅与揭阳市人民政府在广州召开厅市共建科技创新试验区座谈会并签署框架协议。

2月25日

·省委、省政府在广州召开全省科学技术奖励大会暨全省科技工作会议。会议颁发2012年度省科学技术奖共计280项，其中特等奖2项、一等奖29项、二等奖80项、三等奖169项。

·2012年度全省科技形势分析大会在广州召开。省科技厅领导作全省科技形势分析报告，介绍科技计划项目管理改革情况，通报《广东自主创新规划纲要》及LED推广应用的考核结果。与会代表分别就科技经费管理改革、LED照明推广应用、科技服务业发展等做专题发言。

3月5日

省科技厅团委在中山纪念堂地铁口开展以“粤科技，粤精彩；粤志愿，粤幸福”为主题的“3·5学雷锋志愿服务行动日活动”。

3月6日

科技部科技型中小企业技术创新基金管理中心在珠海召开中小企业公共技术服务机构补助资金工作座谈会。

3月7日

广东省—内蒙古自治区科技合作座谈会在广州召开。会上，双方就科技合作、项目对接、保障措施等具体事项逐一研讨，初步达成了共识。

3月8日

省科技厅与国家半导体照明工程研发及产业联盟（CSA）在北京举行战略合作签约仪式。双方将在标准制定、项目研发、科技服务和检测体系建设等方面进行战略合作。

3月11日

副省长陈云贤到省科技厅调研并召开座谈会，听取省科技厅关于科技金融结合、广东科技服务业“超市”现场会筹备、“前孵化器”建设实施方案以及广东与内蒙古科技合作等工作情况汇报，就下一步工作进行了部署。

3月13日

促进科技和金融结合工作研讨会在东莞召开。省粤科风险投资集团，省生产力促进中心，省科技厅，广州市、深圳市、佛山市、东莞市、中山市科技管理部门以及深圳市南山区、广东金融高新技术服务区、广东金融学院等单位专家代表参加了会议。

3月20日

省科技厅召开LED照明产品标杆体系运作情况交流会，听取LED照明产品标杆体系运作情况介绍，结合全省推广应用LED照明产品情况研讨进一步完善和提升LED照明产品标杆体系工作。省标准化研究院、省半导体光源产业协会、省半导体照明产业联合创新中心负责人以及标杆体系检测机构、南方电网综合能源公司代表等参加会议。

3月21日

省科技厅、省财政厅印发《广东省实施国家科技惠民计划管理细则（试行）》。

3月27日

·省科技厅与省供销社在广州举行“省科技厅与省供销合作联社联合推进供销社基层组织信息化建设协议”签约仪式。

·省科技厅与省水利厅在广州举行《广东省水利厅 广东省科学技术厅合作备忘录》签字仪式，双方将在科技项目、科研平台、示范基地、创新科研团队及人才等方面实现技术和资源共享，共同推进水利与科技的深度融合。

4月1日

吴树昌等423名农村科技特派员和陆丰市麦园种养专业合作社等303个农村科技特派员工作站被认定为2013年度第1批广东省农村科技特派员和农村科技特派员工作站。

4月10日

LED照明技术及产品推广应用联席会议在广州召开。会议通报了全省推广应用LED照明产品工作情况及下阶段工作计划，副省长陈云贤作重要讲话。

4月10—11日

科技部发展计划司蔡文沁副司长、国家科技基础条件平台中心苏靖副主任一行就广东科技资源开放共享服务情况进行调研。

4月13日

由省科协、省教育厅、省科技厅、省知识产权局和深圳市人民政府联合主办的第28届广东省青少年科技创新大赛在深圳市举行。中国工程院院士刘人怀教授，俄罗斯科学院外籍院士谢先德教授，各主办单位和组委会成员单位领导以及来自全省各地的参赛代表和2 000多名师生参加了开幕式。

4月22日

·英国商务创新与技能部创新司助理司长李克偌博士、东安格力亚大学熊榆博士一行4人到访省科技厅，双方就建立体系型合作、产业对接等合作领域进行探讨。

·科技部计划司、财政部企业司、科技型中小企业技术创新基金管理中心在广州召开科技型中小企业技术创新基金管理工作调研座谈会。

4月24日

大韩民国驻广州总领事馆李在根商务领事、韩国产业技术评价管理院中国代表处林文洙处长一行3人到访省科技厅，双方就科技政策、科研成果评价体系以及双方共同感兴趣的合作领域进行了探讨。

4月25日

·2013年广东省数控一代机械产品创新应用示范工程现场推进会在佛山召开，会议同期举行佛山市南海区广工大数控装备协同创新研究院揭牌仪式，数控一代机械产品应用示范城市、公共服务平台、典型企业等有关代表作交流发言。中国工程院院长周济、广东省副省长陈云贤、各地级以上市科技局（委）、国家级高新区、有关专业镇、机械装备企业、机械工程学会负责人、数控一代专家组以及省科技厅负责同志等150多人参加了会议。

·省科技厅与佛山市人民政府签署共同创建国家创新型城市框架协议书。签约仪式后，双方召开第1次会商会议，确定2013年度合作的重点内容，研究决定有关合作计划，协调推进合作的重大事宜。

4月26日

·全省科技服务超市建设现场会在深圳市召开。会议总结近年来科技服务业发展情况，交流工作经验，推广典型做法，并对全省进一步推进科技服务业发展、加快科技服务超市建设进行动员和部署。广东省副省长陈云贤，省政府副秘书长李捍东，省科技厅、全省地级以上市分管科技的负责人，21个高新区、部分专业镇负责人以及部分科技服务机构代表共160人参加了会议。

·爱立信移动数据应用技术研究开发（广州）有限公司等302家企业通过2012年第2批高新技术企业复审。

4月27日

安捷利（番禺）电子实业有限公司等539家企业被认定为广东省2012年第2批高新技术企业。

5月3日

省科技厅荣获首届中国创新创业大赛优秀组织单位称号。

5月9日

广东省人民政府和香港特别行政区政府在香港联合主办粤港投资环境推介与项目对接交流会。

5月10日

中德金属产业创新基地开工仪式在揭阳市举行。

5月13日

广东省科技金融促进会发起人协调会议在广州召开。

5月15—16日

国家中医药发展论坛（“珠江论坛”）第10届学术研讨会在广州召开。

5月16日

国家科技基础条件平台中心主任戴国强一行赴广东工业设计城调研。

5月17日

爱尔兰皇家科学院院士、广东省领军人才孙大文院士一行3人到访省科技厅，双方就推进与企业合作进行了交流及探讨。

5月20日

·科技部党组书记、副部长王志刚一行到清远实地考察了广东豪美铝业股份有限公司、清远市佳的美电子科技有限公司、广东先导稀材股份有限公司等，了解企业技术创新情况并与市领导及市直有关部门、企业负责人座谈，听取清远市经济社会发展情况、科技工作情况汇报和企业情况介绍。

·省科技厅、省委宣传部和省科协联合召开2013年全省“科技进步活动月”新闻发布会，发布2013年全省“科技进步活动月”情况，为第16届广东科技好新闻的获奖者颁奖。

5月21—22日

中共广东省委副书记、省长朱小丹在东莞、广州调研散裂中子源、广州超算中心等大科学工程以及第3代半导体碳化硅外延片、电动汽车、LED产业重大装备MOCVD、北斗导航基带芯片等重大科技项目的推进情况，在省政府召开专题座谈会，研究广东省“十二五”后半期自主创新各项工作。

5月21—26日

第16届中国北京国际科技产业博览会在北京国际展览中心举行。广东科技展团组织了华南理工大学、中山大学、广东省工业研究院等重点高校和科研院所的一批优秀科研成果及广州无线电集团等16个单位的35个项目参展。

5月22—28日

全国政协教科文卫体委员会主任张玉台，副主任、科技部副部长陈小娅率“深化科技体制改革，促进新型研发组织发展”调研组在广东进行新型科研机构调研。调研组先后赴广州、东莞、深圳等地进行调研。

5月25日

首届内蒙古·广东科技合作活动周在广州开幕。中共中央政治局委员、广东省委书记胡春华，中共广东省委副书记、省长朱小丹出席“活动周”启动暨签约仪式并会见了内蒙古自治区主席巴特尔率领的内蒙古代表团。两省区签署经济社会发展合作框架协议，有关地市、部门、高校及科研院所签署合作协议。仪式后，与会人员参观了内蒙古·广东区域合作展。

5月27日

内蒙古自治区科技创新助推县域经济发展领导干部专题培训班在广州白云国际会议中心开班。内蒙古自治区副主席白向群、广东省政府副省长陈云贤出席了开班仪式。内蒙古自治区各盟市和旗县有关领导、科技局局长，内蒙古自治区首批赴广东省挂职干部，自治区级高新技术产业开发区及有关企业的负责人参加了培训。

5月28日

内蒙古广东科技合作项目签约仪式暨科技合作与交流对接会在广州召开。两省区签约项目共12个，涉及电子信息、农牧业、环境治理等领域。

5月30—31日

东南沿海地区大型科学仪器设施共享管理研讨会在汕头召开。

6月3日

以色列驻广州总领事馆商务领事陶丹尼先生和即将接任的商务领事海诺娅女士等一行3人到访省科技厅。双方就落实副省长陈云贤2013年4月率团访以与以色列经济部部长签订的产业技术创新合作协定、东莞“中以环保与水处理国际创新园”建设、粤以在智慧城市方面的合作等问题进行讨论。

6月6日

·中共中央政治局委员、省委书记胡春华到省科技厅开展调研，看望省科技厅干部职工，考察业务办理大厅、省高性能计算重点实验室及区域卫生信息平台、村村通业务平台，听取了全省科技工作汇报。省领导林木声、陈云贤参加了调研。

·第2届中国创新创业大赛（广东赛区）暨“粤穗天使行动”系列活动启动仪式在广东科学中心举行。启动仪式上分别举行了广东天使投资联盟授牌仪式、筹建广东粤穗天使创业投资有限公司和广东省科技金融促进会签约仪式，开通了本次新创业大赛官方网站。科技部火炬高新技术开发中心、省政府、省科技厅代表，广东省内风险投资机构、银行等金融机构，各地市级科技部门、高新技术产业开发区、孵化器等单位代表以及新闻媒体近200人出席活动。首场大赛推介会在广州高新技术产业开发区创新基地国际会议中心举行。

·省科技厅在河源东源县灯塔镇举办“科技进步活动月”大型农业科技和医疗卫生下乡活动。活动共组织专家67人，为当地近500多名农民群众开展水稻栽培、粉单竹种植、果树种植和病虫害防治、蜜蜂养殖、食用菌栽培等种养殖实用技术咨询和健康义诊咨询活动。

6月7日

全省科技系统反腐倡廉工作会议在广州召开。

6月14日

省政府在佛山市召开全省推广应用LED照明产品工作现场会。副省长陈云贤，省科技厅相关同志，省LED照明技术及产品推广应用联席会议各成员单位，各地市政府分管领导及相关部门负责人，高校、科研院所和企业代表约200人参加了会议。会后，与会代表考察了佛山市南海区推广应用LED照明产品示范点。

6月15日

由省科技厅、省住房和城乡建设厅联合主办的广东省建筑节能科技和普法宣传活动在广州举行。

6月21日

第2届中国（广州）国际金融交易·博览会在广州开幕。

6月27日

广东省人民政府与中国电子科技集团公司在广州举行签署战略合作框架协议仪式。

6月28日

巴西圣保罗研究基金会（FAPESP）代表团到访省科技厅。双方就巴西圣保罗研究基金会和广东省自然科学基金会的运营方式等情况进行交流，对在下一步的工作中加强联系，争取签订合作备忘录等问题达成共识。

7月2日

法国驻华大使馆科技专员白亚和博士、法国驻广州总领事馆科教合作专员彭德恺一行3人到访省科技厅。双方回顾了正在开展的双边科研合作项目，主要就法国政府和广东省人民政府对科研活动的具体支持政策、执行机构等问题进行交流，共同探讨进一步推动双方科研机构、大学和企业加强合作的措施。

7月3日

2013年粤港台LED产业协同创新高峰论坛在深圳举行。

7月9日

广州南车有轨交通研究院有限公司揭牌仪式在广州举行。

7月10—11日

广东省第1批高新技术企业复审专家评审会在广州召开。来自全省高等院校、科研机构和会计师事务所的42位技术、财务方面专家参加会议。

7月17日

粤港高新技术合作专责小组第10次会议在广东大厦召开。会议通过了2012年度粤港高新技术领域的工作报告和下一阶段工作计划。香港特区政府商务及经济发展局、省科技厅、中央人民政府驻香港特别行政区联络办公室教育科技部、粤港双方高新技术合作专责小组代表成员参加了会议。

7月22日

省科技厅率珠海、中山、惠州、肇庆、清远、河源等地市20多家企业的代表、科技管理部门有关负责人以及广东省产学研合作促进会相关负责人赴成都地区高校开展产学研交流对接活动。

7月24日

·广东省科技企业孵化器协会第1次会员代表大会暨成立大会在广州召开。来自各地市科技局、高新区、有关高校、科研院所、企业的嘉宾和全体会员代表等150人参加了会议。

·中共中央政治局委员、广东省委书记胡春华，中共广东省委副书记、省长朱小丹在广州会见了中科院院长白春礼。会见前，广东省和中科院召开全面战略合作领导小组会议暨重大科技合作签约仪式，副省长陈云贤与中科院副院长施尔畏分别代表双方签署了《关于共建创新型广东的合作协议》。

7月30—31日

何梁何利基金评选委员会秘书长段瑞春一行5人，对广东省何梁何利基金获奖者南方医科大学的钟世镇院士、华南理工大学的陈克复院士进行回访。

8月2日

科技部农村科技司率北京农科城投资公司、中国农业大学、北京农林科学院等人员赴珠海农业园区考察。

8月5日

省科技厅在广州召开广东科技形势分析专家座谈会。会上，与会专家就当前广东省科技形势、科技管理体制、财政科技投入方式、区域科技协调发展、科技金融等工作进行交流。

8月7日

·2013年上半年全省科技形势分析会在广州召开。

·珠江三角洲科技创新一体化规划编制工作座谈会在广州召开。省政府珠三角规划纲要办介绍了规划编制的背景以及珠江三角洲在产业、交通等五个一体化规划编制情况，并就科技创新一体化规划对辐射、带动、服务粤东西北发展等提出意见和建议。珠三角各地市科技局负责人结合本市科技创新的发展情况作交流，为规划编制提出了具体的意见和建议。

·全省高新区及部分高新技术企业专题座谈会在广州举行，省科技厅听取了高新区管委会、高新技术企业和省高新区发展促进中心对高新区发展与建设、高新技术企业认定与管理、科技计划项目管理等方面的意见和建议。

·科技计划项目管理征求意见座谈会在广州召开。会上，省科技厅介绍了科技计划项目管理改革的背景、进展及相关内容，与会代表就科技计划项目申报指南的制定、项目申报、合同书管理、信息公开、项目过程管理、项目结题验收、培训准入制度等方面提出了意见和建议。

8月8日

·2013年度国家自然科学基金（NSFC）—广东联合基金联席工作会议在北京召开。

·全省省属科研院所专题座谈会在省科技厅召开。会议听取省属科研院所对省科技厅机关作风建设、科技政策法规制定、科技计划项目管理，以及全省科研体制改革等工作的意见和建议，了解其日常运行管理和科研体制改革中一些实际问题和困难。

8月18—21日

省科技厅组织广东省经贸代表团科技分团赴广西、湖南参加学习交流活动。科技分团共有5个项目纳入了粤桂、粤湘合作项目汇总，项目总金额563万元，涉及矿产采掘、化工、畜牧等多个领域。

8月19日

民盟中央委员会、民盟广东省委副主委施平率民盟广东省委科技委员会一行到省科技厅就战略性新兴产业培育、民营企业国际科技合作进行专题调研。

8月20日

省科技厅组织专家在广州对省部共建国家重点实验室培育基地——广东省农产品加工重点实验室进行验收。

8月21日

省港澳办纪检组长、监察专员率省港澳办粤港澳科技调研小组一行5人到省科技厅，就如何深化粤港澳合作、再造广东发展新优势开展专题调研。

8月22日

省科技厅在广州组织召开提升广东科技创新能力专题座谈会。与会专家围绕广东未来经济新增长点和战略部署，在如何提升广东科技创新能力、选准科技创新主攻方向、优化配置创新资源等方面提出意见和建议。

8月22—27日

省科技厅在广州召开科技金融发展规划专题研讨会，围绕落实省政府近期出台的《关于促进科技和金融结合的实施意见》精神，就编制省科技金融的发展规划、科技企业融资知识读本、开展科技金融特派员工作等进行交流研讨。

8月29日

科技部、国家卫生计生委和总后卫生部在北京召开国家临床医学研究中心启动会。广东省有2个单位进入首批认定，数量位居全国各省市第2位，分别是由钟南山院士牵头，依托广州医科大学第一附属医院组建的“国家呼吸系统疾病临床医学研究中心”，及由侯凡凡院士牵头，依托南方医科大学南方医院组建的“国家慢性肾病临床医学研究中心”。

9月2日

广东省蓝莓产学研结合示范基地、中日国际合作蓝莓种质资源圃、仲恺农业工程学院蓝莓推广示范基地和广溢农业科技有限公司蓝莓种植基地在清远英德市横石塘镇麒麟山蓝莓种植基地揭牌。

9月9日

中科院生物物理所佛山分所成立暨结核病系统生物学与转化医学团队启动及重大成果发布会在佛山举行

9月10—13日

省人社厅和省科技厅联合举办的国家级专业技术人才知识更新工程“云计算核心技术应用及安全的研究”高级研修班在广州开班，来自全国20多个省、市、自治区的学员参加了学习。

9月12日

广东省科学技术厅、广东省住房和城乡建设厅联合印发《关于省级民营科技园认定的管理办法》。

9月13日

由省科协、省委宣传部、省教育厅、省环保厅、省科技厅和省食品药品监督管理局联合举办的2013年广东省“全国科普日”活动启动仪式在广州举行。副省长陈云贤出席并宣布活动正式启动。省科技厅为获得“全国科普示范社区”称号的有关单位授牌。

9月15—18日

第13届中南地区实验动物科技交流会在广州召开。会上，科技部条财司介绍了在加强实验动物条例修订、推动实验动物资源共享等方面的主要工作；省科技厅介绍了广东实验动物管理工作的主要措施及成绩；中国工程院钟南山院士、加拿大多伦多大学杨柏华教授分别作“实验动物疾病模型在呼吸疾病中的应用价值”和“小分子RNA在肿瘤发生中作用的实验研究”的学术报告。会议评选出优秀论文18篇。

9月22日

·副省长陈云贤一行到省科技厅调研。

·越南驻广州总领事苏国俊一行3人到访省科技厅，双方就互派科技专家、落实具体科技项目合作，建立长期合作机制达成共识。

9月23—25日

2013年度国家自然科学基金会（NSFC）—广东联合基金评审会暨管委会议在乌鲁木齐召开。

9月25日

由省科技厅和英国技术创新战略委员会、英国研究理事会共同举办的中英可持续制造技术创新研讨会在广州召开。英方“创新代表团”携20多家英国相关领域企业、大学与中方40多家企业、大学的代表进行现场交流。会议是中英双方开展“可持续先进制造领域”双边合作研究2014年第1季度申报项目的前期准备，该项目计划由英国技术创新战略委员会、英国工程物理研究理事会和中国科技部共同支持。

9月26日

·副省长陈云贤率省科技厅分别向科技部部长万钢、党组书记王志刚汇报近期广东科技工作和党的群众路线教育实践活动开展情况。

·新疆喀什地区科技局一行6人到访省科技厅，双方就广东省科技对口援疆工作安排、医疗卫生科技研究项目合作等问题进行交流。

9月27日

广东省第十二届人民代表大会常务委员会第四次会议表决通过，任命黄宁生为广东省科学技术厅厅长。

10月9日

国家自然科学基金委员会一行到中山大学调研，与该校国家杰出青年基金获得者代表座谈，听取中山大学广州超级计算中心建设的情况介绍，实地考察了有害生物控制与资源利用国家重点实验室和光电材料与技术国家重点实验室。

10月14—15日

科技部科技经费监管中心调研组一行到省科技厅进行科技金融工作调研座谈。与会人员就起草《科技金融服务中小微科技型企业专项行动计划》和《广东省科技金融发展规划》等文件，广东赛区创新创业大赛决赛和全省科技金融工作会议筹备等事宜进行了研讨。

10月15日

省科技厅领导班子召开党的群众路线教育实践活动专题民主生活会。会上，黄宁生书记代表领导班子作对照检查，认真查摆了“四风”方面存在的10个突出问题；班子各成员开展批评和自我批评，并提出了具体的整改措施。副省长陈云贤作讲话，省委第19督导组和省委组织部相关负责同志到会指导。

10月16日

省科技厅厅长黄宁生一行分别与深圳、东莞、潮州等市科技管理部门座谈，认真听取意见和建议，专题调研省科技管理改革、粤东西北地区科技创新等重点工作。

10月18—25日

·省科技厅厅长黄宁生分别赴厅属11个单位进行调研，检查各单位党的群众路线教育实践活动开展情况，了解各单位改革发展思路对策，听取厅属单位领导班子和基层工作人员对厅系统和全省科技工作的建议和意见。

·云浮市人民政府、广东省贸促会在云浮举办第10届中国（云浮）国际石材科技展览会。

10月19日

·“海洋六号太平洋——广州”海洋科普课堂在广州举行。

·由省科技厅领导带队，厅发展规划处、科研条件与财务处、社会发展与基础研究处、高新技术发展及产业化处、产学研结合处以及粤科集团、省情报所、省生产力、省技经中心、信息中心等有关人员赴国家超级计算深圳中心调研，与深圳市科技创新委员会举行科技业务管理交流座谈会，围绕业务整合、业务管理平台、智能化管理、财政预算等方面进行交流。

10月28日

省科技厅召开厅系统整治小金库、违规使用专项资金专项行动动员大会。会议传达了省整治小金库、违规使用专项资金专项行动文件精神，对省科技厅整治小金库、违规使用专项资金专项行动进行具体布置，明确了各阶段的任务和目标。厅机关各处室、归口管理的48个省直科学事业单位、粤科集团主要负责人参加了会议。

10月29—31日

·副省长陈云贤、省科技厅厅长黄宁生一行到肇庆高新区、东莞松山湖高新区、惠州仲恺高新区就金融与实体经济的有效对接、推动金融科技融合创新发展进行调研。

·广东金融高新区股权交易中心首批企业挂牌暨区域股权交易市场建设发展交流会在该中心举行。

11月1日

·器官衰竭防治国家重点实验室和慢性肾病国家临床医学研究中心揭牌仪式在南方医科大学南方医院举行。

·中国海洋石油总公司科技发展部周洪波总经理、中国海洋石油南海东部石油管理局赴省科技厅开展科技工作交流活动。

11月4日

由省科技厅、中国科学技术交流中心、以色列经济部首席科学家办公室、以色列产业研发中心共同主办的以色列信息通讯技术洽谈会在广州召开。中国科学技术交流中心主任孙洪、以色列驻广州总领事安亚杰和以色列产业研发中心首席执行官希沃特以及来自以色列信息通讯技术领域的10家企业代表与中方包括中国联通、中兴通讯、全志科技在内的58家企业代表进行了112场次“一对一”现场洽谈交流。

11月5—9日

广东科技代表团参加在杨凌国家农业高新产业示范区举行的第20届中国杨凌农业高新科技成果博览会。广东科技代表团围绕“现代农业创造美好生活”的主题，组织了华南农业大学、广东省农科院及广东亿龙新材科技有限公司等单位的17个优秀涉农项目参展，充分展示了广东农业科技的特色及新成就、新成果。

11月6日

科技部副部长曹健林一行到省工研院调研，听取中乌研究院建设进展情况汇报，对中乌研究院下阶段建设提出建议。

11月7日

全省国家级高新区科技与金融结合推进会在江门高新区召开。会上，陈云贤副省长作讲话，广州、惠州、深圳、佛山、珠海高新区作经验介绍，省科技厅、金融办、粤科金融集团等单位分别发言并展开交流讨论。

11月11日

副省长陈云贤到暨南大学调研“四重”（重点学科、重点人才、重点平台、重点科研项目）建设工作，实地察看了暨南大学生物医药研究院等研发平台。

11月12日

科技部和广东省人民政府在东莞举办2013中国（东莞）国际科技合作周暨电子信息产品博览会。

11月13日

南方电网公司2013年科技创新工作会议暨南方电网技术论坛在广州举行。

11月18日

为贯彻落实十八届三中全会深化经济和科技体制改革精神及省政府关于加快推动科技成果产业化的工作部署，省科技厅与省经济和信息化委在广州签署关于协同推进科技成果产业化合作备忘录，就建立科技与产业对接长效机制，促进科技与产业紧密结合，共同推进科技成果产业化达成共识。

11月22日

2013广东经济发展国际咨询会科技论坛在广州举行。副省长陈云贤出席论坛并致辞。2013年科技论坛的主题是“产业转型再造核心竞争力”，德国弗劳恩霍夫协会国际合作部主任劳乌尔·克林纳博士、德国大众汽车集团（中国）执行副总裁杜思凯先生和广东工业大学校长陈新教授分别作主题演讲。省直各单位、各地级市科技局负责同志，省内科研机构、高校、高新技术企业和社会团体组织以及英美领事馆等中外听众共180多人参加了论坛。

11月28日

由省科技厅、广州市科信局联合主办的第2届中国创新创业大赛（广东赛区）暨首届“珠江天使杯”科技创新创业大赛总决赛和颁奖仪式在广州举行。

11月28—29日

第11次“泛珠三角”区域科技合作联席会议在海南省海口市召开。泛珠三角“9+2”各省（区）成员单位有关领导、企事业单位代表共100多人参加了会议。

11月29日

2013年度广东省基础研究管理工作会暨国家自然科学基金广东地区联络网单位会议在湛江召开。广东各有关大学、科研机构部分主管领导及基础研究管理负责人，国家自然科学基金广东地区项目依托单位部门负责人等参加了会议。

12月2日

省政协常委、科教卫体委主任杨兴锋，省政协副秘书长杜重年一行5人到访省科技厅，就下一步如何研究解决科技工作的热点难点问题进行专题调研。

12月5日

以色列驻广州总领事安亚杰先生和商务领事海诺娅女士等一行3人到访省科技厅。双方就粤以联合资助科技项目征集工作、2014年2月底举行的世界电信大会（WMC）上粤以企业对接等进行了探讨。

12月6日

・由省科技厅与香港科技园公司、香港科技大学共同主办的“创新科技亚洲会议@珠三角2013”科技专题论坛活动在广东省对外科技交流中心举行。会上，香港“创新科技亚洲会议2013”的7位嘉宾就如何缔造绿色智能城市作主题演讲。来自香港科技园公司、香港科技大学、创新科技亚洲会议2013的部分专家学者，广东各大高校、科研机构、高新园区及高新技术企业代表等近150人参加了此次论坛。

・广东省实验动物重点实验室第2届学术委员会成立暨第1次会议在广州召开，第2届学术委员会主任委员钟南山院士、副主任委员何建国教授等9名委员获颁发聘书。

12月11日

省科技厅与省水利厅召开联席会议，就进一步深化科技合作，共同推进水利科技创新体系建设，推动行业技术进步的顶层设计、总体思路等问题进行探讨。

12月14日

中国—乌克兰巴顿焊接研究院第1届理事会第3次会议在广州召开。

12月18日

・副省长陈云贤一行到省科技厅调研，听取省科技厅2013年全省科技工作的进展情况以及近期抓好落实的几项重点工作情况汇报，并对新一年全省科技工作提出要求。

・越南科技部代表团一行15人到访省科技厅，双方就科技干部多层次管理培训，产学研一体化机制以及科技合作与交流等问题进行探讨。

12月23日

・广东粤科惠华电子信息产业创业投资有限公司挂牌仪式在惠州举行。

・国家半导体照明工程研发及产业联盟与广东省科技厅战略合作联席会议第4次协调会在北京举行，会议通报了双方在推动广东标准光组件转化为国家联盟标准，广东省承接半导体照明联合创新国家重点实验室以及第10届中国国际半导体照明论坛等工作开展情况，围绕标准对接、技术研发、运营服务等工作进行了讨论。

12月26日

・广东省粤科科技小额贷款股份有限公司和广东省粤科融资担保股份有限公司揭牌。

・小谷围科学论坛之创新驱动发展智库论坛在广东科学中心举行。

12月27日

・全省高新区创新发展暨2013年全省高新区战略联盟工作座谈会在江门召开。会议选举了新一届联盟主席及轮值主席，各地高新区作交流发言，来自全省22个高新区管委会领导、厅高新技术发展及产业化处、省高新区发展促进中心等相关人员共60多人参加了会议。

・爱尔兰皇家科学院孙大文院士到访省科技厅，双方希望通过合作加强广东省食品质量与安全与欧洲、世界的科技合作。

・晶科电子（广州）有限公司LED照明标准光组件检测联合实验室授牌仪式举行。

12月28日

第2届中国创新创业大赛（广东·东莞赛区）暨首届“赢在东莞”科技创新创业大赛总决赛举行。

12月30日

由省科技厅、省经信委联合主办，中国科学院广州分院协办的2013年广东科技成果与产业对接会在广州举行。中共广东省委副书记、省长朱小丹，副省长陈云贤、刘志庚出席对接会。

表格索引

科技统计表

主题索引

说　明

1. 本索引采用主题分析法，按主题词汉语拼音字母顺序排列。

2. 索引的主题词后面的数字表示内容所在页码，数字后面的英文字母（a、b）表示该页自左至右的栏别。

3. 本索引对彩色插页、“领导讲话”、“政策措施及规范性文件”、“科技记事”等不作内容主题分析。

H

J

K

L

M

Q

R

S

X

Y

Z

金 鸡 镇

金鸡镇人民政府

金鸡镇宜居社区

金鸡镇惠峰石料有限公司生产基地

金鸡镇桦源钙业有限公司生产基地

金鸡镇位于罗定市最东部，是罗定市的东大门。金鸡镇辖区总面积90.4平方公里，全镇共有村委会10个，居委会1个。2014年底全镇总人口为 36416人。镇驻地距离罗定市区39公里，东南部分别与云安县的镇安镇、富林镇，阳春市的河朗镇接壤，是两市三县的交汇处。江罗高速、国道324线、云浮大环市路、三茂铁路罗定支线均从境内通过，镇内村道全部硬底化，交通网络比较便利。且近年逐步实现村村接电网、村村通程控电话。

金鸡镇地处云雾山余脉石灰岩地区，属喀斯特地貌，有丰富的石灰石资源。2011年金鸡镇重点规划建设了罗定复粉走廊和粪箕窝建材工业园，筹资500万元完善配套设施，明确工业园区的产业定位和功能分区。工业园区配套设施完善。工业园区的产业定位和功能分区明确，重点引进大型钙业企业和石灰石深加工企业，延长石材产业链，推动全镇工业产业结构优化升级，切实提高金鸡石材产业的附加值。招商引资优化，服务功能健全。努力打造工业经济发展软环境。深入企业为其解决发展壮大过程中出现的土地、用电、资金、人才等方面的难题。

近年来，金鸡镇先后引进了罗贯村乾相石场、桦源钙业有限公司、德盛钙业有限公司等一批重点项目。镇重点企业庙岗石料厂、桦源钙业、德诚钙业等的销售成绩理想，企业发展形势喜人。庙岗石料厂去年进一步扩大生产规模，引进资金1000万元，在原有6条生产线的基础上，扩建2条现代化、科技含量高的纳米碳酸钙生产线，年产值由原来的500万元增至1000万元、税收由每年50万元增至100万元以上。目前，金鸡镇共有石灰石深加工企业80多家，产品主要有碳酸钙粉、复粉、双飞粉、重钙粉等，年产值8000万元，石灰石深加工生产基地已初具规模，石灰石附加值得到明显提高。初步形成石灰石、复粉等建材产业链条，扩大产业规模、产生集群效应。其中，桦源钙业有限公司投资3000万元，被列为罗定市2007年度重点项目工程。绍明化工有限公司投资6800万元，被列为云浮市2008年度重点项目工程。香港德胜发展有限公司投资的德成钙业有限公司，投资5000万港元，被列为云浮市2008年度重点项目工程。2013年招商引资四个项目：投资额为500万元金鸡镇吴远本石米厂、资额为2500万元金鸡镇文亨石料厂、资额为5000万元老虎涌石场、资额为5000万元马骝迳石场。2014年招商引资两个项目：罗定市润联钙业有限公司，投资5000万元，列入罗定市2014年度重点项目。广东益金钙业科技有限公司，投资1.5亿元，列入云浮市2014年度重点项目。

2015年起金鸡镇将加强招商引资工作,继续巩固壮大现有企业。努力盘活存量和闲置土地，提高土地使用效率，在政策法律允许的前提下，通过多种途径，积极调剂争取用地指标，做好土地储备文章。特别是做好碳酸钙企业的技术改造，为企业提供优质服务，协助企业做好招工工作、解决生产等方面遇到的问题和困难，使企业规模不断发展壮大。

大埔县桃源镇人民政府

发展特色产业，打造陶瓷专业镇

桃源镇地处梅州市大埔县最南端，东连光德镇，北接高陂镇，西和西南邻丰顺县，东南界潮州市饶平县，为两市四县结合部，距离县城48公里，辖区积76.96平方公里，下辖6个村委会，119个村民小组，总人口16600多人。

桃源镇地形四周群山环抱，是典型的盆地山区镇，镇内瓷土资源尤为丰富，历来是大埔的陶瓷主产区之一，有着近800年的产瓷历史，当地80%以上的劳动力都从事瓷业生产，陶瓷是该镇经济支柱。近年来，该镇树立和落实科学发展观，以打造“广东省陶瓷专业镇”为目标，致力于建设陶瓷产业研发、生产、销售、培训基地，优化投资环境，提供优质服务，积极引导陶瓷企业在技术创新方面下功夫，大力发展高端产品，提高产品附加值，加快陶瓷产业转型升级步伐，使辖区的陶瓷产业得到发长足的发展。

桃源镇是梅州市青花瓷技术创新专业镇。多年来，该镇借助高校和科研机构的先进科技设施条件、人才资源及科研成果，推动陶瓷技术创新层出不穷。该镇昌隆陶瓷有限公司研制生产的“全釉青花薄胎陶瓷”产品，曾被选为梅州市政府礼品，赠送给中国国民党主席吴伯雄先生，同时该公司还与华南理工大学合作的科技成果“全釉薄胎陶瓷技术的研究与应用”获2011年度广东省科学技术奖二等奖，全釉薄胎陶瓷技术填补了国内空白。目前，该镇陶瓷以产品创新快、花色品种多、造型精致、品种多样、风格独特、现代感强等特点，迎合国内外市场潮流而广受各地经销商和消费者的青睐，产品远销法国、意大利、美国、南非、新加坡、香港等60多个国家和地区。至目前全镇共有陶瓷企业31家，从业人员达4000多人，产值达到2000万元以上的企业有10家，各类节能窑125条，原料车间18个；陶瓷总产值达9.42亿元，每年国地两税收入超过3000万元，是大埔县平创产值、税收最高的一个镇。

今后，桃源镇党委、政府继续大力发展陶瓷特色产业，突出服务和引导，搭建创新平台，优化投资环境，着重抓好现有陶瓷企业的升级改造和桃源陶瓷工业小区扩容建设，力争通过两年的努力把工业小区面积扩大1倍，夯实陶瓷产业发展基础，努力推动陶瓷产业上规模、上档次、上水平，做大做强做优陶瓷产业集群。

辖区内陶瓷企业

辖区内陶瓷企业

辖区内陶瓷企业

桃源镇政府办公大楼

陶瓷产品研发中心

桃源镇

正在建设的桃源陶瓷工业小区

生产车间和原料车间

生产车间和原料车间

大埔县枫朗镇

枫朗镇牌坊

西岩茶乡度假村

枫朗，别称“石云”，取意“枫林月朗”。枫朗镇地处大埔县东南部，东邻福建省平和县，南与饶平县相连，西接本县高陂镇，北依百侯镇，距县城19公里，全镇区域面积169.83平方公里，山地面积19.2万亩，耕地面积15092亩。下辖23个行政村，338个村民小组，总人口约5万人。

镇内溪流蜿转，山峦环绕，海拔1256米的西岩山，峰顶云雾缭绕，是得天独厚的酿育西岩名茶的主产区，全镇85%的在家劳动力从事茶叶生产。2006年，枫朗镇被市科技局确定为市级茶业专业镇。2008年，被省科技厅认定为省级茶叶技术创新专业镇。2014年，枫朗镇茶叶种植总面积达3.8万亩。今年，枫朗镇将打响“中国名茶之乡”品牌，立足精致高效农业基础较好的优势，以农业强、农村美、农民富为目标，进一步扩大茶叶种植面积，走基地化、标准化、品牌化、市场化的道路，着力发展以食品加工为主的健康产业，推动富民强镇。充分发挥茶叶专业镇的传统优势，用规模和品质打造西岩万亩茶山，发展生态观光农业，推动农业经济大繁荣。（1）做规划。聘请专业人员对西岩万亩茶山进行科学规划，根据自然条件、地形地势，服从农业生产的整体布局，做好茶园规划工作，以适应农业生产现代化的要求。（2）扩基地。大力引进新品种、新技术和新成果，建立标准化示范基地。通过补贴政策鼓励企业、茶农进一步扩大种植面积。扩基地创优质延长产业链，带动经济快速增长。全力打造好茶叶特色农业品牌，做大做强茶叶产业。

西岩茶壶

采茶女

广东省揭阳市普宁市高埔镇

广东省普宁市高埔镇农业“一镇一品”

高埔镇位于揭阳市普宁市西南部，辖16个村委会和1个社区居委会，总人口7.2万，其中农业人口6.5万人，区域面积105平方公里。

高埔全镇青梅种植面积5.2万亩，产量2万吨，上规模青梅示范基地2个。其中，龙堀青梅示范基地占地面积3000多亩，山下上湖志达青梅示范基地占地面积2000多亩。高埔青梅被全国农业博览会认定为名优产品，被评为“广东省优稀水果品种”。全镇有青梅加工企业68家，其中获得QS认证企业8家，规模上青梅加工企业6家，年加工青梅果品3万多吨，年销售额3亿多元。高埔镇青梅制品已形成凉果、果酒、梅酱、梅粉、熏制五大类共200多个品种，树立了“小梅屋”“真爱”等品牌产业一批。“酥梅”“九制话梅”“九制情人梅”等被评为“中国名牌食品”。

2012年12月，高埔镇被评为“揭阳市青梅技术创新专业镇”；2012年7月至2014年4月，高埔镇先后成立了普宁市高埔镇青梅科技协会及普宁市龙泰青梅专业合作社等16个村农民青梅专业合作社，并挂牌成立了普宁市青梅产业创新联盟；2013年2月，高埔镇在揭阳市农业“一镇一品”工程建设年度考核中荣获一等奖。2013年4月，高埔镇广东殿羽田食品有限公司公司被评为“揭阳市农业龙头企业”；2013年10月，高埔镇东昱食品有限公司被评为“广东省农业龙头企业”；2013年7月，高埔镇龙堀青梅示范基地被中国科协和财政部认定为国家级“农村科普示范基地”；2013年8月，高埔镇被农业部认定为第三批全国“一村一品示范村镇”青梅示范镇；2014年10月，中国人民银行揭阳中心支行为高埔镇龙堀村创建“信用村”举行授牌仪式；2014年10月，高埔镇被评为“广东省青梅技术创新专业镇”。

干晒场

白粉梅

东源县黄田镇

黄田镇油茶高产栽培关键技术研究与产业化示范基地建设

黄田镇地处东江中上游河畔，全镇总人口2.5万人，区域面积221平方公里，下辖17个行政村和2个居委会，耕地面积1.4万亩，山地面积31万亩。山地面积大，林业、矿产和水资源丰富是黄田镇发展生态农业的有利条件。近年来，黄田镇立足本地优势，积极实施“农业稳镇、工业立镇、旅游旺镇、科教兴镇、依法治镇”战略，加快发展现代生态农业，充分利用山地资源，积极引导农民向山地要经济，走治山致富之路。按照“统一规划，山权不变，连片开发，分户承包，政府引导，自主经营”的原则，采取以“公司+高校+基地+农户”的生产模式，以公司带动群众，大力发展油茶产业。目前，落户黄田镇的绿保生物科技开展公司对全镇发展油茶产业进行了全面的科学规划，并与华南农业大学签订了研发油茶产业的长期合作协议，在该公司的引导和带动下，全镇通过对老茶树低产园的改造，引进优良品种，建立现代优质油茶苗圃基地（500亩），高标准丰产安全现代管理技术示范油茶园2000亩。到目前为止，全镇已有1000多户农户种植了油茶，全镇油茶发展到1万多亩。逐步形成镇有特色、村有优势、户有专长的“一村一品”农业生产新格局。

一、加强指导，建立机构。

成立了“创建油茶产业专业镇工作领导小组”，由镇长任组长，科技办、党政办、经济办、农办等有关单位负责人为组员，负责组织发动、规划、协调、制定各项有利于油茶产业发展的政策和规定，同时也成立了有15人组成的“黄田镇油茶产业发展中心”，主要负责油茶品种的引进改良、技术培训，制定“规范化油茶技术标准”，油茶产品的研究开发和深加工。此外，黄田镇还成立了“油茶种植协会”，并健全了协会章程。

二、发展专业合作社，发挥油茶专业合作社的主体作用。

一直以来，黄田镇高度重视农民专业合作社的发展，积极引导和通过建立专业合作社的形式种植发展油茶。目前，黄田镇已建立了油茶专业合作社8家，通过专业合作社的形式，将农民的零散荒山连片起来，集中发展种植油茶产业。

三、引进龙头企业，带动农民发展油茶产业。

落户黄田镇的东源绿保生物科技开发有限公司，是东源县的一家县级龙头企业，通过这家企业，采取“公司+高校+基地+合作+农户”的模式带动群众发展油茶。目前，在县城工业园建立了油茶深加工厂房。为做强做大油茶产业，该公司与黄田镇所有油茶种植的农户都签订了产前产后服务和油茶保价收购合同，这样，大大激发了农民种植油茶的积极性。

四、科学管理，加强培训。

为做强做大产业，加快油茶专业镇的建设步伐，黄田镇加强了对油茶产业的科学管理。一是制定了《黄田镇林业生环境态保护与油茶产业发展的若干规定》《黄田镇鼓励和保护农户发展油茶生产的有关规定》《规范化油茶种植技术标准》等，对油茶产业进行了科学规划；二是加强科技信息网络建设，在原有科技办、农技站、白溪村、醒群村等农村科技信息服务社会主义新农村建设服务站的基础上，又在农业办、经济办公室等配备了电脑，对油茶产业进行了信息化管理；三是加强了科技培训，近两年共邀请华南农业大学教授举办了2期油茶种植管理技术培训班，共有1000余人参加，并发放各项资料10000余份。通过培训，使农民掌握了油茶种植和管理的技术。

五、项目成果的其他经济、社会效益分析与评述。

黄田镇高山茶油标准化生产技术研究与示范项目实施后，可提高单产，增加总产，从而增加产值，最终实现农业增产，农民增收，经济效益提高50%。

育苗基地

育苗基地

深入科技资本研究，提升科技金融服务

广东华南科技资本研究院

華研 SCISTC

广东华南科技资本研究院

South China Institute of Science and Technology Capital

2014年，广东华南科技资本研究院（简称：研究院）深入开展科技资本研究服务，把握科技创新与金融创新的客观规律，帮助近20家企业建立以市场为导向的技术创新体系。积极参加各类行业活动，研究院领导和团队全年参加论坛、学术报告、交流会议等共15场，发表演讲5场次，与中国港澳台、日本等同行多次交流，不断提升了研究院的影响力。

同时，为促进科技成果转化和资本运营之间的关系，研究院开展了以“主体科研机构上市产业路线图研究”和“促进广东科技金融智库建设研究”等多项课题，也为相汕尾市、肇庆市、番禺区和多个科技园区等提供科技金融服务，效果显著，下一步研究院将努力打造全方位的科技金融服务体系。

办公室

会议室

广东医学院

广东医学院是广东省属重点建设大学，创建于1958 年，是全国首批获学士学位授予权单位，1986 年获硕士学位授予权单位， 2013 年获批为博士学位授予单位。

学校拥有良好的科研条件，建有湛江校区、东莞校区和附属医院三大科研中心，拥有广东天然药物研究与开发重点实验室、广东省医学分子诊断重点实验室、广东省衰老相关心脑疾病重点实验室、粤西高校分析中心、医学生物活性分子研究重点实验室、现代生物化学与分子生物学重点实验室、神经变性疾病与衰老研究医学重点实验室、病证结合二级实验室、湛江市环北部湾海岸特色微藻生物资源产品研发重点实验室、湛江市肝胆相关疾病重点实验室、东莞市环境医学重点实验室等11个省、厅、市级重点实验室以及中美联合肿瘤研究所，中美基因、营养与健康研究所，衰老研究所，中药与新药研究所等4个中外联合科研平台。

学校坚持开放的办学理念，积极开拓国际化办学新途径，先后与美国哈佛大学、伊利诺大学、加拿大汤姆逊河大学、英国伦敦大学学院、德国莱布尼茨分子药理研究所、澳大利亚格里菲斯大学、日本大阪滋庆教育学园、日本NPO法人国际看护师育英会、香港中文大学、澳门镜湖医院、台北医学大学、台湾中山医学大学等高校和科研院所开展了多层次、多角度的合作。

为进一步提高学科建设和人才培养水平，近年来学校高度重视引进国（境）外高水平智力人才来校开展科研、讲学以及培训等活动，积极筹办高水平国际学术会议，为科研人员提供了良好的学术交流平台，大大提高了学校国际影响力及知名度。

近5年来，学校获国家级和省部级科研项目资助639项，其中国家自然科学基金项目155项，“973计划”项目子课题3项、“十二五”国家科技支撑计划项目子课题3项；获国家级、省部级及市厅级科研成果奖51项次，获国家发明专利121项。

学校积极服务地方，融入地方，立足地方，更好地奉献地方，与湛江、东莞的经济与社会发展战略对接。

湛江校区：组建生物医药产业联盟，粤西分析中心开展水产养殖检测分析，司法鉴定中心、心理咨询中心开展司法鉴定与劳动能力鉴定，公共卫生学院与检验检疫局共建等；加大产学研和成果转化力度，进行天然药物研究所的利血平、鹿骨瓜子补骨胶囊等产品的转化；为当地院校和研究院所提供科技查新平台，共享博士后科研工作站和科研平台，培养高素质的实用型医疗人才，充分发挥附院在当地医疗领域的引领作用。

东莞校区：一是进行医教研服务，参与台心医院、常安医院、大岭山医院的医疗服务，在厚街医院、石龙医院建设教学医院；心理与预防医学专家参与东莞市健康教育、咨询和科普的工作；参与企业的科技项目合作、申报；建设东莞市开放性工程中心；建设与松山湖管委会共同管理的科技研发中心；与博士创业园开展双向合作；开展养老产业的研究与开发。二是进行志愿者服务，全校共17支服务队，志愿者约1040名。在大朗一中、大朗金菊福利院、南城老人院活动中心、东莞市救助站、寮步社区卫生服务中心等服务实践基地定期开展活动，并开展和参与其他志愿者服务。

东莞华南设计创新院

省创新团队落户创新院

创新院成立签约

创新院内景

基本介绍

东莞华南设计创新院是东莞市人民政府与广东工业大学联合共建的市校合作公共服务平台，目的是依托和发挥广东工业大学的学科优势，为东莞的产业转型升级和创新发展提供支持。创新院首期建设由东莞市政府提供1.8亿元建设资金，2.5万平米建设场地及各种政策扶持，广东工业大学以人才团队、知识产权、研发设备等配套实现对等投入。

创新院面向东莞市的支柱和特色产业，确立了“设计引领创新”的建设宗旨，以“开放为源、创新为魂、机制为根”为理念，向上对接国际高端资源、向下对接产业需求、向内整合校内资源，培育人才。“靠市场、靠机制、靠团队、靠服务”，围绕公共服务、产业集聚和成果转化三大任务，重点打造工业设计、产业互联网、大数据、智能机器人和信息综合服务的“4+1”平台。

创新院将通过公共服务平台、设计创新中心、孵化器的建设，推动科技金融合作和创新人才培养，以3至5年时间，逐步构建起面向东莞乃至于整个珠三角区域的传统产业升级与培育战略新兴产业的创新生态体系，推动东莞的创新发展。

服务模式

公共服务：配置高端技术装备，建立公共技术服务平台；
产业集聚：引入创新型企业，构建创新链；
成果转化：开展工程化技术的研究开发，推动科技成果转化。

建设业绩

东莞华南设计创新院、广东华南工业设计院已服务珠三角电子信息、装备机械制造企业3000余家，其中东莞企业700余家，研发设计产品1400多项，获得各类知识产权800多项，服务企业产值总额超过500亿元。

地址：东莞市松山湖科技园区新竹路总部一号13栋
电话：0769-83050077　传真：0769-83052077　网址：www.dgscdi.com　E-mail：office@dgscdi.com

创新院外景

创新院内景

工业和信息化部电子第五研究所

工业和信息化部电子第五研究所（以下简称“电子五所”）又名中国电子产品可靠性与环境试验研究所、中国赛宝实验室，英文缩写为CEPREI，是我国最早从事可靠性研究的权威机构。电子五所始建于1955年，是工业和信息化部直属研究所，总部位于广州。电子五所是国内最早从事民用产品和武器装备质量与可靠性、计量和环境试验的技术基础研究所。经过近60年的发展，电子五所已形成一个从材料到元器件、从设备到大系统、从硬件到软件的产品检测试验、分析评价、认证审核、计量维修、信息服务、技术培训、专用设备和专用软件研发的综合质量保证公共技术服务平台；已经建立了检测、试验、分析、计量、综合保障、数据信息、认证审核、技术方法研究、标准规范制定等完整的基础能力技术体系。

检验大楼

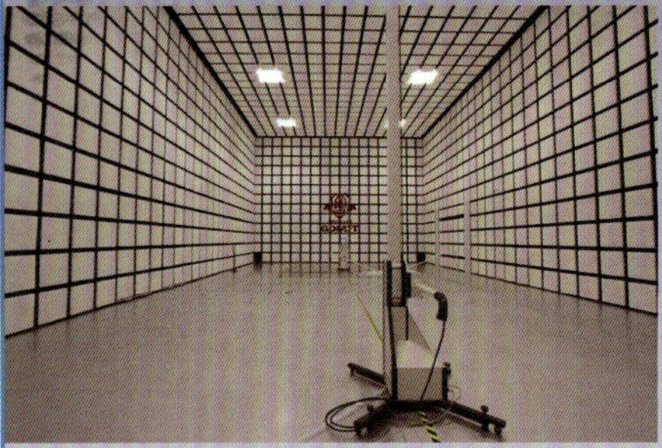

10米法电波暗室

全自动生化分析仪

业务受理大厅

广东省医疗器械质量监督检验所

广东省医疗器械质量监督检验所（国家食品药品监督管理局广州医疗器械质量监督检验中心）是广东省食品药品监督管理局直属参公管理事业单位，是华南地区唯一的国家级医疗器械检验机构。

该所通过中国合格评定国家认可委员会的实验室认可、国家计量认证和广东省质量技术监督局的资质授权和计量认证，是国家食品药品监督管理局指定的国家级检验中心，也是CCC认证定点实验室，德国TUV PS授权的CE认证产品实验室，以及广东省科技成果检测鉴定机构之一。承检能力覆盖各种包装材料、容器、机械、化学、物理、医用电子、电气安全、医用材料、生物性能、电磁兼容、超声、光学等多个领域。

该所下设包装材料容器检验中心，是华南地区最大、能力最强的包装材料检验机构，依法承担食品、保健食品、化妆品、药品、医疗器械等包装材料容器产品检验和洁净室（区）的检验、药品包装材料与药品相溶性的检验，以及包装材料容器产品和洁净室（区）标准的制修订、科研、技术审评等工作。

另外，该所还是全国医用体外循环设备标准化技术委员会、全国消毒技术与设备标准化技术委员会以及全国口腔材料和器械设备标准化技术委员会齿科设备与器械分技术委员会秘书处所在单位，负责组织三大归口医疗器械标准的制修订、转化、验证和宣贯培训。

顺德中山大学太阳能研究院

顺德中山大学太阳能研究院是顺德区政府和中山大学于2010年共建的事业单位，以中山大学太阳能系统研究所和电力电子与控制技术研究所为技术支撑。目前共有科研人员40多名，其中博士6人，硕士16人，具有副高以上职称5人，购置科研设备60多台套，总价值达616万元，承担和参与多项国家、省、市、区等各级纵向科研课题。

研究院组建了太阳电池研究室、光伏组件研究室、光伏电站研究室、光伏集成技术研究室、测试中心、信息中心和培训中心。研究院于2014年被认定为“广东省分布式光伏发电工程技术研究中心”，并且加入了PVQAT（国际光伏质量保证组），同时也是广东省光伏技术重点实验室的组成部分、中山大学研究院联合培养基地、佛山市新能源行业协会理事长单位和《广东科技》杂志常务理事单位。

研究院坚持科学与产业相结合的原则，与天合光能、中国航天、神舟电力、华为、海南英利等建立了密切的合作关系，与挪威Norut北部研究所在瑞典共建中挪瑞光伏电站联合研究中心。此外，研究院还协助广东质检院申报“国家光伏产品检验检测中心”建设项目，并为该中心提供技术和人员支持，共享实验设备。

光伏电站开发：

研究院坚持为企业提供光伏电站的咨询、设计、检测等可靠的光伏电站整体解决方案。截止至2014年年底，累计完成的电站咨询的装机容量超过750MWp，完成的电站设计的装机容量约250MWp，完成的电站检测的装机容量超过1.7GWp。

太阳电池研发：

研究院以国家“863项目”为主导，围绕高效电池激光制备工艺进行了一系列探索。以广东省重大科技专项为主导，重点研究晶体硅电池的性能缺陷以及衰减机制，并开发了国内首条晶体硅太阳电池修复中试线，实现对漏电电池的修复，在国内处于领先水平。

光伏组件研究：

研究院主要围绕光伏组件的材料特性和应用发展开展基础研究和技术创新工作。收藏有大量、多批次国内外知名品牌老旧组件，在组件衰减研究方面累积了大量数据，成为我国组件耐候性方面研究

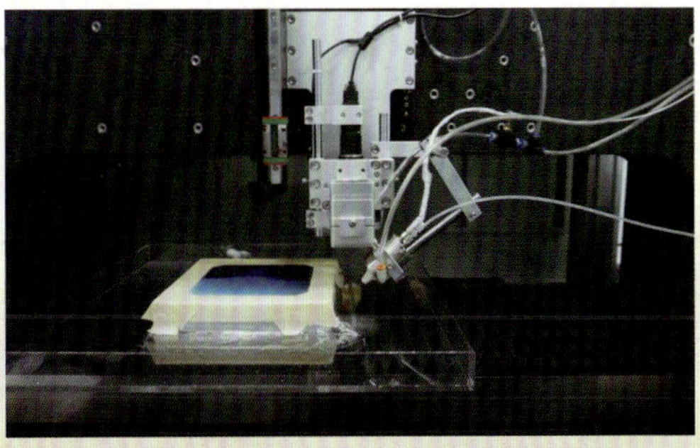

太阳电池激光制备工艺

晶体硅光伏组件

中山大学惠州研究院

中大惠院研发楼

中山大学惠州研究院（简称中大惠院）是中山大学与惠州大亚湾经济技术开发区管委会共建的科技创新平台，属公益三类事业单位，由著名化工专家纪红兵教授创建并担任院长。中大惠院通过合理配置中山大学科研人才与技术资源，发挥科技优势，研发、转化和推广使用新技术、新工艺和新产品，实现“政、产、学、研”相结合，解决石化产业的关键和共性技术问题，加速科研成果的产业化，为广东省的石化产业发展服务。

（一）从石化产业顶层设计，精心凝练八个研究方向

据行业测算，石化上游产业能带动下游50倍的产值效应，中大惠院根据石化产业所需，以提高精细化工率为目标，确定了绿色化学工艺、功能性精细化学品、电子化学品、化工新材料、减排和资源化、安全与节能、化工园区管理、近岸海洋等八个研究方向，并制定五年规划方案，开展项目实施。现已实现科技成果10项，搭建起4套中试装置，成立10个项目部以转化科技成果。在石化区加速器成立中山大学化工产业化基地，进行技术转移，打造出从技术到产品、研发到生产的通道。配套完善的产业化条件及便利的原料隔墙供应条件，促进中大惠院成果快速输出，目前已协助孵化3家企业。

中大惠院检测实验室

（二）与企业共建工程中心，助力企业科研创新

中大惠院与中海油能源发展股份有限公司石化分公司等20多家石化企业保持良好的产学研合作关系，与企业签订合作协议，保持产学研合作长效发展机制。现已建立起精细石油化工产学研基地、绿色溶剂工程技术中心、润滑与磨损研究中心、废气净化与控制研究中心等，合作双方以互惠互利、资源共享为原则，共同开展产业共性技术研发、难题攻关、人才培养等形式多样的产学研合作，每年可为企业节省研发经费达3000万元。

（三）搭建公共技术创新平台，高效开放凝聚创新资源

中大惠院通过对科研人才、新技术、工程化、产业化、政策体制等创新要素进行有机结合，汇聚行业创新资源并高效开放。搭建起六个公共服务平台，包含检测平台、教育培训平台、科技服务平台、情报检索平台、危化品安全服务平台、产品设计平台等。其中检测平台提供原材料、过程工艺分析和产品性能分析，是目前惠州市地区综合分析测试能力雄厚的大型分析测试平台之一，已提供800多份检测报告；科技检索平台提供科技文献检索和科技查询服务，便于区内企业开展科研项目立项、科技成果鉴定和区域核心竞争力分析等；科技服务平台通过组织专业研发人员和科技特派员，为区内企业提供科研辅助等。2013年5月，中大惠院以会长单位成立惠州市石油与化学工业协会，此举加强了行业间合作与交流，促进建立产业联盟，为产业聚集与发展提供建议与咨询。研究院在产学研合作组织创新方面积极的摸索，逐渐形成自身特色建设模式，从平面化的平台架构转型为多层次、多方位的公共平台建设模式，从公共技术服务、技术研发、技术中试、技术转化和产业化、技术化工智库五个方面积极推进子平台的升级，逐步向省、国家平台迈进，拓展延伸内涵，争取更大的经济效益和社会效益。

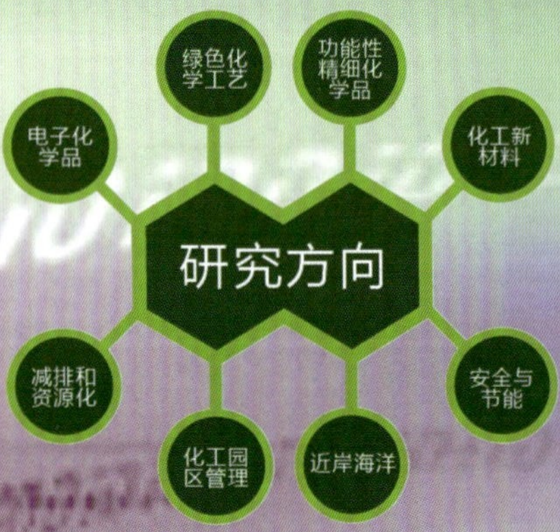

中大惠院八大研究方向

中大惠院获中国产学研合作创新奖

广东省科学技术奖

惠州市“天鹅计划”创新团队

中国林科院热带林业研究所

针对红树林恢复重建中存在的问题，重点开展了互花米草生态控制、红树林菌肥接种壮苗、半红树植物育苗造林、消浪效应及其功能评价等试验研究与示范，系统地提出了红树林快速恢复与重建关键技术及其评价指标体系，为沿海滩涂消浪防护林体系建设提供了重要理论依据和技术支撑。该成果由中国林业科学研究院热带林业研究所联合6家单位历时12年完成，主要完成人有廖宝文、李玫、陈玉军、管伟等13人。

在国内外首次开展速生红树林植物生态控制互花米草并快速恢复红树林的技术研究，实现了红树林大面积恢复与重建，阐明了互花米草的生态控制机理，在控制互花米草再生与蔓延上成效显著，为互花米草的有效控制及红树林快速恢复提供了经济实用环保的新方法，攻克了互花米草入侵的控制这一国际性难题。

在国内外首次成功研制适用于滩涂育苗造林的红树林菌肥，显著提高苗木质量和造林成活率，为突破红树林造林成活率低的技术瓶颈提供了新技术。

系统研究滩涂后缘主要半红树植物的物候、育苗及造林技术，提出了红树半红树林带的消浪林构建技术，制定了红树林消浪效应定量评价指标体系，提出了消浪红树林带的林分结构标准，提升了生态防护功能。

发表论文85篇，出版论著2部，获发明专利2项，颁布标准2个。建立试验示范林1800亩，推广造林4.8万亩，生态、经济、社会效益显著。

广东省造纸研究所

广东省造纸研究所（以下简称：省造纸所）创建于1973年，位于广州市新港西路154号，占地面积7500平方米，是广东省唯一的省级造纸研究所，是"广东省高新技术企业"，建设有"广东省造纸技术与装备公共实验室""广东省造纸精细化学品工程技术研究中心"，并通过了ISO9001质量管理体系认证。省造纸所拥有一支高素质（包括教授级高工在内）的工程技术人员队伍，全所在职职工80多人，专业技人员30多人。省造纸所以"打造品牌、开拓创新、持续发展"为宗旨，全体职工团结一致，共同奋斗，创造了优秀的业绩。

经过四十多年的发展，省造纸所发展呈现出喜人局面，市场销售网络日趋成熟，经济、社会效益和企业知名度不断提高，企业信誉良好。已发展壮大成为业务范围涵盖造纸行业科研、开发、产品检测与鉴定、技术咨询、技术服务、技术培训、技术承包和项目设计，销售造纸原料、造纸仪器等多方面业务，集科研开发、检验检测、生产、销售于一体的多元化科技企业。每年承接省技监局、工商局、海关等政府机构的抽样检测任务。主要产品有造纸助剂、特种纸、涂布纸等，是省内多家大型造纸企业的原料供应商。

省造纸所拥有1000多平方米的专业试验室，拥有完备的小型试验和中型试验装备，有设备齐全的制浆工艺研究室、造纸实验室、涂布加工纸实验室纸张物理性能实验室、纸张化学性能实验室和无菌实验室等。2000年以来，省造纸所共承担政府科技项目50多项，拥有专利技术近20项，曾获得省部级奖励10多项。目前省造纸所在全国同类造纸科研院所中，科研综合实力排在前三名以内。

国家轻工业纸张质量监督检测广州站、广东省质量监督造纸产品检验站（下简称检验站）设在省造纸研究所内，是政府授权检测机构，检验站成立于1978年，1989年获得国家质量监督检验检疫总局和广东省质量技术监督局的认证和审查认可，其后多次通过了复评审，被授权具有造纸和包装产品145个品种及物理、化学、光学性能等40个参数的检验资格，检验设施完善，设备先进，拥有华南地区检测装备最为先进、实力最强的造纸专业检测室，在国内同类检验站处于领先水平。省造纸所是全国造纸标准化委员会第三分技术委员会主任单位，秘书处设在检验站。检验站致力于做好造纸标准化的推广和宣贯，近年先后主持制定国家标准、行业标准、地方标准十多项，2010年被广业公司评为标准化制定突出贡献单位。

省造纸所科研产业化基地位于增城市中新镇大田工业区内，基地占地面积为25000平方米，已建成了1800平方多米的造纸助剂生产车间、纸张整饰及涂布加工纸生产车间和特种纸车间，具有年产7000吨造纸助剂的能力。自主研发的造纸助剂、冷压自粘胶带纸、阻燃钢纸等科研成果已实现产业转化，经过多年的市场培育，造纸助剂形成的产业规模，助剂年产销量达到4400吨，省内外100多家造纸及相关企业使用我们的产品。

助剂生产车间

科研开发基地大门

造纸所大楼

造纸所大门

实验室

产品

食品工业研究所大楼

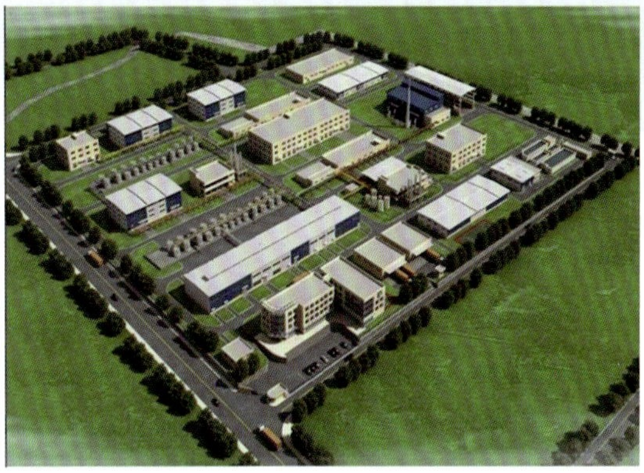

产业化基地

广东省食品工业研究所

广东省食品工业研究所成立于1984年，是一家以研发为基础，创新为驱动的全球食品配料企业，通过持续创新，为食品行业提供了更多的新型安全食品配料，多项产品填补国内空白，在中国食品添加剂行业成功奠定了领导者地位。

本所专注于食品配料的研究、开发与生产，同时致力于发展生物工程技术，将生物工程技术运用于传统的食品添加剂领域，促进行业的转型、升级、发展。通过了ISO9001：2000质量体系认证、Kosher、Halal和 HACCP认证，其产品质量得到国内外客户的充分肯定。经过三十年的发展历程，成为国内食品添加剂行业最具创新能力的公司之一。

本所现拥有3000m²的科研开发实验室和200亩成果转化基地，先进仪器设备100多台套。内设有广东省食品工业公共实验室、广东省食品添加剂重点科研基地、广东省食品工业生产力促进中心、广东省食品质量监督检验站以及国家食品质量安全检测技术示范中心等研发和服务机构，技术力量雄厚。其中，广东省食品质量监督检验站是本所下属第三方公正检测机构，已通过国家技术监督局的计量认证、工业部的审查认可和国家实验室认可。检测数据获得国际互认，成为可为社会提供用于贸易出证、产品质量评价、成果鉴定的公证数据的合法检测机构，检测结果具有法律效力。

TBA TOWER

东莞环球经贸中心大堂

东莞环球经贸中心景观

东莞环球经贸中心入口

东莞金茂建造开发有限公司

东莞金茂建造开发有限公司是一家外资房地产开发企业，筹建了“东莞环球经贸中心”（台商大厦）工程项目。本项目地处东莞市东城区，紧邻南城CBD商务中心区，位于东莞大道旁、东莞国际会展中心东南角，占地面积约三万平方米。

东莞环球经贸中心（台商大厦）由东莞台商募集资金逾十亿元人民币投资兴建，大厦地下4层、地上68层，总高度289米，是目前东莞“第一高楼”。“台商大厦”无论是在规划设计、建筑形象、空间效率、智能配置、能源利用、经济营运、健康环保等众多方面都拥有前瞻性，为东莞地标性都市综合体建筑。

台商大厦的工程质量均按美国“LEED”认证标准执行，安全文明施工按照广东省双优标准实施，目前大厦项目已获得以下一连串的殊荣：

一、美国绿色建筑委员会USGBC颁发的“LEED”（能源与环境设计先锋奖）金级预认证；

二、东莞市优秀设计奖一等奖；

三、东莞市优秀地质勘察奖一等奖；

四、深圳市照明协会颁发的“金照奖”。

东莞环球经贸中心景观

东莞环球经贸中心候梯厅

东莞环球经贸中心夜景

广东南航天合信息科技有限公司

一、企业简介

广东南航天合信息科技有限公司是中国南方航空集团旗下唯一的IT公司，前身是南航信息中心，成立于2010年9月，注册资本2000万元。公司负责南航的信息化建设，在公司的大力支持下，南航在信息化方面一直处于国内行业领先地位，创造了第一张电子登机牌、第一张电子货单、第一个微信值机等多个行业第一，南航信息化水平在中国企业信息化500强评测中持续保持前十五名。

公司从成立之初就确立了“信息技术为业务创造价值”这一核心价值观，确立了开源化、移动化、智能化、社区化四个技术方向，建立以研发中心为主体的创新研发机构，下设商务研发部、运行研发部、管理研发部、移动研发团队以及开源技术创新中心，不仅承担着南航各类信息系统的建设及维护工作，也积极承接第三方IT业务。公司聚焦航空相关行业IT服务和航空行业电子商务业务，精心打造航空业务移动统一平台、开源技术解决方案、微信行业解决方案、航空支付平台和面向政企差旅服务平台等五条产品线。

二、产学研情况

公司非常重视产学研的发展，已与北京恒拓开源公司建立了开源实验室，和银联合作成立了银联支付实验室，并且正在与北京航空航天大学联合进行申报国家科技计划课题“空中交通航迹运行技术与验证”，同时与中山大学建立了中大实习基地，与中国民航大学、华南理工大、广东工业大学等高校建立了密切的合作关系，共同研究新技术，培养优秀人才。

三、企业资质与荣誉

1.通过了“省软件企业认定”
2.通过了“高新技术企业认证”
3.被广州科技和信息化局授予“2014年科技小巨人企业”
4.“广东省守合同重信用企业”
5.被广东省经济与信息化委员会评选为“广东省电子商务示范服务商”
6.“2013—2014年度广东省电子商务100强企业”
7.被中国软件行业协会评为“企业信用等级AAA企业”
8.“广州市南航天合开源技术创新中心”被评为2015广州市企业研发机构项目。
9.取得了“ISO9001:2008质量管理体系” 证书
10.通过了“CMMI3认证”
11.“南航天合微信民航服务应用软件V1.2”在中国国际软件博览会上被评为“金奖”
12.“南航天合移动商旅应用软件V2.1”在中国国际软件博览会上被评为“金奖”

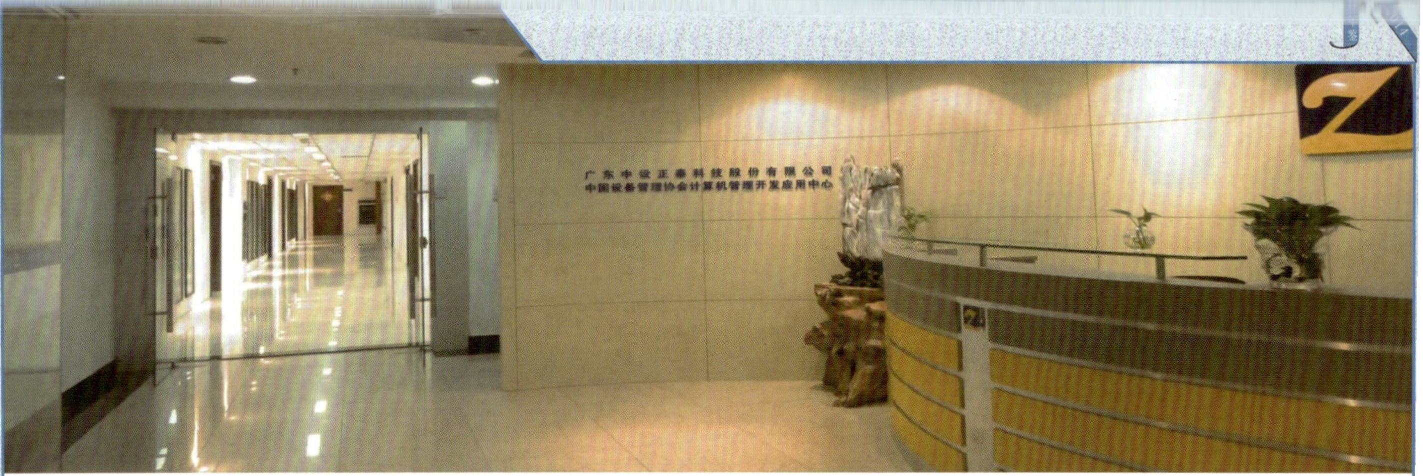

广东中设正泰科技股份有限公司

广东中设正泰科技股份有限公司（原广州市正泰商业数据有限公司）成立于1999年，经过十多年的发展，于2014年改制成为股份公司，2015年3月在全国中小企业股份转让系统（新三板）正式挂牌。证券简称：中设正泰，证券代码：832106。公司致力于帮助企业实现设备资产更高的安全性、更高的可靠性、更高的运作效率和更高的投资回报率。

中设正泰从单纯的软件服务商发展成为基于大数据的设备资产综合管控服务商，拥有评估评测、管理咨询、智能管控、工业服务四大业务的科技创新型高新技术服务企业。创立了设备资产综合管控（ACCM）理论体系，成为该领域管理理论的引导与创新者。拥有自主知识产权的软件、硬件、服务产品近200余项。拥有各类技术标准、规范、体系近3万余套；各类设备技术标准数据、运行数据近5亿条；各类企业设备维护记录、维修记录2亿多张。

中设正泰以中国设备门户网站为交易平台和资讯窗口、以专业的工业云服务为服务载体、以设备大数据为驱动核心提供全新的中国设备领域综合服务模式，为中国企业提供优质的设备综合管控服务，该新型服务模式的实施与推广将极大促进中国智慧工业、平安城市、数字制造、现代工业服务等重要战略发展目标的实现。

中设正泰先后获得广州市科技小巨人企业、高新技术企业、ISO9001质量管理认证企业、广东省双软企业、广东省民营科技企业、广东省守合同重信用企业、广东省推荐信息化技术服务商、全国设备管理优秀单位、广州市优秀软件企业、广州市著名商标、广东省自主创新产品称号、高新技术产品称号、科学技术奖励科技创新奖、50多项软件产品著作权登记证书及专利证书、多项优秀软件产品称号等资质荣誉。

中设正泰将客户与创新定义为企业的两大职责，在机场、港口、烟草、化工、冶金、制造、市政等行业拥有4000多家用户，包括260多家上市公司，为企业提供数万人次的设备资产管理培训。公司总部位于广州，在北京、上海、山东等十省市设有区域分支机构，服务覆盖全国。诚实服务、激情创新、夯实专业、强化责任，中设正泰团队为客户、为自身不懈创造着美好的未来！

广东中设正泰科技股份有限公司
地址：广州市天河区（五山）金颖路1号金颖大厦4层
电话：400-100-4168　传真：020-38289675
网址：www.kingtangdata.com、www.china-plant.com

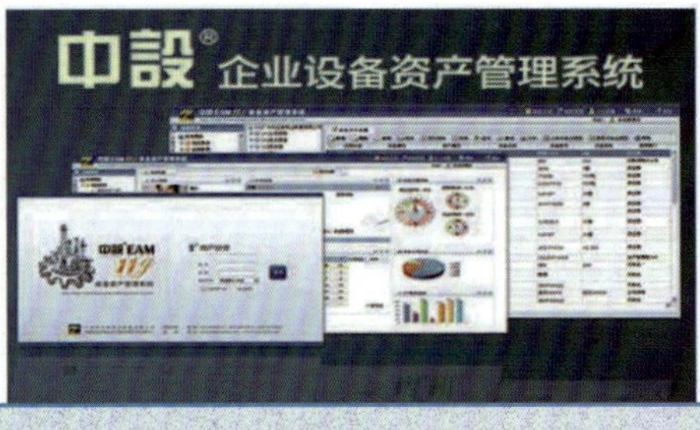

好莱客

好莱客（Holike）品牌自创立始，即以“Home Like（舒适的家）”为信念追求，一直致力于定制家居领域发展，将世界时尚家居潮流源源不断地融入中国，为每个家庭提供更具品质的生活方式，是中国“原态定制家居领导者”。

好莱客秉承“以原创定义设计，以可持续经营未来”的经营理念，在设计研发、技术创新、环保品质、生产制造等领域精益求精：相继签约国家大剧院总设计师保罗·安德鲁为好莱客品牌形象代言人与设计总顾问，中国家具界首位德国红点奖获得者吴作光等世界级设计大师为好莱客设计产品；行业内率先采用世界领先的“基材甲醛零释放”原态环保板材；从德国、意大利、加拿大等国家引进世界一流的“智造系统”，确保每一个风格的设计水准，每一块板材的环保品质，每一款产品的工艺精度达到世界级标准。

作为“原态生活”的倡导者，好莱客不仅为顾客贡献“原态”环保产品，更带来一种自然、简约、健康的生活方式，以及“还原生活本质”的设计理念及作品。对于顾客而言，“原态”可以理解是“健康的原态生活方式”。

一直以来，好莱客保持着健康、稳定、快速的发展态势。不仅担任全国工商联衣柜专委会执行会长、中国衣柜品牌联盟主席，获得“中国环境标志认证产品”“低碳环保品牌”等众多荣誉，更荣膺2015米兰世博会中国企业联合馆战略合作伙伴及唯一指定衣柜品牌。

未来，好莱客将帮助更多家庭提升家居生活品质，致力于做世界原态家居文化的倡导者和传播者，并成为享誉世界最具价值的原态定制家居品牌。

珠海云洲智能科技有限公司

珠海云洲智能科技有限公司是中国最领先的民用无人船研发和供应商。公司拥有无人船完全自主知识产权，产品已广泛应用于水质监测、水文测绘、核辐射监测和水文研究等领域。公司现有一支管理规范、运行高效、热情创新的团队，技术研发团队涵盖机器人自动控制、机械设计与制造、人工智能、水质监测、软件编程、无线通信、嵌入式系统等多个领域的人才。

目前，云洲智能科技有限公司已经获得专利及软件著作权23项，其中包括6项发明专利，同时公司还主导编写了中国第一个无人船相关的企业技术标准。目前，公司已经获得国家级高新技术企业、广东省高新技术产品、2013年度中国环境监测行业用户满意品牌、广东省自主创新示范企业、珠海市创新产业化示范基地等多项认定。

2013年11月，在由科技部、教育部、财政部和中华全国工商业联合会共同指导举办的第二届全国创新创业大赛中，云洲智能科技创始人张云飞凭借智能环保无人船项目，一路过关斩将，最终以94.6分的高分，获得了这项全国最高规格的创业大赛总冠军。这项冠军不仅充分证明了云洲环保无人船的创新性，也证明利用智能水面机器人进行水环境保护这一思路得到了社会各界的广泛认可。

2014年9月，云洲推出了“领航者”系列海洋高性能无人船平台，填补了国内这一领域的空白。这一型号的无人船在海洋监测、海洋测绘以及海上突发事件的应急反应等领域都有着非常广阔的应用前景。

2014年10月，云洲创始人张云飞当选“世界创新百杰”，代表中国参加了在俄罗斯举办的国际创新发展论坛，并作为百杰仅有的两家企业。

2014年12月22日，云洲凭借智能无人船项目获得了多位专业投资人评为的一致认可，夺得了2014克莱斯勒杯全国黑马大赛冠军。

云洲智能科技具有高度的敬业精神和强烈的社会责任感，专注于无人船技术的集成和创新，并将持续地为更高性能无人船平台的研发而努力，从而为更好地服务社会而奋斗。

白云山®

广药白云山　爱心满人间

天心制药
Tianxin Pharmaceutical

追 / 求 / 卓 / 越 / 品 / 质

全厂通过新版GMP

广州白云山天心制药股份有限公司是一家建立了六十多年的现代制药企业，是中南、华南地区首家粉针生产企业，也是广州市首家头孢菌素粉针生产企业。公司占地3.6万平方米，建筑面积5.52万平方米，绿化面积1.2万平方米。拥有固定资产2.6亿多元，年产值和销售收入（不含税）均超过8亿元。公司产品以粉针剂、小容量注射剂为主，品种多样，规格齐全，共有200多个品种规格，年生产能力达到粉针剂3.6亿瓶、小容量注射剂4.5亿支、固体制剂3.6亿片。头孢类粉针第一、二、三、四代产品是目前国内配备最齐全的生产厂家之一，拥有多个全国首仿品种、专利品种和广东省高新技术产品。

- 中国著名品牌
- 中国最有价值品牌
- 中国驰名商标
- 广东省高新技术企业
- 广东省医药产业化学药品原药化学药品制剂制造20强
- 广东省创新型企业
- 广东省工程技术研究中心
- 广东省企业技术中心
- 广东省清洁生产企业
- 广州市环境友好型企业

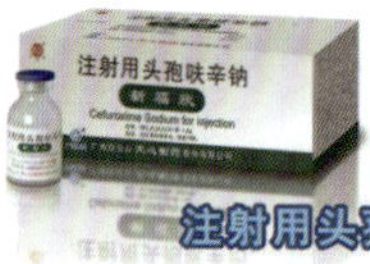

新福欣®
注射用头孢呋辛钠

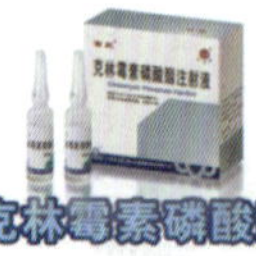

葡欣®
克林霉素磷酸酯注射液

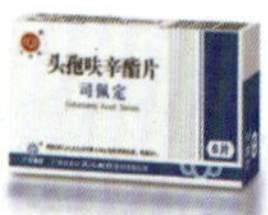

司佩定®
头孢呋辛酯片

广药白云山　广州白云山天心制药股份有限公司

地址：广州市海珠区滨江东路808号(邮编：510300)
电话：(020)84452260　84182172
传真：(020)84184660　89023400
网址：www.tianxin.com.cn

东莞超霸电池有限公司

Dongguan Chao Ba Batteries Co., Ltd.

东莞超霸电池有限公司是一家由香港金山工业集团旗下全资子公司时晖中国有限公司全额投资的港资企业，始创于1993年，位于东莞工业重镇塘厦，主营研发、生产、销售镍氢电池产品，产品主要为通讯、电子工具及一般消费性电子产品提供绿色电源，生产的GP超霸品牌产品享誉全球，深受松下、索尼、飞利浦、伟易达、微软等国际知名客户的信赖与好评，并建立了长期的合作关系。东莞超霸电池有限公司所属香港金山工业集团于1964年在香港成立，1984年在香港上市，并于1991年在新加坡成功上市，是一家致力于发展各类绿色电池电源的行业重量级研发生产销售商，也是亚洲地区最早研制电动车电池的先驱，产品发展多元化、系列化，至今拥有50年研发和生产电池的经验。在全球超过15个国家建立了制造工厂或销售网络。

公司注重科研队伍的建设，拥有一批由5名海外高层次人才（博士）、多名知名高校毕业的硕士、学士组成的科研专业人才，掌握核心的电池技术，已形成不同系列的高容量、长寿命的电池产品及充电产品（率先推出了太阳能充电宝），产品设计推陈出新，不断突破电池技术，近年推出的力再高与新一代产品技术达到国际领先水平。公司亦拥有独立自主研发的产品制造工程核心技术，自主研制了全自动化生产线2条，达智能制造的先进水平。

东莞超霸电池有限公司管理完善规范，先后获得ISO9001质量管理体系、ISO14001环境管理体系统及OHSAS18001职业健康安全管理体系等国际体系权威认证。公司技术高新，经营得道，是当地龙头企业之一，已被评为广东省海关署AA企业。公司以“优质管理、以客为尊、群策群力、精益求精”为经营理念，在发展成为先进制造商的同时，一直以来，注重技术创新，注重绿色环保，注重社会责任，被首批认定为“广东省清洁生产技术示范企业”，多次荣获由香港工业总会主办的珠三角环保大奖绿色奖章及粤港清洁生产伙伴计划标志。

掐丝珐琅工艺手表

女航天员工作舱用航天表

飞亚达公司自2011年起连续4年进驻瑞士巴塞尔钟表展1号馆（国际品牌馆），成为该馆的首个中国品牌。至2014年，飞亚达已进入海外23个国家，设立近100个销售网点，手表产品已行销欧美、中东及东南亚等地区，成为飞亚达品牌进驻国际舞台的重要标志。

飞亚达研制成功的航天员专用手表，打破了国外垄断，使中国成为第二个拥有航天表研制能力的国家，极大地提升了我国钟表行业的国际地位。飞亚达航天手表、高端陀飞轮手表已被瑞士拉绍德封国际钟表博物馆（MIH）正式收藏，成为我国钟表品牌具有国际竞争力的重要标志。

未来，飞亚达将倾力将自主品牌打造成国际知名品牌，让整合了自主核心技术、传承了中国文化的飞亚达精品手表行销世界，转变国产表的低端形象，提升我国钟表在国际舞台上的竞争力和国际地位。

走向世界的飞亚达

reddot award 2014
honourable mention

2014年飞亚达立体读时腕表斩获国际公认的“设计界的奥斯卡奖”——德国红点奖

2014 FIYTA watch 3D reading gains internationally recognized "design Oscars" - German Red Dot Award

瑞士拉绍德封的国际钟表博物馆收藏飞亚达建国60年陀飞轮表

飞亚达形象推广

飞亚达展馆

舱外航天服手表

轩辕網络
XUANYUAN®

轩辕网络

專業的解決方案提供商

广东轩辕网络科技股份有限公司是一家为政府、教育、高端服务型企业（如通信、金融、证券、医疗、航空等）和高端制造型企业提供服务管理咨询和解决方案的专业服务提供商。公司的服务管理解决方案采用了 ITIL V3.0 框架、云计算、大数据、物联网，以及 Web2.0、HTML5 和智能数据挖掘等技术体系，以轩辕汇云服务运营管理平台和轩辕汇云数据服务平台为基础，根据行业客户的需求和特点，实现灵活的服务交付和丰富的客户体验。

轩辕汇云服务运营管理平台：基于新一代云计算技术和先进的服务管理体系，采用资源智慧调度、服务方案管理、供应自动化等多项主流核心技术，为用户提供更具个性化的云计算服务和解决方案。(图1)

轩辕汇智实训云平台：以轩辕汇云平台为支撑、实训教学管理软件为基础，通过整合学校、企业、教育机构等实训资源，提供一个理论与实践相结合，学习、实践和工作于一体的实训平台。(图2)

轩辕汇维服务管理平台：为支撑高校高校、政府及企业日常业务运维和管理等各方面事业提供强大的产品支持，为未来智能化和立体化的业务运维及业务分析进行可行、有效的探索。(图3)

轩辕网络成立于 1998 年，2010 年底实现股份改制，2014 年 7 月成功在“新三板”挂牌。公司是国家高新技术企业、广东省“双软”认定企业、广东省战略新兴产业培育企业、广州市科技小巨人企业、广州市企业技术中心和创新型（试点）企业，2002 年通过了 ISO9000 质量管理体系认证，2007 年通过了系统集成二级资质认证，连续 7 年被评为“守合同重信用企业”。汇云和实训云产品被评为“广东省优秀云计算产品”。

轩辕网络在发展的过程一直注重技术创新，在专业领域已申请国家发明专利 9 项、国际 PCT 专利 1 项，获得计算机软件著作权 38 项、软件产品登记 16 项。公司在云服务运营管理、云计算的动态资源管理、计费管理、云服务授权许可管理、服务流程管理和移动信息化等方面，多次获得国家科技部、广东省、广州市各级政府的立项支持，拥有行业领先优势。

经营宗旨

以客户需求为导向，以追求卓越为动力；诚信为本，守法经营；不断提高公司的技术水平和服务质量，让客户满意。

轩辕网络是国家信息技术标准化委员会云标准工作组成员单位，广东省首家通过国家权威机构评测的云产品和云服务方案单位。

2014 年 8 月，在拥有自主核心技术和业绩迅速优异增长的前提下，公司顺利通过中国证券监督管理委员会审批批准，股票在全国股权转让系统挂牌公开转让。证券名称：轩辕网络，证券代码：830891。

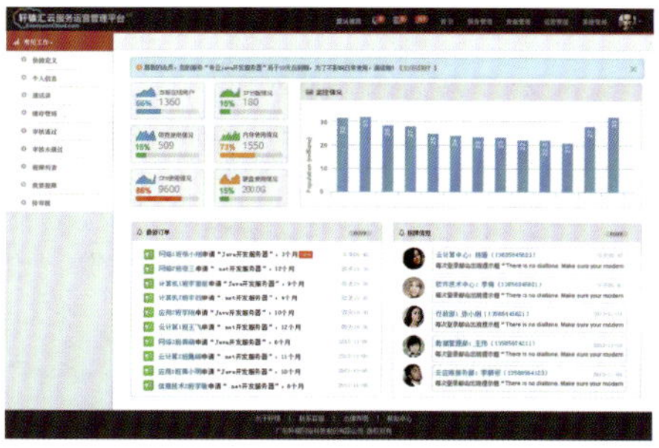

图 1

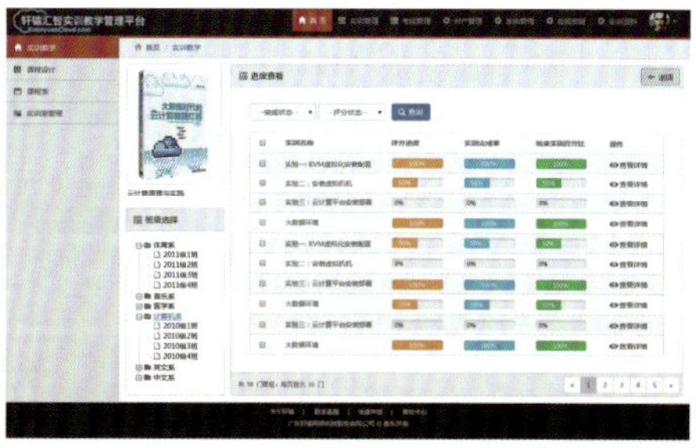

图 2

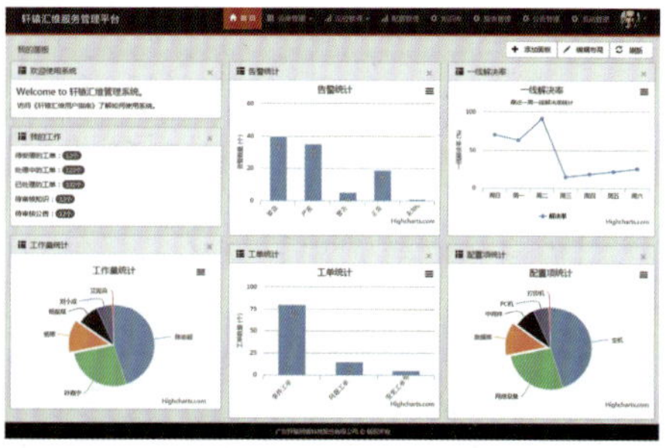

图 3

www.xuanyuan.com.cn

广东轩辕网络科技股份有限公司

广州总公司：广州市天河区国家软件产业基地高普路1033号B栋8层　电话：020-85285889
北京分公司：北京市海淀区大钟寺13号院1号楼华杰大厦11B11室　电话：010-62111178
湖南分公司：长沙市天心区新韶东路489号湘府华城二期小区二栋1906室　电话：0731-84144968
广西办事处：广西南宁市青秀区新民路 1-19 号凯旋世纪 1 栋 1901 室　电话：0771-5717459

粤新海工
YUEXIN OCEAN ENGINEERING

广东粤新海洋工程装备股份有限公司

SGS

广东粤新海洋工程装备股份有限公司

ISO 14001:2004

认证证书

LRQA

认证证书

广东粤新海洋工程装备股份有限公司

ISO 9001:2008

认证证书

广东粤新海洋工程装备股份有限公司创建于2000年，是具有国家一级二类资质、广东省甲级船舶设计资格的造船企业。公司注册资本23000万元，主要从事用于海洋石油资源开采和利用海洋工程作业船的开发、设计、制造、销售及服务，主要产品为海洋平台三用工作船（AHTS）、海洋平台供应船（PSV）和海洋拖轮（TUG）等在内的海洋工程作业船及海洋工程配套装备。

公司为广东省最大的海洋工程装备建造企业之一，也是广东省首家符合国家《船舶行业规范条件》企业。成立至今，公司共交付各类型海洋工程辅助船170余艘，连续三年销售收入超10亿元。获得“高新技术企业”“广东省级企业技术中心”“广东省加工贸易转型升级示范企业”“广州市创新型试点企业”和“广东省民营骨干培育企业”等五十余项认定和称号。

公司拥有较强实力的研发队伍，专职从事研发的人员占职工总数达22.81%。建有省级企业技术中心，累计承担65个研发项目，拥有知识产权42项，开发海工船舶新产品20个系列，年研发经费投入占企业收入比例超过3%，与所多高等院校建立长期稳定的合作关系。

东莞市横沥模具产业协同创新中心

东莞市横沥镇是“广东省模具制造专业镇”。为加快产业转型升级，全镇预算投入2亿元，建设模具产业协同创新中心。协同创新中心于2012年11月挂牌运营，共建单位包括：上海交通大学、广东工业大学、东莞理工学院等7家高校院所，重点推动产业与“科技、人才、金融”融合发展。科技方面，已建成模具检测技术中心、3D打印技术中心和节能装备中心，累计服务镇内外企业200多家，促成校企产学研合作30多项。人才方面，建成“模具技术培训学院”，结合“模具师傅培训工程”，预计每年可培训学员约2000人次。金融方面，与多家金融机构共建“金融综合服务一体化平台”，创新推出各类融资模式，累计服务企业融资逾10亿元。

东莞市横沥模具产业协同创新中心外景

3D打印体验馆

东莞市横沥模具产业协同创新中心外景

金友®
JINYOU

广东金友集团有限公司

中国过去靠勤劳致富，但随着科技进步和知识经济的到来，人们的致富手段已朝着科技致富和知识致富的方向发展。现代农业与传统农业的根本区别在于科技在农业生产中所占的比重，农业龙头企业作为农业现代化建设的领头军，必须要加大对科技力量的投入。

广东金友集团有限公司作为省农业龙头企业，专注于现代农业综合开发，致力打造从田头到餐桌的全产业体系。近年，通过引进科技特派员工作站、成立博士后创新实践基地、校企联合申报项目等科技创新模式，让科技人员进驻企业，紧密而广泛的产学研合作形式实现了高校“人才、技术、信息”与“企业、资金、基地”等资源的有效整合，实行“产、供、销”一条龙、“科、农、工”一体化的农业产业结构模式，将企业与科研院校紧密结合在一起，借助农业龙头企业的平台积极将科技成果转化为现实生产力。

目前金友集团与高校之间的合作方式已由原来单一的技术服务扩大到合资筹建工程研发平台，共同开发产品，技术转让等多种方式。培育了“有机米”“绿色米”和“优质米”三大系列共计20多个品种的大米；开发出有机米露、有机米粉、有机香米酒等系列产品。

广东名米

广东省农业龙头企业

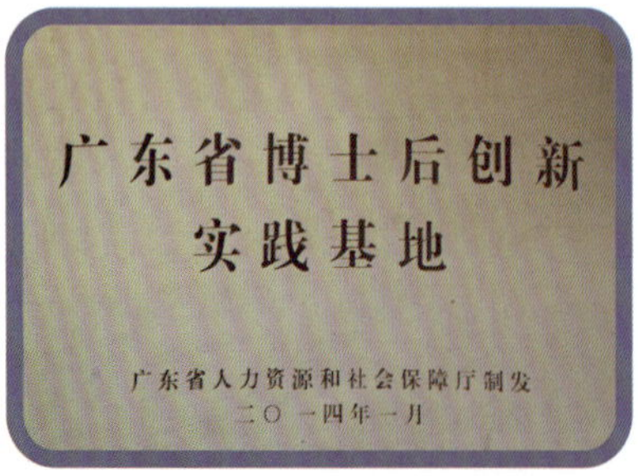

广东省博士后创新实践基地

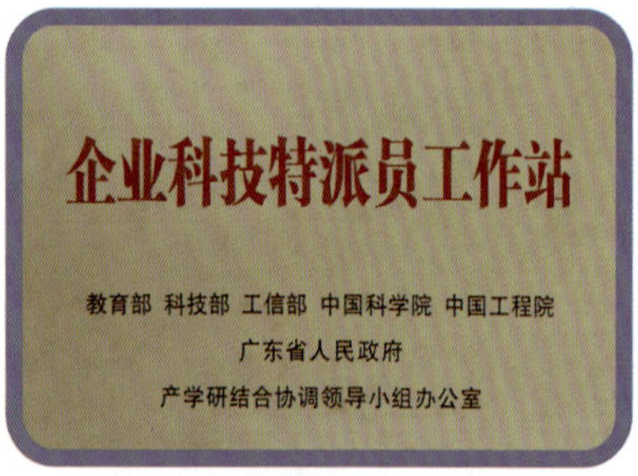

科技特派员工作站

中国产学研合作创新奖

广东金友集团有限公司
地址：广东省南雄市现代农业产业园区（二塘）
电话：0751-3831888

量子高科（中国）生物股份有限公司

量子高科（中国）生物股份有限公司是一家从事益生元功能性低聚糖研发、生产、销售的生物技术领域高新技术企业，拥有规范的生产、技术和管理制度，分别通过了清洁生产认证、伊斯兰清真认证、犹太认证、ISO9001质量管理体系、ISO14000环境管理体系、ISO22000 食品安全管理体系认证以及广东省食品药品监督管理局的GMP 认证，已于2010年上市（股票代码：300149）。量子高科是国内最大的低聚果糖、低聚半乳糖生产基地，“欧力多”益生元连续十四年全国销量领先，被广泛应用于保健食品、乳制品、婴幼儿配方食品、饮料、烘焙食品等领域，量子高科也逐渐发展成为蒙牛、光明、伊利、完美等大型企业的长期战略合作伙伴。量子高科拥有中国驰名商标1项、广东省著名商标2项，2013年被《福布斯》杂志评为“亚洲中小上市企业200强”，成为该榜单列出的亚洲每个行业中1.3%最顶尖的公司之一。2014年，由于在质量管理、持续改善、客户满意、改善与员工以及供应商关系等方面的良好表现，量子高科被国际质量组织BID授予“欧洲国际质量管理金奖”，成为国内益生元行业唯一一家获此殊荣的企业。

量子高科是国家发改委下属机构公众营养与发展中心唯一认定的低聚糖研发基地，并拥有省级企业技术中心以及省级工程技术研究中心，长期以来一直致力于益生元、菌群及微生态健康的研究。量子高科非常重视依靠科技创新来推动企业发展，每年投入大量经费进行新产品、新技术的研发，除自主创新外，还与中国科学院、华南理工大学、广西大学、江南大学等知名高等院校进行多项合作，形成稳定而高效的“产学研”合作体系。经过多年努力，量子高科掌握了多项具有国内领先水平的核心技术，研发出一批先进科技成果，其中“固定化果糖基转移酶工业化生产工艺”被广东省科技厅认定为“达到国际先进水平”。近年量子高科共获得省级科技进步三等奖1项、市级科技进步一等奖1项、二等奖3项，另外还参与了《低聚果糖》等国家标准的制订，始终走在行业发展前列。2015年，量子高科联合山东省分析测试中心发布六组低聚果糖国家标准样品，其中有两组是全球范围内首次发布。此次低聚果糖标准样品的发布破解了低聚果糖在食品中检测的世界性难题，并有望通过国际认证，成为低聚果糖检测的国际标准，推动低聚果糖检测方法在全球范围内的统一，为中国产品在国际上赢得话语权作出贡献。

FRANKFURT 2015

Certificate

Quantum Hi-Tech (China) Biological Co., Ltd.

For immeasurable contribution to the business world, for high standing and professionalism demonstrated by prestigious performance, Business Initiative Directions presents its special recognition award.

ARCH OF EUROPE

FOR QUALITY AND TECHNOLOGY IN GOLD CATEGORY

Frankfurt, April 26, 2015

欧洲质量金奖奖状

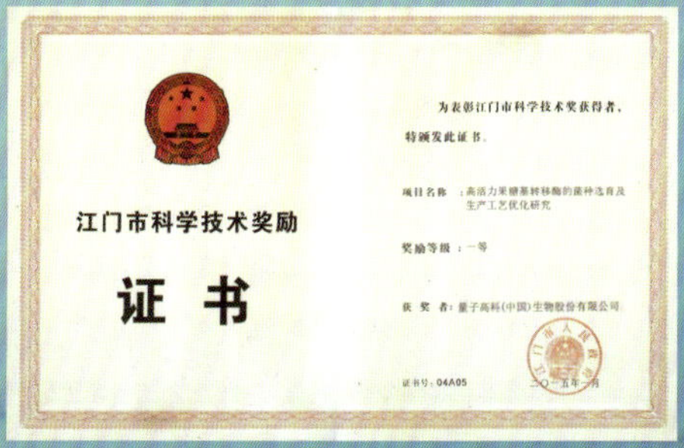
江门市科学技术奖励

证书

为表彰江门市科学技术奖获得者，特颁发此证书。

项目名称：高活力果糖基转移酶的菌种选育及生产工艺优化研究

奖励等级：一等

获奖者：量子高科(中国)生物股份有限公司

证书号：04A05

2014年市科技进步一等奖

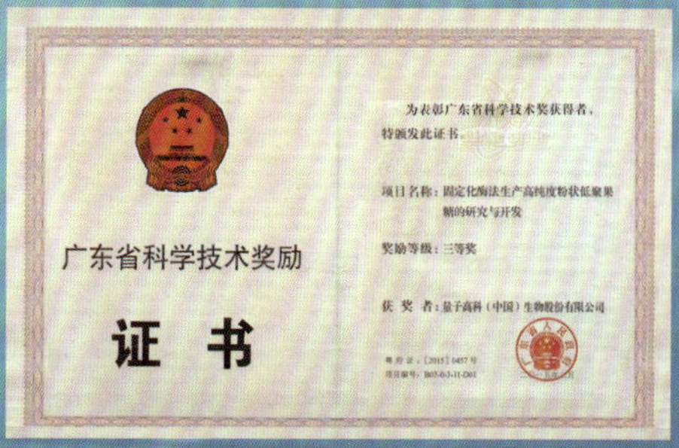
广东省科学技术奖励

证书

为表彰广东省科学技术奖获得者，特颁发此证书。

项目名称：固定化酶法生产高纯度粉状低聚果糖的研究与开发

奖励等级：三等奖

获奖者：量子高科（中国）生物股份有限公司

2014年省科技进步三等奖

新会康宇测控仪器仪表工程有限公司

新会康宇测控仪器仪表工程有限公司是一家专业生产压力传感器、智能压力变送器、磁致伸缩位移液位传感器、汽车电子、电子衡器的有限责任公司。公司坐落于广东珠江三角洲的江门市新会区。公司创建于1993年。2008年、2014年获得国家“高新技术企业”认定。公司还获得ISO9001质量管理体系认证、TS16949汽车行业质量管理体系认证。公司占地面积13500m²，有全封闭净化厂房10000 m²，拥有6500余万元资产和配套完善的研发、生产、检测、试验设备和设施；现有员工400余人，其中大专以上员工139多人，中高级职称26人，博士2人，硕士3人，1人获国务院政府特殊津贴，1人获得广东省劳动模范称号，1人获评为江门市新会区优秀中青年专家和拔尖人才。具有长达二十年的专业传感器研发生产技术和经验，拥有一支强大的技术队伍和管理团队。部分产品已通过军工标准考核，产品广泛应用于过程控制工业现场，还为装备制造企业、各类实验室提供优质的配套仪器仪表。

企业坚持走“科技创新与积极引进”相结合的战略发展道路，形成了“科研、生产、市场、服务”一体化配套的运营机制。公司还获得了44项国家发明及实用新型专利和3项外观设计专利。

高新技术企业

证书

企业名称：新会康宇测控仪器仪表工程有限公司　证书编号：GR201444000946

发证时间：2014年10月10日　有效期：三年

批准机关：

广东省科学技术厅　广东省财政厅　广东省国家税务局　广东省地方税务局

高新技术企业证书

东莞市高盛科技园简介

东莞市高盛科技园成立于2010年5月，位于东莞市南城区周溪隆溪路5号，是南城区首个“政府引导、企业投资”的三旧改造项目，南城区2010年和2011年重点工程之一和“三旧”改造示范点，同时也是南城区发展高新技术产业、推进产业转型升级和腾笼换鸟的重要载体和优质科技项目引进平台。

2010年，南城区贯彻落实省委加快产业转型升级工作的部署，坚持政府引导和企业运作相结合，主动协调三家劳动密集型企业转移外地，并引高盛集团整合旧厂区和周边土地进行就地升级，成功打造了配套设施先进完善，集企业总部办公、研发、实验、检测于一体的高端电子信息产业园。

园区分三期开发，总建筑面积为13万平方米，总投资2.6亿元。一期由占地3.3万平方米的6栋旧厂房改造而成，进驻科技企业达74家；二期由两幢19层高的办公大楼与配套公寓组成，进驻科技型企业160多家。于2011年招商完毕，招商率100%。

三期（北区）由总建筑面积为3.7万平方米的三栋旧厂房改造而成。其中A、B栋2.7万平方米于2012年9月改造完毕，现入驻企业151家。C栋面积1万平方米于2014年10月底改造完毕，打造成专门针对小微型企业的“胶囊式孵化器”。

至2014年年底，园区一至三期现有入驻企业总数达380多家。园区企业涵盖电子信息、软件开发、电子商务应用、物联网技术、自动化改造技术等10多种现代信息产业。

为了延伸孵化链条，承接高盛科技园毕业企业，高盛集团又打造了占地面积3.4万平方米的奥博高新科技园作为科技企业加速器。其中一期占地约2.4万平方米，总建筑面积2.8万平方米，于2012年4月动工改造，10月改造完毕；二期将于2015年新建一栋25层总部大厦，建筑面积约4万平方米。

2013年12月18日，高盛科技园被科技部认定为“国家级科技企业孵化器”。它是南城区第一家获得国家级资质认定的科技园区，也是东莞市首次获得科技部认定的民营科技企业孵化器，极大地提高了高盛科技园的品牌知名度和社会影响力。

为实现园区可持续发展，高盛科技园将在立足本土的基础上持续强化产业聚集与升级措施，将园区做大做强。同时打造“前孵化器”“孵化器”“加速器”“科技产业园”为链条的创新创业全程孵化服务体系。实现入园企业更快、更好的发展，为推进东莞产业结构调整和转型升级做出更大贡献！

科技大厦

高盛科技园

高盛科技园鸟瞰图

佛山市峰华卓立制造技术有限公司

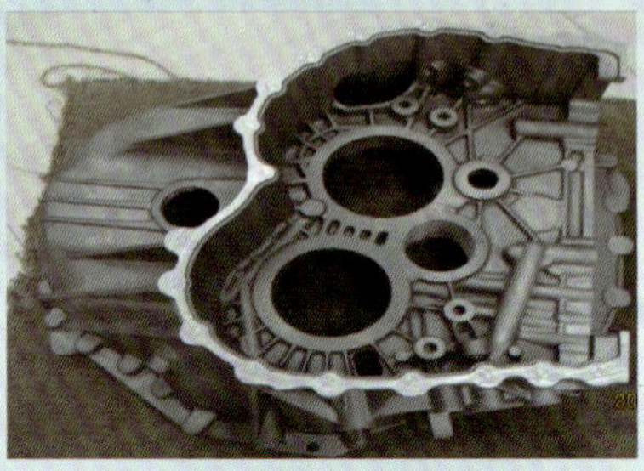

壳体

发动机缸体缸盖

发动机缸体缸盖

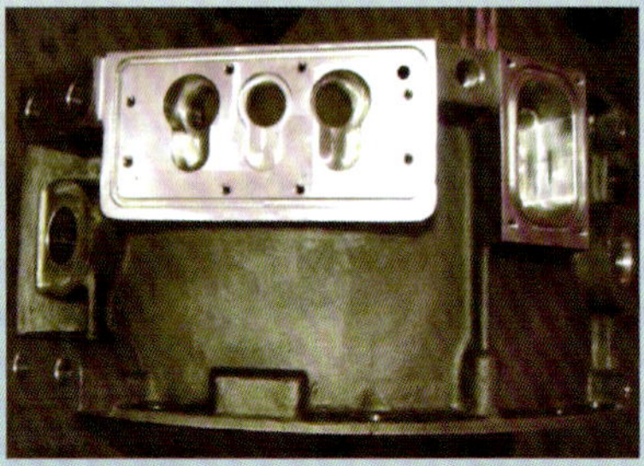

壳体

PCM-800ADI设备

PCM-1200ADI设备

PDM-1300 设备

PDM-1500设备

佛山市峰华卓立制造技术有限公司坐落在佛山高新区南海核心园区（狮山科技工业园A区科宝东路8号），是国内最早从事3D打印技术研发和应用的单位之一，是“国家高新技术企业”“广东省民营科技企业”“南海区科技型企业”“南海区‘选种育苗’重点扶持企业”“佛山汽车技术创新公共服务平台”“佛山市生产力促进中心金属零件和模具快速制造基地”“广东省3D打印产业创新联盟”副理事长单位、“中国3D打印技术产业联盟”会员单位。

目前公司拥有发明专利8件、实用新型专利3件、外观设计专利2件、软著1件、注册商标2件，成功研发出PCM-200、PCM-500、PCM-800、PCM-1200、PCM-1500系列无模铸型制造装备和PDM-1300、PDM-1500系列模型直接铣削装备，并已经实现产业化生产能力，可以广泛应用于航空航天、军工、汽车、摩托车、船舶、装备制造、陶瓷等开发研制和生产单位。公司建立了完整的管理体系，秉承“创新技术、创新市场、创新模式”的经营理念，以世界先进无模快速制造技术为依托，组建多方式多渠道灵活的营销服务网络，为国内外客户自主创新提供技术服务和解决方案。

峰华卓立公司现有员工90人，其中教授2人，研究生4人，高级职称4人，45%以上员工具有大专本科学历。公司的核心管理层人员全部具有高等学历或高级职称，具有丰富的专业知识和多年的企业管理经验。公司致力于成为国内外综合实力最强、规模最大的快速制造服务商和高新技术成果转化基地。

广东创能科技有限公司

创能科技
CREATE TECHNOLOGY

广东创能科技有限公司成立于2000年，公司注册资金为2800万元，是计算机系统集成、建筑智能化、信息化和轨道交通行业的高新技术企业。公司致力于为轨道交通、智慧城市、绿色建筑提供高科技研发成果及智能化信息系统解决方案。公司自主研发的主控制装置、三合一读写器、自助服务终端、智能一卡通系统等产品在城际轨道、房地产、金融行业均有成功应用。拥有建筑智能化设计与施工壹级、安全技术防范系统设计、施工、维修壹级、计算机系统集成贰级等资质，公司坚持“创造卓越、倾尽所能”的企业精神为广大客户提供优质的服务。

为大众提供安全舒适便捷的生活

BBX-CR-W01
普通读卡器

BBX-CR-RP01
密码读卡器

BBX-CM-01
发卡器

BBX-ECP5106
台式消费机

BBX-AC-TB4W01
门禁控制器

地 址：广州市天河智慧城软件路15号5楼　电话：020-83579118　400-8228-969　传真：020-83576273　网址：www.createw.com　E-mail：gd@createw.com

珠海铨高机电设备有限公司

珠海铨高机电设备有限公司（Renovoair Zhuhai Ltd）是美国雷诺威公司在中国珠海成立的全资子公司，专业从事医院、通信、铁路、电力基站与机房精密空调的研发、设计、制造及销售。

自2007年成立以来，铨高公司始终坚持以管理和质量为企业的生存之本，公司建立了一套完整的管理体系已通过ISO9001质量管理体系认证、ISO14001环境管理体系认证；“环保、绿色、节能”是铨高公司设计雷诺威系列精密空调产品的首要理念，产品通过国家强制性产品CCC认证，更获得了全国绿色低碳环保证书及中国节能产品认证证书；铨高公司掌握着世界领先的制冷系统核心技术、控制技术、结构设计技术，拥有10多项实用新技术专利。公司的生产能力、管理水平、产品质量和服务响应得到了包括中国电信在内的专业客户的一致认同，成为了2009年度、2010年度中国电信、中国移动、中国联通及中国中央政府集中采购的定点入围供应厂家；2011年起连续4年更是凭借先进的产品技术、优良的产品品质、完善的售前售后服务以及针对世纪互联新型数据中心的建设需求提供的高适应性、高灵活性的一体化室内制冷解决方案，成功中标世纪互联多个数据中心项目。

实验室

实验室

实验室

实验室

工厂区

Kingreat 金源科技

广东金源科技股份有限公司位于汕头市台商投资区濠江片区台横三路金源科技园，成立于2010年9月，是一家高科技民营企业。公司在2014年4月30日已被批准同意在全国中小企业股份转化系统挂牌，股票代码：430723。公司的金源科技园区近一百亩，现有员工100多人，企业总资产11262万元人民币。

公司目前主要致力于热塑性弹性体的研发、生产与销售。开发高性能TPE材料和高档塑料日用品系类产品，开发高性能热塑性弹性体（TPE）材料，努力为汽车制造、饮料食品包装、建筑工程、医疗器械、电器电子、文具礼品、电线电缆、运动器材、工具手柄等行业提供性能优越的热塑性弹性体产品以及个性化的产品设计。

经过几年来的高速发展，公司现已成为国内较有竞争力的TPE材料及制品供应企业之一。2012年被广东省科学技术厅认定为广东省民营科技企业，2014年被汕头市国家税务局、汕头市地方税务局评定为A级纳税人。公司已通过ISO9001：2000质量体系认证和获得食品级QS生产许可证，已与国内多家上市公司建立良好的合作关系，公司具有自营进出口权，产品远销东南亚、日本和韩国及欧美市场。

OPPO 广东欧珀移动通信有限公司

广东欧珀移动通信有限公司（以下简称为欧珀）成立于2003年。公司位于广东省东莞市长安镇乌沙海滨路18号，占地面积40万平方米，享有“花园公司”的美称。公司建有10万多平方米的现代化厂房，资产总额达668576.17万元，营业收入超过216亿元。

欧珀公司作为一个年轻的探索者，从一开始就不甘心做一个平凡的品牌。怀着探索未知的强烈好奇心，欧珀先后进入MP3、MP4高端影音、手机和移动互联网等领域。如今OPPO产品和服务已覆盖中国、美国、俄罗斯、欧洲、东南亚（泰国、越南、印度、印尼等）等广大市场，现正致力于打造专业化的智能手机与移动互联网公司。通过欧珀公司的不断努力，“OPPO”商标也被认定为国家驰名商标及广东省著名商标。公司已申请专利近4000件，其中获授权发明专利282件，近年来被认定为国家火炬计划重点高新技术企业、广东省移动通信终端设备工程技术研究中心和广东省知识产权优势企业。

天普藥業 TECHPOOL

广东天普生化医药股份有限公司

广东天普生化医药股份有限公司成立于1993年，总部位于广州东部智慧城核心区，占地面积50000平方米，是全球最大的人尿蛋白质生物制药企业，专注于危重症领域生物制药的销售、开发及生产。公司拥有国家二类新药（国内独家品种）天普洛安®（注射用乌司他丁）、全球首创一类新药凯力康®（注射用尤瑞克林），及肿瘤骨转移治疗领域一线用药邦罗力（伊班膦酸注射液）在中国大陆的独家经销权。

天普药业先后承担了6项国家科技攻关及产业化项目和数十项省、市级科技项目。目前天普持有有权的美国发明专利1项，国家发明专利26项。在生物医药领域坚持不懈的技术创新活动为公司赢得了众多科技资质和荣誉：

广东省创新型（试点）企业

广东省蛋白质药物工程技术研究开发中心

广东省知识产权优势企业

广州市创新型企业

广州市天普蛋白药物工程技术研究开发中心

博士后科研工作站天普分站

发明专利“一种人尿激肽原酶及其制备方法”获得2013年度中国专利优秀奖

“创新药尤瑞克林、乌司他丁等天然蛋白药物的技术与应用”荣获2011年度国家科技进步奖二等奖

GOLIVE 高力威

透出精湛 观感未来

佛山市顺德区高力威机械有限公司（以下简称“高力威”）成立于2000年，坐落于佛山市顺德区大良机械与电气装备专业镇，是一家集玻璃加工机械设计、研发、加工、制造及安装于一体的国家高新技术企业。

高力威是北京奥运会国家体育场“鸟巢”玻璃装饰设备的供应商，公司生产设备均采用国际先进技术，凭借在创新技术与服务方面的核心竞争力，全面涉及7大玻璃应用领域，先后为1000多家知名玻璃加工企业供应逾4000台先进设备，是中国规模最大的专业玻璃磨边机设备制造商及整合服务商。其中，智能化数控双直线玻璃磨边机、全自动数控玻璃四边磨边机以及自动化玻璃输送台三个产品均通过了2013年广东省高新技术产品认定。

近年来，高力威分别被认定为广东省工程技术研究中心、佛山市工程技术研发中心、佛山市市级企业技术中心和顺德区工程技术研发中心。拥有授权专利16件，其中发明专利1件。

高力威大楼

高力威大楼